人口·社会·法制研究

2013年卷(一)

主　编　杨军昌
副主编　郑姝霞　申　鹏
编　辑　谢　芝　熊月铭　申雯清　高燕子

知识产权出版社
全国百佳图书出版单位

图书在版编目(CIP)数据

人口·社会·法制研究. 2013年卷. 1/杨军昌主编. —北京:知识产权出版社,2015.4

ISBN 978-7-5130-3407-4

Ⅰ.①人… Ⅱ.①杨… Ⅲ.①社会科学—文集 Ⅳ.①C53

中国版本图书馆CIP数据核字(2015)第056199号

内容提要:

本卷(一)为贵州省高校人文社科研究基地——人口·社会·法制研究中心学术辑刊《人口·社会·法制研究》2013年卷(总第10卷)学术论文集。论文来源于基地等课题与相关专题研究,涉及人口问题、社会发展、法律法规与实务、经济与管理、历史学与民族学、教育文化等方面内容。既有宏观研究,也有微观分析,既有理论讨论,也有实证剖析;选题新颖,视野广阔,内容具体,针对性强,具有一定的学术与实践参考价值。

责任编辑:王 辉 **责任出版**:刘译文

人口·社会·法制研究2013年卷(一)

杨军昌 主编

郑姝霞 申 鹏 副主编

出版发行:知识产权出版社有限责任公司 网 址:http://www.ipph.cn

电 话:010-82004826 http://www.laichushu.com

社 址:北京市海淀区马甸南村1号 邮 编:100088

责编电话:010-82000860-8381 责编邮箱:wanghui@cnipr.com

发行电话:010-82000860转8101/8029 发行传真:010-82000893/82003279

印 刷:北京富生印刷厂 经 销:新华书店及相关销售网点

开 本:787mm×1092mm 1/16 印 张:22.25

版 次:2015年4月第1版 印 次:2015年4月第1次印刷

字 数:520千字 定 价:120.00元(一、二册)

ISBN 978-7-5130-3407-4

目　录

人口研究

社会学研究

法学研究

经济与管理研究

历史学与民族学

其 他

人口研究

● 居住地区民族构成对婚姻移民女性的社会活动和适应类型产生的影响：邻里效应的检验*

金斗燮

（韩国汉阳大学社会学系，首尔　东城区　033－791）

【摘　要】本论文旨在把握一个说明居住在韩国的婚姻移民女性的社会活动和适应类型的重要因素——邻里效应。尤其是针对居住在同一个市、郡、区的外国人妻子，以及同民族人口比重对婚姻移民女性的社会活动和适应类型的影响进行分析。结果表明：居住地区的外国人妻子比重越高，越能促进婚姻移民女性的社会活动、并且属于孤立类型的可能性也越高。这样的边缘化效果在中小城市及农村地区比在大城市地区体现得更为明显。并且，居住地区同民族人口越多，和他们的接触和互动就越多，但是比起同化于韩国社会，属于孤立类型的婚姻移民女性较多。

【关键词】婚姻移民女性；适应类型；民族构成；邻里效应；同化

一、绪论

韩国社会在过去25年间外国人配偶的持续性增加使得韩国进入多文化社会阶段。在韩国社会，和外国人的婚姻不再是局限于一些特殊职业集团、地区或者一些阶层的特殊现象，不得不承认它已是多样化的婚姻形态中的一种形态了。比如说1990—2012年，和外国人配偶结成的国际婚姻的累计规模达到47.4万件（统计厅，2013a，2013b）。并且根据2012年婚姻登记资料，全部婚姻中按照地区来观测的外国女性的婚姻占有率，超过20%和15%的市、郡、区各自为16个和55个（金斗燮，柳政均，2013）。

随着韩国进入多元文化社会，学术界、政策决策等方面也渐渐呈现出对国际婚姻越来越关注的趋势。早期的研究主要将研究重点置于国际婚姻的增加趋势、原因、国际婚姻夫妻的个人特性和婚姻过程，以及对婚姻移民女性的家庭暴力或者人权问题上。最近的研究对于她们的社会经济适应及和韩国社会的整合、生育率、子女教育，以及对外国人配偶的差别态度等方面呈现越来越关注的趋势。政府为了帮助多元文化家庭的社会经

---

* 基金项目：本论文是2014年在政府（教育部）的资源及韩国研究财团的经费支持下进行的研究（2014S1A3A2043476）。本论文由汉阳大学社会学系学生杨洋翻译。

作者简介：金斗燮，汉阳大学社会学教授。

济适应和整合,针对她们整备了一系列相关法律,以及各种政策立案。

本研究旨在把握说明居住在韩国的婚姻移民女性的社会活动和适应类型的众多因素中的地区社会民族构成的邻里效应(neighborhood effects)这一因素。尤其关注居住在同一个市、郡、区的外国人妻子及相同民族人口比重对婚姻移民女性的社会活动和适应类型产生的影响这一问题。本论文从《2009年全国多文化家族实态调查》(保健福祉部、女性家族部、法务部,2010)元数据中提取了16863名中国(朝鲜族)、越南、菲律宾婚姻移民女性作为研究对象。并且,为了检验邻里效应,以《多文化市、郡、区统计Data Sheet, 2010》(SSK多文化事业团,2012;金斗燮,柳政均,2013)和行政安全部资料为基础,建立了关于251个市、郡、区地区民族构成的变量,并使用于本研究。

在社会学领域,对邻里效应的关注可以追溯到涂尔干的自杀理论,自杀理论研究的不是自杀的个人因素,而是影响自杀的包括组织、集团、地区社会、国家等综合因素。最近,不只社会学领域,在人类学、保健学、预防医学、教育学等领域,作为说明社会现象的集合变量,对该变量的作用和邻里效应的关心一直处于上升的趋势。但是大部分情况,因为可用变量的有限和制约,邻里效应的经验性检验不可避免的遭遇着尴尬的境遇。尤其最近在韩国的社会人口学领域,集合变量关于个人的生育水平或者对外国人态度产生影响的邻里效应的研究仍然停留在不成熟的阶段(金斗燮,宋儒真,2013;闵智善,金斗燮,2013)。本研究针对251个市、郡、区地区的调查对象,建立了命名为民族构成的集合变量,试图检验该变量对婚姻移民女性的社会活动和适应类型产生的影响。

二、居住地区民族构成的邻里效应(neighborhood effects)

1. 邻里效应的说明观点

在过去,关于邻里效应的分析主要针对地区。但是邻里效应根据具体情况也被称为邻居效应、同群效应(peer effect)、语境效应(contextual effect)。加尔斯特(Galster, 2010)将邻里效应发生的机制分为社会互动机制(social - interactive mechanisms)、环境机制(environmental mechanisms)、地理机制(geographical mechanisms)、制度机制(institutional mechanisms)四种。社会互动机制假设社会模仿、集合型社会化、社会连接网、社会凝聚和控制在形成的过程中,个人的行为会受同一群体的成员的行为影响(Bongaarts and Watkins, 1996; Entwisle, Rindfuss, Guilkey, Chamratrithirong, Curan and Sawangdee, 1996; Teitler, 1998; Kohler, Behrman and Watkins, 2001; Sampson, Morenoff and Gannon - Rowley, 2002)。环境机制强调个人的行为或者态度受地区的自然环境及人为特性和构成的影响。地理机制假设空间层面对居住者的生涯过程及生活产生影响。最后,制度机制重点在于描述个人受具有操控所属地区的主要制度环境或者设施、资源、规范的控制者的行为所影响。

居住地区的民族构成假设以上四种机制全部对婚姻移民女性的社会活动和适应类型产生影响。和婚姻移民女性的接触水平、模仿和社会互动会受这个地区的外国人口,特别是同民族人口的比重所影响。同研究贫困阶层或者特定民族团体的ghetto研究所得出的结果那样,根据民族构成的不同,地区社会的环境、空间特性对婚姻移民女性的日常生活产生影响(Galster, 2010)。同时,地区社会的制度条件或者规范、资源环境、文化甚至会诱发对婚姻移民女性的差别待遇或者排他性态度及烙印效应(stigmatization)。

根据少数者地位观点(minority status),少数者进入一个新社会时处于一个不利的位置。少数者的不安定地位和个人的社会经济特性对她们的行为会有不利的影响(Goldscheider and Uhlenberg, 1969)。甚至,和韩国男性结婚的婚姻移民女性和配偶在年龄和受教育水平的差距、不同的文化、语言沟通的困难、韩国人的排他性等加倍了他们所处的不利境况(金斗燮, 2006, 2012, 2013)。

但是,韩国的外国人人口和婚姻移民女性呈现出的并不是平均分布居住,而是体现出根据职群或者民族团体在特定地区密集分布这样的居住分布偏差(朴尹焕, 2011; 河星圭,马江莱,安儿林, 2011)。如果问是否存在外国人和韩国人共同居住的地区,那么,可以说以外国人为主所分离出来的空间里也存在排他性(朴世勋,李英儿,金恩岚,郑小襄, 2009)。当然,就婚姻移民女性而言,因为是和韩国配偶一同生活,所以比起外国劳动者,在特定地域密集居住的倾向相对较弱。

最后,婚姻移民女性的社会活动和适应类型不光受个人和家庭的社会经济特性或者国家的政策、制度、文化的影响,并且根据居住地区的民族构成,和地区社会的构成成员的互动、环境及地理特性,以及制度条件有显著的不同。移民的流入和国际婚姻的历史相对较久的西部社会,除了对少数民族的移民,社会活动和定居施加影响的个人因素的研究以外,针对居住地区的生活环境和集合式因素的研究也不在少数(Hagan, 1998; Maira, 1999; Frisbie, Cho and Hummer, 2001; Phinney, Horenczyk, Liebkind and Vedder, 2001; Eschbach, Ostir, Patel, Markides and Goodwin, 2004; Neto and Schmitz, 2005; Kimbro, 2009; Van Tubergen, 2006; Sabatier, 2008; Prilleltensky, 2008; Ward, Fox, Wilson, Stuart and Kus, 2010)。但是在韩国,因为概念定义的困难和可用资料的不足,导致以移民劳动者或是外国人配偶为对象的邻里效应的经验性检验研究不足(金斗燮, 2008; 金斗燮,车圣恩,Kim, 2008; Kim, Kim and Cha, 2008; 张汉娜,尹基灿, 2010; 金斗燮,宋儒真, 2013)❶。

2. 婚姻移民女性社会活动的测定和适应类型的分类

科尔曼(Coleman, 1988)将社会资本定义为社会关系结构内在的资源。之后很多社会学研究将焦点对准社会结构属性附加于个人属性,个人的行为产生的影响。根据地区社会的民族构成的不同,社会资本或者社会连接网内行为者间形成的信赖、信任、纪律、关系的连接方式和内容也会不同。这对婚姻移民女性在获得各种情报、资源、权利时会施加有利的影响;反之,也会产生制约影响。本研究中,测定婚姻移民女性的社会活动水平和适应类型后建立变量的过程如下。

2009 年全国多文化家族实态调查中,以婚姻移民女性为调查对象,针对以下 5 种社会活动(我的家人/亲戚聚会、丈夫家人/亲戚聚会、家长聚会、母国朋友聚会、地区居民聚

---

❶ 邻里效应的经验性检验受如何设定地区的经济和范围及如何测定地区或者邻居的效应的影响。与此相关的论述请参照金斗燮,宋儒真(2013)。

会)提出了关于以上聚会参与频率的提问。在本研究中,根据这五种聚会的参与频率建立了社会活动评分。但是在合成这五种变量的过程中,值的分布形态呈现出显著的差异。因此,不能单纯的合成五种变量,而是将各个变量的平均值的加权值按倒数的方式排列之后合成的。这样计算出的社会活动评分值区间在0~232之间,值越大意味着社会活动越活跃。在表1和表2中展示的便是根据婚姻移民女性所来自的国家及社会人口学特性排列的社会活动评分的平均值。

本研究的目的在于把握地区社会的民族构成对婚姻移民女性的适应类型产生的影响。一般都希望少数民族移民者接受当地社会的中心文化,并和当地社会人员维持一个和谐的关系。也希望移居至韩国的婚姻移民女性能在保持固有文化和传统的同时适应韩国社会和文化。本研究中融合了贝里(Berry, 1987)的分类法,根据婚姻移民女性移民后社会参与水平和民族及文化认同性的强弱,将适应类型分为整合(integration)、同化(assimilation)、孤立(isolation)、边缘化(marginalization)。

婚姻移民女性通过活跃的社会活动积极地成为韩国社会的一员,同时,强烈的民族及文化认同性使他们被分类于整合型适应类型。一方面,如果婚姻移民女性在保持活跃的社会参与的同时弱化保留自身固有文化的要求或者保留的自身文化的能力不足,那么她们渐渐被韩国社会同化或者吸收的可能性就会变高。如果是婚姻移民女性在韩国社会不追求活跃的社会参与,同时又有强烈维持自身民族文化的情况,那么她们渐渐被社会孤立的可能性就会变高。最后一种类型,婚姻移民女性丢掉自身的认同和文化,在韩国社会的参与度也较弱,那么可以认为她们渐渐被边缘化(金斗燮,车圣恩,Kim, 2008;金斗燮, 2013; Kim, Kim & Cha, 2008)。

本研究中,按照婚姻移民女性社会参与度适用并分类了社会活动分数的水平、选举投票、政党及市民团体的加入、地区社会的自愿活动和居民表露意见的积极性、国籍的取得相关的情报。为了测定她们的民族及文化认同性的程度,本文采用了以上所提及的五种聚会的相对参与频度、个人或者家庭有困难时所咨询的人、一起度过闲暇时光的人、参与婚礼/葬礼/百日宴等人参与调查的应答。同时她们的社会参与水平作为附加项也运用于分类。婚姻移民女性的适应类型分为四类后得出的结果:被归类为同化适应类型的婚姻移民女性有8050名,占全体的47.7%。其次是孤立类型(2977名)、边缘化类型(2947名)、整合类型(2889名),后三种类型之间呈现的差异并不是很大。

这里,作为参考,按婚姻移民女性的适应类型将她们各种社会活动参与频度的偏差用图1表现出来。其中归于整合类型的婚姻移民女性的偏差最高,其次是孤立和同化类型,边缘化类型婚姻移民女性最低。在母国朋友聚会这一项,孤立类型的婚姻移民女性呈现出预料之外的较高偏差。

3. 居住地区民族构成的邻里效应:分析框架和研究假设

本研究为了阐述婚姻移民女性群体中观察到的社会活动水平的偏差、结构性特性以及适应类型的差异,将注意力集中于地区社会民族构成的邻里效应。邻里效应试图检验婚姻移民女性所居住地区的外国人妻子比重和同民族人口比重所发挥的影响力。并假设地区社会的人口构成最终会对针对婚姻移民女性所设的过半设施或者环境,或者说个体间的相互作用,以及社会资本的建构产生影响。如果说过去已有的关于邻里效应的研

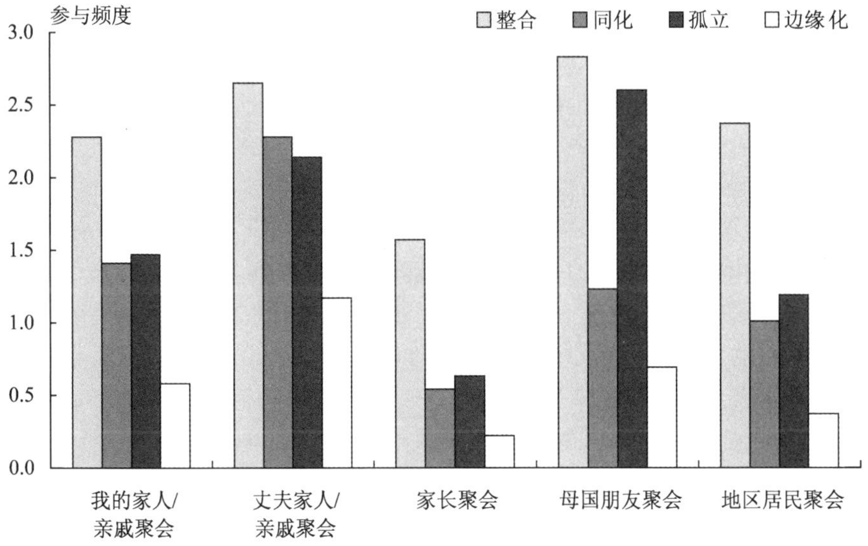

图1　婚姻移民女性各适应类型的各个社会活动参与频度平均值

资料来源：保健福祉部 外(2010)。

究是将焦点对准个体间的相互作用和社会连接网的话，那么可以说本研究是运用了更全方位的综合性资料，并将焦点对准其结构性及环境效应。

在说明婚姻移民女性的社会活动和适应类型时，不可否认个体的社会人口学特性的重要性。但是具有同样社会人口学特性的情况下，根据居住地区的民族构成的不同社会活动的水平和适应类型会呈现不一样的格局。例如，居住地区的外国人妻子或者同民族人口较多的情况，那么她们作为少数者，有着相同的特性，有利于她们克服不利条件。处于相似条件的人群中，情感上的支持和情报的交换可以减少她们心理上的负担，并且活跃的社会活动和移居后的适应也变成了可能的事。当然，同民族人口或朋友群渐渐扩大的同时，也会损伤到婚姻移民女性参与到韩国当地社会的活跃性，我们不能排除其中有强烈维持自身民族及文化认同性而导致的被社会孤立这样的结果。

本研究为了验证居住地区的民族构成所产生的邻里效应，在分析中将婚姻移居女性的社会活动作为中间变量投入计算，适应类型作为因变量投入研究。本研究所设定的两个假设如下：

1）居住地区的外国人妻子比重越高，越能形成一个能促进婚姻移民女性社会活动的环境。她们的社会活动的活跃性，对她们的适应类型会产生影响。在控制个人的社会人口学因素影响后，也能被观察到这样的邻里效应。

2）居住地区同民族人口越多，她们的接触和互动越多。因此，比起被韩国社会同化而言，出现孤立适应形态的婚姻移民女性将会增加。

三、分析资料和研究对象的特性

为了检验本研究的假设，本研究采用了《2009 年全国多文化家族实态调查》（保健福祉部 外，2010）的数据资料。该调查收集了全韩国 131702 户多元文化家庭和 73669 名外国配偶的信息。在本研究中,为了检验居住地区民族构成的邻里效应,为了确保所需研究对象的个案数和同质性,主要摘取了来自中国(朝鲜族)、越南、菲律宾的研究对象。并剔除了关于年龄、结婚时间、入国时间、居住地区、夫妻的社会经济活动有不实应答的研究个案。本研究的分析对象主要是 1985 年后进入韩国,2009 年调查实施当时和韩国男性维持婚姻状态的 18 ~57 岁的 16863 名外国人妻子。

并且,为了检验本研究中的邻里效应,采用了《多文化市、郡、区统计 Data Sheet,2010》(SSK 多文化事业团,2012;金斗燮,柳政均,2013)数据。该数据收集了政府多个机构所采集的婚姻、离婚、出生、经济活动等各个地区情报,以 251 个市、郡、区为单位计算出相关多元文化的各种指标。并根据此资料计算出 251 个市、郡、区 2009 年婚姻申请的全体新娘中外国人新娘的比重。

本研究判断,加上居住地区的全体外国人规模这一变量,有利于更精确地分析同出身国家或者同民族人口的邻里效应。虽然这些外国人口在各市、郡、区全体人口中所占的比重较低,但是本研究还是试图去捕捉这样的偏差对婚姻移民女性的社会活动和适应类型所产生的影响。所以在行政安全部(2010)资料基础上,计算了各市、郡、区的中国(朝鲜族)、越南及菲律宾人口占有率并用于本文分析中。

如表 1 所示,根据婚姻移民女性的出身国家,夫妻的社会人口学特性呈现出较为显著的差异。首先,就婚姻移民女性的出身国家分布来说,中国朝鲜族妻子以 9351 名人口位居第一;其次,越南妻子 5324 名,菲律宾妻子 2188 名。就婚姻移民女性和丈夫的平均年龄来说,朝鲜族的年龄以 37.9 岁位居榜首,越南妻子以 24.3 岁最为年轻。相比之下,韩国丈夫的年龄根据妻子的出身国家而出现的偏差相对较小。其中越南妻子和韩国丈夫的夫妻的年龄差异最大,朝鲜族妻子和韩国丈夫的年龄差异呈现相对较小差异。

从教育水平来看,菲律宾妻子的受教育水平显著较高,越南妻子最低。从韩国丈夫的教育水平来看,无论妻子来自哪个国家,都呈现出相似的水平。从结婚年龄来看,越南妻子最为年轻,朝鲜族妻子结婚年龄最大。韩国丈夫的结婚年龄呈现全盘相似的情况。

外国妻子再婚比例根据来自国家的不同也呈现出较大差异。和朝鲜族妻子高达 40.2% 的再婚率相反,越南妻子的再婚率比重只占 2.2% 。朝鲜族妻子的韩国丈夫的再婚比重也高达 34.1% ,越南女性和菲律宾女性配偶的再婚率相对较低。

婚姻移民女性的在韩居住时间根据来自国家不同也得出偏差的结果。朝鲜族妻子居住时间最长,越南妻子最短。因为越南和菲律宾女性主要通过婚姻进入韩国,所以她们在韩国的居住时间和她们的婚姻持续时间大体上是一致的。相反,朝鲜族女性来到韩国,有找到职业后才结婚的情况,所以呈现出在韩国的居住时间和婚姻持续时间不一致的情况。

表1　分析对象的社会人口学特性

	婚姻移民女性国籍			
	中国(朝鲜族)	越南	菲律宾	合计
	(9351)	(5324)	(2188)	(16863)
妻子的年龄	37.9	24.3	32.0	32.8
丈夫的年龄	45.2	41.3	42.6	43.6
妻子的受教育年数	10.9	8.8	12.4	10.4
丈夫的受教育年数	11.4	11.4	11.3	11.4
妻子的结婚年龄	31.8	22.1	26.7	28.1
丈夫的结婚年龄	39.2	39.0	37.2	38.9
妻子再婚(%)	40.2	2.2	2.4	23.3
丈夫再婚(%)	34.1	17.4	13.4	26.2
在韩居住时间(月)	92.3	35.0	73.5	71.8
妻子过去的就业经验(%)	26.3	11.0	16.4	20.2
妻子现在就业情况(%)	49.4	22.4	42.3	40.0
丈夫为白领(%)	22.0	18.6	23.5	21.1
居住在首尔(%)	20.1	6.1	7.5	14.1
居住在中小城市或者农村(%)	55.8	71.7	75.4	63.4
和公婆同住(%)	17.0	46.2	35.6	28.6
婚姻移民女性的社会活动(%)	41.9	56.4	89.4	52.6
居住地区外国人妻子的比重(%)	10.2	12.1	13.1	11.2
居住地区同民族人口比重(%)	1.1	0.3	0.2	0.7

资料来源:保健福祉部 外(2010);SSK 多文化事业团(2012);行政安全部(2010)。

过去的就业倾向比例较高的群体是朝鲜族妻子,越南妻子最低。现在就业者比重相对较高的群体为朝鲜族妻子(49.4%)和菲律宾妻子(42.3%),相反,越南妻子(22.4%)显著较低。韩国丈夫职业根据妻子的国籍来看,为白领比重依次为菲律宾妻子(23.5%),朝鲜族妻子(22.0%),越南妻子(18.6%)

根据婚姻移民女性的出身国家来看,她们在居住地区的比例也呈现差异。在首尔地区的婚姻移民女性居住的全体平均比例为14.1%,但是国家之间有差异性。朝鲜族妻子在首尔的居住比例以20.1%居首,菲律宾和越南妻子以不足8%处于略低地位。相反,在中小城市或者农村地区的居住比例依次为菲律宾妻子(75.4%),越南妻子(71.7%),朝鲜族妻子(55.8%)。

和公婆同住的全体平均比例为28.6%,并不是很高,但是在不同国家之间也呈现出偏差。定居在中小城市或者农村的婚姻移民女性中,越南妻子与公婆同住的比例为46.2%,菲律宾妻子同住的比例为35.6%。相反,首尔居住比例较高的朝鲜族妻子(17.0%)与公婆同住的比例相对较低。

婚姻移民女性居住的地区不同,所呈现出的外国人比重也出现不小的偏差。总体来说,中小城市或者农村地区的外国人妻子的比重较高,大城市地区的比重较低。如表1所示,本研究的分析对象16863名婚姻移民女性居住的市·郡·区地区,2009年申请的婚姻中,外国人妻子所占比重平均为11.2%。大城市的服务业从事者相对较多的中国朝鲜族,她们的居住地区的外国人妻子比重相对较低,占10.2%。相反,主要居住在中小城市或者农村的菲律宾妻子(13.1%)和越南妻子(12.1%)的居住地区的外国人妻子比重相对较高。并且,在婚姻移民女性居住的地区,同民族人口的比重的平均值为中国朝鲜族1.1%,越南女性和菲律宾女性不超过0.3%和0.2%。

最后,社会活动的平均值为菲律宾妻子89.4,其次是越南妻子的56.4,和预想不同的是,朝鲜族妻子的社会活动平均值为41.9,处于最低。

四、婚姻移民女性的社会活动和适应类型

1. 婚姻移民女性的各个特性的社会活动水平和适应类型分布

婚姻移民女性的社会活动根据夫妻的社会人口学特性呈现出偏差。像前文所指出那样,菲律宾妻子的社会活动值最高,朝鲜族妻子最低。朝鲜族妻子的社会活动水平呈现较低水平与其居住地区和就业状态的分布有所关联。如表2所示,部分是因为以首尔为首的大城市居住者及就业者的社会活动参与机会相对较低。另外,社会活动值和夫妻的教育水平呈现正相关。夫妻全部都是初婚或者外国人妻子是初婚的情况,以及和公婆同住的外国人妻子的社会活动较为活跃。韩国丈夫是否是白领,在统计学没有呈现出有意义的偏差。

在前一节中将婚姻移民女性的适应类型根据她们的韩国社会参与水平及文化认同性水平分为整合、同化、孤立、边缘化。如表2所示,几乎一半(47.7%)婚姻移民女性可归类为同化类型,剩下三种类型所占比重较为相似。婚姻移民女性的适应类型分布如果按妻子的国籍来看的话,朝鲜族妻子和越南妻子属于同化类型的比重相对较高,边缘化类型的比重相对较低。另一方面,菲律宾妻子属于同化类型和孤立类型的比重较高,边缘化类型的比重相对较低。呈现如此结果可判断为和菲律宾女性的文化、宗教的特性,以及英语能力都有关联。

婚姻移民女性的适应类型根据主要社会人口学变量呈现出规律性。首先,婚姻移民女性的教育水平越高,属于整合类型的比重越高,边缘化类型的比重越低。根据丈夫教育水平所观察到的适应类型分布来看,虽然关联性相对较弱,但是也呈现出相同的情况。

根据夫妻是否再婚来看适应类型,夫妻全部都是初婚的情况,整合类型的比重相对较高,边缘化类型的比重较低。并且夫妻间只有一方是初婚的情况下也发现有这样的倾

向。另一方面,夫妻都属于再婚的话,整合类型的比重不超过8.1%,同化类型和边缘化类型的比重各为59.5%和21.6%。

如表2所示,过去有就业经验或者就业状态的婚姻移民女性比没有就业经验或者现在没有就业的女性,属于整合类型的可能性相对高,属于孤立和边缘化类型的可能性较低,但是偏差不大。根据丈夫的职业是否是白领来看,也呈现同样的状态。并且,和公婆同住的外国人妻子比不一起住的外国人妻子属于整合和孤立类型的比重高,同化和边缘化类型的比重低。

最后,就居住地区的城市化水平和适应类型的关系来看,越是居住在大城市,其属于同化和边缘化类型的比重越高,相反,整合和孤立类型的比重越低。呈现这样的情况可判断为城市规模越大,和公婆同住的婚姻移民女性的比例越低相关。

表2　根据婚姻移民女性的社会人口学特性的社会活动评分的平均值和适应类型分布

	社会活动平均分数	适应类型的分布(%)				
		整合	同化	孤立	边缘化	合计
		(2889)	(8050)	(2977)	(2947)	(16863)
妻子的原国家						
中国(朝鲜族)	41.9	13.5	58.7	9.7	18.1	100.0
越南	56.4	17.4	37.7	26.7	18.2	100.0
菲律宾	89.4	31.9	25.4	29.5	13.3	100.0
妻子的受教育水平						
中学以下	44.5	11.8	47.7	19.2	21.3	100.0
高中	51.7	16.9	50.6	16.0	16.4	100.0
大学以上	70.9	28.6	40.7	18.3	12.5	100.0
丈夫的受教育水平						
中学以下	49.8	14.8	45.9	17.6	21.7	100.0
高中	53.0	17.8	49.9	17.0	15.3	100.0
大学以上	56.9	19.9	48.3	17.4	14.4	100.0
夫妻的婚历						
夫妻都是初婚	59.5	20.1	45.0	19.5	15.3	100.0
妻子是初婚	51.2	16.1	41.6	21.4	20.9	100.0
丈夫是初婚	34.5	10.5	56.9	9.8	22.8	100.0
夫妻都是再婚	31.4	8.1	59.5	10.7	21.6	100.0

续表

	社会活动平均分数	适应类型的分布(%)				
		整合	同化	孤立	边缘化	合计
		(2889)	(8050)	(2977)	(2947)	(16863)
妻子过去的就业经历						
有就业	50.8	17.6	47.1	16.9	18.4	100.0
无就业	53.0	17.0	47.9	17.8	17.2	100.0
妻子现在的就业状态						
正在就业	49.9	17.8	50.4	15.6	16.2	100.0
没有就业	54.4	16.7	46.0	19.0	18.3	100.0
丈夫的职业						
白领	51.5	19.1	48.2	16.7	16.1	100.0
其他	52.9	16.6	47.6	17.9	17.8	100.0
是否与公婆同住						
同居	56.5	18.7	45.5	19.1	16.7	100.0
分居	51.0	16.5	48.6	17.1	17.8	100.0
居住地区						
首尔	41.5	14.3	52.0	14.5	19.2	100.0
广域市	48.2	16.0	49.9	16.1	18.1	100.0
其他地区	56.6	18.2	46.0	18.9	16.9	100.0

注:1)关于社会活动分数的各类别平均值的t检验及F比的检验结果,除了丈夫的职业外,其余所有特性的偏差维持在0.01~0.05,在统计学上有意义。

2)关于社会人口学特性和适应类型分布的 x^2 检验结果,所有偏差维持在0.01,在统计学上有意义。

资料来源:保健福祉部 外(2010)。

2. 居住地区的民族构成和婚姻移民女性的社会活动

在最近的论文中已得出的结果那样,在婚姻移民女性居住地区,外国人妻子的比重越高,生育水平越高(金斗燮,宋儒真, 2013)。并且发现居住地区民族构成的邻里效应同样适用于婚姻移民女性的社会活动。如图2所示,居住地区外国人比重越高,地区居民聚会、家长聚会和母国朋友聚会的参与频度越高。相比之下,夫妻的家人或者亲戚相关聚会的参与频度和地区社会的民族构成并不呈现明显的相关性。

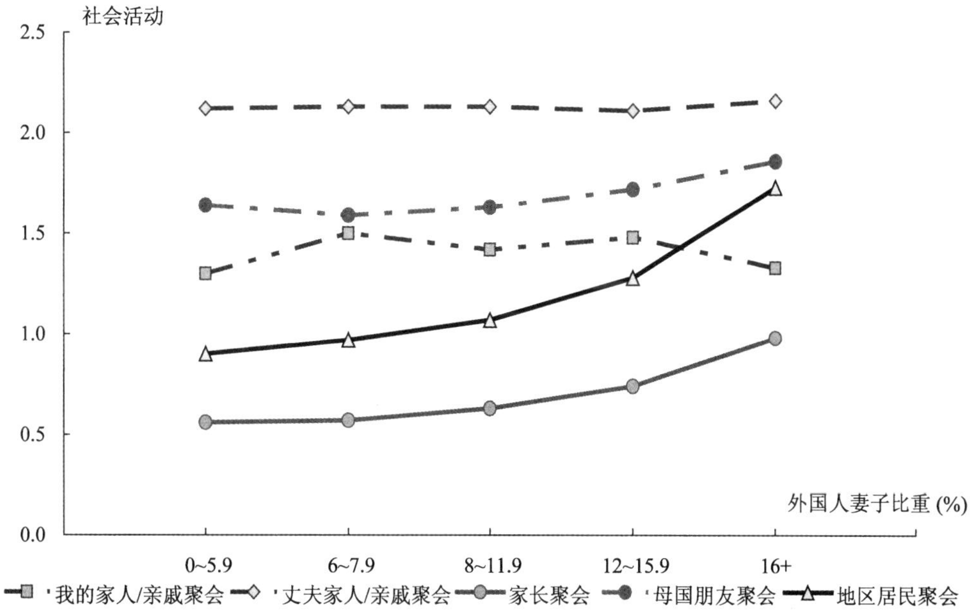

图 2　根据居住地区外国人妻子比重的各种社会活动参与频度的平均值

资料来源:保健福祉部 外(2010);SSK 多文化事业团(2012)。

如图 3 所示,在中小城市,以及农村地区,无论是否和公婆同住,居住地区的外国人妻子比重和社会活动值呈现正相关。发现居住在大城市地区的婚姻移民女性多少出现一些偏离形态,一部分原因是因为外国人妻子比重变量是根据市、郡、区为单位而测定的。即,现实中居住在大城市的调查对象情况,她们的生活领域并不局限于区这样的生活单位。

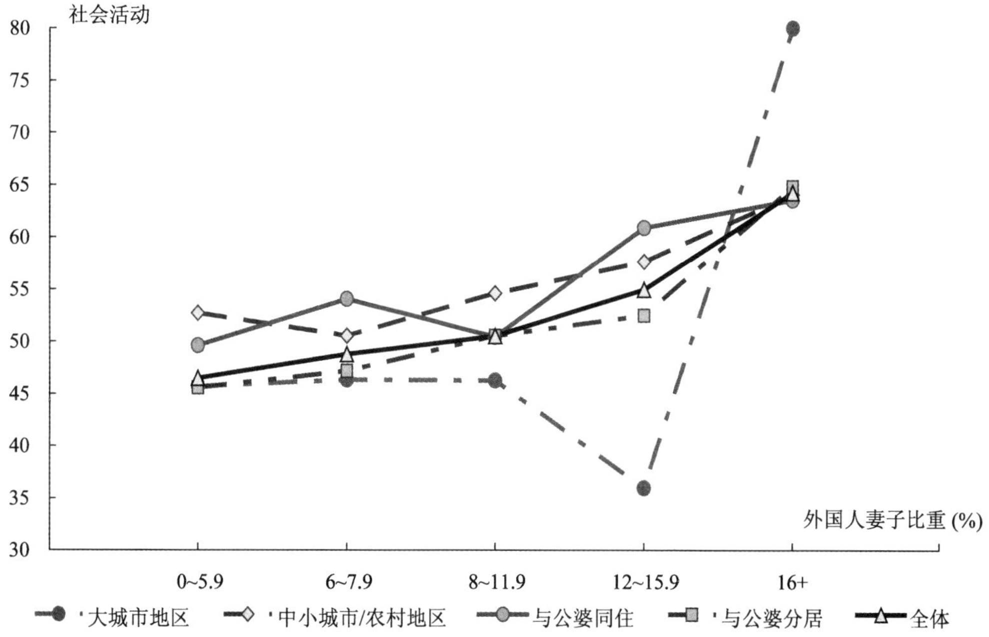

图 3　根据居住地区外国人妻子比重,是否居住于大城市及是否同公婆同住的社会活动分数的平均值

资料来源:保健福祉部 外(2010);SSK 多文化事业团(2012)。

但是,如图 4 所示,根据同民族人口的比重观察社会活动参与频度的话,会发现和图 2 相反的情况。即,同民族人口越多,除"我的家人/亲戚聚会"之外,其他四种聚会的参与频度越低。在图 5 中,居住地区同民族人口的比重会对婚姻移民女性的社会活动产生反作用。无论居住地的城市化水平及是否与公婆同住,与其社会活动值都呈现明显的负相关。这是因为关于外国人妻子及同民族人口比重变量的定义的性质不同。即,前者是测定 2009 年一年间流入市、郡、区地区的婚姻移民女性的流入水平(flow measure)。相比,后者所代表的地区社会的民族构成所指的是截至 2009 年流入的外国人人口基础上减去所流失的外国人人口后的累积概念(stock measure)。

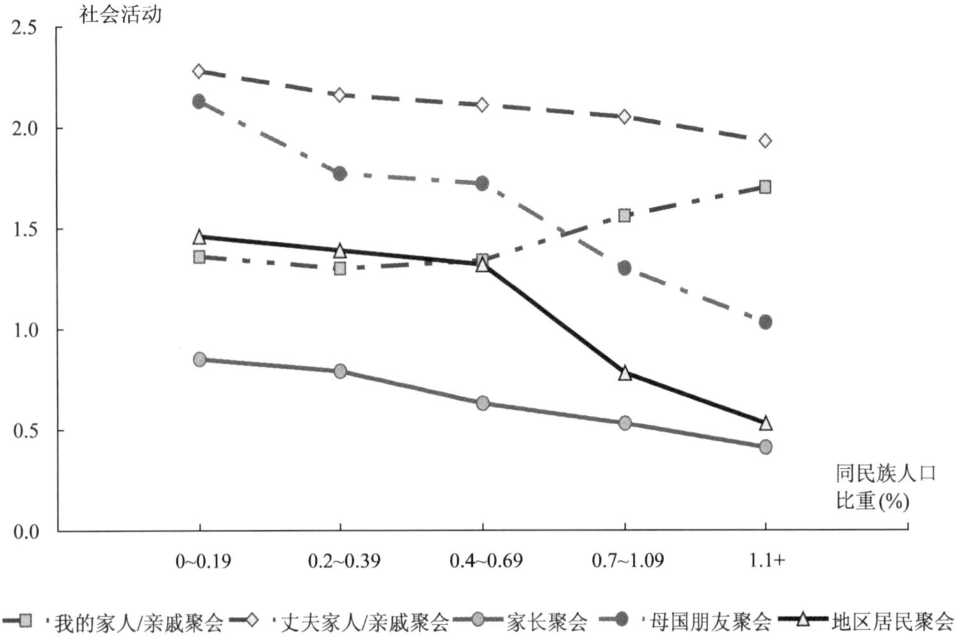

图 4 根据居住地区同民族人口比重的各种社会活动参与频度的平均值

资料来源:保健福祉部 外(2010);SSK 多文化事业团(2012)。

居住地区外国人妻子的比重和社会活动的关系根据婚姻移民女性的出身国家也呈现出差异性。如图 6 所示,菲律宾妻子的社会活动最活跃,朝鲜族妻子的社会活动水平最低迷。居住地区的外国人妻子比重和社会活动水平的正关联性对菲律宾妻子来说很明显,对越南妻子和朝鲜族妻子来说相对较弱。特别是当菲律宾妻子的社会活动超过外国人妻子比重的一定临界点(8% ~11.9%),便会急剧上升。相反,就越南妻子和朝鲜族妻子而言,这样的临界点效应(threshold effects)相对较弱。菲律宾妻子在韩国居住的时间不短,农村居住者较多,加上数量上也不少,所以受邻里效应影响较为显著。再者,她们较为活跃的宗教活动和较好的英语能力导致需求也相对较高。

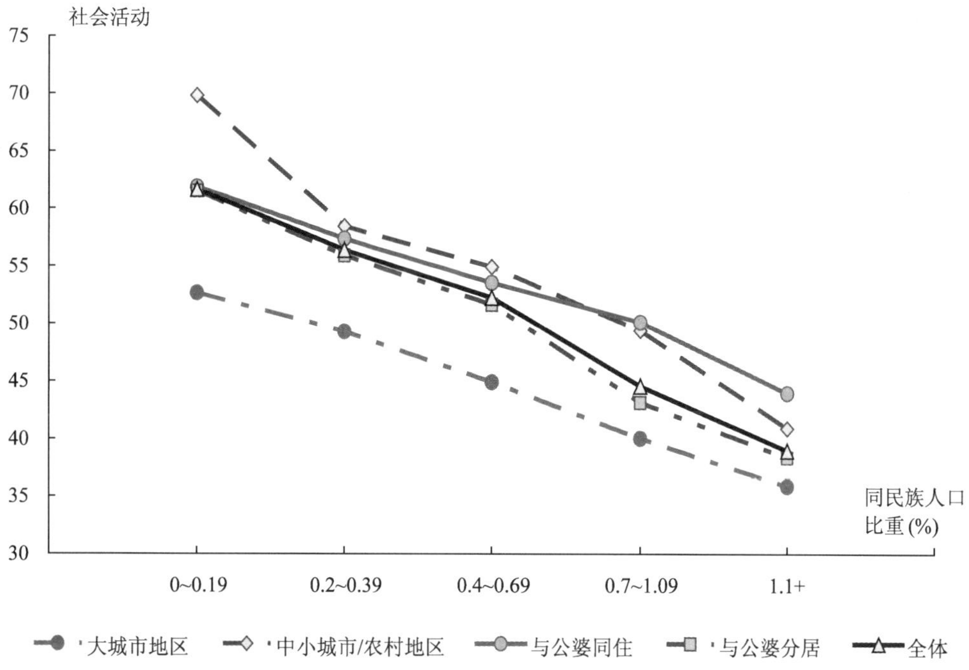

图 5　居住地区同民族人口的比重、是否居住在大城市及是否同公婆同住的平均值

资料来源：保健福祉部 外(2010)；SSK 多文化事业团(2012)。

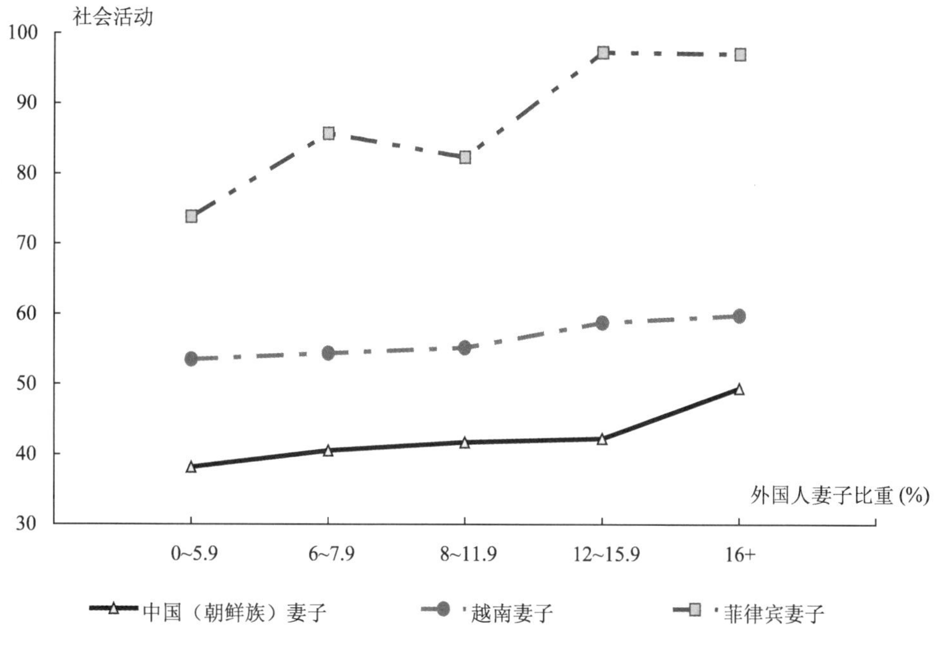

图 6　根据居住地区外国人妻子比重及婚姻移民女性的原国籍国家的社会活动分数平均值

资料来源：保健福祉部 外(2010)；SSK 多文化事业团(2012)。

3. 居住地区的民族构成和婚姻移民女性的适应类型

本节将从四种适应类型来看婚姻移民女性及配偶的年龄、结婚年龄和韩国居住时间的偏差。在表 3 中展示的是连续型主要变量的平均值。在表 3 中，根据婚姻移民女性的适应类型呈现出不同特性。关于这些连续变量的四个适应类型的各平均值的单因素 ANOVA(one - way ANOVA)分析结果显示，所有变量的平均值偏差显示在 0.01，在统计学上显示为有意义。

首先，孤立类型的女性的平均年龄以 29.6 岁处于最低，整合类型的女性为 31.4 岁，比同化及边缘化类型明显要低。根据婚姻移民女性的适应类型来看丈夫的年龄，虽然其偏差相对较小，但也呈现出相同的状况。即，和整合和孤立类型的妻子一起居住的丈夫比属于边缘化类型的案例的平均年龄要小。因此，属于孤立类型女性的丈夫和妻子的年龄差距最大，其次是边缘化、整合类型，同化类型的夫妻年龄差距为最小，大多在 10 岁左右。

表 3 中夫妻的结婚年龄和婚姻移民女性的适应类型之间所呈现的关系形态和夫妻年龄的关系形态是一致的。并且，根据适应类型来看夫妻结婚年龄差距和夫妻年龄差距呈现的是相同的形态。即，孤立类型的结婚年龄差距以 12.9 岁最大，然后依次为边缘化、整合、同化类型。

表 3　婚姻移民女性的各适应类型主要社会人口学变量的平均值

	适应类型				
	整合	同化	孤立	边缘化	合计
	(2889)	(8050)	(2977)	(2947)	(16863)
妻子的年龄	31.4	34.2	29.6	33.6	32.9
丈夫的年龄	42.2	44.2	42.6	44.6	43.6
妻子的结婚年龄	26.0	29.2	25.9	29.3	28.1
丈夫的结婚年龄	36.8	39.2	38.8	40.3	38.9
在韩居住时间(月)	78.2	77.1	56.5	66.3	71.8
外国人妻子的社会活动	98.5	46.5	56.1	19.5	52.6
居住地区的外国人妻子比重(%)	11.7	10.7	12.1	11.0	11.2
居住地区同民族人口比重(%)	0.6	0.8	0.6	0.8	0.7

注:关于各适应类型平均值 F 比的检验结果，所有变量平均值的偏差维持在 0.01，在统计学上有意义。

资料来源：保健福祉部 外(2010)；SSK 多文化事业团(2012)；行政安全部(2010)。

就婚姻移民女性的各适应类型的平均韩国居住时间来看，孤立类型以 56.5 个月最短，其次是边缘化类型 66.3 个月。居住时间越长，同化类型和整合类型越多。虽然她们在婚姻移民后，参与到韩国社会的水平较低，并且维持较强的母国文化认同性，但是居住时间越长，参与到韩国社会和社会经济活动便越活跃。

婚姻移民女性的社会活动水平可以根据适应类型明确地分类。整合类型女性的社会活动较为活跃，但不是最活跃。孤立类型女性的母国亲戚及朋友等相关聚会的参与频度较高，社会活动值的平均值比同化类型的女性的值要高。另一方面，就边缘化类型而言，无论是什么类型的社会活动，其参与频度都较低。

如表3所示，居住在市、郡、区地区的外国人妻子的比重和婚姻移民女性的适应类型呈现出的是意料之外的形态。孤立类型的婚姻移民女性所居住地区社会的外国人妻子比重的平均值最高，然后是整合、边缘化、同化类型依次递减。一方面，同民族人口比重和适应类型呈现相反的关系形态。其比重的绝对值虽然很低，但是同化及边缘化类型的婚姻移民女性居住在市、郡、区越是地区的地方，婚姻移民女性和同民族人口的比重相对越高，整合及同化类型的女性居住的市、郡、区地区，其比重较低。

五、居住地区民族构成的邻里效应

1. 关于社会活动参与的回归分析

本研究中，更精确的把握影响婚姻移民女性的社会活动的因素，为了检验地区社会民族构成的邻里效应，本文进行了回归分析。在回归模型中投入了和夫妻的社会人口学变量相对的居住市、郡、区地区的外国人妻子比重及同民族人口比重说明变量。关于婚姻移民女性的社会活动参与的回归分析结果如表4所示。

婚姻移民女性的社会活动根据居住地区的城市化水平，其因果结构呈现出不一样的形态。如前文所分析，无论居住地区在哪儿，菲律宾妻子的社会活动参与水平最高，接下来是越南妻子和朝鲜族妻子。社会活动和夫妻的教育水平也呈现正相关关系，只是，中小城市和农村地区的丈夫的教育水平所产生影响这一项，得出的结果在统计学上是无意义的。在韩国居住时间越长，社会活动越活跃，并且发现无论居住地区在哪儿，调查时处于就业状态的妻子的社会活动水平较低。中小城市和农村地区，和公婆同住的婚姻移民女性的社会活动水平较低。在家庭中心主义相对较强的中小城市和农村地区，对和公婆同住的婚姻移民女性的社会活动所施加压力的概率较高。

如表4所示，夫妻的年龄和结婚年龄，以及是否再婚对社会活动施加的独立影响无法维持它在统计学上的意义。并且妻子过去的就业经验和丈夫的职业是否是白领在两个模型中都不重要。大城市[模型1]和公婆同住的女性的社会活动没有显示出明显的偏差是因为在大城市同公婆同住者的比重不超过21.5%，并且和她们中78.9%的丈夫是白领职业从事者相关。同时她们具有妻子的年龄较低，以及居住时间明显较短等共同点。

婚姻移民女性的社会活动所覆盖的地区社会的民族构成邻里效应，比起大城市，在中小城市和农村地区更突出。表4中的[模型2]中，在控制所有说明变量的影响后，发现所居住的市、郡、区地区外国人妻子的比重越高，婚姻移民女性的社会活动越活跃。因为邻居中外国人妻子的越多，接触和交流的机会越多，社会活动的机会便会增加。同时外国人妻子的比重越高，集中中央政府或者地方支持团体及各种机关提供的社会政策方面支援的可能性增加，会对她们的社会活动施加肯定的影响效果。

相反，所居住的市、郡、区地区的同民族人口的比重，在控制其他自变量的影响力的过程中,无法维持其在统计学上有意义。并且根据251个市、郡、区地区,计算来自朝鲜族、菲律宾及越南的人口所占的比重后得出的结果,占全体人口中的比重非常低,其偏差的微弱是其部分原因。作为参考,可以说该资料中外国人妻子比重和同民族人口比重分别代表市、郡、区地区民族人口的相互不同层面,它们间相关系数不超过-0.07。

表4　关于影响婚姻移民女性社会活动各要素的回归分析

	婚姻移民女性的社会活动			
	[模型1](大城市)		[模型2](中小城市/农村)	
	b	beta	b	beta
越南妻子	14.70**	0.15	19.82**	0.19
菲律宾妻子	33.46**	0.23	43.08**	0.32
妻子年龄	-0.30	-0.07	0.74	0.13
丈夫年龄	0.80	0.15	0.35	0.05
妻子受教育年数	1.26**	0.09	1.59**	0.09
丈夫受教育年数	0.71**	0.04	0.26	0.01
妻子结婚年龄	-0.34	-0.07	-1.25	-0.20
丈夫结婚年龄	-0.90	-0.18	-0.53	-0.08
妻子再婚	-0.16	-0.00	-1.64	-0.01
丈夫再婚	-1.82	-0.02	-2.48	-0.02
在韩居住时间	0.11**	0.14	0.09**	0.09
妻子过去就业经历	-1.17	-0.01	-2.45	-0.02
妻子现在就业状态	-3.43*	-0.04	-4.61**	-0.05
丈夫职业为白领	-1.07	-0.01	-0.52	-0.00
与公婆同住	-1.00	-0.01	-2.53*	-0.02
居住地区外国人比重	-0.06	-0.00	0.33**	0.04
居住地区同民族人口比重	-0.15	-0.01	-0.63	-0.01
(回归常数)	32.28**		33.17**	
案例数	4646		7854	
R^2	0.15		0.17	
F值	47.10**		95.31**	

注:1) $^{*}p<0.05$, $^{**}p<0.01$。

2)越南妻子、菲律宾妻子、妻子再婚、丈夫再婚、妻子过去就业经历、妻子现在就业状态、丈夫职业为白领、和公婆同住等变量以虚拟变量形式投入模型。

资料来源:保健福祉部 外(2010);SSK多文化事业团(2012);行政安全部(2010)。

2. 关于适应类型的多类 Logistic 分析

因为将婚姻移民女性的适应类型看做分类变量有待考虑,因此将其作为因变量,通过分类 Logistic 分析检验邻里效应。为了确定根据居住地区的城市化水平而导致的适应类型的因果结构可能出现的不同,将大城市、中小城市、农村的对象分类进行分析,其结果如表 5 和表 6 所示。

首先,看表 5 中居住在大城市的婚姻移民女性的适应类型,观测不到居住地区民族构成强烈的邻里效应。只是,同民族人口的比重越高,比起已设定好的同化类型,孤立类型相对越多。例如,同民族人口比重的系数 0.14,在其他变量的影响力都被控制的情况下,比起同化类型,孤立类型的比值比(odds ratio)exp(0.14) = 1.15。如果控制其他说明变量的影响力,大城市地区的外国人妻子的比重所产生的影响力在统计学上无意义。并可指出,和中小城市或者农村的郡地区不同,大城市的生活区域并不局限于区。

看表 5 中的其他说明变量,比起同化类型的越南妻子,整合或者孤立类型的比值比较低。就菲律宾妻子而言,相比同化类型,其他三种适应类型的比值比较低。即,比起不同民族的外国人妻子,同化类型的可能性相对较高。整合类型的妻子的受教育水平高,社会活动越活跃,妻子有就业经验或者现在处于就业状态的话就越低,其比值比就越低。孤立类型的比值比和妻子的年龄、丈夫的结婚年龄及韩国居住时间呈现负相关,并和丈夫的年龄呈现正相关。有就业经验或者现在处于就业状态的妻子,落入孤立类型的概率相对较低,丈夫是白领或者同公婆同住的妻子,其落入孤立类型的概率相对较高。最后,边缘化类型而言,如果丈夫是白领,其比值比相对较高。丈夫的教育水平较高或者妻子的社会活动越活跃,其比值比则显著降低。

表 5 影响居住在大城市的婚姻移民女性的适应类型因素的多类 Logistic 分析

	婚姻移民女性的适应类型(大城市)					
	整合/同化		孤立/同化		边缘化/同化	
	b	Exp(b)	b	Exp(b)	b	Exp(b)
越南妻子	-0.57**	0.57	-1.13**	0.33	-0.29	0.75
菲律宾妻子	-0.84	0.43	-1.69**	0.18	-0.99**	0.37
妻子年龄	-0.01	0.99	-0.15*	0.87	0.05	1.05
丈夫年龄	0.01	1.01	0.14*	1.15	-0.03	0.97
妻子受教育年数	0.06**	1.06	-0.02	0.98	-0.02	0.99
丈夫受教育年数	0.01	1.01	-0.03	0.97	-0.06**	0.94
妻子结婚年龄	-0.01	0.99	0.12	1.13	-0.06	0.95
丈夫结婚年龄	-0.03	0.97	-0.15*	0.86	0.03	1.03
妻子再婚	-0.07	0.94	-0.05	0.95	-0.11	0.90

续表

	婚姻移民女性的适应类型(大城市)					
	整合/同化		孤立/同化		边缘化/同化	
	b	Exp(b)	b	Exp(b)	b	Exp(b)
丈夫再婚	0.21	1.23	-0.06	0.94	0.15	1.17
在韩居住时间	-0.00	1.00	-0.01**	1.00	-0.00	1.00
妻子过去就业经历	-0.46**	0.63	-0.61**	0.54	-0.20	0.82
妻子现在就业状态	-0.49**	0.61	-0.37**	0.69	0.22	1.24
丈夫职业为白领	-0.07	0.93	0.22*	1.25	0.26*	1.30
和公婆同住	0.02	1.02	0.34**	1.40	0.07	1.07
婚姻移民女性的社会活动	0.02**	1.02	0.00	1.00	-0.05**	0.96
居住地区外国人妻子比重	-0.01	0.99	-0.00	1.00	0.00	1.00
居住地区同民族人口比重	0.04	1.04	0.14**	1.15	0.04	1.04
(回归常数)	0.14		3.23**		2.14**	
案例数	4646					
Nagelkerke R^2	0.35					
-2Log likelyhood	9611.44					
x^2(d.f.;54)	1781.87**					

注:1) * $p<0.05$, ** $p<0.01$。

2)越南妻子、菲律宾妻子、妻子再婚、丈夫再婚、妻子过去就业经历、妻子现在就业状态、丈夫职业为白领、和公婆同住等变量以虚拟变量形式投入模型。

资料来源:保健福祉部 外(2010);SSK多文化事业团(2012);行政安全部(2010)。

比起居住在大城市的居住者,地区社会民族构成的邻里效应在居住在中小城市或者农村的婚姻移民女性中体现得更明显。如表6所示,外国人妻子的比重越高,孤立类型的比值比也越高。地区社会同民族人口越多,孤立类型的比值比越高。但是同化对比整合类型和边缘化类型的比值比,在统计学上,就算在中小城市或者农村也不受民族构有意义的影响。

如表6所示,在中小城市或者农村和在大城市不同,和公婆同住的婚姻移民女性中整合类型和边缘化类型的比值比较高。妻子的社会活动越活跃,整合类型和孤立类型的比值比越高;相反,边缘化类型的比值比越低。和在大城市的一样,妻子的就业相关变量对整合类型和孤立类型的比值比施加负影响力,但是对边缘化类型的比值比施加的影响不具有统计学意义,在丈夫是白领职业的比重相对较低的中小城市或者农村,对妻子的适应类型施加的影响力很微弱。

表6　影响中小城市或农村婚姻移民女性适应类型因素的多类 Logistic 分析

	婚姻移民女性的适应类型(中小城市/农村)					
	整合/同化		孤立/同化		边缘化/同化	
	b	Exp(b)	b	Exp(b)	b	Exp(b)
越南妻子	-0.51 **	0.60	-1.21 **	0.30	-0.55 **	0.75
菲律宾妻子	-0.74	0.48	-2.02 **	0.13	-1.11 **	0.37
妻子年龄	0.04	1.04	-0.03	0.97	0.03	1.05
丈夫年龄	-0.04	0.96	0.03	1.03	0.00	0.97
妻子受教育年数	0.08 **	1.08	-0.04 **	0.96	-0.03 *	0.99
丈夫受教育年数	0.01	1.01	-0.01	0.99	-0.04 **	0.94
妻子结婚年龄	-0.05	0.95	0.01	1.01	-0.04	0.95
丈夫结婚年龄	0.03	1.03	-0.03	0.97	-0.01	1.03
妻子再婚	0.28	1.33	0.09	1.10	-0.08	0.90
丈夫再婚	-0.14	0.87	-0.02	0.98	-0.14	1.17
在韩居住时间	-0.00	1.00	-0.01 **	1.00	-0.00 *	1.00
妻子过去就业经历	-0.43 **	0.65	-0.48 **	0.62	-0.12	0.82
妻子现在就业状态	-0.35 **	0.71	-0.30 **	0.74	0.07	1.24
丈夫职业为白领	-0.11	0.90	-0.03 *	0.97	0.06	1.30
和公婆同住	0.16 *	1.18	0.37 **	1.45	0.17 *	1.07
婚姻移民女性的社会活动	0.02 **	1.02	0.00 **	1.00	-0.04 **	0.96
居住地区外国人妻子比重	0.01	1.01	0.02 **	1.02	0.01	1.00
居住地区同民族人口比重	0.04	1.04	0.12 *	1.13	0.07	1.04
(回归常数)	-0.87		2.48 **		2.43 **	
案例数	7854					
Nagelkerke R^2	0.38					
-2Log likelyhood	16642.52					
x^2(d. f. :54)	3401.55 **					

注:1) * $p<0.05$, ** $p<0.01$。

2)越南妻子、菲律宾妻子、妻子再婚、丈夫再婚、妻子过去就业经历、妻子现在就业状态、丈夫职业为白领、和公婆同住等变量以虚拟变量形式投入模型。

资料来源:保健福祉部 外(2010);SSK 多文化事业团(2012);行政安全部(2010)。

在中小城市或者农村居住的婚姻移民女性,在韩国居住的时间越长,孤立类型和边缘化类型的比值比越低。但是整合类型的比值比没有受到很明显的影响。妻子的受教育水平对适应类型产生的影响,比起大城市,在中小城市或者农村得到更强的体现。如表6所示,妻子的教育水平越高,孤立类型和边缘化类型的比值比明显越低。一方面,和大城市一样,整合类型的比值比和妻子的受教育水平呈现正相关。最后,和大城市一样,丈夫的受教育水平越高,边缘化类型的比值比呈现降低的趋势。

结论,Logistic 分析的结果显示,地区社会民族构成的邻里效应,比起在大城市,居住在中小城市或者农村地区的婚姻移民女性身上更明显地被体现出来。中小城市或者农村地区的外国人妻子越多,该效应会提高孤立类型的适应概率。同民族人口的增加,比起促使婚姻移民女性积极参与韩国社会,更容易导致使其孤立化,并强化其母国民族及文化认同感。

六、结论

截至2012年,居住在韩国的滞留外国人达到144.5万名,加上不法滞留者接近200万名(法务部,2013)。随着交通及通信的发达和全球化趋势,以结婚和工作为目的,进入韩国的外国人人口在未来将持续增加。现在已经到了不得不承认外国人口已是韩国社会的重要构成元素的阶段。因此,在最近,立案了很多关于多元文化的法令和政策,并且许多关于韩国外国成员的学术研究领域得到多方面的扩展。特别是在最近,对婚姻移民者的社会经济活动和适应,地区社会的整合、生育力,以及对外国人配偶和劳动者的差别待遇和态度等的关心持续升高。

同时,比起只把握以个人为单位的探究性主题,本文试图投入地区社会的集合变量作为说明变量以辅助探讨论题。在历史上一直以来强调单一民族和文化同质性的韩国社会,婚姻移民女性必然会经历社会、物质方面的不利环境和不安定地位,地区社会的环境和构成特性也会做出敏感反应并受到其影响。而针对关于居住地区社会环境和构成特性对个人的行为和思考产生的影响的研究在社会学并不是一个全新的课题。最近,除社会学以外,人类学、保健学、预防医学、教育学等多个领域,在假设个人行为对所属的组织、集团、地区社会、国家的整合和纽带关系产生影响的前提下,对邻里效应的验证处于增加的趋势。

这样的背景下,本研究致力于试图找到以下三个问题的答案。第一,邻里效应的理论和假设是否能适用于婚姻移民女性?具体来说,婚姻移民女性的社会活动水平和适应类型根据所谓地区社会的民族构成,以及环境特性是否呈现有意义的偏差?第二,外国人人口在全体人口中占有率很低的情况下,在方法论上如何测定并如何检验地区社会民族构成对个人行为所产生的效应?第三,对婚姻移民女性的社会活动和适应类型产生影响的地区社会民族构成效应根据居住地区的城市化水平,是否与公婆同住等呈现出怎么的形态?

本研究假设居住地区的外国人妻子比重越高,同民族人口越多,越有利于促进婚姻移民女性的社会活动。同时将婚姻移民女性的适应类型分为整合、同化、孤立及边缘化四类,并试图把握这四类适应类型和居住地区的外国人妻子及同民族人口的比重的关系。本研究所使用的资料是摘自《2009年全国多文化家族实态调查》的元资料。并且，外国人妻子及同民族人口所占比重根据251个市、郡、区单位计算后所得地区社会民族构成的变量后投入使用。本研究的分析结果整理如下。

居住地区的外国人妻子比重越高越促进婚姻移民女性的社会活动，并增加孤立类型的适应概率。这样的邻里效应比起在大城市、中小城市及农村地区更为明显。和公婆同住所产生的影响在中小城市和农村更为显著。并且，居住地区的同民族人口越多，与他们的接触和互动越多，比起同化于韩国社会，属于孤立适应类型的婚姻移民女性较多。

居住地区外国人妻子的比重越高、同民族人口越多，属于孤立适应类型的婚姻移民女性越多这一研究结果具有很重要的政策含义。首先，需要审视过去多元文化及婚姻移民者资源政策究竟追求什么样形态的适应类型。将来，居住地区的婚姻移民女性或者外国人比重越高，比起中央政府的重视，以及地方财团的资源，应该更多的招募和提案更多的能够发挥正影响的多方面行动提案。同时，显示出分析各个市、郡、区地区的民族构成资料，并构筑针对各地区社会外国人居住者和婚姻移民女性的政策支援方案的必要性。并且，比起大城市居住者，应更多关注已捕捉到的居住于中小城市或者农村的婚姻移民女性的邻里效应的发现。

最后，本研究的分析结果显示了投入集合水平的多样的变量的必要性。本研究将焦点放于除了地区社会民族构成以外，能够得到完整并灵活可用的反映社会经济、文化、环境特性多样的变量的话，便有可能做更精细水平的分析和将邻里效应理论做得更精细化。

【参考文献】

[1] 金斗燮(2006)"한국인 국제결혼의 설명틀과 혼인 및 이혼신고자료의 분석(韩国人国际婚姻说明框架和婚姻及离婚申告资料分析)"《韓國人口学》29(1):25－56.

[2] 金斗燮(2008)"외국인 배우자의 지위와 사회적 자본이 출산력에 미치는 영향(外国人配偶的地位和社会资本对生育力产生的影响)"《韓國人口学》31(3):1－26.

[3] 金斗燮(2012)"국제결혼 부부의 연령 및 교육수준 격차와 결혼안정성: 국제결혼개방성 가설의 검증(国际婚姻夫妻年龄及受教育水平差距和婚姻稳定性:国际婚姻开放性假说检验)"《韓國人口学》35(1): 1－30.

[4] 金斗燮(2013)《외국인 배우자의 다양성과 국제결혼의 안정성(外国人配偶的多样性和国际婚姻的稳定性)》集文當.

[5] 金斗燮，宋儒真(2013)"거주지역 외국인 아내의 비중과 가구구조가 혼인이주여성의 출산력에 미치는 영향: 주변효과의 검증(居住地区外国人妻子的比重和家庭结构对生育力产生的影响:邻里效应检验)"《韓國人口学》36(1):51－74.

[6] 金斗燮，柳政均(2013)《多文化市、郡、区统计 Data Sheet, 2010, 2012》原資料. 汉阳大SSK多文化事业团.

[7] 金斗燮，车圣恩，Kim H H. (2008)《혼인이주 여성의 사회연결망과 적응(婚姻移民女性的社会链接网和适应)》汉阳大 人口和高齡社會研究所.

[8] 闵智善，金斗燮(2013)"거주지역의 외국인 비중이 외국인에 대한 사회적 거리감에 미치는 영향

(居住地区的外国人比重向对关于外国人社会距离感产生的影响)"《韓國人口学》36(4):71 -94.

[9] 朴世勋,李英儿,金恩岚,郑小襄(2009)《다문화사회에 대응하는 도시정책 연구(Ⅰ): 외국인 밀집지역의 현황과 정책과제(应对多元文化社会的城市政策研究(Ⅰ):外国人密集地区的现状和政策课题)》國土研究院.

[10] 朴尹焕(2011)"빈곤층과 외국인 주민 거주지분리에 대한 연구: 서울시 사례연구(贫困层和外国人居民居住地分离研究:首尔市案例研究)"《首尔都市研究》12(4): 103 -122.

[11] 法务部(2013)《出入國 外國人政策 统计年報, 2012》法务部.

[12] 保健福祉部,女性家族部,法务部(2010)《2009 年全国多文化家族实态调查》原資料.

[13] 张汉娜,尹基灿(2010)"결혼이주여성의 지역사회 적응에 미치는 영향요인 분석: 로컬거버넌스 관점에서(对婚姻移民女性的地区社会适应影响因素分析:从地方管理观点出发)"《地方行政研究》24(2):121 -155.

[14] 统计厅(2013a) 國家统计 portal 포털(KOSIS) 统计厅 http://kosis.kr/.

[15] 统计厅(2013b)"2012 年多文化人口動態统计" 人口動向科 報道資料.

[16] 河星圭,马江莱,安儿林(2011)"서울시 외국인 주거지의 공간적 분리패턴에 관한 연구(首尔市外国人居住地的空间分离模式研究)"《首尔都市研究》12(3): 91 -105.

[17] 行政安全部(2010)《地方自治團體 外國人住民 現况》行政安全部.

[18] SSK 多文化事业团(2012)《多文化市、郡、区统计 Data Sheet, 2010》原資料. 汉阳大 SSK 多文化事业团.

[19] Berry J W. (1987) Finding Identity: Segregation, Integration, Assimilation, or Marginality? pp. 223 -239 in Ethnic in Canada: Identities and Inequalities, edited by Leo Driedger, Toronto: Coop, Clark, Pitman.

[20] Bongaarts J, Watkins S C. (1996) Social Interactions and Contemporary Fertility Transition. Population and Development Review. 22: 639 -682.

[21] Coleman J S. (1988) Social Capital in the Creation of Human Capital. pp. 13 -39 in Social Capital: A Multifaceted Perspective, edited by Partha Das Gupta and Ismail Serageldin, Washington, D. C.: World Bank Publication.

[22] Entwisle B, Rindfuss R R, Guilkey D K, et al. (1996) Community and Contraceptive Choice in Rural Thailand: A Case Study of *Nang Rong*. Demography, 33: 1 -11.

[23] Eschbach K, Ostir G V, et al. (2004) "Neighborhood Context and Mortality among Older Mexican Americans: Is There a Barrio Advantage? " American Journal of Public Health, 94: 1807 -1812.

[24] Frisbie W P, Cho Y, Hummer R A. (2001) Immigration and the Health of Asian and Pacific Islander Adults in the United States. American Journal of Epidemiology, 153: 372 -380.

[25] Galster G C. (2010) The Mechanism(s) of Neighborhood Effects: Theory, Evidence, and Policy Implications. Paper presented at the ESRC Seminar Neighborhood Effects: Theory and Evidence, St. Andrews University, Scotland, UK, February 4 -5, 2010.

[26] Goldscheider C, Uhlenberg P R. (1969) Minority Group Status and Fertility. American Journal of Sociology, 74(4): 361 -372.

[27] Hagan J M. (1998) Social Networks, Gender, and Immigrant Incorporation: Resources and Constraints. American Sociological Review, 63: 55 -67.

● 西南山地生态足迹与可持续发展研究

王光召

（贵州大学　公共管理学院，贵州　贵阳　550025）

【摘　要】西南山地包含贵州、云南、广西和重庆三省一市，是我国面积最大的一块喀斯特地貌分布区域，人口总数超过了1.6亿，能源、资源丰富但人均不足，西南山地人口与资源、环境可持续发展问题已经凸显。本文从社会学与生态学的视角，通过计算西南三省一市的人均生态足迹与生态承载力，了解西南山地的生态承载状况，西南山地生态赤字平均水平为0.641公顷，表明西南山地人均资源消耗已经超出了生态环境本身的供给能力，自然生态的承载能力难以满足人口的生态足迹需求，人口的生活和生产给生态环境造成了较大压力。并从人口、资源、消费和科学技术等方面讨论、分析了西南山地人口与生态环境的可持续发展问题。

【关键词】西南山地；生态足迹；生态承载力；生态赤字

一、引言

西南山地是我国最大面积的一块喀斯特岩溶地貌分布区，主要包括中国的西南部贵州、云南、重庆、广西四个省市地区。据不完全统计，这四个省市的喀斯特地貌总面积91万～130万平方千米，占全国喀斯特地貌的55%。西南山地是涵盖了高原、山系、丘陵、沟壑等不同地貌特征的亚热带区域。喀斯特地貌是指以石灰岩和白云岩为主的碳酸盐岩石，在水的溶蚀、冲蚀作用下，辅以坍塌机械作用力所形成的地表和地下地貌形态的总称，又被称为岩溶地貌。

西南山地地貌多样，矿产资源储量丰富，分布广泛；生物资源种类繁多，且生存着大量国家稀缺动植物。气候宜人，适合人类居住。但是，由于西南山地的岩溶性特征，石漠化问题严重，土地退化明显；地下水易被污染，缺水问题严重等。西南山地现已成为我国人口、资源与环境问题最为尖锐的地区之一，西南山地人口与生态环境可持续发展问题已经凸显，而且直接影响到本区域，以及长江、珠江上、中、下游经济带生态安全与经济可持续发展。

生态足迹与生态承载力是体现西南山地可持续发展的重要指标，定量研究生态足迹与生态承载力以及影响因素对于认识西南山地的生态环境状况与存在问题，改善西南山

作者简介：王光召，男，贵州大学公共管理学院人口学2012级硕士研究生。

地的生态环境有重要的现实意义。本文运用生态足迹模型,采用定量分析的方法,通过相关数值的计算,对贵州、云南、重庆、广西四省市地区的人均生态足迹和生态承载力的现状及影响因素进行分析,并从人口、资源、环境等方面讨论、分析了西南山地人口与生态环境的可持续发展问题。

二、理论模型与研究方法

生态足迹的概念,是 1992 年由威廉·瑞斯(William Rees)所提出的,用来估计承载一定生活质量人口的生态系统,以及需要多少供人类使用的可再生资源或者能够消纳废物的生态系统的概念。并于 1996 年由他的学生瓦克纳格尔(Wackernagel)加以改进,对生态足迹的模型建立,以及计算原理和方法加以完善。生态足迹是关于某一地区自然生态承载力的基本概念与计算原理,自然资源和能源资源相结合,运用数学的和经济学的方法,从生态学的视角评估自然生态的可持续发展水平,是采用定量的方法测度可持续发展的重要研究成果。它作为现有的最全面的衡量生态资源数量的指标,与可持续发展理论相结合,将全世界面临的生态问题推进到了定量研究的阶段。[1] 计算生态足迹的关键环节,就是构造人口与资源、能源之间的关系。其计算公式为:

$$\mathrm{EF} = N \cdot \mathrm{ef} = N \cdot \Sigma(aa_i) = \Sigma r_j A_i = \Sigma(c_i/p_i), i = 1, \cdots, n;$$

$$\mathrm{ec} = a_j \times r_j \times y_j (j = 1, 2, 3, \cdots, 6);$$

$$\mathrm{ED(ER)} = \mathrm{BC} - \mathrm{EF};\ \mathrm{ed(er)} = \mathrm{ED\ (ER)}/N。$$

式中 EF 为总的生态足迹(ghm^2);N 为人口数;ef 为人均生态足迹(hm^2);c_i 为 i 种商品的人均消费量(t);p_i 为 i 种消费商品的世界平均生产能力(t/hm^2);aa_i 为人均 i 种交易商品折算的生物生产面积(hm^2);i 为所消费商品和投入的类型;A_i 为第 i 种消费项目折算的人均占有的生物生产面积(hm^2);ec 为人均生态承载力(hm^2);a_j 为人均生物生产面积;r_j 为均衡因子;y_j 为产量因子;ed、er 分别为人均生态赤字和人均生态盈余。ghm^2 表示全球公顷(global hectare),为生态足迹计算中的一种单位,是指生物生产力与全球各类生物生产性土地平均生产力水平一致的公顷。[2]

三、数据来源与处理分析

1. 数据来源

生态足迹计算的数据来源包括消费的自然资源和能源数据及各类土地供给数据,本文结合现有文献采用的指标及考虑到数据的可得性,选取的生物资源消费包括稻谷、小麦、豆类、马铃薯、蔬菜、油菜子、糖类、猪肉、牛肉、羊肉、禽蛋、鲜奶及奶制品、水产品、水果共 14 项;能源消费包括煤炭、原油、汽油、煤油、天然气、电力共 6 项。土地利用类型分为耕地、草地、林地、水域、建筑用地和化石燃料用地六大类。[3] 贵州、云南、重庆、广西四省

---

[1] 齐明珠,李月. 北京市人口生态足迹变动定量分析[J]. 城市问题,2012(10).

[2] 陈敏,张丽君,王如松,怀保光. 1978—2003 年中国生态足迹动态分析[J]. 环境科学,2005(6).

[3] 徐中民,张志强,程国栋. 甘肃省 1998 年生态足迹计算与分析[J]. 地理学报,2005(5).

市以上相关数据资料主要分别来源于《2012 年贵州统计年鉴》《2012 年云南统计年鉴》《2012 年重庆统计年鉴》《2012 年广西统计年鉴》;各项数据的全球平均产量来自 FAO 数据库。

由于均衡因子和产量因子是生态足迹和生态承载力的重要因素,它们的选取对生态足迹的计算至关重要。所以,本文选取世界生态足迹网站《2010 年国家账户生态足迹核算方法指南》中给出的均衡因子数值,分别为耕地 2.51,草地 0.46,林地 1.26,建筑用地 2.51,水域 0.37,化石燃料用地 1.26。❶ 本文选用的产量因子数值:耕地 1.66,草地 0.19,林地 0.91,建筑用地 1.66。在生物承载力中扣除 12% 的土地面积作为生物多样性的保护面积,扣除之后的面积为均衡生态承载力面积。

2. 数据处理与分析

由于生态足迹和生态承载力的计算过程较为烦琐,此处不具体列举,详细计算方法和过程详见参考文献[5~7]。

通过表 1、表 2 的数据,可以了解到贵州省 2012 年的人均生态足迹为 1.729 公顷,生态承载力为 1.135 公顷(已经扣除了 12% 的生物多样性保护面积),生态承载力与人均生态足迹相减得到贵州现在处于生态赤字状态,赤字水平为 0.594 公顷,说明贵州人均生态需求超出了生态承载力 0.594 公顷的生态面积。人口所消耗的资源负荷已经超过其生态容量,自然生态的承载能力难以满足人口的生态足迹需求,人均资源消耗已经超出了自然本身的供给能力,人口的生活和生产给自然造成了较大压力。生态赤字的出现,说明贵州省人口的需求超过了自然生态系统所提供的资源,以及消纳的废物,自然生态系统难以满足人口生存,以及可持续发展的需求,生态系统存在危机,贵州省的人口与资源、环境不协调,影响贵州省的可持续发展。

表 1 贵州省 2012 年人均生态足迹

土地类型	生态足迹(公顷)	均衡因子	均衡生态足迹(公顷)
耕地	0.296	2.51	0.743
草地	0.589	0.46	0.271
林地	0.211	1.26	0.267
建筑用地	0.012	2.51	0.030
化石燃料用地	0.313	1.26	0.394
水域	0.066	0.37	0.024
总和			1.729

❶ 齐明珠,李月. 北京市人口生态足迹变动定量分析[J]. 城市问题,2012(10).

表2　贵州省2012年生态承载力

土地类型	生态面积(公顷)	均衡因子	均衡生态面积(公顷)
耕地	0.506	1.66	0.840
草地	0.124	0.19	0.024
林地	0.211	0.91	0.192
CO_2 吸收	0.000	0.000	0.000
建筑用地	0.141	1.66	0.234
生态承载力			1.290
生物多样性保护(12%)			0.155
总和均衡生态承载力			1.135

表3、表4的数据显示,云南省2012年的人均生态足迹为1.397公顷,生态承载力为1.329公顷(已经扣除了12%的生物多样性保护面积),生态承载力与人均生态足迹水平相当,略微存在生态赤字的状况,但赤字水平仅仅为0.068公顷,赤字水平不明显。说明人口所消耗的资源负荷与自然生态容量相当,人均资源消耗与自然生态本身的供给能力基本持平,自然生态的承载能力刚好能够满足人口的生活、生产需求,人口与自然生态之间的发展机制良好。表明云南省自然生态系统所提供的资源,以及消纳的废物刚好满足人口的需求,自然生态系统与人口可持续发展的需求相适应,目前,云南省人口与资源、环境处于可持续发展状态。但是生态系统存在隐患,在不久的将来,人口发展可能对云南省的可持续发展提出挑战。

表3　云南省2012年人均生态足迹

土地类型	生态足迹(公顷)	均衡因子	均衡生态足迹(公顷)
耕地	0.161	2.51	0.404
草地	0.517	0.46	0.238
林地	0.281	1.26	0.354
建筑用地	0.028	2.51	0.070
化石燃料用地	0.226	1.26	0.285
水域	0.124	0.37	0.046
总和			1.397

表4　云南省2012年生态承载力

土地类型	生态面积(公顷)	均衡因子	均衡生态面积(公顷)
耕地	0.453	1.66	0.752
草地	0.102	0.19	0.019

续表

土地类型	生态面积(公顷)	均衡因子	均衡生态面积(公顷)
林地	0.582	0.91	0.530
CO_2 吸收	0.000	0.000	0.000
建筑用地	0.126	1.66	0.209
生态承载力			1.510
生物多样性保护(12%)			0.181
总和均衡生态承载力			1.329

表5、表6的数据显示,重庆市2012年的人均生态足迹为2.003公顷,生态承载力为0.965公顷(已经扣除了12%的生物多样性保护面积),很明显,重庆市处于生态赤字状态且赤字水平很高,为1.038公顷,重庆市人均生态足迹要消耗相当于生态自身承载力两倍的生态面积。同时,重庆市化石能源消耗在生态足迹中占了1/3的份额,人均能源消耗量巨大,人民的生活和生产使用的化石能源给自然生态造成了巨大压力。重庆市的生态赤字相当于人均生态足迹的51.8%,人均生态足迹是生态承载力的两倍还要多。这就意味着重庆市的人口所消耗的资源是其生态容量的两倍,自然生态的承载能力远远达不到人口的生态足迹需求,人均资源消耗大大超出了自然本身的供给能力。高水平生态赤字的出现,说明重庆市人口的需求超过了自然生态系统所提供的资源,以及消纳的废物,自然生态系统已经不能满足人口生存,以及可持续发展的需求,生态系统存在严重问题,重庆市的人口与资源、环境不协调,重庆市现有的人均生态足迹不适合可持续发展。

表5　重庆市2012年人均生态足迹

土地类型	生态足迹(公顷)	均衡因子	均衡生态足迹(公顷)
耕地	0.111	2.51	0.279
草地	0.671	0.46	0.309
林地	0.163	1.26	0.205
建筑用地	0.142	2.51	0.356
化石燃料用地	0.607	1.26	0.765
水域	0.241	0.37	0.089
总和			2.003

表6　重庆市 2012 年生态承载力

土地类型	生态面积(公顷)	均衡因子	均衡生态面积(公顷)
耕地	0.241	1.66	0.400
草地	0.247	0.19	0.047
林地	0.197	0.91	0.179
CO_2 吸收	0.000	0.000	0.000
建筑用地	0.284	1.66	0.471
生态承载力			1.097
生物多样性保护(12%)			0.132
总和均衡生态承载力			0.965

表7、表8 的数据显示,可以了解到广西壮族自治区 2012 年的人均生态足迹为 1.865 公顷,生态承载力为 1.000 公顷(已经扣除了 12% 的生物多样性保护面积)。上表也清楚地显示了广西壮族自治区现在也处于生态赤字状态,生态赤字水平为 0.865 公顷,此水平虽然比重庆市要低一些,但是也超过了 0.5 公顷的临界值,广西壮族自治区人口所消耗的资源负荷超过其生态容量,人口的生态足迹需求超过了自然生态的承载能力,人均资源消耗也已经远远超出了自然本身的供给能力,人民的生活和生产给自然造成了很大的压力。生态赤字的出现,说明广西壮族自治区人口的需求远远超过了自然生态系统所提供的资源,以及消纳的废物,自然生态系统难以满足人口生存,以及可持续发展的需求,生态系统存在较为严重问题,广西壮族自治区的人口与资源、环境已经呈现不协调的状态,广西壮族自治区现有的生产与发展方式需要转变。

表7　广西壮族自治区 2012 年人均生态足迹

土地类型	生态足迹(公顷)	均衡因子	均衡生态足迹(公顷)
耕地	0.220	2.51	0.552
草地	0.551	0.46	0.253
林地	0.114	1.26	0.144
建筑用地	0.133	2.51	0.168
化石燃料用地	0.442	1.26	0.557
水域	0.516	0.37	0.191
总和			1.865

表8　广西壮族自治区 2012 年生态承载力

土地类型	生态面积(公顷)	均衡因子	均衡生态面积(公顷)
耕地	0.271	1.66	0.450
草地	0.167	0.19	0.032
林地	0.357	0.91	0.325
CO_2 吸收	0.000	0.000	0.000
建筑用地	0.198	1.66	0.329
生态承载力			1.136
生物多样性保护(12%)			0.136
总和均衡生态承载力			1.000

表 9 显示,以喀斯特地貌生态环境为代表的西南山地,人口与资源环境可持续发展不容乐观。表 9 中的数据明确显示了西南四省市的生态足迹情况,除了云南地区生态赤字不明显以外,贵州、重庆、广西三个地区的生态赤字水平都超过了 0.5 公顷的临界值,特别是重庆市,生态赤字占人均生态足迹的 50%。西南山地的人均生态足迹的平均水平为 1.749 公顷,生态承载力的平均水平为 1.107 公顷(已经扣除了 12% 的生物多样性保护面积)。西南山地的生态赤字平均水平达到了 0.641 公顷,生态承载力仅能维持人均生态足迹的 63.3%。这就意味着西南山地四省市的人均资源消耗超出了自然本身的供给能力,自然生态的承载能力远远达不到人口的生态足迹需求,人口发展给自然造成了巨大压力。

表 9　西南山地四省市生态足迹汇总表

地区	贵州(公顷)	云南(公顷)	重庆(公顷)	广西(公顷)	平均水平(公顷)
生态足迹	1.729	1.397	2.003	1.865	1.749
生态承载力	1.135	1.329	0.965	1.000	1.107
生态赤字	-0.594	-0.068	-1.038	-0.865	-0.641

从整体上看,化石能源的使用产生了大量二氧化碳与固体废物,给自然生态造成巨大压力。同时,经济社会的发展改善了人民的生活水平,消费水平随之提高,肉、蛋、奶等消费量上升,草地生态资源消耗量巨大,提高了人均生态足迹,从而增加了生态赤字。较高水平生态赤字的出现,说明西南山地三省一市人口的需求超过了自然生态系统所提供的资源,以及消纳的废物,自然生态系统不能满足人口生存,以及可持续发展的需求,自然生态系统在现有人口需求的前提下存在严重问题。西南山地三省一市的人口与生态环境不协调,现有的人均生态足迹难以持续发展。

当前,我国的人均生态足迹平均水平为 2.1 公顷,由表 9 得知,西南山地的人均生态足迹平均水平为 1.749 公顷,西南山地的人均生态足迹平均水平比全国平均水平低 0.351 公顷,也就是说,西南山地的人均消耗的能源和资源等,均低于全国水平。西南山地的人均生态足迹平均水平仅相当于全国平均水平的 83.29%,这就意味着西南山地人口每年都为全国节约了 16.7% 的自然资源与能源。尤其是在西南山地这片喀斯特地貌区域,自然环境恶劣,山地多,耕地少,人均生态足迹低于全国水平称得上难能可贵。由于西南山地人口超过了 1.6 亿人,人口基数大,自然生态实际承载力也超过了环境容量,总和生态足迹还是对西南山地生态系统造成巨大影响,人地矛盾也凸显出来,西南山地的可持续发展问题逐渐引起关注。

四、思考与讨论

1. 人口方面

西南山地由于温度适中、气候宜人、资源丰富等原因,在 87 万平方千米的土地上,养育了 1.6 亿人口。考虑到人口基数与人口惯性的问题,人口数量还有增加的可能,人口问题日渐困扰自然生态的承载能力。因此,政府必须严格贯彻计划生育这一基本国策不动摇,控制人口增长速度,尽可能把人口控制在自然可承受的范围内。适量的输出劳务,减少劳动力对土地、食物、能源、资源的依赖与占有,降低人均生态足迹,使西南山地人口与资源环境相适应,促使人口与经济、社会可持续发展。同时,政府要加大对人口的投资,重点投资教育与宣传等领域。合理配置教育资源,促进教育公平,推进素质教育,提高人口综合素质,尤其是科学文化素质与思想道德素质,使人口数量的优势转化为人口资源优势,创造社会财富的同时,减少生态赤字的产生。

2. 资源、能源方面

西部大开发战略中,资源开发作为一项战略性工程,在整个西部大开发的进程中具有举足轻重的地位。[1] 西南山地资源丰富,但是开发困难,人均占有量又不足,在能源利用率有限的情况下,必然要发展循环经济。依靠科技进步,合理开发资源。开发的资源要合理利用、充分利用。西南山地以喀斯特岩溶地貌为主,地表与地下流水侵蚀严重,环境脆弱且自我保护与恢复能力差。所以,必须保护生态环境,在开采资源时减少对自然生态的破坏。增强环保意识,开发过程中应尽力保护生态环境,使脆弱的环境不被破坏。现在西南山地的环境问题已经凸显,水资源不足而且地貌塌陷,保护环境迫在眉睫。应综合治理已经破坏和污染的环境,保护水资源,防治水土流失。

3. 科学技术方面

西南山地所辖范围内,贵州、云南、重庆、广西四省市都处于西部山区,经济欠发达,先进科学技术还难以全面推广。在经济发展中,尤其是生产过程,尽量降低资源与能源的消耗,改变资源、能源消耗型的经济增长方式,推动新技术、新科学的开发和应用,调整产业结构,大力发展低能耗、无污染的高新技术产业。控制西南山地生态赤字的增大,协调人口与资源环境的关系。尤其是生产的方式,需要大力提倡循环经济与绿色经济,增

---

[1] 任志军. 西部民族地区资源型产业:地位、挑战与策略[J]. 贵州大学学报(社会科学版),2013(5).

加科技投入,更换陈旧设备,提高能源的回收利用率。推广清洁能源和可再生能源,例如,水能、风能、太阳能、生物能等,一方面可以缓解能源不足问题;另一方面可以减少废水、废气、废料的排放,降低人口生态足迹。

4. 消费方面

伴随着经济水平的提升,人们的消费水平不断提高,生活上也更加注重质量。居民消费逐渐开始出现部分浪费型消费与享受型消费,造成了大量的资源浪费与严重的环境污染问题,这样的消费观与可持续发展的理念是背道而驰的。政府要注意引导居民消费观,使其向可持续方向发展。在消费模式上,提倡节约消费,合理、高效地利用各类资源,尤其是食物和森林资源。在城市交通上,应提倡公共交通和地铁,以减少小汽车、私家车的数量,减少二氧化碳等废气的排放。同时,鼓励自行车和步行,倡导健康的生活习惯。还要加强宣传,提高人的素质,普及可持续消费理念,动员全社会的力量,从而实现西南山地人口与生态环境的可持续发展。

5. 结语

生态足迹的指标较为全面地衡量了生态资源数量,不但考虑了人口生存所需要的食物、能源与资源,而且侧面反映了人口发展过程中所需要的生产因素与服务体系,估算可持续发展的方法可靠有效。本文计算并分析了西南山地生态足迹,较为客观地衡量了西南山地生态承载水平。从生态足迹视角看,西南山地范围内承载大的人口数量过大,需要从人口、资源环境、消费和科学技术等方面进行治理,促进西南山地人口与生态环境的可持续发展问题。

【参考文献】

[1] 齐明珠,李月.北京市人口生态足迹变动定量分析[J].城市问题,2012(10).

[2] 陈敏,张丽君,王如松,怀保光.1978—2003 年中国生态足迹动态分析[J].环境科学,2005(6).

[3] 徐中民,张志强,程国栋.甘肃省 1998 年生态足迹计算与分析[J].地理学报,2005(5).

[4] 王书华,毛汉英,王忠静.生态足迹研究的国内外近期进展[J].自然资源学报,2002(6).

[5] 徐中民,程国栋,张志强.生态足迹方法的理论解析[J].中国人口·资源与环境,2006(2).

[6] 杨开忠,杨咏,陈洁.生态足迹分析理论与方法[J].地球科学进展,2000(6).

[7] 任志军.西部民族地区资源型产业:地位、挑战与策略[J].贵州大学学报(社会科学版),2013(5).

● 西南山地人口城镇化特点与发展路径探析

陈远达

（贵州大学　公共管理学院，贵州　贵阳　550025）

【摘　要】诺贝尔经济奖得主约瑟夫·斯蒂格利茨曾说过："中国的城市化与美国的高科技发展将是深刻影响21世纪人类发展的两大课题"。由此可见，中国规模庞大的人口城镇化过程的巨大影响力。自改革开放以来，我国人口城镇化进程不断加快，但是，由于我国幅员辽阔，人口众多，城镇化具有明显的差异性和不平衡性。本研究将城镇化视角放置于西南山地这一特殊区域，简要回顾西南山地人口城镇化的历史与现状，着重研究分析西南山地人口城镇化的特殊性，并在这些特殊性的基础上探讨了西南山地人口城镇化的发展路径。

【关键词】人口城镇化；西南山地；特殊性；发展路径

当前，我国正处在城市化[1]快速发展的重要时期，正如李克强总理所言：中国未来几十年最大的发展潜力在城镇化。西南山区由于特殊的地理环境、历史条件等原因，城市化发展起步晚、发展慢，目前还处于城市化发展的初期，城市化水平低。而在国家大力推进城市化进程的宏观背景下，西南地区的城市化发展也进入了快速提升的通道，如云南确立了"保护坝区农田，建设山地城镇"的城镇化建设重要思路；贵州在大力实施城镇化带动战略，加速带动社会经济发展；重庆也在大力推行"一统三化两转变"战略，将城镇化作为"三化同步"的重要一环。虽然西南地区的不同省、市、区都根据自身省情制定了本省的城镇化发展战略或发展思路，但是，由于同处于西南山地这一特殊地理环境下，本地区的城镇化进程存在着很多的共性，因此分析研究这一特殊区域的城镇化发展过程，探索适合西南山区发展的城镇化特色路径具有重要的意义。

一、人口城镇化的内涵

城市化是世界近现代史上的一个重要的社会发展驱动器，是世界各国发展的必经过程。在中国，由于特殊的发展国情，长期侧重于中小城镇的发展，大多数学者更偏向用城

作者简介：陈远达（1988—　），男，贵州仁怀人，贵州大学公共管理学院人口学硕士研究生。研究方向：人口与劳动经济。

❶ 在中国，城市化在一定程度上可以等同于城镇化，因此，本文所述城市化与城镇化属于同一概念。

镇化一词来替代城市化。换句话说,在中国,城镇化在某种程度上可以等同于城市化。同很多学术概念一样,不同的学科对同一概念会有不同的理解。从人口学视角观察,城市化是人口从乡村向城市转移的过程,是劳动力人口从第一产业向第二、第三产业转移的过程,是人们价值观念和行为方式现代化的过程,是人们社会地位和生活质量不断提高的过程。[1]城市化的过程也是各类生产要素城市化的过程,如土地、资本等,但城市化本质与核心是人的城市化,人口在城市化的过程中,逐渐实现了地域和职业上的转移,与此同时伴生着身份地位、思维方式、生活习惯等一系列的转变。

在我国学术界,大多数学者主要从以下三个层次来界定我国人口城镇化的内涵:首先,城镇化的特征是农村人口比重相对减少,城镇人口比重相对增加,第一产业人口相对减少,第二、第三产业人口相对增加的过程;其次,城镇化的内容包括人口地域结构、产业结构、生活方式的城镇化;最后,人口城镇化的实质是人口经济活动和生活方式非农化的过程。[2]总之,人口城镇化既不是简单的农村人口转化为城镇人口的户籍或居住地的变更,也不是城镇用地规模总量的单方面增加,它从不同的视角包含着众多的方面与内容。可以这样理解,人口城镇化是一个全面而系统的过程。

二、西南山地人口城市化历史与现状

我国属于山地大国,山区面积约占陆地国土面积的70%。从2010年的有关数据来看,山区人口为6.08亿人,占全国总人口的45%。其中,非农业人口为1.29亿人,城镇化率仅为21%,远低于2010年全国49.5%的水平;农业人口为4.76亿人,占全国农业人口的71%,即全国超过2/3的农业人口聚集在山区。[3]很明显,我国山区的城镇化水平低,进程缓慢,大量的农业人口聚集在山区,人口、资源、环境与发展问题交织突出,不仅限制着本地区的社会经济发展,而且是我国城镇化进程中最棘手的地区。

我国的山地大多分布在广阔的西部,而西部的西南地区更是山地地形最为典型的区域之一。西南地区一般被认为包括贵州、云南、四川、重庆、广西、西藏六个省、市、区,但是由于西藏地区在地理环境、经济发展、政治地位等方面具有一定的特殊性,因此大多数学者一般将研究视角放置于西南地区的贵州、云南、四川、重庆和广西三省一市一区辖内的高原、山系、沟壑、丘陵为地貌特征的山地区域,五省(市、自治区)山区总面积为137.44万平方千米,山区面积比重分别为95.1%、95.0%、94.7%、86.9%和86.0%。[4]西南山地是世界上三个连片喀斯特地区之一,地处我国长江和珠江两大水系的上游分水岭地区,是我国人口、资源与环境问题最为尖锐的地区之一。同时,西南山区也是我国少数民族重要的聚居区和欠发达贫困地区,在新时期国家扶贫攻坚战确定的14个集中连片特殊困难地区中,西南山区就包括了四个:武陵山区、乌蒙山区、滇桂黔石漠化山区、滇西边境山区。可见,西南山区的发展不仅关系到本地区人口、资源、环境的协调可持续发展,更关系到2020年全国能否实现全面建成小康社会的宏伟目标。

(一)历史上开发较晚,城镇化发展缓慢

西南山地主要位于我国地理第二级阶梯上,地形地貌变化多端。历史上,在以农业生产为主的漫长岁月里,由于地势陡峭,可开垦的耕地较少,劳动人民将山坡地分成若干

阶梯进行耕种,劳作效率低下。而且古代西南地区物资条件相当匮乏,由于对外联系,以及城市自身交通组织的困难,城市人口增长缓慢,城市规模受到制约,造成古代西南山地城市规模的发展缓慢。[5]在新中国成立之前,西南地区还有不少居住在大山深处的少数民族仍处在原始社会阶段,当地的人们还过着刀耕火种的生活,生产力极为低下。当时的西南山区就以立体化的多元社会形态,吸引着各地的社会学、民族学等学科学者纷纷前来调查研究。当时城市主要有各省的省会城市、县城和一定规模的集镇,数量很少,城镇人口有限。

(二)三线建设打基础,工矿城市众多

新中国成立以后,百废待兴,社会经济发展进入了快车道。西南地区由于地理环境、交通限制、经济基础较差等多方面的原因,城镇化发展还是处于缓慢的进程中。直到三线建设时期,西南地区成为国家国防建设的重要区域,各种重大项目开工建设,同时很多工矿企业的内迁,带来了大量的技术人员和外省移民,受此带动,大量的工矿城市兴起,如攀枝花、六盘水、铜仁、个旧等。形成一波城镇化建设的小浪潮,也为此后西南山区城镇化的发展奠定了一定的基础。

(三)新时期抢抓机遇,城镇化加速发展

改革开放后,社会活力的不断释放,我国的社会经济得到了长期高速发展,西南地区也迎来了历史上难得的发展机遇。西部大开发战略,将西南地区的经济发展推上了高速发展的大道,各类国家政策支持、财政补贴、项目建设带动着本地区社会经济的发展。在城镇化建设上,以贵州和云南为例,从2010年第六次人口普查数据来看,贵州省2010年城镇化水平为33.81%,比全国平均水平约低15个百分点,云南省也仅为34.72%,两个西南山地大省的城镇化率都还不到全国2000年的平均水平,换句话说,两省的城镇化水平比全国落后了十多年。但是,近年来,西南地区的成渝城市群、黔中城市群和滇中城市群进入了国家战略层面的城市群规划,城镇化进程进入了高速推进的重要机遇期。

三、西南山地人口城镇化特殊性

西南山区由于地形崎岖、开发较晚、生态脆弱、人口众多等多方面原因,其人口城镇化道路与平原地区相比,存在很多特殊性,分析和研究西南山地人口城镇化的自身特点,有利于推动西南山地人口城镇化的高速健康发展。

(一)山地地理形态的特殊性

我国的西南山地地形极为复杂,西北部是山高谷深的横断山区,东部和南部是云贵高原,北部是川中丘陵,东北部为川东平行岭谷。很多地方地形崎岖,高山深谷相间,平坦的土地资源极少,其中“坝子”就是我国云贵高原上的局部平原的地方名称,主要分布于山间盆地、河谷沿岸和山麓地带。坝上地势平坦,气候温和,土壤肥沃,灌溉便利,是云贵高原上农业兴盛、人口稠密的经济中心。因此,坝子自然也就成了西南山区城镇化过程中最佳的城镇选址。然而这种地势平坦的坝子总量并不多,并且坝区又是西南山区耕

地最为集中的区域，在本地区的耕地总面积中占有重要的分量，承载着西南成千上万人口的粮食安全问题。因而，在西南山地的城镇化进程中，协调好耕地与城镇建设用地之间的关系显得尤为重要。

（二）山地生态环境的脆弱性

西南山区，山地和高原占西南国土面积的比重高达80%，生态环境十分的脆弱。[6]并且，作为世界上三个连片喀斯特地区之一，西南山地的喀斯特岩溶地貌分布广泛，地表土层稀薄，地下暗河、溶洞众多，地表储水能力差。在这样的环境下，由于人们长期的过度开发，生态环境受到极大的破坏，环境的脆弱性不断显现。随着人地关系的不断紧张，危及该区域资源的可持续利用，对其自身可持续发展和下游地区生态环境安全产生巨大影响。

据有关方面统计，西南山区水土流失面积占西南国土面积的比重高达50%以上，崩塌、滑坡、泥石流等山地灾害密集分布。[6]人们对自然资源过度或不合理的开发也会产生有一定污染的废渣、废水和大气污染，严重影响着本地区人与自然的和谐发展。而作为人类活动最密集的城镇化过程，必然伴随着人口不断聚居和大规模的工程建设，由此引发的对地形和环境的改造必然导致山地生态与环境的脆弱性增加，给山区生态环境安全及可持续发展带来多重挑战。[3]当前如何协调西南山地的人口、资源、环境与发展问题是亟待解决的重要问题。

（三）山地民族文化的重要性

西南山地是我国少数民族聚居的重要区域，分布有藏、羌、彝、傣、苗、侗、布依、壮、土家等34个世居少数民族。同时，也是一个具有多种生态环境的区域，是民族文化类型丰富多样的地区。[7]多样化的宗教信仰、多种类型的生产生活方式和风俗习惯在此汇聚，成为我国乃至世界民族文化多样性最为富集、历史文化遗产最为丰厚的地区。文化多样性是山区各民族的精神财富，也是山区社会发展的重要资源，尤其是对山区旅游业和文化产业的发展具有至关重要的作用。因此，如何在城镇化推进过程中，保护山区文化的多样性是西南山地城镇化参与各方必须深入考虑的重要问题。

（四）山地经济结构的单一性

我国西南山区由于历史上开发较晚，社会经济开放程度不高，经济发展长期以农业生产为主，山区的城镇多数以依托农业经济基础发展起来的。虽然，西南地区水利资源、矿产资源，以及生物资源非常丰富，尤其该区域是我国南方最大的煤炭产地，天然气探明储量已超过5000亿立方米，钒、钛保有储量占全国的64%和92%，是我国金、铜、铅、锌金属、稀有金属和稀土矿的重要产地，磷矿和硫铁矿分别占全国的50%和30%。[6]部分城镇也依靠资源开采而发展了起来，但是由于工业化水平较低，生产技术水平有限，人才短缺，自身资源优势没有得到充分的利用。同时山区农业发展水平差别不大，城镇基质环境相似，产业大同小异。因而，西南山区的城镇几乎都没有形成具有鲜明特色的产业发展方向，产业结构单一，大部分城镇经济功能、社会服务功能偏弱。

(五)山地贫困问题的突出性

贫困问题是西南山区的一个重要特点。在新时期国家扶贫攻坚战中,西南山区的武陵山区、乌蒙山区、滇桂黔石漠化区、滇西边境山区都属于集中连片特殊困难地区。在国务院公布的国家扶贫开发工作重点县名单中,云南73个,贵州50个,四川36个,重庆14个,广西28个。五省总共有201个县,其中就有185个分布在武陵山区、乌蒙山区、滇桂黔石漠化区、滇西边境山区这四个集中连片特殊困难地区。这些山区贫困县多数分布在革命老区、深山区、少数民族地区和边远地区,即所谓的"老少边穷地区"。西南地区山地贫困面积广,区域集中,贫困程度深,是我国多年来扶贫开发工作的难点区域之一。因而,在城镇化的过程中,如何有效减少贫困人口,降低贫困发生率,综合解决贫困问题是必须重点考虑的问题之一。

四、西南山地人口城镇化的路径选择

城镇化的路径选择问题或发展道路问题,一直都是中国城镇化过程中争议的焦点话题之一。不过已经达成的基本共识是:走中国特色的新型城镇化道路。由于西南山地人口城镇化过程中面临着上述这些突出的区域性因素,因而本区域的城镇化路径有着自身的特殊性,要走有山地特色的城镇化道路。

(一)因地制宜,形成多样化的城镇化模式

鉴于西南山地地形地貌的复杂性与多样性,单一化的城镇化发展模式显然是不符合本区域的自然地理环境。唯有因地制宜,各地区根据本地方的地理环境,科学规划,制定适合自身的城镇化发展模式,切不可机械地盲目模仿东部平原地区的城镇化模式,而是建设山地生态旅游型、特色立体农业型、民族特色风俗文化型等多种多样的城镇化模式。

尤其需要注意的是,西南山区本身耕地资源极其有限,山区的城镇化活动又主要集中在坝区,用地条件的制约性极强,即便像云南省提出了以"城镇上山"来破解坝区耕地保护与建设用地扩展之间的矛盾,但山区脆弱的生态环境和有限的资源环境承载能力,决定了山地城镇化不适宜大规模展开。应以中小城市为主,以小城镇体系建设为重点,使大、中、小城市协调发展,走节约土地和集约式的城镇化发展道路。

(二)在城镇化过程中,突出生态文明建设

党的十八大报告首次单篇论述了生态文明,首次把"美丽中国"作为未来生态文明建设的宏伟目标,把生态文明建设摆在五位一体的总体布局高度来论述,凸显了党和国家对生态环境的重视程度。西南山地作为国家生态安全的重要屏障,本身生态环境十分脆弱,并且人口众多,丰富的自然资源又正处在利用开发的上升时期,使本区域自然成为我国人口、资源与环境问题最为尖锐的地区之一。城镇化的过程是一个社会巨变的过程,对自然地貌的改变也是前所未有的,城镇建设用地的扩张过程中,必然会对原有的生态系统产生或多或少的影响,而原有的生态平衡系统一旦被破坏就很难恢复。因此,西南山地的城镇化进程,必须将生态文明建设从城镇规划开始就要融入城镇化建设的每一个

阶段，将环境友好、生态文明、资源节约打造为西南山地城镇化的一大特色标志。

（三）发展山地多样经济，优化产业结构

西南山地属于亚热带季风性气候区，热量充足，降水丰富，多样性、立体性气候特征明显，为多种动植物提供了良好的生存环境，也为发展特色农业提供了有利的自然条件。西南山地农业自然资源显著的垂直差异，具有多样化的农业自然资源和相对优越的生态环境，因此，可以因地制宜地建设多种生态农业模式，发展特色农业和绿色农业。建立山地农林牧复合产业结构，加强瓜果业、牧业、土特产品，以及中药材基地建设，大力发展特色经济林和林下种养业，逐渐建立起形式多样的立体生态农业。

同时，在城镇化进程中，坝区和低缓的山坡等交通便捷的区域，要在合理规划的前提下发展工业经济，因地制宜，根据本区域矿产资源富集、劳动力丰富等相对优势，发展有色金属加工、重化工、来料加工、特色农产品深加工等资源密集型和劳动密集型产业，有效承接沿海地区的产业转移，合理优化升级本区域的产业结构，促进城镇化与工业化、农业现代化的有机结合，实现“三化”融合、“三化”同步发展。

（四）深入推进扶贫开发，并与城镇化相结合

西南山地绝大多数属于欠开发、欠发展的地区，贫困问题一直是困扰着西南山区社会经济的可持续发展，并在一定程度上制约着本地区城镇化、工业化发展。新时期国家扶贫攻坚战确定了14个集中连片特殊困难地区作为扶贫开发的主战场，西南山区绝大多数区域位列其中。但是，贫困绝不是西南山区的代名词，在国家扶贫开发的大力支持下，西南山区要发挥吃苦耐劳当地精神，在充分利用各种扶贫政策、资金等支持条件下，加强基础教育和职业技能培训，重点提高山区劳动力的劳动技能和综合素质，增强他们自身反贫脱贫的造血能力。

在城镇化和工业化的进程中，通过扶贫生态移民工程、大规模基础设施建设、农民工本地就业等手段综合解决山区长期深度贫困问题，千方百计地解决贫困人口的就业与生计，将扶贫开发融入“三化”同步的进程中，真正实现山区贫困人口向城镇人口的转变。

参考文献

[1]周丽萍. 中国人口城市化质量研究[D]. 杭州：浙江大学，2011.
[2]李辉. 中国人口城市化综述[J]. 人口学刊，2003(6).
[3]邓伟，唐伟. 试论中国山区城镇化方向选择及对策[J]. 山地学报，2013(2).
[4]陈国阶. 2003中国山区发展报告[M]. 北京：商务印书馆，2004.
[5]杨军昌. 侗族传统生计的当代变迁与目标走向[J]. 中央民族大学学报(社会科学版)，2013(5).
[6]蔡一暄. 西南山地城市形态构成的技术性要素研究[D]. 重应：重庆大学，2011.
[7]张继飞，邓伟，等. 中国西南山区资源环境安全态势评价[J]. 地理研究，2011(12).
[8]杨军昌. 西南山地民族人口生态文化及其价值[J]. 贵州大学学报(社会科学版)，2011(6).

● 西南山地人口与资源环境协调可持续发展的当前博弈与发展战略

张龙庆

（贵州大学　公共管理学院，贵州　贵阳　550025）

【摘　要】本研究通过设计的人口、资源、环境协调发展指标系统，对西南山地这一特定区域的人口、资源、环境现状分别进行了分析，并归纳出当前西南山地六个省市区当前人口与资源环境协调可持续发展的三种博弈，即人口与资源的博弈、人口与环境的博弈、资源与环境的博弈。通过对西南山地人口、资源、环境进行SWOT分析，归纳出本地区协调可持续发展的优势、劣势、机遇和危机，进而提出西南山地人口与资源环境协调可持续发展战略的原则，包括可持续发展和人与自然共同发展两大总原则，以及科学规划、整体规划、差异化发展三个具体原则。最后，文章提出了本地区人口与资源环境协调可持续发展的建议：坚持计划生育政策；调整产业结构；坚持边发展边保护的发展道路。

【关键字】人口；资源；环境；协调可持续发展

为解决我国社会经济发展中存在的突出矛盾和问题，国家《十二五规划实施建议》提出“要更加注重区域的协调发展和更加注重全面协调可持续发展”的基调，为我国社会经济的发展指明了方向。只有坚持走生产发展、生活富裕、生态良好的文明发展道路，加快建设资源节约型、环境友好型社会，实现速度和结构质量效益相统一、经济发展与人口资源环境相协调，才能实现经济社会永续发展。

西南山地作为我国人口状况最复杂、自然环境最复杂的地区在我国社会经济发展过程中处于一个特殊的重要位置。西南山地是我国农村人口比重最大、农业劳动力转移任务最重、少数民族族别及人口最多、贫困面与贫困人口数量最大的地区。[1] 同时，西南山地是世界上三个连片喀斯特地区之一，主要地形包括高原、山系、沟壑、丘陵等，地处我国长江和珠江两大水系的上游分水岭地区，是我国人口资源环境问题最为尖锐的地区之一，其发展问题直接关系到本区域和长江、珠江下游经济带生态安全与经济可持续发展，关系到西南地区人口资源环境协调可持续发展战略与全面建设小康社会的实现，也关系到国防安全与民族团结、民族共同发展的大局。本研究旨在对西南山地人口与资源环境协调可持续发展的现实博弈进行分析并对该地的发展战略提出一些建议。

作者简介：张龙庆，贵州大学公共管理学院人口学2012级硕士研究生。研究方向：人口与区域发展。

一、西南山地的界定

西南山地的概念是基于地貌特征做的大体上的划分，一般认为包括贵州、云南、四川、重庆、广西、西藏六个省市区的高原、山系、沟壑、丘陵等。本文需要指出的是：①四川的成都平原在严格意义上讲并不属于西南山地，但由于统计的困难，在采用相关数据分析时并未将其去除，这是文章的一个遗憾；②广西在行政区划上并不属于西南地区，而是与广东、海南一起属于华南地区，在此说明以避免不必要的误会；③西藏由于某些统计资料的缺失，在某些指标方面缺乏西藏的相关数据，缺失数据在表格中以“0”代替。

二、西南山地人口、资源、环境基本状况

人口、资源、环境在可持续发展中的位置，可以概括为：资源是可持续发展的起点和条件；人口是可持续发展的关键；环境是可持续发展的终点和目标。[2]研究西南山地的可持续发展，首先需要对本地区的人口、资源、环境的基本情况进行了解。借鉴部分安和平教授在研究贵州人口、资源、环境与经济协调程度时构建的相关指标体系，综合考虑西南山地具体情况，主要从以下几个方面进行研究。

表1　人口、资源、环境基本指标(2011年)

地区		重庆	四川	贵州	云南	西藏	广西	西南山地总和	全国	西南山地占全国比例(%)
人口	总人口(年末/万人)	2919	8050	3469	4631	303	4645	24017	134735	17.83
	人口密度(2006年)人/平方千米	374	172	200	109	2.1	190		823(北京)	
	人口自然增长率(‰)	3.17	2.98	6.38	6.35	10.26	7.67		4.79	
	城镇失业率(%)	3.5	4.2	3.6	4.1	3.2	3.5		4.1	
资源	耕地面积(万公顷)	2235.9	5947.4	4485.3	6072.1	361.6	4217.5	23319.8	121715.9	19.16
	林地面积(万公顷)	400.18	2311.66	841.23	2476.11	1746.63	1496.45	9272.26	30590.41	30.31
	活立木存储量(万立方米)	13803.63	168753.49	27911.53	171216.68	227271.36	51056.78	660013.47	1491268.19	44.26
	能源消费总量(2009年)万吨	7030	16322	7566	8032	0	7075	46025	357238	12.89

续表

地区		重庆	四川	贵州	云南	西藏	广西	西南山地总和	全国	西南山地占全国比例(%)
环境	污水排放总量(万吨)	131450	279852	77927	147523	4635	222439	863826	6591922	13.1
	工业废气排放量(万吨)	117.05	196.28	196.1	162.19	5.48	130.33	807.43	5901.01	13.68
	工业固体废弃物生产量(万吨)	3299.18	12684.47	7598.24	17335.3	301.39	7438.11	48656.69	322772.34	15.07
	城市绿地面积(公顷)	43854	77406	30521	31940	2943	64461	251125	2242856	11.2
	森林覆盖率(%)	34.85	34.31	31.61	47.5	11.91	52.71		20.36	
	建成区绿化覆盖率(%)	40.2	38.2	32.3	38.7	24.1	37.4		39.2	
	每万元 GDP 能源消耗量(吨标准煤/万元)	0.953	0.997	1.714	1.162	0	0.8		0.459(北京)	

注:某些数据因缺失 2011 年的统计数据,采用可查的就近年份,表格中均有注明。

资料来源:《中国统计年鉴 2012》引用或计算所得。

1. 人口现状

据统计,2011 年西南山地所辖人口总数为 24017 万人,约占全国的 17.83%,其中农村人口 14116 万人,占该区人口的 58.78%。该区人口涉及 34 个少数民族,占我国 55 个少数民族的 61.82%,是我国少数民族族别最多、数量最大的少数民族聚居区。[3] 众所周知,由于历史等方面的原因,农村和少数民族地区一直是贫困的多发区,西南山地农业人口 58.78% 的比重远远大于全国平均水平 48.73% 的数字,加之是少数民族聚居的山地区域等,因而西南地区贫困人口比例一直偏高,开发扶贫任务很重。

据 2006 年统计数据,西南山地各省市区人口密度分别为重庆 374 人/平方千米、四川 172 人/平方千米、贵州 200 人/平方千米、云南 109 人/平方千米、广西 190 人/平方千米、西藏 2.1 人/平方千米,与同期北京人口密度 823 人/平方千米相比,西南山地人口密度非常低。这是由于山地特殊的地理条件使得环境的人口承载力较小造成的,较小的环境承载力制约了人口的进一步发展。

西南山地人口自然增长率除重庆 3.17‰和四川 2.98‰略低于全国平均水平 4.79‰外,贵州 6.38‰、云南 6.35‰、广西 7.67‰、西藏 10.26‰均远高于全国平均水平。在有限的环境承载能力下,人口的过快增长进一步增加了该区的环境压力,激化了人口与资源环境的矛盾。

值得指出的是，西南山地城镇失业率除四川4.2%略高于全国4.1%的水平外，云南4.1%与全国平均水平持平，其余省市区均低于全国水平。对此，我们不能简单地认为该区经济状况好于全国平均水平，而应看到该区城市人口比例偏低，产业结构不合理等问题，才能正确评价该区的人口与资源、环境协调发展的现状。

2. 资源现状

西南山地耕地总面积为23319.8万公顷，人均0.97公顷，其中西藏仅为361.6万公顷，约占全国的19.16%，与辖区人口在全国17.83%的比重基本吻合，说明本地区耕地供养人口与辖区人口数量基本相适应。耕地是一个国家或者地区的基本国力之一，扼守国家关于耕地的红线，是西南山地人口与资源、环境持续发展的最有力保障。

西南山地林地面积9272.26万公顷，占全国的30.31%；活立木存储量660013.47万立方米，占全国的44.26%。林地是山地的主要植被，大量的林地和活立木存储量不仅提供了建筑用材，也提供了大量的造纸用材，具有巨大的发展潜力。同时林地中各种经济作物的开发利用可以提高居民的收入，为人口的发展提供物质保障和资源支持。

在能源消费方面，西南山地2011年消费能源折合46025万吨标准煤，占全国357238万吨标准煤的12.89%。这一数字低于人口17.83%的比重接近5个百分点，说明本地区在能源消费上还有较大潜力，人口可以通过更多的能源消耗获得更大的发展。新一届政府对于能源消费总量这一指标更加关心，认为它是反映经济运行状况更简单有效的指标。通常认为能源消耗量越大，尤其是工业用电量越大，社会经济运行越健康。

另外，本地区还拥有大量的矿产、生物、能源资源。在矿产方面，金属矿产和化工原料矿产在全国占有重要地位。其中，云南号称“有色金属王国”，四川探明矿产132种，贵州探明74种，广西是全国十个重点有色金属矿区之一，西藏探明70多种，各地矿产不仅种类多，储量也十分惊人。在生物资源方面，云南素有“植物王国”“动物王国”之称，动物种类居全国之首。四川境内植被就有8种类型，且是中国动物南北渗透最厉害的地方。贵州的主要食用植物500多种，中草药3000种，珍稀动物32种。西藏仅高等植物就有5766种之多。在能源资源方面，复杂的地理环境造就了西南山地得天独厚的能源储备。西南山地可开发的水能占全国的71%，煤炭、石油、天然气、太阳能、风能、生物能等各种能源资源都具有良好的开发前景。[1]

3. 环境现状

在污染物排放方面，西南山地2011年污水排放总量为863826万吨，占全国的13.1%；工业废气排放量807.43万吨，占全国的13.68%；工业固体废弃物生产量为48656.69万吨，占全国的15.07%。排放比例均低于人口17.83%的比重，说明该地区污染物排放人均水平低于全国人均排放量，处于较有利地位，但是应注意到本地区特殊的山地地形造成的低环境承载力，污染物排放状况仍然不容乐观。

在环境净化的几个指标方面，西南山地城市绿地面积251125公顷，占全国的11.2%，

[1] 罗淳，武友德. 小城镇大作为——西南边疆民族地区小城镇建设研究[M]. 北京：光明日报出版社，2009.

低于全国平均水平;建成区绿化覆盖率除重庆40.2%略高于全国平均水平39.2%以外,其余均低于平均水平。这两项指标较低的原因很大程度上是由于在西南山地较平坦的适于建城的盆地或山坳非常有限,为了能容纳更多的人口,就必须在有限的土地上建更多的建筑,更高效的利用土地资源,造成建筑用地和挤压城市绿地的状况,使得这两项指标较低。

西南山地特殊的地形特征加上位于亚热带湿润气候的影响,本地区有着丰富的森林资源,本地区的森林覆盖率除西藏11.91%低于全国平均水平20.36%外,其余各省市区如重庆34.85%、四川34.31%、贵州31.61%、云南47.5%、广西52.71%均明显高于全国平均水平20.36%。本地区作为我国重要的森林区,对吸收二氧化碳等污染物,调节我国整体的气候发挥了不可替代的作用。

另外,每万元GDP能源消耗量作为测量环境污染的重要指标,能够看出一个地区能源的使用效率和环境污染可控程度。由于缺乏全国平均数据指标,本文将西南山地各省与北京作一比较。本区的每万元GDP能源消耗量分别为重庆0.953吨标准煤/万元、四川0.997吨标准煤/万元、贵州1.714吨标准煤/万元、云南1.162吨标准煤/万元、广西0.8吨标准煤/万元,均高于北京0.459吨标准煤/万元的能耗,其中贵州和云南的每万元GDP能源消耗量远远高于北京,且大幅度高于本地区其他省市区说明本地区尤其是贵州、云南的能源利用效率非常低。促进能源资源的利用率,减少非必要能源消费污染,可以为人口的可持续发展提供长远的动力和支持,也成为本地区发展的一个重要瓶颈和努力方面。

三、西南山地人口、资源、环境可持续发展的当前博弈

基于以上指标可以看出西南山地面临的博弈主要有人口发展与资源开采使用的博弈、人口发展与环境保护的博弈,以及开发资源与环境保护的博弈。具体来说包括以下几点。

1.人口与资源的当前博弈

人口与资源的博弈也可以表述为当代人口与后代人口在资源开发利用的博弈。这是一种不对等的博弈,博弈的主动权完全掌握在当代人手中。当代人为了增加收入和人均GDP,提高生活质量,需要对各种资源进行开发利用,由于矿产等多数资源的不可再生性,有限的资源被当代人利用了,后代就无资源可用。但人类有繁衍传承可持续发展的需要,对资源的利用分配问题就形成了人口与资源的当前博弈。西南山地有着丰富的矿产、生物、能源资源,但其特殊的地理环境,使得开发难度大,资源利用率低,现有人口的发展对资源的需求量很大,较高的人口自然增长率也预示着后代对资源的巨大需求。是努力开发满足当代需求还是减少开发以满足后代为主或者控制人口自然增长率综合平衡两种需求的开发,如何平衡这两种需求,考验着当代人的智慧和责任心。

2.人口与环境的当前博弈

人口与环境的博弈主要有两种,一种是人口增长与环境保护的博弈,这种博弈在西南山地尤其突出。西南山地环境承载力低,但本区现有人口占全国的17.83%,达到

2.4 亿人口，且自然增长率大多明显高于全国平均水平，现有的大量人口和可预见的未来大量人口在生产生活中都会产生大量的污染物，表 1 数据显示本地区污水排放总量占全国 13.1%，工业废气排放量占全国 13.68%，工业固体废弃物生产量占全国 15.07%，随着人口的过快增长，主要污染物的比重会进一步加大，人口增长对环境的压力越来越大。另一种是人口发展与环境保护的博弈。有学者对人均收入和环境质量指标做过相关分析，认为环境质量有先恶化后改善的趋势。根据"环境库兹涅茨曲线"，随着人均收入的提高，环境质量呈现先恶化趋势，达到一定水平后开始好转。根据国外经验这一转折水平在 5000～10000 美元，而 2011 年本地区所属的西部地区人均 GDP 为 27731 元人民币，与这一转折水平还有一定的差距。[4] 但人口与环境的矛盾越来越突出，继续发展经济提高人口收入还是更加注重保护环境的博弈更加激烈。

3. 资源与环境的当前博弈

资源与环境的博弈也就是优先开发资源还是优先保护环境的博弈。资源的开发可以满足人口发展的需求，提高人口的收入水平；环境的保护则需要巨额资金的投入，影响人口收入水平的提高。在资源开发的过程中必然会对环境产生影响，西南山地巨大的矿产资源的开发必然会产生大量的污水、废气、固体废弃物，造成环境的污染；资源型工业不仅是高耗能的产业，同时又是废气、废水、固体废弃物等污染物排放高的产业。❶ 生物资源的开发如林地的开发又会减少本地区的森林覆盖率和绿地面积，进而影响自然界的环境净化能力；能源资源的开发，尤其是大型水电的开发，必然会改变原生态的自然环境，使原本脆弱的西南山地的环境更加脆弱。人口要发展，就必然要开发自然资源，自然资源的开发，又会改变、污染环境，在资源开发的过程中如何保护环境，如何使资源开发与环境保护协调发展也将在两者的博弈中找到出路。

四、西南山地人口、资源、环境发展的战略选择

1. 西南山地人口、资源、环境发展的 SWOT 分析❷（见表 2）

表 2 西南山地人口、资源、环境协调发展的 SWOT 分析

优势（S）	本区域是少数民族人口主要聚居区之一，有 34 个少数民族生活在此区域，形成独具特色的民族文化旅游资源，少数民族人口在发展过程中也形成了一系列保护自然、人与自然和谐相处的民族文化
	拥有丰富的气候资源、生物资源、矿产资源、水能资源、旅游资源，在经济社会发展过程中，拥有丰富的资源支撑，为人口的发展打下坚实的基础
	本地区亚热带湿润气候条件下形成的高山密林，植被覆盖率高，自然环境优美，空气质量好，夏季气温低，宜居城市较多，区内人均寿命普遍较长

❶ 任志军. 西部民族地区资源型产业：地位、挑战与策略[J]. 贵州大学学报（社会科学版），2013（5）.

❷ SWOT 即由 Strength（优势）、Weakness（劣势）、Opportunity（机会）、Threat（威胁）四个单词的第一个字母组合而成。SWOT 作为一种分析方法是 20 世纪 50 年代国外流行的战略规划学派的一个代表性分析工具，在管理领域一直被广泛应用。

续表

劣势(W)	历史基础薄弱,人口素质较低,先进因素难以锲入;人口自然增长率高,资源环境压力大;缺乏人才和技术,创新能力较低
	交通、通信等基础设施建设发展滞后,节点集聚和扩散能力差,资源开发不利于运输;区位偏远和区域封闭,空间传递阻碍大,制约区内外社会经济联系;城镇化发展水平、市场化发育水平较低;产业结构不合理,总体水平较低
	生态环境脆弱,破坏不易恢复,环境承载能力低,资源开发容易导致环境破坏;资源利用率低,容易产生环境污染
机会(O)	由于西部大开发、新农村建设等实施,国家对西南山地区域加大资金支持和政策倾斜
	一些大型工程和建设项目,尤其是能源开发项目,对西南山地的发展具有巨大的拉动作用
	生态环境保护和建设越来越受到国家的重视,本区域大量的生物资源包括林业和动植物在国家的战略地位越来越重要
	大湄公河区域合作、泛珠三角区域合作、泛北部湾合作和中国 - 东盟自由贸易区建设
威胁(T)	随着旅游的开发和交往的日益频繁,民族文化容易遭到破坏
	许多资源型的产品比较优势逐渐丧失;我国短缺经济的结束和生产相对过剩经济的形成;地区之间分工不合理,丧失地方特色,产品和产业结构趋同
	随着资源开发和城镇化建设,生态环境容易遭到破坏

2. 西南山地人口、资源、环境发展的基本原则

基于以上分析,可以总结出西南山地人口、资源、环境在发展过程中应遵循"可持续发展""人与自然共同发展"两大总原则。[5]"可持续发展"在世界环境与发展委员会的研究报告《我们共同的未来》中理解为"既满足当代人需求,又不损害后代人满足其需求能力的发展"。可持续发展原则主要是在处理当代与后代人口与资源环境的博弈中应当遵循的基本原则。"人与自然共同发展"主要是处理当代人发展过程中人口、资源、环境矛盾的原则。西南山地人口的复杂性、资源开发的困难性,以及环境的脆弱性,使得本地区的发展过程中可持续发展和人与自然和谐相处原则的重要性更加突出。只有遵循这两大原则,才能正确处理人口、资源、环境在发展过程中存在的博弈,才能既不损害后代人的需求又满足当代人的需求,同时使人口有一个持久的宜居环境与发展环境。

在具体的发展过程中,除满足以上两大原则外,还应该满足以下几项具体原则。

(1)科学规划原则。西南山地的发展需要根据自身实际,事先进行科学规划。在掌握本区域具体人口、资源、环境状况后,根据实际情况进行发展规划,要避免一味求快、求大,一味盲目效仿东部发达地区的规划,还美其名曰"一步到位""跨越式"发展。那些华

而不实的规划蓝图是不适合本区区情的空中楼阁,应该坚持"不求最快,但求最佳"的发展方式进行科学规划。

(2)整体规划原则。西南山地六个省市区同在我国西南部的区位和同为山地的地形特征,使其拥有较多的共性,应该作为一个整体进行规划,发展过程中可以相互借鉴经验教训,共同应对危机,形成有较强竞争力的产业链,形成规模效益。西南山地的人口、资源、环境也应该进行整体规划,使人口的发展、资源的开采、环境的保护形成合理互动,良性循环。

(3)差异化原则。西南山地六个省市区虽有共性,也有个性。每个地区都有自己独特的人口、资源、环境状况。在发展过程中应该坚持和而不同的原则,实施差异化发展。如四川和重庆人口增长速度低于全国平均水平,人口压力相对较轻,在发展过程中人口制约因素相对较少。云南有色金属和动植物资源异常丰富,这都可以作为其发展的重点。西藏太阳能和风能资源较为丰富,这也是其特色发展的一个方向。贵州可食用植物与药用植物较多,可以形成颇具特色的食品产业和苗医苗药产业。

3. 西南山地人口、资源、环境发展的建议

坚持计划生育政策,控制人口数量,提高人口质量。人口作为可持续发展的关键,在于精而不在于多。西南山地要想获得人口、资源、环境的协调发展,首先要做的就是控制当前总体过快的人口自然增长率,减小资源和环境的压力。在控制人口数量的同时还要提高人口的素质。西南地区由于历史和地理原因人口的受教育水平长期处于全国的落后地位,人口素质较低,提高人口素质有助于增强本地区开发资源的能力和增加资源的利用率,可以提高环境的保护意识和保护能力。坚持计划生育政策是西南山地人口、资源、环境协调发展的关键因素。

调整产业结构,优化升级产业结构。西南山地的发展要立足于本区资源,针对本区丰富的矿产资源、能源资源和生物资源进行产业布局,不求产业部门齐全,只求产业部门符合地方资源发展要求。将有限的资金和人力、物力投入本区有竞争力的产业中去。优化升级产业结构,加强支柱产业的资金技术支持,提高资源利用率。培育新兴产业,如开发西南山区的自然和人文旅游资源,发展环保型产业,既可以提高人口收入又可以保护生态环境。

坚持边发展边保护的发展模式。对"环境库兹涅茨曲线"的研究表明,西南山区如果走"先污染,后治理"的发展道路,还将经历漫长的污染道路,但本区人口、资源、环境的矛盾已经非常严重,而且历史经验告诉我们,治理要比污染困难得多,成本也大得多。边发展边保护的发展道路,可以兼顾人口的发展需要、资源的开发需要以及环境保护的需要,改善环境质量,为人口的发展提供良好的环境,提高人口素质;为资源的开采提供有利条件,减少资源浪费。

参考文献

[1] 程鸿,章铭陶.西南地区国土资源综合考察和发展战略研究[M].北京:科学出版社,1990(10).

[2] 安和平,赵栋昌,王君莉,邹波.贵州省人口、资源环境与经济协调发展的初步探究[J].中国人口·资源与环境(第19卷),2009(专刊).

[3] 杨军昌.西南山地民族人口生态文化及其价值[J].贵州大学学报(社会科学版),2011(6).

[4] 安和平,陈爱平,杨艳珠,等.贵州人口经济增长与环境资源协调发展研究报告[J].人口社会法制研究,2011(1).

[5] 罗淳,武友德.小城镇大作为——西南边疆民族地区小城镇建设研究[M].北京:光明日报出版社,2009.

[6] 任志军.西部民族地区资源型产业:地位、挑战与策略[J].贵州大学学报(社会科学版),2013(5).

● 西南山地人口与资源环境协调发展的模式探究
——基于可持续发展理论的视角

韩　旸

（贵州大学　公共管理学院，贵州　贵阳　550025）

【摘　要】我国西南地区的地形地貌结构复杂，自然环境丰富多样，其中高原、沟壑、丘陵等山地地貌占了该地区大部分面积。这里是自然资源环境最脆弱的地区之一，人口与之资源环境的关系不可忽视，要实现人口与资源环境的可持续发展，必须建立人口与资源环境协调发展模式，最终实现人、资、环三位一体的综合发展。

【关键词】西南山地；人口；资源环境；协调发展

一、引言

在中国地理概念中，西南地区涵盖中国西南部的广大腹地，主要包括四川盆地、云贵高原和青藏高原南部地区。在中国行政区划概念中，狭义的西南地区（也称为大西南），即指传统的“西南三省”：川（四川省）、滇（云南省）、黔（贵州省）[1]。而行政区划中广义的西南地区则大致包括重庆市、四川省、云南省、贵州省、西藏自治区，以及陕西省南部（陕南地区）。本文中的西南地区在行政区划上包括四川、云南、贵州、重庆和广西此四省区（市），而西南山地则是包含在这三省一市辖区内的广大高原、山脉、沟壑、丘陵等地貌区域。我国的西南山地是世界上三个连片喀斯特地区之一，其地理位置和地貌特征的特殊性使之成为我国人口、资源和环境问题最为尖锐的地区之一，同时人口、资源、环境的协调综合发展问题直接关系到该地区及长江、珠江下游经济带的生态安全和经济可持续发展，也关系到我国全面建成小康社会的实现，因此探索该地区人口、资源、环境协调发展道路，实现三者的协调可持续发展具有重要的现实意义。

二、西南山地资源环境状况

资源与环境在某种程度上具有一定的重合性，人们对资源和环境的概念理解也各不

作者简介：韩旸，女，贵州大学公共管理学院人口学 2012 级硕士研究生。研究方向：人口与区域发展。

[1] 维基百科 - 中国西南地区. http://zh. wikipedia. org.

相同。有的学者认为资源是环境的一部分,是环境为人类提供的可利用功能的一种;有的研究则认为环境是资源的一部分,可称其为“环境资源”。这里我们将“资源”和“环境”作为两个概念分别研究,“资源”为人类提供有形的生产对象,为生活和生产提供物质基础;“环境”则为人类提供生命支持、废物吸纳、美学等功能。❶

(一)资源状况

资源从广义上来讲,是在人类社会发展过程中可以用来创造财富的一切有用要素。它既包括存在于自然界的自然资源,如土地、水、森林、矿产资源等,也包括后天通过人类劳动创造而形成的人造资源,如技术资源、物质资产、货币资本,以及人造的与自然资源种类和形态相同的资源(如人造林地)等。在本文中资源被界定为狭义的一面,即自然资源,也说在人口、资源、环境三位一体综合发展的关系中,主要是从自然资源的角度来加以研究。因此我们选取了资源中最具代表性的四个方面进行论述。

1. 土地资源

土地是地球表面除海洋之外的陆地及其江河、湖泊、塘池等陆地水面,是由地球上一定高度和深度的岩石、土壤水分、矿藏、空气和植被等构成的自然综合体,是人类最基本的可循环再利用的生态经济资源。而土地资源是在土地概念上发展起来的,它是指在现有技术、经济条件下可以开发利用的土地,包括已经开发利用和尚待开发利用的土地。本文中的土地资源指的是非建设用地的农用土地资源。

西南地区中除了成都平原等极少数平原地区外多以高原、沟壑、丘陵等地形为主,故其土地资源相对中东部地区较为稀缺,加之此处的云贵高原上的喀斯特地貌广泛,故其土地肥力也相对匮乏。由表1我们可以看出,西南地区三省一市的总面积约为113.7万平方千米,而其农业用地总面积仅占全国的16.97%。

表1 土地利用情况

单位:万公顷

类型\地区	重庆	四川	贵州	云南	广西	全国	百分比(%)
耕地	223.6	594.7	448.5	607.2	421.8	12171.6	18.86
园地	24.0	71.6	12.1	84.2	53.9	1179.1	20.85
林地	329.1	1967.8	790.9	2214.1	1160.0	23609.2	27.37
牧草地	23.7	1371.1	159.8	78.2	71.6	26183.5	6.51
农用地总计	600.4	4005.2	1411.3	2988.7	1707.3	63143.4	16.97

资料来源:中华人民共和国统计局网 http://www.stats.gov.cn/tjsj/qtsj/hjtjzl。

❶ 钟水映,简新华.人口、资源与环境经济学[M].北京:科学出版社,2005.

2. 水资源

水是人类和生产不可或缺和代替的自然资源。水资源不仅是一个单纯的自然属性的概念,而是一个包括自然、经济和社会在内的综合性概念。比较普遍的看法是,水资源是指在目前的技术和经济条件下,比较容易被人类利用的那部分淡水水量,即大陆上由大气降水补给的各种地表、地下淡水水体的动态水量。本地区虽然位于我国内陆地区,但有多条大江、河流过境,主要有元江、澜沧江、怒江,此外本区内的高原湖泊也相对集中,具有代表性的有云南的滇池、洱海、泸沽湖等,因此水资源相对丰富。2011 年该地区的水资源总量为 6208.6 亿立方米,约占全国水资源总量的 26.7%,其中地表水资源总量占其水资源总量 95% 以上,成为该地用水的主要来源。

3. 森林资源

广义的森林资源是以林木资源为主,还包括林中和林下植物、野生动物、土壤微生物及其他自然环境因子等资源;狭义的森林资源主要指的是树木资源,尤其是乔木资源。[1] 2011 年中国环境统计数据显示,云南省、四川省和广西壮族自治区的森林面积分别为 1817.73 万公顷、1659.52 万公顷和 1252.5 万公顷,分别居于全国第三、第四和第六,贵州省与重庆市的森林面积则分别为 556.92 万公顷和 286.92 万公顷;由图 1 我们可以看到,2011 年该地区的森林覆盖率均超过了国家 20.4% 的平均水平,均达到了 30% 以上,广西壮族自治区甚至超过 50%。如此丰富的森林资源,净化了空气,也为该地区的野生动物、土壤微生物等提供了良好的生长、生存环境,从而为生态环境的良性循环提供最基础的实体保障。

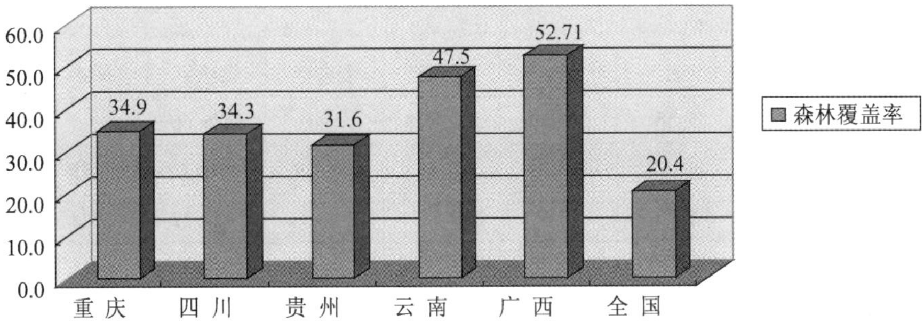

图 1　森林覆盖率(单位:百分比)

4. 能源、矿产资源

矿产资源是指经过地质成矿作用,使埋藏于地下或出露于地表、并具有开发利用价值的矿物。矿产资源是重要的自然资源,是社会生产发展的重要物质基础,现代社会人们的生产和生活都离不开矿产资源。由于西南山地复杂的地质结构,为其形成种类丰富的矿产资源提供了优越的自然条件。

[1] http://baike.baidu.com/view/92259.htm.

经探明,该地区已发现各类矿产逾140多种,探明储量的接近百余种,本文截取国家环境统计数据中数种主要的矿产加以探讨。从表2、表3中不难发现,石油、煤炭、天然气等主要能源在本地区产量并不丰富且分布严重不均衡,如石油能源,四川省储量可达800万吨以上,而云南只有12万吨左右,贵州省石油储量近乎为零。但是铁矿、锰矿的储量较为充足。此外,如锌矿、硫铁矿、磷矿等有色金属及非金属矿产的总储量的占有量也位居全国高位。

表2 各地区主要能源、黑色金属矿产基础储量(2011年)

地　区	石油	天然气	煤炭	铁矿	锰矿
单位	(万吨)	(亿立方米)	(亿吨)	(矿石,亿吨)	(矿石,万吨)
重庆	159.05	1955.33	18.57	0.15	1739.43
四川	818.74	7973.07	51.82	29.15	97.74
贵州	—	10.50	58.74	0.14	2981.90
云南	12.21	2.32	59.67	3.76	935.21
广西	142.88	3.38	2.02	0.29	5860.10
合计	1132.88	9944.60	190.82	33.49	11614.38
全国	323967.94	40206.41	2157.89	192.76	18240.92
占百分比(%)	0.35	24.73	8.84	17.37	63.67

表3 主要有色金属、非金属矿产基础储量(2011年)

单位:万吨

	铜矿	铅	锌矿	铝土矿	菱镁矿	硫铁矿	磷矿	高岭土
重庆	—	5.56	18.22	6890.18	—	1485.60	—	9.00
四川	74.96	80.51	217.29	14.40	186.49	40988.03	3.43	71.87
贵州	0.19	1.23	11.06	20045.31	—	5497.32	5.28	16.05
云南	277.20	199.25	713.16	1551.84	—	4898.29	6.42	402.30
广西	3.35	25.52	102.79	41146.02	—	682.25	—	15174.70
合计	355.70	312.07	1062.52	69647.75	186.49	53551.49	15.13	15673.92
全国	2812.43	1291.70	3124.39	105064.32	185163.43	136900.57	28.93	37764.63
占百分比(%)	12.6	24.2	34.0	66.3	0.1	39.1	52.3	41.5

(二)环境状况

环境是人类不可缺少的生命保障系统,自然环境精巧复杂,各种成分相互作用,形成具有一定稳定性的动态平衡,环境滋养亿万物种组成庞大的基因库,使生命得以繁衍生息;同时,环境为人类提供废物消耗场所,人们的生产和消费活动会产生一些不可利用的副产品,成为废物排入环境。环境通过自净能力使之重新进入环境的物质循环当中,但是一旦废物过多过快排入环境,不能得到及时的净化,环境问题终将不可避免。

近年来我国的生态建设虽取得一些成绩,但与其遭受破坏的速度相比,所谓的"成绩"可谓捉襟见肘。中共十八大会议在政治、经济、文化建设的基础上明确提出了生态文明建设,由此形成了"四位一体"的综合发展,将生态建设提到了关乎国家发展大计的高度上来。

1. 生态环境状况

西南山地本身具有极其特殊的地理地貌环境,生态相对脆弱,环境问题相对尖锐。由于保护环境与发展经济之间矛盾的不可协调性,其生态破坏的范围在扩大,程度在加深,主要表现在以下两个方面。

(1) 水土流失、土地沙化土地退化不断扩大,湿地、耕地面积日趋减少。从第四次全国荒漠化和沙化监测资料(见表4)可以看出,四川省土地沙化面积排在西南四省一市的首位,达到91万公顷以上,是贵州和重庆的90多倍,其次为广西,为19.49万公顷。如此可见,西南不同省区间的土地沙化程度的巨大差异更加剧了西南地区生态环境的脆弱性。

表4　土地沙化情况

单位:万公顷

地区＼沙化面积	沙化土地面积	流动沙丘(地)	半固定沙丘(地)	固定沙丘(地)	露沙地
重庆	0.25	0.01	—	0.02	—
四川	91.38	1.06	3.76	19.45	61.64
贵州	0.62	0.10	0.03	0.14	—
云南	4.42	0.34	0.11	1.45	0.11
广西	19.49	0.07	0.03	4.40	—
全国	17310.77	4061.34	1771.57	2779.25	997.62

资料来源:第四次全国荒漠化和沙化监测资料。

(2)矿产资源开发利用。过程中造成的生态破坏和环境污染。根据2011年国家统计局数据显示,截至2011年西南山地累计占用和破坏的土地面积达225569公顷,而年度矿山恢复治理面积仅为4528公顷。矿山资源开发占用大量的土地资源,并对土地结构和生产力造成严重的破坏,从破坏与恢复治理的面积对比上可以看出,这种破坏力几乎是不可逆转的。

2. 环境污染状况

西南山地虽然是我国经济欠发达地区,但随着西部大开发政策的进行,西南山地积极响应国家号召,尽可能利用现有条件发展经济。经济发展与环境污染在某种程度上是两种不可协调的矛盾。经济快速增长势必会导致经济活动外排的各种污染物迅速增加。

根据最近环境统计数据显示(见表5及其续表1、续表2),西南山地各类污染物的排放总量均占到全国总量的10.0%以上,而废气中二氧化硫的排放量更是占到17.2%。若单纯从西南山地污染物排放总量占全国的比重来看,其污染水平并不是很高,但是我们应该从西南山地本身资源环境占有总量的角度综合考虑,在其本身资源有限、自然环境状况复杂特殊且相对脆弱的条件下,即使是环境的自净能力加上人为对污染物的处理❶,过度排放的污染物,仍会对环境造成不可逆转的破坏。过度无序的资源开发和高强度的人类活动导致森林面积锐减,草原荒漠化和大气污染加剧。❷

表5　污染物排放情况(废气)

	二氧化硫排放总量	氮氧化物排放总量	烟(粉)尘排放总量	工业废气排放交总量
单位	(吨)	(吨)	(吨)	(亿立方米)
重庆	586929	402621	180972	9121.1
四川	902006	674853	385903	23171.8
贵州	1104284	553186	303467	10820.4
云南	691226	548518	382241	17545
广西	521023	494008	288286	29852.6
全国	22179082	24042659	12788202	674509.3
所占比例(%)	17.2	11.1	12.0	13.4

资料来源:环境保护部(以下各表同)

续表1　污染物排放情况(废水)

单位:万吨

地区	重庆	四川	贵州	云南	广西	全国	所占比例(%)
废水排放总量	131450	279852	77927	147523	222439	6591922	13.0

续表2　污染物排放情况(固体废弃物)

单位:万吨

类型 / 地区	一般工业固体废物产生量	一般工业固体废物处置量	一般工业固体废物处置能力(%)	危险废物产生量	危险废物处置量	危险废物处置能力(%)
重庆	3299	518	15.7	46.5	43.61	93.8
四川	12684	3988	31.4	115.85	46.75	40.4
贵州	7598	2033	26.8	38.89	1.05	2.7
云南	17335	4969	28.7	134.1	19.51	14.5
广西	7438	2050	27.56	22.94	5.71	24.89
全国	322772	70465	21.8	3431.22	916.48	26.7
所占比例(%)	14.98	19.24	—	10.44	12.73	—

❶ 续表2中,人为处理固体废弃物的能力显示,70%以上的固体废弃物是人为无能力处置的,由此可以看出人为处置污染物的总量对于排放总量来说是杯水车薪,故而环境污染程度可见一斑。

❷ 任志军.西部民族地区资源型产业:地位、挑战与策略[J].贵州大学学报(社会科学版),2013(5).

三、西南山地人口现状

在人口、资源、环境的三位一体发展模式中,是以人为中心,以实现人的全面、持续发展为归宿,人口是实现可持续发展的首要因素。该部分主要从人口的数量、质量及结构等方面论述西南山地人口现状。

(一)人口数量

人口与资源环境协调发展关系的构建过程中,首当其冲的是人口数量问题。进入20世纪90年代后,随着计划生育工作的不断加强和完善,20世纪80年代人口的高出生率得到控制,并持续稳步下降。1991年人口出生率为19.7‰,2008年降至12.1‰,此后一直稳定在低水平上。1998年人口自然增长率首次降到10‰以下,从2000年开始,我国人口进入低生育率水平下的平稳增长阶段。[1] 西南山地地处我国西部,且民族类型复杂多样,计划生育政策在本地区执行相对宽松,因此该地区人口比重较高,随着我国自然增长率的整体下降,西南山地的人口总量平稳增长,所占人口比例也逐年下降(见表6)。

表6 人口数量变化

单位:万人

年份/地区	2000	2005	2010	2011
重庆	2849	2798	2885	2919
四川	8329	8212	8045	8050
贵州	3756	3730	3479	3469
云南	4241	4450	4602	4631
广西	4751	4660	4610	4645
全国	126743	130756	134091	134735
所占比例(%)	18.88	18.24	17.62	17.60

资料来源:《中国统计年鉴2012》,中国统计出版社。

(二)人口质量

人口质量在可持续发展过程中的作用是多方面的。第一,人口质量的高低在很大程度上对人口再生产模式产生作用;第二,人类能否实现可持续发展的目标,关键在于能否走出一条人口、资源、环境协调发展的道路,要探索出这样一条“求共赢、谋发展”的道路,

[1] 中国国家统计局《新中国60周年系列报告之五:人口总量适度增长结构明显改善》http://www.stats.gov.cn/tjfx/ztfx/qzxzgcl60zn/t20090911_402586311.htm.

更多的是依靠人类的知识而不是挥霍资源实现更高程度的发展,因此提高人口素质、强调人口质量是关键环节。

目前对于人口质量的理解是多元的,因此对其的衡量指标也复杂多样,但是具体到人口质量与可持续发展问题上来时,我们更多的是把研究重心放在人口的文化素质上,其衡量指标即为人口受教育的水平。由于受地区的经济发展水平、地理环境等因素的综合影响,2011 年时我国 15 岁以上的文盲数量占该年龄及以上人口总量的 5.21%,而在西南山地除重庆、广西两省市以外,文盲比例均高于全国的平均水平,贵州省甚至达到 12.24%(见表 7)。

表 7　15 岁及以上文盲人口(2011 年)

单位:万人

地区	15 岁及以上人口(人)	文盲人口(人)	文盲人口占 15 岁及以上人口的比重(%)
全国	956619	49876	5.21
重庆	20938	1043	4.98
四川	57636	4156	7.21
贵州	22475	2751	12.24
云南	31821	2773	8.71
广西	30969	1261	4.07

资料来源:《中国统计年鉴 2012》,中国统计出版社。注:本表是 2011 年全国人口变动情况抽样调查样本数据,抽样比为 0.850‰。

(三)人口结构

人口结构中最具人口学特色的为人口的年龄结构和人口的性别结构,同人口质量类似,考虑到人口质量与可持续发展的关系,地区的发展与该地区劳动年龄人口戚戚相关,因此我们主要选取人口的年龄结构数据为指标进行论述(见表 8,表 9)。

表 8　通常的人口类型划分标准❶

年龄结构类型	老年人口系数	儿童少年人口系数	老少比❷
年轻型	5% 以下	40% 以上	15% 以下
成年型	5% ~10%	30% ~40%	15% ~30%
老年型	10% 以上	30% 以下	30% 以上

❶ 佟新. 人口社会学(第三版)[M]. 北京:北京大学出版社,2006.

❷ 老年人口系数:老年人口在总人口中所占的比例。少年儿童人口系数:14 岁及以下的少年儿童人口在总人口中的比例。老少比:人口老年人口数与少年儿童人口数之比例。

表 9　人口年龄构成和抚养比❶

地区	人口数（人）				总抚养比（%）		
		0～14 岁	15～64 岁	65 岁及以上		少年儿童抚养比（%）	老年人口抚养比（%）
全国	1145209	188590	852078	104541	34.40	22.13	12.27
重庆	24939	4001	17841	3097	39.78	22.42	17.36
四川	68777	11141	49359	8277	39.34	22.57	16.77
贵州	29635	7161	19776	2698	49.85	36.21	13.64
云南	39565	7744	28780	3041	37.47	26.91	10.56
广西	39685	8716	27183	3786	46.00	32.07	13.93

通过计算我们得出，0～14 岁人口占西南山地人口总量的 19.13%，15～64 岁人口占 70.55%，65 岁及以上人口占 10.32%。比对人口类型的划分标准，西南山地已经进入老年型社会，同时少年儿童抚养比和老年人口抚养比均超过国家平均水平，这就意味着该地区的人口老龄化程度高于全国平均水平。在经济社会还处在欠发达条件的西南山地地区，抚养比加重，劳动人口相对紧缺的状态不利于人口、资源、环境三位一体协调发展。

四、人口与资源环境关系的现状分析

（一）资源环境状况综述

（1）要素综合及组成。总体而言，西南地区资源储量丰富、资源环境基础良好，但是组合不合理，特别是水土资源搭配不合理，表现为水多土少。西南地区资源环境基础综合状态略超全国的平均水平。西南地区水资源、森林资源非常丰富，明显优于全国均值水平，两者对资源环境的贡献程度高。矿产资源的种类及数量接近相对平衡比例水平。❷而耕地资源和能源资源明显不及全国均值水平，两者对资源环境的贡献程度都不及水产资源对其的贡献。

（2）空间特征。云南、贵州、四川、重庆资源要素空间结构相似，但都各具其特点。四省市中，贵州的资源相对丰富。矿产资源尤其是煤矿是决定贵州资源环境本底优势的关键，但其耕地资源基础比较薄弱。其次是重庆市的资源要素综合表现比较好，能源资源和水资源比较丰富，而其矿产资源比较贫乏。云南和广西两省区在水资源和森林资源上略显优势，但耕地与矿产十分匮乏，而耕地与森林资源环境基础云南相对优于四川；能源

❶ 本表是 2011 年全国人口变动情况抽样调查样本数据，抽样比为 0.850‰。

❷ 此处的平衡是指西南山地四省一市总面积占全国国土面积的 14.3%，其各种自然资源储量占全国的百分比与之国土占有量相比基本持平或略有差值。

资源环境基础四川相对优于其他省市。❶

(二)人口与资源环境关系

人口与资源环境的关系是否符合可持续发展的要求其中最重要的判断标准之一是人口数量与资源环境总量的关系。基于上述人口与资源环境关系状况的分析,在此选择农业用地、水资源、森林资源和主要能源为主要内容加以探讨。

从图2中看到,除四川、云南两省外,大部分的西南山地省份的人均耕地面积低于全国平均水平,由此我们得出西南山地农业用地,尤其是耕地面积严重匮乏,加之土地沙化和矿产资源开发对土地资源的破坏加剧,农用土地的不良状况更加加剧。土地是生产生活的基础,是解决人民基本温饱问题的基石,但是在环境本就脆弱的西南山地,土地问题不可小觑。

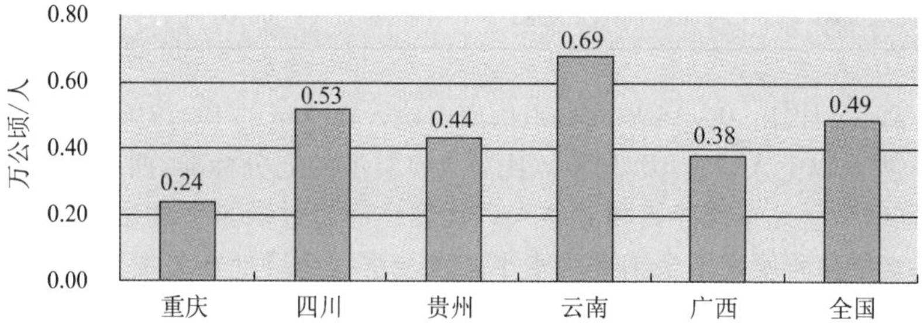

图2　人均农用地面积

资料来源:中国环境统计资料(2011)。

我国水资源南北分布严重不平衡,而南方充沛的水资源又集中于西部省份。从图3人均水资源占有量中得出,该地区所有省市人均水资源占有量全部超过全国平均水平。因此,西南山地应充分利用自己水资源充沛这一资源优势,如大力开发养殖业以补充农业用地不足的状况,运用水力发电以缓解因火力发电不足的用电压力。

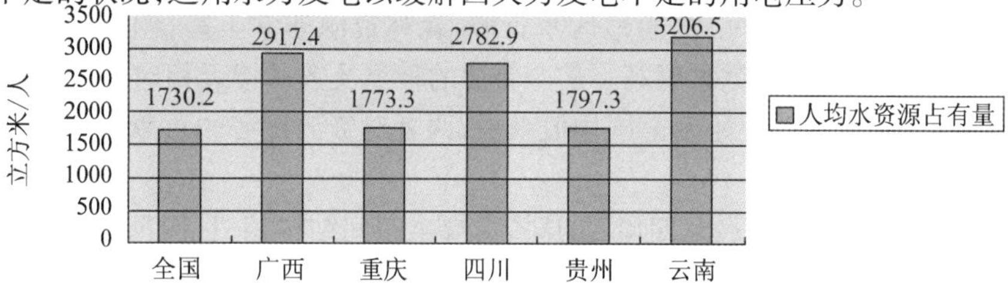

图3　人均水资源占有量

资料来源:中国环境统计资料(2011)。

森林资源同水资源一样,是西南山地的一大资源优势,同时也带动了环境优势。发展林业及其相关产业是该地区得天独厚的优势,良好的环境也给当地带来发展旅游业的商机。

❶ 尹婷婷,姚建.西南地区资源环境及人地关系评价研究[J].安徽农业科学,2011,39(34).

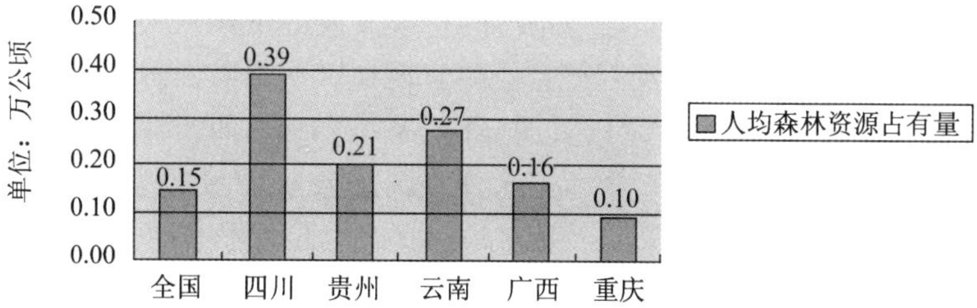

图4　人均森林资源占有量

资料来源:中国环境统计资料(2011)。

本文选取了本地区储量相对丰富的主要能源加以分析。煤、铁、石油、天然气是带动一个工业地区发展主要动力能源,但从表10中我们可以看到,主要能源的人均占有量十分有限,除重庆、四川一市一省的天然气储量高于全国人均水平外,其余能源均大幅低于全国水平。

表10　主要能源人均占有量

地区	石油	天然气	煤炭
单位	吨/人	立方米/人	吨/人
重庆	0.0545	0.6699	0.0064
四川	0.1017	0.9904	0.0064
贵州	—	0.0030	0.0169
云南	0.0026	0.0005	0.0129
广西	0.0308	0.0007	0.0004
全国	2.4045	0.2984	0.0160

资料来源:中国环境统计资料(2011)。

五、可持续发展视角下人口、资源、环境协调发展模式的构建

所谓发展模式,即为一个国家、一个地区在特定的生活场景中,也就是在自己特有的历史、经济、文化等背景下所形成的发展方向,以及在体制、结构、思维和行为方式等方面的特点,是世界各国家或地区在实行现代化道路过程中对政治、经济体制及战略等的选择。可持续发展是人类在经济社会发展现实活动过程中,为寻求对人类发展更加有利的背景下提出的,是以人为中心和归宿,以环境为条件,以自然资源为基础的发展模式。1987年,环境与发展委员会在《我们共同的未来》中对可持续发展做了明确的概括,即“既满足当代人的需求,又不对后代人满足其自身需求的能力构成危害的发展”。

人口、资源、环境是一个既矛盾又统一的整体,平衡是相对的,不平衡是绝对的、长期的,出现不平衡是正常的,但一定要把失衡控制在一定范围内,否则,将对经济和社会构成较大的危害。因此在可持续发展的理论支撑下,协调好这三者矛盾之间的关系,

才能实现有限资源环境条件下,人类“无限”的持续发展的可能。人口、资源、环境协调,就是指三要素之间及各个层次的相互配合主要表现在以下四个方面。

第一,结构性协调。它是指人口、资源、环境系统的内在联系具有较严密的组织构成,较合理的比例关系和较高的有序性。这种协调是多方面、多层次的。人口、资源、环境系统的结构不仅是其运行的前提,而且对运行状态也起着根本性的制约作用。是否能结构性协调是决定其运行类型的基础。良性运行必须建立在结构协调的基础上。由此看来,改变人口、资源、环境的恶性运行状态,使之向良性运行发展,基本途径是进行系统的结构性调整。也就是说,既要使人口增长、资源承载、环境容量具有严密的组织构成,合理的比例关系,又要调整好各子系统的结构,使各子系统都具有合理的比例结构。

第二,功能性协调。功能与结构紧密相连,在系统中,结构是功能的基础,功能是结构在运动中发挥出来的作用。功能性协调是指人口、资源、环境系统中内部各要素的相互配合与相互促进。它在人口、资源、环境系统运行中起着重要作用。一方面,功能性协调与否,是人口、资源、环境系统运行状态的直接标志。因为结构作为基础往往隐藏得较深,功能则是表层的东西,可以直接表现出来。所以,只有结构上的协调是不够的,必须实现功能上的协调,良性运行才能真正实现。另一方面,功能作为一种活动是经常变化的,表现出很大的灵活性,给系统以深刻的影响。因此要加强维护和协调人口、资源、环境系统各要素的功能,使之在运行中相互配合、相互促进。

第三,区域性协调。人口、资源、环境是一个开放的系统,所以,任何地区都不可能单独达到理想的目标,而只能是与周边地区一起逐步协同向前发展。要实现人口、资源、环境系统的良性运行,区域间的协调是不可少的。发达地区在利用落后地区的资源的同时,要向他们输送先进的技术,帮助他们合理地开发资源,保护资源和生态环境,要帮助他们解决教育问题,提高劳动者素质。通过这些做法,促进区域间人口、资源、环境的协调必使其互利,否则,人口、资源、环境问题将发生区域间制约作用,而不能走向良性循环。

第四,时段性协调。人口、资源、环境协调具有时段性,不同社会经济阶段有不同的目标和任务。这是不以人的主观意志为转移的客观规律,否则只能自食恶果。

当今西南山地仍然处于欠发达阶段,有些地区甚至连温饱问题都尚未解决。如此发展即是硬道理。人口、资源、环境之间关系的协调只能是逐步的。对于发达地区来说,在其经济发展过程中,已对人类环境的破坏、资源的消耗欠了债,因此,西南山地欠发达地区在发展的过程中应借鉴其经验和教训,避免只一味追求经济的增长而不惜资源环境为代价的错误发展模式。人口、资源、环境是一个复杂的巨系统,为了促进三者的协调发展,应加强以下几方面工作。

首先,区域的因地制宜发展原则。西南山地环境、资源差异较大,经济社会发展水平较低,民族、宗教、文化及人口数量、结构和素质在各省市内分布也不平衡。因此,在坚持大系统和各子系统内部协调和良性循环的可持续发展大原则下,必须因地制宜地制定和实施适合于本地区、具有本地区特色的可持续发展模式,切忌“一刀切”或盲目仿效其他地区的发展模式。

其次,全面提高人口质量的发展原则。人是可持续发展的出发点和最终归宿。人的社会性及主观能动作用,可能是正面的,也可能是负面的。因此可持续发展不仅要使人人受益,从而获得全面发展与进步,同时还应对人本身的素质提出了新的更高要求。不但要有良好的身体素质,健康的心理,还应具备较高的科技文化知识、技能和环境保护的意识,只有人口整体素质的提高,才是保证可持续发展的智力支持。

最后,社会综合效率原则。制定和实施西南山地可持续发展的战略规划必须兼顾生态效益、经济效益和社会效益,做到综合平衡,使整个西南山地的运行达到良性化。各省区之间不仅要相互开放,而且更要向我国中东部各发达省区开放,从而加快西南山地可持续发展进程,缩小与其他地区的差距。

【参考文献】

[1] 钟水映,简新华.人口、资源与环境经济学[M].北京:科学出版社,2005.

[2] 佟新.人口社会学(第三版)[M].北京:北京大学出版社,2006.

[3] 尹婷婷,姚建.西南地区资源环境及人地关系评价研究[J].安徽农业科学,2011,39(34).

[4] 维基百科-中国西南地区.http://zh.wikipedia.org.

[5]中国国家统计局《新中国60周年系列报告之五:人口总量适度增长结构明显改善》http://www.stats.gov.cn/tjfx/ztfx/qzxzgcl60zn/t20090911_402586311.htm.

[6] 尹建中,李望.论人口与资源环境的系统关系[J].西北人口,1996(2).

[7] http://baike.baidu.com/view/92259.htm.

[8] 杨军昌.面向二十一世纪的贵州人口与发展问题研究[M].贵阳:贵州人民出版社,2003.

[9] 任志军.西部民族地区资源型产业:地位、挑战与策略[J].贵州大学学报(社会科学版),2013(5).

● 西南山地人口与资源环境互动关系发展的伦理承接与路径选择

史巧灵

（贵州大学　公共管理学院，贵州　贵阳　550025）

【摘　要】西南山地是我国的特殊地理区域，是我国人口、资源、环境问题最尖锐的地区之一。该区域人口与资源环境互动关系的相互协调，关系到该区域乃至全国的经济社会的持续、健康发展。文章对西南山地进行了概念界定，分析了该区域内人口、资源、环境的基本状况，以及三者间的互动关系现状与困境，并介绍了中国古代保护资源环境的思想和西南山地传统人口生态文化，以期在吸收优秀传统生态理念的基础上，走建设西南山地人口与资源环境协调可持续发展的生态文明之路。

【关键词】西南山地；人口；资源；环境；可持续发展；生态文明

人口过剩、资源危机和环境污染是当代世界三大社会问题。我国是世界上最大的发展中国家，人口与资源环境之间关系发展的不协调性是制约我国社会经济发展和人民生活水平提高的障碍。由于我国国土面积广阔、地形复杂多样，因此，人口与资源环境之间的矛盾又具有区域性。分区域研究人口、资源、环境的基本状况，分析区域内人口与资源环境之间关系的特殊性，才能因地制宜，采取措施促进人口与资源环境之间良性互动，进而促进区域乃至全国社会经济健康发展。

一、相关概念界定

（一）山、山地、山区

山是形成或产生山地和山区概念的前提、基础或内核，它们之间有区别，更有不可分割的本质上的联系。山是有一定高度和坡度的、从一个参照平面或基面隆起之地，它是"个体"：只要有山峰和坡面就构成山，不一定要有山谷。山地和山区都是个体的集合体即群体，必须由两个以上山脉相连的，同时具备山峰、斜坡面、山谷的，才能叫做山地或山区。山地和山区在多数情况下是可以通用的。

作者简介：史巧灵，女，贵州大学公共管理学院人口学2012级硕士研究生。研究方向：人口政策与计划生育。

本文所采用的是与山区概念相近的广义的山地概念，是指包括高原、山系、沟壑、丘陵为地貌特征的区域。

（二）西南山地界定

学术界普遍认为西南地区包括五个省（贵州、云南、四川、广西、西藏）和一个直辖市（重庆）。但因西藏地区与其他地区相比具有一定的特殊性和困难性，因此，本文将西南山地界定为处于西南地区，包括贵州、云南、四川、重庆和广西辖区内的高原、山系、沟壑、丘陵为地貌特征的山地区域。作为世界上三个连片喀斯特地区之一，西南山地地处我国长江和珠江两大水系的上游分水岭地区，是我国人口、资源、环境问题最尖锐的地区之一。

二、西南山地人口、资源、环境基本状况

（一）西南山地人口状况

人口作为经济活动和社会活动的主体，一方面对资源环境和社会经济发展产生举足轻重的影响；另一方面又受到资源环境和社会经济发展的制约。21 世纪以来，西南山地的人口规模、自然增长率、结构，以及人口素质和劳动力利用方面都呈现出一些新的特征。

1. 常住人口总量减少，占全国总人口的比重下降

根据国家统计局 2000 年、2005 年及 2010 年年末数据，2000 年我国人口总量为 126743 万人，西南山地人口总量为 23926 万人，占全国总人口的 18.88%。2005 年我国人口总量为 130756 万人，西南山地人口总量为 23850 万人，占全国总人口的 18.24%。到 2010 年，全国人口总量增加到 134091 万人，西南山地人口总量减少到 23621 万人，仅占全国总人口的 17.61%。与全国人口总量惯性增长的变动趋势不同，西南山地总人口规模由 2000 年的 23926 万人缩减到 2010 年的 23621 万人，十年间缩减了 305 万人，占全国人口比重下降了 1.27 个百分点（如图 1）。

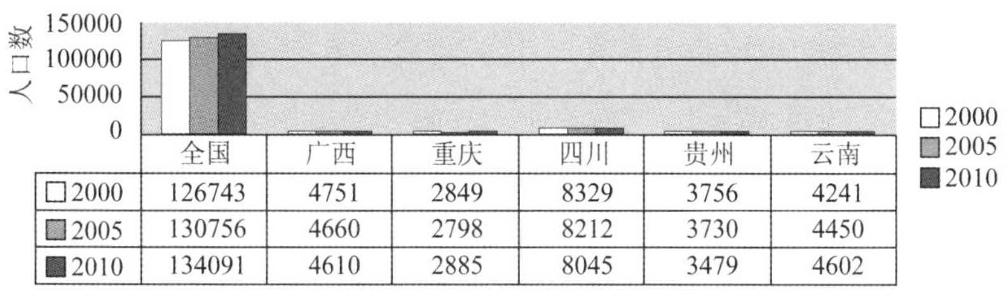

	全国	广西	重庆	四川	贵州	云南
2000	126743	4751	2849	8329	3756	4241
2005	130756	4660	2798	8212	3730	4450
2010	134091	4610	2885	8045	3479	4602

地区

图 1　全国及西南山地年末（2000 年、2005 年、2010 年）人口总数（单位：万人）

资料来源：国家统计局：《中国人口统计年鉴》。

2. 人口自然增长率持续下降

根据国家统计局 2000 年、2005 年及 2010 年年末人口数据，全国人口自然增长率从 2000 年到 2010 年，10 年间下降 2.81 个千分点。西南山地各地区中只有广西壮族自治区在 10 年间增加了 0.75 个千分点；重庆、四川、贵州、云南的人口自然增长率均持续下降。尤其是贵州和云南，10 年间分别下降了 5.65 个和 4.94 个千分点，降幅超过全国平均水平。

3. 老龄人口比重进一步提高，老年抚养比持续升高

2000 年第五次全国人口普查时，全国 65 岁及以上老龄人口占总人口比重为 7.01%(见图 2)，我国初步进入老龄化社会，到 2010 第六次全国人口普查时，比重上升为8.92%(见图 3)，老龄化程度进一步加深。西南山地各省区中，2000 年广西、重庆、四川都已步入老龄化社会，其中，重庆市老龄化程度最高(8.01%)；(见图 2)到 2010 年西南山地各省区老龄人口比重进一步提高，均步入了老龄化社会，其中，重庆市 65 岁及以上老龄人口已提高到 11.72%，10 年间上升了 3.71 个百分点(见图 3)。2000 年，全国总抚养比为 42.86%(见图 4)，2010 年，降为 34.28%(见图 5)，但老年抚养比由 2000 年的 10.15%(见图 4)上升为 2010 年的 11.98%(见图 5)。西南山地各省区总抚养比在 2000 年和 2010 年时均高于全国平均水平，其中贵州省最高，前后 10 年分别为 56.58%(见图 4)和 51.45%(见图 5)，高出全国平均水平 13.72 个和 17.17 个百分点；前后 10 年，全国老年抚养比分别为 10.15%(见图 4)和 11.98%(见图 5)，西南山地各省区平均老年抚养比为 10.31%(见图 4)和 13.77%(见图 5)，均高出全国平均水平。

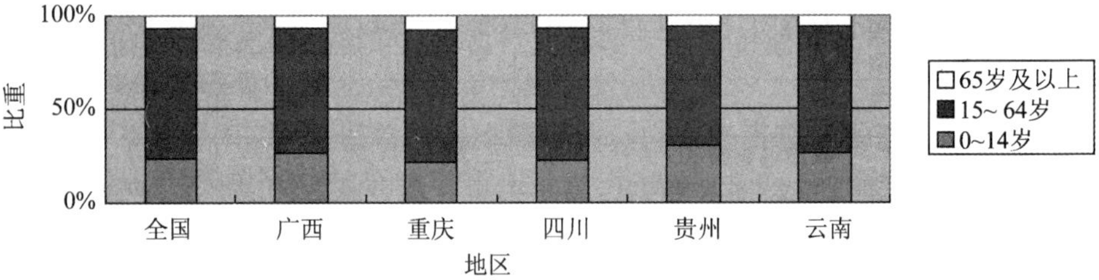

图 2　第五次全国人口普查中全国及西南山地人口年龄结构(单位:%)

资料来源：国务院第五次普查办公室，国家统计局人口和就业统计司. 2000 年第五次全国人口普查主要数据[M]. 北京：中国统计出版社.

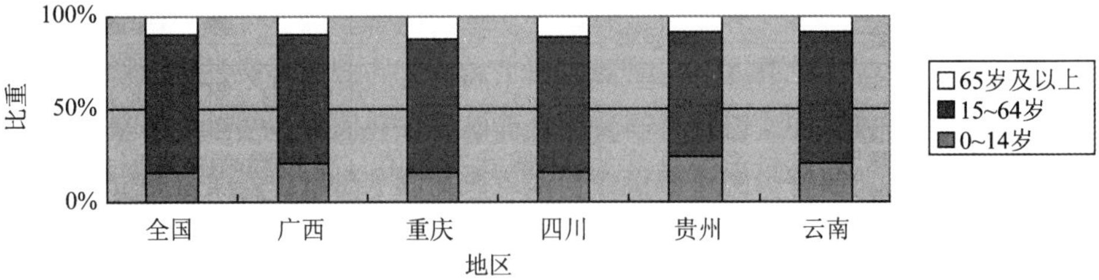

图 3　第六次全国人口普查中全国及西南山地人口年龄结构(单位:%)

资料来源：国务院第六次普查办公室，国家统计局人口和就业统计司. 2010 年第六次全国人口普查主要数据[M]. 北京：中国统计出版社.

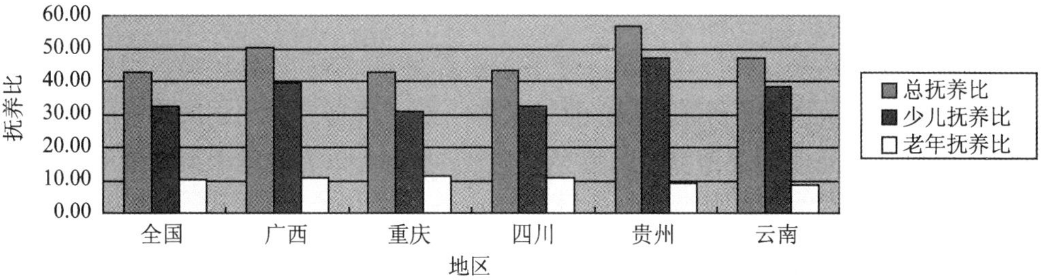

图 4　第五次全国人口普查中全国及西南山地人口抚养比(单位:%)

资料来源:国务院第五次普查办公室,国家统计局人口和就业统计司编. 2000 年第五次全国人口普查主要数据[M]. 北京:中国统计出版社.

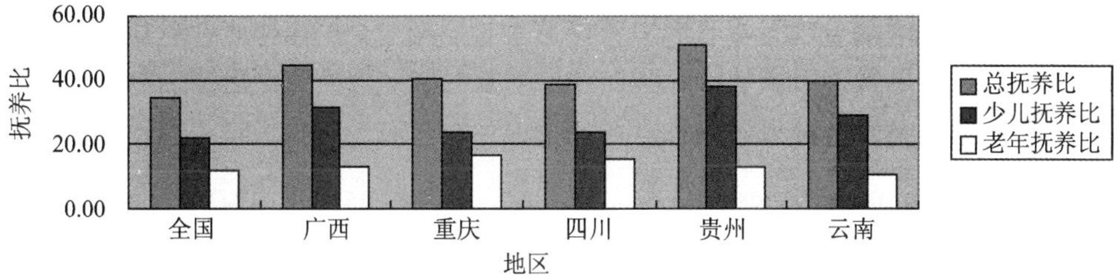

图 5　第六次全国人口普查中全国及西南山地人口抚养比(单位: %)

资料来源:国务院第六次普查办公室,国家统计局人口和就业统计司. 2010 年第六次全国人口普查主要数据[M]. 北京:中国统计出版社.

4. 人口文化素质有所提高,但仍然较低

人口文化素质是人口综合素质的重要组成部分,是评价社会文明发展状况的主要指标,也是经济社会可持续发展的关键因素。2000 年到 2010 年的十年中,随着基础教育全面普及、职业教育和成人继续教育迅速发展,以及高等教育规模进一步扩大,全国及西南山地人口整体文化素质有较大提高。第六次全国人口普查资料显示,与 2000 年第五次全国人口普查相比,全国及西南山地各省区高中及以上文化程度人口比重大幅上升,未上过学和小学文化程度人口比重降低,文盲人口减少,文盲率明显下降。西南山地人口文化素质有所提高,但与全国人口文化素质相比仍然较低。与全国人口文化素质的差距主要表现在高层次受教育人口比重低于全国,而低层次受教育人口的比重高于全国。从文盲率看,除广西以外,西南山地各省区均高于全国,尤其是贵州省,2000 年和 2010 年文盲率分别为 13.89% 和 8.74%,高出全国同期水平 5.17 和 4.66 个百分点,差距有所缩小,但仍然较大(见表 1)。

表 1　全国及西南山地各省区 6 岁及以上人口文化程度构成状况

单位:人;%

地区	年份	6 岁及以上人口	未上过学	小　学	初　中	高　中	大学专科	大学本科	研究生	文盲率(%)
全国	2000	1156700293	89629436	441613351	422386607	99073845	28985486	14150726	883933	6.72
	2010	1242546122	62136405	357211733	518176222	186646865	68610519	45625793	4138585	4.08

续表

地区	年份	6岁及以上人口	未上过学	小 学	初 中	高 中	大学专科	大学本科	研究生	文盲率(%)
广西	2000	40401357	1916084	18432526	14218494	2787826	759650	275918	11566	3.79
	2010	41837842	1587939	14579571	17840416	5078715	1733473	955852	61876	2.71
重庆	2000	28254314	2173652	13229559	8993338	1897989	555971	289664	14440	6.95
	2010	26962605	1348719	9707595	9646397	3814455	1374449	989687	81303	4.30
四川	2000	76182542	6608326	35379826	24193763	4268063	1372692	629175	36787	7.64
	2010	75277913	4960433	27846551	28058292	9045928	3247880	1962005	156824	5.44
贵州	2000	31285200	5256778	15352997	7274827	1137569	464897	205791	4178	13.89
	2010	31837765	3313944	13546008	10506809	2617659	1134876	689649	28820	8.74
云南	2000	38226672	5157800	18979254	9018044	1657168	576877	263694	11988	11.39
	2010	42475720	3392628	20042984	12591002	3813068	1574493	1002321	59224	6.03

资料来源:国务院第五次普查办公室,国家统计局人口和就业统计司.2000年第五次全国人口普查主要数据[M].北京:中国统计出版社.;国务院第六次普查办公室,国家统计局人口和就业统计司编.2010年第六次全国人口普查主要数据[M].北京:中国统计出版社.

5.人口城镇化水平有所提高,但仍然偏低

人口城镇化水平是衡量小康社会、现代化发展水平的重要指标,人口城镇化将成为西南山地未来社会发展的基本状况,城乡结构的重大调整将伴随西南山地现代化的全过程,对西南山地未来发展的源泉和动力产生重大影响。

2010年第六次全国人口普查时,全国城镇人口占总人口的比重由2000年“五普”时的36.22%上升到49.68%,增加13.46个百分点。西南山地各省区人口城镇化水平也不断提高(如表2)。十年间,重庆市人口城镇化比重增加近20个百分点,西南山地各省区平均增幅13个百分点,但与全国相比,西南山地整体人口城镇化水平仍然偏低,且与全国差距有所扩大。

表2 人口城镇化水平比较❶

单位:%

年份 / 地区	城镇人口占总人口比重	
	2000	2010
全国	36.22	49.68
广西	28.15	40.00
重庆	33.09	53.02

❶ 资料来源:第五次、第六次全国人口普查数据,国务院人口普查办公室编。

续表

年份/地区	城镇人口占总人口比重	
	2000	2010
四川	26.69	40.18
贵州	23.87	33.81
云南	23.36	34.70

(二)西南山地资源状况

作为世界上三个连片喀斯特地区之一,西南山地地处我国长江和珠江两大水系的上游分水岭地区,山地面积广阔,自然资源丰富,有较大的开发潜力。

1. 土地资源利用情况

土地是十分宝贵的资源和资产,是人类生存和发展的基础。“十分珍惜、合理利用土地和切实保护耕地”,是我国必须长期坚持的一项基本国策。

我国共有农用地65687.6万公顷,西南山地共有农用地11419万公顷,占全国的17.4%。其中,全国耕地面积为12171.6万公顷,西南山地占2295.8万公顷,占全国的18.9%。西南山地的园地和林地面积占全国的比例较大,分别为20.8%和27.4%。我国建设用地共有3305.8万公顷,西南山地建设用地为452.3万公顷,占全国建设用地的13.7%。其中贵州省的建设用地仅为55.7万公顷,占整个西南山地建设用地的12.3%(见表3)。

表3 各地区土地利用情况

单位:万公顷

地区	农用地	耕地	园地	林地	牧草地	建设用地	居民点及工矿用地	交通运输用地	水利设施用地
全国	65687.6	12171.6	1179.1	23609.2	26183.5	3305.8	2691.6	249.6	364.5
广西	1786.6	421.8	53.9	1160.0	71.6	95.4	71.0	8.8	15.5
重庆	692.0	223.6	24.0	329.1	23.7	59.3	48.9	4.8	5.5
四川	4239.8	594.7	71.6	1967.8	1371.1	160.3	136.6	13.5	10.2
贵州	1524.6	448.5	12.1	790.9	159.8	55.7	45.7	6.1	4.0
云南	3176.0	607.2	84.2	2214.1	78.2	81.6	62.8	10.0	8.8

数据来源:国家统计局,环境统计数据(2011)。

2. 水资源及水力资源情况

水资源是世界上分布最广、数量最大的资源。但我国的水资源总体偏少,在全球范围内,我们属于轻度缺水国家。我国水资源总量为23256.7亿立方米,人均水资源量仅为1730.2立方米/人。西南山地水资源总量为6208.6亿立方米,占全国的26.7%。降水量为13437.5亿立方米,占全国降水量的24.4%。人均水资源量为2495.5立方米/人,较全国人均水资源量多765.3立方米/人。但西南山地内部各省区差别较大,水资源空间分布十分不均匀,四川省水资源总量最多,为2239.5亿立方米,重庆市水资源总量仅为514.6亿立方米;云南省人均水资源量为3206.5立方米/人,而重庆市人均水资源量仅为1773.3立方米(见表4)。

表4 各地区水资源情况(2011年)

单位:亿立方米,立方米/人

地　区	水资源总量	地表水资源量	地下水资源量	地表水与地下水资源重复量	降水量	人均水资源量
全国	23256.7	22213.6	7214.5	6171.4	55132.9	1730.2
广西	1350.0	1350.0	271.2	271.2	3002.7	2917.4
重庆	514.6	514.6	98.3	98.3	899.7	1773.3
四川	2239.5	2238.3	578.2	577.1	4314.1	2782.9
贵州	624.3	624.3	216.4	216.4	1445.6	1797.3
云南	1480.2	1480.2	548.1	548.1	3775.4	3206.5

资料来源:国家统计局,环境统计数据(2011)。

虽然西南山地降水量十分丰富,但由于这一地区独特的地形地貌和地质特性,使得地表水难以储存,再加上人为的滥用和破坏,从而令该地区面临严重的水资源危机。广西是珠江流域的中上游地区,但随着人口的递增,广西人均水资源量正以每年1%的速度下降。云南省地处横断山脉,是我国的水利资源大省,但从气候条件来看,水资源在时空分布上极不均匀,水资源分布与人口、土地、矿产等生产要素匹配不良。贵州省水资源总量丰富,但工程性缺水问题成为制约该省经济社会发展的一个突出问题。由于水源工程建设滞后,全省50%以上的城镇存在缺水问题。

3. 森林资源情况

森林资源是地球上最重要的资源之一,是生物多样化的基础,它不仅能够为生产和生活提供多种宝贵的木材和原材料,能够为人类经济生活提供多种物品,更重要的是森林能够调节气候、保持水土、防止减轻旱涝、风沙、冰雹等自然灾害;还有净化空气、消除噪声等功能;同时森林还是天然的动植物园,哺育着各种飞禽走兽和生长着多种珍贵林木和药材。森林可以更新,属于再生的自然资源,也是一种无形的环境资源和潜在的“绿色能源”。反映森林资源数量的主要指标是森林面积和森林蓄积量。

我国林地面积为30590.41万公顷,其中森林面积为19545.22万公顷。西南山地林地面积为7525.63万公顷,占全国林地面积的24.6%,森林面积占全国的28.5%。西南山地森林覆盖率平均达40.20%,是全国森林覆盖率的近2倍,其中广西壮族自治区森林覆盖率高达52.71%;森林蓄积量为397167.45万立方米,占全国的28.9%(见表5)。

表5　各地区森林资源情况

地区	林地面积（万公顷）	森林面积（万公顷）	人工林	森林覆盖率（%）	活立木总蓄积量（万立方米）	森林蓄积量（万立方米）
全国	30590.41	19545.22	6168.84	20.36	1491268.19	1372080.36
广西	1496.45	1252.5	515.52	52.71	51056.78	46875.18
重庆	400.18	286.92	76.20	34.85	13803.63	11331.85
四川	2311.66	1659.52	415.65	34.31	168753.49	159572.37
贵州	841.23	556.92	199.86	31.61	27911.53	24007.96
云南	2476.11	1817.73	326.77	47.50	171216.68	155380.09

资源来源：国家统计局，环境统计数据（2011）。

4. 气候及动植物资源状况

西南山地大部分地区为亚热带湿润季风气候，光热充足，雨量充沛，年均温度在15℃以上，大于等于10℃的活动积温在4500℃以上，年无霜期达300天以上，是全国五大一级经济区中气候条件最优越的地区。

西南山地是我国野生动植物的天然基因库和部分经济作物的主产地，药用植物、香料植物、纤维植物、油料、甘蔗、花卉等经济作物非常丰富，可栽培的地域范围广泛。一些稀有的动植物还具有世界意义。

5. 能源和矿产状况

我国是一个能源生产大国，生产量仅次于美国和俄罗斯。三种主要能源中，西南山地天然气占有量较多，占全国天然气总量的24.73%。但山地内部分布不均，差距明显，四川省的天然气总量为7973.07亿立方米，占西南山地天然气总量的80%。西南山地石油和煤炭占有量较少，仅占全国总量的0.35%和8.84%（见表6）。

表6　各地区主要能源、黑色金属矿产基础储量（2011年）

地　区	石油（万吨）	天然气（亿立方米）	煤炭（亿吨）	铁矿（矿石，亿吨）	锰矿（矿石，万吨）	铬矿（矿石，万吨）	钒矿（万吨）	原生钛铁矿（万吨）
全国	323967.94	40206.41	2157.89	192.76	18240.92	413.31	1230.62	24585.40
广西	142.88	3.38	2.02	0.29	5860.10		171.49	
重庆	159.05	1955.33	18.57	0.15	1739.43			
四川	818.74	7973.07	51.82	29.15	97.74		689.74	22536.21
贵州		10.50	58.74	0.14	2981.90			
云南	12.21	2.32	59.67	3.76	935.21		0.07	

资源来源：国家统计局，环境统计数据（2011）。

西南山地矿产资源储量丰富,种类较多。其中铁矿较少,铬矿缺乏,锰矿量为全国的63.67%,钒矿占全国总量的69.99%,原生钛铁矿(四川)占全国的91.66%(见表6)。西南山地铝土矿储量较大,占全国的66.29%,磷矿占全国的52.30%,高岭土占全国的41.5%,锌矿占全国的34.01%,铅矿占全国的24.16%,铜矿仅占全国的12.65%,菱镁矿只有四川有一点(见表7)。

表7 各地区主要有色金属、非金属矿产基础储量(2011年)

地区	铜矿(铜,万吨)	铅矿(铅,万吨)	锌矿(锌,万吨)	铝土矿(矿石,万吨)	菱镁矿(矿石,万吨)	硫铁矿(矿石,万吨)	磷矿(矿石,万吨)	高岭土(矿石,万吨)
全国	2812.43	1291.70	3124.39	105064.32	185163.43	136900.57	28.93	37764.63
广西	3.35	25.52	102.79	41146.02		682.25		15174.70
重庆		5.56	18.22	6890.18		1485.60		9.00
四川	74.96	80.51	217.29	14.40	186.49	40988.03	3.43	71.87
贵州	0.19	1.23	11.06	20045.31		5497.32	5.28	16.05
云南	277.20	199.25	713.16	1551.84		4898.29	6.42	402.30

资源来源:国家统计局,环境统计数据(2011)。

(三)西南山地环境状况

在第七次全国环境保护大会上,李克强强调环境是重要的发展资源,良好环境本身就是稀缺资源。西南山地环境状况的好坏直接关系到西南山地的发展。

1. 废水排放情况

西南山地废水排放总量为859191万吨,占全国废水排放总量的13.0%。工业废水和城镇生活污水排放量分别占全国相应排放总量的12.3%和13.4%。化学需氧量和氨氮排放总量分别占全国相应排放量的13.6%和14.7%。西南山地工业废水和城镇生活污水排放量分别占西南山地废水排放总量的33.0%和66.9%,分别低于和高于全国的2个百分点(见表8)。

表8 各地区废水排放情况

单位:万吨

地区	废水排放总量	工业废水排放总量	城镇生活污水排放总量	化学需氧量排放总量	氨氮排放总量
全国	6591922	2308743	4279159	24998614	2604405
广西	222439	101234	121108	793270	83909
重庆	131450	33954	97356	416771	55049
四川	279852	80420	199245	1302256	143721
贵州	77927	20626	57262	342188	39807
云南	147523	47228	100208	554708	59318

资源来源:国家统计局,环境统计数据(2011)。

西南山地废水中的铅排放量较大，占全国的29.7%，砷排放量占全国的20.7%，汞占全国的18.2%，镉占全国的17.2%，石油类占全国的12.5%（见表9）。

表9　废水中污染物排放量

地　区	废水中污染物排放量								
	总氮（吨）	总磷（吨）	石油类（吨）	挥发酚（千克）	铅（千克）	汞（千克）	镉（千克）	总铬（千克）	砷（千克）
全国	4470579	552589	21012	2430569	155242	1387	35899	293166	146616
广西	115629	14267	564	64457	15640	81	2498	4667	9070
重庆	55088	6918	523	35014	188	4	12	741	1418
四川	230228	26934	553	55554	1761	71	183	1809	3596
贵州	44460	4531	484	1033	537	40	124	269	620
云南	80972	8839	494	3913	27947	57	3344	135	15581

资料来源：国家统计局，环境统计数据（2011）。

2. 废气排放情况

西南山地废气排放量较小，二氧化硫和氮氧化物排放总量仅占全国相应排放总量的3.1%和2.3%；烟尘排放量占全国的3.0%，工业废气占全国的2.6%（见表10）。

表10　各地区废气排放量

单位：吨

地　区	二氧化硫排放总量	氮氧化物排放总量	烟（粉）尘排放总量	工业废气排放总量
全国	22179082	24042659	12788202	674509.3
广西	521023	494008	288286	29852.6
重庆	586929	402621	180972	9121.1
四川	902006	674853	385903	23171.8
贵州	1104284	553186	303467	10820.4
云南	691226	548518	382241	17545

资料来源：国家统计局，环境统计数据（2011）。

3. 固体废弃物产生和排放情况

西南山地一般工业固体废物产生量为48354万吨，占全国总量的15.0%。综合利用量仅占全国综合利用量的13.1%，倾倒丢弃量占全国倾倒丢弃量的53.2%，其中，云南省的倾倒丢弃量占整个西南山地的73.2%。危险废物产生量为358.28万吨，占全国的10.4%；综合利用量占全国的11.2%，处置量占12.7%，储存量占7.5%（见表11）。

表11　各地区固体废弃物产生和排放情况

单位:万吨

地区	一般工业固体废物产生量	一般工业固体废物综合利用量	一般工业固体废物处置量	一般工业固体废物储存量	一般工业固体废物倾倒丢弃量	危险废物产生量	危险废物综合利用量	危险废物处置量	危险废物储存量
全国	322772.00	195215.00	70465.00	60424.00	433.31	3431.22	1773.05	916.48	823.73
广西	7438.00	4292.00	2050.00	1516.00	2.57	22.94	13.49	5.71	7.44
重庆	3299.00	2585.00	518.00	199.00	24.15	46.50	5.64	43.61	0.51
四川	12684.00	6002.00	3988.00	2773.00	6.02	115.85	77.97	46.75	1.12
贵州	7598.00	4015.00	2033.00	1552.00	28.88	38.89	12.95	1.05	25.69
云南	17335.00	8728.00	4969.00	3687.00	168.70	134.10	87.74	19.51	27.05

资料来源:国家统计局,环境统计数据(2011)。

三、西南山地人口与资源环境关系的现状与困境

人口总是一定生态系统中的人口,人口的增长、结构和分布特别是人群的行为模式必然要对生息其中的环境产生种种影响。当然,人类事实上生活在一个复合的、人性化的生态系统中。而这样的生态系统必然包括两个子系统:一个是生命系统,就是动物、植物、微生物各种生命有机体的集合;另一个是环境系统,就是光、热、气、水、土,以及各种有机和无机元素的集合。在气象万千的自然界,生物与环境、生物与生物时刻进行着物质的循环、能量的流动和信息的传递。其中,人类的地位和作用是至关重要的。在整个食物链中,人类是最重要、最高级的消费者(刘思华等,1998)。在生态系统遭遇的诸多问题当中,"人口"天然地成了一个内生变量。

(一)人口与资源关系现状

人口从自身周围的环境中获取资源,以实现自身的发展。西南山地的人口发展是建立在自然资源的开发上的,依托于自然资源寻求生存和发展是西南山地人口的基本实践。西南山地人均耕地面积少,耕地质量差,单位面积产量低;水资源较为丰富,但人均占有量少,时空分布不均;森林资源丰富,但人为乱砍滥伐现象严重。对资源的不合理利用,造成了土地资源的严重退化、动植物资源的锐减、水资源的短缺及矿产资源的极大浪费。人口与资源的对立关系已经成为西南山地发展的瓶颈。

(二)人口与环境关系现状

1. 生态环境恶化

造成生态平衡失调的第一位压力无疑是人口压力,往往会引发其他各种过度的经济活动,人口对于环境的影响越来越受到重视。而十多年以来,生态环境恶化的无情现实也证明了该结论是无可否认的。根据国土资源部公布的地质环境报告透露,我国一半以

上的地质灾害是人为造成的。崩塌、滑坡、泥石流等地质灾害正随着矿产资源的开发而加剧,人为的乱砍滥伐、围垦造田直接导致人类生存环境的恶化。而恶化后的生态环境又会反过来影响人们生活质量的提高。

西南山地位于喀斯特地貌区,十年间人口总量虽在一定程度上有所减少,但现有的人口总量已超过脆弱的西南山地环境的可承载量。喀斯特是一种脆弱的生态系统,环境容量小,土地承载力低,抗干扰能力弱,弹性小、阈值低,环境系统内物质的移动能力很强,受干扰后生态系统自然恢复的速度慢、难度大。

在脆弱的喀斯特环境背景下,叠加人类不合理经济活动,如人为的森林乱砍滥伐,陡坡地开荒等导致生态环境日趋恶化。水土流失是喀斯特山区生态恶化的主要表现形式,由于喀斯特山区地貌类型复杂、山高坡陡、土被薄而不连续,加之森林覆盖率低和人为活动的干扰影响,水土流失日益严重。地区内存在的岩溶石漠化加剧了水土流失;可耕地面积减少,人地矛盾加剧;人畜饮用和灌溉用水更加困难;生态环境持续恶化,生物多样性程度降低;旱涝自然灾害频繁;经济文化落后,居民生活困难。

2. 生存环境污染

上文在介绍西南山地环境状况中已经提到过了,由于西南山地人口受教育程度偏低,经济社会发展较落后,依靠资源投入发展经济的落后的粗放型发展方式,造成这一地区的水资源污染较为严重。水环境的污染加剧了西南山地水资源的紧缺,致使西南山地这一降雨丰富的湿润地区也出现供水危机。矿产资源的开发,为该地区带来了较大的经济效益,但随之而来的是空气污染、固体废弃物污染和土地荒漠化。

(三)人口与资源环境关系发展的困境

西南山地是全国人口总和生育率高,人口文化素质偏低,生态环境脆弱,贫困人口较为集中的地区。这一地区的发展极容易陷入“贫困—人口文化素质低—资源不合理利用—生态环境破坏—生存环境恶化—贫困”的困境。

西南山地正面临着来自贫困与环境恶化的双重压力,贫困是导致环境恶化的根源,环境恶化又加剧了贫困,环境恶化与人口贫困是一对孪生兄弟,彼此叠加,互为因果。西南山地贫困地区普遍存在越穷越生,越生越穷,人地矛盾十分突出的状况。贫困人口的大量存在,对粮食、耕地,以及生活资源的需求量较大、人口文化素质偏低。加之这一地区已进入老龄化社会,老龄化程度提高,抚养比不断提高到高于全国平均水平。未富先老的人口现状加重了西南山地的发展负担。继而为摆脱贫困,采用粗放型发展方式向环境索取资源,毁林毁草开荒,造成本已脆弱的喀斯特生态环境严重恶化,农业生产困难,反过来又严重地制约了西南地区人口脱贫致富和社会经济的持续发展。

四、西南山地人口与资源环境协调可持续发展的文化传统

(一)中国古代保护资源环境的思想

1. 强调土地及水资源对人类生存的重要作用

土地是地球上生物资源和非生物资源,以及人类的载体。土地资源的多少直接影响

人类的生存、万物的兴衰。中国古代,人们已经认识到土地的重要。战国的《管子》一书就指出:“地者,万物之本原,诸生之根苑也。”强调土地是万物生长的根本和源泉,是各种动植物生长的依托。认为“民非谷不食,谷非地不生”“夫民之所生,衣与食也;食之所生,水与土也”。这里除了提到土地对人类生存的重要性外,还特别提到水资源对人的生存也是不可缺少的。他们认为:“水者,地之血气如筋脉之通流也……万物莫不以生。”强调水关系万物的生存。因此“夫稼,民之命也;水,稼之命也。”[1]

2. 主张有节制合理利用自然资源、保护环境

古人早已认识到珍惜有限的自然资源、保护生态环境的重要性。如《礼记》中主张谷物、果实未成熟的不准采摘上市出卖,未长成的幼树不准砍伐出卖,未长大的家禽、牲畜等不准出卖给人们食用,以利于保护物产、资源、环境。荀子主张制定制度来保护自然资源、环境。他认为圣王的制度应是:当草木开花结果时,不允许入山林砍伐,以不中断它们的生长。他认为只有采取制度禁止破坏资源,鱼鳖才能大量繁殖,山林也不致变得光秃秃的,老百姓才能有更多的鱼鳖可吃,有足够的木材可用。为有节制地利用自然资源,古人主张要制定四季保护自然资源的禁令。主张定期封山育林,除允许的季节外,不准入山砍伐树木,不许放火焚烧沼泽湖泊中的苇草,不许放网捕鱼,这样做是为了不违农时,有限制地捕鱼、伐木以保护资源。强调对矿物的合理开采及科学管理,并主张用严法来打击私自盗开矿藏的行为。强调必须用法律来保护资源环境不被破坏,如唐代大诗人白居易就指出:“天育物有时,地生财有限,而人之欲无极。以有时有限奉无极之欲,而法制不生其间,则必物暴殄而财乏用也。”[2]

(二)西南山地传统人口生态文化

西南山地地处中国版图第一、第二地理阶梯上,环境对全国而言意义重大,是我国少数民族聚居的地区,蕴涵着优秀的传统人口生态文化。这些优秀的传统人口生态文化积淀在多种多样的乡土知识之中,如民歌民谣、地方风物传说、人类起源神话、民间信仰、生活生产习俗和历史故事等。

1. 民歌民谣中蕴涵着人与自然亲密关系

大量的民间情歌采用比喻的手法,将自己美好的感情寄托于家乡的美好景物,表现出人与大自然的亲密关系。如门巴族情歌:你是洁白雪峰,矗立高山之顶;我是洁白狮子,绕着雪山转行。[3]一些民间歌谣美妙地歌颂了生物的多样性,蕴涵着生态平衡的道理。如侗族民间歌谣:一棵树上一窝雀,多了一窝就挨饿。家多崽多贫苦多,树结果多树翻根。养得女多无银戴,养得崽多无田耕。女争金银男争地,兄弟姊妹闹不停。盗贼来自贫穷起,多生儿女多祸根。[4]

2. 人类起源传说蕴涵着人对自然的尊重

人类起源传说告诉一代又一代:自然是人类之母,而人类是自然之子。如苗族古歌中说,枫树生蝴蝶妈妈,蝴蝶妈妈下蛋孵化出人类。独龙族神话《坛嘎朋》提到,人是由树杈爆裂而出。侗族的“龟婆孵蛋”,传说龟婆下了两枚好蛋,孵化出人类始祖松恩和松桑。汉族有女娲用黄土造人的传说,而许多少数民族也有类似的泥土造人的传说。这些人类

起源的远古传说和起源神话都说明西南山地民族人口将人类视作为自然之子,表达了对自然的尊重。

3. 民间信仰中蕴涵着人口生态文化

西南山地少数民族民间信仰中,许多动物、植物等自然物成为人们所崇拜的对象。如彝族崇拜虎,侗族崇拜龟,苗族崇拜蝴蝶。一些植物也成为民族崇拜,如布依族的竹,苗族的枫树,壮族的榕树和木棉。西南山地少数民族民间信仰万物有灵,认为山峰、水、树木、草地、牲畜、狼、蛇等都是有神灵的。[5]

人们的宗教信仰,如道教、佛教和伊斯兰教等,也蕴涵环境保护的合理内核。如道教经典《道德经》中告诫人类“不知常,妄作,凶”。佛教惜生、戒贪,认为万物皆有佛性,狩猎、砍树、动土都要严格控制。伊斯兰教要求人们节制,不滥用自然,要与自然相依为命,共存共荣;禁止滥伐树木,滥杀动物;鼓励植树造林,因为任何人植一棵树,精心培育,使其成长、结果,必将在后世受到真主的恩惠。[6]这种将动植物神圣化的理念,客观上起到了保护自然、维护生态平衡的作用。

4. 生活生产习俗和习惯中蕴涵着人与自然和谐相处

西南山地各族人民在长期的生产生活过程中,逐渐形成了一系列保护自然环境的行为习惯、民间禁忌和习惯法,有力地保证了西南山地脆弱的生态系统。独龙族、傈僳族、白族等少数民族有植树保土的传统,使独龙江等流域至今仍然保持较高的森林覆盖率。[7]西南山地许多少数民族丧葬十分俭约,他们认为人来自自然,应该回归自然,不提倡厚葬,一定程度上是对土地资源的珍惜。侗族爱鸟,家家在房前屋后都栽果树和风景树,为鸟营造安乐窝。

西南山地各民族在生产生活中,以民间禁忌和习惯法为约束,形成了良好的水源保护习俗。蒙古族严禁在河流的源头搭建居民点;生活中特别注意节约用水,防止水体污染。哈萨克族禁止在泉水、河流和涝坝里大小便;不得在水源附近修建厕所、畜圈等有碍卫生的各种设施;也不准在水源内洗衣服,在坝内游泳、洗澡,以及把脏水倒入水渠和涝坝区,否则将遭神谴责。彝族民间习惯法保护水源,禁止在泉源、水井里洗涤,严禁向小溪和江河扔垃圾。[8]侗族人爱井,井上建有凉亭,井中往往养有几尾小鲤鱼活跃其中,灵动可爱。

西南山地各民族都有保护树木,涵养水源的习俗。如水是哈尼族梯田文化的命脉,构造了从信仰到实践一套完整的山林保护的山神体系,普米族以“森林之友”著称,该族孩子初生不久,便被抱到林中祭拜一棵树,并用这棵树的名称作为孩子的乳名,如“夸信祖”(栗树)、“新信祖”(青松)等,孩子拜过的树受到全村人的保护。侗族村寨都有营造儿孙林的习俗。每当有人家生了孩子,长辈、亲人都要上山为孩子栽植数十数百棵杉树,到孩子长大成人,杉树也长大成材,称作为“十八杉”或“女儿杉”。[9]

五、西南山地人口与资源环境协调发展的必要性与路径选择

(一)西南山地人口与资源环境协调可持续发展的必要性

1. 人口、资源环境协调可持续发展,是实现区域可持续发展的内在要求

适度的人口规模、资源的可持续利用和良好的生态环境是可持续发展的内在要求。

人口—资源—环境系统是可持续发展战略的子系统,任何一个子系统的无序变化,均会造成整个系统机能的衰退。可持续发展战略系统地考虑了人口、资源、环境之间的辩证关系,因此,人口、资源、环境协调可持续发展是区域可持续发展战略实施的内在要求,是区域开发能够获得最佳的生态效益的保证。人口的发展与资源、环境的永续开发和利用,是经济社会可持续发展的物质基础。解决西南山地人口、资源、生态环境之间的矛盾,促进协调可持续发展是实现西南山地可持续发展的希望所在。

2. 人口、资源环境协调可持续发展是区域开发和发展的保证

人口、资源、环境是关系着经济长期稳定发展的三个基本因素,人口、资源、环境的不协调严重阻碍了区域经济的可持续发展,是导致经济发展动力不足的根源所在,粗放落后的生产、生活方式加剧了生态环境恶化速度,进而不能保证区域经济的持续、健康、稳定的发展。在这种现实条件下,如不高度重视和妥善处理人口、资源、环境的相互关系,必然会出现市场经济发展与生态环境的严重失调,成为区域经济运行与发展的障碍。

(二)吸收优秀传统生态理念,走建设西南山地生态文明之路

中国古代保护资源环境的思想,以及西南山地传统人口生态文化中都蕴涵着人口、资源、环境协调可持续发展的优秀传统生态理念。要解决当前西南山地人口、资源环境之间的矛盾,必须吸收这些优秀的生态理念,走建设西南山地生态文明之路。具体措施包括以下几个方面。

1. 制定西南山地开发整体规划,促进人口、资源、环境协调发展

搞好西南山地开发总体规划,是区域可持续发展的前提。制定科学合理的开发总体规划,要把区域开发和环境利用、环境治理和环境保护统一起来,确定保护和改善环境的目标与任务,要保证经济建设、区域建设和环境建设同步规划、同步实施、同步发展。在制定规划时,要尽量做到科学、合理,因地制宜,切合实际。

2. 稳定低生育水平,提高人口素质

人口总量大、结构不合理,人口文化素质偏低、人地矛盾突出,不仅影响了自然生态系统的良性循环,使各类资源难以获得恢复和再生的时间,造成了自然生态的破坏,进而制约着区域经济的发展。因此,必须严格稳定区域内低生育水平,科学确定人口发展的适度规模目标,使区域人口规模与环境的承载能力相适应。人口素质的提高,是人口、资源、环境协调发展的关键因素。通过加大教育投入、完善优化教育结构等措施来整体提高人口素质,开发人力资源,从资源的开发转向人力资源的开发,是促进西南山地经济发展和生态保护的根本措施。[10]

3. 积极发展循环经济,加强生态环境保护

人口、资源环境协调发展要求必须集约利用资源,降低能源消耗,限制高能耗产业发展,鼓励推广使用高效节能产品。强化环境综合治理,加强生态环境保护,坚持防范与治理相结合,立足于从源头上控制环境污染,加强污染治理、监测和监管,严格控制主要污染物排放总量,建立完善以生态补偿为主要内容的利益补偿机制。

循环经济作为一种兼顾经济效益与生态效益的发展模式,是缓解经济建设与环境保

护矛盾、实现可持续发展的重要途径。采用先进技术,以技术创新支撑循环经济发展,是促进人口、资源、环境协调发展的必然选择

【参考文献】

[1] (宋)陈奢卿.《奏请急水利疏》.

[2] 吴洁生.中国20世纪以前人口资源环境思想探要——兼论中国古代人口增减与王朝兴衰规律及启示[J].探索,2002(3).

[3] 马学良,梁庭望,李云忠.中国少数民族文学比较研究[M].北京:中央民族大学出版社,1997.

[4] 杨顺清.侗族传统环保习俗与生态意识浅释[J].中南民族学院学报,2000(1).

[5] 周大鸣.21世纪人类学[M].北京:民族出版社,2003.

[6] 杨启辰,杨华.伊斯兰哲学研究[M].银川:宁夏人民出版社,2001.

[7] 范祖锜.三江并流地区少数民族传统文化和生物多样性的保护[J].云南民族大学学报,2004(2).

[8] 白兴发.彝族禁忌的起源及演变试探[J].云南民族学院学报,2003(3).

[9] 杨军昌.侗族传统生计的当代变迁与目标走向[J].中央民族大学学报(社科版),2013(5).

[10] 张林静.略论我国区域开发中人口、资源、环境的协调发展[J].淮海工学院学报(人文社会科学版),2012,10(4).

● 对促进贵州省“幸福老龄化”的思考

熊月铭

（贵州大学　公共管理学院，贵州　贵阳　550025）

【摘　要】近年来，由于受到计划生育政策的影响、平均预期寿命的延长，人口迁移数量的变化等因素，贵州省人口结构发生了重大变化。老年人口数量持续增加，导致了人口老龄化问题十分迫切。如何打造一个和谐、健康、积极的氛围，如何促进老龄化社会的良性发展，是贵州省现在面临的一个迫在眉睫的问题。本研究通过对“幸福老龄化”的提出和对其内涵的理解，寻找出贵州省人口老龄化面临的机会与挑战，针对推进“幸福老龄化”面临的困难提出对策建议，为构建健康的，可持续发展的老龄化社会服务。

【关键词】贵州；幸福老龄化；老龄化问题

人口老龄化是一个国家，一个地区，一个经济社会发展到一定阶段的必然结果，是指老年人口在总人口中所占的比例不断上升的过程。根据联合国的统计标准，一个国家60岁以上人口占总人口的比率超过10%既进入人口老龄化。按照国家有关部门的统计，到2011年底，中国60岁以上的老年人口已达1.85亿，占总人口的比例已达13.7%。“十二五”期间将处于老龄化加速发展阶段。到2015年，60岁以上老年人口预计将达到2.16亿，年均增加800多万老年人口。其中，80岁以上高龄老人将达到2400万，年均增加100万，日益严峻的人口老龄化带来的种种问题已逐渐凸显。[1]面对来势汹汹的“老龄浪潮”，贵州省应该在这机遇与挑战并存的过程中做到“幸福老龄化”，用良性、和谐的方法去解决人口老龄化问题。贵州省是全国最早进入老龄化的省份之一，同时也属于经济欠发达地区，而贵州省人口结构已经开始向老年型人口转变，老年系数高于全国很多地区。所以，对贵州而言，推进“幸福老龄化”十分重要与迫切，且有着积极的意义。

一、贵州地区人口老龄化概况及原因分析

1. 人口出生率和自然增长率同时下降

2013年全省人口出生率为13.05‰，比上年下降0.22个千分点，出生人口45.58万人，比上年减少0.55万人；人口自然增长率为5.9‰，比上年下降0.41个千分点，自然增

作者简介：熊月铭（1989－），贵州贵阳人，贵州大学公共管理学院2013级人口学专业硕士研究生。研究方向：老年人口学。

长人口20.61万人,比上年减少1.32万人。与全国比,贵州人口出生率和自然增长率虽较高,但差距进一步缩小。2013年贵州人口出生率比全国高0.97个千分点,自然增长率比全国高0.98个千分点,差距分别较上年缩小0.20和0.38个千分点。

同年全省少年儿童人口比重继续下降,老年人口比重持续升高,老少比不断上升,老龄化程度继续加深。全省常住人口中,0~14岁少年儿童人口799.42万人,占总人口的22.83%,比上年下降1.32个百分点;15~64岁劳动年龄人口2364.29万人,占总人口的67.51%,比上年提高0.76个百分点;65岁及以上老年人口338.51万人,占总人口的9.66%,比上年提高0.56个百分点。老少比为42.31%,比上年上升4.63个百分点。由之前人口政策影响导致的少子化问题,使得贵州的人口金字塔模型是一个畸形的倒三角模型,即出生率非常低,自然增长率迟缓,老年人口在总人口数目中所占比重越来越大(见表1)。

表1 贵州省2010—2013年人口主要指标

指标名称	单位	2010年	2011年	2012年	2013年
常住人口	万人	3479.00	3469.00	3484.00	3502.00
城镇人口	万人	1176.24	1212.76	1268.52	1324.89
比重	%	33.81	34.96	36.41	37.83
乡村人口	万人	2302.76	2256.24	2215.48	2177.33
比重	%	66.29	65.04	63.59	62.17
0~14岁人口比重	%	25.22	24.65	24.15	22.83
15~64岁人口比重	%	66.21	66.37	66.75	67.51
65岁及以上人口比重	%	8.57	8.98	9.10	9.66
65岁及以上人口	万人	298.15	312.49	317.05	338.51
出生率	‰	13.96	13.31	13.27	13.05
出生人口	万人	48.52	46.24	46.13	45.58
死亡率	‰	6.55	6.93	6.96	7.15
死亡人口	万人	22.76	24.07	24.20	24.97
人口自然增长率	‰	7.41	6.38	6.31	5.90
自然增长人口	万人	25.76	22.17	21.93	20.61

2. 流动人口(净流出人口)规模逐年增大

近年来,贵州流动人口规模大并以流出为主。第六次人口普查的结果表明:2010年贵州流动人口总量(流出、流入之和)超过1000万人,达到1181万人,占当年全省常住半年以上人口的34%,占当年户籍人口的28.4%。其中:流出省外人口718万人,外省流入省内76.3万人,省内内部流动人口规模为386.7万人。净流出特征突出并呈现明显扩大趋势。以常住人口与户籍人口的差值作为体现人口流动总体特征的指标,可以看出贵州属于人口净流出大省,并且净流出人口表现出逐年递增的趋势。2010年净流出人口(即户籍人口减常住半年以上人口)为710万人,占当年常住半年以上人口的1/5,占当年户籍人口的17%。

净流出人口区域差异明显。以净流出地区平均值为界限,净流出人口区域分成三个层次:第一层次为超过净输出平均值的4个市(州),包括毕节市、遵义市、铜仁市和黔东南州,它们的净流出人口规模均接近或超过100万人,总量达到540.4万人,占全省净流出人口规模近80%;第二层次包括黔南州、黔西南州、安顺市和六盘水市4个市(州),净流出人口处在29~75万人之间,共203.5万人,占全省净流出人口规模29.7%;第三层次为贵阳市,是全省唯一的净流入人口市,净流出人口为-58.7万人。其中,流出人口主要是以15~45岁人口比重较多,大部分是外出务工和求学的年轻劳动型人口,所以,随着这部分人口的迁出,贵州省人口情况呈现出一个逐年老龄化的趋势(见图1)。

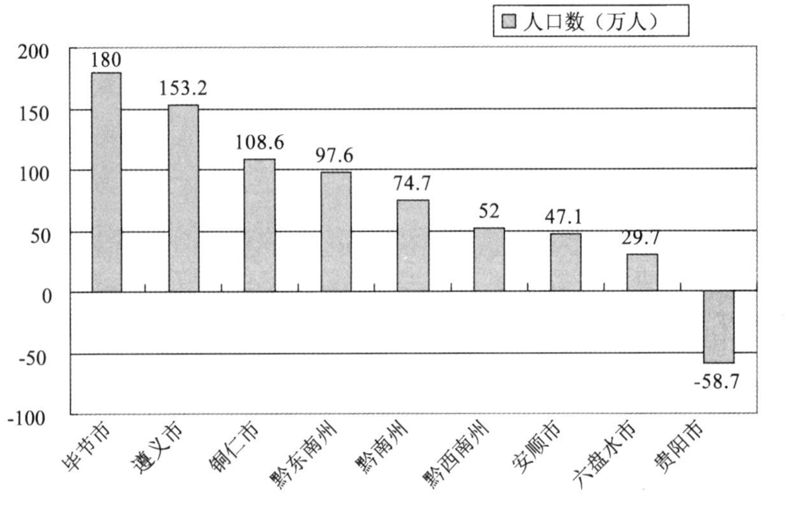

图1　九个州市净流出人口柱形图

3. 人口平均预期寿命提升幅度明显加快

根据第六次人口普查资料计算,贵州省2010年人口平均预期寿命为71.10岁,比2000年第五次人口普查的65.96岁提高5.14岁(见表2)。纵向来看,这一升幅比1990-2000年间提高幅度多3.47岁;横向比较,升幅高于2000-2010年间全国提高幅度1.71岁,在各省(区、市)中居第2位,仅次于江西的5.38岁。2010年贵州人口平均预期寿命比全国少3.73岁,差距比2000年的5.44岁明显缩小。在各省(区、市)中,贵州省人口平均预期寿命居倒数第4位(高于西藏、云南、青海),位次比2000年提高1位。全省9个市(州)中,贵阳市人口平均预期寿命最高(74.86岁),毕节市最低(70.02岁),二者相差4.84岁。其余市(州)依次为:遵义市71.98岁、安顺市71.69岁、六盘水市70.57岁、铜仁市71.23岁、黔西南州70.12岁、黔南州70.11岁、黔东南州70.05岁。

显而易见,由于经济持续增长,为群众生活条件改善和生活质量提高奠定了物质基础,医疗卫生基础设施不断完善,医疗保障水平特别是农村卫生保障水平大幅提高,婴幼儿和孕产妇死亡指标实现突破性下降,直接导致了人口平均预期寿命提升,使老年人比重逐年增加。

表 2　全省人口平均预期寿命变化

单位:岁

年份	平均预期寿命	男性人口平均预期寿命	女性人口平均预期寿命
1990	64.29	63.04	65.63
2000	65.96	64.54	67.57
2010	71.10	68.43	74.11

二、“幸福老龄化”提出的必要性和内涵

1.“幸福老龄化”概念提出的基础

回眸过往,伴随着社会经济的进步和发展,老年群体的增多,而逐步建立起了一系列的老龄化命题。世界卫生组织于 1990 年提出了健康老龄化的概念,健康老龄化强调的重点是人在进入老年之后,尽可能长久地保持在各方面,包括生理、心理、智能等方面良好的状态。进入 20 世纪 90 年代末,国际社会基于原有的理论,提出了比“健康老龄化”更丰富、更全面的积极老龄化的概念和理论。1997 年,在西方七国丹佛会议上,首次提出了“积极老龄化”的概念。1999 年,在人口老龄化最为严重的欧洲,欧洲联盟召开了会议主题为“积极老龄化”的国际会议,学者们首先从理论上探讨了积极老龄化问题及其解决的现实可能性。

从健康老龄化到积极老龄化,都包含着十分丰富的内涵,这两个概念之间也有互补交叉的内容。“健康老龄化”是针对老年人处于疾病的高发期 ,强调的是生理健康、心理健康和适应社会的良好状态。即人在步入老年后身心等各方面尽可能长久地保持愉悦,健康地走完人生。积极老龄化是在健康老龄化的基础上,衍生出了更加广泛的含义。积极老龄化是指老年群体和老年人自身在整个生命周期中,不仅在机体、社会、心理方面保持良好的状态,而且要积极地面对晚年生活,作为家庭和社会的重要资源,可以继续为社会作出有益的贡献。按照世界卫生组织的界定 ,积极老龄化是强调健康、参与和保障,既适用于个体又适用于整体。它让老年人认识到自己的体力、精神方面以及社会层面的潜在能力,并按照自己的愿望和能力去参与社会活动,而且当他们需要帮助时,能够获得充分的保护、保障和照料。[2] 由此可见,从健康老龄化到积极老龄化,是人类老龄观念的一次重大变革。但是,我们在对待老年人的问题和老年人态度上仍然有一些缺失:一是只将老年人看做是被关怀、被照顾的群体,甚至当做“包袱”“累赘”,却忽略了老年人身上存在的积极性、能动性和创造性,以及他们长期磨炼积累的能力、智慧、才干。二是将老年人的需求只看作是一个老有所养的问题,认为解决了老有所养,解决了老人的物质问题就等于解决了老年人全部问题。三是现在社会上某些方面对老年人缺少必要的平等以及尊崇。忽略了老年人的一些重要需求,其中包括了老年人的知识需求、婚姻需求,以及性需求等等。四是没有营造出适合老年人身心幸福的安全、舒适、和谐的生活环境。所以,根据科学发展观的引导,我们应该与时俱进,提出“幸福老龄化”的战略思考。

2."幸福老龄化"的内涵

幸福,是一种感受良好时的情绪反应,一种能表现出愉悦与幸福心理状态的主观情绪。大部分人在谈论"幸福"时,都是指这种"幸福"——个人愉悦的感觉,积极的情绪,它是短暂的,易逝的,获得也相对简单。快乐、投入、欲望的满足、爱与被爱。每个维度的幸福都是好的,但是将浅层次的快乐转化为深远的满足感和持久的幸福感是一件益处更大的事情。老年人如果要感触到持久的幸福,不仅需要得到个人需求的满足,社会的尊重,还要与周围的事物包括大环境有一种和谐的氛围、安全感。过去人们只是关注经济因素对主观幸福感的影响,而时至今日,则普遍认为经济、政治、文化、教育、宗教等因素均影响着大众的主观幸福感。❶ 孟子云:"老吾老,以及人之老。"从古至今,对老人的尊崇与关爱,一直是中国民族的传统美德。近些年,贵州人口老龄化加速发展,老年人数量庞大、增长快,日益呈现高龄化、老龄化趋势,养老保障制度不健全、养老保险覆盖率低、养老资源严重缺乏、老年产业发展滞后等问题凸显。贵州省作为老龄人口数量巨大的省份,实施幸福老龄化是最佳的选择。在全国应对人口老龄化带来的诸多问题的时候,贵州省也出现了非常多的老年问题。中国自古就是传统孝道之邦,我们在满足父母物质需求的同时,要给予父母更多的生活上的照顾和精神上的关怀,让老人消除随年龄而增加的一些孤独感,加强建设他们的精神家园。树立敬老爱老安老之风尚,为老年人营造幸福环境。[3]社会在变迁,人类在发展,但亘古不变的是血亲孝、仁道孝的传统理念。现今社会,实现"老有所养"的关键就是在全民族树立尊老、敬老、安老为核心的文化取向,发扬光大孝道文化。在强化老年人的社会发展意识的同时,还要重视老年人的个人发展需求,譬如老年婚姻需求和性需求。应该给予老年人应有的支持和尊重。老年期是丧失期,逐渐会失掉健康,配偶。正因为如此,不少老年人会产生孤独、寂寞的心理。[4]老年人的性需求和年轻人的有别。不应该从狭义的角度来理解。即并不单纯指肉体上性欲的满足。应该使双方感到相互体贴、相互鼓励、进而使双方精神上得到满足,同时又增添了快乐。所以非常需要一个相互谅解,愿终身为伴的伴侣。老年人的宗教信仰也是一个值得重视的因素。宗教信仰是评价生活质量的重要指标,对老年人的生活质量会产生重要影响。宗教信仰为何能影响老年人的主观幸福感,首先,宗教信仰满足老年人的心理需求与精神需求。对老年人而言,宗教信仰的突出功能之一是心理调适功能。进入老年期以后,生活中一系列负性生活事件的发生,身体衰老、疾病缠身、家庭关系不和、丧偶等等都会对老年人心理产生极大的影响,特别是即将面对死亡问题。参与宗教活动给老年人提供了精神上的娱乐和休闲,缓解了来自生活的压力和焦虑,有利于老年人积极地面对死亡。老年人信仰宗教以后,能感受到一种超自然力对自己的眷顾和保护,弥补现实社会中的情感缺失,从而获得强烈的归属感,安全感,为提高老年人的主观幸福感提供条件。同时宗教克服了人们生存的有限感,与神同在的信念,消除了心灵的缺乏感和空虚。另外,通过宗教参与,老年人既满足宗教信仰的需要,又能达到融入社会的目的。老年人平时的宗教参与,不仅提高了老年人的社会参与,而且增加了老年人的社会连接,使他们对生活更加满意,主观幸福感增强。既解决了精神寄托问题,又释放了老年人的正能

❶ 于晓波,叶浩生.国外主观幸福感研究现状及发展趋势[J].贵州大学学报(社会科学版),2013(4).

量。[5]周围的环境因素也是影响人幸福感的重要组成部分。人只有处在一个安全、稳定、和谐的环境内才有幸福可言。这里不仅指人与人要和谐,也包括人与自然的和谐,国家社会的稳定。人与人的和谐包括互相帮助、共同进步。人与自然和谐是全世界人民的共同愿望,这就要求我们从国情出发,保护生态环境,节约有限资源,实行绿色经济、循环经济和低碳经济,促进经济社会的可持续发展,努力实现更加全面的和谐老年梦。而大环境的稳定,就需要综合国力的发展,国强则要得到世界认可。让老年人居住在一个内部和谐,外无战事的社会氛围内。如何解决老年人的养老问题,在之前健康老龄化、积极老龄化的基础上实现“幸福老龄化”,成为现阶段最重要的命题。如何把人口老龄化转变为幸福老龄化,这需要我们社会每个家庭共同去解决这一问题。

三、促进贵州省幸福老龄化的思考与建议

幸福,是在一定温饱和安全条件基础上,在社会生态环境下,拥有能产生幸福感的要素、机制、动力的生活状态。所以,贵州省要实现“幸福老龄化”,不仅仅是要依靠政府的政策保障和养老体系的完善,更须重视并研究老年人的发展、关爱、需求问题。[6]幸福老龄化的着眼点在于老龄群体的日常生活,要既长寿又健康、活得开心,还能余热生辉,有所作为,奉献社会。[7]这才是健康的晚年、幸福的老龄生活。这样的目标不是单方面由老人个人努力即可实现,需要来自方方面面的合力作用。

1. 社会养老保障制度仍需完善

近年来,贵州省城镇居民基本养老保险、医疗保险、新型农村合作医疗、城乡居民最低生活保障及城乡医疗救助等制度得到了广泛推广和长足发展,但总体而言,老年社会保障政策仍然存在制度不健全,保障范围不均衡、保障水平不高的状况。受政策支持,城市“三无”老人、农村“五保”老人和百岁以上超高龄老人得到了很好的关爱和保障,而一些低收入、独居、空巢、失能的困难老年人则难以得到及时有效的扶助和生活保障,养老政策研究及制度建设仍然任重而道远。坚持覆盖广泛、水平适当、结构合理的原则,建立健全养老医疗保障体系,不断提升养老医疗保障水平。切实提升广大老年人的生活保障水平。健全医疗救助制度,特别是对因患大病、重病导致家庭生活困难的老年人要予以优先救助。把这项工作做好了,不仅能为贵州人口老龄化打下健康基础,而且也会给老年人提供安稳、和谐的生存环境。所以需要不断完善社会养老保障制度,这些才能为贵州省实施幸福老龄化提供可行性条件。

2. 养老服务业整体水平需要提升

在实现“老有所养”的幸福老龄化号召下的老年人养老应该通过家庭养老和社会养老相结合的方式来实现。在社会化养老越来越普及的今天,贵州省的养老服务供需矛盾日益突出。主要表现为给老年人服务的机构及设施建设发展缓慢,保障面相对较小,服务项目偏少,同时区域之间、城乡之间发展不平衡,布局不合理。还有就是养老服务机构在人力资源上也存在很大问题,养老事业的专业服务人员缺乏,从业人员普遍专业技能、职业道德和素养较低,缺乏岗位专业标准和操作规范。所以,要把家庭养老和社会养老互相补充结合,积极倡导家庭养老模式,重视家庭养老的功能,并且投入充足的人力、物力、财力,为居家养老提供有效的服务;而另一方面,重视社会养老机构的建设,把国家、

政府、社会提供的养老设施作为老年人的最后保障。与此同时,要实行多层次的养老保障制度,动员社会力量广泛参与兴办养老服务业的老年服务体系;形成家庭为基础、专业力量为主导、社会志愿者力量为重要补充的社会养老队伍结构,不断提升服务水平,扎实推进“老有所养”的工作目标。

3. 鼓励老年人力资源发展及老年学习需求

要实现“幸福老龄化”,最主要的是促进老年人自身的发展。政府可以建立“老年大学”“老年社区活动中心”等针对老年人的公共服务,使老有所为,老有所敬,老有所思,老有所谋。倡导老人积极从事自己力所能及的工作,让其重新认识自己,重新开始生活,重新开拓人生的新时期。这样老人一旦有自己的的生活重心,找到自己的生活追求,就会减弱孤独感。老年教育不仅是建设学习型社会中肩负的重要的责任,也是关爱老人的一种重要的方式,老年人的生活一般比较单调,很多老人在物质上并不缺乏,但在精神上却少有慰藉,有些老人甚至患有轻微的孤独症。让老年人的生活充实起来,是对他们的一种精神关怀。而老年大学在填补老年人精神空缺上就是一剂良药。可以为老年人群体安排做一些事情,参与就业和生产是实现“老有所用、老有所乐”的重要途径和手段,这样可以增强他们在这个社会中的存在感,让他们觉得他们还是可以为这个社会贡献点自己的力量,并不是完完全全的与这个社会脱节与脱轨。❶ 特别是我省年龄在 60 ~ 70 岁的“年轻老人”数量很大,他们中的很多人都拥有丰富的经验和能力,应该让他们的智慧得到很好的发挥和运用,继续参与到社会的实践中来。

4. 弘扬中华民族的孝道,“以法治孝”与“全民尽孝”结合

敬老爱老是中华民族的优良传统,是家庭伦理的核心要求,是社会道德的基本价值取向,也是国家文明进步的标志。现今社会,老年人的幸福感已经不仅仅是停留在物质层面上了。事实上,老人更需要的是子女的孝心和关爱。孝的核心和基础内容是“善事父母”,主要包括赡养和悦亲等内容。赡养,即从物质上奉养和悉心照料,悦亲则是指体贴和关心父母,在精神上使父母感到愉悦。我国社会急剧变迁的现实,也给人们的思想意识和价值观念造成极大影响。孝道观作为一种意识形态,同样也会发生诸多变化。尽管现代社会成员对“照顾父母”“尊敬父母”和“体贴父母和令他们开心”,有着相当的认同性。但是在身体力行方面却不能让人满意。就当前一些子女行为表现来看,只靠教育和道德层面,很难约束其行为,因此,必须加强相关法律法规的制定与完善。用法律来规范子女的尽孝行为。一些有识之士已经看到这一点,呼吁为孝立法。因而希望能为“孝”立法,让子女尽“社会主义亲情、孝敬、奉养”义务,要求国家、社会继续弘扬爱老敬老的传统美德,维护父母不受子女不敬、暴力行为的侵犯,“以法治孝”与“全民尽孝”互相结合,对于推动幸福老龄化的进程,促进社会和谐,有着重要意义。

5. 社会要支持并保护老年人的婚姻需求、性需求

俗话说得好,一个幸福的家庭一定是完整的家庭,但是人到老龄期,随着配偶的离世,很多老年人不能承受这份失去灵魂伴侣的痛苦,患上了“丧偶综合征”,所谓“丧偶综合征”即是指人突然失去休戚与共、风雨同舟的终身伴侣所产生的适应性障碍。他们在

❶ 廖煜娟. 老年人就业意愿与就业行为研究[J]. 贵州大学学报(社会科学版),2013(1).

失去伴侣后心情压抑，终日哀伤，以泪洗面，有的甚至精神恍惚。根据马斯洛的需要层次理论我们可知：人类的需求由低级到高级可以分为生理需求、安全需求、归属和爱的需求、自尊需求和自我实现需求五个层次。当满足了温饱问题后，就会有更高的精神追求。老年人情感的需求才是最终极的精神需求，子女孝顺体贴，关心父母自然是尽到了精神赡养的义务，但是始终不能一直陪在父母身边，这时他们也需要爱情来填补心灵的空白，摆脱孤独和寂寞，从丧偶的阴影里走出来去追求自己的婚姻和感情，对老年人百利而无一害，来自配偶精神的抚慰无疑是最大的良药。而老年人对性的要求是和年轻人明显不同的，从广义的角度来理解，老年人的性就是满足男女双方精神效用的一种情感。老年人也需要性，老年人也需要爱情。不但要加强舆论宣传和思想教育，要在全社会大力宣传敬老爱老的思想，要让所有人明白尊敬老人不仅要让他们吃饱穿暖，更要让他们得到精神上的慰藉，丧偶的老年人更是如此。更重要的还需要法律这个神盾为老年人丧偶再婚保驾护航。在遇到困难和阻力的时候，老年人要懂得用法律来维护自己的合法权益。

6. 老年人的合法宗教信仰应该得到尊重与支持

人至晚年，周围相伴的人不多，精神上难免会空虚寂寞。由宗教信仰而产生的宗教参与能缓减抑郁，使老年人从沉沦的状态中得以恢复。宗教参与可以降低抑郁的发生或减轻抑郁症状，老年人有规律的、固定的、经常的宗教参与，将会降低老年人的抑郁水平，有利于老年人树立积极健康的心态。同时，老年人从宗教参与中获得了群体在生活上、心理上、和物质上的一些群体认同，拓展了老年人获取社会参与的渠道，认识了许多人和事。宗教信仰的心理调适功能，社会交往功能，娱乐功能，情感满足与精神寄托功能，为老年人解释现实世界，面对死亡时提供的宗教人文关怀，处理危机与困难的方法等等，宗教的以上功能为提高老年人的幸福感产生积极作用，这也正是宗教吸引老年人的重要原因。老年人通过宗教信仰与宗教参与来获得精神慰藉、心理平衡、情感宣泄，减轻孤独感、寂寞感、恐惧感和失落感，调适心理失衡，改善心理健康水平。老年人信教所获得的心理慰藉，以及为老年人提供面临困难时的应对方式与社会支持，对提高老年人晚年生活质量具有重要意义。

7. 社会要提供一个各方面舒适和谐的生活环境

人到晚年，都希望有一个安全、舒适、和谐的生活环境。在十八大报告中提到"美丽中国"这个概念，同样，"美丽贵州"也是全省人民的共同心愿。这里的"美丽"有丰富的内涵，不仅是指自然生态美、人文环境美，而且包括人们的心灵美和境界美。因此，我们不仅要追求天蓝、山绿、水青等自然生态美，工业发展和环境保护的共存，不仅要追求仪表、谈吐、举止等的人文环境美，更要追求科技、道德、艺术有机结合的"真、善、美"，更要追求天人合一，表里划一的境界美，真正实现老年人的幸福梦。

【参考文献】

[1] 人口长期均衡发展课题组，马力，桂江丰. 中国人口老龄化战略研究[J]. 经济研究参考，2011(3).

[2] 陈社英，刘建义，马箭. 积极老龄化与中国：观点与问题透视[J]. 南方人口，2010(4).

[3] 林擎国，丁煜. "幸福的老龄社会"：银发时代的目标和对策[C]. 老年学论文集(二)，1998.

[4] 靳颖倩. 我国城市老年人丧偶再婚问题研究[D]. 保定:河北大学,2011.
[5] 王武林. 中国老年人的宗教信仰与主观幸福感[J]. 中国老年学杂志,2012(3).
[6] 高喜九. 构建健康幸福老龄化社会的思考与对策[C]. 上海市退休职工管理研究会 2012 年优秀论文选集,2012.
[7] 胡泊,任德曦. 论发展的、积极的老龄化战略[J]. 南华大学学报(社会科学版),2004.

● 贵州民族人口思想道德素质的主流及其局限

张德艳
（贵州大学附中　贵州　贵阳　550025）

【摘　要】贵州是一个多民族省份，民族人口在贵州是指除汉族以外的各少数民族人口，民族人口素质是指各少数民族成员的人口素质，也称少数民族人口素质。数千年来，贵州各民族为了维持自己的生存和发展，为了在社会生活中不断完善自身，在长期改造自然与改造社会的实践中，逐渐形成了本民族的人口思想道德情感、人口思想道德意志和人口思想道德信念，并集中体现于集体意识与集体道德、尊老爱幼与耕读传家、劳动为荣助人为乐、恋爱自由婚姻自主、注重修养和谐秩序、爱乡爱国，维护国家统一等方面，对民族人口再生产、民族社会进步经济发展、民族社会与国家认同产生了重大影响。当然，贵州民族人口思想道德素质，尚有一定的局限，但随着时代的发展，定会在发展中得到进一步的提高和完善。

【关键词】思想道德素质；民族人口；主流；局限；贵州

人口思想道德素质（简称思想素质）是指人的意识形态，包括人生观、世界观、法制观念、政治观念、道德观念、思想观念、传统习惯、社会纪律及其言行等方面。它由构成人口这个社会群体的各个人的思想意识状况的总和所形成，通常是以在人口总体中占主导或统治地位的思想状况为代表。人口思想道德素质对人口的身体素质和文化科学素质发展有重要的作用，是支配人口言行和精神的力量。

一、贵州民族人口思想道德素质内涵主流

数千年来，贵州各民族为了维持自己的生存和发展，为了在社会生活中不断完善自身，在长期改造自然与改造社会的实践中，逐渐形成了本民族的人口思想道德情感、人口思想道德意志和人口思想道德信念，对本民族人口再生产、民族社会进步经济发展产生了重大影响。贵州民族人口思想道德素质主要表现在：

1. 群体意识与集体道德

在少数民族的风俗习惯中，包含着浓厚的群体意识和纯朴的集体主义道德观念。马克思主义认为，群体意识是指一定的人群所结成的共同体（阶级、政党、民族等）的共同

作者简介：张德艳（1963－），侗族，贵州大学附中中小学高级教师。研究方向：中小学教育、民族教育学。

意识。是为了适应一定阶级和民族和整个社会实践的需要而形成起来，并为维持一定的社会关系和社会秩序服务的。群体意识和个人意识同时存在，既相互区别，又相互联系、相互作用：在社会生活实践中，一方面，群体离不开个人，离开了个人就无法理解群体；另一方面，个人又离不开群体,离开了群体，个人就无法生存。在人类的生存和发展过程中，劳动起了决定的作用，而劳动一开始就是集体的。离开了集体的生产劳动，就无所谓改造自然与改造社会的实践活动，个人无法生存,整个人类也就不能存在和发展。

人们的群体意识正是在改造自然与改造社会的集体生产劳动中形成起来的。某种群体意识一旦形成，就会成为一个民族，一个阶级甚至整个社会的共同意识。每个人在自己的社会生活实践和与他人的交往活动中，都会受到这种群体意识的影响，并以这种群体意识来支配自己的思想和行为。

贵州少数民族一般都居住在比较偏僻的深山野岭之中，交通不便，生产力不发达，在比较艰苦的自然条件下，各少数民族的人民为了生存和发展,在长期改造自然和改造社会的斗争实践中，逐渐形成了浓厚的群体意识和纯朴的集体主义道德观念。具体表现为以群为重，以群为乐,无论种田，捕鱼或狩猎，往往都是以集体的形式进行的。农忙季节,换工互助,不计报酬。一家有事，全寨相帮;一家建房，全寨出动;谁家娶亲嫁女，全寨人都要前往恭贺。青年男女谈情说爱，总喜欢结成一个小群体,一起练唱情歌，学讲情话，然后再成群结队，通过“游方”“跳月”(苗族),“行歌坐月”（侗族)，“赶表”“浪哨”(布依族）等方式,沟通感情，达到情投意合而缔结婚姻。

苗族《议榔词》道：“我们走一条路，我们过一座桥，头靠在一起，手甩在一边，脚步整齐才能跳舞,手指一致才能吹芦笙。”布依族民歌说：“ 只要大家团结紧，只要大家拧成绳，省长官位坐不成，县长乌纱戴不成。穷人才有好日子过，穷人才能得翻身。”少数民族的群体意识和纯朴的集体主义思想，从古到今，世代相传，渗透到民族风俗习惯的各个领域，构成了少数民族传统道德的基本内容，在调节民族成员之间的相互关系，加强民族团结，提高民族道德素质方面发挥了积极的作用。

2.尊老爱幼,耕读传家

孟子说:“老吾老,以及人之老,幼吾幼,以及人之幼。天下可运于掌。”尊老爱幼既是人类自我尊重的表现,又是一种社会责任。耕读传家,强调既要勤事稼穑以丰五谷而立性命,又要读书重学以知诗书达礼义而修身立德。尊老爱幼,耕读传家,既是汉族地区传统美好家庭建设的目标与动力,也是少数民族地区家庭家族延续的精神与行为力量源泉。贵州各少数民族在尊老爱幼上有着许多制度性的规定如各种形式名称不一的敬祖节、敬老节、老人节,生产、祭祀、宗教、社区管理等社会生活中老人的权威树立及其维护尊崇,生育过程中的求子习俗、怀孕保健、产后护理、孩童教育、知识技艺传授等,无不饱含着少数民族家庭、家族、社区乃至地区内及其相互间的尊老爱幼传统和美德,而具体的事例又无不充斥于书稿的各个部分。贵州少数民族几乎皆为山地农耕、耕牧民族,为了生存和发展,代代在生息的土地上开荒地,造梯田,培水土,战天斗地,创造出了惠及子孙万代的山地农业文明,其中侗族地区的“稻鱼林鸭”生计模式及其体现出的民族生态智慧至今仍为世界所认可。不可否认,历史上有视贵州为蛮荒偏僻、飞鸟不通之地,不尊王道、民难教化之区等偏见,实际上,早在西汉时期,就有毋敛人尹珍“远从汝南许叔重授五经，又师从应世叔学图纬，通三才，还以教授，于是南域始有学焉”，相继贵州民族地区教育大兴，唐代，即有锦屏隆里龙彪书局享誉遐迩，宋元时期，土司教育成了全国教育特色，明代，因有王阳明龙岗讲学，周边少数民族前往受学，受益深远。清代，贵州教育的亮点在民族地区，其中黔南“影山文化”及其与“影山文化”渊源深厚的黔北“沙滩文化”为西南民族教育之代表，而起于清代中期的“清水江文书”数愈十万份之量，也无不与当地苗侗等族人民重视教育、倾力教育而官学、义学、社学并起辉映，交互作用有关，一度成为“世界苗族最高文化区”的威宁石门坎教育文化现象，使贵州少数民族重视文化，教育自觉而又反哺教育的声名传至西方国家。[1]可以说，尊老爱幼，耕读传家是贵州各民族生存发展的重要的精神理念和价值财富，在历史发展长河中其影响不可低估。

3. 劳动为荣，助人为乐

劳动、创造和贡献是衡量人生价值的根本尺度。贵州少数民族以劳动为人生价值的尺度，确立了以劳动为荣，以懒惰为耻的社会道德风尚。坚决反对那些好吃懒做，偷摸盗窃的思想行为。有谚语曰：“干活才能长寿，为贼必定短命”，“勤快钱粮足，懒汉肚皮空”，“天上恨老鹰，地下恨强盗”。坚信只有辛勤劳动，才能让自己和子孙后代过上幸福生活的理念。贵州少数民族重人伦、讲道德，在人际关系中主张团结和谐，助人为乐。在少数民族地区，人与人，村寨与村寨之间关系十分融洽。谁家有婚嫁喜庆之事，必须请“满寨酒”，全寨和其他村寨同宗的人都要前来庆贺。谁家有人生病或遭到不幸，上村下寨的人都会送钱送物进行问候。对于老弱病残者，同寨的人常常自觉轮流照顾。在苗、侗、布依族地区，往往在山坳卜设有凉亭，安置木凳，让过路的人歇脚;在三岔路口立有“指路碑”，以免行人迷路。在少数民族地区，还有一种古朴的社会风尚，就是不贪人财物和不侵犯别人的利益，谁捡到别人丢失的东西，就会“喊寨”或置于公共场所及显眼的地方，让失主前来认领。禾谷、野物只要插上“草标”，即表示有主之物，别人就不会攀动。很多自然村寨，长期处于人们理想中的“道不拾遗，夜不闭户”“山无盗贼，家给人足”“一片太平”的持续状态。《侗族祖先迁徙歌》《岩洞祖宗迁徙歌》《祖宗落寨歌》等民歌，记载了古代苗、侗、汉等族人民相互帮助，和睦相处的良好道德风尚，如《岩洞祖宗迁徙歌》说：“侗族祖宗爬过细甲山，找到这里的老住户，原来是苗家。苗家搬到高山把棚搭，让出平地给侗家，他们还把韭菜和鹅仔送侗家。分开的韭菜种得遍山野，岩洞因此得名传佳话。”这些民歌，充分体现了少数民族人民团结互助、助人为乐的传统美德。

4. 恋爱自由、婚姻自主

在人类历史上，一定时代的爱情，必然与一定生产关系相联系，不仅要受一定生产关系的制约，而且在阶级社会中还要受阶级关系的影响。贵州少数民族一般进入阶级社会的时间较晚，受封建伦理道德思想的影响较少，恋爱自由、婚姻自主是少数民族婚恋道德观的重要特征。《苗疆闻见录》记载：“男女婚嫁，不需媒证。年及异，行歌于野。”“男女互相唱和，彼此相悦”。青年男女在恋爱过程中必须讲礼貌，有教养，不能粗野。未婚的女子一旦乱伦怀孕或生私生子，就被认为是恶魔附体，她和她的家人都要遭到人们的鄙视和厌恶。当然，青年男女虽然有恋爱的自由，但最后结婚还得征求父母的同意，男方家的父母得请媒人到女方家提亲，经双方父母同意后才能缔结婚姻。这种既自由，又通过父母作决定的婚姻形式比旧社会汉族的婚姻全凭“父母之命、媒妁之言”要进步得多。

5. 注重修养，和谐秩序

贵州苗、布依、侗、彝、水等少数民族，在其形成和发展过程中，都产生了与汉族国家政权迥然不同的社会组织形式—“议榔制”或“款组织”，并在此基础上形成了调节民族内部成员之间相互关系的行为规范准则——榔规、款约。这是少数民族风俗习惯的重要内容之一。千百年来，它们在少数民族中广为流传，对少数民族的社会生活发生了重大作用。也正因为其作用的发挥，各民族成员自觉地将其中的规制内化为自己社会生产中的自觉行为，进而形成了良好的道德规范，并在社会生活中有重大的作用。比如，在贵州各民族中，始终提倡道德修养，注重人们的行为要符合“理”的准则教育。认为“理字没多重，千人抬不动”“深山树木数不清，款碑理数说不尽。”要求人们“要学谷仓那样正，要象禾晾那样直”“见人落水要扯，见人倒地要扶”。不做“当面讲八百，背后讲八千”“穿钉鞋踩人家肩”的可耻行为。在社会生活中，各民族都有正确认识个人与他人、个人与社会的关系，明确自己的道德责任和义务的能力和修养，公私分明，长幼有序，“上节是谷子，下节是稻秆；上面是龙鳞，下面是鱼鳞。公公是公公，婆婆是婆婆，父亲是父亲，母亲是母亲，丈夫是丈夫，妻子是妻子……各人是各人，伦理不能乱，要有区分才有体统，要有区分才亲切和睦。谁要学鸡狗，大家把他揪，拉来杀在石碑脚，教乖十五村，警戒十六寨。”家庭和谐、代际和谐、社区和谐、生产有序、民事勤劳是民族村寨的秩序写照。

6. 爱乡爱国，维护国家统一

贵州是多民族交汇地，是祖国大家庭中的一个多民族省份，世居于这块神奇秀丽而又古老沧桑的大地上就有苗、彝、侗、土家、仡佬、布依、水等17个少数民族。在曾经的“蛮荒之地”“不毛之域”上，经过贵州各族先民世世代代的茹毛饮血、执著砥砺，创造了著名的传统农业文明、生态文明，创造了绚丽斑斓而又丰富深厚的文化财富，青山绿水，歌的世界，舞的海洋，今天贵州已成为享誉海内外的青山绿水生态天国，成了人类心灵疲惫的最后家园。贵州各族人民深爱着自己家乡土地，拥抱着一代又一代创造的业绩而在“六山六水”间憧憬，笑迎着更加幸福美好的明天。正是浓烈的对先辈历尽艰辛而创建的生存家园的珍惜和热爱，一方面他们在统治者压迫、民族歧视、外族入侵之下勇于反抗、坚决抵抗，其中清代的五次民族大起义(包利、石柳邓，姜映芳、号军、张秀眉)、青岩教案、黔南独山抗击日寇等是为其中的代表而载入史册；另一方面，他们又敞开胸怀拥抱着来自东西南北的民族同胞，共同开发脚下这块热土，这又使得许多先进的文化、先进的科学技术得以在贵州高原传播，进而各种文化交流、碰撞、借鉴、吸纳，经过时间的整合而彼此相安、尊重，从而成就了中国多元文化的富集之地。居住在贵州这块土地上的各民族在各自的生存环境中创造着自己民族的文化和文明，逐步形成了一个相对完整和谐的统一体，而这种和谐统一体尤其在新中国成立后，在中国共产党的领导下，更显鲜明特色，这就是对民族团结、共同发展繁荣政策、对社会主义国家的高度认同，对“四项基本原则”的坚决拥护。曾有学界总结贵州高原各民族团结和谐,共建美好家园,维护国家统一的现象为“超级和谐共同体”,于此不难看出其中的历史社会根源。

二、贵州民族人口思想道德素质的局限性及其原因

以上所述为贵州少数民族人口思想道德素质的主要体现,也是贵州是少数民族的传统美德,它们从古到今,世代相传,成为调节本民族内部人口再生产、人与人之间、人与自然之间,以及个人和社会之间相互关系的行为规范准则,在贵州少数民族的生产生活发挥了巨大作用。但是,应该看到,在少数民族人口思想道德中,也有以种种落后与消极的内容而存在的。比如,在人的生命历程的各个阶段,即结婚、生子、满月、成年、迁移、寿辰、丧葬等,少数民族都讲礼仪,重节庆,盛行请客送礼之风,经常多日大宴。这些活动,耗费大量资金、人力和时间,造成沉重的经济负担,影响生产发展。又如,少数民族在人际关系上主张团结和谐,道德观念上往往轻功利,安贫守旧,听天由命,满足现状,缺乏除旧布新、开拓进取精神,进取心的微弱。商品经济观念淡漠,不利于民族经济的发展,难于脱贫致富,实现人的全面发展。再如,早恋、早婚、早育现象比较严重。甚至盲目地无计划生育,多胎生育,带来了政府计划生育政策贯彻和工作开展的难度,增加了家庭负担,制约了家庭扩大再生产和子女教育的投入,影响了人口素质的提高。

贵州人口思想道德素质存在的种种局限性,究其原因,主要是文化地理的制约和自然经济的长期影响。在文化地理上,贵州是一个隆起于四川盆地和广西丘陵之间的亚热带高原山地区域,地势西北高东南低。在17.6万平方千米土地面积上,97%为山地与丘陵。其中73%为岩溶地貌。乌蒙山脉、大娄山脉、武陵山脉、苗岭山脉纵横于贵州全境,南北盘江、红水河、乌江、舞阳河、清水江、都柳江等珠江、长江水系的支流奔流于万山丛中。新中国成立前,由于地处偏远、山水相隔,造成了封闭式的人文地理环境,使各民族与外界及相互之间交往较少。而封闭式地域特别是少数民族地区的封闭地域又与长期的政治、历史因素密切相关,近代及其以前的贵州,由于民族压迫、歧视、驱逐与隔离政策等原因,少数民族被迫退居到大民族主义者鞭长莫及的边远山区,那里有严峻的山川阻隔,道路崎岖险要,只好在“世外桃源”地区求得民族的生存、繁衍,因而构成了特殊的民族分布格局。汉族多分布在城镇及交通沿线附近,少数民族多住在农村干部及远离交通沿线的边远山区。苗族、瑶族、彝族主要住在山上,仡佬族多住在山谷,布依族、侗族、水族等大部分傍水而居。“高山彝苗水仲家(布依族旧称),仡佬住在石旮旯”“苗家住在山头,夷家(指布依族)住在水头,客家(少数民族对汉族的称呼)住街头”等民间俗语正是对贵州民族主体分布格局的真实写照。民族聚居地区特别是偏远山区的聚居地区,一般都属于封闭人口,与其他民族的交往不仅受到交通条件的限制,甚至受到语言条件的限制。交通的不方便,商品交换的成本太高,地理位置就很容易被边缘化,很难进入经济发展的主流,很容易产生狭隘的观念意识,安于现状、容易满足的思想土壤深厚,而立足于封闭环境的消极的人口社会文化也就自然地相伴而生。

新中国成立前,由于种种原因,贵州各少数民族处在不同社会发展阶段:一些少数民族如苗族、瑶族等仍残存某些氏族公社遗迹,生产工具相当原始、简陋,铁制工具不足,木制、竹制、石制和骨制工具同时并存,“刀耕火种”仍是主要耕作方法,物物交换占主导地

位。虽然他们基本上已经从游耕农业转变为定居农业耕作,但生产技术极其原始、粗放,无固定管理程序;对于产品不作精确计量,产多少,吃多少,甚至认为财富是累赘,不够吃时,就上山打猎和采集野生食物;不少人缺乏数量观念,没有年龄观念,弄不清什么事发生在哪一年;不会计划,不会经营,甚至认为出卖商品"害羞",即使偶尔出售一点产品,往往是按元、角整数论价,不会讨价还价,认为讨价是"太小气";在商店出售某些农副产品,购买某些生活必需品,既未见过讨价还价场面,也未发生过竞争、叫卖,虽然有的民族乡开始办起自由贸易市场,往往还不习惯,也有的人们的观念还停留在"管它钱不钱,只要肚子圆""阿哥若是盘田汉,三餐稀饭妹情愿""不会盘田种地无人嫁,不会绣花织布无人娶",认为经商是"丢人"的事情,是"不务正业"。长期的原始或奴隶制的社会风尚,使人们习惯于原始的血族、村社关系,习惯于在大自然中无拘无束地生活,而个人与社会之间的联系或沟通,是通过一些传统的习俗,如婚礼、葬礼、宗教祭祀、节庆等社会活动来实现的,人们过着悠闲散漫的生活,不习惯于现代化生产的社会人际关系和较严密的生产规模、纪律的约束。尽管也有一些少数民族进入封建社会并产生了资本主义萌芽,接近或相当于汉族的生产力水平,但毕竟未形成影响民族经济社会整体的力量可能。新中国成立后,在党和政府关怀下,少数民族从不同的社会形态向社会主义过渡,生产关系发生了根本变化,然而后进民族地区却有相当多的群众仍然保持与时代相去甚远的生产力水平,沿用古老落后的生产工具,有些民族地区甚至还残留着刀耕火种的生产方式。这表明,落后民族在国家或先进民族地区的帮助下,通过努力,可以跨越某种社会发展阶段向更高级的社会形态过渡,使生产关系发生"突变"。然而社会生产力的发展是一种自然历史过程,不会因为生产关系的"突变"而"突变",生产力的变革有其自身固有的规律性,它是一个"渐进"的过程,在后进民族地区阻碍社会生产力发展的诸因素中,由旧的社会意识形态、文化传统等沉淀下来,并体现在劳动者身上的旧传统观念或意识,对落后地区生产力的发展起到潜移默化的、顽强的抗拒作用。[2] 在发展市场经济、面临竞争、讲究经济效益的今天,原始重农轻商思想与发展社会生产力的要求不相适应,也与实现民族发展繁荣存在着重大的冲突。这类意识,至今仍存在于贵州少数民族地区,影响着民族人口的观念解放和人口思想道德的提高。

【参考文献】

[1] 黄才贵.贵州高原:中华文明演绎的走廊[J].贵州大学学报(社会科学版),2014(3).
[2] 张天露.民族人口学[M].北京:中国人口出版社,1989:206-207.

● 贵州民族人口迁移流动中的观念意识与文化事象

杨　旭　杨军昌

（安顺学院　网络中心，贵州　安顺　561000）

【摘　要】人口迁移和流动不仅仅是一种自然现象，更是一种社会经济现象，与社会形态，以及社会经济发展的水平有着密切的关系，由此也决定了人们迁移和流动观念的形成和发展。贵州历史上经历的春秋战国、汉代、魏晋南北朝、唐宋、明朝初期与末期、清初等几次大规模的人口迁移，形成了具有一定地域特色与历史特色的流迁观念意识与文化事象，对今天贵州的人口分布有很大的影响，并促进了贵州各民族的融合及经济文化交流。

【关键词】民族人口；流动；迁移；观念；事象

一、贵州民族人口迁移流动观念意识

人口流迁文化是人口在发生迁移或流动过程中形成的观念意识与行为规范。人口迁移流动既是一种自然现象，更是一种社会经济现象，与社会形态和社会经济发展水平有着密切的关系。贵州民族人口流迁观念产生于民族的历史、生境与经济社会水平，同时受着儒家传统文化的深刻影响。其中导引着民族人口流迁的过程中，也在不断地有着新的吸收和丰富。其具体表现有：

安土重迁——传统农业生产形态的形塑。贵州少数民族传统生计为山地农业，而农业生产的特点决定了人口必须相对稳定地集中在某一地域内。农业生产中，土地成了社会最基本的生产资料，人们的各种生活所需，直接、间接地都要从土地上获得，“有土斯有财”，没有土地，人们将无以为生，土地是人们的安身立命之本。因此，贵州少数民族对土地有着深深的依恋，对每一个民族成员而言，没有比丧失土地的打击更严重的了。对于生养他们的土地，无论是多么贫瘠荒凉，在他们心目中总是世界上最美好、最神圣的地方，只要有一丝生机，他们绝对不会离开。“以农为本”“以土为根”深深扎根于历代民族人们的观念里，“故土难离”是其真实写照。这样一种自给自足的生产方式使得人们对外

作者简介：杨旭（1977－），贵州贵阳人，安顺学院网络中心讲师。研究方向：人口与区域发展、民族人口学等方面研究。杨军昌（1963－），侗族，贵州大学人口·社会法制研究中心主任，贵州大学学报编辑部主任，教授，博士。研究方向：人口社会、老年社会学、民族社会学等领域的研究。

界的交往及其对外部世界的变化往往抱着漠视的态度,日出而作、日落而息的生活方式,人们感到由衷的自然和满足,因而大多不寻求突破封闭格局,只求简单自保自存,迁移流动对他们来说是很少的谈资话语。

轻于流动——传统文化的固化。在中国,以儒家思想为核心的传统文化把人口的迁移流动视为封建道德规范的组成部分,对人们的迁移流动思想起着禁锢和束缚的作用。儒家强调"内省克己",孔子称"一日克己复礼,天下归仁焉",这些观念无疑使民族的性格心态积淀起浓厚的克己、自制和封闭的品性。面对急剧变化的外部世界,连孔子这样的圣人也只能发出"逝者如斯夫"的感叹。孟子主张百姓应该"死徙不出,乡田同井,出入相友,守望相助,疾病相扶持"。儒家文化进入贵州民族地区后,很快地与民族的农本思想相接相融,在贵州少数民族中,"生死由命,富贵在天""重死而不远徙""不事远游""父母在,不远游"等观念代代相传,继承祖业、传宗接代、侍奉父母,成了民族社会中子女对家庭、父母必须遵循的道德规范,是衡量子女是否"孝顺"的尺度,迁移流动被视为对秩序的"叛逆"和德行的"不正"。轻于流动,对家庭和宗法的重视,长期羁绊着贵州民族地区人们,尤其是年轻人走出家庭,外出发展,以至于今。

守家固土——乡土情绪的牵系。马克思曾谈及地理环境对形成"商业民族"和"农业民族"的重大影响和作用。就贵州少数民族来讲,大多生存、繁衍于云贵高原,居住环境多崇山大川、深箐峡谷,地表破碎,地形复杂;又由于所居之地开发较晚、经济社会落后,以致交通困难,使得一些民族在饱经无奈的迁移流动之苦后,对现实的居住环境情深意笃,并世世代代建设着给予其生存资源的山山水水,赋予其深厚的情感意义与艺术。再者,险恶的环境因素不得不使人们考虑到迁移的成本和迁移的空间(迁入地的选择和拥有的可能)。多重的因素使贵州世居民族在经历了迁移的阵痛后尽最大努力在已获得的土地上定居下来,生息繁衍,并在生于斯养于斯长于斯的土地上耕耘收获,建设发展,形成了贵州高原山地各具特色的民族地域文化。

经济型流动——"文化震撼"的选择。人口的传统迁移行为主要是采取扩散型的开垦新的土地的迁移,以及由于自然灾害或战争所引起的强迫性迁移。一般情况下,迁移的水平是在工业革命使人类进入了一个全新的发展阶段,亦即打破了自给自足的自然经济的禁锢状态,实现了生产社会化的情况下进行的。工业革命导致了城市化社会的快速到来,大工业的兴起产生了大量的劳动力需求,促使劳动力迅速由农业转向工业,由农村流向城镇,从而导致了空前的人口大迁移、大流动。自改革开放以来,随着市场经济体制的基本确立,城乡经济贸易迅速发展,长期阻隔中国城镇、乡村人口流动的城乡壁垒被逐步拆除,又由于以联产承包责任制为主要内容的农村经济体制改革,使大批长期束缚在土地上的农村剩余劳动力被释放出来,成为各种经济型的流动人口。在这种背景下,一部分汉族流动人口的足迹进入了贵州民族地区的各城镇和乡村,并为少数民族做出了示范,客观上推动了贵州少数民族人口流动的进程。而其中的汉族流动人口在经济活动中的高收入、高效益引起了本该属于自己的当地民众的极大震惊和愤怒,随着时间的推移而对安土重迁、轻商贱利、重义轻财的观念和习惯逐渐有所动摇和改变,最终不少人以主动的姿态融入到市场中去,成为了"离土不离乡"的经济型流动人口,甚至少数人成了"离土又离乡"的城镇人口。

流而重返——“反哺”情结的承启。这里针对的是改革开放后，民族地区的流迁观念变迁与行为选择。依据人口迁移的“推拉”理论，人口迁移的原因是由于其原住地的推力或排斥力和迁入地的拉力或吸引力作用的结果，经济因素是引起人们迁移和流动的最根本原因和目的。20世纪80年代后，经济发展，社会开放，城乡流通，使祖祖辈辈生活在农村的贵州民族同胞看到了家乡故土与外面世界的巨大差距，再也不甘心于贫困与落后，从而通过迁移或流动以达到改善自己的生存环境，增加经济收入，提高社会地位，寻求更多的发展机会和发展空间。于20世纪80年代中期便不断涌向城市，涌向东南沿海，走向大江南北。长期被束缚于大山深处的贵州民族劳动力人口，通过流动创业、辛勤劳动，不少已成为各行业的工人、厂长、经理、车间主任、供销人员、商人，足迹遍布全国各地，人口综合素质因而有大幅度提高。大量的经验和经历不仅使他们突破了狭小村落的闭塞观念，而且使他们能更准确地认识自己的利益和周围的世界。不少已有成就的外出务工、创业人员，抱着“谁言寸草心，报得三春晖”的心怀与感恩父母、回报故土的情感，正在家乡从事着“反哺”乡梓的事业，他们将获得的资金、技术、理念用于家乡的建设，帮助人们转变观念，调整产业方向，促进脱贫致富与共同发展。

二、贵州民族人口迁移流动中的文化事象

一般认为，文化事象指人类文化发展过程中呈现出的某种外部状态和联系，是某一历史时期、某一国家（民族）或地域文化发展中带有典型和标志作用的事情，具有个别、具体、可直接观察和经验性等特点，它往往是思想观念及其物化形式的综合，是人们对现象的感受上升到理性概括的认识产物。而贵州民族人口流迁中体现出的文化事象，无疑是各民族在较长历史长河中，被动或主动地寻觅生存发展环境，以及族际交往中所衍生的关于生产、生活、娱乐、制度、信仰、文学艺术等典型活动与现象的理性认识再现，内容丰富而又影响深远。主要有：

1. 汉族“夷化”与“汉多‘夷’少”

汉族人口迁入贵州始于春秋战国时期，典型事例是楚国将领率兵入黔入滇，留居于今贵州境内者，均同化于少数民族中。汉代进入牂牁郡的“豪民”“三辅罪人”“奔命”“谪民”，多呈点状分布，在“夷”民包围中，大都“变服从俗”。隋唐及宋明，一些朝廷将领率兵进入贵州，或战事、或屯垦，并与土著氏族结合而变为当地“大姓”。而在其间中原纷乱之时，一些以地域关系为联结的汉族进入贵州，变服易俗，聚族而居，演变为“宋家蛮”“蔡家蛮”“播州蛮”等。几乎以贵州建省为界，入贵州的汉族大多同化于当地的少数民族中。之后随着行省的建立，流官的委派与充斥，汉族在贵州遂自成一体，“夷化”渐微。相反，由于汉族政治经济社会文化地位的优势与统治阶级民族歧视、民族压迫政策的实施，不仅汉族人口逐渐增加，而且一些少数民族为了生存遂隐瞒了自己的民族成分，改称为汉族，这样贵州“夷多汉少”渐以变成了“汉多夷少”的局面，直至1949年新中国成立时，贵州各少数民族人口只占总人口的24.5%。

2. 稻作民族与梯田文化

“耕田，有邑聚”是居住于贵州的“濮人”和百越民族的重要特征。由于迁移落居的

主动或无奈选择,上述族系大多居住在边远而封闭的低山、丘陵、河谷,以及邻近山区,后期因各种原因移入者又多退避到条件更为恶劣的多山陡坡中去,崇山峻岭中的梯田开发,“饭稻耕渔”成了这些民族的必然选择,利用自然、改变命运而形成了稻作梯田的壮丽如画与如歌如泣,演绎着贵州稻作民族“种千年高坡梯田,圆万年稻作梦想”的历史画剧。这些梯田有腰带梯田、鱼鳞梯田、石砌梯田、星状梯田等形状。著名者有堂安梯田、加榜梯田、摆榜梯田、野钟梯田、高要梯田等。因地制宜、综合利用的梯田开发,既承载着浓厚的历史文化,又蕴涵着丰富的生态价值;梯田不仅便于耕种,利于灌溉,还有助于保土、保水和保肥,在使居民获得食物维持生计的同时,也有效地保护了生态环境,为自然资源的可持续利用积累了智慧性的经验。

3. 迁移地域与民族方言

漫长的迁移历程与“大杂居”“小聚居”的民族居住环境分布格局,使贵州世局各民族内部在语言、词汇、语法上存在着一定的地域差异,从而形成在同一民族语言里又分为若干方言和土语的事象。如定居于武陵山区的苗族操持着苗族东部方言;由五溪向西扩散并沿苗岭山脉西边的苗族,形成苗族中部方言;自“三危”南下散布在川、黔、滇一带的苗族支系,传承着苗族西部方言,而在三大方言中又有若干的次方言和土语。其他民族,如瑶族有优勉、斗睦、巴哼三种方言;布依族分有黔南、黔中、黔西三种土语;侗族分南北两种方言;水族有阳安、潘洞和三洞三种土语;仡佬族有“稿”“哈给”“多罗”“阿欧”四种方言。这些民族方言的形成,定居地的地域环境与民族语言本身的发展变迁起了决定性的作用,移民与移民过程中民族交往和融合对之也产生了重大的影响。贵州民族方言的多样性折射出贵州各民族漫长而悲壮的迁移画景,是贵州丰富多彩的民族文化的重要组成部分。

4. 生计选择与迁移环境

对任何一个民族来说,不论其大小,它在地球表面上都有自己的生存空间,在特有的自然环境与社会环境的综合培植和作用下,这个民族慢慢地得以形成和发展[1]。贵州少数民族的生计选择,是各民族针对其特定的生存环境,经由文化的创造和作用的结果。对于贵州各少数民族的生计方式,《溪蛮丛笑》《新旧书·南蛮西南蛮传》《老学庵笔记》《黔南职方纪略》《大元一统志》《宋史·蛮夷传》等典籍文献均有记录。如在《溪蛮丛笑》中就记载了仡佬族以耕田为业、长于矿冶、精于铸造、善于纺织、长于蜡染等内容。《大元一统志》记载了毛南族(佯僙人或杨黄人)的生计是“男子计口而耕,妇女度身而织,暇财扶刀操苟柳,以渔猎为生。”《蛮书》中记载了彝族先民乌蛮“邑落相望,牛马被野”的生计景象。在贵州世居民族的传统生计中,尤以侗族的“稻林鸭渔”生计方式著称于世。该生计立足于侗族流迁而定居的山地环境,含及“以粮为主”“稻渔鸭共生”“林粮兼营”等生计特征,兼及复合型与内聚型的性质,是侗族生态智慧和生态实践经验的系统体现,在侗族的种族繁衍、人口发展、文化结构创新等方面都起了至关重要的作用和影响,是贵州民族智慧光辉的耀眼奇葩。

5. 流迁历史与民族习俗

民俗即民族的风俗习惯,是指一个民族在物质、精神和婚姻家庭等社会生活各方面

[1] 杨竹芬,苏红斌. 布朗族生态环境与生计方式探析——以临沧市邦协村为例[J]. 黑河学刊,2013(1)

的传统，具体反映在各民族的服饰、饮食、居住、生产、婚姻、丧葬、文娱活动、节庆、礼仪和禁忌等方面。民俗的形成是一个历史的过程，具有很深的社会、历史和环境根源，其中迁移流动对民俗的产生有着重要的影响。贵州少数民族习俗无不体现着历史的印迹与流迁的内涵。如占里侗族长期实行每户两孩的人口控制生育习俗，即来自于对人口迁移落居地的生存空间的人口承载力考量，以及再扩展居住环境的无望。该习俗代代坚守相沿于今，成了远近闻名的人与自然和谐、人口与资源环境协调适度的自然村寨。又如，贵州苗族、瑶族的岩洞葬是为葬俗的奇观，历时久，规模大，选址考究，最多者有五、六百具棺木置于同一洞内，意味着苗、瑶等族历经千辛万苦迁徙贵州定居后仍念念不忘故土，洞葬只是一种对亡灵灵柩的暂时存放，期待有朝一日，亲人能扶柩还乡、叶落归根。再如，贵州民族饮食特色突出，制作的腊肉、腊肠、腌鱼、盐菜、苗酸等可经年不腐而色正味纯，其能长时存放的技艺经验与民族的迁徙、征战不无关联，而今成了民族地区的特色餐饮与待客佳肴。此外，还有一些民族文化事象，如鼓藏节、扫寨、哈冲、茅人节、水鼓节、杀鱼节等重大节日，都与民族的迁徙有关。在一定程度上可以说，迁徙是民族习俗发端、成形与传承的重要缘由之一，是民俗形成的原生素材和价值源泉。

6. 迁移流动与民族文学艺术

贵州少数民族几乎都曾发生过规模不等的迁徙，由此而产生了与迁徙有关的音乐、舞蹈与民间文学、史诗、戏曲、故事传说等文学艺术。这些民间文学艺术是贵州民族文化的重要组成部分，生动地反映了各少数民族为了生存和发展所走过的艰辛历程，艺术地再现了各少数民族在历史上留下的发展印迹。这些文学艺术表现在迁徙史诗上有彝族的《赊榷濮》，侗族的《祖公之歌》《祖先从哪里来》，苗族的《溯河西迁》《跋山涉水歌》等；在音乐舞蹈上有布依族铜鼓十二调，侗族琵琶歌，苗族大迁徙舞、锦鸡舞、滚山珠、采月亮，畲族粑槽舞，松桃瓦窑四面花鼓，彝族撮泰吉等；在戏曲上有侗戏、思州傩戏傩技、石阡木偶戏和嘎嘿说唱等；在民间文学上有黄平苗族"古歌古调"神话、台江苗族古歌与古歌文化等。其中苗族英雄史诗《亚鲁王》述及的故事迄今已有2500多年，其所传唱的是贵州西部苗族创世与征战的历史，主角苗族首领亚鲁王是被苗族世代颂扬的民族英雄，长诗以铿锵有力的诗律和舒缓凝重的叙事风格，生动讲述了贵州西部苗族的由来和迁徙途中波澜壮阔的场景，是上古时期中华民族曲折融合的历史见证。

以上为贵州民族人口迁移流动中的众多文化事象之部分，是贵州各民族流迁史事在观念上、物化形式上的综合反映，是贵州民族人口文化中具有时空穿透力和情感高黏度的特殊组成部分，从古而今，传承不衰，是各民族生产发展、图强繁荣的精神之基、动力之源。在一定程度上可以说，文化之薪火因人口流动而迁徙、杂交、融合、发展，从而茁壮成长，生生不息！

【参考文献】

[1] 杨军昌. 传统与跨越：贵州民族人口文化研究[M]. 北京：知识产权出版社，2014.
[2] 李平凡等. 贵州世居民族迁徙史[M]. 贵阳：贵州人民出版社，2011.

社会学研究

● 澳大利亚居家社区老年服务体系对我国的启示

张幸福　何颖

（黑龙江省计划生育科学研究所，黑龙江　哈尔滨　150020）

【摘　要】澳大利亚居家社区老年服务体系包括老年服务投入和收费制度、老年服务提供体系、老年服务监督管理制度。文章从上述三个方面分析了中澳两国居家社区老年服务的共同点和差异，提出了借鉴澳大利亚有益经验的对策性建议。

【关键词】澳大利亚；居家老年服务；社区老年服务；启示

澳大利亚是世界上人口老龄化程度较深的国家之一，2011 年 6 月，65 岁及以上的老年人口占总人口的比重达到了 14%，老年人口规模达到了 308 万人。[1]根据预测，到 2056 年 65 岁及以上人口占总人口的比例将达到 23% ~25%。[2]自 20 世纪中期以来，澳大利亚高度重视老年服务问题，随着人口老龄化程度的加深，老年服务体系建设也在不断地探索、转型、发展，并逐步由 20 世纪六七十年代重点发展机构养老，到 20 世纪八九十年代机构养老与社区养老并重，形成了目前较为完整的老年服务体系。

我国自 2000 年进入老年社会以来，人口老龄化呈现速度快、规模大、边老边富等特点。根据“六普”数据，我国 65 岁及以上老年人口占总人口的 8.87%，约 1.2 亿人。尽管老龄化程度远低于澳大利亚，但由于人口基数大，老年人口规模为澳大利亚的近 40 倍。由于经济、社会、文化等多重因素的影响，我国老年服务起步较晚、发展较慢、水平相对不高。而且，根据预测，到 2050 年左右我国老年人口占总人口的比例就将达到 25% 左右，[3]人口老龄化速度大大高于澳大利亚。届时，老年服务问题也将比澳大利亚更为严峻。我国将“居家养老为基础、社区养老为依托、机构养老为补充”作为老龄事业发展的方向，因此，学习、借鉴澳大利亚居家社区老年服务体系建设的有益经验，对我国积极应对人口老龄化问题具有重要意义。

一、值得借鉴的居家社区老年服务投入和收费制度

澳大利亚十分重视居家社区老年服务的投入，有专门的经费预算作为保障。作为老

作者简介：张幸福（1971—），男，河南驻马店市人，黑龙江省计划生育科学研究所助理研究员。研究方向：人口与发展。何颖（1963—），女，黑龙江双城市人，黑龙江省计划生育科学研究所所长。研究方向：人口和计划生育服务管理。

年服务资金投入的主体,各级政府责任明确:联邦政府负责提供大部分资金,州政府负责提供小部分资金。如果约定服务价格低于实际市场服务价格出现资金缺口时,由地方政府补齐。但地方政府的主要任务是负责项目的具体实施,一般是通过与私营机构签订协议来购买老年服务,有时也组织提供具体的服务。例如,在著名的家庭和社区老年服务项目——哈克(HACC)项目中,联邦政府提供60%的资金,州和地方政府提供40%的资金。[4]同时,非政府组织、私营机构开办的老年护理服务机构会根据情况提供一定的免费服务项目。在资金投入的方向上,由早年的政府兴办服务机构转向以购买服务为主,绝大多数的服务都由社会提供,减少了政府运营管理成本,提高了老年服务资金使用的效率。澳大利亚实行老年服务收费制度,个人需要根据服务项目和服务内容负担一定的费用。

随着我国综合国力的不断增强,中央和省两级政府在居家社区老年服务方面的投入力度不断加大,还建立了转移支付制度。但与澳大利亚老年服务投入制度不同的是,由于中央和省级政府在投入上没有一步到位,市级乃至县区等基层政府需要按比例匹配资金,财政支出压力相对较大。我国城乡地区之间经济发展水平差距较大,一些财力较弱的基层政府,根本没有老龄事业发展专项经费预算。有些项目因缺乏资金,最终无法落实到位。笔者在某区老龄委、民政局等相关部门调查时了解到,由于区财政薄弱,老年服务相关项目的开展,基本上是"上面给多少钱,下面办多少事"。如该市推广的"网络养老院",采取政府与民营机构合作的形式,市政府免费安装一键通话机,民营机构提供上门服务,但政府不提供服务补贴。由于大多数老年人消费不起,最后项目不了了之。不过,可喜的是,对于部分特殊老年群体,政府购买居家社区老年服务已经起步。目前,城市"三无老人"、农村"五保老人"这些最弱势群体使用的居家社区老年服务完全由政府购买,这标志着我国老龄事业的巨大进步。但那些既不符合国家补贴标准(如不是"三无老人"或"五保老人")、又没有稳定、充裕收入来源的老人成为"夹心层",存在有需要、无需求的现象。在老年服务的个人付费方面,我国没有按收入水平付费的制度。由于老年人口规模庞大,政府补贴、减免等制度也未普遍建立起来,"夹心层"老人要较好地满足居家社区服务需求还需要一个过程。从普惠的角度看,与澳大利亚相比还存在较大差距,但从公平的角度看,优先满足老年人群体中最弱势的群体,与澳大利亚制度安排则是一样的。

结合我国国情和澳大利亚的经验,在居家社区老年服务资金的投入方面,一是各级政府应有足够的专门经费预算,以确保我国《老龄事业发展"十二五"规划》有关项目的落实。二是要结合省情、市情,中央和省、市政府应合理分担,县区政府主要负责项目的实施、管理,乡镇社区负责具体落实。三是逐步加大老年服务的投入力度。建立老年服务经费随财力增长相应增长的机制,使老年服务事业的发展适应我国现代化、城镇化、老龄化、家庭小型化、人口流动规模化的新形势。四是推进形成政府、社会、个人共同承担养老责任的局面。政府应出台政策,在税收、用地、建设、信贷、培训、补贴等方面给予优惠和便利,调动社会资本进入老龄服务市场的积极性。鼓励竞争、规范管理,促使老年服务机构提高质量、降低价格。加强考核评估,对于坚持微利经营、能履行社会责任、群众认可度高的服务机构,政府给予奖励。逐步引入按老年人收入状况进行居家社区服务收费制度，同时，政府应建立相应的支持、保障制度，即随着财力的增长逐步加大政府购买服务的力度，扩大受益群体的范围，使更多的老年人能够更长久地在家庭和社区等熟悉的环境中生活。

二、值得借鉴的居家社区老年服务提供体系

澳大利亚居家社区老年服务体系包括服务提供途径、服务机构、服务人员和服务信息等方面。从服务提供的途径看，澳大利亚通过项目实施的方式开展居家社区老年服务，例如，哈克（HACC）项目和社区老年照料服务包（CACPs）。不同的项目针对不同的服务对象。对于居住在家的体弱老人，以及他们的照料者，服务机构通过哈克项目提供各种各样的支持服务；对于通过评估需要低水平机构照料但通过提供社区服务能留在社区的老人，社区老年照料服务包提供相应的服务资助。居家社区老年服务机构主要是由许多小机构组成，约60%哈克项目资助的机构能够雇用不到3个人来开展相关活动。[5]但不论规模大小，都要经过公平竞争才能获得政府的合同。服务包括多个方面。如做饭、送餐、穿衣、洗澡、洗衣、护理、精神慰藉、帮助出行、协助购物、整理房间和花园等。老年服务人员分专业服务人员和志愿者两种。老年服务人员一般都要经过培训，具备相应的资质。老年服务志愿者队伍主要由青年学生、中老年妇女和老年人组成，在老年服务领域发挥着重要作用。其中，中老年妇女是主力军。他们的广泛参与和无私奉献是许多老年服务项目成功实施的重要因素。[6]为了帮助老年人方便地得到服务信息和指导，中央连接局（Centrelink Central Administrafion）在整个澳大利亚设有1000个联络点，采取一站式服务，一个窗口对外，[7]通过免费热线电话、网络或面对面咨询等方式，提供当地能得到的有关老年服务的可靠的信息，并为老年人选择适当的服务方式提供指导。

与澳大利亚相比，我国居家社区养老还处于起步阶段。一是居家老年服务网络不健全。目前，城镇居家老年服务网络有了一定发展，多数农村还是空白。根据《中国老龄事业发展“十二五”规划》要求，到2015年，城市街道和社区基本实现居家老年服务网络全覆盖；80%以上的乡镇和50%以上的农村社区建立包括老年服务在内的社区综合服务设施和站点。二是社区老年服务设施不完善。《中国老龄事业发展“十二五”规划》要求，日间照料中心、托老所、星光老年之家、互助式社区养老服务中心等社区养老设施，要纳入小区配套建设规划。目前，新建小区基本上按要求进行了配套建设，但笔者在某区调查时了解到，该区有3000多平方米的小区配建房，因缺乏资金，一直未能办理产权手续，更不用说装修及购买相应的设施了；甚至有些地方将小区配建房改变用途、挪作他用。三是居家社区老年服务机构和训练有素的服务人员缺乏。机构养老不仅容易管理、利润较高，还能获得政府床位补贴；而居家老年服务人工成本较高，政府补贴覆盖的范围较窄，企业嫌利润小，用户嫌费用高，供需不旺。因此，多数老年服务企业以开展机构养老为主。另外，我国老年服务技能培训也相对落后，大多数服务人员缺乏技能和资质。四是老年服务志愿者没有得到很好的组织管理。志愿者队伍构成较单一、老年服务技能培训缺乏、结对定期帮扶机制和激励机制都还不健全。尽管有以上不足之处，但是我国注重社区老年服务设施和社区综合服务中心（站）建设，可以在健康促进、疾病预防，以及特殊

老年群体的照料护理等方面发挥重要作用。

就我国的实际情况和澳大利亚老年服务的经验看,强化居家社区老年服务、重视志愿者作用的发挥、注重提供透明的信息和指导、对小微服务机构一视同仁,是目前推进老年服务进家庭、进社区的重要举措。在强化居家社区老年服务方面,一是要加强组织领导。建立党政主管领导为组长,财政、民政、老龄委、工商、税务、公安消防、教育、卫生等部门为成员的单位的领导小组,强化部门的齐抓共管与协调配合。二是推进社区公共老年服务设施建设。从财政支出中列出专门预算,由相关部门牵头负责公共服务设施的建设、运营、维护。三是加大社区综合服务中心(站)的建设。政府从硬件方面加大投入,卫生、教育等部门加强从业人员的教育培训。四是加强考核评估。制定考评细则,引入群众监督,将考评与随机抽查相结合。对于在运营管理方面考评优秀的社区,给予奖励,以奖代投。在充分发挥志愿者的作用,降低老年服务的成本方面,一是不断开发潜在资源,丰富老年服务志愿者队伍的构成,如鼓励驻地官兵、大学生、低龄老人、流动人口等,注册、培训后,为高龄老人、行为能力不正常老人提供服务或开展同伴教育。二是逐步规范志愿老年服务活动,促使志愿为老年服务由集中化、短期化向社区化、持久化转变,为老年人提供长期性、持续性的帮扶。三是建立、健全志愿者老年服务激励机制。如大学生志愿者的老年服务可算作基层实践,在公务员考录、国有企事业单位招聘等方面予以照顾;老年服务志愿者可进行"免费老年服务时间储蓄",根据其提供的服务数量、质量等指标获得一定时间的免费服务;对于流动人口老龄服务志愿者,政府根据其提供服务的数量和质量等,给予培训、就业、救助、落户、购房、子女上学等方面的优惠,把志愿服务与提高城镇化质量、增强家庭发展能力、促进社会融合结合起来。在提供服务信息和服务选择指导方面,以县区为单位建设老年服务信息平台,建立老年人、老年服务机构动态数据库。在乡镇社区设立办事处或办公室,通过电话、网络、面对面咨询等方式为老年人提供服务信息和服务选择指导,更好地满足老年人的居家社区服务需求。在鼓励小微服务机构发展方面,一是政府给予税收、信贷等方面的优惠、便利,提供免费的人员培训和管理指导服务。二是在政府购买服务时,在同等的质量、价格前提下,优先安排社区内的小微服务机构,以降低运营成本,促进其发展,进而带动整个居家社区老年服务市场的繁荣。

三、值得借鉴的居家社区老年服务监督管理制度

澳大利亚对居家社区老年服务机构、服务人员和申请服务的老年人都有一套严格的监督管理办法。对于老年服务机构,政府通过制定准入和服务标准、设置监督机构、采用严格的程序来进行监督管理。如机构的准入和管理,政府制定了多项具体的指标。只有通过各项指标的测试,达到规定的要求,才有可能通过审批。即使通过了审批,如果在建设和运营过程中出现任何违规、违法行为,也会随时被叫停或取消运营资格。对于社区老年服务人员,政府对其专业知识有严格的要求,设5个等级。主要内容包括如何料理老年人的日常生活和针对老年人特点的医疗护理知识。同时,还需要经过一段时间的技能训练,以便能熟练地独立操作。对于服务人员的道德素质要求尤为严格,在提供服务时,要保护老年人的尊严、自信和隐私,尊重他们的愿望、个人的文化和宗教信仰,对于侵

犯老年人权益的行为要追究责任。[8]为了合理配置服务资源，澳大利亚实施了老年护理评估制度，老年护理评估项目主要依据老年人的身体、心理等状况对其进行分级，以确定其适合何种服务。目的是为了科学、合理评价老人需要到什么样的养老机构（包括在家居住），得到什么样的照顾和护理，以便合理安排老年护理资源。评估由老年护理评估小组（Aged Care Assessment Teams, ACATs）实施。小组由政府资助组建，一般都设在国家卫生服务机构内，由老年科医生、护士、社工和心理治疗师等专业人士组成。需要入住老年护理机构或使用社区老年照料服务包的老人，事先需要由老年护理评估小组进行健康评价，符合条件者安排入住或获得所申请的社区服务，否则，护理费用政府不予报销，全面、严密的监管制度为老年服务顺利实施提供了保证。

澳大利亚对老年服务的监管，已有比较成熟的做法和经验。与之相比，我国老年服务在监管方面还有差距。尽管有《老年人权益保障法》等多个相关法律、法规予以规范，但在可操作性、监管程序和过程方面还存在薄弱环节，处罚力度小。例如，媒体报道过多起老年护理人员虐待伤害服务对象的事件，说明无论服务机构内部管理还是政府监督都存在不足之处，同时，违法违规服务机构被处以取消资格等严格处罚的事例很少见诸报端。老年服务队伍职业技能培训刚刚起步，大多数服务人员缺乏技能和资质。目前，在政府购买老年服务的领域，我国已经开始按劳动能力、收入、有无抚养人、是否政策帮扶对象等对老年人进行分类。如城镇“三无老人”、农村“五保老人”、农村部分计划生育家庭老人，以及特殊计划生育家庭的老人。他们可以根据自身状况和意愿选择入住养老机构或居家社区养老，由政府负责相关服务费用，这在理念上同澳大利亚是一致的。但随着老龄事业的发展和老年人对居家社区服务需求的刚性增加，像澳大利亚一样依据老年人的身体、心理等状况对其进行分级，给予健康评估和服务选择方面的指导，合理使用老年服务资源，无论是否从政府购买服务的角度来说都是必要的。

结合我国的实际和澳大利亚的经验，在老年服务的监督管理方面，我国应建立、健全老年服务行业准入和质量标准，细化监管内容，明确监管程序，加大处罚力度，引入第三方监督和群众监督，确保老年人的合法权益不受侵害。在老年服务人员知识技能培训方面，深入、广泛开展老年康复护理、生活照料、家政服务、紧急处置、法律、法规、职业道德等方面的知识、技能培训，对培训合格者颁发相应的资质证书，逐步完善持证上岗制度，使服务人员有能力、有资格为老年人提供专业、规范的服务。在老年护理评估方面，结合我国居家社区养老服务的不断发展的实际和澳大利亚老年服务管理的经验，进行制度安排，建立老年护理评估制度，从生理和心理健康状况、劳动能力、收入、有无抚养人等角度制定标准，同时建立老年护理评估服务机构，逐步开展健康评估，并提供老年服务方面的指导、建议，使老年人能够安享晚年，推动和谐社会建设和中国梦的实现。

【参考文献】

[1] http://www. abs. gov. au/ausstats/abs@ . nsf/Products/3235. 0 ~ 2011 ~ Main + Features ~ Main + Features? OpenDocument.
[2] Australian Bureau of Statistics. 3222.0 – Population Projections, Australia, 2006 to 2101. http://www. abs. gov. au/Ausstats/abs@ . nsf/mf/3222.0.
[3] 田雪原等. 21 世纪中国人口发展战略研究[M]. 北京:社会科学文献出版社,2007:74.
[4] 苏国,周和宇,于保荣等. 澳大利亚养老服务体系考察报告[J]. 中国初级卫生保健,2002(1).
[5] Kendig H, Duckett S. Australian directions in aged care: the generation of policies for generations of older people, Australian Health Policy Institute, University of Sydney, Sydney. 2001.
[6] 许岩丽,刘志军. 澳大利亚老年保健服务现况分析及其对我国的启示[J]. 医学与哲学(人文社会医学版),2008(8).
[7] 同[4].
[8] 乌丹星. 澳大利亚养老机构运营管理及服务经验分享[N]. 中国房地产报,2012 – 10 – 18,第 B02 版.

● 农民工城镇化意愿及其群体差异问题

——基于贵州调查数据的分析*

韦　璞　戚玉娇

（贵州财经大学　公共管理学院，贵州　贵阳　550025）

【摘　要】利用贵州调查数据分析了不同特征农民工群体的常住城镇化和户籍城镇化意愿上的差异。得出的结论是：女性农民工城镇化意愿强于男性；年龄与城镇化意愿的关系呈倒"U"形；文化程度越高、收入越高城镇化意愿越强；进城时间越长、工作稳定、拥有住房、与当地居民关系融洽，城镇化意愿越强。但户籍城镇化表现出较为复杂的样态，在社会保障不完善的情况下，农村土地仍然承担着重要的最后保障功能，使得农民工决定放弃土地的决策过程更加艰难，影响因素更加复杂。

【关键词】农民工；城镇化意愿；群体差异

一、引言

城镇化是人口从农村逐步迁入城镇，农村劳动力从农业逐渐转向非农产业的过程，是世界各国工业化、现代化进程必然经历的过程，也是各国社会经济发展必然经历的人口迁移过程。就中国的具体国情而言，农民的市民化在中国改革发展、社会转型和"三农"问题中具有重大而多方面的作用和意义，同时也存在诸多亟待破解的问题、难题。许多发展中国家与中国一样正处于这个阶段，欧美发达国家也曾经历这一阶段。所不同的是，其他国家没有户籍限制，农村人口向城镇转移之后，能够定居下来就自然成为城镇居民。中国的户籍制度及依附其上的就业政策、工资待遇、社会保障权利等，阻碍了农民工长期定居城镇，使农民工的乡城迁移行为具有明显的暂时性特征，城镇化也呈不稳定状态。正是由于我国城乡分割的户籍制度，我国城镇化也包括两个过程：常住城镇化和户籍城镇化。只是定居在城镇的情况被称为常住城镇化，定居在城镇且拥有城镇户口则被称为户籍城镇化。没有实现户籍城镇化的现象，被一些学者

---

*　基金项目：本文系贵州省大学生创新重点项目"农民工城镇化意愿与社会保障的关联性"的阶段性研究成果，项目编号（201310671009）。

作者简介：韦璞（1977－　）男，博士，贵州财经大学公共管理学院教授。戚玉娇（1990－　），女，贵州财经大学公共管理学院本科生。

称为“半城市化”。又由于户籍的属地化管理特征,拥有城镇户口才能与城镇居民在教育、住房、福利等方面享有同等待遇。因而“半城市化”实际上是对农民工的排斥与歧视,不但影响农民工的城镇化意愿,还会影响城镇化质量。因此,中共中央、国务院《国家新型城镇化规划(2014—2020年)》提出以人为核心的新型城镇化模式,要求到2020年,常住人口城镇化率达到60%左右(目前是53.7%),户籍人口城镇化率达到45%左右(目前为36%),户籍城镇化率与常住城镇化率差距缩小2个百分点左右,努力实现1亿左右农业转移人口和其他常住人口在城镇落户。可见,《规划》旨在加大户籍城镇化力度,让农民工不但能够在城镇定居下来,而且能够享受城镇居民的同等身份和待遇。在这种情况下,摸清农民工的城镇化意愿尤其是户籍城镇化意愿及其不同特征人群在城镇化意愿上的差异,有利于瞄准具有城镇化意愿的农民工,有针对性地制定相关政策,推动新型城镇化发展。

从城镇化对象来看,有两类群体是我国当前城镇化的主要潜在人群:一是城市郊区的失地农民,二是进入城镇务工生活的农民工。前者往往是由于城镇扩张而被动城镇化,无论主观是否愿意,都被迫成为城镇人口。后者则多是主动进城,其定居城镇的意愿对城镇化进程具有重要影响。因而农民工城镇化意愿引起研究者的广泛关注。就农民工的城镇化意愿方面的研究而言,目前主要集中探讨三个问题:一是农民工愿意定居城镇的比例高低,二是城镇化意愿中的群体差异问题,三是农民工城镇化意愿的影响因素。作为初步研究,本文主要探讨前面两个问题。从现有研究结果来看,愿意长期定居城镇的农民工比例并不高,许多调查结果显示在50%以下。如果要农民工放弃农村土地,转变为城镇户口,则意愿更低。因为在缺乏城镇社会保障的情况下,农民工依然将农村土地视为最有效的最后保障。因而户籍城镇化的比例往往低于常住城镇化。农民工城镇化还存在明显的群体差异,许多研究发现女性比男性更愿意定居城镇,但也有少数研究得出相反的结论。不同年龄段的农民工城镇化意愿差别也较大,总体而言,年轻人更倾向定居城镇。但也有研究指出:年龄与城镇化意愿之间大致呈倒“U”型关系,即年龄较轻和年龄较老的农民工城镇化意愿都不强烈,而中间年龄段的意愿较为强烈。此外,不同婚姻状况、不同工作性质和行业,以及不同文化程度和收入水平的农民工的城镇化意愿也存在明显区别。总的来说,已有研究在这方面得出的结论并不一致,还很难推导农民工城镇化的一般规律。

从国内相关研究来看,“永久迁移不是所有农民工的选择”的观点在学术界已经达成一致,但是到底有多少农民工愿意或打算以后留城定居、哪些群体更倾向城镇化的问题,学界仍存在不同观点。也缺少对不同群体常住城镇化和户籍城镇化意愿之间的差异进行分析。因而有必要增加更多调查研究数据和案例,以便探视农民工城镇化中群体差异的普遍规律性。而且,已有调查研究主要集中在一线和二线城市和发达地区,对欠发达地区的三线和四线城市和小城镇的调查分析较少。贵州省是经济欠发达地区,农民工城镇化意愿与发达地区应该存在不小差别,对贵州的研究有助于补充这方面的不足,这也是本文的意义所在。为此,本文利用2013年10至2014年3月在贵州的调查数据,对欠发达地区农民工的城镇化意愿及其影响因素进行初步探讨。本次调查地区包括贵阳市、安顺市、铜仁市、六盘水市及其所辖县城,调查对象包括贵州户籍在贵州务工的人员、贵州户籍但外出务工的返乡人员,以及外省到贵州的务工人员。实际发放问卷423份,回收有效问卷400份,问卷回收率达95%。样本男性占61.8%,女性占38.3%。年龄在36~45岁居多,占30.5%,25岁以下比例为17.5%,56岁以上占5.5%。本次调查虽然没有严格按照随机抽样方法抽取受访对象,但由于充分考虑了各种经济状况各种类型的农民工,因而保证了样本的代表性,一定程度可以反映研究总体的情况。

二、农民工城镇化意愿及其障碍

在我国,由于存在城镇户口和农村户口的区别,城镇化意愿可以分为常住城镇化和户籍城镇化。表1显示,农民工常住城镇化意愿比重为38.0%,户籍城镇化意愿比重为19.6%,常住城镇化意愿比重较之户籍城镇化意愿高18.4个百分点。就城镇化意愿比重高低而言,与其他调查结果相比,贵州境内农民工城镇化意愿基本处在中间位置,不高也不低。目前看到的城镇化意愿较高的调查结果可达60%几,如熊彩云(2007)对武汉市的调查显示,调查对象"很希望/希望能在城市定居下来"的比重达63.7%;熊波等(2007)利用2006年对武汉市农民工调查数据分析,也发现有63.0%农民工愿意定居武汉市。而城镇化意愿较低的调查结果则只有10%几,如蔡玲等(2009)分析武汉市农民工2007年的一项调查结果表明,只有18.57%愿意留在城镇生活。这三个调查结果都属于常住城镇化意愿,表明本文调查得到的农民工城镇化意愿比重刚好处在中间位置,这个比例处于一个合理的区间。有趣的是,我们看到上述三个调查都是在同一个城市进行的,且调查时间不过1年之隔,但为什么调查结果差异这么大呢?可能的原因是不同调查采用的统计口径不同,也可能是由抽样方法和调查对象不同造成。因此,不同调查得到的城镇化意愿比重之间缺乏可比性,单看这一比重也没有多少意义。但是,同一调查样本的常住城镇化与户籍城镇化意愿的比重差异,及其各自影响因素,则有助于相关政策的制定。

就常住城镇化意愿高于户籍城镇化的结果而论,相关研究认为,由于户籍城镇化要求农民工放弃农村土地,彻底转为城镇居民,这对农民工的最后保障提出了严峻挑战。放弃土地意味着农民工不再有退路,在城镇找不到工作,也将无法回到农村依赖土地。在城镇社会保障还没有完全覆盖农民工,农村土地升值预期较强的情况下,放弃农村土地意味着放弃最后保障,放弃预期增长资产,这不符合农民工的生存逻辑和理性选择。因此,农民工更愿意选择不放弃土地而定居城镇的常住城镇化方式。这与其他调查结果也是吻合的,如蔡禾等人(2007)的研究发现,不放弃土地的常住城镇化意愿比重为29.32%,而放弃土地的户籍城镇化意愿比重为25.09%。张翼(2011)的调查也表明,如果不涉及承包地问题,则80前农民工愿意转变为"非农户口"的人数占比为20.15%;如果要求农民工交回承包地,则这一比例下降到11.04%。而80后农民工愿意转为非农户口的人数占比为24.66%,如果要求其交回承包地,则比重就降低到12.86%。出现这样的结果是因为"农民工的常住城镇化决策主要是基于经济理性的选择,只要在城市打工的比较收益高过农村,他们就会永久地在城市工作和生活下去"。而户籍城镇化决策则需要考虑最后退路问题,而不仅仅是农村与城镇之间的比较收益问题。人们只有在保障了基本生活安全的基础上,才会去满足更高收入需求。在是否愿意放弃土地的问题上,还存在群体差异,男性较女性更不愿意放弃土地,年龄越大越不愿意放弃土地;但是,文化程度高、外出打工时间长、工资高的农民工更愿意放弃土地。从中也可以看出生活保障在其中的影响作用,因为文化程度高、工资高的人,生活上更有保障,因而愿意放弃土地的比例更高。而文化程度低、工资低的人,就业无法得到保障,对城镇生活缺乏安全感,所以只有紧紧抓住土地作为生活保障的筹码。

从阻碍农民工城镇化的因素来看(见表1),常住城镇化的首要障碍是低收入和无住房,其次是社会保障和子女教育问题。也就是说,农民工是否愿意在城镇定居,主要是看收入高低和有无住房。常住城镇化由于农民工在农村还有土地作为最后退路,城镇只是他们赚钱收入的地方,因此只要城镇工作比农村收入高,他们就愿意继续在城镇工作。反过来,低收入就成为农民工常住城镇化的主要障碍因素,有60.8%的农民工认为收入低是他们定居城镇的主要障碍。同时,定居城镇,住房也是必要条件,因此选择"无住房"作为常住城镇化障碍的农民工比例高达59.0%。对于打算长期定居城镇的农民工,社会保障和子女教育也是他们考虑的事情,社会保障项目中的医疗保险有助于减轻医疗负担,养老保险则作为退休后的收入保障,对农民工的基本生活具有重要的保障作用。长期定居城镇的农民工,希望子女在他们身边接受教育,而且如果能够进入公办学校就读的话,城镇的教育比农村教育更好,因而解决子女教育也是留住农民工的一条重要措施。反过来,得不到社会保障的保护和子女教育问题解决不好,就会阻碍农民工定居城镇。

户籍城镇化的阻碍因素首先是就业问题,其次是收入水平。农民工转变户口,意味着永远失去土地保障,不可能再回到农村生活,因此,在城镇能否保证就业就成为他们是否转变户籍的重要权衡因素。"就业是最好的保障",当农民切断最后的退路时,首要考虑的是生活的最后保障,特别在社会保障水平较低且不完善的情况下,能够保证就业对农民工转变户籍至关重要。其次,收入达到一定水平,才能保证一定的生活质量,至少保证不能比农村生活更差,因此,农民工的户籍转变也着重考虑了收入水平问题。收入过低则农民工户籍城镇化的意愿不强。此外,部分农民工认为城镇环境差和社会保障少也是他们转变户籍的障碍。因为转变户籍意味着农民工将长期在城镇生活,而不是城镇的"过客",因此他们对今后的生活环境有一定的要求,至少要能够保障人身安全。这是因为许多农民工都居住在社会治安较差的城乡结合部,所以他们才会对城镇生活环境较为敏感的原因。社会保障作为基本生活的防线,保障居民生活不会由于各种原因而跌入贫困线以下,农民工放弃农村土地意味着放弃最后保障,因而他们需要其他形式的可靠保障来替代,这就需要城镇能够为他们提供最后的生活保障,这是处于生活安全的考虑,是最起码的要求和期望。因此,社会保障实际上对户籍城镇化意愿有着重要的影响。

表 1　农民工城镇化意愿及阻碍因素

	城镇化意愿			阻碍因素			
	愿意	不愿意	不清楚	收入低	无住房	社保少	子女教育问题
常住城镇化	38.0	39.5	22.5	60.8	59.0	19.8	12.0
				就业难	收入低	环境差	社保少
户籍城镇化	19.6	65.5	14.9	34.9	29.6	14.2	7.4

三、城镇化意愿的群体差异分析

1. 不同性别农民工的城镇化意愿差异

由于男人和女人在家庭、社会中扮演的角色不一样，他们定居城镇的意愿也有所不同。表 2 显示，女性农民工的常住城镇化意愿比重为 40.5%，男性为 36.4%，女性比男性高 4 个百分点。这与大多数研究结论是一致的。相关研究认为，女性之所以比男性具有更强的城镇化倾向，一是女性更容易在城市找到工作。世界移民史证明：在工业化中期阶段以后，城市部门对女性的劳动力需求会逐渐超过男性。二是农村父母对女儿承担赡养责任的期望弱于儿子，女性在选择定居地上具有更多选择余地。三是女性能够通过婚姻渠道定居城镇的可能性大于男性，女性也往往寄希望于婚姻来改变命运。这几方面原因最终使得女性城镇化意愿强于男性。但是，当需要放弃农村土地，转变农业户口时，女性愿意城镇化的比例基本跟男性持平，而且对城镇化的犹豫态度即“不确定”的比例大幅下降，且“不愿意”城镇化的比例明显高于男性。说明无论男性还是女性，放弃土地转变为城镇户籍的意愿都不强烈，女性同样将农村土地视为重要的生活保障和增值财产，是她们的最后退路。

2. 不同年龄农民工的城镇化意愿差异

不同年龄段的农民工有着不同的知识技能、生活方式、城镇生活适应性，城镇化意愿也不同。从表 2 可以看出，无论常住城镇化还是户籍城镇化意愿，都与年龄之间存在明显的倒“U”型关系。这与李珍珍的研究结论相一致，年龄在 25 岁及以下的农民工，可以分为两种情况：一种是从农村刚刚进入城镇的年轻人，虽然对城市生活尚未适应，但年轻人比较倾向于不断尝试新鲜事物，致力于不断探索新的挑战和机会。这部分年轻人的城镇化意愿极不稳定。一种是农民工二代，跟着父母在城镇长大，他们大多不会选择再回到农村，因而城镇化意愿较强。但总体而言，年轻农民工要想定居城镇，还需要继续努力，掌握在城镇生活的基本技能和知识。因此，虽然数据反映的城镇化意愿不高，但随着年龄增长，城镇化意愿肯定会增加。年龄在26～55 岁的农民工则已经适应新环境、接受新文化，工作经验丰富有能力在城市继续生活下去，且其收入高于在老家的农业收入，因此其定居城市的意愿较强。年龄在 56 岁以上的农民工大多不愿意在城市生活下去，一方面因为其很大程度上受到落叶归根传统观念的影响，另一方面是因为其年龄大体质较弱,有效劳动时间较少,收入也相对较少,所以其定居城镇的意愿不强。因此在努力推动城镇化进程的过程中,应当注意不同年龄段的意愿差异问题。

3. 不同文化程度农民工的城镇化意愿差异

受教育水平是人力资本的重要方面,就城镇生活能力而言,人力资本越高的农民工,留在城镇的能力越强,城镇化意愿就越强。表 2 数据显示,在常住城镇化选择上,随着教育程度提高,农民工城镇化意愿逐渐增强。城镇化意愿最高的高中毕业组比最低的小学以下组,要高出近 25 个百分点。尤其是高中毕业的农民工比初中毕业的农民工,城镇化意愿提高了 13.4 个百分点,足以表明高中教育对农民工人力资本的提升具有重要作用。比较奇怪的是大专以上农民工的城镇化意愿比高中毕业的城镇化意愿下降了近 12 个百分点。可能的原因是:大专以上毕业生仅把城镇工作视为短暂的、临时的,他们一旦有机会就可能通过招考的方式进入迁出地的行政事业单位。也有研究认为教育程度高的农村劳动力优先选择农村本地非农产业就业,而不是外出就业。学历越高的人,越容易在家乡获得就业岗位,且社会地位较高,回乡创业的愿望更强烈,因而城镇化意愿不强。也可能是由于高学历与高流动性有关。无论如何,大专以上学历的农民工城镇化意愿较低。但是,学历高的人在放弃农村土地问题上表现得更加坦然,大专及以上文化程度的农民工愿意放弃土地转变户口的比例最高,达到 22.2%,这是因为他们感觉生活更加有保障,农村土地对他们的保障作用相对下降。但具有高中文化程度的农民工愿意放弃农村土地的比重明显低于其他组,甚至低于小学以下文化程度组。可能的解释是:文化程度低的农民工与城镇劳动力之间不存在竞争关系,而可能是一种互补关系,因为他们从事的职业可能比较低端。而高中文化程度则可能与城镇劳动力形成竞争关系,激烈的城镇职业竞争,使他们对未来充满不确定性,因而需要依靠农村土地作为最后保障。

4. 不同工作性质农民工的城镇化意愿差异

能否在城镇拥有较为稳定的工作,是决定城镇化意愿高低的重要影响因素。为此,我们区分了合同工和非合同工两种工作性质,合同工表明就业时与企业签订劳动合同,工作相对稳定;而非合同工的工作则可能是临时性的,工作稳定性较差。从表 2 的数据来看,合同工比非合同工的常住城镇化意愿高 16.5 个百分点。这充分说明稳定的工作对农民工定居城镇具有重要的影响。但在要求放弃土地的户籍城镇化意愿中,合同工仅比非合同工高 4.6 个百分点。说明尽管合同工的工作更加稳定一些,但在社会保障不完善的情况下,一份合同仍无法保障农民工的未来生活,他们仍然以农村土地作为最有效的保障,因而在要求放弃土地的情况下,愿意转变户籍的比重大幅下降,缩小了与非合同工户籍城镇化意愿比重之间的差距。因此,尽管劳动合同能够提高农民工定居城镇的比重,但如要提高农民工的户籍城镇化比重,社会保障制度的完善是必要的。

5. 不同收入农民工的城镇化意愿差异

收入高低既是农民工流动的关键影响因素,也是其定居城镇的重要决策依据。绝大多数研究得出的结论是:收入越高,城镇化意愿越高。本文的研究也发现这一规律。只是本文同时还发现,当收入高到一定水平,农民工的城镇化意愿比重上升的幅度开始变缓慢,如“3501 元以上”收入组仅比“2501 ~ 3500 元”收入组的常住城镇化比重高 1.1 个百分点(见表 2)。说明收入增加对农民工城镇化意愿的影响类似逻辑斯蒂曲线,当收入提高到一定程度,城镇化意愿增长便呈缓慢上升态势。同时,我们还观察到,当要求农民工放弃土地时,低收入组农民工愿意城镇化的比重下降幅度最大,从常住城镇化的 32.9% 下降到户籍城镇化的 6.9%,说明低收入农民工在城镇的生活能力较弱,对农村土地的依赖性更强。户籍城镇化意愿在不同收入组中的分布并不是依照收入高低进行排列的,说明收入水平可能不是户籍城镇化意愿的主要影响因素。这与和丕禅等人(2004)的研究结果是一致的。虽然城市较高的收入预期是吸引农民工流入城市的直接动因,但定居性迁移决策更多受制于社会的、文化的、心理的和个人特征因素。特别是在涉及放弃土地的情况,农民工城镇化意愿的影响因素更加复杂。

6. 不同住房状况农民工的城镇化意愿差异

在高房价背景下,有无住房对农民工的城镇化决策具有重要影响。由于长期定居和户籍改变都需要举家迁移,因而住房是首先要解决的问题。有研究指出,高昂的租房费用已经成为阻碍农民工城镇化的重要因素,尤其对举家迁移的影响较大。而农民工最希望政府为自己城市定居扫清的主要障碍,排在第一位的便是住房问题。可见,有无住房对农民工城镇化意愿的影响便至关重要。这里,我们将自己购房和单位分房(虽然可能没有产权)视为“有住房”,而租房、借住等情况视为“无住房”。从表 2 的统计结果来看,有住房的农民工常住城镇化和户籍城镇化意愿均高于无住房的农民工。这与其他人的研究结论并无差异,说明住房问题确实是影响农民工城镇化的重要因素。但有无住房对常住城镇化与户籍城镇化意愿的重要性存在差异,有住房的农民工在常住城镇化意愿中的比重比无住房的农民工比重高 9 个百分点,而在户籍城镇化意愿中仅高近 2 个百分点。说明住房对于常住城镇化的影响更强烈,即使在中小城市和城镇,农民工也受到高房价的影响。同时还表明,即使在城镇有住房,在被要求放弃土地时,农民工的城镇化意愿也会下降,农村土地对于农民工生活保障的重要性在这里再次表现出来。

7. 不同社会融合度农民工的城镇化意愿差异

社会融合程度是指农民工与当地居民在日常生活的相互容纳与认可程度。农民工在城镇的社会融合程度越高越愿意留城定居,这是因为只有当农民工从内心深处真正认同了城市的文化价值和生活方式,真正融入了城市才愿意留城定居。我们用农民工与当地居民的关系作为衡量社会融合程度的指标。结果表明,与当地居民关系好的农民工,城镇化意愿更高,常住城镇化与户籍城镇化也是如此。一方面说明农民工越能融入城镇生活,城镇化意愿便越强;另一方面则意味着城镇居民对农民工的接纳程度越高,歧视和排斥越少,农民工越愿意入住城镇。

表 2　农民工城镇化意愿的群体差异

	常住城镇化			户籍城镇化		
类别	愿意	不愿意	不确定	愿意	不愿意	不确定
性别						
男	36.4	40.5	23.1	19.5	63.0	17.5
女	40.5	37.9	21.6	19.9	69.5	10.6
年龄						
25 岁及以下	30.0	35.7	34.3	11.6	78.3	10.1
26~35 岁	44.0	31.0	25.0	24.0	56.0	20.0
36~45 岁	39.3	36.1	24.6	24.8	62.8	12.4
46~55 岁	38.4	50.0	11.6	15.3	68.2	16.5
56 岁及以上	27.3	68.2	4.5	13.6	72.8	13.6
文化程度						
小学以下	27.6	56.9	15.5	17.2	69.0	13.8
小学毕业	36.1	42.9	21.0	22.0	64.4	13.6
初中毕业	39.1	38.5	22.4	20.0	63.2	16.8
文化程度						
高中毕业	52.5	15.0	32.5	12.8	82.1	5.1
大专及以上	40.7	29.6	29.6	22.2	51.9	25.9
工作性质						
合同工	51.3	29.5	19.2	23.4	62.3	14.3
非合同工	34.8	41.9	23.3	18.8	66.2	15.0
收入分组						
1500 元以下	32.9	42.5	24.6	6.9	75.0	18.1
1501~2500 元	37.2	38.8	24.0	25.0	55.8	19.2

续表

类别	常住城镇化			户籍城镇化		
	愿意	不愿意	不确定	愿意	不愿意	不确定
2501~3500 元	39.8	36.3	23.9	18.8	69.6	11.6
3501 元以上	40.9	41.9	17.2	23.7	65.6	10.8
有无住房						
有住房	45.5	39.3	15.2	21.2	72.7	6.1
无住房	36.5	39.5	24.0	19.3	64.0	16.6
进城时间						
5 年及以下	34.0	36.0	29.9	21.0	61.5	17.4
6 年及以上	41.9	42.9	15.3	18.3	69.3	12.4
与当地居民关系						
好	43.8	39.7	16.5	20.7	66.7	12.6
不好	30.7	39.2	30.1	18.3	64.0	17.7

四、结论与启示

本文采用贵州调查数据对农民工城镇化意愿进行了分析。总体而言,农民工的城镇化意愿不强烈,常住城镇化比例为 38.0%,户籍城镇化意愿仅有 19.6%,户籍城镇化意愿比常住城镇化意愿要弱得多,这是因为城镇户籍承载着太多福利功能,这些福利基本将农民工排除在外。农民工在城镇享受不到稳定完善的社会保障,生活安全问题无法得到解决,只有转而依赖农村土地,将农村土地作为最后的退路,因而要求放弃土地的户籍城镇化意愿大大降低。分析还发现,无论常住城镇化还是户籍城镇化意愿均存在明显的群体差异:(1)女性比男性城镇化意愿更强,这可能是因为女性更容易在城镇就业,更容易通过婚姻渠道留在城镇。(2)年龄与城镇化意愿呈倒“U”形关系,年轻人因为工作经验较少,还未适应城镇生活,城镇化意愿还不稳定,年老者则是因为预期城镇收入减少而意愿降低。(3)文化程度越高、收入水平越高,城镇化意愿越强。(4)进城时间越长、工作稳定、拥有住房、与当地居民关系融洽,城镇化意愿越强。无论哪个群体,在被要求放弃土地的户籍城镇化意愿均弱于常住城镇化意愿,其中重要的原因是社会保障不健全导致农民工对土地仍然存在很强的依赖心理。

鉴于上述发现,在制定相关政策时,应该注意以下方面:一是健全城镇社会保障体系,尽快将农民工纳入保障范围,使农民工能够享受与城镇居民同等的社会保障待遇。二是为进城农民工提供继续教育,提高其知识技能和就业能力,消除就业市场上的政策歧视,扩大就业范围,提供稳定就业岗位。三是改革户籍制度,重要的是改变依附于其上的不公平社会福利待遇,公平保护农民工和城镇原住居民。四是在农村土地承包经营权的处理上,应该尊重农民意愿,不要搞强制城镇化。

【参考文献】

[1] 蔡禾,王进."农民工"永久迁移意愿研究[J].社会学研究,2007(6):86-113.

[2] 蔡玲,徐楚桥.农民工留城意愿影响因素分析——基于武汉市的实证调查[J].中国农业大学学报(社会科学版),2009(1):40-46.

[3] 和丕禅,郭金丰.制度约束下的农民工移民倾向探析[J].中国农村经济,2004(10):64-68.

[4] 侯红娅,杨晶,李子奈.中国农村劳动力迁移意愿实证分析[J].经济问题,2004(7):52-54.

[5] 李强,龙文进.农民工留城与返乡意愿的影响因素分析[J].中国农村经济,2009(2):46-54.

[6] 李珍珍,陈琳.农民工留城意愿影响因素的实证分析[J].南方经济,2010(5):3-10.

[7] 马九杰,孟凡友.农民工迁移非持久性的影响因素分析——基于深圳市的实证研究[J].改革,2003(4):77-86.

[8] 刘磊,朱红根,康兰媛.农民工留城意愿影响因素分析——基于上海、广州、深圳724份调查数据[J].湖南农业大学学报(社会科学版),2014(2):41-46.

[9] 王春光.农村流动人口的"半城市化"问题研究[J].社会学研究,2006(5):107-122.

[10] 王春兰,丁金宏.流动人口城市居留意愿的影响因素分析[J].南方人口,2007(1):22-29.

[11] 王桂新,陈冠春,魏星.城市农民工市民化意愿影响因素考察——以上海市为例[J].人口与发展,2010(2):2-11.

[12] 尉建文,张网成.农民工留城意愿及影响因素——以北京市为例[J].北京工业大学学报(社会科学版),2008(1):9-13.

[13] 卫龙宝,胡慧洪,钱文荣,曹明华.城镇化过程中相关行为主体迁移意愿的分析——对浙江省海宁市农村居民的调查[J].中国社会科学,2003(5):39-48.

[14] 文军.论农民市民化的动因及其支持系统——以上海市郊区为例[J].华东师范大学学报(哲学社会科学版),2006(4):21-27.

[15] 吴磊,朱冠楠.进城务工农民定居决策的影响因素分析——以南京市为例[J].华中农业大学学报(社会科学版),2007(6):37-41.

[16] 吴兴陆.农民工定居性迁移决策的影响因素实证研究[J].人口与经济,2005(1):5-10.

[17] 熊彩云.农民工城市定居转移决策因素的推——拉模型及实证分析[J].农业经济问题,2007(3):74-81.

[18] 熊波,石人炳.农民工定居城市意愿影响因素——基于武汉市的实证分析[J].南方人口,2007(2):52-57.

[19] 姚俊.农民工定居城市意愿调查——基于苏南三市的实证分析[J].城市问题,2009(9):96-101.

[20] 赵耀辉.中国农村劳动力流动及教育在其中的作用——以四川省为基础的研究[J].经济研究,1997(2):37-42.

[21] 张佳静,赵凯,夏显力.农民工留城意愿及其影响因素研究——以陕西省延安市为例[J].江苏农

业科学,2014(4):439－443.

[22] 张翼.农民工"进城落户"意愿与中国近期城镇化道路的选择[J].中国人口科学,2011(2):14－26.

[23] 郑艳婷,刘盛和,陈田.试论半城市化现象及其特征——以广东省东莞市为例[J].地理研究,2003(6):760－767.

● 城乡一体化下欠发达地区农村养老模式的优化组合*

杨再美　李波
（贵州大学　公共管理学院，贵州　贵阳　550025）

【摘　要】基于城乡发展一体化的政策背景下，本文就当前我国欠发达地区农村养老模式的现状及其所存在的不足进行分析，探索出适合我国欠发达地区农村的养老保障模式，即以社区居家养老为中心、以家庭养老为主体、以社会养老保险为辅助和以邻里互助与社会关怀为补充的农村养老保障体系，以更好地应对欠发达地区农村的养老问题。

【关键词】城乡一体化；欠发达地区；农村；养老模式

推进城乡发展一体化，关键在于推进基本公共服务城乡均等化，整合城乡居民基本养老保险制度，推进城乡最低生活保障制度统筹发展。与我国发达地区相比，欠发达地区农村老年人口基数大，老龄化态势严峻，为了应对欠发达地区农村老年人的养老问题，加快推进欠发达地区农村养老保障体系的建设和完善势在必行。

一、欠发达地区农村现行的主要养老保障模式现状

（一）居家式养老模式

在城乡一体化进程中，我国欠发达地区农村现行的居家式养老模式主要包括家庭养老、土地养老和自我养老。家庭养老是华夏民族传统的养老模式，是"孝道"文化的强调，赡养老人是每一个中华儿女的内在责任和义务。这在欠发达地区农村也表现得毫不例外，家庭在提供经济支持、生活照料和精神慰藉方面的功能无可厚非。因此，家庭养老目

---

* 基金项目：贵州省2013年度软科学项目《城乡一体化下的贵州社区养老机制与模式创新研究》（编号：黔科合体R字[2013]005号）、国家社科基金项目"社会记忆下的聚居少数民族文化传承发展研究"（项目编号11BMZ036）阶段成果。

作者简介：杨再美（1991—　），女，布依族，贵州平塘人，贵州大学公共管理学院2013级社会保障专业硕士研究生。李波（1970—　），女，汉族，四川资中人，贵州大学公共管理学院党委书记，副教授，硕士生导师。研究方向：社会保障、生态文化。

前仍是我国欠发达地区农村的主要养老模式,具有不可替代的作用和地位。

对于依靠土地养老的农民而言,土地是他们赖以生存的物质生活基础。据调查统计,贵州 60 岁以上的农村留守老人约 220 万,占全省农村老年人口的 61.94%,多数农村老人通过耕种现有土地养老。随着城乡一体化发展和土地流失加速,土地养老模式受到了诸多挑战,但在经济欠发达地区农村现有的生产力发展水平之下,依靠土地维持最基本的生活,可以说土地是他们最稳定也是最后一张养老保障安全网[1]。

自我养老是指老年人在经济支持、生活照料和精神慰藉方面完全依靠自己。就业意愿是影响老年人就业的一个重要因素,老年人就业意愿受社会、经济,以及自身的多方面因素影响,同时老年人的就业意愿与其就业行为紧密相关。[2]在欠发达地区大多数农村老年人都是活到老劳作到老,这种自我通过意愿就业而实现的养老模式只限于那些身体健康的老农。随着老龄化的加剧,养老资源的提供只依靠家庭和社会,必将会造成养老资源的紧缺,这种模式在未来具有一定的发展潜力。

(二)社会化养老模式

社会化养老模式是指主要靠社会,包括国家、集体和社会保险等方面为老年人解决后顾之忧的养老保障模式。目前,我国农村社会化养老模式主要有以下几种:一是五保供养制度;二是农村最低生活保障;三是农村社会养老保险[2]。五保供养是在吃、穿、住、医、葬方面给予符合条件的农村居民生活照顾和物资帮助的农村救助制度。据了解,中西部地区共有农村五保供养对象 460 多万人,要求按照每人每月不低于 20 元的标准,向农村五保供养对象发放价格临时补贴。

农村居民最低生活保障,它的保障对象是家庭年人均纯收入低于当地最低生活保障标准的农村居民。2007 年年底民政部宣布农村低保全面建制,在中国全面建立农村低保制度的省(自治区)有 11 个,全部处于欠发达地区,建立农村低保制度的县(市、区)中有 85% 在欠发达地区。可见,欠发达地区成为农村低保制度建设的主战场。

1992 年民政部出台的《县级农村社会养老保险基本方案(试行)》中提出由国家、集体、个人三方共同缴费和社会统筹解决农村养老问题的新思路。2009 年新农保开展试点工作,2010 年年底前基本实现 60 岁农村老人全部纳入新农保范围,参保率达到 70% 以上,2012 年实现全覆盖。农村社会养老保险有助于缓解欠发达地区农村养老问题,在未来有很大的发展空间。

二、欠发达地区农村现行养老模式所面临的挑战及原因分析

随着城乡一体化的发展,在欠发达农村地区的居家式养老模式和社会化养老模式都受到了诸多的挑战与考验。

(1)计划生育政策的实施和家庭功能的转变,加上欠发达地区农村老龄化速度加快,增加了家庭养老压力。劳动力的转移使得居家式养老所需的人力资源日益紧张,家庭养老的传统模式必然面临着巨大的考验,态势严峻。随着市场经济的发展和人口流动的加速,“孝道”文化也受到了冲击。忠孝理念和赡养老人的责任感在子女身上有所淡化,家庭养老道德风险上升,农村家庭出现的不承担赡养责任、歧视甚至虐待老年人的案件就

是很好的例证[3]。

(2)欠发达地区农村经济发展水平落后于发达地区,农民人均纯收入水平低,保障水平低(如表1所示)。

表1 2012年全国31个省市农民人均纯收入排行表

单位:元

发达地区			欠发达地区		
前5名	省份	农民人均纯收入	最后5名	省份	农民人均纯收入
1	上海	17804	27	西藏	5719
2	北京	16476	28	云南	5417
3	浙江	14552	29	青海	5364
4	天津	14026	30	贵州	4753
5	江苏	12202	31	甘肃	4507
全国			7917		

资料来源:国家统计局网站、各省市统计公报,2012年1~12月数据整理所得。

发布时间:2013年1~2月。

很显然,欠发达地区农民人均纯收入总体水平偏低,普遍低于全国平均水平,赡养能力弱,使得养老保障水平低。传统上靠土地种植维持生计甚至养老的方式也发生了变化,2013年农民人均纯收入中工资性收入45.3%,首次超过家庭经营纯收入42.6%。收入来源的变化表明依靠土地养老在不断弱化。随着老年农民年龄的增长,健康状况和劳动能力不断减弱甚至失能,自我养老也将变得不切实际。

(3)社会化养老模式发展滞后,养老作用有限。在欠发达地区农村社会化养老事业的发展落后于发达地区,主要表现为发展缓慢、覆盖面小、受益人少、保障水平低等特点。农村低保和"五保"是针对特殊群体,如在全国农村老年人中享受"五保"的老人只占6.2%,绝大多数农村老年人无法享受"五保",由于保障标准低、范围窄,很多贫困人口还未被纳入保障范围,随着城乡差距的拉大,农民对生活保障制度的需求却日益迫切[4]。

自2009年启动新农保试点以来,目前已基本实现制度上的全覆盖。民政部的数据显示,截至2013年,在四川、甘肃等省份财力相对较差的地区,老龄参保人员每月养老金最低只有55元。虽然最基本的生活有了一定的保障,但对于高昂的医疗保健费用来说却是小巫见大巫。另外,养老保险运转机制和管理模式上不够科学规范等问题极大地影响了养老保险政策在群众中的信任度和参保积极性。因而,作为一种辅助性的社会化养老模式在欠发达地区农村并没有得到积极有效的发挥,作用有限。

三、欠发达地区农村养老保障模式的优化组合

中国已经进入"未富先老"老龄化社会,农村地区老龄化态势突出,养老压力与日俱增,养老保障问题日益凸显。居家式养老模式面临着诸多挑战,形势严峻;社会化养老模

式的发展相对滞后,难以承担起农村养老的重任。因此,在贯彻落实推进城乡发展一体化政策下,根据欠发达地区农村的特殊性,因地制宜地探索出适合欠发达地区农村养老保障模式势在必行。

(一)以社区居家养老为中心,重视政府的指导与协调作用

社区居家养老是指按照老年人的生活习惯,选择在家庭中居住,以社区为平台,整合社区内各种服务资源,调动社会各方面力量,为老人提供社会化的养老服务,构建一个最符合老年人意愿的以家庭为核心、以社区养老服务网络为支撑、以养老保险制度为保障的社区居家养老保障模式[5]。学者高秀艳、方秀云认为社区居家养老较之机构养老具有投资少、成本低、服务广、收益大、收费低、见效快的特点,既能减轻机构服务养老的压力,又能满足老人对熟悉环境的情感需求,既符合联合国老年人原则和国际行动计划,也符合中国国情特点[6]。在农村地区,一般以行政村为单位作为社区,在坚持和谐发展、以人为本、因地制宜、权益保障的原则下,建立符合农村老年人实际需求的欠发达地区农村社区居家养老模式。

在推广社区居家养老保障模式中,政府起到了重要的主导作用,既要重视农村地区的经济发展,在人力、财力、物力上加大支持力度,提高农民收入和养老保障水平,又要加强养老保障体系的建立和完善,制定必要的法律规范对其进行监督管理。还要注重市场在资源配置中的作用,在养老商品与养老服务的供给上,引入市场竞争机制,改变政府提供的单一形式,积极引入私营企业参与社区养老助老服务,使各种社会资源效率达到最优、最大化,最终实现真正的城乡一体化发展。

(二)以家庭养老为主体,重塑家庭在养老中的地位

家庭养老让老年人生活在熟悉的家庭环境中,易于得到家庭亲属成员的生活照料和精神慰藉,享受亲情融洽的家庭氛围,是符合欠发达地区农村的养老选择。赵瑞正学者的著作《中国农民养老保障之路》中进行千户农民调查和百户老年农民调查数据表明,绝大多数的农村老年人(90%以上)更愿意选择居家式的家庭养老模式[7],这也是欠发达地区农村老年人的主要养老模式,与其他养老模式并存且将长期存在。

传统的孝道观念是家庭养老存在的思想基础,注重和加强对年青一代“孝”文化的传播与教育,使其养成尊老、养老、敬老的良好习惯,让子女自觉履行赡养老人的责任和义务。“老年人随着年龄的增长,对家庭和子女的依赖会越来越强,于是老人更愿意和下代们聚居在一个屋檐,享受儿孙满堂的天伦之乐。”[8]家庭养老对构建小康家庭和促进社会和谐有着十分重要的意义。

(三)以社会养老保险为辅助,充分发挥社会保险的积极作用

随着中国城乡一体化进程的不断加快,城乡居民养老保险应极早与城镇职工养老保险政策并轨,实现一个管理统一的养老保险体系,并作为一种辅助性方式来弥补传统养老模式之不足,充分发挥其积极作用。

以农村非城镇户籍的居民为保险对象和按照个人缴费、集体补助、政府补贴相结合

方式的新型农村社会养老保险制度。不仅有效地解除了广大参保农民的后顾之忧,而且成为缩小乃至消除城乡差别、加快城乡一体化的有效途径,有助于改变城乡二元结构和逐步实现基本公共服务均等化,实现了城乡居民在社会养老制度上的平等。建立农村养老保险制度,有利于化解欠发达地区农村经济上的困境,它能够集中有限的财力为老年人提供更好的基础设施和基本服务,有利于化解欠发达地区农村中的各种矛盾和减轻子女的经济负担与养老压力。在相当程度上有利于缓解政府的养老负担,从而提高了农村老年人养老保障水平。还将有利于推进中国特色社会主义新农村养老保障的建设,社会保险是欠发达地区农村养老模式未来的一个发展方向。

(四)以邻里互助和社会关怀为补充,树立新农村文明共济新风尚

助人为乐是中华民族的优良传统美德,在欠发达地区农村仍然保留着互帮互助的邻里关系,并潜移默化地形成了一种传统的乡风村俗。鼓励年轻人尽可能地去帮助村里需要帮助的老年人,如陪老年人聊天、下棋等。在注重培训专职专业的工作人员时,也应该注重对低龄老年人的再次"开发"与"利用",基于身体力行、自愿服务的原则,低龄老年人可以为高龄老年人提供力所能及的服务,待到低龄老年人变成高龄老年人时,新增的低龄老年人又为他们提供服务,形成一种邻里老年人互帮互助内部化服务的良性循环模式,它在地缘上占有比较优势。最终形成邻里互相帮助、互相尊重与互相信任的和谐氛围,为教育年轻人树立"养老、敬老、爱老、助老"和"人人为我,我为人人"的农村文明共济新风尚。

社会关怀是指以人为本,体现人文关怀的更应倾向于弱者和弱势群体社会性的关怀照顾,老年人则是社会群体中特殊的弱势群体,更需要人们的关心和社会的关怀。扩大志愿者服务队伍,充分发挥社会组织的作用。社会组织包括正式的与非正式的社会组织,尤其是公益组织,如慈善机构、志愿者等,通过组织各种老年活动和组织大、中、小学学生以及社会志愿者下乡与老年人互动,让老年人走出家门,丰富欠发达地区农村老年人生活,实现老有所乐。

【参考文献】

[1] 杨守宝."刘易斯拐点"对农村养老保障带来的机遇与挑战[J].湖北经济学院学报(人文社会科学版),2009(4).
[2] 廖煜娟.老年人就业志愿与就业行为研究[J].贵州大学学报(社科版),2013(1):122.
[3] 洪业应.浅析我国农村养老存在的问题及策略[J].中国证券期货,2009(12):71.
[4] 傕庆五.转型期西部农村养老模式的优化组合[J].西南民族大学学报(人文社会科学版),2012(2):109.
[5] 符华平,顾海.我国农村最低生活保障制度的现状、问题及对策[J].南京社会科学,2009(1):101.
[6] 刘飞燕.积极推广"居家养老"新型社会养老模式[J].现代经济研究,2007(8):49.
[7] 张雅.关于社区居家养老的文献综述[J].财经政法咨询,2010(5):61.
[8] 谢海路.我国农村现行的几种养老模式分析[J].中国集体经济,2010(5):(上).
[9] 罗喜江.广西农村家庭养老模式分析[J].创新,2013(1).

● 试析中国环境下的礼物馈赠与文化规则

——读阎云翔《礼物的流动》有感

周 梅

（贵州大学 人文学院，贵州 贵阳 550025）

【摘 要】在《礼物的流动——一个中国村庄中的互惠原则与社会网络》里，阎云翔记述了半个世纪以来，黑龙江下岬村的老百姓通过循环往复的随礼与互惠而建立起来的以面子、人情、关系为基础的社会结构、礼俗文化和文化人格。同时，针对下岬村的礼物馈赠现象异于现有人类学的互惠模式，阎云翔指出中国的礼物馈赠是一种人情表达方式，存在着一种人情的伦理模式，即单向馈赠。

【关键词】礼物馈赠；互惠原则；人情伦理；等级秩序

从法国现代人类学的奠基人之一马歇尔·莫斯开始，人类学家们已经对礼物做出了诸多研究，但在阎云翔先生写作《礼物的流动》时，礼物研究在中国研究领域内尚未被作为一个独立的主题来分析，也未与其他社会中的馈赠制度相比较。

阎云翔以人类学特有视角到黑龙江省下岬村进行田野调查，完成了一个中国村庄的礼物交换体系和人际关系模式的民族志报告。作者围绕三个论题展开：中国礼物交换的特征及其对人类学中有关礼物之持续探讨的意义；中国文化中关系和人际行为之道德规则（人情）的复杂性；礼物经济与更大范围内社会变迁之间的关系。通过描述社会实践中礼物交换的互惠原则、社会网络的培育，以及社会关系的实践运作图式，再同其他学者有关礼物研究的理论经验的验证与对比、质疑，作者分析总结得出其中的规律性，为我们提供了一条理解和诠释既定社会中不同文化规则及社会关系的新路径。

一、礼物流动的功能特性

礼物以不同形式出现在生活中的各种场合，婚礼上、生日宴会上等，其意义也各异。当然，"'物'之所以称为'礼物'就在于其'流动性'，在流动中赋予物以社会生命。物的社会生命就是指礼物在流动中所遵循的社会规范和文化及结成的社会关系"。

礼物交换有其特殊意义，阎教授在书中归纳出以下三种功能：一是经济功能：农业社

作者简介：周梅（1987— ），女，贵州兴义人，贵州大学中国少数民族经济专业研究生。研究方向：民族经济与社会文化。

会中的彼此互相扶助,某些劳动环节需要提高效率以赶天时,这需要关系网络来支持。另外私人融资也需要关系网。二是社会功能:在灾荒时期,关系网络给生活危机提供了缓冲和社会援助,是一种社会保障与社会支持功能。个人遇到特殊情况时,关系网络可提供社会援助。关系网络在红白喜事时候对主家的精神支持,特别是在葬礼上,是一种社会互助功能。三是政治功能:在中国传统绝对权力的背景下,一个关系网络可以缓解上层权力对下层的直接损伤,这是一个很重要的自我保护手段。

二、互惠原则与人际关系网络

"人是一切社会关系的总和",马克思道出了人具有社会属性这一道理,也就是说人们不得不按照社会关系的约束来活动。在中国文化与社会中,人们的各种社会交换活动都受"礼尚往来"的原则所支配,也就是人类学意义上马林诺夫斯基所提出的互惠原则。通过礼物的流动,人们传达对彼此的感情,建立长期的人际关系网络。

在下岬村,作者对礼物交换的系统研究包括了日常生活中有关礼物馈赠的所有类型的社会活动,把中国的礼物交换视为一种总体性的社会制度,对与礼物交换有关的习俗进行了经验性考察,并以此来检验已有的理论和概念。村民们也依据这样的原则来维护自己的人际关系网络,确切地说是保证自己不被排斥与孤立。他们将这种礼物流动称为"随礼",也被认为是一种表达"人情"的反映。作者在调查中发现,下岬村的"随礼"行为已成为村民们日常生活中一个不可缺少的组成部分,且他们的礼物支出已占到收入的10% ~20%。尽管"随礼"已成为他们中大多数人的经济负担,但是几乎所有的人仍然在可能随礼的场合送出了适当的礼物。而且"人们送礼的种类和数量与血亲和姻亲关系密切相关,以主人为中心,关系越近,礼物的分量越重"[1],这种行为所隐藏的是人际关系的维护,即作者所说的"义务性的送礼受礼为村民提供了一种培养、维持和扩展其关系网络的基本方式"。这种情况,在中国绝大多数地区较为普遍。

那么,到底是什么力量驱使人们参与礼物交换呢?它又是通过什么渠道或方式这么代代传承呢?书中,作者提到"一个人如果落下拒绝随礼义务的名声,他就会失信于全村,并且由于没有关系网络而受到孤立"。在他看来,迫使村民们参与礼物经济并培育关系网络的原因归结为道德上的约束,是社会压力和道德力量的驱使。作者也多次指出:"礼物交换创造、维持并强化了社会关系结构。"他认为通过义务性的礼物馈赠培养、维持、扩展着个人的社会关系网络,"礼物交换构成了一个道义经济的体系,在那里,道德原则常常超过了经济考虑",换句话说,也就是积累个人的"社会资本"。

社会资本,可以用来解释这种看不见摸不着却有着极大能量的源头,这种资本既可以从父辈继承,也可以由自己建构、积累和扩展。我觉得它之所以在人们的思想中沉淀下来,完全是因为它已经成为一种被广大社会民众所认同的社会制度,有着自身运行的制度化逻辑规则,人们从中可以获得实际上的利益。

---

[1] 余舒.彝族丧礼的礼物馈赠研究——以威宁县浆子林村为例[J].贵州大学学报(社会科学版),2013(6).

三、互惠原则与单向馈赠

在《论礼物》中，莫斯论述了物在人与人之间的流动中所带有的“灵力”对于物自身的超越，也恰是在这个“灵力”的超越中，人与物互相融通，人与人之间的交流，也与这一融通密切相关，社会等级秩序也得到了诠释。马林诺夫斯基提出一切权利和义务都“被置于互惠性服务的均衡链中”，并通过互惠原则来解释地方的经济交易体系，认为礼物交换过程呈现一种互惠性的关系。礼物的流动总是受一定的社会规范和馈赠规则所支配，一般情况下，就如下岬村那样以互惠原则与他人往来，这也是社会交换的基本原则。

然而，阎云翔深入考察了中国农村社会，发现大部分的礼物交换关系都是通过实现互惠来维持的，但由于中国社会中独特的“人情伦理”的存在，礼物的流动并不总是遵循互惠原则，仅有互惠原则事实上并不能涵盖一般性的礼物理论，中国的礼物馈赠是一种人情表达方式，存在着一种人情的伦理模式。针对下岬村的礼物馈赠现象异于现有人类学的互惠模式，作者提出了另一个论题——单向馈赠，也就是工具性礼物。这种形式在当今社会依然普遍存在，人们通过有目的性的送礼来保护自己的利益，而且这种送礼一般是“单向”送礼，也叫“非均衡互惠”。长期以来，这种方式深化了地位不平等程度，再之，社会地位的明显不平等也是这种现象存在的主要原因之一。因为地位身份的差异，才使地位低的人企图通过向地位高的人“送礼”来建立一种可以保护自己利益的人际关系。

礼物交换的不均衡存在许多种原因，但家庭发展的周期和社会地位等级这两个因素应该是起主导作用的。在第一个因素中，新婚夫妇操办仪式的机会不多、老夫妇须偿还家庭发展早期所欠的礼债、单身汉和没有孩子的夫妇有关自己的仪式不多，这些人都处于单向送礼者的位置。而另一个因素如农民与干部之间，农民为了自己的利益不得不向干部随礼，而干部“不回礼无所谓”。在干部与干部之间存在着纵横两方面，横向方面存在同级干部之间的礼物交换，不过频繁的职位升降则有单项的流动；纵向方面，村干部或乡干部向更高级别的上级送礼，这涉及利益性的往来，也可以说是工具性的随礼，不过还有比较隐蔽和少见的等级化随礼，在与城里的亲戚交换礼物时，村民们都被看做低人一等，在送礼活动中，他们总是失多得少。这些都是非均衡的礼物交换。

作者认为，下岬村的礼物交换在实践过程中并不存在一个固化结构（如互惠原则、平衡性原则），它在实践中是不平衡的，礼物呈现出不对称流动，而这种不对称性在等级社会关系背景中尤为明显：礼物沿着社会地位阶梯向上单向流动，而收礼者却保持对赠礼者的优势地位，这样，礼物的单方面馈赠使得权力渗透进关系和实践之中。所以说，在下岬村不仅存在这种异于互惠模式的单向馈赠，而且，还存在着一种等级化的社会网络，而在等级情境下，礼物是沿着社会地位的阶梯单向赠送的，收礼比送礼更被视为声望的标志，这是与互惠原则相冲突的。

四、礼物流动与文化规则

作为一种社会现象，礼物馈赠见于世界各地。然而，通过作者经验性考察了中国村庄社会生活,进而分析礼物交换的模式、规则及其映射出的社会关系网络的运行方式,让我们更深刻地明白了中国文化在礼物世界中的位置和它所采取的形式依据文化母体的不同而各异。

同时,我们更加要清醒地认识到,中国人的礼物交换极具复杂性,说明我们不能简单地像经典人类学家那样,将礼物归结为一个简单的“理想类型”,而应当看到礼物交换虽然通常带有马林诺夫斯基所提出的那种“互惠”特质,却也包含着实利交换的一面。中国村庄的礼物馈赠所处的社会空间和社会结构是由流动的、个体中心的社会网络而非凝固的社会制度支撑的,这种馈赠在维持再生产及改造人际关系方面扮演着重要的角色。人们在越来越频繁的礼物交换活动中不断扩张了私人关系网络,这才是人们礼物交换的真正目的。

中国社会是以私人伦理关系为本位的社会,他们根据具体情境来对自己提出不同的道德要求,因而在处理人际关系时,也有着极大的变通空间。“每个文化都提供一种机制,这个机制能将由均衡与不均衡间相互制约而产生的社会禁止限制在一个界限之内。”在人情伦理社会中,礼物往来在村民交际中扮演着重要角色。本着“有来有去”,也即“礼尚往来”的朴素观念,人们把礼物馈赠看做是人情表达的主要方式,通过礼物交换传递感情,维持并巩固着既有的亲属关系和其他社会关系。村民中的礼物往来,以双向流动为常态,即以对称性模式在相互间流动,然而在某种情况下,礼物馈赠又呈单向流动,上述现象的存在,昭示着礼物馈赠背后的人情伦理和互惠原则。阎教授还提到,在中国的人情伦理体系中有理性计算(指经济上的直接盈亏计算)、道德义务、情感联系三个架构性维度,构成了人在维护关系网络时所考量的三个支点。其中:道德义务和情感联系可以看做是长效机制,用来维护群体利益不受损害,情感联系则在于加强彼此认同感和归属感。以上两者可以直接保护群体中的成员一致对待危机和灾难。而理性计算在保证个体在短期内不至于在经济上出现不平衡导致危机。通过阎教授的描述,我们看到,传统的礼物馈赠是以社会义务为基础进行物品和劳务交换的,这在马林诺夫斯基看来即是一个互惠系统,同时阎教授又强调不能将人情作为一种可资利用的资源,一种理性计算的工具,提出应重视礼物交换的道德和情感的层面与社会文化意义。

当然,关系是一个以工具性和个人操纵性为特征的过程,它本身具有贬义。但在中国这个人情社会的大背景下。培养关系又是非常重要的,其中随礼就是一个很重要的方式。这本书中细致入微地观察与叙述了一些基本的礼物交换规则,可以让我们懂得中国,确切地说应该是村庄的礼物交换体系和人际关系,理解既定社会中不同文化规则及社会关系:一方面,礼物流动,应该被视为一种礼仪,是维护及改造人际关系的有力方式。向长辈送礼是一种孝敬与尊重,向上级送礼是培养和上级的良好关系,向朋友送礼是联系感情与问候。另一方面,个人要通过礼物交换实践学会如何去和不同类型的人打交道,由此来扩大自己的社会网络。

五、启示

阎教授从社会文化人类学的角度利用民族志田野调查的研究方法来再现和探讨社会生活及其背后的象征体系、社会制度等。其使用的一手资料是从田野调查得来的数据与文献。诸如，访谈所得的口述资料、礼单、礼账、婚礼开销账单等。而二手资料则以下岬村听来的一些送礼轶事趣闻、国外的英文文献与港、台出版的中文论著等文本资料。

阎教授能对下岬村的礼物流动与交换的背景、内容、形式做了大量细致而深度的描述，是得益于他长时间对下岬村的田野调查。除此之外，阎教授也对不同的赠礼者和受礼者在对待“礼物”时的不同的心态作了翔实的描写，这都是值得我们学习的。做民族志仅限于对文本叙述是不足的，还应该对各种文本包括文字、口述、耳闻等资讯进行整理与归纳，这些初步归纳出来的结果都应当结合一些理论，才能在一定的问题之下做出说明，而建构出自己的论述。阎教授不仅精于文本的归纳，同时也善于理论的运用与构建。在这本著作中，现象的综合描述和理论的对话这两条脉络贯穿于研究之始末。

这是作者根据自己的博士论文改写的民族志，极具“小题大做”的魅力，书中的人物、送礼活动，仿佛就实实在在地发生在我们身边，看似日常生活中理所应当的规则，似乎人们只是无意识地追逐着，殊不知作者却将我们引向了一种关注个体的研究，挖掘出礼物流动过程及流动中的礼物所隐藏的“潜规则”——中国文化规则与礼物馈赠的关系，带领我们探讨该用什么样的态度去对待生活中发生在我们身边类似的事情。所以，对我们而言，最大的启示就是“事事留心皆学问”。

【参考文献】

[1] 阎云翔. 礼物的流动：一个中国村庄中的互惠原则与社会网络[M]. 上海：上海人民出版社，2000.

[2] 布迪厄. 实践感[M]. 蒋梓骅，译. 南京：译林出版社，2003.

[3] 杨涛，吴国清. 物的社会生命：人情伦理与等级秩序——兼论《礼物的流动》[J]. 南京理工大学学报，2008(2).

[4] 王铭铭. 物的社会生命——莫斯《论礼物》的解释力与局限性[J]. 社会学研究，2006(4).

[5] 余舒. 彝族丧礼的礼物馈赠研究——以威宁县浆子林村为例[J]. 贵州大学学报(社会科学版)，2013(6).

● 城市少数民族流动人口社会适应研究综述

常　岚
（贵州师范大学　历史与政治学院　贵州　贵阳　550001）

【摘　要】随着我国社会经济的不断发展和改革开放的不断深入，人口的地域流动、族际流动日益频繁，规模日益扩大，其中也包括少数民族流动人口离开农村地区到城市务工经商寻找发展机会。少数民族流动人口来到城市后，由于与流出地不同的社会人文环境，必然要面临城市的社会适应问题，这也引起了学者们的关注，从不同角度、运用不同学科方法对该问题进行了研究，本文就此做一简单综述。

【关键词】少数民族流动人口；社会适应；研究综述

少数民族流动人口不仅仅是城乡流动的反映，还是跨民族交往的反映，因此，少数民族流动人口不仅仅具有一般流动人口的特征，还具有特殊的民族特性。“对一个国家或地区来说，合理定位少数民族人口发展战略，分析少数民族人口现状特点与变动问题，使少数民族人口政策科学有效地运作，从而促进民族人口和谐、均衡、协调和可持续发展，有着重要的意义与价值。”[40]学者们从不同学科、不同视角对城市少数民族流动人口社会适应的内涵及特点、现状、影响因素、对策等进行了深入的调查和研究。

一、关于少数民族流动人口社会适应内涵及特点的研究

不同学科对于少数民族流动人口社会适应的概念有不同的界定，民族学和社会学对于适应的界定更倾向于文化适应和群体行为，心理学对于适应的界定则更倾向于个体行为。马旭对于少数民族流动人口社会适应的定义则综合了民族学、社会学、心理学，从个体和文化两个层面阐述了城市适应的内涵，他指出从个体的层面来看，适应是指个人为与环境取得和谐的关系而产生的心理和行为的变化，它是个体与各种环境因素连续而不断改变的相互作用过程；从文化层面来看，适应是文化变通的一种形式，也就是通过调整或变通自己的文化来与另一种文化保持一致或减少冲突。而他对少数民族流动人口城市适应的理解则主要侧重于对文化环境的适应而非对自然环境的适应。[1]高翔等的论断

作者简介：常岚（1985— ），女，甘肃酒泉人，贵州师范大学历史与政治学院副教授，博士。研究方向：人口社会学、民族社会学。

与马旭基本一致，即强调对环境的适应，认为城市适应是指社会人群进入城市后，不断地在工作、生活、社会交往和心理上做出调适，从而顺应自身所处的生存环境的过程。高艳华对少数民族流动人口城市适应的界定是少数民族从各方面寻求与城市文明最大限度的整合，以求得较好的生存和发展空间的过程。[3]曾结珍认为，文化适应是指人类个体或群体在面对特定的自然环境和人文环境的压力时，为了谋取自身的生存和发展，从物质维度、制度维度、社会维度和精神维度四个方面去适应新的文化。[4]汤夺先则指出城市适应是双向的，不仅是少数民族流动人口对城市文化的适应，也包括城市居民对少数民族流动人口文化的适应。[5]陈云认为少数民族流动人口的城市适应主要是指少数民族流动人口跨越地域和文化心理的障碍融入城市生活的过程。同时对少数民族流动人口城市适应的特点进行了总结：经济目的性的流动对外来少数民族生活水平的提高起到了积极的作用，少数民族流动人口的生活水平比其原出地有一定程度的改善，但与普通城市居民相比，他们仍处于物质与精神相对贫困状态；在外来民族明显处于劣势的现代大都市中，力量不同的外来民族采取了不同的城市适应方式；回族作为最大的外来少数民族族群，依托族群关系网络，发展起了以民族特色餐饮业为主导的民族经济；以回族为主体的穆斯林依托清真寺，以宗教信仰为纽带，建立起穆斯林内部的关系，固守本民族的文化传统和宗教信仰；有限的民族冲突主要表现为外来少数民族族群与城市管理者、窗口服务者之间的矛盾，而不是各民族普通民众之间的矛盾，更不是民族与民族之间的矛盾。[6]

二、关于少数民族流动人口社会适应指标及状况的研究

少数民族进入城市以后，面临新的陌生的社会环境与文化环境，其经济生活、社会交往、生活方式等都与流出地有很大差别，因此，他们要面临流入—适应—融入（融合）的过程，因此当前学者们不仅对少数民族流动人口的社会适应进行了研究，对其进一步的社会融入和融合也给予了高度关注，从不同角度构建了一系列指标体系，并对其社会适应与融入现状进行了分析。

许多学者从经济、社会、心理等方面对少数民族流动人口的社会适应及融入状况进行了研究。李伟梁认为少数民族流动人口的城市适应分为经济适应、社会适应和文化心理适应三个层面，这三个层面的适应同时发生，但也呈现出一种依次递进的关系，首先是经济适应，然后是社会适应，最后是文化心理适应。[7]他在另外一篇文章中也从经济、社会、心理三个方面对少数民族流动人口的城市融入进行了阐述。[8]窦开龙也从经济层面、社会层面、心理层面对西北少数民族流动人口大都市适应性问题进行了实地调查研究，认为少数民族流动人口在体制上处于边缘地位，难以分享都市体制内资源；难以适应融合都市社会生活；文化心理上，游离于现代都市工业文明和传统农牧业文明之间，陷入都市不适应困境。[9]马旭认为少数民族流动人口基本的适应问题包括生活层面、经济层面和心理层面的适应，他进一步将少数民族流动人口与城市之间的冲突分为偏见或歧视性文化冲突、民族性文化冲突、经济性文化冲突、规范性文化冲突四种类型。[1]刘毅也认为我国城市少数民族流动人口社会融入状况包括经济适应层面、社会适应层面和心理适应层面几层含义。[10]李林凤指出城市少数民族流动人口社会融合的过程应该是这样一个过程：融合过程中的主体是少数民族流动人口，但不仅限于少数民族流动人口，还包括政府

和居民,因此应从经济融入、社会融入、政治融入、文化融入、市民社会与少数民族流动人口之间相互接纳、认同的程度五个方面来考量少数民族流动人口的社会融合。[11]

一些研究者则在社会、经济、心理层面适应的基础上加入了文化适应及其他层面的适应。如张红从经济层面、文化层面、社会生活层面和心理层面四个层面对朝鲜族在烟台市的适应与发展情况进行了考察。[12]高向东等采用经济适应、社会接纳、文化认同、心理归属四个维度的方差贡献率为权重,按 100 分为标准分进行转换,认为来沪少数民族流动人口城市适应程度已达到中等以上水平,并且适应的各维度差异性较大,以文化认同维度最高,心理归属维度最低。[13]宋相奎基于民族特性这一视角,对在城市社会空间结构转型影响下兰州市少数民族流动人口在城市适应的环境、经济、社会和文化心理四个层面的适应水平进行了定量化的评判和分析。[14]高翔,宋相奎从城市环境适应、经济适应、社会适应及文化心理适应对银川市新生代少数民族流动人口城市适应进行了系统探讨。[15]李健从初始感受、语言沟通、居住环境、生活习惯、工作状况、婚姻恋爱、社会交往和归属感八个方面来进行考察、调研城市流动少数民族的适应现状,认为城市流动少数民族的文化适应问题主要在工作状态和归属感这两个方面。[16]汤夺先,张莉曼则借鉴学术界已有的理论模式从文化差异、自我感受、城市体制等视角对少数民族流动人口心理问题出现原因进行解析,认为通过构建少数民族流动人口的心理调适机制来消减心理问题进而实现少数民族流动人口的心理适应。[17]马振林,汪永臻等以甘肃兰州为例对西北地区少数民族城市流动人口的社会融入和经济融入进行了研究。[18],[19]汪永臻从就业类别、就业途径、经济收入、城市居住、城市消费五个方面对西北少数民族流动人口的城市经济融入进行了研究。[20]西北少数民族流动人口城市融入研究课题组以兰州市为例,从少数民族城市流动人口的语言文化、心理感受和自我认同等方面对西北少数民族城市流动人口的文化融入程度进行了论述。[21]任霞从经济适合、社会接纳、文化认可和心理归属四个维度建立大城市外来少数民族人口社会融合评价指标体系,并对融合状况进行了全面细致的分析,进而评价了目前上海市外来少数民族社会融合程度。[22]

一些研究者则从物质层面、精神层面、制度层面对少数民族流动人口的适应问题进行研究。陈晓毅,马建钊运用"文化适应三层面分析模式"对城市外来少数民族在物质层面、制度层面和精神层面的适应状况进行了分析,并总结出这些适应现象所呈现的一些特点和趋势。[23]曾结珍认为少数民族农民工在文化适应上具有三种基本情况:即物质层面的自然选择性,制度层面的社会制度选择,精神层面的狭隘化。[4]何明,袁娥也从物质、制度和精神层面对佤族流动人口的城市适应状况进行了描述分析。[24]陶斯文认为西南民族地区城市化进程中流动人口文化适应存在问题表现在三个维度即物质维度、制度维度、精神维度上的不适应。具体来说,物质维度的文化不适应主要表现在对居住、饮食、就业等方面;而在制度维度的文化不适应是指流动人口由原本文化制度向民族地区城市文化制度转移过程中和其自身进行的文化调适过程,比如权益保障、生活规律、生活节奏等;而精神维度的文化不适应主要表现在精神生活、宗教信仰、风俗习惯等方面。[25]

张继焦(2004)在其著作中从城市迁移者刚进城时的感受、经济生活、生活方式、语言使用、社会交往、恋爱婚姻六个方面,系统地展示了少数民族城市适应的总体状况,探讨了乡土文化与城市文化的差异,以及由此产生的城市文化适应问题,并且比较分析了具有不同文化背景的少数民族(蒙古族、朝鲜族、藏族和傣族)在城市文化中适应的特点,以及它们之间的共同点和差异。进而概括出了迁移者在城市适应的一般过程:第一阶段,文化震撼或抗拒;第二阶段,文化学习或模仿;第三阶段,文化吸收或整合。[26]

还有一些学者对少数民族流动人口的社会支持、社会网络等问题进行了研究[27],[28],[29],[30],[31],[32],[33],其中对少数民族流动人口的适应和融入问题的研究也具有一定的借鉴意义。

三、关于少数民族流动人口社会适应影响因素的研究

影响少数民族流动人口社会适应的因素是多方面的,他们在城市的适应程度以及在适应中所产生的问题也是由诸多因素共同作用的,研究者们从不同层面对这些因素进行了分析。

李伟梁认为影响少数民族流动人口城市生存和适应的主要有三大因素:户籍制度;民族因素,包括民族身份、民族心理、民族风俗、民族文化价值观等;少数民族流动人口的自身因素。[7]王艳的结论基本与李伟梁一致。[34]李伟梁在后期的研究中进一步论述了少数民族流动人口城市融入的制约因素,一方面是所遭受的社会排斥,认为这种社会排斥实际上是一种社会拒入,包括主观拒入和客观拒入两个方面,前者如社会歧视,后者如户籍壁垒、社会保障缺失等。另一方面还受到一定程度的自我限制,这种自我限制本质上就是一种自我拒入。包括职业上的自我限制、社会交往上的自我限制、宗教文化上的自我限制,以及心理层面上的自我限制。[8]高向东等通过对民族因素与制度因素的比较,认为在城市适应的影响因素中,民族因素已不是最主要的影响因素,制度因素对少数民族流动人口城市适应影响最为显著。[13]李健认为城市流动少数民族文化适应问题的出现是多方面因素作用的结果。其中,城市户籍制度、文化观念冲突和自身能力素质是影响较大的三个主要因素。虽然阻碍城市流动少数民族文化适应的最根本、最重要因素是城市户籍制度,但是自身能力素质是城市流动少数民族个体能否适应城市文化的直接原因和关键因素。城市流动少数民族由于文化观念冲突导致的深层次的不适依然存在,文化观念冲突是影响城市流动少数民族文化适应的深层次、持久性因素。[16]

李林凤借鉴西方学者的人力资本归因论、社会资本归因论与制度归因论这三种归因理论,认为影响少数民族流动人口社会融合的因素主要有三个方面:个人层面、流入地社区和社会层面、制度和政策层面,这三个层面的因素在发挥影响作用的时候往往是相互交织的。[11]窦开龙认为少数民族流动人口城市适应性困境的原因有表层原因和深层原因,其中表层原因包括媒体导向的片面、语言的差异、城市居民和汉族流动人口的歧视与排斥;深层原因包括“城乡二元体制”下的一系列制度排斥、少数民族流动人口人力资本限制、文化因素。[9]刘毅认为制约城市少数民族流动人口社会融入的原因是错综复杂的,制度障碍、观念障碍和社会障碍是主要因素。[10]任霞认为影响外来少数民族人口社会融合障碍因素包括法律保障、经济保障、社会保障等各项保障因素的不足及个人条件因素的限制。[22]黎明泽认为社会认同“内卷化”已经成为阻碍少数民族流动人口融入沿海城市的重要因素。而少数民族流动人口社会认同“内卷化”的形成,主要是由于居住区间“孤岛化”、社会交往“内卷化”、就业形态“单一化”,以及情感支持“族内化”不断强化的

结果。[35]

马旭认为影响少数民族流动人口城市适应的主要变量有文化或行为的适应(语言、宗教信仰、风俗习惯)、就业方面的适应、社会资本规模、社会交往范围、偏见与歧视行为的消除、权益保障、对城市管理法规的适应、归属感 8 个变量,彼此之间既存在着密切的联系而相互影响,又可以彼此分开而呈现不同步的现象,呈现多种组合的形态。这 8 个变量中,前 4 个变量主要与少数民族流动人口自身有关,第 5、6、7 这 3 个变量主要与城市社会有关,最后一个变量则是在它们共同影响下产生的心理感受。从这一变量体系可以看出,少数民族流动人口城市适应,是一个涉及少数民族流动者与城市社会双方的问题。少数民族要适应城市社会,城市社会也要适应少数民族,这个过程其实是一个双向的适应过程,只有双方共同努力,才能达到和谐共处的状态。[1] 曾结珍以“少数民族农民工是否适应城市文化”为因变量,以人力资本、社会资本、本民族文化界限、城市环境因素和主观因素为自变量,通过回归分析,得出:人力资本、本民族文化界限是决定少数民族农民工文化适应的基本变量;社会资本、宗教信仰、主观因素中的发展性因素对少数民族农民工文化适应有显著影响;饮食因素与城市生活满意度有显著的正面影响。而城市文化界限、年龄、交通、婚姻状况、经济性和环境性外出动机、气候、服饰、住房、风俗等对少数民族农民工没有显著影响。[4] 王振卯通过定量化的模型对少数民族流动人口融入城市的主要影响变量进行分析和研究发现,影响少数民族流动人口社会融入的因素是多元的,可以概括为四个方面的九种因素:受教育程度、性别、流入时间及配偶情况是个体影响因素;信息来源和政府服务是信息沟通因素;对本地宗教的看法、来源地区是历史文化因素;从事行业是经济因素。其中收入水平、宗教信仰、民族类别等因素的影响在模型中均不显著,显著的影响因素除了性别、文化水平和配偶情况之外,还包括少数民族流动人口的信息来源和地方政府是否提供有针对性的服务;历史文化方面,对流入地宗教的看法及流出地地域等文化和历史造成的因素影响显著;经济方面,收入高低的影响并不显著,但对流动人口所从事的行业影响较为显著。[36]

四、关于少数民族流动人口社会适应策略与方式的研究

少数民族流动人口进入城市这一陌生的环境,要生存进而适应融入这个社会环境,总会扬长避短地运用一些能促进自己适应城市生活的方式方法,这也就是他们对城市社会适应的策略。少数民族流动人口在城市适应的不同阶段采用不同的适应策略,不同的少数民族采用的策略也有所不同,并且使用的适应策略不同,直接导致少数民族流动人口对城市适应的程度不同。张继焦认为少数民族流动人口到城市后,其“城市适应模式”中的三个最为主要的策略为关系网络及其适应策略、民族性特征及其适应策略和文化差异性及其适应策略。而且发现,在就业或者是创业的不同阶段,迁移者将依据自身的适应能力,使用不同的适应策略。[26] 马旭认为少数民族进城谋生,既存在先天的不足,也存在先天的优势,因此,基于扬长避短生活策略的考虑,民族特色餐饮、民族特色表演等就成为少数民族流动人口所从事的主要行业,这即是少数民族流动人口强化民族特征的生存策略。他还归纳了少数民族流动人口的三种不同的适应模式:融入型适应模式、嵌入型适应模式和游移型适应模式。而且发现,少数民族流动人口在城市中归属感的强弱,

与不同的适应模式呈明显的对应关系,采用融入型适应模式的少数民族流动者,在城市中的归属感最强,其次是嵌入型,最弱的是游移型。[1]曾结珍将较发达地区的少数民族农民工城市文化适应划分为三个模式,即共存、边缘化与游离。游离是少数民族文化适应的初级阶段,共存是少数民族农民工城市文化适应的最现实模式,边缘化是整合的结果。[4]

社会关系网络是一种重要的和基本的资本,个人具有的复杂的社会关系形成一种社会网络,是一种社会资本,它们在少数民族流动人口的城市适应中发挥了重要的作用,是少数民族流动人口城市适应的一个重要的策略,因此,对关系网络的研究有助于我们更好地考察少数民族流动人口的城市适应过程。马旭认为关系网络是少数民族流动人口的重要适应策略,社会关系网络在不同少数民族中表现出不同的特点,不同民族的关系网络是有差异的,并且同一民族的不同职业的关系网络也是有差异的,他从关系网络的结构和关系网络的连接两个方面,对回族、维吾尔族、藏族等7个民族的关系网络进行了比较,还对维吾尔族和土家族的不同职业的关系网络进行了比较。另外,少数民族流动人口与都市人社会网相比较,少数民族流动人口的社会网络更多地保留了乡村社会网的特点,但又或多或少地出现了一些与都市社会网接近的特征。一部分少数民族成员在关系网络中扮演了更为重要的角色,有着不同寻常的意义,成为网络枢纽人物,是适应的佼佼者。另外,他对少数民族流动人口城市适应中的"强关系"与"弱关系"也进行了分析,认为如果说"强关系的强度"主要体现在少数民族进城之初的适应阶段,那么,"弱关系的强度"就主要体现在城市立足之后的独立适应阶段。[1]张继焦则对少数民族流动人口的关系网络进行了总结分类,认为少数民族的关系网络包括:以家庭为中心的亲缘关系:最基础的关系网络和社会资本;地缘和业缘关系:常用的关系网络和社会资本;新的业缘和朋友关系:弱关系网及其社会资本。其中,家庭关系的网络强度最强,家族亲缘关系较强,地缘和业缘关系有强有弱,新的业缘和朋友关系较弱。他进一步从迁移就业发展阶段的维度,分析了关系网络的组合及其运用。认为城市中的自发性迁移就业的发展,大致可以分为三个阶段,在不同的迁移就业阶段,人们所运用的社会关系网络是不一样的。[26]

五、关于促进少数民族流动人口社会适应的对策与建议的研究

少数民族流动人口对城市的社会生活所表现出的不适应问题主要是由两方面原因造成的,一是少数民族流动人口自身的因素,即内部原因;二是制度因素、民族因素、文化因素、社会因素等外部原因,因此,要促进少数民族流动人口更好地适应城市社会生活并融入其中,就要从这两大方面入手。刘毅提出要大力发展教育事业,提高城市少数民族流动人口的综合素质;积极促进社区文化建设;加强系统的社会保障制度建设;加强社会管理与社会服务。[10]李健认为当前及今后一段时期,应该创造条件积极引导少数民族流动人口与城市社会相适应,努力创新管理服务体系,强化对少数民族流动人口的服务与管理,保障少数民族的特殊生活方式,给其适应城市生活营造良好的外部环境。[16]李林凤认为城市少数民族流动人口社会融合的过程需要政府、社会,以及少数民族流动人口三方面积极参与、共同努力,推动其社会融合进程的途径也应从这三个层面来构建:一是提

升少数民族流动人口个人人力资本:第一,提高个人文化素质与技能,即提高个人受教育程度;第二,提高个人心理素质与适应能力。二是提升少数民族流动人口的社会资本、以社区为平台构建支持网络。三是制度和政策层面的调整与重构。[11]窦开龙认为首先要营造关怀少数民族流动人口的社会环境;其次要改变二元分割体制,为消除少数民族流动人口都市适应性问题创造良好的制度与体制环境;最后要提高少数民族流动人口人力资本素质。[9]

一些研究者则从宏观层面、管理者的角度对少数民族流动人口城市适应提出了建议。黎明泽认为社会认同是少数民族流动人口融入城市的基本前提,建构有助于少数民族流动人口融入沿海城市的社会认同,需要从以下三方面着力推进:一是改善社会舆论文化环境,建立新型和谐民族关系;二是完善城市少数民族群体的利益均衡与协调机制;三是拓展城市少数民族流动人口社会支持网络,积累社会资本。[35]曾结珍也从城市管理者方面给出了建议:加强对少数民族农民工的文化教育,增加和扩大少数民族农民工的社会参与度,尊重和推广少数民族文化,给予制度上的尊重,切实保障少数民族农民工的权益。[4]西北少数民族流动人口城市融入研究课题组以兰州市为例,在西北少数民族城市流动人口的文化融入程度调研分析的基础上,提出团结接纳少数民族城市流动人口的有关建议:积极宣传我国的民族政策,树立正确的民族观;充分发挥城市社区的功能与作用;充分发挥城市民族社团的凝聚作用。[21]陈云认为要发展西部少数民族地区、发展城市少数民族社区、发展城市少数民族精英,另外在城市民族工作还应当在具体工作方法上落实“五个加强”:加强宣传,引导舆论;加强与相关城市管理部门和窗口部门的横向沟通与联系;加强城市管理人员的素质教育、市民教育;加强对城市少数民族流动人口的法律援助和经济扶持;加强民族文化娱乐活动。[6]李伟梁认为应该大力构筑以融合为中心的社会政策体系,但不能对少数民族“一味”地实行保护政策,否则会形成“隔离”这种事与愿违的结果。为此,应该重点做出以下努力:第一,改革城乡户籍制度,加强民族工作立法;第二,建立社会保障制度,解决生活就业困难;第三,加强社会公共服务,提高社会参与程度;第四,加强民族平等宣传,促进民族交流团结。[8]高艳华认为要实现少数民族与城市的双向适应,必然需要有制度化的支持网络,包括法律和政策上的支持、城市民族工作支持、社区支持网络,以及族际关系网络支持。[3]李林凤提出了构建少数民族流动人口社区支持的策略:包括个人网络、义工支持邻里助人网络和社区赋权等支持策略。[30]马振林等认为应该充分发挥三方面的作用:充分发挥城市社区的功能与作用;充分发挥城市民族社团的凝聚作用;充分发挥少数民族代表人士的桥梁作用。[18]宋相奎分别从城市社会空间转型和民族特性两个视角,为少数民族流动人口更好地进行城市适应和融入提出了调控策略。[14]

少数民族流动人口适应城市社会生活并融入城市,不仅要求少数民族流动人口调整自己去适应城市,而且城市应主动接纳、适应少数民族流动人口,即少数民族流动人口与城市必须双向适应。双向适应不仅是少数民族发展的要求,而且是城市自身发展的要求,双向适应的观念在实践中具有重要意义。[1]李筱文,盘小梅探讨了少数民族传统文化与都市文明双向调制的三种途径,提出帮助少数民族文化与城市文明相互协调的三种方式:在都市中建立亲情、友情;在观念中力求和谐一致;在事业上立志有所建树。帮助少数民族流动人口与城市文化协调的方式有：在城市少数民族中成立联谊会，在城市少数民族中大力宣传各种法规条例，引导少数民族遵纪守法，加强法制观念，合法经营，大力宣扬少数民族优秀传统文化。[37] 此外，罗木生[38]、莫祖喜[39] 都提出要促进双向适应，这是城市民族工作的目标，并提出了具体的对策和措施。

六、研究评述

目前学术界对少数民族流动人口城市适应问题已经给予了高度重视，并从不同角度进行了研究探索，但是就目前的研究现状来说，还有继续深入具体拓展的空间。

首先，从研究深度来说，目前学界对少数民族流动人口社会适应的研究还不够深入、系统，研究要么停留在理论分析层面，要么侧重于现象表述层面，缺乏系统深入的调查研究，且理论联系实际不足。大部分的研究成果都是从宏观上对整个社会或大区域的少数民族流动人口社会适应进行总结和归纳，而从微观层面对其社会适应程度的具体描述和评价分析相对缺乏，且实证的个案研究不足。少数民族流动人口社会适应研究，要把理论研究与实证研究有机地结合起来。

其次，从学科方法来说，从单一学科方法进行研究的较多，而从民族学、人类学、人口学、社会学、文化学等多学科进行综合、交叉研究的成果相对较少。少数民族流动人口进入城市以后，面对新的社会生活环境，其原有的生活方式、思维方式、文化等都发生了变化，这就涉及其经济、社会、文化、心理等方面的问题，单一学科的研究方法不能满足其研究需要，因此，在少数民族流动人口社会适应的研究过程中，必须重视学科的交叉综合研究。

最后，从研究内容来说，对单一民族的城市适应研究较多，缺乏不同民族的比较研究。不同的民族到城市后，其除了具有一般的社会适应特点外，必然会呈现不同于其他民族的特点，其不同特征表现在哪里，如何表现出来，这些问题都要通过对不同民族的比较研究来解答，因此，要加强对不同民族的比较研究。

【参考文献】

[1] 马旭. 少数民族流动人口城市适应研究——以武汉市为例[D]. 北京：中央民族大学，2007.

[2] 高翔，鱼腾飞，宋相奎，等. 结构变迁理论视角下的流动穆斯林城市适应的障碍性因素分析——以兰州市回族、东乡族为例[J]. 西北人口，2011(4).

[3] 高艳华. 在沪新疆少数民族的城市适应问题及其社会支持路径选择——普陀寺若干个案研究[D]. 上海：华东师范大学，2008.

[4] 曾结珍. 少数民族农民工的城市文化适应研究[D]. 武汉：华中科技大学，2008.

[5] 汤夺先. 少数民族流动人口的心理问题及其调适[J]. 贵州民族研究，2010(3).

[6] 陈云. 城市与少数民族流动人口：适应与管理——以武汉市为例[J]. 黑龙江民族丛刊，2006(4).

[7] 李伟梁. 少数民族流动人口的城市生存与适应——以武汉市的调研为例[J]. 内蒙古社会科学(汉文版)，2006(5).

[8] 李伟梁. 论少数民族流动人口的城市融入[J]. 黑龙江民族丛刊，2010(2).

[9] 窦开龙.西北少数民族流动人口大都市困境适应的人类学分析——来自甘肃的实证调查[J].西北第二民族学院学报(哲学社会科学版),2007(4).
[10] 刘毅.城市少数民族流动人口社会融入与社会管理创新[J].中央社会主义学院学报,2011(5).
[11] 李林凤.从"候鸟"到"留鸟"——论城市少数民族流动人口的社会融合[J].贵州民族研究,2011(1).
[12] 张红.少数民族人口在城市的适应与发展研究——以烟台市朝鲜族为例[D].北京:中央民族大学,2011.
[13] 高向东,余运江,黄祖宏.少数民族流动人口城市适应研究——基于民族因素与制度因素比较[J].中南民族大学学报(人文社会科学版),2012(2).
[14] 宋相奎.城市社会空间结构转型下的少数民族流动人口城市适应研究——以兰州市为例[D].兰州:兰州大学,2012.
[15] 高翔,宋相奎.银川市新生代少数民族流动人口城市适应研究[J].中南民族大学学报(人文社会科学版),2011(6).
[16] 李健.城市流动少数民族文化适应问题研究——以北京市海淀区为例[D].北京:中央民族大学,2011.
[17] 汤夺先,张莉曼.少数民族流动人口的心理问题及其调适[J].贵州民族研究,2010(3).
[18] 马振林,汪永臻,马亮.西北地区少数民族城市流动人口社会融入研究——以甘肃兰州市的调研为例[J].经济研究导刊,2011(9).
[19] 马振林,汪永臻.西北少数民族流动人口城市经济融入研究——以甘肃兰州市的调研为例[J].中国城市经济,2011(8).
[20] 汪永臻.西北少数民族流动人口城市经济融入研究——以甘肃省兰州市为视阈[J].青海民族大学学报(社会科学版),2012(2).
[21] 西北少数民族流动人口城市融入研究课题组.西北少数民族流动人口城市文化融入研究[J].新西部(下旬·理论版),2011(8).
[22] 任霞.大城市外来少数民族人口的社会融合研究——以上海市为例[D].上海:华东师范大学,2009.
[23] 陈晓毅,马建钊.珠江三角洲城市外来少数民族的流动与适应[A].陈晓毅,马建钊.中国少数民族的移动与适应:基于广东的研究[C].北京:民族出版社,2007:67-97.
[24] 何明,袁娥.佤族流动人口的文化适应研究——以云南省西盟县大马散村为例[J].西南民族大学学报(人文社科版),2009(12).
[25] 陶斯文.嵌入与融合:民族地区城市化进程中流动人口融入与文化适应[J].特区经济,2012(5).
[26] 张继焦.城市的适应——迁移者的就业与创业[M].北京:商务印书馆,2004:193-279.
[27] 朱宏伟,杨云云.广东少数民族流动人口社会支持研究[J].广西民族研究,2011(3).
[28] 杨云云.社会资本视阈下的广州市少数民族流动人口社会支持研究[D].广州:广东技术师范学院,2012.
[29] 李伟梁,陈云.城市少数民族流动人口的社会支持——以武汉市的调研为例[J].中南民族大学学报(人文社会科学版),2006(3).
[30] 李林凤.城市少数民族流动人口的社区支持[J].青海民族研究,2006(3).
[31] 付珍栋.少数民族流动人口社会支持网络研究[D].昆明:云南大学,2011.
[32] 马冬梅,谢一帆.少数民族进城务工人员社会网络及其影响因素——以广西桂林市为例[J].黑龙江民族丛刊,2008(4).
[33] 凌锐.影响城市少数民族流动人口社会网络的因素分析[J].怀化学院学报,2008(6).

[34] 王艳.少数民族离土就业者的城市适应研究——基于武汉市餐饮业外来少数民族务工者的调查[D].武汉:华中科技大学,2008.
[35] 黎明泽.浅论城市融入过程中的社会认同"内卷化"——以沿海城市少数民族流动人口为例[J].广州社会主义学院学报,2010(4).
[36] 王振卯.少数民族流动人口社会融入影响因素研究——对江苏省的实证分析[J].内蒙古社会科学(汉文版),2010(5).
[37] 李筱文,盘小梅.少数民族文化与都市文明之双向调适——以广州、深圳为例[A].陈晓毅,马建钊.中国少数民族的移动与适应——基于广东的研究[C].北京:民族出版社,2007:169-175.
[38] 罗木生.关于珠江三角洲城市民族工作的调研报告[A].陈晓毅,马建钊.中国少数民族的移动与适应——基于广东的研究[C].北京:民族出版社,2007:34-40.
[39] 莫祖喜.包容共济促进城市民族工作双向适应[C].陈晓毅,马建钊.中国少数民族的移动与适应——基于广东的研究[C].北京:民族出版社,2007:45-48.
[40] 杨军昌.贵州省少数民族人口变动特点、未来趋向与发展路径[J].贵州大学学报(社会科学版),2013(2).

● 新生代农民工相关问题的研究述评*

李致江

(贵州师范大学　历史与政治学院,贵州　贵阳　550001)

【摘　要】随着第一代农民工逐渐退出历史舞台,新生代农民工已经成为农村外出务工的主力军。这一群体所带来的相关问题也日益成为学界热议与研究的焦点,目前,相关理论研究主要集中在其自身特征、生存状况、市民化、权益保障等几大方面。本文将在对以上几方面综述的基础上,提出自己的一点愚见。

【关键词】新生代农民工;生存状况;市民化;权益保障

新生代农民工是指出生于20世纪八九十年代,20世纪90年代末或21世纪初开始进城打工、经商的农村人口,包括从小在农村长大的进城务工青年劳动人口和"第一代农民工"夫妇在城市生育的达到就业年龄的在城务工的青年劳动人口两类群体。据中央农村工作领导小组办公室副主任唐仁健表示,新生代农民工占到目前农民工外出打工的1.5亿人中60%,大约有1亿人。新生代农民工已经成为劳动力市场上的主要力量,这一群体所反映出来的生存状况、权益保障、子女教育、融入城市等问题已经引起了学界、政府、社会的广泛关注。这些问题能否得到重视并给予妥善解决,直接关系到我国工业化、城市化进程的顺利推进,以及和谐社会与中国梦的实现。目前,学界对新生代农民工相关问题的研究主要集中在以下几方面。

一、国外研究

"在计划经济时期,国家为了集合全部力量推进城市的工业化进程,最大限度地从农村地区吸取资源支援城市发展,实行严格的户籍制度管理,造成了城乡二元结构。"❶农民工作为我国现有"城乡二元结构"下特有的产物,国外对这一群体的研究并不多见。究其

---

*基金项目:教育部2013年人文社会科学研究一般项目"新生代农民工婚姻挤压问题研究——基于社会排斥理论的视阈"[项目编号:13YJC840022]阶段性研究成果之一。

作者简介:李致江(1985—　),男,贵州师范大学历史与政治学院讲师。研究方向:社会政策与社会问题。

❶ 李传兵.农民主体意识与农村公共文化服务体系构建[J].贵州大学学报(社会科学版),2014(4).

原因主要是西方国家的工业化和城镇化是同步完成的,农民在进城务工的同时实现了自身的市民化,从而同步助推了城镇化的发展。国外的研究较为著名的有拉文斯坦(E. G. Savenstein)等人的"推—拉"理论:该理论认为从农村向城镇的劳动力迁移可能是因为城镇有利的经济发展所形成的"拉力"造成的,也可能是因为农村不利的经济发展而形成的"推力"所形成的,解决"农村—城市"经济结构失衡与城市就业问题的办法是,要减少"城市—农村"就业机会的不平等,重视农村自身的发展。帕克(L. E. Paker)的"社会同化"理论认为移民一般要经历定居、适应和同化三个阶段。这些理论主要基于经济学的的研究视角开展研究和论述的。

二、国内研究

(一)新生代农民工自身特征

新生代农民工的年龄特征方面,有学者指出,20 世纪 80 年代期间第一次外出务工的农村流动人口称为第一代农民工;而将 90 年代及以后外出务工的农村流动人口称为第二代农民工,也就是我们所讲的"新生代农民工"。有学者通过调查发现新生代农民工的平均年龄仅为 22.99 岁,大部分新生代农民工的年龄介于 18 ~25 岁。

新生代农民工的性别构成特征,有学者提出,打工潮刚开始涌现初期,外出务工的绝大部分为男性,女性比例较小;近年来,随着越来越多的女性也开始加入外出务工的大军中,女性比例迅速上升。国家统计局中国农民工调查监测报告显示,2011 年,中国农民工中男性的比例占 65.9% ,女性农民工的比例占 34.1% ,农民工群体的男女性别比为 193。

新生代农民工的教育程度方面,有学者指出,第二代农民工接受教育的程度明显高于第一代农民工。通过相关的数据显示,92.15% 的新生代农民工都具有初中及以上的文化程度。

新生代农民工的婚姻状况方面,有学者认为,新生代农民工大部分没有结婚,而第一代农民工大部分则为已婚者。有调查显示,新生代农民工绝大多数都还未婚,占到 70.7% 。对于目前处在婚恋期的新生代农民工群体来说,能找到自己合适的终身伴侣实在不易,他们所面临的婚姻困境会对这一群体本身,乃至中国的经济、社会发展带来不利影响。

(二)新生代农民工的生活状况

新生代农民工的职业状况,有专家调查显示,第二代农民工所从事的工作主要集中在服务性行业,包括保洁、销售、酒店等,占 67.5% ,技术性岗位占 24% 。每天的工作时间为 8.9 个小时。相较于他们的父辈,他们不愿意再从事建筑、开矿等"脏、累、险"的职业。而希望从事轻松且发展前景较好的销售、管理等职业,并力图希望成为白领。

工资收入方面,国家统计局中国农民工调查监测报告显示,2011 年,我国农民工的月均工资收入每月为 2049 元。但国家统计局公布的《城市农民工生活质量调查报告》显示,被克扣和拖欠过报酬的农民工占被调查总数的两成。

居住条件方面,相对于第一代农民工主要居住的"工棚、工地"等恶劣环境,有调查显示,新生代农民工中有37.1%是"单位免费提供宿舍",有31.1%选择"在外租住房",居住条件明显提高。但是依然存在着集体宿舍拥挤、卫生环境差等问题,在外租住主要集中在一些城乡接合部的农村或城中村,社会治安问题较为突出。

消费结构方面,有学者指出,新生代农民工的消费支出中,"食品支出"约占总支出的49.7%,其次为"住房支出",占20%~30%,剩余的"衣服支出""交通支出""娱乐支出"等相对较少,还不足10%。依照恩格尔系数的衡量标准,说明这一群体刚解决温饱问题,还没能实现小康。

(三)新生代农民工的市民化

新生代农民工市民化意愿方面,有专家指出,新生代农民工的市民化意愿和意识相较第一代农民工更高,市民化的可能性也更强。据调查,新生代农民工倾向于市民化的占该群体的63.6%,他们希望转变为市民的主要原因在于城镇居民收入高、生活条件好、精神文化生活丰富,子女可以享受城市较好的教育资源等。

新生代农民工市民化能力方面,他们的受教育水平明显高于他们的父辈,此外,他们也越来越意识到技能的重要性,并开始重视和接受各种技能和就业培训,渴望获得谋生的一技之长。在社会支持网络方面,他们也擅长发挥自己的社交能力,通过与亲友、老乡、同事、朋友等的交往来获得必要的社会资源和社会支持,从而提高自己融入城市的能力。

新生代农民工与城市居民关系方面,有学者认为大量农民工涌入城市打工,给流入地的城市交通、物质供应、社会治安等带来大量问题,引起了城市居民的不满情绪和怨言。调查显示,城市居民当中有18.1%的居民认为农民工进城是件坏事,有48.8%的城市居民认为农民工进城好坏参半,仅有29.2%的城市居民认为农民工进城是件好事。在问到市民对"农民工进城"持否定性评价的主要原因时,有48.8%的城市居民认为农民工进城导致了城市违法犯罪的增加。认为农民工不讲卫生、挤占了城里人的公共资源、抢走了城里人的饭碗也是反对农民工进城的原因。农民工群体中有33.8%的认为城里人大多数瞧不起农民工,有47.7%的农民工认为少数城里人瞧不起农民工。这些数据说明当前农民工融入城市过程中,农民工群体与城市居民之间存在隔阂、关系不融洽、互相不认同等阻碍农民工市民化的心理因素。

(四)新生代农民工权益保障方面

全国总工会调研组指出新生代农民工权益保障存在以下问题:签订就业劳动合同的比例低,劳动用工行为不规范;克扣和拖欠新生代农民工工资问题仍旧存在,获得劳动报酬的权利频繁受到侵害;劳动环境安全卫生条件较差,身体健康和生命安全得不到保障;针对农民工的社会救助空有其名,各种社会保险权也难以落实;政治民主权利和人身权利得不到有效的保障;城市公共服务没有覆盖到新生代农民工群体。

新生代农民工权益得不到保障的主要原因在于:城乡分割的二元经济社会结构是该群体权益受害的体制原因;认识偏差,以及新的城市管理服务体系尚未完善,是农民工权益受害的社会原因;劳动力过剩、城乡劳动力市场不统一、法律的缺失和处罚力度不强,是农民工权益受害的直接原因;缺乏组织层面的保障,是该群体权益受害的关键原因;自身素质较低,是该群体权益受害的内在原因。

保障新生代农民工权益的建议方面:要在全社会建立有利于保障该群体权益的良好氛围,完善涉及农民工权益保障的法律、法规,提高农民工群体的政治地位;加强劳动就业合同的管理和监督,规范企业的劳动用工制度,千方百计地解决拖欠和克扣农民工工资问题,改善农民工劳动环境的安全卫生条件,减少工伤事故和职业病的危害;积极探索尽快建立符合农民工群体特点的社会保险体系,把该群体纳入城市的公共服务体系中来,加强对他们的职业技能培训和丰富其业余精神文化生活,为他们提供法律服务和法律援助;大力支持工会组织在维护农民工合法权益时的重要作用。

(五)新生代农民工犯罪问题

有学者通过调查得出新生代农民工犯罪的主要原因有以下几方面:成长环境失利,家庭经济负担较重,一些人中途被迫辍学;家庭教育缺失,由于第一代农民工文化程度较低、甚至有很多还是文盲,工作强度大,所以没有很好地和子女进行交流和教育,导致家庭教育缺失,妨碍了子女的健康成长,导致了子女人格扭曲和不良品行,最终走向了犯罪;心理失衡,城乡居民收入差距过大、贫富悬殊是导致新生代农民工社会心理失衡的主要原因。此外,社会地位不平等、社会职位低下是引发新生代农民工社会心理失衡的根本原因。

新生代农民工犯罪的主体要素呈现出低年龄、低素质、低学历等倾向。新生代农民工的犯罪行为呈现出时间性、团伙性、侵财性、暴力性、流动性、性犯罪等特征。

针对新生代农民工犯罪频发的问题,有专家认为,应该完善新生代农民工的教育体制,在对这一群体进行技能培训的同时把素质教育贯彻其中,让他们在掌握技术的同时,提高自身的思想素质;不断增加新生代农民工的收入水平,严格执行最低工资标准,保障好他们的工资按时足额的发放;改革相关制度,尽快建立并推行户籍制度改革,使新生代农民工的身份和职位能够相匹配,尽快融入城市。此外,应尽快适时地推进新生代农民工社会保障体系建设,争取工伤保险、失业保险、养老保险与医疗保险能够切实保障他们的基本权利;加强组织建设,鼓励新生代农民工加入各种社会组织和社会团体,如工会、老乡会等,从而取得更好的组织认同和保护。

三、小结

综观已有的研究成果,虽然新生代农民工问题已经引起了一定程度上的学术关注,但是仍存在以下不足:一是在研究对象上,笼统研究农民工的居多,而单独研究新生代农民工的居少;二是在研究方法上,局限于定性研究方法的居多,而将定量研究方法运用于其中的居少;三是在理论关照方面,大多数研究缺少理论关照,研究多停留在现实层面,缺少理论深度。

最后,在研究内容上,研究新生代农民工自身特征、市民化、权益保障、犯罪问题的较多,而忽视了新生代农民工的婚姻需求。新生代农民工正处于人生恋爱、结婚的关键时期,但由于受收入、身份、住房、权益保障等因素的影响,他们当中的一部分人在恋爱、婚姻方面处于绝对的劣势,甚至不能够如愿以偿地进入婚姻生活,这无疑会对新生代农民工产生不利的影响,容易诱发各种犯罪问题的滋生。因此,将对新生代农民工群体的恋爱、婚姻生活置于社会排斥理论视阈下展开全方位的研究,探讨影响其婚配行为的深层次原因,最终为解决新生代农民工的婚姻问题提出对策乃是理论界亟待开拓、实践部门热切呼唤的一个全新学术领域。

【参考文献】

[1] 李培林.农民工——中国进城农民工的经济社会分析[M].北京:社会科学文献出版社,2003.
[2] 李强.农民工与中国社会分层[M].北京:社会科学文献出版社,2012.
[3] 谢建设.新生代农民工融入城镇问题研究[M].北京:人民出版社,2011.
[4] 国务院研究室课题组.中国农民工调研报告[M].北京:中国言实出版社,2006.
[5] 刘传江,程建林,董延芳.中国第二代农民研究[M].济南:山东人民出版社,2009.
[6] 周芳苓.农民工:城镇化进程中的边缘群体[M].贵阳:贵州大学出版社,2012.
[7] 王春光.新生代农民工城市融入进程及问题的社会学分析[J].青年探索,2010(3).
[8] 张志胜.新生代农民工劳动权益保障研究[J].求实,2007(1).
[9] 李传兵.农民主体意识与农村公共文化服务体系构建[J].贵州大学学报(社会科学版),2014(4).

法学研究

● 苗族习惯对生态环境保护的影响*

余贵忠　翟星晨

（贵州大学　法学院，贵州　贵阳　550025）

【摘　要】苗族是一个拥有悠久历史的古老民族，因其生存发展与周围环境息息相关，充分意识到保护生态环境的重要性，并在长期生产和生活实践的基础上，逐渐积淀形成了一系列有关森林资源、水资源、动物资源和农业生产环境保护的观念和习惯，并千百年来持续不断地对苗族地区的生态环境予以保护，使该地原有的生态环境得以延续，为苗族地区的生态环境保护做出了重要贡献，也对我国的生态环境保护产生了积极影响。在今后的生态环境保护中应拓展环境保护的视野、创新环境保护的方式以及树立人与自然和谐发展的理念。

【关键词】苗族；习惯；生态环境保护

苗族是一个拥有悠久历史的古老民族，并且是人数较多的少数民族之一，根据2012年的人口普查结果显示，苗族总人口为942.7万人，主要分布在贵州和湖南湘西地区，其余分散在云南、广西、广东、四川、重庆等省、区。苗族在漫长的迁徙、融合、碰撞、传承发展过程中，逐渐形成了自己独具特色的生产方式和生活习惯。且由于历史的原因，苗族多生活在边远地区，其生存很大程度上依赖于周围生态环境，而生活的艰辛并没有使他们放弃心中的信仰，他们坚信万物有灵，崇拜自然，主张人与自然和谐共处。基于这种理念并在长期生产和生活实践的基础上，逐渐积淀形成了一系列有关环境保护的观念和习惯，并千百年来持续不断地对苗族地区的生态环境予以保护，使该地原有的生态环境得以延续，为苗族地区的生态环境保护做出了重要贡献，也对我国的生态环境保护产生了积极影响。因此，深入挖掘这些蕴藏在苗族社会有关环境保护的习惯，并研究其对于环境保护的贡献及影响，对于我们今后更好地保护苗族地区的生态环境、加快苗族地区的经济社会发展以及对于我国当前的环境保护都有着重要的意义。

---

*基金项目：贵州大学2013年校级专项项目（ZX2013003）。

作者简介：余贵忠（1964—　），男，贵州黄平人，贵州大学法学院教授，法学博士。研究方向：诉讼法学、环境法学；翟星晨（1982—　），男，安徽宿州人，贵州大学法学院法律硕士专业学位研究生。

一、习惯的含义

作为有着悠久历史的苗族习惯,在苗族地区有着重要影响,并发挥着重要作用。特别是在生态环境保护、婚姻家庭,以及财产继承等领域,习惯不可或缺,起到了维系社会秩序的作用。虽然,自民国以来在民族地区取消了关于民族隔离的特别法。但是,国家法并没有取得独断地位,一般的民间纠纷主要是依靠习惯法处理。❶ 就是在当今社会,在苗族地区有时习惯调整社会关系的深度和全面性甚至强于国家法。在那里,习惯就是他们固有的法律。正如法国启蒙运动时期著名思想家卢梭所说的,人类社会除了根本法、公民法和刑事法之外,还存在着第四种法,这种法"而且是一切法中最重要的一种;这种法律既不是铭刻在大理石上,也不是铭刻在铜表上,而是铭刻在公民的内心里,它形成了国家的真正宪法,它每天都在获得新的力量,当其他的法律衰老或消亡的时候,它可以复活那些法律或代替那些法律,它可以保持一个民族的创造精神,而且可以不知不觉地以习惯的力量代替权威的力量。我说的就是风尚、习俗,而尤其是舆论……其实这些规章都只不过是穹隆顶上的拱梁,而唯有慢慢诞生的风俗才最后构成那个穹隆顶上不可动摇的拱心石。"❷充分说明了习惯对于一个民族一个社会的重要影响。

在历史上习惯曾是所有国家重要的甚至是唯一的法的渊源,虽然目前世界上大多数国家都不再把习惯作为主要的法的渊源❸,但是习惯仍在一些民族发挥着不可替代的作用。然而对于什么是习惯,以及如何对习惯进行定义,学界众说纷纭,尚未统一。《牛津法律大辞典》将习惯定义为:"在大多数发达的社会中,一般的或广为流行的习惯一直经常是法律的重要的历史渊源,因为一般习惯性做法已经得到如此公认,以致通过司法上的接受、采纳并在其后适用于其他案件而已经成为习惯法,或者已经在立法中得到采用或认可。在现代法律中,习惯是指在特定区域被长期公认并已经获得法律效力的专门规则,它不同于该领域的一般的普通法,但又不与之冲突。"❹张文显教授认为:"人们的同一行为方式经多次重复实践而逐渐为多数人认可,谓之习惯。"❺刘作翔教授认为:"习惯是指经过长期的历史积淀而形成的一种为人们自觉遵守的行为模式。"❻博登海默认为:"习惯乃是为不同阶级或各种群体所普遍遵守的行为习惯或行为模式。"❼并且他强调习惯虽然不具有法律所具有的强制力,但是对于社会成员习惯也有自己特殊的约束力形式。"当这类习惯被违反时,社会往往会通过表示不满或不快的方式来做出反应;如果某人重复不断地违反社交规范,那么他很快就会发现自己已被排斥在这个社交圈以外了。"❽

由此可见,所谓习惯,是指在特定区域经过长期实践与反复适用所形成的并为历代

---

❶ 周相卿,刘嘉宝.民国时期国家对清水江流域雷公山苗族地区的法律控制措施[J].贵州大学学报(社会科学版),2014(3).

❷ [法]卢梭.社会契约论[M].北京:商务印书馆,1980:73.

❸ 舒国滢.法理学导论[M].北京:北京大学出版社,2013:83.

❹ 戴维·M.沃克.牛津法律大辞典[M].李双元等,译.北京:法律出版社,2003:295.

❺ 张文显.法理学[M].北京:高等教育出版社、北京大学出版社,2012:58.

❻ 刘作翔.法理学[M].北京:社会科学文献出版社,2005:92-93.

❼ [美]E.博登海默.法理学——法律哲学与法律方法[M].邓正来,译.北京:中国政法大学出版社,1999:379.

❽ [美]E.博登海默.法理学——法律哲学与法律方法[M].邓正来,译.北京:中国政法大学出版社,1999:379.

社会成员内心确认和普遍自觉遵从的一种行为模式。它虽然不具有法的强制力,但依靠公众舆论的谴责、道德的惩罚、神灵的责罚等形式约束社会成员的行为使其具有不逊于法的约束力。习惯不依附于国家制定法而存在,甚至在某种意义上其具有国家制定法所不具有的效力,并且在某些方面以其生动、具体的独特形式在实际生活中弥补国家制定法由于宏观、抽象带来的不足,其原因在于习惯内生于社会而具有深厚的社会基础。鉴于习惯在社会中的重要作用,法国著名启蒙思想家卢梭曾预言:"当其他法律衰落或灭亡时,习惯法可以复活并代替那些法律,它可以保持一个民族的创新精神,而且不知不觉地以习惯的力量代替权威。"❶

二、苗族习惯对生态环境保护的贡献

根据国家林业局2014年2月25日公布的《第八次全国森林资源清查结果》,全国森林面积2.08亿公顷,森林覆盖率21.63%。❷ 但在我国一些少数民族聚居的地区,森林覆盖率远高于全国,如根据贵州林业厅公布的结果显示,贵州省森林覆盖率达48%,而苗族等少数民族居住的贵州梵净山地区的森林覆盖率达95%,并且保存着世界上同纬度保护最完好的原始森林。苗族地区悠久的民族文化和优美的自然环境,吸引着来自世界各地的人们,而苗族地区至今保存着自然环境的优美,与苗族习惯对生态环境保护的贡献是分不开的。

1. 对森林的保护

森林对于生活在山林之间的苗族重要性不言而喻,在其迁徙、融合的过程中,森林扮演着不可缺少的角色,苗族先民的生活在很长一段时间内依赖于对森林资源的采撷。后来,虽然农耕逐渐取代了渔猎采集,但对于生活在偏远地区且高度依赖森林的苗族来说,保护森林已经成为一种惯性并且已经成为其生命中的一部分。因此,苗族尤其重视对森林的保护,而苗族习惯则是森林的守护神。

(1)"榔规"对森林的保护

"议榔"是苗族在长期的社会发展进程中逐步形成的一种具有浓厚的民族特色的政治制度。经过不断的演变发展,"议榔"逐渐成为苗族的民族"立法"形式和社会组织形式。所谓议榔,就是大家共同来议定榔规之意,其最高权力机关是议榔大会,由榔头主持,每户一人参加,其任务主要讨论议榔内共同有关的大事,制定榔规榔约,选举各种执事首领。议榔在各个苗族地区的叫法不同。贵州黔东南叫"构榔"或"勾夯",也叫"构榔会议";广西叫"栽岩会议"或"埋岩会议";湖南湘西叫"合款"等。虽然各地名称不同,但性质基本相似。而通过议榔形成的榔规在苗族社会里起着法律作用,具有很强的约束力,它对人们的思想和行为规范做出了具体的规定。

议榔前,在寨老的主持下,通过民主选举出1~3名当地德高望重、为人公正、能言善辩的年长者为"榔头"(广西融水称为"头老",湘西称为"款头"或"款首"等)。这些榔头根据本村寨或本地区的实际情况,初步拟定出若干条榔规,择吉日带领民众到一个适当

---

❶ [法]卢梭. 社会契约论[M]. 北京:商务印书馆,1996:73.

❷ 国家林业局. 第八次全国森林资源清查结果. 2014-02-25.

的地点进行议榔。把起草的榔规交给参加议榔大会的民众讨论、修改和通过,最后由榔头宣布榔规,并请鬼师念诵“议榔词”,念毕,即杀牛或杀猪祭祀。然后就地栽种一株杉树或枫树或楠木树为标记;大多数地方则在议榔地点栽岩为记,故有“栽岩立法”之说。议榔所栽的树木或岩石,被人们视为“神物”,备受群众的保护,不得砍伐或损坏。议榔中所杀的牛或猪,必须将肉割成小块,以篾条穿成串,凡参加议榔的,每户一串,在吃肉的时候,将议榔内容即榔规宣布一遍,类似“布告”,为的是使家喻户晓,人人明白。议榔的内容涉及生产生活的方方面面,这些榔规一经议定,即具有法律作用,寨老、头人等自然领袖人物,一样受到约束,真正做到在榔规面前人人平等。苗族议榔是以地理关系为基础的村寨组织,其规模大小不一,这须依当时当地的情况而定。各地苗族议榔内容和形式虽有差异,但在维护当地生产、生活秩序等方面,都起到了十分积极的作用。❶

高坡苗寨历史悠久,在其内部同样存在“议榔”制,通过“议榔”制定的榔规长期以来不仅维护着氏族发展和社区安定,而且在森林资源管理和保护等方面也发挥着极其重要的作用。村民非常重视森林资源的管理,靠山吃山的理念非常深厚。这可以从他们的民俗及由其演变而来的“榔规条约”中有关的管理条款就可以看出。其“榔规条约”中明确规定:寨与寨之间的山界及违规处罚;村民只准捡干柴,不准砍生柴烧;对偷伐者进行严厉的惩罚等。如1936年制定的“榔规条约”就规定:“在古巴山”只能捡干柴或砍马桑树和小米树,其他树种不能砍,砍一捆罚大洋5块,若砍伐成材的杉树和柏树则还要重罚。尤其是风景林,断、烂在地上也没有人敢捡(据说风景林带有神化、宗教的色彩)。由于这种管理意识是靠祖辈留下来、代代相传、言传身教,已融入村民的日常生活中,已成为一种习惯。❷

(2)“禁忌”对森林的保护

苗族的“禁忌”,是指在苗族地区长期形成的,约束人们某些方面行为的禁止性规范。其主要是宗教禁忌,内容主要是禁止砍伐神林、神树、保寨树等。禁忌“是人迄今所发现的唯一的社会约束和义务的体系,它是整个社会秩序的基石”。❸ 而其中“神的禁忌是禁忌中的大忌”,族人中一旦有人违反,便被认为是对神的亵渎,神将降灾惩罚村寨。❹ 这种宗教禁忌在社会生活中比法律更有威慑力,因而,苗族许多源于禁忌尤其是宗教禁忌的习惯均能得到严格遵守。在贵州黔东南州,走进苗族村寨我们会最先看到的生长在村寨周边长势茂盛的保寨树,这些保寨树一般立在寨前或寨后的山坳上,守卫着苗寨,且岁月都比较悠久。保寨树一般以枫木为主,其次是楠木、松木和其他古木。一旦确认为保寨的树木,任何人都不能伤害,有的村寨还给保寨树修围栏,使之巍然屹立,枝繁叶茂,永葆万年,并且只要是老树、大树,都被苗族视为神灵的化身。树老,任其死亡,枯烂倒地,谁都不能采伐或伤害,否则,就要受到神灵的惩罚。此外,在苗族人的观念中:“枫树是万物的始祖。”称枫树为母亲树或祖先树,源于上古苗族先民枫树栖居的习俗。以枫树为保寨

---

❶ 岑秀文.苗族[M].北京:民族出版社,1993:33-35.

❷ 余贵忠.少数民族习惯法在森林环境保护中的作用——以贵州苗族侗族风俗习惯为例[J].贵州大学学报(社会科学版),2006(5).

❸ [德]恩斯特·卡西尔.人伦[M].上海:上海译文出版社,1985.

❹ 徐中起,张锡盛等.少数民族习惯法研究[M].昆明:云南大学出版社,1998:184.

树，寓意祖先神灵依存保佑寨上的村民健康长寿。因此，枫树是长寿之源，是祖先神灵的化身。[1] 若有人随意砍伐或亵渎枫树是不可饶恕的行为，这些禁忌习惯客观上对森林起到了保护作用。在广西融水苗族村寨也有相类似的禁忌习惯，即认为村寨里的风水林不能被人砍伐，并且家里房子对面和背面山上的林木也不能砍伐，并时常对一些古老的树木进行祭祀，这些行为习惯在客观上使得森林环境得以保存。

此外，在苗族人民的生活实践中也有一些禁忌。在他们的“议榔”和“理词”中规定“鼓山林”（苗语：Ghab Vcud Niol，音为“伽郁略”）平时不准砍伐，只有鼓社节时才能砍伐，制作新鼓和过节之用，任意砍伐“鼓山林”者，绝不轻饶。这些生活禁忌维持了苗族地区森林资源的持续发展。[2]

（3）生活习俗对森林的保护

苗族作为一个古老的民族，在生活习俗方面有许多独特之处。其中，为了适应生态环境，制定了制约人们行为规范的生态准则来实现对森林的保护。[3] 如划龙船是贵州施秉、台江两县交界地区清水江沿岸六七十个苗族寨子的节日活动。上自施秉的平秦，下到施秉的廖洞，以及流入清水江的小江河口两岸，每个苗寨都有一两只龙船，个别大的苗寨，还有三只船。划龙船的目的是祈求风调雨顺，这对于处于农耕时代的苗族来说意义重大。而龙船的制造是一件复杂而隆重的大事，对于龙船材料的选择非常严格，如果适合做龙船的树木是靠近村寨的风景树，不允许任意砍伐，如果村寨同意可以砍伐时，要先杀一只鸭敬树神，到树脚时，又需以鸭一只、鱼三条和一些酒、肉、香纸来祭树神，同时还要杀鸡看眼以定吉凶。如鸡的两眼开闭一致就是吉，可以砍伐，如两眼不一致，表示树神不同意，砍了就不利，所以只好作罢。通过这种仪式约束人们不得随意砍伐山林，客观上也有利于森林资源的保护。

苗族还有植树造林的生活习俗，对于他们来讲，植树造林是一种生存方式，具有集体性、传承性等特点，这对于营造本地区良好的生态环境具有重要的意义。如苗族谚语说：“种树就望树成材，种竹就望竹成林。”“正月栽竹，二月栽木”，“正月正，好栽粽”。广西融水苗族还总结出一套种杉的方法，并且编成山歌《种衫种竹》传唱。[4] 贵州苗族也热爱种树。雷公山苗寨儿歌《植树造林》唱道：“春天里来好时辰，我跟爷爷上山林，种下果树一棵棵，栽下松树满山林。”[5]

在贵州省黔东南苗族侗族自治州锦屏县文斗苗寨至今流传着这样的习俗：当孩子降临世间时，家人就在自家山坡上为之栽种一片杉树，并加以细心养护管理。18 年后，孩子长大成人，杉树也长大成材。这时，姑娘该出嫁了，家人便上山砍伐这些杉树卖了，用以置办嫁妆。待男儿娶亲时，家人上山砍来杉树，为他建造吊脚楼。这种杉树，被称为“女儿衫”，也叫“十八杉”。本地广为流传的民谣对此作了形象的概括：“十八杉、十八杉，姑

[1] 李国章．雷公山苗族传统文化［M］．贵阳：贵州民族出版社，2006：227.

[2] 余贵忠．贵州省少数民族地区环境保护法律问题研究［M］．贵阳：贵州大学出版社，2011：117.

[3] 曾雪飞．清水江流域苗族古歌的伦理观与社会影响［J］．贵州大学学报（社会科学版），2013（4）.

[4] 廖国强，何明，袁国友．中国少数民族生态文化研究［M］．昆明：云南人民出版社，2006：34.

[5] 融水苗族自治县概况编写组．融水苗族自治县概况［M］．南宁：广西民族出版社，1986：106.

娘生下就栽它,姑娘长到十八岁,跟随姑娘到婆家。”[1]据了解,文斗苗寨早在300年前,就已经形成了一系列保护生态环境的风俗习惯,当地村民对成材林的砍伐十分讲究,采取边砍边造的办法,有序地进行轮作,保持青山常在,至今整个村寨都掩映在参天古木之中,森林覆盖率超过90%,有“百年环保第一村”之称。湖北西部一些苗族人家也有类似礼俗:“无论谁家生了女儿,都要栽上一片杉树,女儿成人出嫁时,就砍上几株做嫁妆。人们称这种杉树叫十八女儿杉,也称女儿杉。这树人又树木的佳风良俗实堪赞美。”[2]湘西苗族有种“增岁树”的习俗:“不论谁家生了小孩,都必须种一棵树,以后每增一岁,再种一棵树,到了结婚时,这些树很多已成材,也就成了他们的财富。”[3]而在贵州黔东南苗族则有生孩子送树苗之俗:谁家生了孩子,族人纷纷送来杉树苗当“祝米”,孩子的父亲郑重收下,种于专辟的一块地中,精心管护。[4] 这种环境自觉行为使得这些地区保留了大量的杉树,形成了独特的民族风情。苗族生孩种树的习惯是在当今市场经济利益驱动下的行为,符合时代要求,对苗族地区的环境保护意义重大。

2. 对水资源的保护

《管子·水地》:“水者,何也?万物之本原也,诸生之宗室也。”水是人类的生命之源,万物之本。而如今人类赖以生存和发展的水资源却在遭受严重的污染。根据水利部官方统计:“我国当前水资源短缺情况十分突出,人均水资源量仅为世界人均水平的1/4;全国669座城市中有400座供水不足,110座严重缺水;在32个百万人口以上的特大城市中,有30个长期受缺水困扰。在46个重点城市中,45.6%水质较差,14个沿海开放城市中有9个严重缺水。北京、天津、青岛、大连等城市缺水最为严重;农村还有近3亿人口饮水不安全。”

而在苗族等少数民族聚居的贵州黔东南州至今仍保留较好的水质。根据2012年8月黔东南州市环保部门共同监测的结果显示,黔东南州县城饮用水源地水质监测达标率100%,这很大程度上归功于生活在黔东南地区的苗族等少数民族群众,在长期的生产生活中,形成了一整套具有本地区特色的水资源保护习惯,以此来保护珍贵的水资源。在苗族传统观念中,水是世界的本源,苗族民众存在深厚的水崇拜心理。在苗族的古歌、传说、“理词”和儿歌里,在苗家的村寨、地域,以及各种事物的概念之中,都离不开水的作用。苗族古歌之《开天辟地》歌中曾这样唱道:“大水滚滚流,到处有江河,人人撑着船,往来像穿梭,找吃又找穿,日子才好过。”说明了水对于苗族生产生活的重要性。

苗族地区民众为了保护饮用水资源,注意对上游水源涵养地和水环境保护并因此而形成了很多习惯禁忌,如对需要长期保护的水源林,在树上系上草标,禁止人们砍伐。广西融水县苗族村寨的水井是用石板围成的大水池,上建有井亭。水井若有异常,如泥沙变多流量变小,都需祭祀,对在井泉乱洗污物者按情节处罚。[5] 有的地方苗族民众认为井水和泉水里有神灵掌管,如果需要饮用水,一般都习惯于用茅草结上一个草标先投入井

---

[1] 陈有昇,丘焕兴. 苗岭布依的民俗与旅游中[M]. 北京:旅游教育出版社,1996:59~60.

[2] 雅瑟咪等. 中华奇风趣俗[M]. 成都:四川辞书出版社,1991:13.

[3] 丁传礼. 少数民族植树栽花习俗拾趣[J]. 森林与人类,1995(5).

[4] 贵州省民族研究所所长翁家烈先生口述。

[5] 廖国强,何明,袁国友. 中国少数民族生态文化研究[M]. 昆明:云南人民出版社,2006:77.

中和溪涧中，然后再喝，其意是事先通告神灵，求得应允。在贵州惠水县摆金镇冗章村有一口古井名“马鞍井”，苗族群众视为“神井”。每年都要以鸡、刀头肉专门进行祭祀。若遇天旱，全寨苗民就去井边祭供求雨。❶ 这些宗教信仰习惯虽然不具有科学性，但却具有实用性，使得苗族地区的水质得到良好保护，保障了生产生活需要。

3. 对动物的保护

苗族信奉万物有灵，这种观念在他们的生活中也有体现，并形成了一些生活禁忌，从而对动物起到了很好的保护作用。如在贵州黔东南施秉县一些龙姓苗族不吃鳝鱼，黔东北地区的石姓苗族不吃狗肉，黔、川边界田姓苗族不吃鸡，这些生活中的禁忌一般和他们各自的祖源有联系。还有的苗族认为猴子是吉祥物，在狩猎时禁止伤害猴子，更不许吃猴肉。苗族人认为蝴蝶是苗族的祖先，禁止对其伤害。贵州苗族地区在四月八日禁止奴役牛，因为这天是牛的生日，被称为“牛王节”。此外，苗族还禁止猎打“到家做窝的燕子”，这种做法有利于对益鸟的保护。黔东南州苗族侗族地区百姓人家房子的堂屋中几乎都有一个燕子窝，有的人家堂屋甚至有2~3个燕子窝，这些燕子窝有的是燕子自己飞进房子砌建而成，有的是房主先做好燕子窝等待燕子来住。民族村寨里燕子自由的飞来飞去，哪怕燕子把家里弄得遍地鸟粪，家人和村里的人们也不会轰打燕子，从小到大父母就告诉我们不要打到家的燕子，因为燕子到家做窝是一种吉利。所以，在世代相传的生活习俗中，猎打燕子被严格禁止。相反，如果一年到头哪家没有燕子到堂屋居住，而别人家燕子飞进飞出的话，村里人就会流传没有燕子居住的这家当年极为不顺。这样，这家就会将堂屋打扫干净，做好燕子窝等待燕子到来。这些生活习俗对益鸟的保护比《野生动物保护法》更具体生动。❷

4. 农业生产中的环境保护

苗族是最早从事农耕生活的民族之一。根据著名历史学家范文澜先生的考证，当以蚩尤为首的九黎部落联盟实现了定居的农业生产之际，以黄帝为首的华夏部落联盟仍然“过着往来不定迁徙的游牧生活”，可见当时苗族先民比其他部族还要进步得多。而苗族传说、考古发现、文献记载等已综合表明，苗族是我国南方最早种植水稻的民族之一。由于长期种植水稻，苗族人民积累了丰富的水稻生产经验。为了解决吃鱼问题，减轻虫害，使田中杂草少生，苗族还在稻田中养鱼，苗族稻田养鱼已有上千年的历史。❸ 稻田良好的生态环境为鱼的生长提供了良好的生活环境。鱼在稻田里可以吃掉威胁水稻生长的虫子，而鱼在水中的活动又可活化水稻生长环境，水稻通过吸收鱼的排泄物等天然肥料，使水质得到净化，并满足了水稻生产所需的营养。而生活在这种生态环境下的鱼肉质鲜美，更适合食用。稻田养的鱼多为鲤鱼，这和苗族的饮食和祭祀习惯相关，喜食酸汤鲤鱼，并以之款待贵宾，并且在祭祀中鲤鱼是主要祭品。

苗族有着悠久的稻作农业历史，后因战争影响被迫迁徙到一些偏远山区，为了生存

❶ 伍新富．苗族文化史[M]．成都：四川民族出版社，2000：513.

❷ 余贵忠．少数民族习惯法在森林环境保护中的作用——以贵州苗族侗族风俗习惯为例[J]．贵州大学学报（社会科学版），2006(5)

❸ 李锦平．苗族语言与文化[M]．贵阳：贵州民族出版社，2002(17).

与发展，他们在继承稻作文化传统的基础上因地制宜，在山脚下开辟出了层层梯田。并在梯田稻作农业生产过程中创建了一套独具特色的生态环境调试机制。梯田稻作农业需要大量的水，其来源主要有雨水和耕作地区的原始森林，而雨水的不稳定性不能满足稻田对水不间断的需要，这就促使苗族人民把眼光转向身边的原始森林，原始森林是天然水库，可以为梯田稻作提供固定的水源。这就使苗族人民深刻理解森林和梯田稻作之间的生态关系，并统筹规划创建出一套保护森林环境、涵养水源的方法。苗族人民把山上划为神灵居住的地区，其所在的森林尊奉为神林，设置各种禁忌禁止人们砍伐破坏，这就使得山上的原始森林得到保护，水源涵养地有了保障。此外，把村寨建在山的中间，并在寨边种植保寨树，形成水源保护的第二道屏障，而在山脚下开辟梯田，这就使水源流经村寨到达梯田，创造了人与自然和谐发展的生态环境。

三、苗族习惯对生态环境保护的影响

苗族是我国最古老的少数民族之一，也是我国人数最多的少数民族之一，其在不断的融合碰撞中逐渐形成了独具民族特色的风俗习惯，并且至今它仍然在劝导和规制社会成员观念与行为方面发挥影响。苗族习惯并没有因为国家法的普遍存在而日渐式微，原因在于这种习惯是苗族人民生活实践的凝结，它早已渗透进人们的观念之中并体现在人们的行动中。这种历经千百年所形成的习惯已经成为苗族人民一项重要的行为准则，即使在强调法治的今天，它依然在苗族地区的环境保护中发挥着不可替代的作用，并对我国当前的生态环境保护有着重要影响。

（一）拓展当前环境保护的视野

我国环境保护对国家制定法的过度依赖，而致当前的环境保护陷入困境，在这种背景下拓展环境保护的视野，寻求多元化的环境治理模式成为迫切需要。苗族作为我国一个古老的少数民族，其在迁徙、融合、碰撞中逐渐形成了独具特色的风俗习惯，在维系社会秩序、保护生态环境方面发挥着重要的影响。基于万物有灵的观念，对于自身生存其中的自然环境，以及自然万物予以敬畏、热爱和膜拜。正是在这种思想和意识的基础上，苗族人民的生产方式和生活方式具有鲜明的生态环境保护特征和意识，并且这种生态环境保护观念和意识对苗族人民产生了重要作用和影响。如苗族梯田稻作农业蕴涵的人与自然和谐发展的理念，并且这些理念还通过制度或宗教的形式来进行强化和体现，如苗族的榔规，以及受“万物有灵”生态观念的支配，产生了许多宗教禁忌，如苗族的“神林”“风水林”等，不能亵渎，更不能破坏，使得苗族地区的生态环境至今保存完好，多呈原始风貌。

苗族还有许多成文的或不成文的制度、规定和风俗习惯，在这些制度、规定和习惯中，同样包含着大量关于生态环境保护的内容。通过这些制度、规定和习惯法则，我们看到了苗族人民对生态环境和生态资源的科学保护和合理利用。在苗族习惯中有许多有关森林保护的内容，特别是对与其生存发展息息相关的保寨林、水源林、风水林等的保护更是明确而严格。在某种意义上，苗族习惯是苗族人民在一定的自然条件下创造性的适应和改造生态环境而创造出来的，能够保持苗族地区的经济、社会与生态环境之间协调发展。

基于苗族习惯对于环境保护的重要贡献，在当前的环境保护中，我们应该在借鉴吸收苗族生态环境保护合理内容的基础上，从内容和形式上实现对苗族习惯进行制度层面的转换。我国现行的法律也为这种转换留有空间，提供了依据，如我国《宪法》规定："各民族都有保持或者改革自己的风俗习惯的自由。"作为国家基本法律的《民族区域自治法》规定："民族自治地方的自治机关保障本地方各民族都有使用和发展自己的语言文字的自由，都有保持或者改革自己的风俗习惯的自由。"据此，可以适时将苗族习惯中具有普遍适用意义的环境保护规范纳入国家制定法层面，并使之与国家的有关法律、法规相衔接，以增强其权威性、规范性和可操作性，使其在当今的环境保护中发挥更大作用。这样也会使我国的环境保护在关注统一性的同时注意到各地的差异性，更有利于增加环境保护的效果，拓展当前环境保护的视野。

（二）创新生态环境保护的方式

在我国环境保护的发展历程中，尤其注意吸收和借鉴国外环境保护的经验，认为加强环境立法和政府管理是最有效的环境保护方式，为此，我国自 1979 年至今先后颁布实施了 30 余部有关环境保护的法律，并初步形成了有中国特色的社会主义环境保护法律体系，我国的环境保护机构也从最初的环境保护局壮大为今天的环境保护部。但现实是："尽管三十年来环境法治不断强化，但中国的环境质量状况总体上却在呈恶化趋势。"[1]这说明由于各国国情的差异性，环境保护的方式也需多样性，更需立足国情，防止盲目照搬国外经验，注意把目光转向在环境保护中已经取得显著成效的少数民族地区。其中，苗族习惯在生态环境保护中取得的经验值得我们借鉴学习。

我国虽然制定颁布了众多法律、法规，但民众知晓甚少。相比之下，苗族历史上无文字，直至 21 世纪初才创造出苗文，且内部不统一，但这并没有影响他们对环境保护理念的传承和传播，其主要依靠传统节日、风俗习惯、歌舞等人们喜闻乐见的方式使人们对环境保护的重要性予以认知和传承。如苗族的"苗年""四月八牛王节""龙舟节""鼓葬节"等传统节日使人们在内心深处对自然环境产生敬畏；锦屏歌谣"十八杉、十八杉，姑娘生下就栽它，姑娘长到十八岁，跟随姑娘到婆家"使植树造林保护森林的观念深入人心；苗族每 12 年举行一次祭祖活动的《锦鸡舞》，在舞蹈过程中，舞者的舞姿为模仿锦鸡的姿态和神态，反映了苗族人对自然的感激、崇拜之情，也使得苗族人民具有一种根植于内心的环境保护观念。鉴于此，我国应创新生态环境保护的方式，在生态环境保护中各级政府应因地制宜，努力寻求国家制定法与当地风俗习惯的最佳结合点，进行宣传教育，这样会使人们易于接受，并且在内心深处产生共鸣，从而自觉调整自己的行为与环境保护相契合，使环境保护收到良好的效果。

此外，苗族通过传统节日、祭祀风俗等多种方式使人们参与生态环境保护，并成为其生活习惯中的一部分，从而使苗族地区的环境保护有着深厚的社会基础。一直以来，我

---

[1] 汪劲．中国环境法治失灵的因素分析——执政因素对我国环境法治的影响［J］．上海交通大学学报（哲学社会科学版），2012（1）．

国的环境保护主要依靠政府推进,公众参与的程度不高,致使我国的环境保护缺乏推动力,以致陷入困境。因此,我们应该创新环境保护的方式充分发挥民间力量的影响,通过举办节日庆典、习俗祭祀等民众了解、接受的方式使其参与到环境保护中来,并借以提高其环境保护意识。此外,借助“家风”等形式向子女传递环境保护观念,也是保护环境的一种方式。基于当前的生态环境状况,通过公益活动宣传教育使家长深切感知对子女进行环境保护教育的重要性,使保护环境成为中国“家风”的重要组成部分,从而使环境保护成为所有公民的自觉行动。

总之,在当今我国环境保护陷入困境的情况下,应积极发掘苗族习惯在生态环境保护中的价值,创新生态环境保护的方式,改进并推动我国环境保护事业的发展。正如联合国可持续发展《21世纪议程》中所言:“少数民族(即土著居民)世代相传,发展出与其土地、自然资源和环境有关的整体传统科学知识。承认他们的价值、传统知识和资源管理方法,以促进无害环境及可持续发展。”❶

(三)树立人与自然和谐发展的理念

苗族民众大多认为自然界万物有灵,万物皆有生命,人和自然万物的生命都是祖先赋予的,地位一律平等,人应该和自然和平相处。在贵州从江岜沙苗寨,人与树的生命关联被演绎到了淋漓尽致的地步,这本身也是人与自然和谐发展理念的最好诠释。在岜沙苗寨,岜沙人一旦出生,父母立刻就会为其种下一棵树。此时,两个新的生命从此有了关联,并共同成长。直到这个人生命逝去的时刻,寨里人才把这棵树砍伐下来,取树木的中段剖成四部分,留其树皮稍作加工,便将人体装殓其中。此时,人与树融为一体,随后埋入密林丛中。最后,在掩埋的墓冢之上再种植一棵树,没有坟头和墓碑。生如一棵树,死也一棵树,生命在此生生不息。岜沙人的这种树葬习惯可以追溯到苗族先祖蝴蝶妈妈身上,在苗族古歌中蝴蝶妈妈诞生于枫香树。因此,苗族人对枫香树就有了一种崇拜和虔诚,枫香树便成为苗族人精神的依托。这里的枫香树本身就是大自然的代表,苗族人对它的情感态度也可以看做是一种自然崇拜。岜沙的树葬正是依凭苗族人这种“人生下来是一棵树,死后还是一棵树”的朴素的生命观,才使得当地的自然生态环境与人的发展达到动态平衡的和谐状态。❷

苗族习惯体现了苗族人民将环境保护观念、环境伦理、环境保全和信仰及文化融为一体,在苗族古老的历史传承中,这些习惯因为源于生活实践,反映了苗族人民的内心需求,形成一种社会观念,对于苗族地区的环境保护和生态平衡起着重要作用。如苗族等少数民族聚居的梵净山,森林覆盖率达95%,很大程度上得益于苗族等少数民族对环境的保护。这对于当今陷入困境的我国环境保护来说具有重要的借鉴意义,尤其在今天社会文化多元化,以及地区差异客观存在的情况下如何更有效地进行环境保护,建设生态文明,实现美丽中国,我们认为应该尝试从苗族对环境保护的习惯与实践中吸取营养,树

---

❶ 参见联合国可持续发展《21世纪议程》,第26章。

❷ 杨昌鑫.生态美学视阈下的原生态审美文化探微——以贵州苗侗民族原生态审美文化为例[J].贵州师范大学学报(社会科学版),2010(2).

立人与自然和谐发展的理念。

四、结束语

苗族人民千百年来,通过不断的迁徙、融合、碰撞和传承,在敬畏自然、尊重自然、热爱自然的基础上逐渐形成了独具特色的风俗习惯,并在长期的生存生活实践中树立了人与自然和谐发展的理念,从而使苗族地区的生态环境得以延续。基于苗族地区的自然地理环境及生活的习惯,至今,苗族习惯仍为该地的生态环境保护发挥作用,仍得到当地民众的内心认可和普遍遵从,这些对环境保护的习惯已经渗透到苗族人民的血液中,成为他们生活的一部分。对于当今陷入困境的环境保护来说,苗族习惯对生态环境保护的贡献,对于当前的环境保护有着重要的影响。尤其在今天建设生态文明,实现美丽中国的实践中,适度借鉴、参考各民族生态环境保护的经验,有助于我国生态环境保护的改进,有利于实现人与自然和谐发展,也会使我国的环境保护拥有坚实的社会基础。正如苏力先生所说:"社会中的习惯、道德、惯例、风俗等之所以长期存在,绝不可能仅仅是人们盲目崇拜传统的产物,而没有什么实际的社会功能。作为内生于社会的制度,它们可以说凝结了有关特定社会的环境特征、人的自然禀赋和人与人冲突及其解决的信息,是人们在反复博弈后形成的日常生活必须遵循的'定式'。如果没有这些非正式制度的支撑与配合,国家正式的制度也就缺乏坚实的基础,缺乏制度的配套。不仅谈不上真正有根基的制度化,甚至难以形成合理的、得到普遍和长期认可的正当程序。"❶

【参考文献】

[1] 余贵忠.少数民族习惯法在森林环境保护中的作用——以贵州苗族侗族风俗习惯为例[J].贵州大学学报(社会科学版),2006(5).

[2] 周相卿.黔东南雷山县三村苗族习惯法研究[J].民族研究,2005(3).

[3] 余贵忠.贵州省少数民族地区环境保护法律问题研究[M].贵阳:贵州大学出版社,2011:117.

[4] 高其才.中国习惯法论[M].长沙:湖南出版社,1995:4.

[5] 孙国华.法学基础理论[M].北京:中国人民大学出版社,1987:41.

[6] 苏力.法治及其本土资源[M].北京:中国政法大学出版社,1996:22.

[7] 陈金全.西南少数民族习惯法研究[M].北京:法律出版社,2008:162.

[8] 曾雪飞.清水江流域苗族古歌的伦理观与社会规约[J].贵州大学学报(社会科学版),2013(4).

[9] 周相卿,刘嘉宝.民国时期国家对清水江流域雷公山苗族地区的法律控制措施[J].贵州大学学报(社会科学版),2014(3).

❶ 苏力.道路通向城市——转型中国的法治[M].北京:法律出版社,2004:26.

● 略论非物质文化遗产保护中的行政许可

戴泽军

（贵州省清镇市人大常委会，贵州　清镇　551400）

【摘　要】我国的非物质文化遗产是中华民族智慧和文明的结晶，非物质文化遗产代表性项目是有限的、珍贵的公共资源，对这种资源的开发利用，国家没有完全交给市场，政府享有主要的决定权，这种决定权表现在给予开发利用者"实惠"，而非禁止或者处罚未经许可者。目前文化主管部门只认为境外组织和个人在我国境内进行非物质文化遗产调查存在行政许可，而不承认代表性传承人和保护责任单位的确定存在行政许可。笔者认为在传承人和保护责任单位的确定中存在行政许可。在承认文化主管部门依职权认定传承人和保护责任单位资格的同时，应当允许公民、法人和其他组织依申请取得这种资格。开发利用有限公共资源，应当设定市场准入，具备相应的资质，现行法律框架为传承人和保护责任单位的行政许可留有空间。正确认识和运用这种行政许可，有利于激发社会活力，调动公民、法人和其他组织的积极性和创造力，有利于增强依法保护和利用非物质文化遗产的平等性和竞争能力。行政许可是保护非物质文化遗产的一种不可或缺的机制。

【关键词】法治保障；行政许可；非物质文化遗产；传承人和保护责任单位

非物质文化遗产是任何一个国家和民族都不可或缺的，它是历史发展的见证、民族精神的载体和传统文化的象征。我国的非物质文化遗产是中华民族智慧和文明的结晶，反映了我国各族人民在长期生产生活中形成的共同心理结构、意识形态、生产生活方式、风俗习惯、价值观念等，是连接民族情感的纽带和维系国家统一的基础，更是实现中华民族伟大梦想的精神力量和动力源泉。保护和利用好我国的非物质文化遗产已成为国家意志，政府行动，我国于 2004 年 10 月加入了《联合国保护非物质文化遗产公约》，并于 2011 年 2 月颁布了《非物质文化遗产法》，我国许多地方的立法机关在此前制定了保护非物质文化遗产的地方性法规，如贵州省早在 2002 年 7 月就颁布了《贵州省民族民间文化保护条例》，2012 年 3 月又通过了《贵州省非物质文化遗产保护条例》等，为运用法治思

作者简介：戴泽军，贵州省民族文化学会副秘书长，贵州民族大学法制与民族地区发展研究中心兼职研究员，贵州省社科院法制研究中心兼职研究员。

维与方式保护我国的非物质文化遗产奠定了基础。

《非物质文化遗产法》对非物质文化遗产的内涵、外延，保存、保护，政府有关部门的职责，公民、法人和其他组织的权利义务，以及有关单位和个人的法律责任作了规定，在保护工作方面建立了非物质文化遗产代表性项目名录制度，在这个制度下又确立了代表性项目传承人制度，其目的是通过传承人开展活动达到保护的目的。《贵州省非物质文化遗产保护条例》还确立了代表性项目保护责任单位制度，拓展了对非物质文化遗产代表性项目的保护机制。非物质文化遗产内容丰富，其中不乏与当代价值取向不相应的，因此不是所有的非物质文化遗产都需要通过传承、传播等措施予以保护，有些只能采取认定、记录、建档等措施予以保存。就是需要保护的，也不是都能得以传承、传播，毕竟保护工作既涉及非物质文化遗产本身的价值，更需要投入大量人力、物力，所以代表性项目名录制度就应运而生，只能保护那些进入名录的非物质文化遗产。代表性项目就成为稀有资源，对稀有资源的开发利用不是任何人和任何单位都能胜任的，因此传承人制度和责任保护单位制度的出现就成为保护非物质文化遗产代表性项目的客观需要。现在文化主管部门只认为境外组织和个人在我国境内进行非物质文化遗产调查存在行政许可，而不承认传承人和保护责任单位的确定存在行政许可。笔者认为在传承人和保护责任单位的确定中存在行政许可，正确认识和运用非物质文化遗产代表性项目传承人和保护责任单位的行政许可，有利于激发社会活力，调动公民、法人和其他组织的积极性和创造力，有利于增强依法保护和利用非物质文化遗产的平等性和竞争能力。

一、传承人和保护责任单位的确定符合行政许可的特征

传承人和保护责任单位是与非物质文化遗产代表性项目相关的两个概念，没有后者就没有前两者。根据《非物质文化遗产法》，能够成为代表性项目非物质文化遗产的条件有两条：一是必须体现中华民族优秀传统文化；二是具有历史、文学、艺术、科学价值。这两个条件，可以同时具备，也可以是其中之一，“优秀”的判断依据往往与当下的价值取向有关，社会认知是个历史范畴，有些非物质文化遗产在当下虽不能体现中华民族优秀传统文化，但却有历史、文学、艺术、科学价值，如巫文化、周公解梦、阴阳地理等，现代科学虽不能做出解释，当下的主流价值（官方）也不认可，但有研究的科学价值，所以仍可成为代表性项目，进而进入国家或地方名录。对于非物质文化遗产，能成为代表性项目而进入名录的毕竟是有限的，对有限公共资源的开发利用必须具备相应的资质条件。

所谓行政许可，指的是行政机关根据公民、法人和其他组织的申请，经依法审查，通过颁发许可证、执照等形式，赋予或确认其从事某项活动的法律资格或法律权利的一种具体行政行为。从行政许可的性质、功能和适用条件的角度来说，可以将其划分为普通许可、特许、认可、核准、登记五类。所谓认可，指的是行政机关对公民、法人或者其他组织是否具有某种资格、资质的认定。主要适用于为公众提供服务、与公共利益直接有关，并且具有特殊信誉、特殊条件或者特殊技能的公民、法人或者其他组织的资格、资质的认定；所谓特许，是指行政机关代表国家向公民、法人和其他组织授予某种权力或者对资源进行有效配置的管理方式。主要适用于有限自然的开发利用、有限公共资源的配置、直接关系公共利益的垄断企业的市场准入。

非物质文化遗产代表性项目传承人和保护责任单位的认定实质上是行政许可，具有认可和特许特征。

(一)非物质文化遗产代表性项目是一种有限的公共资源，从事这种资源的开发利用必须具备相应的市场准入

《非物质文化遗产法》规定，只有对列入代表性项目名录的非物质文化遗产才能进行保护(政府投入)，而对没有进入名录则只能进行保存。名录分国家级和地方级两大类，地方级又分为省、市、县三级。由于非物质文化遗产的数量众多，加之选择标准的多样性，不是所有的非物质文化遗产都能成为代表性项目而进入名录，对此法律规定了严格的条件和程序，关于条件，《非物质文化遗产法》做出原则规定，进入国家级名录的条件是“体现中华民族优秀传统，具有重大历史、文学、艺术、科学价值”，进入地方级名录的条件是“体现中华优秀传统文化，具有历史、文学、艺术、科学价值”。《贵州省非物质文化遗产保护条例》对进入地方级名录的条件细化为“(一)具有突出的历史、文学、艺术、科学价值；(二)具有优秀传统文化的典型性、代表性；(三)具有地域和民族特色，在本民族区域内有较大影响力”。关于程序，综合起来有七个步骤：一是申报材料；二是专家小组初审；三是专家评审委员会审议；四是文化主管部门公示；五是对异议的处理；六是政府批准、公布；七是年检。只有具备条件并且走完审批程序的非物质文化遗产，才有资格进入名录，中华民族有五千年历史，所创造的非物质文化遗产浩如烟海，但真正能进入代表性项目名录的毕竟是少数，据统计，截至2014年7月16日，国家级非物质文化遗产共有1517项，其中298项尚在公示中，凸显非物质文化遗产代表性项目这种文化资源的有限性和珍贵性。对于有限公共资源的配置和开发利用，根据《行政许可法》，可以设置行政许可。

(二)传承人和保护责任单位是一种特殊的职业，需要具备特殊的资格

传承、传播非物质文化遗产代表性项目，目的在于为公众提供服务，让公众享受非物质文化遗产带来的愉悦，使非物质文化遗产发挥精神调剂、文化传承、社会教育、生态维护、社会伦理道德规范、经济发展促进等社会功能。社会功能的发挥取决于传承、传播的质量，与传承人和保护责任单位的能力密不可分。从事传承、传播等保护工作的职业也需要具备相应的市场准入。对此，《非物质文化遗产法》对传承人的资格和认定程序做出了规定，其资格是：“(一)熟练掌握其传承的非物质文化遗产；(二)在特定领域内具有代表性，并在一定区域内具有较大影响；(三)积极开展传承活动。”其认定程序虽没有明确，但规定参照非物质文化遗产代表性项目评审程序，要求也高，正因为如此，目前仅有1488名国家级非物质文化遗产项目代表性传承人。至于保护责任单位的条件和认定程序，《非物质文化遗产法》没有提及，《贵州省非物质文化遗产保护条例》对其条件规定为“应当具有该项目相对完整的资料，具备实施该项目保护计划的能力和开展传承、展示活动的场所及条件”，但也未涉及认定程序。

现行法律为非物质文化遗产保护的行政许可留有空间，对传承人和保护责任单位认定实施行政许可有法可依。《行政许可法》规定，设定和实施行政许可，应当依照法定的权限、范围、条件和程序。法律、行政法规、地方性法规、省、自治区、直辖市政府规章均有权设置行政许可。

根据《非物质文化遗产法》及《贵州省非物质文化遗产保护条例》，认定非物质文化

遗产代表性项目传承人和保护责任单位是县级以上人民政府文化主管部门的具体行政行为，而非市场调节行为，也不是公民、法人和其他组织能够自主决定以及行业组织或者中介机构能够自律管理的，公民、法人和其他组织有权而无须文化主管部门许可而传承、传播非物质文化遗产，包括传承和传播进入名录中的代表性项目，但要成为政府命名的传承人和保护责任单位则必须经过文化主管部门组织的评审，传承人和保护责任单位有法定的权利、利益和职责、义务（下文将论述），不是公民、法人和其他组织自行自主开展传承、传播所能比拟的。《非物质文化遗产法》对传承人的认定方式主要为依职权，但并不禁止有依申请。《贵州省非物质文化遗产保护条例》对传承人的认定，既有依职权，也有依申请；对保护责任单位的认定则明确为依职权方式，但并不禁止依申请方式，这就给通过行政许可认定传承人和保护责任单位提供了可能。公民、法人和其他组织有权申请取得传承人和保护责任单位资格，享受相应的待遇，行使权利，开展传承、传播等保护工作，文化主管部门应当依照法定条件和程序进行审查，对符合要求的应当许可。《非物质文化遗产法》及《贵州省非物质文化遗产保护条例》明确了评审传承人和保护责任单位的实施机关、条件、程序和公示期限，除文化主管部门可以职权直接认定外，还允许公民、法人和其他组织建议，允许单位和个人推荐，允许个人申请，规定了申请和推荐传承人应当提交的材料，规定了传承人和保护责任单位的权利、利益和职责、义务，规定了法律责任，这些都与《行政许可法》的要求相一致，获取非物质文化遗产代表性项目传承人和保护责任单位资格，完全可以通过行政许可来实现，也就是说对非物质文化遗产代表性项目传承人和保护责任单位的认定存在行政许可。

二、对传承人和保护责任单位实施行政许可的意义

行政许可是行政管理中不可或缺的管理手段，随着市场机制的日益完善，市场配置资源的作用越来越大，行政管理的功能就会相应减弱，行政许可的范围也会逐步缩小，《行政许可法》的出台为规范行政许可，减少行政许可，保障被许可人的权益，实行依法行政，贯彻公开、公平、公正原则具有里程碑式的意义。一方面可以为减少行政许可提供尚方宝剑；另一方面可以为通过行政许可取得的权利提供法律保障。非物质文化遗产代表性项目是有限的、珍贵的公共资源，对这种资源的开发利用，国家没有完全交给市场，政府享有主要的决定权，这种决定权表现在给予开发利用者利益，而非禁止或者处罚未经许可者。在依职权认定传承人和保护责任单位制度的同时，引入行政许可机制，有利于更好地传承和传播非物质文化遗产代表性项目。

（1）可以激发社会活力。非物质文化遗产是富矿，对代表性项目的保护，法律赋予传承人和保护责任单位有许多“实惠”，《非物质文化遗产法》直接赋予传承人的权利有：①荣誉权。通过文化主管部门认定，获得传承人称号，从而得到精神享受；②传承场所使用权。文化主管有责任为传承人提供传承场所；③经费保障权。文化主管部门有责任给传承人提供必要的经费资助其开展授徒、传艺、交流等活动，目前，各级政府对贵州省黔东南州的传承人每年 3000～10000 元不等的资金，支持其每年开展不少于 3 个月的传承活动；④公益活动参与权；⑤其他权利。如讲学、讲演、表演等。间接的权利有：①代表性项目的使用权；②文物和其他实物及场所使用权；③知识产权（著作权、商标专用权、专利

权等);④税收等优惠权。保护责任单位的权利,根据《贵州省非物质文化遗产保护条例》,与传承人基本相同。传承人和保护责任单位在依法履行义务、承担责任的同时,会获得很大的利益,带来无限商机。有利益就有动力和竞争,现行的依职权认定传承人和保护责任方式,由于其封闭性,难以选定优秀的传承人和保护责任单位。引入行政许可方式,就会改变选择方式的单一性,变文化主管部门的一家物色为社会力量的百家竞争,竞争的结果就会激发社会活力,必然会增强政府和社会对非物质文化遗产的保护意识,也会带来工作机制的创新,从而提高保护质量。

(2)可以通过司法途径进行维权。所谓行政司法救济,指的是公民、法人和其他组织通过提起行政诉讼,督促行政机关依法履行职责,维护自己的合法权益。非物质文化遗产保护中的行政司法救济,指的是公民、法人和其他组织通过提起行政诉讼,督促文化主管部门实施行政许可,确认自己的非物质文化遗产代表性项目传承人或保护责任单位身份,或者撤销其他公民、法人和其他组织的非物质文化遗产代表性项目传承人或保护责任单位的行政许可,以及要求国家赔偿。《行政许可法》明确规定:"行政机关依法做出不予行政许可的书面决定的,应当说明理由,并告知申请人享有依法申请复议或者提起行政诉讼的权利。""公民、法人或者其他组织对行政机关实施行政许可,享有陈述权、申辩权;有权依法申请行政复议或者提起行政诉讼;其合法权益因行政机关违法实施行政许可受到损害的,有权依法要求赔偿。"根据《非物质文化遗产法》,文化主管部门依职权认定传承人和保护责任单位,公民、法人和其他组织只能被动接受,虽然可以主动申请,但如果文化主管部门不接受申请或者不予认定,则没有其他救济途径。引入行政许可方式,就有权获得司法救济,可以通过行政诉讼取得传承人和保护责任单位资格;第三人也可以通过行政诉讼,请求撤销他人的行政许可,并获得赔偿。

非物质文化遗产保护中的行政许可司法救济有三种类型:①不予受理诉讼。作为行政许可,申报是必经程序,谁有权申报传承人和保护责任单位?申报的材料有哪些?文化主管部门如何处理?《非物质文化遗产法》及《贵州省非物质文化遗产保护条例》对此没有涉及。《行政许可法》规定,行政机关应当将有关行政许可的事项、依据、条件、数量、程序、期限,以及需要提交的全部材料的目录和申请书示范文本等在办公场所公示;行政机关对材料审查后应当告知受理或不受理局面凭证,但对不予受理的却没有规定可以行政复议和提起行政诉讼。实践中,除了不受理外,还有不答复,均属行政不作为,根据《行政诉讼法》的规定,属于人民法院的受理对象。《最高人民法院关于执行行政诉讼法若干问题的解释》还规定,原告对人民法院不予受理、驳回起诉不服还可以上诉。②不予许可诉讼。此在《行政许可法》中有明确规定,将是行政司法救济的主要途径。当人们认识到非物质文化遗产的巨大商机后,会积极争当传承人和保护责任单位,文化主管部门在实施行政许可时,选择性准予或不准予就会增加,这时申请人就可以请求人民法院判定文化主管部门给予行政许可。③撤销行政许可。即利害关系人请求人民法院撤销文化主管部门对他人的行政许可。《行政许可法》和《最高人民法院关于执行行政诉讼法若干问题的解释》都有明确规定,现在的问题是起诉主体过于狭窄,必须是利害关系人,实践中利害关系人又多被理解为竞争者,其他公民、法人和其他组织无权提起诉讼。非物质文化遗产是公共资源,传承和传播质量关系不特定多数人的享受质量,与公共利益密切相关，可以说这种诉讼是公益诉讼。对于公益诉讼，修改后的《民事诉讼法》规定，有关机关和组织有权提起民事诉讼。行政诉讼的作用除了维护合法权益外，重要的是督促行政机关依法行政，诉讼的公益特征非常显现，应当准许机关、组织和个人提起公益行政诉讼，发现文化主管部门违法实施行政许可，或者传承人和保护责任单位不履行义务，传承、传播质量下降时，有权要求文化主管部门撤销业已准许的行政许可，如果文化主管部门不予撤销或不予答复，有权提起行政诉讼。

三、结论

综上所述，作为非物质文化遗产代表性项目的保护机制，传承人和保护责任单位应当具备相应资质，才能承担起保护责任。文化主管部门有权确定传承人和保护责任单位，公民、法人和其他组织也有权申请成为传承人和保护责任单位，文化主管部门应当履行审查职能，做出是否准许的决定。现行法律制度为传承人和保护责任单位的行政许可提供了依据，通过行政许可取得传承人和保护责任单位资格，有利于激发社会活力，公平、公开、公正地开发利用非物质文化遗产，还可以通过行政诉讼维护公民、法人和其他组织的权益，督促文化主管部门依法行政，及时准确地实施行政许可。静止的法律因司法而生机盎然，在非物质文化遗产保护中引入行政许可机制，进而依靠行政诉讼作后盾，必将开创保护工作的新局面，非物质文化遗产定会“死而复生”、绽放光芒，这是运用法治思维和方式保护非物质文化遗产代表性项目的必然要求。行政许可对行政机关而言是限权，对行政相对人而言则是维权，它是保护非物质文化遗产的一种不可或缺的机制。

● 试析民事强制执行中的对人执行*

王明霞[1]　杜清烨[2]

（1. 思南县双塘学校，贵州　思南　565100

2. 贵州大学　法学院，贵州　贵阳　550025）

【摘　要】对民事强制执行标的的界定，存在着各种依据与标准。从现代法治角度来看，现代国家对人身的民事强制执行和古代社会对人身的民事强制执行有着明显的区别，前者倾向于对人身的间接强制执行，而后者多为对人身的直接强制执行。在我国民事诉讼法学理论界，对于自然人的人身是否能够成为民事强制执行的标的一直是个热议的话题。尽管我国多数学者主张人身不能成为执行标的，但也有一些学者持不同意见。论文认为，为了更好地实现社会公平正义与稳定和谐，我们应在加强和创新社会管理政策指导下，进一步修改完善我国的民事强制执行制度，尽早将债务人的人身纳入间接强制执行的标的范围内，既有效解决我国民事执行难问题，维护好债权人的合法权益，也避免出现因对债务人人身的直接强制执行而产生的各种消极后果。

【关键词】民事强制执行；执行标的；对人执行；间接执行

民事强制执行，也称民事执行或强制执行，也可简称执行，是指法院及其执行机构按照法定条件和程序，对已生效确定的裁判文书和其他法律文书，在债务人拒不履行义务时，依法采取强制措施和手段，迫使债务人履行义务的一种专门活动。很显然，民事强制执行是民事诉讼活动中的一个重要环节，也是保障申请执行人权利的有效手段。不过，在我国民事司法实践中，民事裁判执行难问题一直是司法工作中的老大难问题，久治不愈，甚至愈演愈烈，社会各界反响很大。笔者认为，这与将人身排斥在执行标的范围之外有一定的关联，我们应把对人执行纳入执行标的的范围内且在规定的范围内合理使用，进而维护申请执行人的合法权益，以及司法的权威。

---

* 基金项目：本文系贵州省 2012 年度社科规划课题“社会管理创新视角下强制执行的理念反思与制度重构”（合同编号 12GZZC03）研究成果之一。

作者简介：王明霞，女，1976 年出生，贵州思南人，土家族，贵州省思南县双塘学校教师；杜清烨，女，1974 年出生，河南开封人，苗族，贵州大学法学院资料室工作人员。

一、对人执行问题概述

(一)对人执行的界定

何谓民事强制执行中的对人执行？理论界、实务界的专家们有着各自的表述。我国台湾地区著名学者杨与龄先生认为，对人执行，即以债务人或应为债务人清偿债务之人之身体、名誉或自由等为执行之对象，从精神方面迫使其履行法律义务。❶ 武汉大学法学教授赵钢先生认为，所谓对人执行，泛指以人身作为强制执行的对象，也即以人身作为执行的标的。❷ 西北政法大学法学教授董少谋先生表示，对人执行，即以债务人的身体、名誉或自由等为执行标的。❸ 广东省高级人民法院胡志超法官则主张，对人执行是指法院强制执行措施直接作用于被执行人或相关人员的人身，依靠人身强制满足执行任务的要求；或直接指向被执行人的人身自由和人身权利，通过依法限制其人身自由或限制其从业任职资格、贬损其名誉权、信用权等方式迫使其履行债务。❹

笔者认为，在现代社会，民事强制执行中的对人执行，不同于古代社会对人身的直接强制执行，而仅是在特定情形下将债务人的部分人身权作为强制执行之标的，以实现执行目标。详言之，是指根据法律文书所确定的给付内容，以债务人或其他负有给付义务的人的人格权和身份权为执行的对象，以限制其人格权和身份权的自由行使为手段，迫使其自动履行债务，它是一种间接强制执行方式与活动。

(二)对人执行制度的历史演变

遍览世界各国的法律制度，自古迄今都或多或少存在着不同形式的对人执行的规定。例如，古罗马著名的《十二铜表法》中规定，对于到期不履行义务的欠债者，债主可以用铁链扣押六十日，并将欠债者押往集市三次。一旦有人为欠债者赎身，债务可视作履行完毕；如果没有人来赎，债主有权将欠债者杀掉，有时还可肢解并分配欠债者的身体，债主也有权将欠债者出卖为奴隶。❺ 随着社会的发展和人类文明的进步，在后来的罗马法律中，债权的实现逐渐转向对物执行，即对债务人财产的执行，但是，作为曾经颇为有效的强制执行手段，对人执行依旧或多或少保留起来，各国在司法实践中实行的往往是对财产执行与对人执行并存。然而，即便这样，对人执行只不过是一种次要和附属的民事强制执行方式，而且从公元 388 年起，对人执行逐渐改在政府设立的公共监狱中而不再在债主的私人监牢里实施。❻ 在英国，民事强制执行法的王牌是通过强制拘禁对人进行执行。受英国法的直接影响，我国香港特别行政区“地方法院条例”第 67 条规定，“执行的对象以财产为主，只有在财产不足以清偿的情况下，可以对人身予以强制执行”。

---

❶ 杨与龄．强制执行法论[M]．北京：中国政法大学出版社，2002：9.

❷ 赵钢．对人执行之辨析与执行立法之完善[J]．法学评论，2001(5).

❸ 董少谋．民事强制执行法学[M]．北京：法律出版社，2011：8.

❹ 胡志超．执行威慑机制研究[M]．人民法院出版社，2008：149.

❺ 何勤华．外国法制史[M]．北京：法律出版社，1997：83.

❻ 谭秋桂．民事执行法学[M]．北京：北京大学出版社，2010：16.

古代中国法律往往民刑不分,在我国封建社会民刑合一的制度下,也存在着对人执行的相关规定。如《唐律疏议·杂令》记载的“役身折酬”也即是债务人以劳务抵债的,一般只能由债务人家的“男口”去债权人家用劳务抵偿,并且根据官府的“折庸”方法折算,每劳役一天折算为绢三尺。又如《大明律》规定“其负欠私债,违约不还者,五贯以上,违三月笞一十,每一月加一等,罪止笞四十。五十贯以上,违三月笞二十,每一月加一等,罪止杖五十。二百五十贯以上,违三月笞三十,每一月加一等,罪止杖六十。并追本利给主”。[1] 可见,在我国唐代和明代,均可对欠债不还者的身体直接实施强制执行,甚至通过笞杖造成债务人肉体痛伤,逼迫债务人向债权人还本付利。清朝末年,修订法律大臣沈家本、伍廷芳通过借鉴西方法制,编订了《民事诉讼律草案》,其中有关民事强制执行的规定有四十余条。后来,清廷又特别聘请曾在日本东京上诉法院担任过推事的知名法律专家松岗义正编撰完成了专门的《强制执行法》,共四百余条。尽管这两部法律并未正式颁行,但它们在法制变革方面的影响不容小觑。这两部法律基本废除了中国传统的以刑代执的强制执行方式,取而代之的主要是对债务人财产的强制执行。当然,如果欠债不还者企图逃脱司法诉讼、转走隐藏财物,那么经债主请求可以拘提监禁欠债不还者,但不能像唐律或明律规定的那样对欠债不还者的肉体施以刑罚。“中华民国”建立后,相当程度上沿用了清末修律后的民事审判制度与执行制度。民国政府1949年迁台后,对人执行的制度一直存在。现今,我国台湾地区民事强制执行法中规定了两类以人身作为执行标的的情形:一类情形是特殊案件中人的身体本身可以作为直接执行的标的或对象,如台湾地区“强制执行法”第128条规定:“执行名义系命债务人交出子女或被诱人者,得用直接强制方法,将该子女或被诱人取交债权人”[2];另一类情形是通过限制和约束债务人的人身自由,逼令其偿还债务。

二、我国当前关于对人执行的两种分歧意见

新中国成立以来,尽管我国民事诉讼理论界与实务界有不少人强调应将人身排除在民事强制执行标的的范围之外,但是,也有一些人极力主张可以对人执行。在我国,对于人身是否可以作为强制执行的标的一直是个讨论激烈的话题。

就当前我国民事司法领域强制执行情况来看,主流观点认为不能把人身作为执行的标的,此观点始终坚称民事强制执行的对象或客体只能是财产、物品和行为。当然,也有部分学者和司法实务界人士认为,为促使债务人履行债务(尤其是不可替代的行为),一定条件下可以将人的自由权作为执行标的,采取拘传、拘留、限制出境、罚款等间接执行措施,迫使被执行人履行义务。特殊情形下,甚至还可依《刑法》和《民事诉讼法》的规定,以拒不执行判决、裁定为由,对被执行人追究拘役乃至三年以下有期徒刑的刑事责任。

---

[1] (清)薛允升. 唐明律合编[M]. 怀效锋,李鸣点校. 北京:法律出版社,1999:684-732.

[2] 李炎孝. 和谐社会构建中的强制执行权研究[M]. 武汉:武汉大学出版社,2009:176.

(一)多数派观点:人身不能作为执行标的

多数派观点,也是新中国成立后一种传统的主流观点,该派坚决反对将人身纳入民事强制执行标的的范围内。主要理由有:

其一,从民事诉讼立法宗旨和执行的目的与任务来看,不可将自然人的人身作为执行的标的。与刑事诉讼不同,民事诉讼双方当事人地位是平等的,民事执行的目的是依法实现生效裁判文书确定的权利,为达此目的,允许对败诉当事人的财物实施查封、扣押、冻结、取交等强制措施与手段,但不得以限制拘禁人身的手段来制裁惩罚败诉方。在民事执行活动中,如果一方当事人实施了妨害民事诉讼秩序的行为而被法院决定司法拘留或判处刑罚,那是对其违法行为或犯罪行为依法采取的相应制裁措施,而非执行手段。❶ 在民事司法活动中,用拘传、拘留等限制剥夺人身自由的方式威胁逼迫败诉方履行裁判文书确定的义务,明显违反了我国民事诉讼立法的宗旨和目的。

其二,从人身权本身来看,其不能用金钱和财产来衡量。在社会主义国家,“人身不是财产,既不能有经济学上的价值与使用价值,也不能用金钱去衡量,只能从观念上做出评价。因此,人身权不以满足权利主体的物质利益为目的,不直接体现民事权利主体的财产利益,也不由权利主体的财产利益所决定,从人身权本身来看,它是毫无经济内容的。所以,人身不能成为执行标的,这已为人们所共识。”❷

其三,从我国《民事诉讼法》和相关司法解释的规定来看,我国完全排除了对人身的强制执行方法,即任何将执行义务人的人身作为执行之客体的行为都是为我国现行法律所禁止。在民事执行实践中,被执行人在法院执行工作中实施了妨害执行活动行为,法院可以对其采取拘传、拘留等强制措施,但此处采取的强制措施,是为了排除执行中发生的不利因素,保障执行活动的正常开展,我们绝不能将法院采取的这种强制措施与对执行义务人的人身的执行混为一谈,两者是有本质区别的。

(二)少数派观点:人身可以作为执行标的

在我国,有少数学者坚持认为,人身可以成为民事强制执行的标的。他们进行论证的主要理由有:

首先,将人身作为民事执行的标的或客体对象,并非是对债务人的人身直接采取强制手段进行变价执行。它是通过限制债务人人身自由的手段来促成民事执行目的的实现。民事强制执行的标的包括人身并不意味着恢复古代的对人执行,把人身作为间接强制执行的标的也是新民主主义时期,以及我国现行立法和司法都认可的做法,具体表现在两个方面:第一,对被执行人进行搜查;第二,对被执行人及其他诉讼参与人实施的妨害民事诉讼秩序的行为可采取拘留等强制措施。在我国,为解决执行难问题,有必要规定人身可以作为执行标的。

其次,将债务人的人身作为执行的标的并不能看做是对债务人人权的践踏与侵犯。

---

❶ 江伟. 民事诉讼法[M]. 北京:高等教育出版社,2000:370.

❷ 刘永琴. 对执行标的几个法律问题的探讨[J]. 法律适用,1999(10).

民事执行的目的主要是依法实现胜诉方当事人的权利与维护国家法律的尊严。根据对人执行的一般原则,法院及其执行机构实施执行行为,在保障债权人债权实现的同时,也应当考虑到债务人的合法权益,对债务人采取的执行措施要全面考虑到执行案件的性质恶劣轻重程度、财产金额多少等因素。当债务人拒不履行生效裁判的情形性质恶劣、危害后果严重时,法院及其执行机构对债务人实施拘留或羁押等强制措施,不应认为是对其人权构成了侵犯。执行措施保护的是合法权益而不是非法利益,当非法利益足以影响或危害到合法权益时,从利益衡量和程序公正的角度来说,促使债务人履行债务、维护法律尊严而对其采取的限制人身权的强制执行措施就是不可或缺的。

最后,我国的民事诉讼立法和司法实践实际上也认可将人身作为民事强制执行的标的的做法。如我国现行《民事诉讼法》第255条规定,作为败诉方的被执行人如果无正当理由拒不履行法律文书确定的义务的,法院有权对其采取或者通知有关单位协助采取限制出境的强制措施。限制出境无疑是对被执行人和有关人员的人身自由的强制执行。可以说,对被执行人采取的限制人身的措施和把人身作为执行的标的没有本质的区别,都是对被执行人的人身采取相应的措施促使其履行相关义务。

三、我国采行对人执行制度的现实必要性分析

考察比较我国当前关于对人执行的两种分歧意见,笔者倾向于支持少数派的意见。笔者除了认可上述少数派论证的理由外,同时还认为我国当前采行对人执行制度具有很强的现实必要性。

(一)采行对人执行制度有利于化解民事执行难顽症和树立司法权威

在我国社会转型时期,由于利益格局的急剧变化和新的分配机制的不完善,社会冲突越来越多,诉讼案件大幅上升。另一方面,全社会的诚信意识、法制观念比较淡薄,败诉当事人逃避履行生效裁判确定的义务和抗拒执行的情形此起彼伏,民事裁判执行难成为我国司法领域的一个棘手问题。面对民事执行难,我们应当创新思维,突破传统理论,在强调以财产执行为主的前提下,将人身执行作为补充执行手段。在被执行人逃避义务或抗拒执行时,通过限制和约束其人身自由权、影响其名誉权等方式,加大对其威慑力度,才能保证生效裁判文书落到实处,有效化解执行难,树立司法权威。

(二)采行对人执行制度是保护债权人合法债权与维护国家经济社会秩序的迫切需要

这些年来,虽然我国的法制建设取得了巨大成就,但我们也不得不承认,在我国民事司法实践中,败诉当事人视法院裁判如废纸、抗拒执行的情形非常突出。在执行过程中,很多执行案件久拖不决,这不仅损害了国家的司法公信力,也严重影响了债权人的合法权益,同时也极大干扰了市场经济秩序和社会生活秩序。采行对人执行制度,增大违法失信者的成本,对各种"老赖"不留情面,才能迫使他们老老实实履行应尽的义务,切实维护好债权人的合法权益。当然,随着"老赖"们日子难过、违法失信者举步维艰,诚信守法

者才会越来越多,而我们的市场经济秩序与社会生活秩序也将越来越好!

(三)采行对人执行制度是对许多法治程度较高国家和地区执行制度经验的积极借鉴

对人执行主要是一种间接强制执行手段,是一种通过限制自由、贬损名誉、荣誉等相关权利促使债务人履行义务的执行机制。纵观世界上法治程度较高的很多国家与地区,它们都有这种间接执行的规定。如在实行当事人主义诉讼模式的美国,即使在绝对禁止监禁债务人的州,对不履行法院判决所确定的债务的债务人,有可能被法庭以藐视法庭罪名判处监禁。在实行职权主义诉讼模式的德国,债务人不履行作为义务,首先面临法院的强制罚款;如仍不履行,将被法院处以强制拘留。在我国香港特别行政区,《地方法院条例》第 67 条规定“执行的对象以财产为主,只有在财产不足以满足执行内容时,可以对人身予以强制执行”。目前,世界上许多国家和地区的民事强制执行制度中均有对人执行的相关规定。正是这些规定构成了执行威慑力的源泉,推动着这些国家和地区执行程序的高效、有序运行,非常值得我国学习与借鉴。

四、确立我国对人执行制度的若干思考

(一)我国对人执行须遵循的原则

实现中华民族伟大复兴的“中国梦”在法制领域的集中体现就是司法公平正义全面落实,社会秩序和谐安定。如果说民事诉讼是化解民事纠纷、实现民事权益的最终救济途径,那么,民事强制执行则是这个最终救济途径的最后一道防线。当然,国家借助强制执行程序促使债权实现、保障司法权威的过程也同样是债务人权益可能受到侵害的过程。因此,在开展民事强制执行工作时,一方面,要尽可能保障债权人债权的实现,维护债权人的合法权益;另一方面,也要充分保护好债务人及相关人员的权益。有鉴于此,笔者认为,我国在采行对人执行时应该遵循以下几项原则。

1. 适当性原则

现代社会民事强制执行活动中的对人执行制度,主要是一种间接执行手段与办法,其首要目的在于通过对债务人的人身自由加以限制,对债务人造成必要的和适度的心理与精神压力,促使其履行相关义务。但是,我们也必须清醒意识到,人身自由,是现代法治要着力维护和实现的重要价值之一。因此,法院及其执行机构在选择对人执行手段和方法的时候,应充分考虑到当事人之间的权利利益的价值轻重和国家司法权威的保障程度。法院及其执行机构所采取的执行手段应当切合于实现实体权利的具体情状,注意妥善处理好债务人与债权人之间权利冲突,尽可能地促使债务人自动履行债务。

2. 必要性原则

对人执行的必要性原则主要体现在以下两个方面:第一,损害最小。也即是在有多种手段方式可以实现执行任务和目的的情况下,法院及其执行机构应当选择对被执行人造成侵害最小的方式。同时,应尽量减少执行程序所需要的时间和精力,兼顾程序的经

济性原则和程序的效率原则。第二,补充性。现代执行制度强调强制执行应以对物执行为原则,以对人执行为补充。当能够通过对物执行而实现执行给付的,就不得对人身采取强制执行措施。只有在对物的执行无法实现执行给付时,才可以选择对人执行的强制手段。在对人执行的过程中,“应当优先采用间接对人执行措施。在直接对人执行和间接对人执行的手段中,应当优先采用对被执行人影响最小的措施”。[1]

3. 平衡原则

平衡原则,也即是法院及其执行机构在实施对人执行的措施时所追求的目的和执行的手段,不能与其对债务人造成的利益损害失去平衡。执行手段与执行目的之间的均衡比例实际上就是公平正义观点量化的体现。从执行手段上而言,法院及其执行机构的执行措施常常会涉及债务人的人身自由的限制、人身权利的侵害,以及财产的剥夺,因此在执行过程中执行机关有必要树立保障人权的法治意识。当然,执行过程中的人权保障不仅仅是债务人和相关义务人基本权利的保障,而且还涉及债权人的人权保障,也即是债权人的债权实现权。在执行工作中,应注意根据案件具体情况,充分做到在实现债权人债权的情况下,能够有效地保障好债务人的基本权利,做到执行手段、债权人债权利益,以及债务人权利保障三者的协调与平衡。

(二)确立我国对人执行制度应解决的问题

1. 立法与实践的统一

我国目前立法上摒弃把人身作为执行的标的,但实际上在民事司法实践中却有相关的做法,这就往往造成司法理论和实践的冲突,以及自由裁量权的不当行使。因此,在立法观念上需要走出民事执行活动中不能将被执行人人身作为执行标的的思维误区,树立在特定情形下可以对债务人的人身自由采取执行措施的新理念。[2] 在立法框架上,借鉴国外和其他地区的立法和实践经验,明确对人身执行的条件、执行措施、执行期限、执行救济等条款做出规定。立法先行,以立法指导司法实践,做到立法与实践的统一,才能促进执行活动的顺利开展。

2. 注意保障人权

当前,国际上民事强制执行制度改革的重要趋势是既要充分保障债权人的合法权益,也要尽力避免严重侵犯债务人人权的不人道、不文明的执行手段。在对人执行过程中,一方面,应遵循间接强制的执行原则,明确对人执行措施的补充性,不能动辄以牺牲债务人的人身权利换取债权人债权的实现;另一方面,在对人执行的时候应保持适度性,过分追求执行的目的就会导致权力滥用的滋生,不利于债务人人权的保障。

3. 健全执行联动威慑机制

构建对人执行制度,关键是要通过立法将对人执行的具体情形、程序、措施、期限以及救济途径等做出明确的规定,同时,也离不开相关配套机制的建立、健全,而执行联动

[1] 董皞. 民事执行策略与方法[M]. 北京:人民法院出版社,2009:146.

[2] 杨艺红. 论人身强制执行[J]. 郑州大学学报(哲社版),2007(3).

威慑机制便是其中颇为重要的配套机制。所谓执行联动威慑机制，就是通过全国法院执行案件信息管理系统这个专门的网络信息平台，将全国各地各级法院受理的执行案件进行登记管理和公告公示，并通过将该系统与金融、工商、建设、土地、房管、交通、宣传、出入境管理等部门，以及其他社会信用体系网络相联结，从政治活动、生产经营、社会交往、日常生活等各方面对被执行人进行限制，实施威慑，产生压力，促使其自动履行义务的执行机制。对人执行制度要真正得以建立并有效运行，必须紧紧依靠执行联动威慑机制。然而，我国目前初步建立的执行联动威慑机制还存在不少的缺陷与问题。比如，受到经济发展水平的影响，执行联动威慑机制所需要的案件信息和数据库并没有同步建成；人民法院和相关机构、组织之间还缺乏执行联动的有效配合，以及我国缺乏一部能给执行程序运作提供强大后盾的执行法典等。正因为如此，为了构建好我国对人执行制度，有必要进一步健全我国的民事执行联动威慑机制，充分发挥执行联动威慑机制的作用。

● 浅论预防未成年人性侵害的发生

陈保健　彭　伶

（遵义师范学院　政治经济与管理学院，贵州　遵义　563002）

【摘　要】未成年人是生活中的弱者，也是祖国的未来，他们的合法权益在生活中却常常遭到不法分子的侵犯。我们要从家庭、学校、社会几方面努力，教育未成年人保护自己，我们还要从道德、纪律、法律等各方面严惩犯罪分子，达到保护未成年人合法权益的目的。

【关键词】预防；未成年人；性侵害

近年来，性侵未成年人的恶性案件连续多发，引起了社会的关注和焦虑。而如何从源头预防性侵儿童案件的发生，还是一个尚未解决的难题。2014 年 3 月 2 日，“全国两会代表委员女童保护座谈会”召开。会上公布的《2013 年儿童安全教育及相关性侵案件情况报告》显示，近年来，性侵儿童的恶性案件频频发生，在全国各地呈持续高发状态，2013 年全年被媒体曝光的案件高达 125 起，平均 3 天就曝光一起。其中，受害人群呈现逐渐低龄化趋势，尤其以 8 ~ 14 岁的小学生居多。这些犯罪给未成年人身心健康造成严重伤害，在社会上造成了极为恶劣的影响。

一、侵害未成年人合法权益典型案例

2013 年 5 月 29 日，最高人民法院公布了三起侵犯未成年人权益犯罪典型案例。[2] 其中案例：教师强奸猥亵儿童已伏法。2010 年 9 月，鲍某某在某村小学担任七名受害女学生的班主任或任课教师。7 名幼女第一次被侵犯时为 9 岁或 10 岁。两年多时间里，鲍某某猥亵 7 幼女数十次，并将其中 6 人奸淫数十次，还拍摄该 6 名幼女的裸照及被强奸的照片、视频。法院为此依法判处被告人鲍某某死刑。经最高人民法院复核核准，鲍某某已于近日被执行死刑。

最高法公布的典型案例，做了长时间的调研和论证，选取的案例在案件类型、犯罪事实、判决结果方面都有代表性，具有普遍指导意义。特别是教师强奸猥亵多名幼女被判死刑的案例，对近期发生的多起性侵幼女案的审判有很强的导向性，此类案件会被重判。

作者简介：陈保健，男，重庆市人，遵义师范学院政治经济与管理学院副教授，研究方向：思想政治教育与红色文化。彭伶，女，贵州遵义人，讲师，研究方向：思想政治教育。

1. 性侵为何迟迟未发现

近期曝光的校园性侵案中,许多学生都是长期、连续被猥亵。为什么迟迟未能被发现?广州市某小学负责人说,“我估计是大多数教育工作者对这类事件的警惕性不高,认为这样的事情发生的概率太低了。”长期以来我们的教育会引导学生选择性地展示美好一面,而坏事却不敢告诉父母。如果学生能够懂得,在现实生活中如何不伤害别人,又如何保护自己,一旦遇到伤害可以检举、报警,也就不会拖这么长的时间。

2. 留守儿童成主要侵害目标

近年来,性侵未成年人在全国有愈演愈烈之势,尤其是在农村地区。“在那里有很多留守儿童,父母长年在外打工,不法分子利用这个空子对他们进行性侵,造成严重后果。”[1]留守儿童的生存环境与城市孩子相比,存在着大量的监管盲区,比如在学校、回家的路上,甚至是村子里。北京青少年法律援助与研究中心近年的研究报告表明,发生在农村的性侵案件,老年案犯占82.2%。老年犯罪者,一般是被害女童的邻居、同村人或家长的朋友、亲属。中青舆情监测室梳理近期曝光案例发现,女童遭性侵案件中,农村已经成为犯罪的高发地。

3. 如何从制度上防范

发生校园性侵案不是道德的问题,而是法律的问题,类似案件一旦发生就应移交司法处理,这是原则问题。但目前很多单位都是行政处理,也就是当成内部问题来解决。而目前很多类似丑闻都是不了了之,并没有走到法律程序。当务之急是落实法规,如《未成年人保护法》,以及法规的完善。

因为未成年人的特殊性,所以需要以更多法制资源进行“倾斜性保护”。比如,司法工作中贯彻“未成年人利益保护优先原则”,根据犯罪新特点新变化研究制定司法解释和规范性文件等,都是必要之举。越是“弱势”,越是需要法律的保驾护航,这也是“法制担当”的体现。

二、造成对未成年人性侵害的原因

性侵未成年人案件的一个共同特点是,侵害者利用了未成年人心理和生理的特点,实施不法之举。据报道近年来,未成年人遭性侵有增多的迹象,尤其是在农村和城乡结合部。一方面是不法分子的日益猖獗,另一方面是防性侵教育的严重缺失,青少年人身安全问题不容乐观。

(1)儿童性侵害事件的发生,暴露出学校对儿童进行性教育的缺失,以及家长在对孩子进行性教育方面消极被动的状态。有相当一部分家长从未对孩子进行过性教育,一项调查显示,八成以上的受访者表示家长应该教育孩子性方面的知识,预防性侵害。不过,一些家长发愁表示不知道怎么跟孩子说。学校一年难得上一次性教育课。家庭性教育缺失,学校能补上这一课吗?从目前情况来看,各学校虽然相继安排了性安全教育课程,但教学实践明显不足甚至缺失,从调查中了解到,仅有8.3%的家长表示知道学校进行过性安全知识教育。而防性侵知识越得不到普及,未成年人就越不了解最起码的防性侵安全知识,遭到性侵的概率就会增加,加之害怕或羞于启齿、社会压力等因素,未成年人受性侵后不愿曝光,使犯罪分子屡屡得逞且逍遥法外。因此,加强预防性教育很有必要。

(2)孩子不知道如何应对伤害。没人教,孩子自然不知道如何防范性侵害。在南昌十九中门口,问一名初中女生一些用电安全、火灾逃生方面的知识,她都对答如流,但当问"如果在公交车上有人故意触碰你的身体,你该怎么办"时,女孩语塞了,挠着头不知道说什么好。[1]在街头随机询问了一些中小学生,发现他们防范性侵害的意识都比较淡薄。父母等监护人不在身边,孩子缺乏感情呵护、被疏忽,孩子对别人言听计从、或年纪小不能意识到对方的侵害行为,以及容易被物质引诱等,受到侵害的几率大。

受虐的孩子年龄都很幼小,基本不懂得向外界投诉、求助。这个时候,外界的主动、有效介入、干预就显得十分重要。但恰恰是这方面的力量,在虐童的多个事件中显得十分薄弱。

(3)法律打击力度显然还不够。嫖宿幼女罪就被网民称为性侵女童罪犯的"免死金牌"。在我国《刑法》中嫖宿幼女量刑较轻,而强奸幼女量刑较重,但在司法实践中,性侵幼女的犯罪分子往往动用个人关系,本来是"强奸幼女",却瞒天过海改判"嫖宿幼女";本应从重判决,却能钻法律空子弄个从轻发落。长期以来,正是因为性侵幼女总能通过"嫖宿幼女罪"减轻刑罚,从而让很多犯罪分子产生"不受处罚的幻想",在"罚不当罪"的侥幸心理下"前仆后继",这是性侵幼女行为屡禁不绝的根本原因。

最近最高法院明确定罪标准,能够迅速在全社会掀起正能量的浪潮,打击对未成年人侵害的力度大大加强,对这类犯罪的预防和打击有相当的威慑力。

三、防止性侵害案件发生的措施

国人总是谈性变色,尤其是在孩子面前。但是最近接二连三曝出的性侵未成年人事件,让我们看到了问题的严重性——试想那些孩子如果事先接受过防性侵教育,会那么容易遭黑手吗?是到了给孩子们补上缺失的一课时候了。家长应更加重视子女的防性侵教育,也许让孩子知道阳光下还有这样的阴暗会很残忍,但提前认识到坏的一面总比事后再补好。学校应加强对学生的性教育,这与文化、艺术一样,是人生的必修课。

(1)家长要告诉孩子自我保护的方式。要教会孩子们防范意识、技能,包括自我保护的方式,以及受到侵犯之后的处置方式。如何让未成年人远离伤害成为重中之重。"我认为家庭教育是最重要的,家长一定要从小就给孩子灌输防范性侵害的知识,帮他们构筑第一道防线。"从上幼儿园开始,家长就要给孩子上性教育课,让孩子知道当别人碰触敏感器官,如胸部、生殖器等就是在侵犯他们,懂得性侵犯是犯罪,一旦发生要报警或告知家长,懂得不要和陌生人说话更不能跟陌生人走。而且要告诉孩子,不仅要防范陌生人,也要防范熟人。很多研究均证实75% ~90%受害者是被认识和信任的人所侵犯,所以家长也要提高防范意识,多了解孩子的生活环境和接触人群,一旦发现不妥情况要及时介入处理解决。倘若真的不幸发生了性侵犯事件,父母和孩子都应及时进行心理辅导。受过这样教育的孩子,一般不容易受到伤害。

另外还要告诉孩子,如果遇到了紧急的危险,有权利紧急避险,可以打破玻璃、破坏家具。或者遇到危险的时候,孩子可以自己先跑。甚至还告诉孩子,如果遇到紧急情况,坏人也是可以欺骗的。

(2)从学生的性教育入手,安全教育应纳入义务教育课程。“科学做好预防性侵犯教育,应加强女童的自我保护意识。”将女童安全教育纳入九年义务教育课程体系,让“安全教育第一课”作为小学新生入学第一课。女童保护项目的调查报告显示,82.89%的家长支持学校对孩子进行性教育;87.72%的教师认为,有必要将“性教育”强制纳入九年义务教育课程体系。2013年9月,教育部等四部门下发《关于做好预防少年儿童遭受性侵工作的意见》,指出“要通过课堂教学、编发手册等形式开展性知识教育”。

由国内百名女记者联合发起的“女童保护”公益项目就首先选择到乡村学校开展“防性侵”教育课程。2013年9月4日,女童“防性侵”第一课已在云南大理漾濞县双涧九年制学校开始试讲,并发放防性侵的宣传页。课程主题是“爱护我们的身体”。课程内容分为三部分,第一部分是认识身体,主要讲哪些隐私部位不能随便让人碰,第二部分是识别和防范性侵,第三部分是遭遇性侵怎么办。保护儿童免遭性侵不仅靠预防教育,还需法律作依托,加大对该类违法犯罪打击力度,为孩子筑牢全面防护网。

司法工作中应贯彻“未成年人利益保护优先原则”,根据犯罪新特点研究制定司法解释和规范性文件;基于现在很多性侵事件都发生在校园,相关部门应建立责任追究制度,从根子上铲除公职队伍中的败类;加强对未成年人的心理关爱,帮助他们解决情感上的隐忧。不论是在学校还是在家庭,性安全知识教育的普及处境尴尬。“预防性教育才是关键,等到发生就晚了”。建议学校设立专门的防性侵害课,以生动易懂的方式告诉孩子如何化解身边危机。

(3)加快完善立法保护,“废除嫖宿幼女罪”。近年,我国已发生数起适用嫖宿幼女罪造成巨大负面影响的典型案例,我们强烈呼吁尽早取消废除嫖宿幼女罪,并入强奸罪。将嫖宿与强奸区别对待,实际上是在纵容犯罪。罪名中的“嫖宿”二字将幼女判定为卖淫者,在尚未惩戒施暴者前先把板子打在受害者身上,在性侵案件中,幼女本身就是受害者,如果给幼女贴上“卖淫女”的标签,是对受害者的二次伤害,不利于对幼女权益的保护。这是对幼女的极大侮辱,使无辜者成为社会意识中的过错方,极大损害了幼女的人格和尊严,对幼女及其家庭造成沉重的精神和心理压力,不利于未成年人的成长和保护,也不利于惩治对未成年人的性侵犯罪。因此,期待《刑法》能够早日进行修改和完善,从法律上维护幼女的人身权利。

据悉,自1997年嫖宿幼女罪写入刑法之后,根据全国妇联的来信来访统计,全国各地投诉“儿童性侵犯”的个案,由1997年下半年为135件,到2000年为3081件,猛增了20多倍,这样的数据的确能给我们带来一些启示。更何况,对强奸罪的范畴再怎么扩容,只要嫖宿幼女罪还是一项单独的罪名,那么性侵者便会想方设法往嫖宿幼女罪上靠,因为一靠上就可能“减刑”,怎能不趋之若鹜呢?

(4)在各种防治方式中,法制可谓“筑底工程”。对未成年人的保护,尤其如此。唯有保持“最高级”的打击态势,才能形成有效震慑,在更大范围、更高程度上防止侵害未成年人犯罪的发生。

针对侵犯未成年人权益犯罪,最高人民法院今后将通过出台规范性文件、公布典型案例、业务培训等途径,指导各级法院进一步加大对侵犯未成年人权益犯罪的惩治力度,坚持最低限度的容忍、最高限度的保护,该重判的坚决依法重判。对于最高人民法院要求重判侵害未成年人案件,在目前环境下,重判可以遏制此类犯罪。

最高人民法院根据犯罪形势的新特点、新变化,研究制定了司法解释和规范性文件,明确了打击犯罪的法律适用依据;指导各级法院在刑事司法工作中贯彻未成年人利益保护优先原则,对侵犯未成年人权益犯罪始终保持严惩重判高压态势,有力地震慑了犯罪。

(5)政府部门和教育部门一定要出台相关政策,学校应设立固定的学时和课程,性保护教育一定不要神秘化,教科书不能点到为止,更不能欺骗和回避。相关部门也应着手对未成年人遭性侵情况展开调研,掌握翔实资料,及时向外界公布实用信息。让整个社会都行动起来,为青少年的人身安全"筑底",为他们营造平安的成长环境。

未成年人是国家的希望,保护未成年人的利益,维护未成年人的身心健康,时不我待。从本质上说,任何人侵犯未成年人的权益不是道德问题,而是法律问题。因此,2013 年 10 月 24 日,《最高人民法院、最高人民检察院、公安部、司法部关于依法惩治性侵害未成年人犯罪的意见》发布,体现了"最高限度保护""最低限度容忍"的指导思想,为保护未成年人权益架起一道不容触碰、逾越的高压线。

【参考文献】

[1] 李长. 南昌半数家长从未教孩子防性侵——不知如何开口[N]. 南昌晚报,2013.
[2] 姬忠彪. 人民时评:用"最高级"呵护我们的未来[N]. 人民网 - 人民日报,2013.
[3] 武梅. 女孩性保护的十条忠告[J]. 人人健康,2004(1).

● 租赁权的债权物权化之检讨
——兼论“买卖不破租赁”原则之反思

黄思逸

（中国青年政治学院，北京　100081）

【摘　要】租赁权之争论，皆因“买卖不破租赁”之一语，长此以来，理论界对此问题颇有争议，存在着“债权说”“物权说”“债权物权化说”三种学说。然而疑窦丛生之租赁权究竟应该如何定性，对于实践之中，买卖合同和租赁合同之关系的处理关系缜密，本文旨在探究租赁权之根本属性，以检讨其债权物权化之发展趋势的合理性。

【关键词】租赁权；债权物权化；“买卖不破租赁”

租赁权的争论，始于“买卖不破租赁”原则的规定，由此而生了“租赁权这一债权物权化”的命题，然则是否立法的趋势终将会采纳此种观点，是否租赁权已有物权化的趋势，或是根本应当扩大《物权法》对于用益物权所作的规定，而将租赁权作为用益物权之一种进行规定，面对日渐高涨的“租赁权债权物权化”的呼声，我们是否应当对此命题的合理性进行理性的分析，而当下的社会，将租赁权作为债权的一种进行保护，是否仍旧能够适应社会同立法的需要。本文就租赁权的性质进行了一番讨论，旨在能够明确租赁权的性质，找寻其立法之出路，同样对于“租赁权债权物权化”的命题进行一番检讨。

一、租赁权概述

（一）租赁权的概念及其特征

租赁权是指承租人租赁他人之物，对该物进行占有、使用、收益的权利。

通过对其概念进行分析可知，其具备以下一些特征：

（1）租赁权的产生乃在于出租人与承租人之间所建立的租赁关系的意思合意达成一致而产生的，因此可见，租赁权的产生是基于租赁关系双方当事人之间的意思表示，根本上乃是一种合同关系，即是债权关系之一种。

（2）承租人同出租人订立租赁合同的目的，在于对租赁物行使占有、使用、收益的权利。租赁合同订立的目的，乃是在于维系出租人同承租人之间这样一种合法占有关系，

作者简介：黄思逸（1990—　）贵州贵阳人，中国青年政治学院法律硕士（非法学）研究生。研究方向：民商法。

出租人则是将其对于租赁权的占有转让给承租人，以实现承租人对租赁使用并获取租赁物所生利益的权利。此点特征，便是产生租赁权性质争议的根源，因为其表现，同《物权法》中对于用益物权的规定有着诸多的相似之处，均是对于物享有的直接的占有、使用、收益的权利。

综上所述，可知，租赁权的成立乃基于当事人建立租赁关系的意思合意，本质上乃是一种合同之债，然其目的在于对租赁权进行占有、使用和收益。

(二)租赁权与相关概念之区分

1. 租赁权同所有权之区分

租赁权之产生乃是基于出租人同承租人之间订立的租赁合同，乃是基于一种建立租赁关系的意思合意而生。而所有权是指所有人依法对自己财产所享有的占有、使用、收益和处分的权利。两者的主要区别在于，租赁权因基于租赁合同而生，是一种相对权，其效力只约束于租赁合同的双方当事人。而所有权基于法律的直接规定，其是一种绝对权，其权利的行使具有排他的效力，其约束力及于除所有权人之外的一切人。承租人基于租赁合同对于租赁物享有占有、使用和收益的权利，而所有权人基于所有权除了以上的三种权能之外，还能够行使处分权，若承租人擅自对于其占有的租赁物进行处分，则会构成无权处分。另外，所有权还存在优先效力，表现在所有权在行使过程中优先于债权，而租赁权因为其产生基于租赁合同关系，因此其根本上为债权，也不具有排他的效力，表现为，出租人可以与不特定的人成立多个租赁关系，而每一个租赁关系都具有平等性。除此之外，所有权人对于无权占有其所有之物的一切无权占有人享有物上请求权，请求无权占有人返回其物之权利，而租赁权人则不具有这一权利，仅有在租赁物遭受他人的侵占的，租赁权人才能够依据占有回复请求权请求侵占人返回其租赁之物，这是不同于物上请求权的。

2. 租赁权与用益物权之区分

租赁权的形成乃是基于租赁关系的缔结，是一种合同关系，一种债之关系，具有相对性，是意思自治原则的体现。而用益物权则是源于《物权法》对其的明文规定，乃是物权法定原则的体现，其产生并不基于当事人之间的意思合意，而是由法律直接进行规定。然则，两者在权利的行使上确有异曲同工之处，租赁权的取得也是为了使承租人享有对于租赁权的占有、使用和收益的权利，而《物权法》对于用益物权的界定，也是非所有人对他人之物所享有的占有、使用、收益的排他性权利。其在权能的规定上确有相同之处，这也是引起租赁权性质争议的关键点所在，此处争议将在之后的讨论中予以详述，然就两者的区别来说，依据两者调整的部门法不同，我们仍然认为，交于《合同法》调整的租赁权是一种债权，具有相对性，其产生乃是基于当事人之间的意思合意。而由《物权法》调整的用益物权，则是取决于法律的直接规定，同时其具有排他性。

二、租赁权之发展沿革

罗马法时代，对于租赁权已有规定，罗马法将租赁归于第四编债法之上，并将租赁契约认为是非要式的合意契约,并对租赁对象详加区分,将租赁关系分为三种不同的类型❶:即是物的租赁、雇用租赁和承揽租赁。其中"物的租赁"是指一方提供一物(无论是可动物还是不可动物)由另一方使用或者享受。由此可观,罗马法对于租赁权的界定认为其是属于债权的一种,将其定性为债权行为。然则,因为"债之相对性"的原因,导致了当出租人将租赁物转让给第三人时,其因物权变动导致所有权的变动,而使承租人的租赁权因此而丧失,从而剥夺了承租人因租赁关系而享有的使用和收益的权利,同时,此时如若新的所有权人行使物上请求权,还会导致承租人丧失对于租赁物的占有,事实上,对于承租人的保护则是极为不利的,虽说,承租人可以依据同出租人之间订立的租赁合同请求其承担损害赔偿的责任,但是租赁权的丧失,导致了租赁关系的意义根本失去了,因此,罗马法上即采取了"买卖不破租赁"原则,为了更好地来保护承租人的利益,尽管租赁契约的结果形成了对特定物的事实支配关系,但法律并没有将此对特定物的事实支配关系从产生其的租赁契约中独立出来,予以特别的重视和强力保护。

借此,"买卖不破租赁"原则,得以确立,自此之后,各国开始普遍采纳"买卖不破租赁"原则,但是各国对于"租赁权"的界定存在着不同的观点,《法国民法典》将不动产的租约看做是具有物权效力的,而对普通的租约,则认为其为债权。❷ 而《德国民法典》则是一直坚持着租赁权仍为债权的观点,认为租赁关系仍然是债之关系,而只是通过确立了"买卖不破租赁"原则来予以弥补,借此来保护承租人的利益。我国对于租赁权的保护,见于《合同法》,以及《物权法》,对于租赁关系的界定,仍然将其规定在《合同法》之中,实际上乃是承认其债之关系,认为租赁权的产生是由于租赁合同,另在《物权法》中肯定了"买卖不破租赁"原则,由此可见,我国立法仿似《德国民法典》对于租赁权的相关规定,即是仍就认为租赁权是债权,但是借"买卖不破租赁"原则对其进行补充,从而保护承租人的利益。

三、租赁权的债权物权化之检讨

(一)租赁权性质的界定

1. 学界观点

学界对于租赁权性质的界定,存在着较大的争议,加之,各国立法的规定,对于租赁权性质的界定也是大相径庭的,导致学界存在以下三种学说。

(1)租赁权的债权说。该种学说乃是源于罗马法的规定,承认租赁权是一种纯粹的债权,而承租人对于租赁物的占有、使用和收益则是基于交付的行为而获得,其并非当然的对物的支配权,而是基于一种事实上的占有关系而获得,因此它有别于物权,而只是租赁权的一种权能而已。因而租赁权仅为债权的一种。

(2)租赁权的物权说。该种学说,则是认为租赁权为物权之一种,应当将其归为用益

❶ [英]巴里·尼古拉斯.罗马法概论[M].黄风,译.北京:法律出版社,2004.

❷ 罗结珍,译.法国民法典[M].北京:中国法制出版社,1999.

物权的范畴,该说的依据,主要是由于租赁权的权能同用益物权存在着相同之处,均是对于他人之物,所享有的占有、使用和收益的权利,其认为,租赁权的权能主要是承租人对于租赁物的支配,而不等同于债权,因为债权的根本在于请求相对人为或不为一定行为,从此点观之,租赁权更像是用益物权之一种,而并非纯粹意义上的债权。

(3)租赁权的债权物权化说。该学说成为当下各国最为流行的学说,所谓债权物权化,则是肯定租赁权虽具有债权的性质,但是在其发展过程中,其权能具有了物权的效力,此种观点的来源,主要是来源于"买卖不破租赁"原则为各国所肯定,其解释为成立在先的租赁合同关系可以对抗出租人之后的物权变动行为,因其认为租赁权具有物权的对抗效力。

2. 笔者观点

笔者认为,界定租赁权之根本性质,在于对如下两个问题之解答,其一,乃是租赁权存在的基础,以及对其权能进行合理的解释。其二,在于对于"买卖不破租赁"原则的真意进行合理的探求。

租赁权的产生乃是由于平等主体之间建立租赁关系的意思合意,因此此前将其认定为债权之一种,理论上而言并无不当之处,因为其产生是系属于平等主体之间缔结的租赁合同,所以应是一种债之关系,但是租赁权的特殊性在于,当出租人将租赁物交付于承租人之后,嗣后承租人在占有租赁物期间,租赁权的权能更多地体现为对租赁物的占有、使用和收益的权利,因此这也是长此以往,对于租赁权性质悬而未决的讨论缘由,其上,对于学界的三种学说进行了相应的分析,但是无论哪一种学说,均存在着结构之上的硬伤,都不太能够完全涵盖租赁权的内涵。由此,笔者认为,我们在探讨一种权利的根本性质时,是否也能够以动态和发展的眼光去审视其权能,以求得更加合理的解释。笔者认为,租赁权的权能发生变化,因为其在不同阶段,其权利的性质也发生着转变,而此阶段的划分,则应当以承租人是否占有租赁物作为其界限,在承租人占有租赁物之前,我认为租赁权是一种债权,因为随着出租人同承租人之间租赁合同的成立及生效,在当事人之间即出现了以债权为形式的租赁权,而此时租赁权表现为,承租人可以请求出租人交付租赁物,这无疑是租赁权为债权的体现。其后,当承租人占有租赁物之后,租赁权主要体现为一种用益物权的形态,因为其权能转变为承租人对于租赁物的占有、使用和收益,当然承租人在占有租赁物期间,其仍然享有债权请求权,主要表现为承租人对于出租人要求其修缮租赁物等权利,但是不可否认的是,在承租人占有租赁物期间,租赁权更多地表现为一种用益物权,此时若用动态的眼光观之,租赁权的权能随着阶段的不同而发生了变化,这样的解释是否更为合理呢(承租人在占有租赁物之后,其行使租赁权时,此时的租赁权主要体现为用益物权的形态,也并不排斥出租人的所有权,符合"一物一权"原则)?尽管当下,根据"物权法定"原则,并未将租赁权纳入用益物权当中,但是租赁权的确反映出用益物权的形态,从此点出发,若用动态的观点去解释租赁权的性质,是否会更为恰当。

"买卖不破租赁"原则的规定,为各国所普遍采纳,由此而产生了租赁权债权物权化的争论,认为租赁权根本上虽为债权,但是其仍旧能够对抗所有权人处分租赁物的行为,认为它承认了租赁权的物权性。然则,回溯"买卖不破租赁"原则产生的历史背景,并结合其立法的意旨进行分析，我们可以得出这样的结论："买卖不破租赁"原则的规定，并非是对于债权、物权二分体系提出的质疑，其只是出于保护弱者的考量，法律的一种硬性的规定。因为在租赁关系之中，承租人往往处于一种不利的地位，并且是否能够获得租赁权对于承租人而言，与生存或是生活都甚有关联，而往往关系到承租人的生存之必须，因此，若是对于出租人（即租赁物的所有权人）的权利不加以限制，即是，若是出租人能够随意处置租赁物，通过处分行为导致所有权的变动，从而对承租人造成损害（将直接导致租赁权的丧失，因为基于债权行为而获得的占有具有相对性，而物权变动之后，对新的所有权人而言，承租人将变为无权占有人，从而新的所有权人能够行使物上请求权，而收回租赁物），这显然是对承租人不利的。所以基于此点考量，才确立"买卖不破租赁"原则，由此可以看出，该原则并非否认了租赁权的债权性质，而其真意只是为了保护弱者的利益（即是承租人的利益）。

四、"买卖不破租赁"原则之反思

由上所述，可以得出"买卖不破租赁"原则的确立，其真意旨在保护弱者的利益，以防止出租人的随意处分行为，导致承租人租赁权的丧失。然则该原则的存在是否合理，仍然有我们反思的余地。笔者认为，"买卖不破租赁"原则不合理之处，存于以下几点：

其一，模糊了债权与物权的界限。租赁关系的建立显然是基于平等主体之间达成的意思合意，因此租赁权其根本性质应当为债权，这种认定是恰当的，但正是由于"买卖不破租赁"原则的确立，使得债权具备了抵抗物权的效力，甚而提出了"租赁权债权物权化"的命题，这显然是不当的，我们在探求一项权利的根本性质时，应当探究其权利来源的根本（是因债权行为所获还是基于物权行为所获），而非以偏赅全，管中窥豹。

其二，保护弱者的目的没有达成。[1]"买卖不破租赁"原则的确定，本来是为了更好地保护弱者的利益，但是实践当中却产生了相反之效果，因为该原则的存在，导致了出租人在处分租赁物行使处分权时，不能够随意为之，而受制于承租人的租赁权的约束。由此，出租人只能以提高租金的方式，将此种约束造成的负担转嫁到承租人身上，使得承租人承受更大的经济压力。由此看来，"买卖不破租赁"原则并没有很好地达到保护弱者的目的。

其三，可用租赁物登记制度予以替代。《日本民法典》第六百零五条规定，"不动产租赁，一经登记，对于其后就其不动产取得物权的人也发生效力"。该条的规定，以登记的方式对抗了所有权的移转，此种规定，笔者认为更为合理，原因在于，如果租赁物没有进行登记，则出租人此时可以随意处分租赁物，实现了"物尽其用"的原则。然而，如果租赁物进行了登记，则承租人可以以登记的效力来对抗所有权的移转，这同时也保护了承租人的利益。由此，租赁物的登记制度兼顾了"物尽其用"的原则，同时也保护了承租人的利益。而非同"买卖不破租赁"原则一样，对于出租人存在诸多的限制。

综上所述，"买卖不破租赁"原则确实存在诸多的不合理之处，其存在仍值得你我反

---

[1] 温世扬，武亦文. 论租赁权的非物权化进路[J]. 当代法学，2010(3).

思和探讨,而如何兼顾租赁关系之中的各方利益,才是立法所应考量的基本。

五、结论

租赁权之性质的探究,应当还原其权利之来源,对于租赁权债权性质的肯定,乃是对于其最为合理的解释,加之,实践中,将租赁权视作债权进行保护,也并无不当之处,因此似乎没有更改其权利形态之必要。

“买卖不破租赁”原则的规定,其存在虽历经岁月,但于当下社会的发展形势之下,确有废去之理由。

然无论立法之考量走向何方,起点仍需兼顾各方利益,并且最大化地保护平等当事人之间的意思自治,以探求意思表示真意作为发挥民事法律功能的基础。

【参考文献】

[1] 王泽鉴.民法学说与判例研究[M].北京:中国政法大学出版社,1998.
[2] 张俊浩.民法学原理[M].北京:中国政法大学出版社,2000:76.
[3] 王利明.民法学[M].上海:复旦大学出版社, 2004:221.
[4] 罗结珍,译. 法国民法典[M].北京:中国法制出版社, 1999.
[5] [英]巴里·尼古拉斯.罗马法概论[M].黄风,译.北京:法律出版社,2004.
[6] 温世扬,武亦文.论租赁权的非物权化进路[J].当代法学,2010(3).
[7] 章杰超.对所谓债权物权化的思考——以买卖不破租赁为例[J].法学论坛,2005(5).
[8] 金可可.债权物权区分说的构成要素[J].法学研究,2005(1).
[9] 赵英,谢雯.债权物权化的公示问题——以租赁合同为例[J].河北经贸大学学报,2008(6).
[10] 邓璐.物权与债权相对区分下的租赁权新探[J].法制与社会.2012(3).
[11] 温世扬,武亦文. 物权债权区分理论的再证成[J].法学家,2010(3).

● 论清末以来中国法律现代化与法律本土化的关系

徐祥云

（贵州民族大学　人文科技学院，贵州　贵阳　550025）

【摘　要】本研究立足于清末到当代的百年历史，分析中华人民共和国建国前后现代法律制度与我国传统法律制度或传统法律观念的关系，希望能在法律现代化和法律本土化之间寻求一个平衡的支点，更快更好地推进中国法律现代化的进程。

【关键词】法律现代化；法律本土化；关系

法律现代化是指传统法律制度向现代法律制度转化的过程。其基本特征是法律变得更加密集，法律变化的速度不断加快和权利话语成为主流法律话语。[1]不同发展类型的国家在法律现代化进程中面临的挑战和障碍，以及发展速度不同。英美和欧陆等内发型发展国家，法律现代化的动因是内生的，变迁的过程相对比较顺利，因为现代法律制度与这些国家的传统法律制度和法律观念相融；中国等外源型发展国家，法律现代化的动力大多来源于外部因素，变迁的过程并不顺利，因为现代法律制度与这类国家的传统法律制度和法律观念往往会产生激烈的碰撞。为解决这个问题，人们开始思考现代法律制度与本国传统法律观念和法律制度的关系，法律现代化与本土化关系的课题由此而生。

一、清末和中华民国：现代法律制度的水土不服

清末以来，中西交往频繁。而在交往的过程中，我国总处于落后挨打的地位。仁人志士们为救亡图存，实现民族独立与复兴，四处奔走，寻求救国良方。他们开始研究西方的历史与制度，但是，在一种自卑心理的驱使之下，他们认为中国社会的落后是源自于我们传统制度的束缚。于是，学者们主张推翻一切传统的制度，引进西方的制度，对我国社会进行改造。现代法律制度的引进与建立，便是在这样的历史背景下开始的。可是不久，人们就发现，现代化的法律制度在中国水土不服。

现代法律制度为何会在清末和民国时期的中国土壤里水土不服呢？有论者提出，因为中国的社会结构与西方的社会结构不同。传统的中国是一个宗法社会和熟人社会，人与人之间关系的维系多靠道德与情感，少用法律。而西方社会是一个工商业社会，是一个陌生人社会，人与人之间的信任程度不高，诉诸道德与情感来维系人与人之间的关系

作者简介：徐祥云（1992－），女，贵州石阡人，贵州民族大学人文科技学院2011级法学专业学生。

不甚可靠,而法律背后有政府的强力做保证,让人们的交易信心更加充足。这个观点在笔者看来是有一定瑕疵的。我国是一个幅员辽阔的国度,要把各个地方撮合到一起,形成大一统的格局,需要一个拥有强大力量的政府,这个政府能够约束各个地方政府和民众的作为;同时,农业社会最大的特点是社会稳定,很少发生社会变革,而法律的一个特征就是具有稳定性,为了维护法律的权威,它不能够经常变动,朝令夕改。由此观之,我国的传统社会,既有对国家强制力的需求,也有现代法律制度生存的土壤,所以,从社会结构角度进行分析,反而证明了我国更容易走上法治的道路,但事实正好相反,我们几千年来施行的都是礼治。

笔者以为,之所以现代法律制度会在清末和中华民国时期水土不服,其主要原因在于,长期生活在我国传统宗法社会的民众们的眼里,历来施行的礼治是比法治更好的治国方略,理由可以从两个层面进行分析。

从约束个人行为的角度来看,法律看似保障人的自由,实则是对人的束缚;礼治看似给人诸多束缚,但更尊重人的自由与平等。根据我国官方的权威性观点,法律是维护阶级统治的工具。为了达成这个目的,法律会划定人们行为与活动的范围,只有在这个范围中,人们才是自由的,超出这个范围,你将会受到严厉的制裁。因而,在民众们的心目中,法治之下享有的自由,实质上是一种束缚。相比之下,礼法是一些人与人交往时应该遵循的道德法则。这样的道德法则,虽然对人的行为会有约束,但这样的约束,来自于对他人的尊敬,而这份尊敬,或源自天然的血缘亲情,或源自推己及人的善心,所谓"老吾老以及人之老,幼吾幼以及人之幼"。将法治与礼治相对比,人们发现,"礼是私人相互间事,而法则是用来统治群众的。礼治精神须寄放在社会各个人身上,保留着各个人之平等与自由,……法治精神则要寄放在国家政府,以权力为中心,而削弱限制各个人之自由……"[2]

从社会矛盾的疏导方式和社会纠纷的解决方式来看,法治侧重于维护权利受损者一方的利益,法庭上非此即彼的解决结果往往激发新的社会矛盾和社会冲突;礼治通过引导矛盾和纠纷双方的情感,常常采取折中方案化解社会矛盾和冲突,恢复被破坏的社会秩序和社会关系。法律为保护权利而设,它讲求的是对利益的维护。面对权利的冲突,法律只能选择保护其中一方,从政治的角度讲,法律更多的是维护统治阶级的利益。于是,不能得到法律庇佑的另一方,若要强行主张自己的利益,就只有怨怼现有的法律制度和社会制度,进而可能引发更多的社会矛盾。但是,尚礼的社会,解决纠纷的方式并非如此。礼法注重引导人的情感,促成双方的沟通与交流。采用这样的手段去解决纠纷,事情的回旋余地更大,最后的解决方案也更容易为双方接受,于是,在礼治的社会下,很少革命,顶多是皇室由刘家变成了李家,但社会制度几千年来并无大的变动。

二、新中国成立至今:法律移植和本土化发展的逐渐融合

中华人民共和国建国之后,国家陆续推进多场广泛而又深刻的社会革命,使得农业社会和宗法社会相继解体,工业化和城镇化的程度不断加深。改革开放之后,国家实行社会主义市场经济,多年努力之下,自由的市场得以初步建立并且不断得以完善。

较之之前的社会,新中国的社会结构发生了天翻地覆的变化,与法律现代化所需的

社会结构更为接近。为了适应当代社会的需求,中国开始陆续移植西方的现代法律制度,逐步实行了法律规范的现代化。尤其是统一市场建立以后,现代法律制度更是成为了调控社会运行和规范社会行为的基本手段之一。究其原因,可以从两个方面进行分析。

第一,传统上,我国是一个农业社会,农业社会最大的特点是人口流动不频繁,传统社会的风俗习惯具有强烈的地域性。当统一的国内市场建立以后,各地经济交往日益密切,在交易过程中,交易习惯地域上的局限性日益凸显,不仅体现在交易主体之间在获取和了解交易信息方面大量的有形和无形的交易成本的增加,而且可能导致交易主体之间产生许多不必要的误会和纠纷,最终导致交易的失败。要想鼓励并促进交易,充分发挥市场的作用,创造更多的社会财富,必须构建统一的交易规则。现代法律制度作为一个具有公信力的第三方给市场制定一套严格而又公正的规则,保证了市场的自由运行。当然,我们也可以期望某个地方性交易规则,经过一段时间后,具备成为这样一套通行规则的能力,但等待的时间太长。于是,由国家制定法律,通过法律来控制社会和市场的运行,成了更好的治国策略。

第二,在传统社会下,一个人不遵守交易习惯,他所受到的惩罚是交易市场信用的丧失,代价是再没有人愿意跟他做生意。但是,当统一的市场建立以后,原先得以依靠的社会监督机制失灵。所以,要维护市场的正常运作,我们需要一个客观中立的第三方来进行监督与制裁。于是,法律的作用再一次凸显。

综上,我们发现,随着工业化和城市化的发展,以及市场经济的确立,构建现代化的法律体系势在必行。经过多年的努力,我们在法律规范现代化方面取得了丰硕的成果,但是法律现代化的道路仍然任重而道远,其中现代法律制度与本土化发展是否相融就是其中急需解决的问题之一。首先,一个国家的法律传统,通常包含三个部分:传统法律制度、传统法律器具和传统法律意识。传统法律意识是最内在的部分,也最难被改变。因此,尽管当今中国社会结构与法律制度已经变化,但是民众的意识并不依赖于制度而存在,因为人具有重复在过去被认为是令人满意的经验或安排的先见取向。[3]如此重复规则,能给民众的生活建立一个稳定的预期,因此,其存在源自民众对秩序的渴望。其次,虽然宗法社会,以及农业社会都已经不复存在,礼治发挥其优越性的土壤看似已经消失,但是,礼法的确具有其无可替代的优点。

苏力先生在其《法治及其本土资源》一书中讨论的两个案例:秋菊打官司与山杠爷案就是最好的范例。秋菊想要的说法,其实就是礼治社会下解决纠纷机制下得出来的解决方案,她需要的不是现实中的惩罚,而是情感与心理上的补偿。山杠爷案更多的是提出一种困惑,媳妇虐待婆婆,法律不管,但又禁止我们按照传统的社会习惯进行制裁。事实上,与其他诸多社会规范相比,法律的调整范围相对狭窄,这也是法律本身无法克服的局限。适当引入礼法这项“本土资源”,不仅可以调和民众意识与现代法律制度之间的矛盾,也可以克服法律本身的局限性。此外,现代司法制度也具有同样的局限。我国现行的诉讼制度就是仿效大陆法系国家建立起来的。我们不能否认这套制度产生了巨大的社会效益,但是正如前面分析礼治与法治时所提到的,法治社会下处理纠纷所使用的是一种硬性方式,通过法律划定每个人的权利在先,然后依照这个分配方案矫正错误的权利分配,并且以国家强制力保证裁判的实现,它更多体现的是形式上的公平正义。相比之下,礼治之下的纠纷解决采用的是一种软性方式,它的着力点不仅仅是权利回归正常状态,更重要的是沟通情感,消弭双方的怨怼之气。

考察我国当下的司法实践,调解制度就是一种"引礼入法"的行动。如果不是以一种西方中心主义的眼光来审视问题,我们的确能够看到调解制度在解决我国民间纠纷上发挥的巨大功效。比如,基层法院受理的民事财产案件,主要是亲朋好友之间的借贷纠纷、邻里之间的相邻权纠纷,以及雇主与雇员之间的劳动纠纷。要真正解决这些案件,不是把欠款退回去、把院墙修补好或者把工伤款打到账户上就行的,关键是还要修补因纠纷而受到损害的原有的良好关系。在调解制度下,法官代表公正作为第三方主持调解,并且辅以国家公信力,这些能让双方当事人尽情表达自己的意见,双方的交流也就会更充分,对法官而言,不仅能更清晰地查明案件事实,而且也能找到纠纷的病根,然后加以调解,这样才能真正做到案结事了。

三、结语

综上,笔者认为,法律现代化与法律本土化是应然与实然的关系:法律现代化告诉我们应该去向何方,法律本土化告诉我们最终得到的究竟是什么。中国的法律现代化进程既需要明白我们应该的去处,也需要关注我们实际的去处。

纵观我国自清末以来的百年历史,新中国成立以前,传统社会结构仍然存在,礼治是优于法治更好的治国策略,民众既往的法律文化依赖使得现代法律制度水土不服。新中国成立之后,传统社会结构逐渐转型为现代社会结构,为了维护市场经济的正常运行和社会的稳定,建立现代法律制度成为必然。但是,传统的法律意识并不因传统制度的消亡而消亡,并且礼治的确拥有法治无可替代的优越性,因此,在法律现代化的建设中融入中国法律本土化的因素才是建设法治中国的最终归宿。

【参考文献】

[1] 张文显.法理学(第四版)[M].北京:高等教育出版社,2011:178-179.
[2] 钱穆.湖上闲思录[M].北京:生活·读书·新知三联书店,2012:61.
[3] 博登海默.法理学——法律哲学与法律方法[M].邓正来,译.北京:中国政法大学出版社,2004:236.

● 地役权善意取得问题探析

余泽波

（贵州大学　法学院，贵州　贵阳　550025）

【摘　要】我国现行《物权法》对于不动产物权变动模式分采登记生效要件主义和登记对抗要件主义，而由此牵扯到的不动产物权的善意取得也变得复杂。采登记生效要件主义的不动产物权往往登记簿记载与真实权利相符，故其具有公信力，可以适用善意取得也毫无疑义。而采登记对抗要件主义的不动产物权，因其登记簿记载往往与真实权利不符，所以它是否适用善意取得的问题，根据各个学者对《物权法》第106条的理解不同，得出的结论也大相径庭。本研究通过对各种思路的分析，以求能找出解决问题的思路。

【关键词】地役权；登记对抗；登记生效；善意取得

一、引言

善意取得制度得以建立的基础在于公示所产生的公信力，而物权的公示，按照我国《物权法》的规定，基于法律行为的动产物权变动，以交付为生效要件，除非法律另有规定（《物权法》第23条等）。基于法律行为的不动产物权变动，以登记为生效要件，除非法律另有规定（《物权法》第6条，第9条，第14条等）。所谓法律另有规定，如《物权法》规定，地役权自地役权合同生效时设立。当事人要求登记的，可以向登记机构申请地役权登记；未经登记，不得对抗善意第三人（第158条）。这就意味着我国不动产物权的公示方法采取的是登记生效与登记对抗并存的二元模式。

不动产物权公信力的意义在于，即使不动产物权变动登记的表征与真实的权利不符，对于信赖不动产物权表征而为交易之人，法律仍然承认其具有与真实物权状态相同的法律效果，以为保护。[1]《物权法》第16条第1款关于“不动产登记簿是物权归属和内容的根据”的规定，承认了权利正确性推定原则。换言之，在不动产登记簿的记载大体上尚未正确反映出真实的权利关系的情形，若对此种不动产登记簿的记载赋予公信力，真实

作者简介：余泽波（1989－），男，汉族，贵州大学法学院2013级民商法硕士研究生。

[1] 谢在全. 民法物权论（上册）[M]. 北京：中国政法大学出版社，1999：85.

权利人的利益就会受到不当损害,作为法律制度总体的均衡就会被打破,形成困难的局面。❶ 遵循这种思路,以登记为对抗要件的地役权等不动产物权,由于其生效不以登记为要件,固其登记簿往往不能显示其真实权利归属情况,所以不应被赋予公信力,进而不能适用善意取得制度。

然而在我国社会生活实践中,从利益衡平的角度,有时承认善意的第三人取得地役权为代表的登记对抗要件的不动产物权,似乎更具有合理性。所以在登记仅为对抗要件的法制下,是否需要例外的承认若干"善意取得"? 需要我们慎重考虑。而承认地役权等不动产物权的善意取得,就需要为其寻找善意取得存在的基础—公信力。动产物权的变动以交付为其公示方法,其公信力来源于对动产物占有,而地役权等登记仅为对抗要件的不动产物权,其生效要件与动产物权无异,现实生活中,这一类不动产物权被长时间使用的事实,往往可以令善意的第三人信赖,给善意第三人造成不动产物权的表征与真实物权状态相同。假若借鉴动产物权的公信力来源,承认以登记为对抗要件的地役权等不动产物权的公信力可以来源于占有的表征,是否可以更好地适应我国经济社会的发展?

但是,承认地役权为代表的登记对抗要件的不动产物权可以适用善意取得,交易安全又势必受到影响,不如更为彻底,改变我国《物权法》所确立的登记生效与登记对抗的二元模式,使所有不动产物权非经登记不得生效,可能可以更加妥善的解决这个问题。

二、登记生效与登记对抗的二元模式下的不动产善意取得

引言中已经提到,在物权变动的立法模式上,我国物权法采取了极具特色的二元化结构模式:以公示要件主义为原则,以公示对抗主义(我国仅表现为登记对抗主义)为辅助。在这种二元模式下,在《物权法》第106条关于善意取得的构成要件问题上,尤其是对第1款第3项的理解上,学者间产生了严重的分歧。

(一)对《物权法》第106条第1款第3项的理解

物权法第一百零六条第一款第三项:转让的不动产或者动产依照法律规定应当登记的已经登记,不需要登记的已经交付给受让人。

1.两种思路

第一种思路:崔建远教授则认为,不动产物权的善意取得,一律以办理了变更登记为要件,法律未要求不动产物权的存在于变动以登记为生效要件的,受让人就无权处分的不动产为交易时难谓善意,故不得发生善意取得的效果。正所谓善意取得必须依据一个外部标记,而这个标记在动产物权中是占有,在不动产物权中是土地登记簿的登记状态。❷ 至于《物权法》第106条第1款第3项所谓"不需要登记的已经交付给受让人",是仅就动产物权的善意取得而言的。❸

第二种思路:王利明教授认为,对于不动产物权的存在与变动,无论法律是否把登记

---

❶ 崔建远.物权法(第二版)[M].北京:中国人民大学出版社,2011:52.

❷ [德]鲍尔,施蒂尔纳.德国物权法(上册)[M].张双根,译,北京:法律出版社,1994:64.

❸ 崔建远.物权法(第二版)[M].北京:中国人民大学出版社,2011:80.

作为物权变动的生效要件,均可成立善意取得。只不过在法律要求不动产物权的变动必须登记的场合,不动产物权的善意取得以办理了变更登记为要件;法律不要求不动产物权的存在与变动以登记为生效要件的场合,不动产物权的善意取得以不动产已经交付为要件。[1] 换言之,登记仅为对抗要件的地役权,土地成包经营权,宅基地使用权,对于该项善意取得条件,不同于其他的不动产物权必须经过变更登记,仅需要交付,便构成善意取得。

2. 争议焦点

两种思路的不同,其争议焦点在于第三人什么情况下可谓善意。

第一种思路则认为,不动产物权的善意取得,必须依靠登记簿这个外部标记,而登记对抗要件主义的不动产物权,由于怠于或客观上无法及时予以变更登记的情形大量存在,登记簿这个外部标记不具有公信力。第三人作为理性交易人,应对真实的不动产物权关系存疑,负有一定的注意义务,第三人不履行该注意义务,仅凭借无权处分人对上述不动产物权的使用和占有,就盲目地相信无权处分人为真实权利人,不宜认定为善意。换言之,仅承认登记生效要件下的登记簿具有公信力,不承认登记对抗要件下的登记簿,以及占有,使用具有公信力,第三人也不可凭借其占有的外部表征主张自己是善意,进而主张成立善意取得。

第二种思路认为,第三人可凭借无权处分人对登记为对抗要件的不动产物权的使用为表征,以此推断无权处分人为上述不动产物权的真实权利人,由此第三人可谓善意。换言之,登记为对抗要件的不动产物权,其公示方式为交付,对于其的占有和使用可以产生公信力,第三人也可以凭借其所产生的公信力作为善意取得的外部标记,来主张成立善意取得。

(二)对第一种思路的合理性分析

我们以一个简单的情形进行分析:甲和建设用地使用权人乙就通行于 a 宗建设用地而签订了地役权合同,甲于该地役权合同生效时取得地役权,可一直没有办理登记手续。实际上,甲并未行使该向地役权,而是丙一直在以地役权人的名义通行于该宗建设用地之上,乙对此听之任之。后来,乙和丁就该建设用地使用权签订转让合同,丙以地役权人的身份同意将存在于该宗建设用地上的地役权转让给丁。建设用地使用权的转让和地役权的转让采用同一合同文本的形式,乙,丙,丁分别在转让人和受让人处签字。丁随即在该宗建设用地上形式地役权。当甲发现此情而否认丁的地役权时,丁能否基于善意取得而对抗甲?

遵循第二种思路,丁是无法善意取得地役权的,但是从利益衡平角度看,倘若遵循第一种思路,承认善意的丁取得地役权似乎更具有合理性。因为丙一直以地役权人的名义行使地役权,具有占有的表彰,而设立地役权的建设用地使用权人乙也对此听之任之,就算是以一个正常理性人的分析,丁也有足够的理由相信丙是正当的地役权人。更深层次的考虑,由于我国法并非如德国法那样对全部的基于法律行为的不动产物权变动采取登

[1] 王利明,尹飞,程啸.中国物权法教程[M].北京:人民法院出版社,2007:150.

记生效要件主义，而是同时兼采登记生效要件主义与登记对抗要件主义，因此，我国法上登记簿的推定,效力与公信力的适用应该是受到限制的。它们仅适用于那些以登记为生效要件的不动产物权变动的情形中。在这些不动产物权发生变动时，登记簿才具有权利表象作用，从而产生推定效力与公信力。在那些不以登记为生效要件的不动产物权变动的情形当中，登记簿并非权利表象，所以更受重视的是占有，即不动产善意取得乃是以占有的权利表象作用为基础的。[1]

(三)第二种思路的产生理论基础—日本民法对我国的影响

日本民法就不动产物权的变动没有采用公信原则,因此不承认不动产物权的善意取得。[2] 这也间接成为了我国第二种思路的理论基础。

1. 日本民法放弃公信原则的原因

日本民法不采取公信原则,是由于日本民法实行登记对抗主义的公式方式。日本当初选择登记对抗主义,系因当时商品经济尚不发达,登记簿亦没有取得社会信赖。在登记簿的记载大体上尚未正确反映出真实的权利关系的情况下,采用公信原则,静的安全就会受到极大威胁,真实权利人的利益就会受到不当损害,作为制度总体的均衡就会被打破。而当今的日本社会,登记簿在不动产物权变动中已经具有举足轻重的作用,日本国民也已适应了买卖不动产应该登记的交易习惯。现如今日本通说虽然在理论上并未承认登记簿的公信力,但在实践中确实赋予了登记簿相当程度的信赖。[3]

2. 我国对日本民法的继承

遵循日本民法的思路,地役权、土地承包经营权、宅基地使用权的生效,均不要求登记,登记簿记载的往往不能反映出真实的权利关系,登记也就不具有公信力,也就不宜适用善意取得制度。换言之,仅仅转移占有,没有办理变更登记手续的场合,不发生善意取得的效力。[4] 考虑到不动产占有不像动产占有一般产权表彰清晰,加之社会生活中二重让与等现象的存在,在仅仅承认不动产登记具有对抗效力,未赋予不动产登记以公信力的背景下,考虑到对静的安全的保护,不承认不动产物权的善意取得,有其道理。

三、对地役权采登记对抗要件主义的评价

《物权法》第158条规定,地役权自地役权合同生效时设立。当事人要求登记的,可以向登记机构申请地役权登记;未经登记,不得对抗善意第三人。如此我国《物权法》在地役权的公式方面,采取的是登记对要件主义。

[1] 程啸. 论不动产善意取得之构成要件—中华人民共和国物权法第106条释义[J]. 法商研究,2010(5).

[2] [日]我妻荣. 日本物权法[M]. 有泉亨修订,李宜芬校订. 中国台湾:五南图书出版公司,1999:194-195.

[3] 龙俊. 中国物权法上的登记对抗主义[J]. 法学研究,2012(5).

[4] 崔建远. 物权法(第二版)[M]. 北京:中国人民大学出版社,2011:81.

（一）我国地役权采登记对抗要件主义的理由

地役权贴近于生活，诸如为了粉刷外墙，整修栏栅等而需要设立地役权的情形，若采取登记生效要件主义，就把生活中的一些琐碎事项复杂化，办理登记手续远比粉刷外墙等事项麻烦，不如采取登记为对抗要件主义，既不损害善意第三人的合法权益，地役权的产生也快捷。[1] 在我国，赞成登记对抗要件主义的学者为数极少，但是不得不承认，登记对抗要件主义确实有其优势，主要包括：

（1）尊重当事人的意思自治。郭明瑞教授认为，当事人之间的物权变动，应仅由当事人的意志来决定。交付和登记仅是物权变动的外在表征，而非根本原因。同为交付物，接受方取得的既可能是所有权，也可能是他物权，还可能是债权。[2] 而登记对抗要件主义最大限度的排除了公权力对个人意思的干预，具有重大历史意义。

（2）更加贴近于生活。地役权设立往往源于生活中的一些琐事，如若采取登记生效，会平添麻烦，不利于降低成本，方便生活。

（3）符合我国国情。我国以土地承包经营权为代表的采登记对抗要件的权利，大量存在着不实登记的现象，人们因为各种理由，往往不愿意主动进行登记，倘若强行使之采取登记生效要件主义，人们可能也不会主动进行登记，再赋予其公信力，对静的财产安全将会构成极大威胁。

以上几点理由虽然不能涵盖学者所提出的全部理由，但也具有一定的代表性。值得考虑。

（二）对登记对抗要件主义的反思

登记对抗要件虽有一定优势，但将其纳入我国《物权法》体系仍需慎重考虑，除非有重大理由，而以上几点，显然不足以排斥登记生效要件主义。

（1）《物权法》的初衷，就是保护静的交易安全，而为了个人意思自治来排斥公权力对个人权利的保护，这是一种历史上的倒退，既然法治从近代的绝对自由走到现代的今天，我们又为何要回到过去？

（2）地役权只是解决问题中可供选择的一种途径，不排斥当事人选择债权的方式，甚至友情等非法律的途径。对于生活中的一些琐事，需役地人若嫌登记麻烦，完全可以通过与供役地的权利人订立借用或者租赁合同，从而以债权的方式，达到目的。

（3）登记对抗与登记生效的并存，使得我国现行法上的物权变动模式过于多样化，即使是基于法律行为的物权变动模式也不统一。鉴于多样化不利于人们对法律的理解和掌握，除非不得已，应当以统一为目标。

（4）我国虽大量存在不实登记的现象，但是随着社会经济的发展，势必要强化土地权利登记簿的作用，强化人们的登记维权的意识。另外，不要低估登记为地役权设立的生

[1] 崔建远. 物权法（第二版）[M]. 北京：中国人民大学出版社，2011：354.

[2] 郭明瑞. 物权登记应采对抗效力的几点理由[J]. 法学杂志，2005：（4）.

效要件对于减少纠纷,有利于交易安全等方面的积极作用。[1]

登记生效要件的优势必然不止仅以上几条,考虑到地役权等权利也存在二重让与等现象的大量存在,在构建完备的土地权利登记簿的基础上,实行登记生效要件主义似乎更具有合理性。

四、结语

在我国现如今的社会经济生活中,地役权等一系列登记对抗要件主义的权利是否可以适用善意取得是存在争议的,而在我国登记对抗与登记生效并存的物权变动模式下,承认地役权的善意取得将会对交易安全构成威胁,而不承认地役权的善意取得又不能满足在经济交易中取得利益衡平,侵害善意第三人的利益。而根本的解决之道,就是变我国物权变动模式的二元化为一元化。而我国《物权法》关于不动产物权的变动是以登记生效为主而以登记对抗为辅的,变登记对抗为登记生效在立法上也有一定优势。考虑到多样化的法律过于繁琐,也不利于人们掌握,而登记对抗的优势似乎也没有给《物权法》中物权变动模式必须二元化的足够的理由,所以不如将地役权,宅基地使用权,土地成包经营权转变为登记生效要件主义,强化登记簿的地位,如此,交易安全才能保证,公信力得以真正确立,善意取得制度才可以没有后顾之忧的发挥作用,善意第三人的善意,才能得到法律的真正保护。

---

[1] 崔建远. 土地上的权利群研究[M]. 北京:法律出版社,2004:225 -226.

经济与管理研究

● 软田保护与利用

邓敏文

（中国社会科学院　民族文学研究所，北京　100732）

【摘　要】侗族地区一年四季都蓄水的稻田，即软田，既可种稻，又能养鱼养鸭。实际是一种人工湿地，对自然生态环境的保护有着重要作用。但自1958年以来，由于片面追求高产，政府引导或强制“禾改籼”（由种禾糯改种籼稻）、推广杂交稻，软田面积随之逐年减少。时至今日，侗族聚居地区90%以上的软田稻田变成了“硬田”，不仅影响到水稻的产量、质量，而且使长期具有生物多样性协调共进的侗族生态环境受到严重破坏。应按照尊重自然、顺应自然、保护自然的理念，采取积极措施重视和加强软田保护工作，以促进生产资源的协调循环与可持续利用，实现人与自然的协调共生与良性互动、发展。

【关键词】软田；保护；利用

一、软田概说

“软田”是侗语 yav mas 的直译，是指一年四季都蓄水的稻田。据本人深入调查，1958年以前，贵州黎平、榕江、从江，湖南通道，广西三江等侗族聚居地区80%以上的稻田都是软田。这些软田基本上都种禾糯，既可种稻，又能养鱼养鸭。软田实际是一种人工湿地，其对自然生态环境的保护显而易见。

大家知道，水是生命的源泉，是农林的命脉。侗族人喜欢将财富称为 oux naemx（谷水）。由此可知，水在侗族人的心目中与谷（粮食）居于同等重要的地位。他们知道，没有水就没有粮，没有粮就没有饭吃，没有饭吃，人就活不下去，这是最简单的生存原理。侗族人称稻田为 daeml yav（田塘），既可以种稻，又可以养鱼，终年蓄水，侗族人对软田的修筑、保护十分重视。那么，软田与水究竟有着怎样的亲密关系呢？

大家知道，无论是哪里的水，最初都来源于两个地方：一个是来自天上，即“天上水”（雨水或雪水）；一个是来自地下，即“地下水”（泉水）。

首先让我们看看软田与“天上水”的关系：天上下雨或下雪，是一种自然规律，五洲四海，无论如何干旱，总会有下雨的时候。天下雨了，如何把雨水积蓄起来，不让它白白流走？这是人类最初想到的蓄水或抗旱方法。聪明的侗族人就是靠软田把雨水积蓄起来

作者简介：邓敏文（1943－），侗族，中国社会科学院民族文学研究所研究员，研究方向：民族文学、侗族文化研究。

的。我粗略计算了一下:1市亩≈666平方米。我们按平均蓄水深度为1市尺(0.33米)计算,每亩稻田的蓄水量将近220立方米。1万亩就是220万立方米,相当于一个小型水库的蓄水量。更值得重视的是,这220万立方米的水并不像普通水库那样堆在一起集中积蓄,而是广布在至少666万平方米的土地上。这666万平方米的水域一方面要不断地向地下渗透,不断地补充"地下水";另一方面,又不断地气化升腾,不断地补充"天上水"。"天上水"变成云雨或冰雪后,又降落到侗家人的软田里;之后"地下水"变成泉水,又不断流进侗家人的软田里。殊途同归,来回往复,形成侗族地区所特有的"自然水循环系统"。

下面让我们再看看这"地下水"是怎样流进侗家人的软田里去的?如上所述,历史上侗族地区到处都是终年蓄水的软田,所以侗乡到处都有源源不断的清泉,侗语称之为naemx ngaens(泉水)。更为重要的是,侗家人的软田不是平铺在一个水平面上,而是沿着山坡逐级提升,层层叠叠,形成立体式的湿地分布,侗语称之为yav janc(梯田)。这种分布格局不仅保证了山有多高水有多高的自然水源供水系统正常运行,也保证了不同海拔高度动植物对水的需求,保护了生物的多样性,一个立体式的自然生态供水系统和多样性的生物系统就这样自然而然地形成了。

软田的层叠布局,不仅大大降低了人类对自然生态环境的破坏,也保证了"地表水"的清洁卫生及防洪防涝。例如,天下大雨了,雨水经过层层梯田的积蓄、沉淀、渗透,避免了泥沙俱下,水土流失的情况发生,减少了流域内江河湖海水源的含沙量,也减少了水灾的频繁出现,最后流到河里去的雨水既清澈、又干净,形成了侗乡的青山绿水。

由于软田蓄水不同于一般水库蓄水,不是人为地将水集中堆积起来大量积蓄,而是就地将雨水分散积蓄起来,所以避免了像三峡水库那样对自然生态和人文生态的人为破坏,即便有天灾人祸,如地震、战争等,也不会造成重大灾难。

当然,软田这种自然供水系统也需要人工做些修修补补和保护工作。如梯田的建造,水渠的修整,水枧的架设,水车的安装等,在这方面,侗族祖先们都是行家里手。

梯田一般都修建在有一定坡度的山坡上,一般都环山修建,先挖田基,待有一定的宽度再用石头砌垒保坎及田埂,然后填土,夯实,使其底部不易漏水。保坎的高度要看坡度的大小及田块的宽度而定,矮者一两米,高者也有10多米的。这是一个艰巨的基础工程,旧时没有推土机或挖掘机,全靠锄头、钢钎、肩挑、脚运所为,有时开一亩田要用几年、几十年乃至几代人的辛勤劳动,必须要有"愚公移山"的精神才行。所以侗族人特别珍视这些梯田,没有非常特殊的情况,他们是不愿意离开故土或毁坏田塘的。

梯田造成之后,还要寻找水源。有时梯田附近就有泉水,只要将水引入田里就可以了。如果附近没有泉水,就要从较远或很远的地方开凿沟渠把水引来。这种人工开凿的沟渠,侗语称之为miangl,其长度有几十米、几千米,甚至有几十千米的。开凿沟渠也是一项非常艰巨而且技术性很强的工作。首先要测量水位,看水源是不是高于要引入的田块。如水源低于要引入的田块,即便付出了艰辛的劳动,也难以达到预期的目的。在那些没有测量仪器与专业测绘人员的时代里,侗族农民们只能根据自己的目测和经验施工了。为了充分利用水源,并减轻个人负担和取得更大效益,侗族人常常自发地组织起来共同为一片或一线邻近的软田开凿沟渠,这就需要有严密的组织及合理的管理制度。总的原则是"不让沟头无水沟尾满,不让上丘干裂下丘溢"(侗族民间公约《款词》)。也就是说,要合理地利用水源,不要让距离水源近的田块没有水,而让距离水源远的田块反而有水;不要让位于上面的田块干裂而让下面的田块浪费水,因为水是从上往下流而不是从下往上流的。如果违犯了这些原则,当事人要受到公众的谴责甚至惩处。如当事人双方各持己见,出现纠纷并难以自行解决,就要请寨老、乡老或款首出面调解或者公断。由此可见,软田也为侗族社会的和谐稳定提供了物质基础。

二、软田现状

遗憾的是,自1958年以来,由于片面追求高产,当地政府引导或强制"禾改籼"(由种禾糯改种籼稻),软田面积随之逐年减少。1980年以后,大力推广杂交稻,致使软田面积锐减。今日,侗族聚居地区的软田面积已经不足当地稻田总面积的10%,只有那些实在不能晒干的冲田才保持常年蓄水,其余90%以上的稻田都变成了"硬田",侗语称 yav guas。

软田变成硬田,的确提高了单位面积粮食产量,但这种耕作制度的改变对生态环境的破坏也是显而易见的。硬田的蓄水时间,大约只有软田蓄水时间的1/3,即从耙田到放水晒田这4个多月。其余时间硬田都不蓄水,都让雨水白白地流走了,所以才造成侗乡各地泉水干涸,河水减少,泥沙淤积,干旱频发。一遇大雨,河水暴涨,泥沙俱下,造成洪灾。

据调查,软田锐减的主要原因是单位面积粮食产量不高。在传统社会中,衡量一亩田的收入,总是以产多少斤稻谷为计算标准。在市场经济环境中,这种传统观念应该改变。软田变成硬田,的确能提高单位面积粮食产量,但未必能提高单位面积产值(总收入)。2006年,我们在黎平县岩洞村等地进行糯稻实验种植,就单位面积产量而言,种糯稻的确普遍不如种杂交稻产量高,但其产值却普遍比种杂交稻高出许多,最多者甚至可以翻番。如岩洞村农民吴应昌家的1亩4分稻田参加实验,2005年种杂交稻收1680市斤稻谷,2006年种糯稻收1526市斤稻谷,实际减产154市斤。因为当时糯稻的市场价格比杂交稻高出一倍,所以该田2006年比2005年实际增收1110.2元人民币。该田当年养鱼养鸭所得收入还未计算。因为糯稻的稻秆较高,可以积蓄深水,还可以不用晒田,终年可以蓄水,终年可以养鱼养鸭。另外,种糯稻可以自己留种,不用花钱购买稻种;糯稻不宜施用化学肥料,不用购买化肥,也能节省种植成本。软田不用犁田、耙田,也能节省劳力;秋收后将禾秆草(糯稻稻草)踩进软田里,就是上等的可循环施用的天然有机肥。如果专心经营,软田还可以养殖或种植其他经济价值较高的水生动植物,如泥鳅、黄鳝、青蛙、河虾、螃蟹、浮漂、水菜等。

三、历史教训

世界上为什么会有沙漠?因为那里距离江河湖海太远,因为那里缺少水源——既缺少"天上水",也缺少"地下水"。沙漠的形成,既有自然原因,也有社会原因。

两三千年以前的黄河及黄土高原并不像现在这个样子!据史料记载,古代的黄河,河面宽阔,水量充沛,水流清澈。那时,它的名字并不叫黄河。我国最古老的字书《说文解字》中称黄河为"河";最古老的地理书籍《山海经》中称黄河为"河水";《水经注》中称黄河为“上河”;《汉书·西域传》中称黄河为“中国河”;《尚书》中称黄河为“九河”;《史记》中称黄河为“大河”。到了西汉,由于河水中的泥沙含量增多,才有人称之为“浊河”或“黄河”。如《汉书》中有“使黄河如带,泰山若厉”的记述,但也还未被普遍认可。直至唐宋时期,黄河这一名称才被广泛使用。

现在的黄河已经成为世界上含沙量最多的河。由于泥沙淤积,全长5464千米的黄河的大部分河段,河床都高于流域内的城市、农田 ,全靠大堤约束,才避免经常性泛滥成灾,因而现在的黄河又被称为“悬河”。

先秦时期,黄河流域的地理环境很适宜植被的生长与人类的生产生活活动。那时,黄河中下游有雷夏泽、大野泽等大量的湖泊存在。如《孟子·滕文公上》曾有黄河流域“草木畅茂,禽兽繁殖”的记载。直至战国时期,黄河流域依然是“山林川谷美,天才之力多”的景象。中国第一部诗歌总集《诗经》成书于战国以前的春秋时期,那上面有许多作品描写当时黄土高原及黄河流域的生产生活状况,其中就有关于糯稻生产的描述。由此可知,当时黄河流域及黄土高原的生态环境并不像现在这个样子。

到了战国以后,随着铁器农具的广泛使用和秦国经济中心向关中迁移,黄河流域与黄土高原的植被开始遭到破坏。为了追求高产及应对干旱,耕作制度也由主种水生作物(如水稻)改为主种旱地作物(如小米、玉米、高粱)。随着植被遭到破坏,黄土高原开始受到河水的侵蚀而被卷走大量的土壤,因而逐步形成千沟万壑的地表形态。

湘黔桂边界侗族聚居区正处于长江水系和珠江水系的分水岭上。因为这一地区的居民(主要是侗族居民)自古以来主种糯稻,经营软田,所以才造就并保护了这片满目青山的绿洲,侗乡的江水才有“清水江”这样的美名。

遗憾的是自20世纪后叶以来,随着耕作制度的逐步改变和开发力度的逐步增强,这片绿洲也逐步遭到了严重破坏。仅仅数十年间,许多侗乡山川已经面貌全非。如果我们不采取有效的保护措施,在不久的将来我们可爱的侗乡也将变成“红土高原”或“石漠高原”,清澈的“清水江”乃至长江、珠江也将变成“浊江”或者“悬江”。这绝不是危言耸听!

四、数据对比

数据是科学的基础,用数据说话就是用科学说话。下面,我想就保护软田和建设水库哪样更合算的问题列举一些相关数据供大家参考:

据官方透露,2013年,山西省打算投入50亿元人民币建设100座小型水库。平均每座水库合5000万元人民币。小型水库蓄水库容的国家标准是100万~1000万立方米,咱们按平均500万立方米计算,每立方米库容将投入10元人民币。

如果用这些钱来保护软田,按平均蓄水深度为0.33米(1市尺)计算,那么每亩软田的蓄水量就是222立方米,每亩应得到国家补贴2220元人民币。

实际上光有水库没有引水沟渠也不行啊!建设引水沟渠要多少钱?我就不清楚了。水库建成之后能不能按库容标准蓄水?也是个未知数。此外,每年还要有为数不小的管理费、维护费等。何况这些水都集中在一起,很难充分发挥它们应有的经济效益,更不用说对自然生态和人文生态的潜在破坏了。

如果国家能用这些钱来建设或保护软田,农民们会自己想办法开沟挖渠,他们自己也会利用这些软田来养鱼养鸭或养殖其他水生动植物，既增加了农民的收入，也保护了自然生态和人文生态环境，更不用政府操心管理。

我经常和我的家乡——贵州省黎平县岩洞村及竹坪村的农民们交流。我问他们：如果国家给你们一些补贴，比如每年每亩补助 100 ~ 200 元，你们愿不愿意把现在的硬田恢复成软田？他们都异口同声回答："那当然愿意啦！"我又问，现在有多少硬田可以恢复成软田？他们说："至少有 50% ~ 60% 的硬田可以恢复成软田"。如果按照这个标准发放"软田保护资金"，这些用来修建水库的钱至少可以维持 10 ~ 20 年时间。

在操作层面上，保护软田比建设水库简单得多，也容易得多，只要像保护天然林那样把保护软田指标落实到各村各寨，然后让村民们自己如实填报软田所在地点、面积，并如实张榜公布，让村民们自己检查核实，就可以把补助金发放下去了。相关政府部门如果还不放心，还可以随时下去抽查，如发现弄虚作假者，立即停发或追回该农户或该村寨软田补助资金；有保护和利用得好的，还可以适当给予奖励。这也是管理生态环境的一种经济手段，不妨试试。

五、几点建议

生态文明已经成为当今全人类的一种共识。中共中央总书记、中华人民共和国主席习近平在写给"生态文明贵阳国际论坛 2013 年年会"的贺信中强调：中国将按照尊重自然、顺应自然、保护自然的理念，贯彻节约资源和保护环境的基本国策，更加自觉地推动绿色发展、循环发展、低碳发展，把生态文明建设融入经济建设、政治建设、文化建设、社会建设各方面和全过程，形成节约资源、保护环境的空间格局、产业结构、生产方式、生活方式，为子孙后代留下天蓝、地绿、水清的生产生活环境。《贵州省生态文明先行示范区建设实施方案》也已经于 2014 年 6 月经国家发改委、财政部、国土资源部、水利部、农业部、国家林业局等联合批准实行。侗族聚地区的软田是侗族祖先历经千年万载进行生态文明建设留下的丰硕成果及宝贵经验，我们应当借此大好时机保护、继承并弘扬侗族祖先留下这份珍贵遗产及宝贵经验，为此建议：

第一，根据因地制宜和自愿参加的原则在侗族聚居区内建设若干个"软田湿地生态农业示范区"，在取得实际经验并有明显效果的基础上，再逐步向整个湘黔桂边界推行。

第二，示范区建成之后，向国家有关环保部门或国际有关环保组织申请软田保护专项补助经费，其中第一年每亩资助恢复费 200 元（含田埂及沟渠整治费）；此后每亩每年资助维护费 50 ~ 100 元。这些钱直接发给相关农户。

第三，凡是春、夏、秋、冬四季蓄水的软田，种什么、养什么由农民自主选择，不做硬性规定。

第四，在广泛宣传动员的基础上，由当地农民自愿申请参加示范并签订相关协议；参加者必须申报软田所在详细地点、面积，并张榜公布，让当地农民自己相互检查监督；相关管理部门也可以随时抽查。如有弄虚作假行为，立即停发该农户或该村寨的软田保护经费。

第五，制订严格的检查和评估标准，对那些保护得好又有明显经济效益的软田，再给予适当奖励。

● 抓住2号文件出台机遇 加快推进扶贫开发的思考

马贤惠
(贵州财经大学　经济研究所,贵州　贵阳　550025)

【摘　要】贵州是全国扶贫攻坚的主战场,当前正处于扶贫开发的关键时期,如何深入学习贯彻贵州省委关于贯彻落实国发2号文件精神,加快新时期贵州扶贫开发进程,已成为贵州全省上下和省委省政府领导关注的《第一民生工程》。积极组织本研究会和省有关部门的专家、学者对这一重大问题进行全面深入研究,为政府和地区有关部门和单位提供有价值的决策咨询意见和具体的对策建议,对加快贵州扶贫开发进程,实现贵州2020年与全国同步建成全面小康目标,具有十分重大的战略意义和现实作用。

【关键词】新时期;扶贫开发;机遇;加快推进;对策建议

《国务院关于进一步促进贵州经济社会又好又快发展的若干意见》(国发[2012]2号)文件指出,贵州"具备了加快发展的基础条件和有利因素,正处在实现历史性跨越的关键时期"。贵州省第十一次党代会报告提出,我省"具备了经济加速发展、实现起飞的基本条件"。2号文件同时指出,贫困和落后是贵州的主要矛盾,加快发展是贵州的主要任务。当前,如何抓住2号文件出台的机遇,从贵州扶贫开发的实际出发,采取卓有成效的对策措施,切实推进扶贫开发,加快脱贫致富步伐,值得认真的思考。

一、进一步提高对加快扶贫开发工作重要性的认识

"八七"扶贫攻坚计划以来,贵州省扶贫开发工作取得了显著成绩。但由于贵州贫困面大、贫困程度深,扶贫开发任务还十分艰巨和繁重,目前全国每7个贫困农民中,贵州就占1个;在贵州,8个农民中就有1个是贫困人口。按国家1274元扶贫标准测算,2010年贵州贫困人口418万,占全国2688万的15.6%,居全国第一。2011年,按照2300元的国家新扶贫标准,贵州有贫困人口1521多万,占全省农村人口的66%。贵州是未来10年全国扶贫攻坚的示范区和决战区。因此,在全国扶贫开发的宏伟事业中,贵州肩负着

作者简介:马贤惠(1952－)贵州财经大学、贵州省技术经济研究会经济学研究员、秘书长,硕士生导师,贵州大学中国西部发展能力研究中心外聘教授,研究方向:农村经济与扶贫开发等领域研究。

极为重要的责任，决不能掉以轻心。要根据《中国农村扶贫开发纲要》（2011—2020）的精神，进一步提高对扶贫开发工作重要性的认识，加快扶贫开发的前进步伐。

1. 加强扶贫开发的组织领导

一是各级党委、政府要把扶贫开发作为落实“三个代表”重要思想和科学发展观的具体行动，加强统一领导，明确职责分工，搞好配合协作，从战略和全局的高度出发，把加强扶贫开发工作作为一件大事，纳入地区经济社会发展的总体规划。

二是各级领导干部要转变工作作风，改进工作方法，深入农村调查研究，帮助基层解决扶贫开发中的矛盾及问题，要把扶贫开发工作一类重点乡镇、村作为领导干部的工作点和试点，做出榜样，抓出成效。

三是要选好和配备好农村党组织领导班子。既注重看政治素质，又看发展致富的能力，把那些党员中的致富能手、有一技之长的技术人才、复退军人、大中专毕业生，以及返乡农民工等纳入选人范围，及时把其中的优秀人才提拔到领导岗位，或纳入后备干部队伍培养，提高贫困县农村基层班子建设质量，通过建一个好支部，来致富一方百姓。

四是加强贫困县农村党建工作，按照开展保持共产党员先进性教育活动的要求，深入开展农村党的建设活动，增强贫困县农村基层党组织的创造力、凝聚力和战斗力，充分发挥贫困县农村基层党组织领导核心作用。

五是加大贫困县农村党员干部的教育培训力度，提高执行政策、依法办事、维护稳定、发展经济的能力。

六是各级扶贫部门应加强研究扶贫政策，提高政策水平，为党委、政府当好参谋助手，提高驾驭扶贫开发的能力。

2. 建立和完善责任制，加快扶贫开发进程

首先，建立各级党政一把手负责制，把扶贫工作列为各项工作的重中之重，由贫困地区党政一把手负责，纳入党政一把手年度目标责任制并作为政绩的重要考核内容。实行分级管理，各负其责。根据省委、省政府下达到各州（市、地区）、县的扶贫工作目标任务，再由各县层层分解落实到乡镇、村、组和农户，实行分级管理，各负其责，定期脱贫。

其次，建立各级国家机关、企事业单位定点挂钩扶贫责任制，分别制定本部门、本单位定点扶贫工作计划，对扶持对象做到不脱贫不脱钩。

最后，建立扶贫联系点责任制。各级领导干部要转变工作作风，改进工作方法，深入农村调查研究，帮助基层解决新农村建设中的矛盾及问题。加强农村基层组织建设，按照“六个好”乡镇党委和“五个好”村党组织的要求，增强村党支部带领群众脱贫致富的能力。

二、以开发式扶贫为主，对贫困人口进行分类扶持

2003年，贵州省提出，对全省贫困人口实行分类扶持。这是对新阶段扶贫开发的新措施。实践证明，对贫困人口实行分类扶持符合贵州扶贫开发实际，依据全省扶贫规划，协调、整合其他力量和资金全面推进扶贫开发，有利于贫困农户增加收入和抑制返贫，效果十分显著。

1. 解决贫困农户的粮食问题

一是粮食安全是解决温饱的基础,要特别重视贫困地区的粮食安全问题。各级扶贫部门要继续把基本农田建设,提高粮食综合生产能力作为头等大事来抓。无论是退耕还林、移民搬迁,还是调整结构,都必须做到贫困农户的基本口粮有稳定的来源,不断提高贫困地区粮食单产和总产量,解决贫困农户的粮食问题。

二是以增加粮食综合生产能力为重点,完善农作物良种繁育体系、种子质检体系、植保植检体系、农产品质量安全和市场服务体系建设,大力实施粮食增产工程、粮油作物高产示范工程、脱毒马铃薯良种扩繁与高产示范工程、脱毒甘薯高产示范工程、测土配方施肥工程,在确保粮食播种面积4550万亩以上的前提下,优化品种区域布局,杂交水稻、杂交玉米、脱毒薯类种植面积分别达到1000万亩以上,提高粮食单产和综合生产能力,稳定农村粮食总量基本自给水平。

三是充分利用山区农业自然资源特点,发挥区域比较优势,努力打造一批上规模、上档次的优势特色农产品知名品牌,形成具有市场竞争力的贵州优势特色农业产业体系,实现农业增效、农民增收。

2. 帮助贫困农户增加收入

一是在保证粮食自给的基础上,在喀斯特贫困地区大力发展特色农业、生态农业和无公害农业,培育有特色的优势农产品。把发展畜牧业作为贫困地区农村经济结构调整、带动贫困农户脱贫致富的主攻方向。增加贫困农户种植业、养殖业等传统农业的商品率和市场化收入。

二是培育龙头企业、发展中介组织和建设原材料基地,积极发展农业产业化经营,推动农业向市场化、产业化和现代化转变,引导企业与农户建立利益联结机制,带动农产品基地建设和农户增收。

三是结合小城镇建设和乡镇企业的布局和结构调整,在2010年乡镇企业从业人员达到280万人的基础上,使喀斯特地区乡镇企业带动的农户要占农户总数的30%以上,农民人均纯收入中有20%以上来自农业产业化经营。

四是加大培训力度,提高农村劳动力素质,抓好职业技能培训,以市场为导向,将培训与转移结合起来,让农民培训后能转移,能就业。同时,在政策上支持农村劳动力转移,对劳动密集型企业、尤其是吸纳农村劳动力比例较高的企业,在税收方面给予一定优惠或返还一定就业补助,增强其竞争力、发展能力和吸纳就业能力。

3. 建立贫困人口特困救助制度

一是完善农村五保供养制度,做到应保尽保、按标施保。加强乡村敬老院建设与管理,提高五保对象集中供养率,在2010年达到30%以上,2015—2020年,努力使五保对象集中供养率不断有大幅度提高。

二是建立并完善农村居民最低生活保障制度,适时提高保障标准,切实保障贫困群众的基本生活。全面实施农村特困农民定期救助制度,将特困农民全部纳入救助范围。逐步建立适合农民特点和需求的农村社会养老保险制度,在2010年全省农村社会养老保险覆盖率达80%以上,2015—2020年,全省基本实现农村社会养老保险全覆盖。

三是完善优抚保障机制，落实优抚政策，保障农村优抚对象的合法权益。推进社会福利社会化，初步建立以孤儿养育、老年人和残疾人服务为主要内容的农村社会福利体系。积极发展农村社会慈善事业和公益事业。做好老龄工作。

四是加强生产救灾工作，形成以受灾群众紧急转移安置、灾后恢复重建和受灾群众生活救济、备灾与减灾为基本内容的灾害应急救援体系。

三、围绕“三个基本问题”，加快扶贫开发进程

1. 围绕帮助贫困群众改善基本生产生活条件、拓宽基本增收门路、提高基本素质“三个基本问题”，从帮助群众改善基本生产生活条件入手，切实增强贫困地区农村经济发展后劲

一是狠抓农田水利基本建设。将坡改梯、中低产田土改造、节水灌溉和水土保持等工程相结合，加大基本农田建设力度，大力发展小微型水利设施，逐步解决工程性缺水问题。加快解决农村饮水安全问题。大力实施“三小水利工程”“饮水安全工程”等，切实解决农村饮水困难。大力加强农村道路建设。采取财政补助、以工代赈、组织受益群众投工投劳等办法，大力实施道路通村工程，改善农村交通条件。

二是加强农村能源建设。通过财政资金投入与信贷资金、农户自筹资金相结合，提高农村通电的到村入户率，大力发展农村小水电、沼气及其他新型能源，切实解决农民的燃料和能源问题。改善农村贫困群众居住条件。结合村寨整治，加大贫困群众住房改造和易地扶贫搬迁力度，改善贫困农户的居住条件。

2. 调整农村经济结构，促进贫困农户收入稳定增长

一是高度重视粮食生产大力推广良种良法，促进粮食稳定增产，保障绝大部分农民基本口粮自给。把发展生态畜牧业作为农村经济结构调整的主攻方向和促进农民增收的突破口。大力推进产业化经营，促进传统畜牧业向现代畜牧业转变，加快生态畜牧业发展步伐，与石漠化治理结合起来，认真抓好种草养畜生态畜牧业试点，尽快成为贫困群众增收致富的支柱产业。

二是发展茶叶、马铃薯、辣椒、蔬菜、水果、中药材等特色优势农产品，加快发展和形成一批辐射带动一方经济发展的特色产业。将生态建设与调整农村经济结构、增加农民收入相结合，组织实施一批林果、林茶、林竹、林草结合项目，为地方经济发展和农民增收增添后劲。

三是积极发展乡村旅游，增加农村群众旅游业收入；大力发展乡镇企业、民营经济等农村二三产业，特别是加快发展农副产品加工业，努力拓宽农村劳动力非农就业门路，增加非农收入。

3. 提高贫困人口基本素质，增强自我发展和增收致富能力

一是切实巩固“两基”攻坚成果。不断增加教育投入，改善农村教育条件，提高农村教师素质，发展农村职业教育，积极发展普通高中教育。

二是大力推广农业先进适用技术。使每个农户都有掌握一两门适用技术的劳动力，每个村都有一批科技示范户。积极发展各类农村专业协会和经纪人队伍，进一步健全农

业技术服务体系,向分散的农民提供更多信息和技术服务,提高进入市场的信息化和组织化程度。

三是大力加强贫困地区人口计生工作。建立计划生育家庭奖励扶助制度,鼓励少生优生,进一步控制贫困地区人口增长,提高人口素质。努力加强贫困地区农村医疗卫生事业。推进农村新型合作医疗制度和特困群众医疗救助制度建设,努力解决贫困农民看病难、看病贵和因病致贫、因病返贫问题。

四是大力加强贫困地区农村基层组织建设、民主法制建设和精神文明建设。要切实加强以党支部为核心的村级组织建设,认真落实村民自治制度,积极推进村务公开和乡镇政务公开。

四、推进农村金融体制改革,加大扶贫开发资金投入

1. 继续推进农村金融体制改革,公共财政向贫困地区农村倾斜

一是各级财政部门要继续大力支持农村金融体制改革,促进城乡统一要素市场的发育。采取政府财政补贴的方式支持"三农"保险,积极探索和发展多种形式并存的农业保险制度,扩大农业保险试点范围,鼓励商业性保险机构开展农业保险业务。

二是加快组建以县为单位统一法人的农村合作银行,积极推进乡镇银行和小额信贷组织试点,加快创新农村金融产品。

三是积极探索农村贷款抵押担保办法,通过土地承包权和林产权质押、动产和物权质押、企业担保、农户联保等方式,拓宽新农村建设的信贷投入渠道,增强农村商业银行和其它金融机构支农服务能力。

2. 调整投资结构,明确扶贫资金投入的重点领域

一是调整扶贫资金使用方向,将投入重点转向加强贫困地区基础设施建设和农村智力投资。围绕促进区域支柱产业的形成,对扶贫资金投向进行适度调整,将改善贫困地区生产生活条件与产业培育有机地结合起来,大力发展贫困地区旅游业、生态畜牧业、无公害食品、特色农产品、循环经济等,促进农业产业化经营的发展。

二是加大易地搬迁扶贫投入力度,提高基础设施建设投入标准,预算安排一定资金用于易地搬迁过程中所产生的耕地占用与调整补偿费,并将搬迁农民就业、技术培训纳入资助范围。

3. 鼓励和引导社会资金投入新农村建设,提高资金使用效益

一是引导商业银行加大对农业产业化、农业基础设施、农村公共服务设施等领域的金融服务力度。继续推进农村信用社改革,积极推进农户小额信用贷款和农户联保贷款,探索发放大额贷款的有效方式。充分发挥农业银行、农业发展银行、国家开发银行等金融机构在支持县域经济发展中的作用。扩大邮政储蓄资金的自主运用范围,引导邮政储蓄资金返还农村。加快建立政府、行业、商业、个人诚信等在内的农村社会信用体系,促进农村金融服务的改善,不断加大对"三农"的信贷投入。

二是积极探索支农资金整合路子,按照"渠道不乱、用途不变,统筹安排、各负其责,分类投入、各记其功"的原则,建立涉农资金整合各类支农资金投入贫困地区,加强贫困

地区农村劳动力转移培训、农业实用技术培训、特色产业基地建设、龙头企业基地建设等,提高扶贫资金、支农资金使用效益。

五、强化政府在扶贫开发中的主导作用,充分发挥农民的主体作用

贵州喀斯特地区是一个贫困程度深、贫困人口多的贫困地区,扶贫开发工作任务十分繁重。强化政府在扶贫开发中的主导作用,充分发挥农民的主体作用,是适应新时期扶贫开发工作形势的迫切需要。

1.加强扶贫开发机构,强化领导小组作用

一是扶贫开发作为一项长期的重要工作,针对一些地区扶贫机构是临时性机构,工作人员少、力量弱、办公条件差、工作经费缺乏的现状,应加强扶贫开发工作机构,充实人员,保证必要的工作经费,努力改善扶贫工作条件。特别是扶贫开发工作重点县和重点乡镇,要从扶贫开发工作大局的需要出发,解决好这些问题,确保扶贫开发工作顺利开展。同时,其他管理扶贫资金、担负扶贫工作责任的部门,一定要切实履行职责,协同做好扶贫开发工作。

二是各级扶贫开发领导小组担负着各地扶贫开发工作的组织领导、指挥协调和整合力量的重要职责,要进一步发挥作用,切实抓好来自不同部门、不同渠道的各种生产要素的优化组合,努力形成扶贫攻坚的合力。围绕扶贫开发规划和重大开发项目,加大资金整合力度,协调好扶贫开发领导小组成员单位参与扶贫开发,整合各部门管理使用的以工代赈资金、基本农田建设资金、少数民族发展资金等财政扶贫资金,以及信贷扶贫资金,统筹安排,集中使用。

三是实行扶贫项目分级管理,加快扶贫资金的发放进度,确保资金及时足额到位。同时严格监察审计制度。除省的监察厅、审计厅每年都要对扶贫资金进行监察审计外,各级审计部门每年也要对扶贫资金的使用情况进行年度审计,并总结换地审计等成功的经验。对扶贫资金实行专户管理,专项下达,专款专用,封闭运行,坚决杜绝截留、挤占、挪用扶贫资金。

2.加强对广大农民的宣传教育,充分发挥农民的主体作用

一是进一步提高广大农民的综合素质,增强其积极性、主动性和创造性,减少盲目性和“等、靠、要”思想,使农民成为新农村建设的一支重要力量。大胆借鉴、吸收、推广先进地区的成功经验,探索参与式建设的多种途径,组织引导农民参与规划制定、项目论证、项目实施与管理,监督资金的使用等,用规划和项目去整合资源,建立起扶贫资金引导带动其他资金投入扶贫项目的机制

二是探索建设资金有偿滚动使用的办法,把项目的实施过程,变成充分发扬民主、提升农民整体素质的过程,使农民群众真正成为新农村建设的主体。要积极探索一条既能够保证外出务工增收,又能够吸引新农村建设有生力量的有效模式,采取有效措施激励、用新农村建设的成果吸引外出务工农民回乡创业。

三是完善农村“一事一议”等筹资筹劳办法,支持各地对“一事一议”建设的公益设施实行奖励补助制度,对农户自建、自管、自用的生产生活设施,给予适当补助。通过直

接补助资金、补助原材料或“以奖代补”等方式,引导、吸引和鼓励全社会广泛参与新农村建设,企业捐款和投资建设农村基础设施,按规定享受相关税收优惠政策;将一定规模的农田水利资产交由农民专业合作组织管理、经营和运行,调动农民参与的积极性。进一步拓宽社会参与的途径和方式,引导城市人才、智力和资金等资源流向农村、支持农业、服务农民。

六、进一步搞好帮扶工作,健全重大项目规划实施机制

1.组织社会各界力量积极参与喀斯特地区的对口帮扶

一是进一步加强与中央国家机关、各民主党派中央、对口帮扶城市深圳、宁波、青岛、大连和友好城市苏州,以及其他帮扶单位的合作,积极做好对口帮扶协调服务工作,建设经济协作项目库,提高帮扶和协作项目的质量。强化服务,搞好协调,切实帮助解决项目实施中的困难和问题,吸引更多的东部发达地区的企业和个人到贵州贫困地区投资开发,募集更多的社会帮扶资金。争取他们加大对我省的支持力度。

二是继续坚持领导干部联系点和机关单位定点扶贫制度。坚持和完善现行的有关机制及制度,推动对口帮扶工作不断走向制度化、规范化。坚持帮扶与协作相结合,“输血”与“造血”相结合,政府帮扶与企业和社会帮扶相结合,资金帮扶和科技、教育、人才帮扶相结合,进一步拓宽对口帮扶的渠道。各级扶贫工作队要加强进村入户,开展针对性的帮扶,进一步加强与贫困群众的结对帮扶工作。

三是加强工作规划,强化专项管理,提高使用效率。加强沟通交流,提高协作水平。与此同时,积极探索和建立省内发达地区与欠发达地区的帮扶制度。同时,众多的农村经纪人对搞活市场流通起到了难以估量的作用,农村乡土技术人才对贫困地区发展种养业也作出了巨大的贡献,要大力培养、扶持、表彰优秀乡土人才。

2.积极开展招商引资,争取国际组织援助

一是在加强与泛珠三角地区、西南六省区、成渝试验区、中国-东盟自由贸易区,以及台湾地区农业领域广泛合作交流的基础上,加强与对口帮扶城市的商务合作,把工作重点从过去的以援助为主转向招商引资、项目合作、优势互补上来。突出资源特色和比较优势,制定优惠政策,针对目标市场,以一批优势资源和项目吸引一批优强企业,参与贵州农村的基础设施投资、小城镇开发、乡村旅游项目开发经营、无公害农产品基地建设、生态畜牧业开发,以及特色、有机食品的加工等。

二是多年来,许多国际组织和非政府组织,以及世界上的其他许多国家,都积极支持贵州的扶贫开发。如世界银行在贵州5个地(州、市)的13个县(特区)实施的世行贷款西南扶贫项目、亚洲开发银行在纳雍县实施的TA—3150技术援助示范项目、日本国际协力机构在三都县实施的参与式综合扶贫试点项目、行动援助组织在雷山县实施的国际儿童资助项目,以及香港乐施会实施的贵州省参与式扶贫方法系列培训班等,都对贵州的扶贫开发事业产生了极为重要的推进作用,成效十分显著。新时期,要继续争取国际组织的援助,按照比较优势原则,加强与贵州经济互补性强的国家和地区的农业技术合作,提高农产品商品化程度,促进和扩大贵州生态、绿色、有机农产品的出口创汇。

3. 明确政府职责，加强实施重大项目规划的保障机制

一是切实明确政府在重大项目规划实施中的职责，明确项目规划实施的牵头单位，积极采取有效措施，加强宏观调控，进一步组织好项目规划的实施。建立和完善科学的决策机制。充分发挥市场配置资源的基础性作用，用规划引导市场主体行为，围绕重大项目的实施，重点搞好管理和服务，减少办事程序，提高办事效率。对规划目标进行分解细化，落实责任单位和责任人，确保重大项目规划发展目标的实现。

二是对规划所列的重大项目，特别是扶贫开发和事关新农村建设发展全局的重要基础设施、社会事业和事关广大农村群众切身利益的重大项目，政府要组织推动实施，在制定年度计划和财政预算时，要落实建设资金，纳入财政预算；对有收益的公益性项目，要制定优惠政策，进行招商引资，采用多种融资方式吸纳社会资金参与建设。加强项目前期工作，建立项目库，根据轻重缓急对项目进行分类、排队，建立和完善项目咨询评估、审议决策制度。加强项目实施管理，保证项目顺利实施。设立专门的社会监督热线，利用广大农民监督各项目的实施和资金管理，坚决杜绝违法违规使用资金和贪污腐败现象，确保每一分资金都用在贫困地区广大农民身上。

【参考文献】

[1]《国务院关于进一步促进贵州经济社会又好又快发展的若干意见》（国发[2012]2号）文件[Z]. 2012年1月12日.

[2] 贵州全省扶贫开发工作会议在贵阳召开[J]. 2011－2－26.

[3] 王富玉. 坚持抓住“三个基本”拓宽扶贫开发路子[J]. 贵州日报，2006－6－16.

[4]《加大扶贫力度 解决“三农”问题》[Z]. 贵阳：贵州人民出版社，2005.

[5] 十届全国人大二次会议政府工作报告学习读本编写组. 十届全国人大二次会议政府工作报告学习读本[Z]. 北京：中央文献出版社. 2004.

[6] 十八大报告文件起草组. 十八大报告辅导读本[Z]. 北京：人民出版社，2012.

[7] 丁国文等.《中共中央国务院关于推进社会主义新农村建设的若干意见》干部读本[Z]. 北京：中国农业出版社，2006.

[8] 贵州省统计局，国家统计局贵州调查总队. 贵州统计年鉴（2005－2012年）[Z]. 北京：中国统计出版社.

[9] 中国农村扶贫开发纲要2011—2020年[Z]. 北京：人民出版社，2011.

[10] 马贤惠. 贵州喀斯特地区修复生态环境与治穷致富研究[M]. 贵阳：贵州民族出版社，2012.

● 以美丽乡村为视角探索文化资源型村寨经济发展模式

吴　艳

（贵州大学　人文学院，贵州　贵阳　550025）

【摘　要】村寨作为一个群体的生活单位有着自己独特的资源优势，根据不同的优势，村寨可以选择生态农业、轻工业、重工业、旅游等发展模式。从村寨中人们不同的生活方式，以及特色文化来看，这些独特的文化资源可以作为发展文化旅游的潜力，也可以成为开发特色商品市场的基础，然而以文化资源为主导的发展模式，在构建上又需要根据它所表现出来的特点，以及村寨的情况"因地制宜"地来分析。本研究从村落的文化资源优势出发，以美丽乡村建设理念为指导，分析文化资源型村寨的发展模式，并结合以经营银饰为主的雷山县控拜村、唱侗歌的宰荡村、三宝侗寨来探讨。

【关键词】美丽乡村；文化资源；经济发展模式；控拜村；宰荡村

一、背景介绍

1. 美丽乡村

党的十八大报告提出了"要努力建设美丽中国，实现中华民族永续发展"的口号，第一次提出了"美丽中国"的全新概念，而要实现美丽中国这个目标，就必须要加快美丽乡村这个基本群体单位的建设步伐；而要实现民族永续发展，就要从多元资源的角度来开发村寨的发展潜力，走可持续发展资源导向的模式，使村寨能够自己长久的运作与发展。2013 年的中央一号文件就提出了努力建设美丽乡村的任务，把美丽乡村建设视为美丽中国建设、生态文明建设的重要组成部分。[1]其实质内容是指建设乡村生态文明，即在乡村的生产与生活中，主动、积极地改善和优化乡村内部和乡村自身发展与自然、与城市之间的关系，以及建设良好的乡村生态环境、塑造良好的乡村面貌。[2]

在 2008 年浙江省安吉县美丽乡村建设的成功案例下，全国各省份也掀起了美丽乡村建设的热潮，贵州省提出了"四在农家，美丽乡村"的口号，并在多地推进开展美丽乡村

作者简介：吴艳（1989－ ），女，贵州贵阳人，贵州大学人文学院中国少数民族经济专业 2013 级硕士生。研究方向：中国少数民族经济。

建设，比如黔东南州的雷山县西江镇以及施秉县的望城村等。但目前就村寨的发展形势来看，多以改善村落的居住环境出发，结合不同的生态环境发展旅游与农家乐，而这样的发展模式并不能很好地适应于每个村寨，因此要使乡村美丽，就要从开发村寨内部经济发展动力出发，探索生态、可持续的发展模式，经济发展形成物质基础，进而推动人力基础的发展，从而构成美丽乡村建设的动力。就如习近平主席在鄂州市长港镇峒山村所说，“实现城乡一体化，建设美丽乡村，是要给乡亲们造福，不要把钱花在不必要的事情上，比如说‘涂脂抹粉’，房子外面刷层白灰，一白遮百丑。不能大拆大建，特别是古村落要保护好”。由此可知，美丽乡村不是简单的村落环境改善，而在于多元的美的体现、有内涵的美的体现、可持续发展的美的体现。

2. 文化资源型村寨

村寨因其所处在的地理环境、民风民俗以及历史背景、发展阶段等因素的不同，呈现出不同的资源优势。文化资源就是其中的一种，它是指明显区别于大众文化的世界观、价值观、行为准则、生活方式等文化元素，一般是一些古老的村落或者少数民族村寨才具备，以其独特的民族文化、生活方式来吸引众人探索、体验与了解，如天龙屯堡与西江苗寨，由此可以形成以文化资源为导向的发展模式，而对于此类村寨的发展，多是以旅游开发为主，通过体验旅游的形式助推这类美丽乡村的建设。然而少数民族村寨与一些古老村落大分散、小聚居的特点，又使分布在不同地区的同一民族或者群体有着各自文化的突出点，如苗族地区的银匠村与锦鸡舞乡，它们文化呈现形式的不同使得传递文化的方式不同，也就对以文化资源为导向构建的发展模式有所影响。笔者将从文化呈现形式出发，通过传递文化方式的特点，分析不同文化资源导向下的村寨发展模式。

从文化呈现形式的有无实质载体来看，有实质载体的文化资源在传递上可以通过物品保留来传递，而无实质载体的文化资源则需要通过人们的教授相传与演绎来实现传递，因此要想通过文化资源来发展村寨经济，就要将文化资源传递出去、走入市场，文化资源的传递模式就需要进行商品化，由此笔者从商品经济的角度把文化资源商品化模式分成了两类，一类是有实质载体的民族文化，这一类文化资源可以通过将实质载体商品化来打造民族文化工艺品市场，比如银饰；另一类是无实质载体的民族文化，这一类文化资源就需要通过旅游演绎的形式来带动，比如锦鸡舞。由此文化资源型村寨的发展可以分为发展民族商品的文化资源型村寨与体验旅游式发展的文化资源型村寨。

二、经济发展模式及面对的问题

1. 经济发展模式

目前随着外出务工人员的增加，村寨里留下的大多是一些老人与孩子，人员的流失使得村寨经济发展失去了动力，村寨也会因为没有发展前景逐渐呈现出人去楼空的景象，而对于外出务工的人员来说，外面高成本低收入的生活也会造成很大的压力，因此对于村民们来说从村寨内部发掘资源来发展经济是一个理想的渠道，村民们回乡发展才能够建设美丽乡村。从笔者对文化资源型村寨的分类来看，其经济发展的模式需要不同的途径，第一类文化资源型村寨主要采取“走出去”的途径，而第二类文化资源型村寨则主要采取“引进来”的方式。从前者来看,文化资源的突出点在于具有民族特色的物品,如刺绣、蜡染、银饰等等这些融民族文化、智慧于物品中的特色产品,它们的产生是基于少数民族人们世代生活的需要以及对大自然和美的感受,是少数民族表达自己文化的一种有形途径。在这样一个文化大交融、经济走入全球市场的时代里,这些物品不再只是少数民族的生活用品,在广泛地被世人所认识和接受之后,将会成为大众文化中的一枝独秀而成为人们的特色饰品,也会被广泛地利用于其他商品和工艺品中,因此对于有较好这类文化资源的村寨,发展民族物品的商品经济便是一个比较好的渠道,这就需要从商品经济中的供需关系来分析。

从需求方面来看,这些民族物品的售卖通常是伴随着民族地区旅游业的发展来带动的,为了体现民族特色,民族物品得以重视,并重新掀起了旅游区域的民族物品需求,但这种需求的范围比较局限也很被动,要想通过商品经济的渠道来带动整个村寨的发展,就需要让这些物品“流动”起来,通过“走出去”的途径进入更为广阔的市场从而拉动村寨供应体的发展。现今非物质文化遗产得到越来越多的重视,这些民族物品随即被展示在更为广泛的人群面前,而这一文化产品所处在的文化空间也将逐渐被人们所了解,为拓展需求面提供了一个途径。从供应方面来看,具有较好这类文化资源的村寨通常处于比较偏远的地带,因为未受到外来文化的大肆冲击还保留着自己的独特文化,人们还继承着祖辈流传下来的生活技能和古老记忆,这为整个村寨而不是个人以文化资源来发展提供了基础。一方面,可以通过开办工坊、厂房、企业,将村寨的人力资源集合起来,通过他们身上的文化资源打造民族产品;另一方面,在文化生存空间逐渐被人们所了解之下,一些以民族手工艺品为线路的旅游产业也开始兴起,村寨结合美丽乡村建设的理念开展民族农家乐、民族工艺品文化节等。

对于第二类文化资源型村寨的发展,其文化资源主要是通过人和记录的书籍来继承和保存的,它们难以通过工艺品的形式体现,也就难以通过商品经济的运作方式传递出去而被人们广泛地认识。这一文化资源主要是歌曲、舞蹈等一类,比如侗族大歌、锦鸡舞等,它们是少数民族人们的一种交流、相处方式,是他们生活氛围的一种体现,因此这一类文化资源要依附特定的生存空间和人群才有它存在的意义,并不是所有的人群都能够认识和认同它们价值的存在。在物质生活较为富裕的今天,人们对精神文化的需求逐日显现,民族文化作为不同特色的人类文明、智慧被凸显出来,一方面有越来越多的民族文工团、舞蹈队等走出大山进行表演;另一方面有越来越多的人来到当地进行考察和旅游,参与了解当地的文化、节日。通过这一方面的宣传和一方面旅游业的发展,逐渐形成了体验旅游式文化资源型村寨“引进来”的发展模式。

2. 文化保护与经济发展

在这两种以不同文化资源为主导的村寨发展模式下,文化保护与经济发展的矛盾成了一个凸显的问题。对于第一种发展模式来说,民族物品在走入更为广阔的市场时,为了满足更为广泛的需求有可能会在图案、工艺、生产规模上做出变化,这就有可能造成放弃原有的图案以及制作工艺的情况,转而从更容易被接受、规模化、易生产的方向发展,而逐渐失去了原有的文化资源效应,淡去了“民族”这个品牌,这对于不同的民族物品影响是不一样的。在脱离了民族文化内涵之后,它就与其他工艺饰品无太多的差异了,而这一民族性的表现形式也就失去了传承，转而这又会影响到整个村寨以文化资源为主导的发展模式。从第二种发展模式来看，也会有同样的问题，在宣传与旅游业兴起的作用下，为了更好地迎合大众的口味，这些原生态的舞蹈、歌曲由于表演的目的、需求而变得商业化、形式化，从而丧失了原有的作用和这一文化现象的根源，最后会破坏掉整个村寨的民族文化氛围而失去这一资源优势。这些都是在面对以文化资源为导向的经济发展时所需解决的问题。

三、村寨示例

1. 雷山县控拜村

笔者所探访过的雷山县控拜村就是具备第一种文化资源的村寨。控拜村位于雷山县西江镇内，距离西江苗寨大约有一个小时的车程，是一个苗族村寨，主要居住着李、龙、穆、杨、潘这五大姓氏，它坐落于半山腰上，族人们仍然居住在富有特色的吊脚楼内，是一个保护较好的传统村落。整个村寨分为上寨、中寨、下寨三个部分，有 200 多户人家，而其中就有 80% 的人会制作银饰的工艺，制作工艺可谓是“代代相传，耳濡目染”，按照当地人的话来说就像天赋一样，生下来就会，因此村寨被人们誉为“中国的银匠村”。[3]

在探访期间笔者了解到，村寨里打银饰的历史已经有上百年了，当时的人们为了谋求生计、补贴家用，在农闲时节不得不走村串寨到更远的地方寻找生意，到农忙的时候再回来，而这一去不一定能够有所收获，因此当时制作银饰也只是银匠们的副业而主要以种地为主，当时对银饰的需求也只是一些富裕人家和少数民族人家，需求面的狭窄和生意对象遥远的地理位置，使得银饰的制作没有带动整个村寨的经济发展，而且在文化大革命时期一度地被打压为“投机取巧”而停滞了一段时间。在此之后随着民族文化逐渐得到了广泛重视，银饰制作又开始兴起，并慢慢地从副业转变成了银匠们主要的经济来源，而种地则变成了自给自足的手段。随着人们对银饰需求量的增加，由于控拜村地理环境较为不便，以及市场相对闭塞，控拜村的银匠们大都跑到外面制作银饰了，而且原本祖辈定下的“传男不传女”原则也在悄然改变，为了满足需求，妇女们从自己的丈夫那里学一些简单的技艺来与丈夫一起经营银饰的生意，也跟着到了外面，留在村里的就是一些老人和儿童，因此村寨的发展也缺失了力量，在笔者的采访中了解到，这些外出制作银饰的工匠们并不情愿离开家乡，外面的高成本的生活让他们感到压力很大，如果家乡发展得好，他们是愿意回来的。

目前控拜村里有一个自发组织的银匠协会，是由一些银饰制作工艺传承人和工艺大师、银匠等组织成立的，最初目的是为了大家一起签订诚信协议，互相监督不以欺骗的行为打压到其他人的生意，比如用白铜去欺骗消费者来使用价格战打压同行，而这个号召最初并不是有太多的人响应，大家都觉得这个无关紧要，于是会长从五大家族中各选了一个比较德高望重的人加入其中，一方面希望在此基础上能够通过家族的宣传让更多人认识到这个协会的意义，另一方面则是方便事务的商讨。加入到这个协会签订协议的人可以使用协会的标志并加上自己的名字，如被客户投诉，协会就会惩罚银匠并从中进行调解。但是目前协会由于没有经费，加上银匠们的外出谋生等等因素变得没有太多的作用。在笔者采访到现任会长时他提到,这个协会不能给银匠们带来多大的效益,也就没有什么太多的人愿意加入,而现在他打算先自己尝试着各种发展的渠道,如果成功了就能够带领这个村寨一起发展,通过协会创立口碑,吸引远在外发展的银匠回乡发展。

基于这些采访可以了解到,控拜村是一个典型可以依赖文化资源——银饰来发展村寨的商品经济的,有较长的银饰制作历史,随着银饰的大量售卖,虽然人们的经济情况得到了好转,然而人力资源也随着市场环境的转移而转移了,村寨的发展丧失了人力基础,不过村寨中有部分人群有通过银饰来带动整个村寨发展的意识,毕竟这里是文化的根源,也有土地供养可以减少成本。在"美丽乡村"的建设理念下,控拜作为"美丽乡村"建设的试点,在笔者的采访期间正在进行着危房改造和安装安全防护围栏等工作,但仍旧要求保留着传统村落的容貌,这为保护原有文化提供了生存空间,也为文化产品保留了源泉。并且"贵州省文物局将雷山控拜村作为首批全省文化遗产保护百村计划试点村寨,从以下八个方面展开:①景观和建筑保育;②社区组织建设;③文化遗产保护及传承;④传统手工艺提升;⑤文化产品传播推广;⑥深度文化旅游;⑦产业综合发展;⑧培训及综合管理。"[4]结合笔者对此类文化资源型村寨发展模式的分析,笔者认为虽然控拜村银饰产业化发展已经有了起步,然而人力的外向性也会使"美丽乡村"的建设缺乏动力,因此一方面通过"美丽乡村"建设试点的契机,控拜村可以联合附近同样制作银饰的麻料、乌高村,同西江千户苗寨一起打造联动发展模式,推动控拜乃至附近的"银匠村"手工艺品体验旅游业的发展;另一方面,在联动发展的模式下,文化的强调会造就对民族原有需求的图案、样式、技艺的唤醒,使得银匠们能够更好地把握文化的继承与创新,这样银饰才会更具生命力,才能够更长远地走下去,只要有了发展的前景和起色,银匠们也会回来发展,控拜的银匠村之名才能够名副其实。

2. 榕江县的宰荡村与三宝寨

宰荡侗寨与三宝侗寨就是具有第二种文化资源类型的村寨,笔者将分别叙述并比较。首先,宰荡侗寨坐落于百五溪上游的深山里,距离榕江县城东北25千米,下属栽麻乡。宰荡行政村现在辖有两个自然村寨,下寨宰荡,上寨加所。下寨宰荡属于从江县往洞乡为中心的九洞侗族支系,以杨姓、罗姓、吴姓为主,他们是从黎平县九潮地区迁徙到此,较早来到宰荡。据考证,已有300多年的建村历史。上寨加所以杨姓为主,是从黎平县中潮乡加所迁徙至此,他们到达宰荡稍晚,建村有近300余年的历史,可见宰荡村的民族文化历史底蕴深厚。[5]

按照侗族的话来说,只要会说话,他们就会唱歌,可见唱歌对于这个民族的重要性,也体现了他们的文化特点。而宰荡也不例外,据说唱侗歌就有两百年左右的历史了,村寨里也涌现出不少的歌师。[6]笔者因活动机缘来到宰荡侗寨,一早从榕江县城走来,由于没有班车、路又窄而烂,包车将近中午才到达,村民们穿着自己的民族服饰,用自己的仪式将一行人引到村寨的鼓楼里,歌师们纷纷带着自己的学生或歌队在鼓楼里开始轮番上阵地唱侗歌,像是在暗暗地比赛。笔者向歌师了解到,歌队是以年龄划分的,而唱歌的音调多来源于对动物叫声的模仿,在儿童一组的表演中还能看到有插秧的动作,这些都呈现出了侗族人们的劳动智慧和对大自然的热爱。环顾四周老旧而有所破损的吊脚楼,可见传统的侗族人们经济情况不是很好，在与一位儿童组的小孩聊天得知，村寨中大多数的小孩父母都到外面去打工了，留在家里的也是老人和孩子，村寨的经济发展缺乏动力，而文化也缺乏继承者。而问及为什么想要学侗歌时，小孩的回答是有空所以就学了，可见文化的自觉意识较为薄弱。

另一方面，笔者随即到访的三宝侗寨则是另一番场景，三宝侗寨已经被建设成了一个旅游景点，用石块铺成的地面、新修整的鼓楼和住宅，以及沿路的客栈、商店，已经让这里看不出历史的痕迹。在鼓楼里，两排穿着艳丽侗族服饰的青年男女表演着侗族歌曲，虽然唱法和动作与宰荡的差不多，但商业、表演的气息通过这环境和服饰都透露出来，少了一份自然与感动。

笔者通过短暂走访宰荡和三宝侗寨来看，此类村寨的文化资源优势并不如银饰那样有具体的物为载体，而是通过人们的言传身教，因此也就不能够走商品经济的路线，而可以采取体验旅游民族文化的模式。此类文化资源优势相较于可商品化的文化资源来说，更依赖于文化的生存空间与氛围，它产生于民族的环境和文化，也依赖于此而成长，在原生的环境中这样的文化资源才有它的内涵和意义，而不是趋于表面的一种形式。随着侗族大歌成为世界级的非物质文化遗产，越来越多的人开始了解和认识侗歌，此资源相较于其他资源的明显优势可以作为发展民族文化旅游的主导。从宰荡与三宝侗寨来看，它们从属于榕江县内，而黎平、榕江、从江是侗歌的一个兴盛的区域，因此一方面可以从三者结合出发，以突出的侗族大歌为资源优势实行联动旅游发展，结合当地的节日、民风民俗等举办特色的侗歌文化活动，如：比赛、行歌坐月、外出表演等，从而带动三个县城的侗族人们对侗歌的重视；另一方面，发展民族文化旅游只靠一方面资源是不够的，但可以将文化资源作为主导，凭借对文化资源的重视宣传民族文化旅游地，从而带动旅游地区的其他资源优势的整个发展。虽然说这样的发展模式能够给当地人们带来经济的收入，然而在开发程度与文化保护上仍需要掌握一个度，才能够从文化资源上实现可持续的发展。

四、总结与反思

我国进入工业化时代以来，对于发展常是以牺牲环境为代价的，走可持续发展的道路不仅仅是对原有发展模式进行改革，对于未来发展道路的探索也是导向。在城乡发展一体化的背景下，建设社会主义新农村、美丽乡村的理念为乡村可持续发展提供了思路，然而每个村寨因地理环境、历史背景等因素的不同，也使得在发展模式的探索中需要结合实际情况，才能够更好地从村寨内部挖掘出发展的动力。

在现代注重发展多元文化的背景下，本研究以文化作为村寨的发展资源，分析了两种文化资源型村寨的发展模式，并对在开发文化资源时要面临的问题做了阐述，笔者认为文化的保护是需要人的自觉意识，而据笔者在村寨中的了解，文化保护的自觉意识又是以市场为导向的，因此对于以文化资源来带动村寨发展，保护古老先进的文化也是一些民族村寨、古老村寨的发展途径。但在本研究中笔者仅仅从较浅的层面阐述了自己的观点，对于发展模式与分类方法的外延并不能较为完整、准确的阐述，对于所面临问题的解决还处于初期思考阶段。

根据上述问题,笔者将在今后的深入调查与访谈中,系统收集相关信息,进一步完善对此类发展模式的探索。

【参考文献】

[1] 蒋兴华."美丽乡村"建设的贵州实践[N].贵州政协报,2014(5).

[2] 和沁.西部地区美丽乡村建设的实践模式与创新研究[J].经济问题探索,2013 (9): 187-190.

[3] 杨学荣.控拜银匠村[N]. 曲靖日报,2014(4).

[4] 张中奎.民族旅游预开发地区文化保护预警研究的价值[J].贵州大学学报(社会科学版),2014(1).

[5] 刘艺兰.少数民族村落文化景观遗产保护研究[D].中央民族大学,2011.

[6] 谭厚锋.侗族大歌生态元素发微——以贵州省宰荡村为例[J].原生态民族文化学刊,2012:142-147.

● 贵州喀斯特地区建设生态文明的研究*

马　艺

（贵州财经大学　国际商学院，贵州　贵阳　550025）

【摘　要】贵州是全国唯一没有平原支撑的多民族聚居的内陆山区省，全省88个县（市）中有77个属于“喀斯特县”。当前，贵州生态环境面临十分严峻的形势，不仅人均资源相对紧缺，而且全省石漠化面积已占土地总面积的7%以上，并且每年仍以533平方千米的速率递增，已严重威胁到喀斯特地区人民的生存环境和农业的可持续发展。

本研究在强调喀斯特地区生态环境建设战略意义的同时，对当前喀斯特地区生态环境中存在的问题及人地矛盾进行全面分析。最后，提出了包括加强环境修复、加强法制建设、依靠科学技术、加大“三荒”开发力度、加强地区环境项目管理、建立健全投入保障机制六个方面的对策措施。

【关键词】喀斯特地区；生态文明建设；问题；研究；对策措施

党的十八大报告把生态文明建设放在突出地位，纳入国家建设的总体布局，进一步强调了生态文明建设的地位和作用，提出了大力推进生态文明建设的总体要求，为全国各地的生态文明建设指明了方向。根据党的十八大的精神，中共贵州省委十一届二次全会提出，要大力推进生态文明建设，把生态文明理念深刻融入经济建设、社会建设的各方面和全过程。当前，加强和重视对贵州喀斯特地区生态文明建设问题的研究，对加快贵州建设生态文明的步伐，促进经济又好又快地发展，具有十分重要的战略意义和现实作用。

一、贵州喀斯特地区生态环境建设的战略意义

1. 全国乃至世界十分关注的生态脆弱地区

众所周知，西南喀斯特面积54万平方千米，是世界上最大的裸露型岩溶区，也是我

---

* 基金项目：2010年，贵州省科学技术协会、贵州省人民政府法制研究中心等五家单位，联合中国生态学会、中国可持续发展研究会，在贵州省凯里市共同召开“黔东南生态生态文明建设试验区发展研讨会”。本文为作者入选本次研讨会论文，并根据十八大报告中生态文明建设的精神，对论文增加了新的内容。

作者简介：马艺（1974－ ）贵州财经大学、国际商学院副教授，研究方向：区域经济与生态经济等领域研究。

国贫困面最大的地区和生态最脆弱的地带之一。其中,贵州省喀斯特面积13万平方千米,占全省国土面积17.61万平方千米的73.1%,为全国之最。贵州全省农田有效灌溉面积占耕地总面积的33.3%,比全国平均水平低20个百分点,是我国人口压力最大的省。令人忧虑的是贵州地处长江和珠江上游,坐落在世界上最大的岩溶地貌上,喀斯特面积占全省国土面积大,堪称全国和世界之最。由于生态环境恶化与人口贫困交织在一起,成为我国贫困面最大的地区和生态最脆弱的地带之一,受到全国乃至世界的十分关注。

2.西部大开发战略的主要内容之一

实施新一轮西部大开发战略,其中的一个主要内容就是推进西部地区的生态环境建设和保护。长期以来,由于自然条件变化和经济、社会等方面的原因,西部地区生态环境不断恶化。目前,全国水土流失面积360多万平方千米,其中西部地区就占了80%。全国每年新增荒漠化面积约2400平方千米,也大都在西部地区。日益恶化的贵州生态环境,极大地制约着西部"两江"(长江和珠江)中下游地区的经济社会发展,对中华民族的生存和发展也构成了严重威胁。所以,只有尽快恢复林草植被,防治水土流失,不断改善生态环境和山川地貌,才能为西部地区开发建设提供有利的条件,也才能有效地减轻"两江"中下游地区的洪涝灾害,促进西部乃至全国经济和社会的持续发展。

3.实现建设"经济繁荣,社会进步,生活安定,山河秀美"新贵州的目标

从现在起到2020年是贵州省经济社会发展的关键时期,加强和重视以建设两江(长江和珠江)上游生态屏障为目标,将建设生态文明与消除贫困结合起来,按照贵州省流域综合治理规划,配套采取工程措施、生物措施和农业保土耕作措施,加快长江和珠江防护林体系建设和水土流失治理。切实抓好乌江、赤水河、綦江流域生态环境综合治理。按照"五年打好基础,十年重点突破,十五年初见成效"的战略步骤,实现建设"经济繁荣,社会进步,生活安定,山河秀美"新贵州的目标。

二、喀斯特地区生态环境中存在问题及人地矛盾的形成

1.喀斯特地区生态环境中存在问题

(1)森林资源受到破坏,生态系统功能减退

贵州省独特的自然地理条件,造就贵州高原十分丰富的森林资源。历史上贵州是全国南方主要的林区之一,全省的东部、西部和北部都有大面积的森林分布,可谓"远山闻虎啸,近山面鸟鸣",全省山清水秀,生态环境良好。至明、清两代,省内大部分地区仍为天然林覆盖。到1949年,黔东南有林面积120万公顷,森林覆盖率40%,加上灌木林地面积覆盖率达56%,活立木蓄积量达1亿立方米。

自20世纪20年代以来,贵州森林资源遭到四次较大规模的破坏:第一次是20年代至40年代的战争破坏;第二次是20世纪50年代末的"大炼钢铁"运动,使大片原始林、次生林毁于一旦;第三次是"文革"时期"以粮为纲"大搞开山造田,大肆砍伐林木;第四次是20世纪70年代末至80年代初,由于农村经济体制变动,再次使森林遭到严重破坏。据1975年、1979年、1984年、1989年全省4次森林资源清查和森林资源动态监测,1975

年全省有林地为256万公顷,覆盖率为14.55%,蓄积量为12510万立方米;1979年有林地面积降为231万公顷,覆盖率为13.11%,蓄积量略有增加,为12640万立方米;1984年,有林地面积继续下降为222万公顷,覆盖率为12.6%,蓄积量也随之减少为10696万立方米。从1975年至1984年10年间有林地减少34万公顷,平均每年减少3.4万公顷,蓄积量减少1814万立方米,平均每年减少181.4万立方米。到1989年,全省有林地开始回升,为260万公顷,覆盖率为14.7%,但多为幼林地(占68%),但蓄积量继续下降,为9391万立方米,从1979年到1989年的10年间,全省共减少蓄积量3119万立方米,平均每年减少311.9万立方米。

由于森林资源受到严重破坏,生态系统功能不断减退。一是森林资源出现"四少四低"变化:森林面积减少,覆盖率降低;森林蓄积量减少,人均蓄积量降低;单位面积蓄积量减少,森林质量降低;林业用地减少,林地利用率低。虽然1989年以来加强对森林资源的保护,到2000年全省森林覆盖率上升到30.83%,但"四少四低"趋势并未根本扭转。有的地区森林覆盖率小于10%,还有的喀斯特山区在5%以下。二是在全省的森林资源中,用材林和竹林的比例分别以年均1.1%和0.5%的速率下滑,而疏林地、幼林地的比例则以年均3%的速度增加。全省现有的森林资源既不能满足国民经济和人民生活的需要,现有的植被状况也达不到保护良好生态环境的要求。三是喀斯特地区山地多土层薄,森林资源一旦遭到破坏,本来就很薄的土层连同土层上的植被很快被雨水冲刷,造成岩石裸露,最后只在岩石缝隙处残留下少许土壤生长的稀疏植被,这是在贵州岩溶边远山区、大石山区常见的情景。四是森林是自然生态系统的主体,在建设绿色天然生态屏障等方面发挥着巨大的作用。但由于贵州喀斯特地区特殊的地质条件,山高坡陡,水土流失严重,农业环境治理和生态环境保护工作量大,建设"两江"(长江和珠江)上游生态屏障的任务十分艰巨。

(2)生物生长环境受到破坏,生物多样性不断减少

贵州省是一个多山的亚热带省份,土壤类型多样,气候温暖湿润,山地气候特征显著。在这样复杂的自然条件下,形成多种小生境,为不同种类的动物、植物提供良好的生活环境,从而发育了种类繁多、性质各异的野生动植物资源。早在明代(弘治)《贵州图经新志》、清(康熙)《贵州通志》等地方志书中,记录了当时已利用的大量野生动植物资源。到解放初期,部分特产的野生动植物资源的开发利用已形成规模,包括20多种大中型兽类(豹、虎等)与小型兽类(草兔、獾、水獭等)毛皮,以及杜仲、天麻等名贵药材等。据调查资料显示,贵州维管束植物(蕨类植物和种子植物)共有250科、1543属、5593种(变种),其种数占全国总数的20.6%;全省有脊椎动物807种,其中鱼类111种,两栖类60种,爬行类99种,鸟类403种,哺乳类134种。其中哺乳类动物占全国总数的31.4%,仅次于云南和福建,居全国第三位。

长期以来,人们盲目毁林开荒,森林资源遭到严重破坏,从而导致大量野生动植物资源急剧减少。同时,人们为了满足眼前的利益,对部分野生动植物资源的利用,采取掠夺方式过度利用,加剧了资源的严重破坏。由于生物生长环境受到破坏,生物多样性不断减少,许多珍贵动、植物种群数量迅速减少,甚至有的物种已经灭绝,濒于灭绝或处于濒危状态。例如:珍贵树种秃杉、黄杉等的集中产地雷山格头、威宁黑石头等地,由于人为

乱砍滥伐,使得林相变稀,母树大减、林下灌木、草本植物被放牧、砍柴等活动破坏。本省仅存于南、北盘江、红水河谷一带的南亚热带季雨林,因人为滥伐而迅速消失致使物种大量灭绝。20世纪70年代以后,由于森林的破坏,人为活动影响加剧,省内豹、虎、狼等大中型兽类及水獭等小型兽类急剧减少。特别是长期以来物种之间互相制约作用失去平衡,生物生长环境的变更,导致许多物种失去天敌和生物多样性减少,严重地影响了对野生动植物资源的保护和合理开发利用。

(3)水土流失日趋严重,给生态环境造成严重危害

贵州地处"两江"(长江和珠江)上游分水岭地带,全省境内山高坡陡,水流湍急,加上地表植被不足和长期人为活动频繁干扰和破坏,水土流失极为严重。全省水土流失面积从20世纪50年代占全省土地总面积的14.2%、60年代的19.9%、80年代的28.4%,发展到90年代初的43.6%。全省虽然采取了一系列的治水改土措施,生态环境有所改善,但水土流失依然严重。2005年贵州省水土流失公告,全省水土流失总面积7.328万平方千米,占全省总面积的41.61%。其中,省的西部、西北部及东北部水土流失最为严重,水土流失面积占国土面积比例大于50%的县(市、区)有18个,包括六盘水、毕节、黔西南、铜仁等地(州、市)的大部分县(市、区),以及遵义市北部的部分县(市);省的中部地区次之,水土流失面积占国土面积比例一般为30%~50%,包括贵阳市、安顺市及遵义市的大部分县(市、区);省的南部、东南部地区主要为轻度流失,水土流失面积一般在20%左右。

根据对贵州省主要河流输沙量和侵蚀强度的统计,贵州通过乌江等河流输出的泥沙量达到61.34百万吨/年。其中,乌江的输沙量为19.99百万吨/年;赤水河的为5.9百万吨/年;北盘江为9.62百万吨/年;红水河(包括流经云南省与贵州省的南盘江和北盘江)的输沙量为25.63百万吨/年;都柳江为0.20百万吨/年。从大河流域年平均侵蚀模数来看,北盘江流域侵蚀模数为478.00吨/年·平方千米;乌江流域为393.57吨/年·平方千米;赤水河流域为342.55吨/年·平方千米;红水河流域为310.74吨/年·平方千米;都柳江流域为112.36吨/年·平方千米。此外,贵州全省有33个县被列为严重水土流失县,占全省88个县的37.5%,其余的55县均有一些严重的流失区。全省境内的毕节地区水土流失最为严重,流失地域占到全区总面积的55.5%,侵蚀模数达到5000吨/年·平方千米。严重的水土流失给贵州生态环境造成严重影响,不仅使土壤植被遭受侵蚀,而且造成水库河道淤塞,调蓄能力减弱,并引发一系列地质灾害(如滑坡、泥石流等)的发生,给工农业生产的发展和人民的正常生活造成严重的危害。

(4)石漠化不断加剧,自然灾害频繁发生

石漠化是"石质荒漠化"的简称,石漠化是在喀斯特山区脆弱生态环境下,由于人类长期不合理的社会经济活动而造成人地矛盾突出、植被破坏、水土流失、土地生产能力衰退或丧失,地表呈现类似荒漠化的岩石逐渐裸露的演变过程。"不同类型的喀斯特山区,其支持的生态系统也互有区别,酿成石漠化灾变的难易程度也互有区别。"[1]由于长期以来自然植被不断遭到破坏,大面积的陡坡开荒,造成地表裸露,加上喀斯特山区土层薄,

[1] 罗康隆.喀斯特石漠化灾变区生态恢复与水资源维护研究[J].贵州大学学报(社会科学版),2013(1).

基岩出露浅,暴雨冲刷力强,大量的水土流失后岩石逐渐凸显裸露,呈现出“石漠化”现象,并且随着时间的推移,“石漠化”的程度和面积不断地加深和发展。“石漠化”的加深和发展,不仅造成严重的人畜饮水困难,恶化了农业生产条件和生态环境,而且最直接的后果就是山区土地资源的丧失,使广大农民失去赖以生存的基本条件,出现“一方土地养不活一方人”问题,不得不考虑进行“生态移民”。据对贵州全省喀斯特石漠化山区的调查统计,由于生态恶化已不具备生存条件而需要进行移民搬迁有约45万人。

随着石漠化不断加剧,生态环境不断恶化,导致自然灾害频繁发生。据对新中国成立前约200年的旱灾资料进行统计,呈现“三年一小旱,五年一中旱,十年一大旱”的基本规律。但新中国成立初期至20世纪60年代初,平均三五年出现一次大、中旱年份;70年代则是十年内有六年为大、中旱年份;80年代是六年内有五年为大、中旱年份,进入90年代,则是年年都有灾,小灾过了是大灾,旱灾过了是水灾、雹灾、虫灾等,而且还间杂着滑坡、泥石流等不可抗拒的自然灾害。自然灾害每年都给贵州的社会经济造成严重损失。仅以1996年为例,据当年环境状况公报显示:1996年全省86个县(市、区)均不同程度遭受各种自然灾害,其中重灾县45个,特重灾县29个,农作物受灾面积2920万亩,成灾面积1799万亩,绝收423万亩,毁损耕地137万亩,因灾面积减产粮食15亿公斤,全省因灾直接经济损失162.22亿元。1996年全省各地不同程度地发生了地质灾害,主要灾种有滑坡、泥石流、崩塌、地裂缝等。据不完全统计,全年全省共发生主要地质灾害500多处,涉及39个市、县的161个乡镇,造成174人死亡,441人受伤,毁坏房屋10764间,毁坏耕地3864公顷,部分矿井被淹,毁坏公路、铁路14.42万米,直接经济损失达5亿多元。

由于长期以来贵州喀斯特地区生态环境存在的问题日趋严重,成为喀斯特地区突出的人地矛盾问题产生的主要原因。

2.喀斯特地区突出的人地矛盾

(1)人口自然增长率居高不下,人口急剧增加

一是贵州人口自然增长率居高不下,人口急剧增加。据600年的贵州史料记载,贵州在明永乐11年(公元1413年)之前曾是炊烟依稀、森林茂密之地。在清初(公元1661年)人口不过200万,到清末(公元1911年)已增至810万。从1911年至1949年贵州解放时,全省人口总数超过1410万。在38年中人口增加600万,年均增长17万,相当于每年增加一个县级单位的人口。20世纪六七十年代以来,贵州人口自然增长率居高不下,人口急剧增加。全省人口从1962年的1664万人,增加到1976年的2585万人,年均自然增长率31.05‰。同期,全国年均自然增长率26.62‰,贵州高出全国4.43个百分点。自1972年全国广泛开展计划生育工作,全国人口高速增长的势头受到遏制,人口增长开始减速。到1992年,全国人口自然增长率下降至11.60‰,贵州下降至13.88‰,但仍高出全国2.28个百分点。到2000年第五次人口普查时,贵州省总人口为3524.77万人,与1990年第四次人口普查时的总人口3267.53万人相比较,10年中全省总人口增加257.24万人,平均每年增加25.72万人,年均增长率为7.6‰。

二是在人口急剧增加的同时,人均耕地面积不断减少。1949—1957年8年间,贵州全省土地资源中,耕地总面积由2697万亩增加到3136万亩,平均每年增加54.875万亩,年平均增长率1.90%;同期,全省总人口由1416.4万增加到1680.86万,平均每年增加

33.06万人,年均增长率为21.6‰。此后,全省耕地总面积连年减少,“三五”时期的头年(1966年)减少到2984万亩,“九五”时期的末年(2000年)减少到2765.22万亩,其间的34年中,平均每年减少6.43万亩,年均递减0.22%;同期,全省总人口由1885万增加到3524.77万,平均每年增加48.2285万人,年均递增率18.6‰。另据统计,全省人均耕地面积连年减少:由1949年人均1.9亩,分别减少到1957年人均1.87亩,1962年人均1.86亩,1970年1.28亩,1980年1.03亩,1985年0.95亩,1990年0.85亩,1995年0.79亩,到2000年降至0.74亩,低于世界粮农组织0.05ha(0.75亩)的人均耕地警戒线。

三是人口数量过大,人口素质偏低,经济社会发展负担沉重。2006年,贵州全省总人口已达3955.3万,占全国总人口的3%。同年,贵州人口出生率为13.97‰,居全国第7位,比全国平均水平高1.88个百分点;自然增长率为7.28%e,居全国第9位,比全国平均水平高2个千分点。据贵州全省2005年1%人口抽样调查显示,全省具有大学文化程度的人口占总人口比重为3%,比全国低2.17个百分点;高中文化程度的人口占总人口比重为6%,比全国低5.55个百分点;初中文化程度的人口比重为24.27%,比全国低11.51个百分点;文盲人口占全省15岁及以上人口的比重为21.4l%,比全国平均水平高出lO.37个百分点。由于人口素质偏低,大量的人口负担不能有效地转化为经济社会发展的人力资本,反而导致人口与资源环境的矛盾进一步激化。如果不能有效提升人口素质,新增加的劳动力只会进一步强化低水平、粗放型的劳作方式,使经济社会发展负担更加沉重。

(2)生态环境承载力低,人地矛盾问题突出

一是贵州是全国唯一没有平原支撑的农业省份。全省平均海拔1110米,山地、丘陵面积占92.5%,山间平坝面积仅占7.5%。其中,500米以下的地面仅占总面积的4.59%,全省平均坡度17.78°,25°以上的坡耕地占到总耕地的40%。从保灌面积来看,水田占50%,土仅占30%,大部分田土受大自然老天左右,在这些因素的制约下,全省的耕地以坡、薄、瘦为特点,中低产田土面积占到耕地总面积的82.14%。

二是喀斯特地区可耕地资源量已经远远不能满足人口增长和社会发展的需要,加上长期生产方式落后,普遍存在土地生产力低,产出率不高问题。加上农村产业结构单一和扭曲,主要依靠种植业进行粮食生产解决吃饭问题,养殖业发展不受重视。广大农村大量的荒山草坡,临界宜农或不宜农的林地、草地,以至石旮旯地,多被垦为耕地种植粮食作物。其直接后果是加大水土流失和土地长期超负荷生产,使地力退化,失去发展农村经济的支撑力。特别是随着农村人口的不断增加,土地质量退化,又需寻求更多土地,以满足农民最低生活的需求,于是又掀起新一轮对土地垦荒,喀斯特地区农村陷入“越穷越垦、越垦越穷”的恶性循环“怪圈”之中,加剧了人地矛盾突出问题。

三是人地矛盾突出对农村经济社会发展的负面影响。由于喀斯特地区农村人口数量过大,普遍存在的人口与资源、环境与保护的矛盾更加突出。人地矛盾日趋加剧,必然对农村经济社会带来负面的影响。虽然喀斯特地区农村经济也在发展,但由于人口的增加已经抵消经济发展后所能承受的能力。喀斯特地区不仅地方财政和农户自身难以承担在扩大生产,以及就业、医疗、教育及其他社会事业的经济负担,而且在喀斯特农村贫困地区普遍存在的“出生一人,返贫一户”现象。所以,喀斯特地区存在着的人地矛盾突

出问题，无疑对地区人与人、人与社会、人与自然的农村经济社会发展造成严重的危害。

三、喀斯特地区加快生态环境建设的对策措施

喀斯特地区生态环境建设是“十二五”乃至新时期贵州经济社会发展战略的重要内容之一，是一个庞大、复杂的系统工程。为保证建设工程顺利实施，确保喀斯特地区的生态效益、经济效益和社会效益，提出以下的对策。

1. 加强领导，认真做好修复工程的组织实施工作

（1）喀斯特地区修复生态环境，进行综合治理涉及的区域很广，涉及的部门也很多，必须有一个强有力的领导机构，领导小组的成员要由相关部门的一把手出任，才能做好相关协调工作。各级政府要把修复生态环境建设作为一件大事列入议事日程，纳入当地国民经济和社会发展计划，切实加强领导，采取有效措施，保证规划目标的实现。各级政府要在国家和省的生态环境建设规划指导下，结合当地实际制定本地区修复生态环境建设规划，作为当地经济和社会发展规划的重要组成部分，把生态环境建设与当地农村经济发展紧密结合，一代接着一代干，一张蓝图干到底。同时，实行行政首长目标责任制，把生态环境建设情况列入领导干部政绩考核内容并定期检查，向社会公布。

（2）“生态环境问题既是一个使用量问题，也是一个与利用方式、利用渠道和利用对象密切相关的问题。”[1]进行修复生态环境建设是一项跨地区、跨部门、跨行业、跨世纪的综合性系统工程，各级政府对修复生态环境建设要建立目标责任制，定期检查，并向社会公布，把生态环境建设目标作为考核领导干部政绩的重要内容。各有关部门要按照规划和要求，各司其职，各负其责，协调行动，精心组织好规划工程的实施。并由各级发改委同有关部门进行统筹规划，综合平衡，组织协调，综合运用各种手段进行调控和管理，使喀斯特地区的生态环境建设与全省“两江”（长江和珠江）流域综合开发和国家西部大开发战略相一致，与“十二五”规划和经济社会发展战略目标相协调，增强喀斯特地区的可持续发展能力和后劲。

（3）加强修复生态环境的宣传教育、提高人民群众的公共参与性。各级政府要采取多层次、多渠道、多形式面向全社会宣传，利用广播电视、学校等宣传教育资源，充分发挥各类传播媒介的作用，广泛、深入地普及和宣传修复生态环境的必要性和重要性。同时，各有关职能部门要按各自的职能分工，履行职责，加强行业指导和工程管理。对在生态环境建设中作出突出贡献的单位和个人，各级政府应予表彰奖励。

2. 加强法制建设，依法保护和修复治理生态环境

（1）要广泛深入宣传《环境保护法》《土地管理法》《森林法》《水资源法》《水土保持法》《农业法》《退耕还林条例》等法律法规，不断提高全社会的法制观念，形成自觉地保护环境、美化环境的社会风气。逐步建立健全以相关法律为基础、各种行政法规相配合的法律体系，并强化执法监督，依法打击各种违法犯罪行为，使生态环境保护和建设走法制化的道路。今后各级政府和有关部门在审查经济开发计划和项目时要坚决执行生态

---

[1] 杨军昌. 侗族传统生计的当代变迁与目标走向[J]. 中央民族大学学报（社科版），2013（5）.

环境保护的有关规定,严格控制在生态环境脆弱的喀斯特地区开垦土地和建设工程,宁可少上几个经济开发项目,也不允许有随意毁坏林草,污染水源,浪费土地等现象发生,对生态环境有潜在威胁的项目要有必要的补救措施。对违法者坚决追究其法律责任。对喀斯特生态环境敏感区域要分级设立重点预防监督区。同时对不适宜生产和生活的地区,要作出规划,创造条件,实行异地开发和安置,减轻环境的压力。

(2)建立和完善喀斯特地区执法监督体系,实行领导责任制,严禁任何以发展经济为借口而不惜牺牲环境为代价的经济发展。尽快建立生态环境监测体系,重点加强监控能力和执法能力建设,采用遥感等高新技术,优先建设喀斯特地区生态环境监测网络,逐步建立重大生态灾害预警系统。重点城市建立空气质量自动监测系统,实行空气质量预报,完善主要河流断面的污染自动监测系统。使喀斯特地区生态修复工作走上规范化、法制化轨道,做到有法可依,依法防治。

3.依靠科学技术,加快生态环境建设

(1)各级政府要在生态环境建设中,建立科技支撑机制,大力推广先进适用的科技成果。鼓励各类科技研究和开发机构从事生态环境保护和建设工作,对研究成果予以保护,并依法有偿转让。各级各类科研机构要根据我省建设的区域布局,完善生态环境监测、科技推广、信息服务体系和技术交流网络,为生态环境建设提供服务。

(2)加强对喀斯特生态建设中重大关键科学问题的研究,制定地区修复生态环境的科学规划。从地区生态环境的实际出发,对土壤、气候、水文地质、经济条件等进行综合分析研究,将修复生态环境与农村经济发展、地区扶贫开发结合起来,针对喀斯特地区特殊的生态环境和有利条件,学习借鉴国内外成功的荒漠化防治先进经验,探索生态重建与经济协调发展的有效途径和发展模式。

(3)大力宣传和普及推广植树造林、种草、水土保持、节水农业、旱作农业、生态农业、中低产田地综合治理技术,包括推广环境监测、农林混合治理技术、生物多样性保护和建设技术;开展林木造林育种、速生丰产林栽培、森林防火和森林病虫害防治等方面应用技术的研究推广;增强全民生态环境建设和保护意识,提高对保护环境的重要性、长期性与艰巨性的认识,保护生态环境就是保护人类文明和发展生产力,增强和提高对生态环境建设的能力,扩大防治范围,提高修复效率。

(4)充分调动科技人员的积极性,发挥其学术专长,围绕生态环境建设的关键问题组织科技攻关,对有价值开发研究成果要予以保护和奖励。鼓励农林技术人员和乡镇干部深入基层开展适用技术的普及、宣传和培训。在喀斯特地区建立生态环境计算机信息管理系统和技术交流网络,科学分析利用地形地貌、林草资源、水利资源、矿产开发、灾害预防等综合信息,为加快地区的生态环境建设服务。

4.加大对“三荒”的开发力度,稳定和完善有关鼓励政策

(1)荒山、荒坡和荒沟的治理是喀斯特地区生态环境建设的重要内容。由于“三荒”的治理开发投资回收期长,风险大,不仅要进行合理规划,还必须有长期稳定的政策,保障投资治理者的合法权益。深化“三荒”承包改革,允许打破行政界限,允许不同经济成分主体购买“三荒"使用权。对“三荒”承包防治项目要在贷款、税收等方面尽可能提供

优惠条件。实行“谁防治，谁受益”，对买、租而不防治或买、租后乱垦者，集体有权收回承包权，并按照合同进行处理。同时优先安排喀斯特地区产业发展项目。紧密结合西部大开发项目和农村发展项目，优先将涉农项目安排到喀斯特修复生态环境的重点地区。鼓励和支持喀斯特地区发展特色支柱产业，鼓励建立或引进龙头企业进入喀斯特地区进行林产品与特色非作物类农产品开发，积极实施农业产业化。同时，加强非喀斯特地区和无石漠化地区的生态经济建设，提高人口承载力，减轻喀斯特石漠化地区的人口压力。

（2）为加快对荒山、荒坡和荒沟的开发，各地政府应鼓励个体承包，实行责权利挂钩，把植树种草和后期管护任务落实到户，使农民在保护和治理生态过程中稳定解决温饱，脱贫致富。另外，优先安排退耕农户从事造林、封山育林、大力帮助农民发展种植业、养殖业和多种经营，促进地区经济发展，解决退耕农户的增收问题；积极开展小水电、沼气、改燃节柴等多能源的开发利用，解决农民的烧柴问题；推广和提倡农村改建砖混住房，大力发展木材代用品，缓解木材供需矛盾，降低森林资源消耗量。

（3）支持和鼓励农村经济合作组织建设。在坚持自愿平等、维护农户经营主体和财产主体的权益的前提下，以家庭承包经营为基础，以合作为宗旨，尊重农民的意愿和选择，建立和发展农村经济合作组织，增强农民集体应对市场竞争的能力，帮助农民群众增产增收，为喀斯特地区修复生态环境提供坚实的经济基础。

（4）紧密结合西部大开发项目和地区农村产业发展项目，优先将涉农项目安排到喀斯特修复生态环境的重点地区。鼓励和支持地区发展特色支柱产业，建立或引进龙头企业进行林产品与特色非作物类农产品开发，积极实施农业产业化。聘请专家开展农村劳动力技术培训，积极进行喀斯特生态修复的专业技术服务。开展由农技站或农技人员与农户直接签订的服务合同，风险共担、利益共享，积极开展农业技术服务。对重大的喀斯特修复生态项目给予投资、资金补助或贷款贴息支持。对喀斯特地区修复生态的优秀成果，先进单位和个人给予表彰和奖励。

5. 加强项目管理，确保工程质量

（1）各级政府项目主管部门要严格执行国家基本建设程序，按规划立项，按设计组织施工，按工程进度安排建设资金，按效益考核。对喀斯特地区修复生态环境的建设重点项目要进行科学规划和设计，广泛吸收各方面的意见，做好经济、技术论证，在项目实施过程中，各部门、各单位不得擅自变更建设内容和项目地点，如确需调整，要报告上一级部门批准。

（2）项目主管部门和有关单位要制定相应的办法，逐步建立和完善项目前期工作的管理，推行公益性项目前期工作责任制；引入竞争机制，允许不同经济主体参与工程建设的投标。逐步建立和完善质量管理和技术监督体系，严格按国家颁布的标准组织设计、施工，引入工程监理制度，定期对工程建设情况进行检查、考核和评估，确保工程质量和发挥长期效益。

（3）加强资金使用的管理、审计等工作，确保国家资金足额到位，专款专用。对已建工程要加强管理，使其长期发挥效益。同时注意发挥舆论监督的作用，促进设计质量、施工质量和管理水平的提高，从而提高资金的使用效率。

（4）严格项目监督，确保工程质量。对喀斯特地区修复生态的工程项目，实行动态监督,随时掌握项目的运作执行情况。通过建立健全检查制度,切实做好自查、互查和联合检查工作,将计划执行、资金使用、工程建设、财务管理等各环节纳入经常监督检查范畴。积极配合审计、财政、监察等部门开展对项目的监督检查和审计工作,实行公告、公示制度,提高资金使用的透明度,把行政监督、群众监督和舆论监督结合起来,对工作中发现的问题进行及时处理和纠正。加大整改力度,严格惩戒措施,严格实行建设项目责任追究制,为地区生态环境的建设创造良好环境。

6.建立健全投入保障机制,拓宽建设资金渠道

(1)建立和完善投资主体多元化和投资方式多样化的投资机制。由于喀斯特地区生态环境建设项目,除需要大量的投资外,还具有高投入、低产出、周期长的特点,除中央财政扶持和政府转移支付的资金投入外,应坚持国家、集体、个人一起上,多渠道、多层次、多方位筹集建设资金。同时,建立完善的生态建设金融支持体系,制定适当的金融、财政扶持政策,放宽信贷政策引导环保型支柱产业发展,促进经济增长。

(2)采取适当倾斜的货币信贷政策,通过适度提高喀斯特地区货币供应量的增长率,适度降低银行准备金比例,对优势环保产业采取优惠的贷款和再贷款利率政策,扩大对喀斯特地区的货币资金供给,提高中长期贷款比例和专项贷款额,并对喀斯特地区金融机构设置和业务限制采取相对自由的宽松政策,吸引更多的国内外金融机构进驻喀斯特地区,开展金融业务,促进生态环境的修复和建设。按照“谁投资谁经营”的原则,鼓励社会各类投资主体向石漠化综合防治投资;鼓励和支持国家企事业单位和乡镇按照合资入股、联营合办、按股分红的办法,营造用材林和商品林基地,发展旅游景区公园等。

(3)设立喀斯特地区生态环境建设基金。如组建中国环境保护银行,在喀斯特地区设立分行(支行)。其业务主要办理民族地区国家重点生态环境恢复和建设以及污染治理的政策性贷款和贴息业务;组建喀斯特地区生态发展银行,专门解决喀斯特地区生态资金问题,发挥区域性融资功能,为喀斯特地区生态环境的发展提供稳定的金融支持;组建喀斯特地区生态风险投资公司和风险投资基金,引导外资和民间资本投入发展生态开发、资源开发、科技开发等生态环保高新技术产业,培育新的环保经济增长点。

(4)统筹使用各类资金,进行集中投入。按照先易后难的原则和责、权、利相结合的原则,深化改革,建立多元化的投资机制,制定切合实际的优惠政策和生态效益补偿制度,借鉴国际上生态效益的补偿办法,建立生态效益补偿机制,生态效益实行有偿使用,使建设者受益,享有者尽责。建设用地造成植被破坏、风蚀沙化、水土流失的要依法给予补偿,并将补偿资金回笼到生态环境建设主管部门,由主管部门负责修复和建设生态环境。

【参考文献】

[1] 十八大报告文件起草组著.《十八大报告》辅导读本[Z].北京:人民出版社,2012.
[2] 建设生态文明,绘就“美丽贵州”——五论贵州与全国同步全面建成小康社会[J].贵州日报,2012-12-28.
[3] 贵州省环境保护局.贵州省环境保护“十一五”规划[Z],2005.

[4] 贵州省科技厅,贵州师范大学.中国西南(贵州)喀斯特生态环境治理与可持续发展咨询会议论文集[Z].2003.

[5] 贵州省科学技术协会.贵州喀斯特地区生态环境建设与经济协调发展学术研讨会论文集[Z].1999.

[6] 贵州省林业厅.贵州省"十一五"生态立省专项规划[Z].2005.

[7] 聂朝俊等.浅谈贵州省石漠化治理的基本思路和对策[J].贵州林业科技,2003(5).

[8] 苏维词等.贵州喀斯特山区的石漠化及其生态经济治理模式[J].中国岩溶,2002.

[9] 熊康宁等.喀斯特的呼唤与希望[M].贵阳:贵州科技出版社,2003(2).

[10] 罗康隆.喀斯特石漠化灾变区生态恢复与水资源维护研究[J].贵州大学学报(社会科学版),2013(1).

[11] 杨军昌.侗族传统生计的当代变迁与目标走向[J].中央民族大学学报(社科版),2013(5).

企业网络营销实施策略探析
——以高远收废网为例

申雯清
（贵州大学　人文学院，贵州　贵阳　550025）

【摘　要】当前，随着网络的飞速发展，网络的优势和价值已被市场所普遍认同并广泛运用于各种盈利活动之中，这极大地推动了电子商务的发展，各式网站和各种网络手段也应运而生。基于此，本研究主要以网络营销为切入点对高远收废网的网络营销开展情况进行调查分析，结合国内外整个收废网的实际情况，对高远收废网现存的问题及其今后的发展方式进行探讨，提出组建网络营销团队、完善网络营销方式、调整企业定位、增开短信服务平台等建议。

【关键词】网络营销；调查分析；运营策略

一、　绪论

随着网络技术的发展，网络营销作为企业营销的一部分扮演着越来越重要的角色。制定好的网络营销策略是当今企业获得成功的关键。本文以网络营销为基础，主要研究高远收废网的网络营销发展现状及其发展前景，分析高远收废网现行网络营销方式的利弊并提出合理化建议，以期对企业的网络营销方式提供参考。

（一）　国内外网络营销发展状况

1. 国外背景

从网络营销来看，发展得较为成熟的网络营销模式有：SEO（Search Engine Optimization 搜索引擎优化）、网络广告、虚拟主机、网站设计、移动无线营销、邮件列表等几个方面。

在收废行业里，国外的发达国家已做的比较成熟。许多发达国家对城市生活垃圾的收集、回收、处理、加工及销售已作为一种成熟的商业模式进入系统化管理。回收产

作者简介：申雯清（1991－　），女，湖南邵阳人，贵州大学中国少数民族经济专业在读硕士研究生，研究方向：社会经济与民族文化。

品和副产品的销售费和居民级商业机构交纳的废弃物处理费是一般垃圾处理公司收入的主要来源。网络营销的主体对象为回收产品和副产品,其中回收产品以有机肥为主。

2、国内背景

在我国,由于企业上网的水平参差不齐,故开展的网络营销服务也有很大的差异。开展得较多的服务有百度搜索引擎竞价排名,域名注册,网址建设,门户网站的搜索引擎注册,网络实名注册,虚拟主机等。

国内网络营销服务的模式主要有:供求信息平台服务模式、企业上网综合服务模式、大型网站的企业服务模式、营销资源整合模式及专业网络营销公司。❶

而网络营销在我国的收废行业发展较为缓慢,大多数企业仍处于初期探索阶段。当前,我国一些垃圾收废网站开展网络营销的主要目的是宣传垃圾分类理念,推广有机肥的使用。但随着环保节约意识的不断提高,垃圾分类回收也日益受到大众的关注。

二、 网络营销概述

(一) 网络营销的概念

网络营销是交易双方基于互联网且以电子支付和结算为手段,依托客户数据的全新商务模式。其交易的标的物为产品,另外包括了对产品及交易方式的选择、生产、营销和运送,是一种借助虚拟网络特性建立的竞争优势。❷ 网络营销的特点主要有全球性、交互性、整合性、经济性。

(二) 网络营销的基本理论

1. 网络整合营销

网络整合营销,又称个性化网络营销,即将客户需求与网络营销进行有效的比配,从而为客户提供最佳的营销方法。❸ 网络整合营销体系是在深入研究互联网各种媒体资源的基础上,精确分析网络资源的价值和作用,且照顾用户的日常行为及实际投入成本,最终根据企业的实际情况制定出性价比较高的网络营销解决方案。

2. 软营销

软营销与传统营销的主要区别在于:软营销的主动方在客户,而传统营销的主动方在企业,它是网络本身特点和顾客个性化的回归。在网络环境中,以企业为主动方的强势营销难以发挥作用。个性化消费需求驱使消费者的主动性增强,而网络的交互性则与

---

❶ 石淑梅. 网络营销在有色金属企业中的应用研究[D]. 北京:北京交通大学经济管理学院,2010:1 -2.

❷ 陈志浩. 网络营销[M]. 武汉:华中科技大学出版社,2010:56.

❸ 宋文官,姜何,华迎. 网络营销[M]. 北京:清华大学出版社,2008:101 -10.

之相应。当然,把两者完全对立起来也是错误的,有时将两者巧妙地加以结合往往能收到意想不到的效果。

3. 数据库营销

数据库营销是通过建立、维护和利用顾客数据库及其他数据库来达到交易目的。一个顾客数据库是一个有关每个顾客或潜在顾客的个人的有组织的数据集合。

4. 关系营销

关系营销就是把营销活动看成是一个企业与消费者、供应商、分销商、竞争者、政府机构及其他公众发生互动作用的过程,其核心是建立和发展与这些公众的良好关系。关系营销的核心是留住顾客,在与顾客保持长期的关系基础上开展营销活动,从而实现企业的营销目标。

(三) 现行网络营销的基本方法

1. 搜索引擎营销

搜索引擎营销,是指企业或个人根据潜在用户使用搜索引擎的可能方式,将企业的营销信息尽可能传递给目标客户。用户搜索时使用的关键词说明该用户对该关键词所代表的产品或问题的关注,这便成为搜索引擎被应用的根本原因。其实,搜索引擎从本质上来说就是一个专门提供信息搜索的服务网站。

2. 博客营销

博客营销的概念目前还有争议,而比较公认的说法是:一种基于个人知识资源(包括思想,体验等表现形式)的网络信息传递形式。

博客营销的特点主要有:①博客是一个信息发布和传递的工具;②文章的内容题材和发布方式更为灵活;③博客传播具有更大的自主性,并且无须直接费用;④博客的信息量大。

3. 第三方电子商务平台营销

第三方电子商务模式,即企业依托第三方电子商务平台展开商务活动。其特性包括保持中立立场以得到参与者的信任,集成买方需求上发布买卖信息等。

买卖双方成为第三方电子商务平台的会员后,就可以在这个平台拥有自己的网页,并按照平台预先设定的标准网页格式发布自己的公司产品及供求信息。基于其具有相对庞大的信息量服务和较强的市场推广力度,故得到了许多企业的认可。

4. 移动营销

移动营销是以手机为平台,直接向目标客户定向和精确地传递个性化即时信息的营销手段。移动营销的形式较为丰富,主要包括短信、彩铃、彩信、声讯和流媒体。在强大的数据库支持下,可以通过无线广告把一些具有特色的信息精确地传递给消费者。

5. 网络会员制营销

网络会员制营销 ,也称“联属网络营销”或“会员制计划”等。主要通过利益关系和电脑程序将无数个网站连接起来，从而实现将商家的分销渠道扩展到地球的各个角落的营销目标。

6. 数据库营销

企业在大量积累消费者信息的基础上，得出消费者购买某产品的可能性并对产品进行精准定位，有目标的制定销售策略的过程。随着市场的不断细化，消费者的兴趣和感受逐渐受到重视。数据库营销的出现为个性化营销的实现奠定了基础。其主要价值体现在：改善顾客关系、动态更新和顾客主动加入。数据库营销的基本过程包含数据处理，寻找目标顾客，数据处理，数据存储，改善数据和使用数据。

7. 虚拟社区推广

网络社区营销是网络营销区别于传统营销的重要表现。网络社区形式多样，主要包括讨论组、聊天室、BBS 和论坛博客等形式的网络交流平台。有同样爱好的访问者往往会聚集在一起，这不仅成为交流的场所，也为营销活动的展开提供了可能。网络社区营销主要有两种形式，一种是利用自己网站的社区，另一种是利用其他网络的社区。

8. 网络软文推广

软文，顾名思义，精妙之处在于"软"。网络软文是基于互联网并以文字为载体的一种网络宣传。软文在企业形象宣传、产品市场推广与销售、品牌建设等方面发挥了不同程度的作用。网络软文具有受众多，传播面广，扩散迅速等特点。网络软件既有文字作品的特点，又有网络自身的特色，在创新内容、标题吸引和热点追踪方面有着不同的要求和体现。目前，网络软文已成为企业品牌建设和市场推广的一种重要手段，成为众多广告策划类公司的新业务，受重视程度不断提高。网络软文的具体形式表现为企业新闻稿、公关软文、广告软文等。

（四） 网络营销存在的主要问题及挑战

当前国内网络营销发展存在的主要问题有：

(1) 企业观念落后，网络投入力度小。目前许多企业对于网络营销缺乏关注，传统的营销模式依然占据主流。有网络意识的企业则只是简单地把自己企业的基本信息挂在网页上，网络营销的优势没有真正发挥出来。

(2) 信用环境及相关法律不健全。市场经济是信用化的商品经济，信用是其发展的基本条件。然而，当前我国网络运行的相关法律法规不健全，用户对于网络的安全性问题还存在诸多疑虑，这影响了网络营销的进一步发展。

(3) 网络营销形式单一，盲目跟风。网络营销作为新兴的营销手段发展尚未成熟，形式较为单一，主要集中在网络广告、搜索引擎优化和博客等。网络广告和搜索引擎优化投入较大，但由于企业自身网站建设方面的欠缺，使得大量的开支没有达到预期效果。

(4) 支付手段和物流配送不成熟。国内网络支付手段的安全性较低，网络支付技术还不成熟,这在很大程度上影响到了网络分销的效率。其中,在网络安全支付方面存在的观念和技术问题。另外,物流也成为一大制约因素。国内物流的发展速度还不能满足网络营销的配送需求。

(5)网络营销人才缺乏。网络营销是充分运用现代网络技术来运行发展的,相关的网络营销人才是其得以运行的基础,但是目前我国网络营销发展整体水平不高,既懂技术又懂管理的复合型人才较少,这在一定程度上阻碍了网络营销的快速发展。

三、 高远收废网的企业概况及其网络营销发展现状

(一) 高远收废网的企业概况

高远收废网成立于 2005 年 8 月,于 2006 年 3 月正式运营(曾用名贵州新绿废旧物资回收有限公司,贵阳收废网),在贵阳废旧市场进行各种废旧物资的回收。高远收废网是贵州省首家收废网,自建立以来一直致力于关注网上收废的生活类网站,立足于绿色环保,可定位为行业电子商务网站(如图 1 所示)。

图 1 高远收废网主页

公司自 2007 年年初开始关注垃圾处理,2009 年开始进行餐厨垃圾生产有机肥的试验,2012 年 6 月正式启动垃圾分类的收运工作至今。

(二) 高远收废网网络营销发展现状及其分析

高远收废网目前主要以线下垃圾分类回收为主,网络营销的主要目的是宣传企业,网络营销的手段主要有:网站建设、微博、博客、社区活动等。

1. 网站建设

高远收废网主要通过线下垃圾分类建立的会员制来增加网站点击率,提升高远收废

网人气，从而为进一步展开网络营销奠定基础。

高远收废网网站功能如图 2 所示：

图 2　高远收废网网站功能

根据收废网具体特点建立的四大模块，包括公益事业、资源整合、调剂平台、后台系统。其中以公益事业为主，这一版块的主要目的是宣传环保重要性，主要展现的内容为及时更新的环保新闻、行业动态和垃圾分类等信息，通过对国家最新法规政策的发布和开展绿色行动等一系列以环保为主体的活动来提高公众的环保意识。

资源整合是指通过信息共享来有效处理用户的信息。其功能主要为搜索功能即在站内可以搜索各类相关信息；并且提供在线咨询和废品价格信息查询的功能以便及时解决客户需求。同时，通过建立网上联盟与其他相关网站进行交互式连接等以实现客户满意。

调剂平台主要是对闲置物品有效处理的平台，是以二手交易、以物换物、捐献等为目的的交易平台。

后台系统主要是客户管理和系统维护。建立的短信平台与流量统计系统可对访问网站的用户作出区域定位和使用途径的判断，进而为有效的客户管理和营销策略提供决策依据。后台系统要求实时进行系统维护更新来确保网站的正常运行。

2. 微博

高远收废网在新浪微博上注册了一个企业账号并在上面发布即时的实事新闻、原创视频和图片，主要内容是发布高远收废网的最新活动进展，宣传垃圾分类的重要作用，提倡绿色环保的生活理念。微博的开设可引起网友的关注，提高公司的信誉度。“高远收废网——垃圾分类联盟”这一账号现已有 378 个粉丝（如图 3）。

图 3 高远收废网微博页面

3. 博客

高远收废网总经理兰亚军在创业吧上开设有自己的博客，博客上连载了长篇创业纪实小说《从董事长到“破烂王”——我上了收废网的贼船》，现连载的五十四篇深受网友欢迎，访问量达 44846 人，可见博客营销对于提高高远收废网的企业形象有重要意义（如图 4）。

图 4 高远收废网总经理兰亚军博客页面

4. 社区活动

贵阳收废网现已正式进入振华社区进行垃圾分类且效果显著。目前，小区居民都已经将垃圾分类当成生活的一部分。小区居民进行垃圾分类后都有积分记录，居民可凭积分到附近的便利店换取小礼品。高远公司给小区居民分发积分卡，分类的垃圾是按量积分的，其中餐厨垃圾 0.05 元一斤，可回收垃圾 0.05 元一斤，其他垃圾不给钱，一块钱一个积分。社区活动的蓬勃发展为关系营销的全面展开奠定了坚实的群众基础。

图5 高远收废网进驻乌当区振华社区活动照

5. 网络新闻

高远收废网一直注重与新闻电视媒体保持密切联系，通过一系列的社区推广活动来引起媒体的关注。目前，在各大新闻媒体上都可以看到高远收废网的身影，较有知名度的有央视、新华社、凤凰网、中国广播网、搜狐、贵州商报等，主要宣传形式包括报纸、电视专访、网络新闻等。鉴于收废网的公益性强，且随着十八大建设美丽中国方案的推进，国家对于环保问题更加重视，高远收废网便借此良机来引起媒体重视，从而达到宣传企业的目的。

四、 收废行业现状及对比

（一）收废行业现状

1. 国外收废行业现状

从垃圾回收来看，国外的垃圾分类已经发展得较为成熟，回收率较高。如日本鉴于土地面积狭小，以减少最终填埋量为主要处理方式，并且明确提出了“3R”原则，即减量控制、回收利用和循环再利用。现在，日本80%的生活垃圾进行焚烧处理，5%左右被回收利用，剩余的15%被填埋。而在美国，城市生活垃圾的收集、回收、处理、加工及销售已成为一个依靠成熟的商业模式来运行的系统产业，美国城市生活垃圾的处理方法主要有回收、焚烧和填埋。

2. 国内收废行业现状

纵观国内生活垃圾处理现状，成熟且常用的生活垃圾处理技术主要有填埋、堆肥、焚烧三种。回收利用技术目前仅在少数几个城市中进行试点工作，应用成功的实例尚不多。

在2005年时，我国的收废网站开始崛起，高峰时全国有100多家收废网站。党的十八大报告提出,要把生态文明建设放在突出地位,融入经济建设、政治建设、文化建设、社会建设各方面。国家的政策对于大力发展收废网,进行垃圾分类是有重要意义的,垃圾回收正在迈向一个崭新的春天。但由于没有找到合适的盈利模式,在经过两三年的洗礼,目前只有西安收废网、淮安收废网等还继续运营,大部分收废网已是举步维艰。

(二)收废行业其他电子商务公司网络营销发展现状及对比

上海新锦华商业有限公司是我国收废网行业目前比较有影响力的网站,成立于 1995 年 12 月,注册资本 4917 万元,公司总资产 20802. 35 万元,拥有经营网点 200 余个。公司主要从事物资回收利用、房产物业、超市加盟、二手货等经营业务活动。

2003 年 7 月,上海新锦华商业有限公司创建了新锦华再生资源回收交投网络中心,以“在线收废”为抓手,组建了一支“正规军”回收网络队伍从而形成了一个再生资源回收网络。上海市民和企事业单位只要进入网址 www. 962300. cc 或者拨打电话 962300(上海市再生资源回收服务热线)就能享受到方便、快捷地上门收废服务。

上海的新锦华是全国第一家网上收废的公司,它是线上与线下合营的模式,但它的网站运营本身却处于亏损状态,每年亏损额在 100 万左右,全靠国家的补贴生存。而其业务范围也仅限于废品回收,并没有打通产业链,也没有涉足垃圾分类这一个环节。

对比上海新锦华与高远收废网的网络营销现状(如表 1 所示)。

表 1　对比上海新锦华与高远收废网的网络营销现状

网站名称	优势	劣势	发展现状
上海新锦华	全国第一家收废网站,全市有很多家加盟商,政府支持,资金雄厚	没有打通产业链,网站本身是亏损的	目前还是区域性网站,网络营销业务开展的不太多,主要是搜索引擎优化,线上线下交易结合,移动营销等,影响主要是在华东一带
高远收废网	从源头开始分类,有完整的产业链	资金不足,全国范围内影响小	区域性网站,网络营销投入不大,主要通过博客,微博,线下带动线上等方式进行,效果不明显

五、 探讨高远收废网网络营销方式的发展方向

(一) 高远收废网网络营销方面存在的问题

高远收废网的网络营销开展情况总体来说不够全面,介于企业的规模小和资金不足,主要是运用微博,博客等一些免费的网络工具进行推广,企业的知名度不高,效果不显著。究其问题主要可概括为以下几点。

1. 企业规模小,资金不足,网络营销投入少

高远收废网注册资金为 100 万,但是要想在全市乃至全国范围推广垃圾分类回收,这些费用是远远不够的。虽然公司在积极申请国家项目补助资金,但是其真正能投入网络营销方面的资金不足,所以对于一些付费项目,如百度推广、媒体广告等尚未涉足。

2. 网络营销形式较少

高远收废网的网络营销主要是博客和微博,形式单一,效果不佳。其主要的发展方式为线下推广带动线上,这种方式最大的优势在于推广成本低且效果显著,但是应建立在线下方面推广面广且影响力大的前提下,而高远公司目前的线下发展状况还不远能达到这样的要求,故而应采用多种形式的营销策略以增强宣传力度,扩大企业影响力。

(二) 高远收废网网络营销实施探究

1. 组建专业的网络营销团队

当前高远收废网主要把精力集中在网络技术和线下服务上面,缺乏专业从事网络营销的复合型人才。而要想发展网络营销,有想法有能力的人才是必不可少的。因此,高远收废网应尽快组建起一支专业的网络营销队伍,这个队伍既有把握总体战略方向的人员,也有网络技术人员,网络营销人员和实体销售方面的人员,只有这样才能系统而专业地进行网络营销的研究和创新,开创高远收废网网络营销的新局面。

2. 完善网络营销模式

目前高远收废网的发展策略是以线下带动线上,但是线上的发展明显滞后。与之相配套的一系列网络营销手段没有应用于实际营销之中。建议从以下几个方面着手全面开展网络营销建设:

(1)优化搜索引擎,提高搜索排名。在网络中搜索"收废网"或"垃圾收废"时,可以发现高远收废网的排名不高,这样并不利于高远收废网的推广,建议与百度等搜索率高的搜索引擎公司合作以提高搜索排名。

(2)开设垃圾收废小游戏,引导网友在娱乐之余更能了解垃圾分类常识,使得垃圾分类观念深入人心,为企业的下一步推广打下基础。这种游戏主要以垃圾分类为切入点,设置游戏时可创建各式各样的垃圾,游戏的主要内容是引导玩家进行垃圾分类,对不同类别的垃圾进行不同的归类区别,垃圾分类的难度逐渐递增,通过闯关的形式使玩家不断提升级别并获得相应奖励。这样不仅能普及垃圾分类的环保意识,更能提升高远收废网的档次和知名度。

(3)进行病毒营销。可以仿效江南 Style 等方式,运用垃圾分类这一卖点制作一些搞笑或恶搞视频上传到视频网络库中(如优酷,土豆网,5156 等知名度较高的视频网站),一炮打响全国,提高企业的知名度。高远收废网可以组织人员,聘请专业的舞蹈教师进行编排,打造出具有垃圾分类特点的个性化舞蹈,由收废网工作人员充当舞蹈演员,并在各大网站上大力宣传争取一夜成名。

(4)运用广告媒体。高远收废网可以在原来的基础上加大在网络、电视台、报纸、公交车等地点的广告投放力度,主要宣传垃圾分类意识和高远收废网服务社会的目的。因为这些广告媒体受众较多,影响力大,对于短时间内提高企业声誉将有很大帮助。

(5)发展整合营销。目前高远收废网主要以发展线下垃圾分类为主,其垃圾分类进社区和学校的活动已初见成效,高远收废网可以充分利用这个契机来提升高远收废网的知名度。垃圾分类的用户必须登录高远收废网的官方网站来兑换积分,这样可以增加收废网的访问量和人气。高远收废网应当大力整合线下和线上的资源,开展多种形式的网络营销,通过线下带动线上访问量,再通过运用线上的网络互动性优势来提升顾客满意度,满足顾客不同程度的需求,提高与顾客沟通交流平台的水平,使得两者互相补充以达到最佳效果。在取得一定的知名度后,高远公司可以通过利用客户资源优势为其它有需求的商家提供网络营销服务来提高企业价值。

(6)加强网络软文推广。当前高远收废网在网络软文方面已经有所涉及,但是发展程度不高,效果不显著。建议其加强软文推广,可以写一些关于垃圾分类常识和环保意识的软文放在百度贴吧、天涯社区、猫扑网、西祠胡同、新浪、搜狐、5651等较为有名的大型社区论坛中。绿色环保,节能减排问题不仅是政府所大力倡导的,更是每个人应当注重的生活细节。在这些网站上发布相关软文可以引起人们对环保问题的关注,更有助于提升高远收废网本身的社会影响力,从而为公司今后的发展创造经济效益。

3. 调整定位

高远收废网把自己定位为纯粹的商业性网站,而做垃圾分类是一项公益事业,因此高远收废网应该打开视野,在注重盈利的同时,也应关于其公益性方面的发展。建议高远收废网调整其定位,努力打造一个以公益事业为主,商业性为辅的绿色收废网。

首先,在其网站建设方面应当尽量多地分享信息,内容上应该以公益事业宣传为主(例如,以环保知识、垃圾分类、废品知识、绿色行动、捐赠平台等为主),商业化内容为辅(例如,以二手交易、废品回收、废品价格表等商业内容为辅),这样才能引起人们的共鸣和关注。公益信息的增加能帮助提高网站的点击量,从而为网络营销的进一步开展奠定基础。关于网站建设方面,高远收废网应有一个响亮的口号以方便宣传、记忆。在调查中可以发现,高远收废网的价格参考表每个月更新一次,这样的更新速度显得过于慢节奏。作为一家信息化的电子商务公司,应该是时时更新,事事更新,这样才能引起关注者的兴趣和追踪。

其次,加强与贵阳再生资源协会、环保协会等一些环保组织或协会的合作,高远收废网可以作为他们的门户网站或是一个宣传绿色环保的窗口。同时,高远收废网也可以借助他们的影响力来宣传自己,实现互利互惠。

最后,要积极地寻求与政府合作,争取得到政府的各方面支持,最好是可以让政府拿出专项的资金进行环保宣传并出台相应的政策法规。如今,资源环境约束加剧、社会矛盾凸显,我国已经到了以环境保护优化经济发展的新阶段。党的十八大报告提出，坚持节约资源和保护环境的基本国策，坚持节约优先、保护优先、自然恢复为主的方针。而高远收废网正好可以利用这个契机来取得政府支持从而发展垃圾回收事业。在这其中，高远所扮演的角色就是一个环保宣传大使，只做环保、慈善宣传，不做商业宣传，从而引起社会各界的关注，使垃圾分类意识深入人心，最终实现高远收废网的最终目的——盈利。

4. 改进服务手段，增开短信服务平台

当前高远收废网的主要业务集中在垃圾分类上面，对于上门收废业务的发展力度还不够。目前主要在网上提供约定上门收废业务，但其上门收废的标准较高（单笔交投废品总量须大于等于50斤）。实际上，许多家庭都有废品需要回收，但由于满足不了上门收废的要求而闲置在家。收废网的上门服务对于一般的家庭而言适用性不强，因此并没能真正落实到每个有需求的客户。

笔者建议高远收废网开通短信服务业务，降低上门服务要求。最好能实现用户只需发送一个短信到指定服务平台，便有相关人员上门服务回收废品，并且应当尽量缩短用户的等待时间，提高服务效率，从而提升网站的整体服务水平，增强收废网的影响力，为口碑营销的推广活动奠定群众基础。

（三） 高远收废网前景展望

垃圾，是一种放错了位置的资源。生活垃圾作为一种取之不尽的再生资源将逐步得到重视。生活垃圾尽量回收和循环利用，最有效的方式是尽可能地对生活垃圾进行分类回收。随着有关生活垃圾资源化、减量化的地方性法规的陆续出台，生活垃圾回收利用工作将逐步纳入依法管理的轨道，生活垃圾回收利用技术将日益得到重视并带动废品回收业和相关行业的新一轮发展。而高远收废网在这时乘势而上，提倡垃圾分类回收，顺应了时势的发展。而在网络营销方面，公司领导也在进行积极探索，发展潜力巨大。

六、 结论

本文主要以网络营销为切入点，先总结了当前网络营销的基本理论、主要方式及在我国发展中存在的问题。接下来介绍了高远收废网的企业概况和发展现状，并对其网络营销发展现状进行调查并分析问题。再简单介绍了国内外垃圾分类现状并以上海新锦华为例与高远收废网进行对比分析。最后，分析出高远收废网存在的问题并提出探究方案，建议其在营销人才团队组建、完善营销模式、自身网站定位、开通短信服务等方面加以改进。在调查的过程中，笔者走访了贵阳高远收废网并得到了总经理兰总的大力支持，获得了关于高远收废网的一手资料，这对于调查分析起了关键性作用。当然，本文还存在许多不足，如调查分析还不够深入。最后，笔者希望今后有更多人对网络营销加以关注和探究以不断提高企业网络营销的运用能力。

【参考文献】

[1] [日]是永聪. 网络营销[M]. 李燕,高凯,李彩云,译. 北京:科学出版社,2008:15-16.
[2] 杨远新,王家敏. 网络营销实务[M]. 北京:北京大学出版社,2010:37-42.
[3] 刘攀. 市场调查与预测[M]. 北京:对外经贸大学出版社,2011:33-40.
[4] 孟雷,李宏伟. 市场调查与预测[M]. 北京:清华大学出版社,2012:112-120.
[5] [美]罗杰·A. 凯林等. 市场营销[M]. 董伊人等,译. 北京:世界图书出版公司,2011:300-315.
[6] 潘艳君. 市场调查与分析[M]. 北京:科学出版社,2013:120-130.
[7] 罗子明. 消费者心理学[M]. 北京:清华大学出版社,2012:202-250.
[8] 李黎,杜晨. 轻公司[M]. 北京:中信出版社,2011:55-60.

历史学与民族学

● 夜郎王印去向考

田维华
（铜仁学院　乌江文化产业研究院，贵州　铜仁　554300）

【摘　要】汉武帝于“元鼎六年（公元前111），夜郎侯迎降，天子赐其王印绶”的两年后，又于“元封二年（公元前109），赐滇王印”之授印历史文献。其中，“滇王印”于1956年在昆明出土。而夜郎王印至今未有发现，去向迷离。文章考证：夜郎王多同受封后，与汉朝保持了多年的君臣之谊。继任者竹王“后渐骄姿”而被汉武帝所斩，但仍以竹王的三儿子为夜郎王执掌夜郎国（时称牂牁郡）政权。夜郎最后一位王兴反汉时，汉成帝任陈立为牂牁太守，于公元前27年以计斩杀兴的同时，便将“夜郎王印”收回汉室。以致王莽“始建国元年（公元9年），莽遣五威将王奇等人班符天下，收缴故汉印绶，赐新室印绶”的旨谕中，就没有“收回故汉夜郎王印”的旨令呈献于载籍，说明在夜郎王兴被谋诛之际，夜郎王印即被牂牁太守陈立所没。

【关键词】夜郎王印；去向；考证

中国历史大史学家司马迁，在他撰著的《史记》里这样史载：“西南夷君长以百入（朝），独夜郎、滇受王印”，在这句史料中，为什么没有记载夜郎国旁邑的小钩町侯，也被西汉王朝受其“王印”的历史史载呢？有关这一史事，笔者在查阅史书中，发现大汉王朝在给夜郎旁邑的小国——钩町侯，也被西汉中央政府赐受以王印。此史，《中国历史大事年表》63页这样写道：“始元六年（公元前81），钩町侯以击反者有功，立钩町侯毋波（又名亡波）为钩町王。”由史可鉴，在“西南夷君长以百入、独夜郎、滇受王印”以外，而曾经依附于夜郎王与滇王之间的小国钩町侯毋波，因遵令汉廷镇压反叛者有功，也被西汉王朝授予了王印。在史书上，有些与夜郎、滇，以及钩町几乎相处在同一时期的方侯国，为什么不见汉王朝授予“王印”的史载呢？而大汉王朝却偏偏将夜郎国旁边的小邑，小小的钩町侯毋波赐受“王印”。汉朝中央政府为什么要赐受给这个小方侯国为“王”，其中的缘由究竟是怎么回事，这还得从历史的时事背景中去寻其根由，方能识破在汉朝撰成的《史记》上，为什么没有记下在西南夷中，还有一个小方侯的钩町国也被西汉王朝于“始元

作者简介：田维华（1948—　），贵州思南人，铜仁学院乌江文化产业研究院研究员，思南夜郎学会会长，贵州省民族文化学会常务理事。研究方向：地方历史与文化。

六年(公元前 81),(因)钩町侯以击反者有功,立钩町侯毋波(亦称亡波)为钩町王"的历史史事记载。为揭示这一史事,这还得重温汉武帝时,既赐夜郎王印之后,又受滇王王印的历史说起。

一、雄才大略的汉武帝威震西南,相继赐夜郎、滇王印

公元前 135 年,汉武帝以武力镇住了北方匈奴单于后,为消灭南越国,于是年实行战略转移,开始对南方的南越国(今广州番禺)进行"水道"战略路线探访,于是便旨派汉使唐蒙出使南越国国都番禺(今地)。到了番禺城后,唐蒙在南越国的政治家、军事家,以及高级间谍们充当侍候人员在招待席上,从这些所谓的"服侍人员"的口中,获悉汉朝统辖下的夜郎国(古代贵州)里有一条牂牁江,"道西北牂牁江,江广数里,出番禺城下"的情报后,大汉王朝为了踏勘夜郎国里的牂牁江,是否如同南越人所说的"江广数里,出番禺城下",于是汉武帝于"公元前 130 年,以唐蒙为中郎将,将千人,食重万余人,从巴符(今娄山关)入夜郎",来到"夜郎者,临牂牁江(乌江)"思南古代的夜郎国都城。当唐蒙麾下的一万一千余人,沿着南越人提供的水路情报,踏遍夜郎国里(古代贵州)的母亲河——牂牁江(即今名乌江),以及"道西北牂牁江"包括北盘江(今名)在内的任何一条江,发现都是不能载运军船直通南越国国都番禺城下时,汉使唐蒙此时才知道受了南越人的诈骗。他为了挽回受南越国间谍们欺蒙讹诈,受骗上当的失误之举,来到夜郎国的唐蒙将计就计,建议汉武帝在夜郎国土地上割出遵义古址,以其地为枢纽中心构置"犍为郡"。这个政权,实属于汉廷中央直辖的地方政权。这算是唐蒙向汉武帝上交了一份只能打 80 分的答卷。因为,唐蒙出使夜郎国的本意,是察看南越人提供的,从夜郎国乘船"牂牁江出番禺城下"战略水道是否属实。当唐蒙麾下的一万一千余人踏遍夜郎国里的牂牁江(乌江)及其他所有的江,都不能成为南越国人所说的:"道西北牂牁江,江广数里,出番禺城下"去实现消灭南越国的军事水道时,于是唐蒙只好以大汉王朝的国威在夜郎国里割出一块通向巴蜀之地的遵义古址构置犍为郡。汉使唐蒙割地设置犍为郡,令夜郎侯多同只敢自嘲道"汉孰与我大"的感言。唐蒙总算以和平手段解决了夜郎国的问题,让汉武帝转忧为喜。身为大汉王朝的国君,虽然在此后的二十年间,不能从"道西北牂牁江"去消灭南越国,但只要具备了政治家的思维,军事家的实力,何愁没有机会。

天机终于等到了,公元前 112 年,南越国自行反起汉朝来,且兰国也随势而反。当南越、且兰均被汉朝灭亡后,《前汉书》史曰:"元鼎六年(公元前 111),夜郎遂入朝,上以为夜郎王。"《后汉书》史云:"元鼎六年(公元前 111),夜郎侯(多同)迎降,天子赐其王印绶。"这些文史资料,反映了有汉以来,到汉武帝一朝,才首次向西南夷地的方侯国赐以"夜郎王印"。"夜郎王印"勘称为西南夷中第一王印,这才配得上汉武帝时期史学家司马迁在《史记》中美誉曰:"西南夷君长以什数,夜郎最大"的国家地域,军政实体是非常吻合,十分对应的。两年后,当汉武帝于"元封二年(公元前 109),天子发巴蜀兵击灭劳深,靡莫(小邑),以兵临滇,滇王始首善(首次向善),以故弗诛,滇王离西夷,举国降,请置吏,入朝,赐滇王王印"(《史记》《汉书》均载)。此史,《中国历史大事年表》亦史曰:"公元前 109 年,滇王降汉,赐滇王王印,以其地置益州郡。"这是汉朝中央政府前后赐受夜郎王印、滇王印的历史记载。继此之后,汉朝又将夜郎与滇国之间的钩町也赐以"王

印”。《中国历史大事年表》史曰:“始元六年(公元前81),钩町以击反者有功,立钩町侯毋波(亦称亡波)为钩町王。”文史可见,汉朝于公元前111年首次赐“夜郎王印”之后;又于公元前109年汉赐“滇王印”;到公元前81年,汉“赐钩町王印”。这是大汉王朝在西南夷地区,恩赐的三枚“王印”。

然而,以上述由国家史志中反映西汉政权赐受西南夷的三枚方侯国印,为什么在司马迁撰著的《史记》上,只史载了汉廷“独夜郎、滇受王印”赐予这两个方侯国的王印,而无“赐钩町王印”的历史记载。其中的原因究竟是怎么回事?

今考,司马迁撰著的国家第一部史书《史记》,其志记是司马迁从公元前104年开始纂编,至公元前91年这十四年中完成的一部史志。从年限上看,凡是公元前91年以前有关汉朝与西南郡国之间的大事记,都被史录在志书中。为此,发生在公元前111年天子赐以夜郎王印,以及发生在公元前109年天子赐以滇王印的大事件都被《史记》载入。史云:“西南夷君长以百入,独夜郎,滇受王印”备录在史志中。当《史记》于公元前91年完成之后,西汉王朝于公元前81年“赐钩町王印”一事,自然就不会撰著在《史记》上了。因此,我们在寻根“夜郎王印、滇王印”的来龙去脉时,将西汉政权于公元前81年“赐钩町王印”的史事首次呈现,令研究者们知道西汉王朝,不仅仅是《史记》史载:“独夜郎、滇受王印”,还有夜郎旁邑小小的钩町方侯,也被西汉王朝受了王印。此史,只是不被《史记》所载,而被《中国历史大事年表》史录在案。这个历史课题,是从来没有任何一位学者提出的历史问题,笔者提出此事,是让同仁们都清楚西汉王朝在“赐夜郎王印、赐滇王印”之后,汉廷中央政府又“赐钩町王印”。由史可见,不是《史记》只史述道:“独夜郎、滇受王印”的唯一说法。

二、汉朝是在什么背景下赐夜郎旁小邑钩町王印的

汉武帝为什么最先要赐夜郎王印,那是证实了汉朝在《史记》中写下的“西南夷君长以什数,夜郎最大”历史印记的真实反映,所以汉武帝最先赐予夜郎王的王印。其目的,在于争取西南地区最大的夜郎国顺降汉朝。然而,当夜郎归顺大汉王朝后,汉武帝为了打通从滇国探求身毒国(今印度)的战略路线时,于是继公元前111年赐夜郎王印绶的两年后,在大兵压境下,滇王也归降了汉朝,汉武帝于公元前109年受赐滇王印绶。这就是《史记》史述:“西南夷君长以百入,独夜郎,滇受王印”的文史记载。由于汉朝受夜郎王印在滇王之前,所以司马迁在《史记》中才有“夜郎王”居“滇王”之前,“独夜郎、滇受王印”前后排名的史载。通考有关汉王朝的文献中,除汉武帝赐夜郎、滇王印之后,到汉昭帝时,这位昭帝于公元前81年也“赐钩町王印”。这样一来,《史记》中写下西汉王朝“独夜郎、滇受王印”的说法,似乎就不准确了。因为西汉王朝,在公元前111年最先赐夜郎王印之后,其次于公元前109年赐受滇王印。继赐夜郎、滇王印的三十年之后,西汉王朝又于公元前81年赐予夜郎、滇国旁边的小侯国钩町王的王印。可鉴,《史记》中史述西汉中央政权“独夜郎、滇受王印”的说法不够精准。查其原因是,就司马迁成书的《史记》而言,从公元前104年撰稿之年起,到公元前91年成书止。在这十四年以前,汉武帝于公元前111年赐受夜郎王印,以及于公元前109年赐滇王印,在司马迁着笔之前就已经恩赐王印给这两个方侯国了。所以,在司马迁撰成的《史记》中,只有:“独夜郎、滇受王印”的史

载。而汉朝后来于公元前81年赐钩町王王印的史笔，自然就不史录在此前已经成书的《史记》中了。

那么，历史上原来依附于夜郎旁邑的小钩町又是怎么被汉朝中央政府“赐受钩町王印”的呢？西汉政权又是怎么在“独夜郎、滇受王印”的三十年后，才给小小的钩町“赐受钩町王印”的呢？这自然有它的历史背景。这段鲜为人知的历史玄机，是史学界忽略了由滇王率先反叛汉朝，而引发了西南夷皆反。在以滇王为首发动的西南皆反叛汉朝的历史背景下，汉朝唯一旨令钩町参与汉将汉军镇压西南夷反叛有功，而受朝廷嘉奖钩町为王的桂冠。

笔者查阅《汉书·西南夷传》中史述道：“始元元年(公元前86)，益州廉头、姑缯民反，杀长吏。牂牁，谈指，同并等二十四邑凡三万余人皆反。遣水衡都尉发蜀郡、犍为奔命万余人击牂牁，大破之。”此史，《汉书》还曰：“始元元年(公元前86)夏，益州廉头，姑缯、牂牁，谈指，同并二十四邑皆反。遣水衡都尉吕破胡募吏民及犍为，蜀郡奔命击益州，大破之。”有关这段历史，《中国历史大事年表》亦云：“始元元年(公元前86)，益州夷二十四邑，三万余人反汉。遣水衡都尉吕破胡吏民及犍为、蜀郡奔命击之。”

从上述《汉书·西南夷传》，以及《中国历史大事年表》查获的史料看，反汉的起因是滇王辖下的“益州廉头、姑缯民反，杀长吏”。说明以益州昆明为中心的叛民们杀了汉廷派驻官员之后，又联络了牂牁、谈指、同并等二十四邑三万余人一起反叛汉朝。从汉朝“遣水衡都尉发蜀郡、犍为奔命万余人击牂牁，大破之”的史料来看，汉军万余人很快就给反叛的牂牁镇压下去。文献中的“奔命”二字，说明汉军以迅雷不及掩耳之势首先击破了牂牁郡(思南古址)的反叛。考其原因是，汉廷中央政府仍然采取了汉武帝此前的方略，仿武帝于“元鼎五年(公元前112)，且兰君反(今福泉、瓮安一带)，杀使者及犍为郡(今遵义)太守”的当时，汉武帝为了割断夜郎国(今思南)与且兰结伙反汉，于是汉朝“发夜郎兵下牂牁江”，命令夜郎兵往乌江下游开拔，以此谋略遏制了且兰合伙夜郎共谋反叛汉朝的危机。而当下，当历史推移到汉昭帝始元元年(公元前86)，以益州郡(今昆明)为中心的叛民杀官吏率先反叛汉廷时，汉昭帝以其先父汉武帝的招数，最先控制思南古址上牂牁夜郎反叛态势，迅速将地处南中的牂牁夜郎反叛之势扑灭下去，最后再来收拾益州郡滇王这位策划西南夷大反叛的罪魁祸首。

笔者从上述几部文献中嗅到，为什么汉武帝刚刚薨逝，尸骨未寒的第二年，即只有八岁汉昭帝登基的当年，文献中就写上“始元元年(公元前86)，益州廉头、姑缯民反，杀长吏”的史料出现。说明汉武帝于公元前87年逝世后，以滇王统辖的益州廉头、姑缯(今昆明附近的土著部)就反起了汉朝，且将汉武帝时派往益州郡的郡守及官吏杀了。在“杀长吏”誓与汉朝抗衡到底的情势下，作为益州土著部的滇王，必定要拉拢牂牁夜郎王共同反叛汉廷。滇王利用汉武帝斩杀夜郎竹王的旧仇，诱发夜郎部反汉。就在夜郎蠢蠢欲动之际，汉廷急如星火“遣水衡都尉发蜀郡(今成都)、犍为(今遵义)奔命万余人击牂牁、大破之”，汉军以“奔命”之势很快就将思南古址上牂牁夜郎反叛未遂镇压下去。可见，牂牁夜郎自身不是下意识地反汉，而是受到“益州廉头、姑缯民反，杀长吏”的鼓动下而反起汉朝的。事实上，正当夜郎萌动之际，就被汉军迅速地镇压下去了。从这次反叛汉朝的势态来看，其主谋者当然是昆明古址上的益州郡滇王，而思南古址上的牂牁夜郎只是胁从罢了。

笔者为什么要下这么个结论？因为，文献中反映了昆明古址上的“益州廉头、姑缯民反，杀长吏”是引发西南夷反汉的导火线。从历史案件的始因来看，如果益州廉头、姑缯土民们不杀长吏，益州不反，而牂牁夜郎的土民们也就反不起来。更况，夜郎竹王被汉武帝已经斩杀了一二十年了，夜郎竹王的第三子夜郎侯，又是在夜郎夷濮土著民众的恳请央求下，汉武帝才让其继承夜郎侯的。从道理上讲，夜郎侯三儿子反汉可以说大不应该。然而，由于汉武帝杀的是他的父亲——夜郎竹王，所以杀父之仇不共戴天，当益州郡滇王反叛呼声一起，夜郎侯三儿子也随之反叛起汉朝来。在益州滇王的诱惑下，夜郎侯三儿子只以为汉武帝死了，幼主尚小，可以向汉朝一拼。然而，夜郎侯三儿子忘记了“瘦死的骆驼比马大”这个真理，所以，当牂牁夜郎刚刚才萌动反汉之际，就被汉朝旨令蜀郡、犍为郡两路军队万余人“奔命”扑灭下去。夜郎在毫无准备中就被汉朝军击破了，从此，夜郎又乖乖地顺降了汉朝，于是，这才有六十年后公元前 27 年夜郎王兴又叛汉朝被斩的历史产生。由此可推，在公元前 86 年这次西南夷反叛汉王朝的事变中，牂牁夜郎是胁从者，而主谋策划者，自然是益州滇王部由于“杀长吏”，杀死汉武帝生前安置在益州的太守和官员们才造反的。其性质就完全变了。看来，公元前 86 年史载这次西南夷反汉，其主要起因是益州郡滇王“杀长吏”杀死汉武帝派到益州（昆明）的流官而引起的。

经考，自汉武帝于公元前 109 年赐滇王王印，又置益州郡于昆明地之后，在汉武帝一统的二十余年间，益州郡滇王尚能顺从西汉政权。可到了汉武帝于公元前 87 年驾崩之后，就在公元前 86 年，以滇王为首的益州郡及其周边的小侯们就结伙起兵反叛汉朝来，其中的原委到底是怎样引起的，云贵两省史学界从来没有提及这段历史事变的起因。笔者发现，引起滇王于公元前 86 年发动的西南夷大反汉另有前因。

至于引发叛乱的前因，在翻阅历史文献的史料中，笔者在《汉书》《通鉴》中查阅到这样一段史话：“元封六年（公元前 105），汉既通西南，开五郡，欲地接以前通大夏，岁遣使十余辈出此初郡（新建的益州郡），皆闭昆明，为所杀，夺币物，于是天子赦京师亡命，令从军，遣拔胡将军郭昌将以击之。斩首数十万，后复遣使，竟不得通。”其史，《贵州通志·前事志》卷一 78 页亦史载。并说：“元封六年（公元前 105），使拔胡将军郭昌还击昆明，无功夺印。”

这是关系到汉武帝于公元前 109 年，割滇王辖地初建益州郡（今昆明）时，滇王就埋下了反叛汉朝的祸根。从上述几段文献史料中，它史述了汉武帝想从中国西南夷滇王的辖地，达到打通去大夏的目的，当汉武帝“岁遣使十余辈出此初郡”，即派遣使者来到初建的益州郡昆明时，这些使者却遭滇王关闭在益州郡昆明城中而被杀害，并夺取了钱物。文献中：“皆闭昆明，为所杀，夺币物。”滇王的野蛮举动，勾起了我的联想，汉武帝于公元前 130 年，割夜郎辖地构建“犍为郡”最多引起夜郎王发出“汉孰与我大”的自嘲感言，不至于发生像滇王杀害全部汉使的残暴行为。滇王的野蛮之举，自然引起了汉朝天子汉武帝的不满。于是，汉武帝大赦京都的凶犯，便将无数的亡命者组成一支敢死队，在汉将拔胡将军郭昌的率领下，于公元前 105 年开拔到益州郡地，将以昆明为中心的滇王部族民“斩首数十万”。汉军以“斩首数十万”滇人的数据镇压了益州郡的反叛，其结果造成汉朝此后派遣到益州来的汉官，“后复遣使，竟不得通”，仍然没有打通从益州昆明去大夏国的道路。尽管汉军“斩首数十万”滇部,也仍然没有成功“无功夺印”夺回汉武帝“赐受滇王印”的印件。

历史上,由于汉武帝以武力草菅滇王部数十万人命,最终导致滇王益州郡全反。势态不仅如此,滇王又把牂牁郡的夜郎王拉出来共同反汉。掐算起来,公元前86年牂牁参加滇王反汉时,应该是夜郎竹王的儿子——夜郎侯三儿子的时代了。这位夜郎侯三儿子,是在夜郎竹王被汉武帝斩杀之后,在夷濮族部的央求恳请下,又才被汉武帝委以当差夜郎侯官爵的。值滇王于公元前86年拉拢夜郎共同反汉的当时,夜郎三儿子当职最多不过一二十年的时间。这次事件,与最后一位夜郎王兴反汉时,被汉成帝于公元前27年以杀夜郎王兴而消灭夜郎国国籍还隔六十年(公元前86至公元前26)。这六十年间,应该说,在汉武帝委任夜郎侯三儿子之后,至少应该还有一代夜郎王侯统辖过夜郎国,最后才轮到夜郎王兴于公元前27年因反汉而被取缔了夜郎国的国籍(此事已在前章所述)。

温故上述《汉书》《通鉴》《贵州通志·前事志》史载汉武帝“岁遣使十余辈出此初郡”,汉朝派十余起使臣来到新建的益州郡(昆明),都被滇王全部关闭在昆明城内“皆闭昆明,为所杀”。对滇王杀汉使的野蛮之举,汉武帝于“元封六年(公元前105),遣使拔胡将军郭昌还击昆明,(虽)斩首数十万,(而)无功夺印”。文献可鉴,汉武帝为镇压滇王“皆闭昆明,所杀长吏”的反暴征讨中,以及围绕“夺取滇王印”的这次血战中,汉军郭昌部以“斩首数十万”的血腥镇压,其结果“无功夺印”,都没有成功地夺回当朝皇帝汉武帝受“赐滇王的王印”。

综上所史,由于益州昆明滇王顽固不化进行反汉,遭到汉廷残酷镇压“斩首数十万”。牂牁夜郎(思南古代)又闻风附和而动,看来昔年被汉武帝“独夜郎、滇受王印”的两大郡国,在汉朝末代的汉昭帝眼里,滇王成为敌对势力,而夜郎已经是靠不住的了。于是汉昭帝刘弗陵只好起用位于夜郎国旁的小邑——钩町小国,令其一起参加汉军将领田广明镇压益州滇王的反叛。经过数年的征讨,小小的钩町方国,在参与汉将“田广明击败西南夷”的征讨中,钩町因镇压有功,而被汉昭帝于“始元六年(公元前81),钩町以击反叛者有功,立钩町侯毋波(亦称亡波)为钩町王”(载《中国历史大事年表》)。这就是西汉末年,汉昭帝刘弗陵“赐封钩町王印”的历史背景。

三、夜郎国的王印到哪里去了

一个国家,有国家的政权中心,它就是这个国家的国都。在这个国家里,象征着这个国家的政治、军事、经济、文化等一切领域最高权势,就是这个国家的大印——国玺,从秦始皇于公元前221年统一中国那时起,这颗国印历经秦朝,传到汉朝,从汉高祖、汉惠帝、汉文帝、汉景帝、汉武帝……从此以往代代相传,朝朝沿袭。然而作为国家统辖下的地方政权,照理,自秦王朝统治下的地方郡、县政权,都是由中央王朝赐封的“郡印、县印”象征着地方政权的权力。而偏偏在文献史料中,我们仅仅查阅到在华夏西南夷人类社会发展史上,只史记了汉武帝一朝于公元前111年“天子赐夜郎王印”后,继之在公元前109年“天子赐滇王印”的史事,反映在《史记》中“西南夷君长以百人,独夜郎,滇受王印”史载的真实的历史信息。

笔者从汉武帝一朝受夜郎王印、滇王印的时间先后、地理远近等诸多方面考实,无论怎样考，地处西南夷中心南夷之地的夜郎国都——思南（今地）古地，凭借一条两千余里牂牁江（即今乌江）的自然江运，思南古代的夜郎国都应该是最先受到中原中央王朝重视的一个郡国。仅凭这条得天独厚的牂牁江（乌江），就可以打破以往史学界定论贵州历史起步晚的说法。历史上，在汉武帝一朝中，汉廷于公元前111年“天子赐夜郎王印”的两年后，即古代贵州已经纳入大汉王朝的两年后，才于公元前109年“天子赐滇王印”的。由史可鉴，滇王把持的古代云南纳入西汉政权统辖之时，就比古代贵州夜郎国晚两年。至于汉昭帝于公元前81年赐予地处广西西部的“钩町王印”自然就更在后面的岁月了。品鉴历史，像这条能流入华夏南部母亲河长江的乌江流域，应该说是最先能沐浴到中原文化洗礼的地方。所以，从历史上看，“夜郎者，临牂牁江”乌江之滨的思南古代，是象征着整个古代贵州文明的泽源所在地。即便是到了元朝，其国都设在北京（今地）的中央王朝，为了巩固西南云南之地，以达到“内安根本，外固边陲”的战略目的，元朝中央政府也还得运用乌江（古名牂牁江）流域的有利航运，实施镇服滇域，安抚云南之边八百媳妇国发动的反叛之乱。有关段史话，《贵州通志·前事志》卷一444～449页综合史云：“元大德五年（公元1301）八百媳妇（国），及土官宋隆济叛，六月，寇贵州（即贵阳），知州张怀德战死。八月，水西土官妻蛇节叛应宋隆济。朝廷命湖广行省左丞刘深等，取道顺元路（即贵州省）进讨之。为保障军粮，湖广行省，令湖北湖南大起丁夫二十余万，运送军粮至播州（今遵义）交纳。”其结果，由于挑夫军粮未及时送到，“元兵三万余人饿困叛地被俘遭斩。”引起朝廷哗然，为谢国人，元廷中央政府将湖广行省大军区司令左丞刘深斩杀。此事之后，南台御史陈天祥到贵州视察乌江后疏谏朝廷，将他实地看到位于贵州的乌江（古名牂牁江）是与湖北、湖南的长江流域相通时，于是他在疏谏中呈曰：“为万世之法，为今之计，宜且驻兵近境，使其水路（指乌江通长江）远近得通，或用盐引，或用宝钞，多增米价，和市军粮。但法令严明，官不失信，可使米船蔽江而上，军既足食，民亦不扰，内安根本，外固边陲，以我之镇静，御彼之猖狂，布恩以柔其心，畜威以制其力，期之以久，渐次服之。此王者之师，万全之利也。”

从上述这段文献史料，可以看出七百多年前位于北京元朝中央政府，在总结湖广行省左丞刘深，仅仅是用湖北、湖南二十余万挑夫，从两湖挑送军粮至播州遵义贻误战机，造成元军三万饿俘被斩的恶果。后经元廷中央政府达官显贵、南台御史陈天祥视察到顺元路（贵州）境内有一条乌江（古牂牁江）与两湖之地的长江是相通时，才疏谏元廷中央政府“使其水路，远近得通，可使米盐船蔽江而上，军既足食，民亦不扰，内安根本，外固边陲”的安邦定国的方略才可实现。南台御史陈天祥疏谏之策，是以水道将湖北、湖南的米粮及四川的巴盐，使用船只从长江运入乌江（古名牂牁江）“蔽江而上”以取代“两湖二十余万丁夫挑运军粮至播州（今遵义）”，然后再依次运至贵阳、云南等地，这才能实现国家对西南之地达到“内安根本，外固边陲，为今之计，为万世之法”的根本保障。

由史可鉴，在七百多年前的中国人类社会发展史上，元朝中央政府就没有离开江河而发展巩固国家的动脉。七百多年前的元朝中央政府，就能利用今名乌江古名牂牁江的内河水运通道，实现“内安（贵州之）根本，外固（云南之）边陲”战略目的。从七百多年前的元朝中央政府，乃至上溯至四千多年前的夏商两朝，三千年时的西东两周，以及两千多年前后的秦汉两朝以降至隋、唐、宋、元、明、清到今，以古名牂牁江今名乌江流域的人类社会发展史考,就从来没有与历代中原王朝断代过。为此,我们在追寻两千多年前汉武帝赐“夜郎者,临牂牁江”夜郎王印的历史程序时,应该是比汉武帝赐滇王印,比汉昭帝赐钩町王印的时间都要早。以这个历史史实,史证了贵州古代人类发展史的历史文化,凭着这条两千余里的牂牁江(乌江),就没有与中原王朝断层,而是同步。更不会迟于云南、广西纳入中央政府的建制。所以,我们只要研究好古名牂牁江今名乌江流域的历史文化,就研究好了中古、上古的贵州人类社会发展史,乃至能研究好西南地域上的人类社会发展史。

然而,两千多年前汉武帝于公元前109年赐受的滇王印,已于公元1956年在晋宁石寨山的考古发掘中出土,至今已近六十年了。六十年来,为寻找“夜郎王印”这枚夜郎国地方政府的印章,一直牵动着贵州史学界及考古学者们的心,总希望“夜郎王印”能发掘出土。在我看来,“滇王印”的出土,使云南省找到了云南在两千多年前与中原西汉王朝的联系。而“夜郎王印”未经发掘,难道就能说古代贵州的历史晚于云南吗?“夜郎王印”何去何从,这就酿成本来就扑朔迷离的夜郎国更加神秘了。作为古代郡国王侯的印章,能出土考证历史固然是好事,但,有些古代的东西也不可能样样都能得以出土的。难道非要等到“夜郎王印”的出土之后,才能断明“夜郎国”的存在不成。更何况,在东方人类社会几千年的发展史上,但凡新朝的建立,对旧朝的破坏是世界人类史上,堪称破坏一个旧世界,建设一个新世界为改朝换代的大手笔。笔者从历经二百年(公元前202—公元8)的西汉政权被王莽篡位后,就将“汉朝”改为“新朝”。在“新朝”的大一统下,王莽以“新朝”政权对全国各级政权署名实行全部更新。这是体现“新朝”的最新标志,也可谓营造最新的国泰气象。王莽为了实现“新朝”理念的大改观,为诏示“新朝”政权的一切新制,他派出数路特使前往全国各地宣告,并将曾经被汉朝赐封的“王”印,一律改为“侯”印。王莽生怕北方匈奴单于对他的改政举措不满,于是在派去单于这路人马中,叮嘱以计谋向单于换取汉朝的印玺(笔者在青海人民出版社编著的《中国通史》344页上获得这样的历史解读)。其曰:

“始建国元年(公元9),王莽经过多年经营之后终于代汉。为了树立新朝的威信,彻底消除汉朝在四周少数民族之间的深远影响,王莽派出大批五威将为使者,周游四边,宣扬新朝奉天代汉的符命,收缴汉朝颁行的印绶,更以新室的印绶,一律贬原‘王’为‘侯’。出使匈奴的五威将王骏等携印文为‘新匈奴单于章’的新印至单于廷后,命乌珠留单于缴上汉朝故印(原印),颁授新印。单于不知印文已改,坦然将故印上交新朝使者,接受新印后没有察看印文,便命置酒款待使者。夜阑酒罢之后,王骏等人虽然以欺诈手段骗取了汉朝赐受单于的故印,但心情却仍不平静,生怕单于察看新印后再生出事端,为断绝祸根,于是当夜砸破故印。果不除五威将王骏始料,天明之后,匈奴单于果然遣人向王骏要回西汉政权赐诸侯王之上的‘匈奴单于玺’。当王骏捧出已经砸碎的‘匈奴单于玺’给单于看时,王骏还诡称是天意所为‘故印自碎’。单于无可奈何,只好遣其弟弟右贤王与奉牛马随王骏一同入朝,上书求另赐印绶,却被王莽一口回绝。”

上述这段以白话文史叙王莽取代西汉政权后,为了树立王莽新朝政权的权威,他任命培植了一大批官名“五威将”为使者,用尽一切花言巧语,欺骗之术,以新朝奉天代汉的符命,收缴汉朝原来赐封的王印绶。从王莽赐给“新匈奴单于章”换取汉廷赐予“诸侯王之上”的“匈奴单于玺”的印绶字义来讲，不仅仅告诉世人，汉朝中央政府是以“王”的官位赐予“匈奴单于玺”印绶。而当下，王莽新朝中央政府降“王”为“侯”，贬封为“新匈奴”并赐之“新匈奴单于章”。王莽新政以先发制人的手段，将北方匈奴最大的单于制伏之后，对于大单于四周那些小单于来讲，也就水到渠成顺理收缴了前汉赐予的印绶，没有不降服的。

我们从汉廷赐封“匈奴单于玺”的印绶审视之，西汉王朝对北方的大、中、小匈奴单于的赐封印绶，其印物肯定是有玉、金、银、铜质类别区分的。如果说汉武帝赐封匈奴大单于印名叫“匈奴单于玺”，那么，汉武帝赐封“夜郎最大”的印绶，也应该是“夜郎王印玺”的印绶了。文献中的所谓“玺”印，当然是汉武帝下旨用玉制成的。但它永远不能与大汉王朝中央政府，集国家政治、军事、经济、文化为一体的传国玉玺——“汉朝国玺”相题比拟的。汉武帝赐受的“匈奴单于玺”与赐受的“夜郎王印玺”，应该说，比起金、银制作的章又要珍贵得多。

我们从《中国通史》青海版解读上述这段史载：“王莽派出大批五威将为使者，周游四边，宣扬新朝奉天代汉的符命，收缴汉朝颁发的印玺，更以新室的印章，一律贬原‘王’为‘侯’”的这段文义史料看来，它折射了王莽新朝不仅对北方“匈奴单于玺”改为“新匈奴单于章”匈奴地方政权的建制弹压，而且王莽新朝以同样手段最先对“西南夷君长以什数，夜郎最大”，对思南古址上的大夜郎国实行改换门庭，换成新的区划名称归于新朝之下。鉴于此史，可见如下史料：

《贵州通志·前事志》卷一 82 页引《莽传》《通鉴》史曰：“始建国元年（公元 9），王莽更名牂牁曰同亭郡，不宾服。”又云：“元年（公元 9），莽命五威将奉符命，赍印绶，王侯以下及吏官名更者，外及匈奴、西域，皆即授新室印绶，赐蛮夷币帛各有差（官职）。莽策命曰：‘普天之下，迄于四表，靡所不至’，南出者逾徼外，历益州，贬钩町王为侯，钩町卒以此叛。”再曰：“莽改牂牁郡曰同亭郡，夜郎县亦曰同亭县。”

文献可现，王莽新朝，以奉天命取代汉朝向全国四面八方下诏说：“普天之下，迄于四表，靡所不至”，“外及匈奴、西域，南出者逾徼外”等地，所有的大、小诸侯方国，“皆即授新室印绶”，一律都被“贬王为侯”。唯独只有位于思南古址上曾经被汉武帝于公元前 111 年所构建的“牂牁郡”，以及公元前 130 年唐蒙任夜郎王多同之子当职的“夜郎县令”，均在王莽新政下于公元 9 年改为“同亭郡、同亭县”了。

从王莽新朝施行的地域上看，北至匈奴（今蒙古）、西达西域（今西藏）、南出徼外益州（今昆明）、无疑东至沿海边沿诸侯方国，都没有逃离王莽“以新室印绶”换取前汉的“汉赐印绶”。而王莽在北方首先是拿北狄之首的匈奴单于开刀缴印。在西南夷中，王莽肯定最先是拿南蛮之首的“夜郎最大”开刀。历史上，虽说司马迁笔下“西南夷君长以什数，夜郎最大”。然而，此时的夜郎国在历经了夜郎竹王因反被汉武帝所斩，最后一个夜郎王兴又因反汉被汉成帝杀，时至公元前 27、前 26 年，夜郎国已经被汉朝所灭了。皮之不存，毛将焉附。所以，夜郎国的王印，应该说早在公元前 27 年就已被汉廷新任的牂牁太守陈立，以迅雷不及掩耳之势斩杀夜郎王兴时就被收缴了。新任的牂牁太守陈立在吸取“公元前 105 年郭昌击昆明，斩首数十万而无功夺印”（载《贵志》卷一 78 页），都不能成功地收缴“滇王印”的教训下，以速战速决在杀夜郎王兴时，也迅速将“夜郎王印”收缴了。这颗“夜郎王印”很大可能性是归还了西汉末代中央政权。这就是在西汉灭夜郎后“夜郎王印”的归宿。即便是没有归还汉廷,也该在牂牁太守陈立手里,值王莽以“授新室侯印,取换汉室王印”时,身为牂牁太守执管下的夜郎国,时为同亭郡,同样免不了将“夜郎王印”上交给王莽派来的五威将使者手里。而当下对于牂牁太守之职来讲,新朝王莽将汉武帝设置的“牂牁郡”改为“同亭郡”,它们的署称级别虽然都叫“郡”,但,从政治情感上令牂牁太守及其官员们对新朝改称为“同亭郡”的郡名表示不服。鉴于牂牁官员们不服的当时情态,《贵州通志·前事志》卷一82页引《莽传》《通鉴》史云:“始建国元年(公元9),王莽更名牂牁曰同亭郡,不宾服。”由史可见,王莽新朝给“牂牁郡”改为“同亭郡”署名时,最多引起牂牁太守以及官员们不服而已。不至于发生像文献中所述:“贬钩町王为侯,钩町卒以此叛。”被贬为侯的钩町当即就反叛起王莽新朝。文献可显,位于思南古址上的牂牁太守只是“不宾服”罢了,与“钩町卒以此叛”之举,是两种性质的不同。

王莽篡位以后,文献中只有“贬钩町王为侯”的这句史料出现,史料中为什么没有降旨“贬夜郎王为侯,贬滇王为侯”的历史文献出现呢?回答的道理很简单,那就是汉朝最先尊赐的夜郎王与滇王早已分别在二十年前或数十年前就被西汉中央政权正法了。夜郎竹王、夜郎王兴被斩及斩滇部数十万就是其中的例子。笔者在史料中查悉《贵州通志·前事志》卷一78页引《汉书》《通鉴》史云:“元封六年(公元前105),使拔胡将军郭昌还击昆明,无功夺印。”或曰:“遣拔胡将军郭昌将以击之,斩首数十万。”可见这次战争的悲壮惨烈,斩首数十万,还“无功夺印”,说明汉军斩首滇王兵数十万都没有成功夺回汉武帝“赐滇王印绶”的印件。这次事变之后,《中国历史大事年表》又记载滇王遗部再次反汉事件。史云:“始元元年(公元前86),益州夷(昆明)二十四邑,三万余人反汉。遣水衡都尉吕破胡募吏民及发犍为、蜀郡奔命击之。”到了公元前82、前81年,西汉中央政府继续派遣汉将“田广明部与钩町部击败西南夷”后,其“滇王印”也没有被汉军夺回。从此汉廷所受“赐滇王印”落入尘埃野壑间,永远成为未解之谜。所以,到了王莽新朝时,在王莽的旨谕中,也没有“贬滇王为侯”的文献出现。而对于夜郎王印,从公元前111年受赐之后,相传至夜郎王兴时,由于夜郎王兴于“公元前27年反汉,被牂牁太守陈立杀兴而灭夜郎”,至此,其国被灭,其王已终,其王印已应于是年收缴归还汉朝中央政府。所以,至王莽新政时,也没有“贬夜郎王为侯”的旨谕呈现在史书上。

综上所史,由史可辨,汉武帝于公元前109年赐的滇王印,因滇王于公元前105年以益州郡为中心反汉,在汉将郭昌之军俘斩数十余万滇夷的那场战势中,居然造成“无功夺印”,没有成功地夺回汉武帝“赐受的滇王印”。从此,滇王印绶已不知去向。而夜郎王兴因反叛汉朝,由于新任的牂牁太守陈立先有准备,施计迅速斩杀了夜郎王兴,不仅顺利地将汉武帝于公元前111年赐受的夜郎王印收缴了,而且还将相存了二百五十年(公元前279—前27、前26)的夜郎国也消灭了。文献解读至此,历史事变推至王莽新朝时,为什么王莽新朝没有“贬夜郎王为侯,贬滇王为侯”的文史出现,那正是因为无论是滇王或是夜郎王的官爵名称,它们早已在王莽登极之前就已经消失了。其王印是收缴于朝廷,还是落于尘埃,这是难以定论的。而到了王莽新朝问世时,为什么只有“贬钩町王为侯”的史料出现,考其历史缘由,那正是因为《中国历史大事年表》呈现,“始元六年(公元前81),钩町以击反叛者(指滇王部)有功,立钩町侯毋波为钩町王”。可鉴,钩町侯晋升为钩町王当在此年。自此以后,在九十年间(公元前81—公元9),钩町一直为"王"的官印坐镇钩町。直到王莽新朝于"新朝元年(公元9),秋,莽遣五威将王奇等十二人班符命于天下,外及匈奴、西域,徼外蛮夷皆即授新室印绶,收故汉印绶"(载《中国历史大事年表》)。归降新朝时,在涉及"徼外蛮夷皆即授新室印绶,收故汉印绶"的收缴对象中,只有《贵州通志·前事志》卷一82页史述:"贬钩町王为侯,钩町卒以此叛"的史料出现。而无"贬夜郎王为侯,贬滇王为侯"的史载。因为,此前的夜郎王、滇王已经被西汉政权所灭。

历史揭示至此,有关夜郎王印绶,滇王印绶的官印,看倌应当是瞎子吃汤圆——心中有数了。纵观其"徼外蛮夷"夜郎王、滇王的"汉赐其王印绶",早在王莽新朝之前应该说随着夜郎王兴反叛汉朝被杀,其"夜郎王印"已被汉廷中央收缴了。至于那颗被汉将郭昌率军,以"斩数十万,而无功夺印"的"滇王印",在20世纪50年代说是:"滇王印绶在晋宁石寨山于公元1956年考古中发掘。"这一现象产生,正好反证了汉将郭昌于公元前105年以"无功夺印",没有成功夺回滇王印历史史实的真实性,是可信的。从公元前105年"无功夺印",到公元1956年"滇王印"出土,这颗印埋在尘埃已有2061年。而对于夜郎王印,学者们也期待能在考古中发掘,在我看来,只能是守株待兔。因为,由于最后一位夜郎王兴是被汉廷用计所杀导致夜郎国被灭,其"夜郎王印绶"不待王莽于"公元9年收回故汉印绶"时,"夜郎王印"在公元前27年就已经被西汉王朝收取毁灭了。随着夜郎国被灭,夜郎王就不存在了。故而,新朝王莽于公元9年没有"贬夜郎王为侯,收回故汉印绶"的文字史载出现在史书上。这一现象的另一层意思,已经告诉世人,王莽新朝都没有追究"夜郎王印"的收回,就说明这颗印在王莽新朝的三十六年之前(公元前27—公元9)就已经被前汉王朝收缴了。我等今人只要稍微以辩证视野,反视王莽当朝都没有下旨"收夜郎王故汉印绶"的文史出现,这说明了什么?说明了王莽清楚前汉王朝早在他之前就已经收缴了"夜郎王印"。所以某些学者意想等待"夜郎王印"的出土,是没有理解透识历史文献以外的另一层含义。而王莽新朝为什么只降旨"贬钩町王为侯,收回故汉印绶"的文献出现,这正好折射"夜郎王印"随着夜郎国于公元前27年被西汉王朝所灭时,"夜郎王印"自然于公元前27年已被西汉政权收缴。事实上,王莽新朝连地处今天贵州西南兴义南部的广西西部小小的"钩町王印",都没有忘记对其"收回故汉印绶",难道王莽新朝还会忘记对"西南夷君长以什数,夜郎最大"的大"夜郎王印"不下旨收缴吗?所以,只要反思这条历史文献的另一层辩证含义,就会令人信服"夜郎王印"在公元前27年,最后一位夜郎王兴被施计斩杀之际,这枚"夜郎王印"就已经还原于汉朝。这就是本章"夜郎王印哪里去了"的最新解读。

● 西江控拜村苗族银饰手工技艺的传承与发展

金　丹

（贵州大学　人文学院，贵州　贵阳　550025）

【摘　要】“中国银匠村”控拜是一个传奇的苗族村寨，全村近90%的成年男子都会打制银饰，这源自控拜村悠久的历史和传统。控拜的银器技艺经过几百年的代代相传、手口相习的兴衰发展史，已经形成其特有的多重性、适应性和创新性，然而作为非物质文化遗产，银饰手工技艺的发展同样面临着传承和市场等难题，近年政府和民间的保护已经开始卓见成效，但要实现控拜村银饰手工技艺的可持续发展，我们还要注重生产性保护和活态保护的统一，家族传承和社会传承的统一，创新意识和品牌效应的统一。

【关键词】控拜；苗族；银饰技艺；传承；发展

贵州省雷山县西江镇控拜村坐落在巍峨的雷公山半坡上，全村由上寨、中寨、下寨三个部分组成，共191户，1292人，是典型的苗族聚居村落。控拜村以其精湛的苗族银饰锻造技艺形成了独特的苗族银匠群体。在控拜几乎每个成年男子都掌握了银饰制作技术，这让控拜村成为全国闻名的银匠村，也让这门锻造美丽的技艺形成造福一方的产业。根据村中老人讲述，银饰锻造技艺起源于几百年前的辗转流亡，迫于生计在农闲时各家各户的成年男子走村串寨为苗族人民制作银饰，近至黔东南各县市，远至西南各省份。控拜银匠能打制各地苗族甚至其他民族的银饰图样，形成古朴厚重、兼收并蓄的控拜银饰风格。银饰锻造成为村寨里男子生存的必备技艺，子承父业，代代相传，共同创造了独特的苗族村落集体记忆。

一、手工技艺的跌宕起伏和发展特点

控拜村被称为“中国唯一的银匠村”，是贵州乃至全国著名的银器技艺村。笔者在该村调查时问及村民控拜做银饰的历史，一些人说几百年，“我们都是八九代传人咯！”，更有甚者说控拜村人做银饰已有几千年，相关文献中对该问题记载为：“1735年12月，清军杀了控拜首领杠旺，其妻死后埋在控拜中寨坳上，1978年建控拜完小时挖地基，从杠旺妻墓中，发现杠旺妻还佩戴一对银空芯耳环。由此看来，控拜银饰制作已有二百多年历

作者简介：金丹（1991— ），女，汉族，贵州凯里人，贵州大学人文学院中国少数民族经济专业2013级硕士研究生。研究方向：民族经济与社会文化。

史。”[1]在这两个世纪的时间里,控拜村苗族银器技艺的传承和发展已经经历了历史的跌宕和兴衰,到如今新时代的背景下又呈现出繁荣的景象。

(一)控拜村银器技艺的跌宕起伏

据说控拜银匠在最初是由铁匠技艺演变而来,为了迎合市场和补贴家用,铁匠们开始打制银器,然而这个过程并非一蹴而就,而是经过了漫长的光景才成就今天的“银匠村”。

(1)生计导向下的控拜村银器技艺

生计导向阶段是指控拜村银匠为了解决温饱甚至是生存问题而打制银饰,这个阶段始于解放战争时期终于改革开放前期,并以银匠个人或家庭为单位进行作业。控拜村银匠主要在黔东南境内走村串寨,根据主家的要求打制金银铜铁等材质的生产、生活用品或首饰,银匠们用自己的技艺为周边少数民族带来了便利。20世纪六七十年代,银饰锻造被当做“资本主义的尾巴”而受到禁止,偶尔也会有人打银饰但都处于地下状态,很多银匠到了改革开放后才重操旧业。

个案1:

(国家级非物质文化遗产传承人杨光宾)那个时候就是走村串寨的嘛,等到农闲时候,像九十月我们就要走啦,一般就是山上食物充足的时候,你走在路上要是没得吃的,你也可以在山上采点果果吃。我们就是台江啊榕江啊到处都走,到处去问哪个家要打银子,人家家里面要是有钱就给你点钱,要是没得钱,就只是给你提供吃住,要是打银子的多就晚点回来,不多就早点回来。后面就没准打啊,也没敢偷偷打,不过那时候连饭都吃不成哪个还打那样银子噢!

(2)生活导向下的控拜村银器技艺

随着时代的进步,改革开放后直到20世纪末,村民的温饱问题已经初步解决,这时候银匠们打制银饰是为了改善生活和发家致富。村民们获得土地的使用权,农业、手工业、工商业一夜之间像雨后春笋一般繁盛起来,银器的供销市场也慢慢恢复,银匠们已经不用再走村串寨地艰难跋涉,他们只用在家中锻制好银器再拿到市场上销售,但更多人选择外出谋生,从此以控拜村为主的黔东南苗族手工业者遍布广东、广西、云南、四川、湖南等地。

个案2:

(杨彪)以前九几年那会,我家爸爸他们都到凯里民贸大楼那点去打银子,他们打好了就拿到柜台那里去卖,那个时候就是打点手圈啊、项链啊、戒指啊,别人一个月都只得到七八十块钱,我爸爸他都可以卖上百块!后来民贸大楼倒闭了,我爸爸就自己开门面了。好多人也都出去打银子去了,在家种田没得钱!

(3)生产导向下的控拜村银器技艺

21世纪以来,以企业和政府主导的规模化生产大大促进了银饰市场的发展和繁荣,这个阶段的主要特征是银匠们的集体参与。西江千户苗寨带来的丰富旅游效益为银饰市场打开了大门,许多银饰加工坊或公司由此兴起,这些加工坊和公司有些本身不生产银饰,而是以收购的方式从控拜、麻料、乌高等村寨的银匠那里低价收来银饰再贩卖给游客,后来逐渐演变成零散的银匠们接收这些公司的订单并由这些公司提供原材料。有些公司将银匠整合起来成为雇员,雇员的工资以制作银饰的件数来计算。2009 年银匠龙太阳主导成立控拜银匠协会,注册商标为"控拜银饰"。控拜村被授予"贵州村落文化景观保护示范村"的称号,政府对控拜的重视度也日益增加,通往控拜的柏油路也将在年底竣工。

个案 3:

(龙太阳)我们这个协会现在有 50 多名会员,加入这个协会我们就要签协议,不能弄假,你是银子你就说是银子,你是白铜你就不能说是银子。我现在还在家里搞了一个农家乐,可以来我家这里吃饭住宿,最重要的就是参观我这个银饰手工坊,因为有些人他以前没见过,他不知道手工和机器的区别,来我们这里他可以亲眼看到还可以动手体验,这样他更能明白什么是手工的,他可以自己制作送给朋友,通过这样的方式他回去他就会告诉他的身边的人,这样我们的手工才能发扬出去,我们的手工银饰就能得到更好地保护。

龙太阳和他的妻子正在制作银饰

(二)手工技艺的发展特点

控拜村苗族银饰手工技艺源于生产和生活实践中,以苗族海纳百川、兼收并蓄的文化为特征,在不断变化发展的时代洪流中,逐渐形成一门多元价值和多样特征集于一体的民族民间传统手工技艺。然而作为这门技艺的载体的银匠们也在时代的打磨和自身的调试中不断扩大自己的生存发展空间、转换自己的生产经营方式、更新自身的生计生活理念,由此体现出苗族文化中坚韧不屈的一面和苗族手工艺者反思自我开创未来的活力及能力。

(1)多重性

历史上,控拜地区人们除了以耕作为生计之外,多数村民还凭借父辈传下来的银饰加工技艺养家糊口。随着时代的变迁,由于周边少数民族地区对银饰饰品的大量需求,促使控拜苗族工匠们学习和掌握其他少数民族的银饰制作工艺,单一的某种银饰制作工艺往往不会受到雇家欢迎。控拜村苗族银饰手工技艺形成与发展前期,即走村串寨时期，银匠们走访的不一定只是苗族村寨，也有侗族或别的民族，即使是苗族村寨，所需要的银饰也并不一样，所以这就需要银匠们掌握多重技艺，从而也逐渐形成某些银匠擅长某个地区的银饰制作的局面。然而银匠们去打制非本族的银饰时，并不是单一地复制某一民族的手工技艺，而是针对不同民族的需求模仿、复制不同民族的手工技艺。以样本或图样为基准的模仿过程，其实也是银匠们的再创造过程，这直接导致了带有各种民族银饰痕迹的苗族银饰多样性手工技艺的逐步形成。

（2）适应性

控拜村苗族银饰手工技艺的适应性主要是指其对市场变化所表现出来的强大适应能力，为了迎合不同的市场，生产和销售方式都随之灵活改变。早年控拜村银匠们主要依靠走访各个村寨和接受来样来料的方式进行加工销售，这个时期消费者占绝对的主导地位，所制产品也最大限度满足消费者的不同需求。随着时代发展，银匠们的生产销售方式慢慢改变，流动的方式不复存在，如今多以接收作坊和企业订单为主，主要销往黔南、四川九寨沟、湖南凤凰等民族地区。随着游客的增加，银匠的家既是家也是店，游客来访时也可进行购买。如在开拓市场的同时，控拜银匠养成与不同的民族人群的相处之道，同时在不断学习其他民族的技艺中，充实和发展了自身的手工技艺特色，更好地满足市场的需求，使苗族工匠与市场之间形成良性的互动关系。此外，文化产业的兴起和旅游业的发展给控拜村苗族银饰市场造成了革命性的影响，也将苗族手工银饰带入一个复合而多样的生产营销新时期。除了原有的生产加工方式之外，为了适应变化的时代和市场，还增加了自创自销、批量定制、微信订单、公司与个体作坊联营、实体店与网络销售并存等形式。

雷山县街头的银饰作坊和公司

（3）创新性

求新和创新是控拜村苗族银饰手工技艺在新时期下才体现出来的又一特性，从前以消费者为第一位的加工方式往往抹杀了银匠们的创造性。新时期的创新一方面主要源自苗族人本身的“忧患”意识，这种意识催生了兼容并包的苗族文化，该文化又驱使人们以开放和包容的态度不断吸收、借鉴、接纳汉族和其他民族的优秀文化。另一方面,苗族人在复合、改造和创新中,不断提高本民族特有的文化价值,表现出中庸包容的复合文化观。在表现形式上,苗族银饰手工技艺的创新性主要表现在银饰产品的造型、纹样和工艺方面。很多在以前不会制作的东西如银茶壶,现在因为市场需求也开始制作,此外笔者了解到国家级非物质文化遗产传承人杨光宾先生所制银器以传统图样为主,如蝴蝶和水涡纹,而他的二儿子目前也在从事银饰制作,他则更倾向于将现今年轻人喜欢的流行元素如十二星座和天使等等图样加入银饰的制作中,他认为这样更有利于打开更广阔的市场。控拜村苗族银饰手工技艺正是由于对传统苗族技艺和文化进行整合和创造,在新时代里呈现出多样性特征,才能长期立足于西南少数民族市场。

个案4:

(杨光宾)因为我是传承人嘛,所以我一般都是打传统的图案,就像蝴蝶妈妈和水泡那些,还有太阳鸟,像我做的那套茶壶,以前很少有人用这种嘛,基本上没有人打,现在个个都在打啦,上次我设计了一个玫瑰花,央视来采访跟我买走了,后面又订了几个。不过我家儿子就喜欢搞创新,他现在也是在思考要怎么样打开这个市场,因为你只有让年轻人接受你才能更好地去保护这个东西。

创新设计的银器

二、控拜村银饰手工技艺现状分析

控拜村主要以西江千户苗寨为市场中心向外辐射开来,随着时代的发展和市场的开放,手工技艺不断受到先进科技的冲击,甚至带来一些传统核心技艺的失传;银饰市场的发展良莠不齐,监管部门对相关事项的督查力度也还不够,可喜的是政府和民间对作为非遗的银饰手工制作技艺都予以重视,取得的成果也是有目共睹的。

(一)手工技艺面临的危机

(1)核心技艺逐渐消失

随着时代的发展和黔东南旅游业的兴旺,大量游客的到来促使旅游消费品市场的繁荣,本是少数民族装饰品的银饰因而转型成为大众流行消费品。商家们看准这一如日方升的巨大利润市场中手工银饰产品的供不应求,为了追求高利润、高效率、大规模的生产，于是开始利用工业化、机械化、标准化的科技介入，虽然，简化了的程序工艺和较低的人力物力使得制作成本大大降低，从而也更加受到消费者的青睐，但这对控拜苗族银饰手工技艺的发展带来强大的冲击。

“作为生产的手工性，每一个手工的动作和手势，不仅是生产技巧和技能的传递过程，也是文化的传递过程，其无论是显性技艺还是隐性技艺都蕴含着银匠个体的思维方式、生活习惯和专业技能，自然也包含着民族个性的因素。”[2]然而在机器生产时，参与该过程的工匠们更多的只是起到操控机器的作用，他们在生产线上按照既定的图样和标准，严格以机器所要求的技术程序进行机械地重复操作，人所扮演的角色已经失去其应有的主动性和主控性。科技的进步给人类生活带来了便利，但银饰的机器加工却割裂了银匠和技艺之间的互动和情感，以至于产品中所蕴藏的珍贵灵性被抽离和剥夺。笔者在调查中了解到目前凯里的一些作坊也开始采用液压机来生产手镯和吊坠等银饰，因机器制作的银饰由模子一次性压成，在有拉丝的工艺上就显现出花纹的呆板并且缺乏层次感，长年累月的摩擦就会导致花纹被磨平，变成毫无立体感的一片银片。

手工制作的银饰（左）和模具压制的银饰（右）

（2）技艺传承或会断代

在21世纪前，文化资源的开发并没有如今这般如火如荼，银饰手工技艺也并没有得到充分的重视，手工艺人们为了生活南下打工，背井离乡的他们许多都已放弃自己的本行而投身于更高收入的行业。这正是因为作为物质性和非物质性的中介的手工技艺在时代的发展中没有找到高效的途径将其资本化，银匠们为了生活不得不放弃传统，失去传承的积极性就直接导致了控拜村苗族银饰手工技艺后继无人。另外，市场经济所带来的繁荣已经使整个中国发生了翻天覆地的变化，人民生活水平和文化素养都有所提高，思想观念和价值取向也悄然变化，控拜村村民传统的稻鱼农耕生活方式也有所转变，银匠世家的后代到了城市中学习或打工，追随父辈学艺已经变为无路可走时的选择，因为他们认为经营银饰、打工或上学会带来更为丰厚的经济收入。从父辈这方面来看，老一代的银匠深知学习手工银饰锻造技艺这一过程的辛劳困苦，他们更希望后代通过读书以后在城市中找份好工作来改变家族的命运。新时代带来的改变是把双刃剑，传统手工艺者的减少或会导致手工技艺的失传，几百年的苗族银饰手工技艺如今面临着空前的传承和发展危机。

个案5：

(穆天强妻子)现在也是没喊娃娃那些学打银子了,太累了嘛,又辛苦又得不到好多钱,他们现在也还小,肯定是要先读书,到时候看他们自己兴趣嘛,要是以后读不去书再来打银子也可以,起码也是一门手艺,能得到饭吃。

(二)银饰市场的问题

人们到苗族旅游区最常购买的纪念品之一就是银饰,其销售量在各小商品中名列前茅,给当地带来较大的经济效益。仅在西江千户苗寨就有几十间银饰店,此外还有卖银饰的小摊贩随处可见,即使有些店面主营不是银饰,但也会附带一些进行销售。控拜村银匠师傅李松元告诉笔者银饰销售在六年前最为红火,近几年销售量有逐年下滑的趋势。首先是由于银饰市场良莠不齐,普通消费者难以辨别。为了追逐高利益,一些不法商贩用白铜来充当白银,这只需要在白铜的表面镀一层薄薄的白银就能以假乱真,白铜原本作为一种白银的低价替代品,为穷苦的苗族人家提供了一个"长脸"的机会,如今却被广泛用于欺骗消费者。还有些商家用低纯度的银来冒充纯银,如银饰市场上往往会区分925银、990银和999银等,以次充好,以贱充贵也是银饰市场泛有的通病,这些损害消费者利益的行为在苗族银饰销售市场屡见不鲜。

其次,市场需求的增加使商人们看到了商机,一些商人采用磨具或者大型的液压机进行银饰生产,这对手工银饰制作工艺的冲击力很大,比如一个蝴蝶型吊坠,一个银匠要经过融银、拉丝、焊接等十几道工具才能完成,每天能完成的数量在五至八个左右,然而一个人(甚至是不会此工艺的人)操作一台机器每天就能制作出上百个这样的吊坠。因为大批量的生产也会导致成本的降低,往往机械制作的银饰在价格上能比手工制作的银饰价格低10%~30%,而一般消费者对于手工和机械加工的银饰缺乏辨识力,所以在用料相同的情况下,消费者无疑会选择价格较低的机械银饰。

最后,苗族文化走向世界,原本是"少数的",现在变成一种"大众的",也是"世界的",从欧洲到亚洲刮起的民族风使得民族风的服饰和银饰都大受欢迎,尽管银饰热潮近两年来有些消退,但其销售依然是方兴未艾,我们在各大城市都能看见银饰店,民族地区更甚,曾有人抱怨:"其实丽江、西江还是漓江,哪里卖的东西都是一样的。"这说明了银饰普及程度高,但也表示缺乏特色是现今银饰市场的一大问题,很难引起顾客的购买欲。

个案6：

(龙太阳)现在在西江就是有这种情况,本来大家都卖十块(一克),然后有一家为了要多卖一点,就降到八块,一家降了家家都降嘛,然后又有降到五六块的,你想一下,现在银子成本都是四块钱左右,加上你做的时候有点损耗还有人工费,你卖六块就已经赚很少了,西江门面费又那么贵,所以大家为了竞争就开始搞假的,就拿白铜来当纯银,那些北京、上海来的买了回去发现被骗,他不可能为了一个几百块钱的手镯或者项链跑回来找你嘛,要是实在来找了,就换个店员去讲说换老板了所以不清楚。这样一来,我们这些银匠的名声都不好了。

制作银饰的简单模具

(三)保护传承的良好态势

(1)政府重视

如今国家及州政府对民族民间文化遗产保护都给予高度重视,并以行政、立法等方式多管齐下加强民族民间艺术保护,大胆创新,积极作为,采取多种形式宣传推介银饰文化。一是以高规格会议及文件形式层层落实,从上至下形成了良好的保护氛围。银饰锻造技艺已列为国家级非物质文化遗产保护名录,杨光宾、李正文等一批打造银饰的高级工艺师是银饰锻造技艺传承人的代表性人物,国家级传承人每年能够得到一万元的补助,物质性的资助对传承银饰手工制作技艺来说是大有裨益的。二是举办各种民族节日或活动宣传银饰文化,黔东南的芦笙节姊妹节等都很好地促进了人们对苗族服饰和银饰的了解。三是举办各种学术活动促进银饰文化的深入研究与保护。州委州政府以开放的胸怀、进取的姿态接纳各界专家学者作学术研究,笔者在控拜村进行田野调查时就有一位厦门大学的研究生在为毕业论文搜集资料,两位四川大学的本科生在拍摄关于控拜的纪录片。

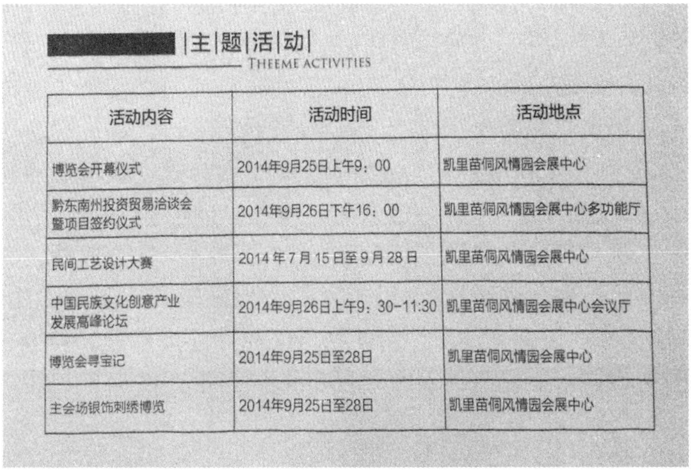

|主|题|活|动|
THEEME ACTIVITIES

活动内容	活动时间	活动地点
博览会开幕仪式	2014年9月25日上午9：00	凯里苗侗风情园会展中心
黔东南州投资贸易洽谈会暨项目签约仪式	2014年9月26日下午16：00	凯里苗侗风情园会展中心多功能厅
民间工艺设计大赛	2014年7月15日至9月28日	凯里苗侗风情园会展中心
中国民族文化创意产业发展高峰论坛	2014年9月26日上午9：30-11:30	凯里苗侗风情园会展中心会议厅
博览会寻宝记	2014年9月25日至28日	凯里苗侗风情园会展中心
主会场银饰刺绣博览	2014年9月25日至28日	凯里苗侗风情园会展中心

2014 年第三届中国(凯里)银饰刺绣博览会主题活动

(2)民间保护

一是展馆的保护宣传,中国雷山苗族银饰刺绣博物馆展示了苗族服饰文化的精华,承担了苗族服饰文化的研究与传播工作,开发服饰文化产业,最终惠及百姓。它是苗族银饰刺绣历史文化的缩影,其珍贵丰富的银饰刺绣藏品吸引着众多的参观者。二是相关慈善组织的帮助,香港社区伙伴贵州办公室对控拜进行了为期半年的考察,在2009年3月,决定资助控拜社区村民通过开展社区活动、讨论等方式回顾历史事件、文化传统等,达到保护社区文化传统、恢复社区活力的目的。三是银匠自我意识,留守银匠龙太阳依托网络宣传、销售自己打制的银饰,同时还推出了一条“银饰体验游”线路:西江千户苗寨—控拜村—乌高村—麻料村,今年前8个月,龙太阳家一共接待全国各地游客200余人,纯收入3万元。此外,在2012年8月1日,许多银匠都参与了贵州西江雄必富银饰之约“银饰锻造技艺大赛”,旨在保护银饰制作技艺、捍卫民族文化。

三、苗族银饰手工技艺的可持续发展

(一)注重生产性保护和活态保护

生产性保护,“即通过生产、流通、销售等方式,将非物质文化遗产及其资源转化为生产力和产品,产生经济效益,并促进相关产业发展,使非物质文化遗产在生产实践中得到积极保护,实现非物质文化遗产保护与经济社会协调发展的良性互动。其宗旨是‘以保护带动发展,以发展促进保护’。”[3]也就是在银饰手工制作的过程中,将该手工技艺转变为经济财富和经济资本,且务必严格遵循和维护传统手工工艺流程,不得破坏和简略其运行规律,使其自然而然产生经济效益和文化附加值,银匠们也会由内而外散发传承活力,传统苗族手工银饰的发展也会步入正轨,处于一种活态保护之中。活态保护就是要将银饰手工制作技艺放在一个动态的大环境中加以保护,“如果把‘已经死去’的物质类文化遗产比作‘鱼干’,非物质文化遗产则是一条‘活鱼’。前者的保护方式主要是防腐,而后者的保护方式主要是养生。将非物质文化遗产搜集并记录下来固然重要,但说到底,做成标本存入库房并不是我们的最终目的,我们的真正目的是想让这些活生生的非物质文化遗产像水中之鱼一样,永远畅游在中国文化的海洋里,生生不息,永无穷尽。”[4]生产性保护强调的是传统工艺的生产力,而活态保护强调的是传统工艺的生命力,将两者结合,才能最大效用地将非物质文化遗产以鲜活的姿态进行保护。

在这个过程中必须得依靠政府的力量,首先要加强对银饰市场的监管力度,坚决打击假冒伪劣的产品和制作商家,保护好消费者的权益,如银饰在用于出售前要对其纯度进行检验,对于手工还是机械制成要予以明确标志供消费者自行选择;其次是从苗族文化角度大力宣传银饰,打文化和历史牌,以丰富的文化内蕴和古老的美丽传说来打动顾客。最后要对这项工作的支持者给予一定的物质保障和政策支持,鼓励更多传统银饰手工艺者加入到保护行列来,以政府的宏观角度贯彻执行生产性保护和活态保护,必定能够为非遗保护带来新气象。

（二）家族传承到社会传承

传承是传统手工艺发展的重要前提。银饰手工技艺是在生产实践的过程中以行为和语言的方式进行传承，几百年来控拜村的苗族银饰手工技艺就以这两种方式传承了下来。“然而随着市场经济时代的到来，其传统传承方式的单一性和保守性却在一定程度上限制了苗族银饰手工技艺的传承和发展，这就需要新的传承观念和新的传承手段来顺应时代，形成传统传承方式与现代传承方式并存的格局，以此推动苗族银饰手工技艺的传承和发展。”[5]

不论哪一种传统手工艺，其传承人大幅减少是其可持续发展的劲敌，尤其是苗族手工银饰这样的祖传技艺往往面临更大的危机。为了实现可持续发展我们需要一系列改革举措：首先，强化银匠的责任意识，使每一个银匠都将该门手工技艺的传承当做切身大事来做，增加学徒的人数、扩大招生的范围，意识到只有整体的发展和长远的发展才能真正实现个人的发展，并将自身的专业技能、经验体悟和核心技艺全盘教授给潜心向学的年轻人们；其次，借鉴其他传统文化的成功传承方法，“京剧进校园”和“苗语进课堂”都是延续传统文化的成功案例，苗族银饰的手工技艺也可以采用此法——将银饰技艺归入高校的课程之中，以正规化和规模化的方式使之容纳到某些艺术类或职业培训类院校的实践教学中，或以选修课的方式进入普通高校，让学生在亲自参与过程中培养起对传统手工技艺的保护意识和浓厚兴趣，同时也扩大了高校学生的就业面；最后，建立苗族银饰手工技艺传承基地，可在银饰制作出名的几个县城设立分支，以优秀的银匠师傅作为常驻的工作人员或老师，面前全省全国广泛招生，学成之后给予相关证明。在保护和传承中最关键的是要有人参与，只有这样能将这门手工技艺传承下去。

（三）走创新发展道路

苗族银饰手工技艺的可持续发展要走创新发展的道路，必须要做到这三个方面的创新，一是产品的研发创新，传统的手工银饰要在文化产业市场中占据一席之地并获得长足发展，就要做到自主研发与创新，文化产业产品的附加值往往体现在创新的观念和设计上，而创新的主题就是作为开发者的人，因此，为了挖掘并获得更高的产业核心价值，银饰工艺、图样方面的创新，以及创作方式的转型，是十分有意义的，“在当下与现代性的结合中，虽然要考虑民族特色与现代性的有效结合，但也决不能忽视民族特色特色性及其优势，而是要充分发掘其文化内涵和审美意涵。”[6]这就要求银匠结合自身技艺和经验、充分发挥各自的创意和灵感，设计出带有苗族文化特色或与当下流行元素相关的银饰产品，以满足消费者需求的多元性。二是新销售市场的开拓，如今网络文化异军突起，为许多产品创造了新商机，也为商家提供了一个全方位展现自我的平台，政府相关文化部门可以抓住这个时间，制作非遗网站，分列不同版块，全方位多角度地对银饰文化进行宣传，利用专栏、专题、图像、视频等将民众很少或从来没有了解和接触过的相关文化和知识呈现出来；此外还可建立网络商店，通过网络方式展示和销售银饰。三是树立品牌意识，品牌不仅是一个简单的商标，它还包含着有计划有目标地将品牌理念、风格、定位等诸多要素进行推广，从而提高银饰产品本身的附加值，也使银饰的手工生产走向规模化和正规化道路,摆脱以往的被动身份主动走向市场吸引消费者,这样才能确保苗族银饰手工技艺得到有效保护和持续发展。

太阳银工坊研发的新产品“蝶恋花”和该银工坊的商标拓印

四、结语

“围绕手工劳作,人们逐渐发展出一整套政治的、经济的社会组织体系:它不仅仅是作为一个可以谋生的职业而存在,由这一个生计方式与社会生活方式的互动,还产生了行业组织、行业规则与行业术语,进而影响扩散至整个社会。”[7]诚然,苗族银饰手工技艺是在长期生产生活中形成的,是世世代代口传身授传承至今的富有地方民族文化特色的手工艺工之一,承载和积淀了自身的情感和精神,成为苗族民族文化的象征符号,也影响了社会审美结构和流行元素。

由控拜村银匠手工制作的银饰凝聚了人与自然和谐共生的质朴情怀,是银匠的审美内蕴和人文灵性的一种完美外化,这是再精密的机器也无法代替的“精巧”和“精心”。“手工技艺是一种刻骨铭心、呕心沥血的文化积累。它以无数劳动者的实践为基础,以全民族的文化、艺术意志为蓝本,以物的加工改造为实体,表现着全民族的心路历程”。[8]苗族银饰手工工艺正是一部无字史诗,记录了他们丰富多彩的历史、文化习俗。正因如此,银饰手工技艺的传承和发展在当下急需的是做好基础的保护工作,只有在这样的前提下才能大力开展市场化运作的计划,如果一味地将这个非遗项目看做盈利手段,让非物质文化遗产的项目不合时宜地去迎合市场、迎合时尚,最后这种急功近利的方法将导致其在市场中迷失方向。

总而言之,当今苗族银饰手工技艺的传承与发展是以维护民族文化为前提,在非物质文化遗产保护政策的推动下,在民族文化产业机制中,以生产性保护为手段实现文化与经济利益的双赢,建立起一条可持续发展的机制和途径。

【参考文献】

[1]杨文章,杨文斌,龙鼎天.中国苗族银匠村——控拜[M].毕节:贵州省黔西县新华印刷厂,2010:31

[2]陈燕琳.云南大理鹤庆新华村白族银铜手工技艺研究[D].北京:中国艺术研究院,2013.

[3]汪欣.对非物质文化遗产生产性保护理念的认识[J].艺苑,2011:97-100.

[4]瞿明安.现代民族学(下)第2册[M].昆明:云南人民出版社,2009:877.

[5]陈燕琳.云南大理鹤庆新华村白族银铜手工技艺研究[D].北京:中国艺术研究院,2013.

[6]杨毅.黔东南原生态审美文化的特质、价值及开发原则[J].贵州大学学报(社会科学版),2013(3).

[7]闫玉,彭兆荣.传统手工艺文化的现代表述:以黔东南苗族银饰锻制手工艺为例[J].贵州民族研究,2011(3).

[8]李砚祖.工艺美术概论[M].济南:山东教育出版社,2002:39.

● 非物质文化遗产保护视野下的贵州大方漆器试论

谢　芝

（贵州大学　人文学院，贵州　贵阳　550025）

【摘　要】大方漆器，是贵州富有民族风格和地方特色的传统工艺美术作品。其历史悠久，驰名中外，享有贵州三大宝之一的美誉。2008 年，大方漆器制作技艺被列为国家非物质文化遗产保护名录以后，学界对大方漆器的认识也从物质文化层面转换到了传统技艺和民族文化等非物质文化层面来。这种认识的转换对于认识和保护大方漆器制作技艺无疑有着重要的意义。本研究探讨在非物质文化遗产保护背景下大方漆器发展的历史、现状、特点及其面临的问题，并对其提出保护策略和意见。

【关键词】大方漆器；非物质文化遗产；传承人保护；生产性保护

贵州省大方县位于黔西北毕节地区中部，乌江支流六冲河北岸，大娄山西端，黔西高原与黔中山原过渡地带，素有“国漆之乡”之美称，栽培漆树的历史，距今已 1000 多年。初识大方漆器，其优雅逼真的图案，古朴简单的造型和光彩照人的漆色，无不让人为之沉醉、惊叹。沉醉在它那繁复的工序和精雕细琢的修饰工艺之中，惊叹其辉煌的历史以及大方人民辛勤的劳动和无穷的智慧。仅仅是粗浅地探寻了大方漆器工艺勃兴的深厚土壤，就不得不叹服此物只应大方有，人间难得几回见。列入非物质文化遗产保护名录后，大方漆器的发展又将步入一个新的台阶，本研究主要在非遗保护的背景下，结合大方漆器源远流长的光辉历史及其现状，特点，探究保护过程中出现的问题，并提出相应的对策和意见。

一、大方漆器历史及发展状况

大方漆器曾名噪一时，几百年来创造了无数辉煌，然，漫漫历史长河中，却几多沉浮，历经坎坷。大方漆器发端于蜀汉，据《大定府志》卷之二十四・惠人志三・诸葛亮记载：“……以渐服于汉，成夷汉部曲。出其金、银、丹、漆、耕牛、战给军国之用。安氏由是兴焉。”由此可见，早在 1700 年前的蜀汉时期，漆已和金银等成为财富的象征，“并用来支援蜀汉政权，使之‘国以富饶’了。”[1]后来，大方县境民间髹漆艺人在革器基础上进行改良，

作者简介：谢芝（1990－），女，湖南醴陵人，贵州大学人文学院中国少数民族经济专业 2013 级硕士研究生。研究方向：民族经济与民族教育。

形成了一套更能体现器皿艺术效果和实用价值的皮胎漆器制作工艺。到明洪武年间制作技艺已基本成熟,距今已有600年的厚重历史,造就了杯、盘、碗、罐、壶、瓶、漆画等400多个品种,种类繁多,造型多样。时任贵州宣慰使的奢香夫人,在向朱元璋进贡的“方物”中,就有许多漆器珍品。

清代,是大方漆器制作的繁盛时期,在此阶段,大方漆器的制作技艺进一步得到了发展和创新。“乾隆通志”曾记载“黔之革器以大定为最佳”,大定及大方县,由此可见,大方漆器在乾隆时期便已独树一帜,成为全国特色,与北京雕漆、山西云雕、甘肃填彩、四川推光雕漆、福州脱胎漆器齐名于世,并在国内独创了隐纹装饰技法,巧妙地将各种花纹隐衬在漆质与胎胚之间,若隐若现,吸引眼球。在颜色上也由原来的隐石红木色改为珊瑚色等,更加丰富了彩面。笔者在调查过程中,有幸一睹隐纹装饰技法制作而成的漆器作品,那是一个椭圆形的果盘,分为托盘和顶盖,托盘和顶盖贴合的完美无痕,盖上盖子后,完全看不出这是由两部分组成。整个作品呈现暗红色,远远观之,不觉特别,细细查看下方能看到隐衬在暗红色表面下的各式花纹,装饰自然,栩栩如生,被视作漆器行业中之精品。道光年间,漆器家庭作坊“遍及大街小巷,从业者80余人,有‘漆半城’之称。”其“高档精品作入朝贡品,皮箱、皮盘等为民间嫁女一般必备的妆奁。”[2]至光绪年间,漆器生产由家庭作坊开始向手工业工场发展。“大定出现了‘大顺栈’等漆器生产作坊,该作坊有学徒10余人。”[3]以后民国年间,漆器手工业工厂增多,大方专门从事漆器工艺的有“万寿宫”“义森公”等漆器作坊10多家。其艺人手艺娴熟,尤以造型、整型技艺为高,质量以型准、缝口密合、做工细致而驰名。1915年,在美国旧金山举行巴拿马运河开通的万国博览会上,贵州大方漆器与江苏扬州漆器双双获得银质奖,随后与茅台酒、玉屏箫笛并称“贵州三宝”。1939年,张伯卿经办的“宝光斋”所产皮胎漆葫芦,获国民政府实业部奖状。1949年后,老艺人的技艺得到充分发挥,年轻艺人更是得到了培养和锻炼。除了继承传统工艺外,艺人们还被派到福州学习先进工艺,学成归来后,他们在大方漆器工艺原有的基础上改进创新,取得了一些成绩,仅漆器花色品种就达200多种,产品不仅在国内市场上畅销,同时还出口到东欧等国。改革开放后,大方漆器在保持传统特色的基础上,进一步创新,产品发展到400多种。1979年大方皮胎、脱胎漆器获省优产品称号。多种旅游工艺品获奖,珍品被中央美术馆收藏,1984年大方漆器被选为第23届洛杉矶奥运会纪念品。1985年,大方脱胎漆器被评为优秀旅游产品,1986年获省“黄果树杯”奖。全国政协副主席钱伟长于1988年12月到大方漆器厂视察,为漆器厂作了“发扬有民族风韵绚丽多彩的工艺传统”的题词。1991年,大方漆器厂厂长杨少先被全国漆器质量管理协会授予“中国漆器艺术家”称号。同时多家私营作坊应运而生。至2012年主要有:大方彝族漆器工艺品发展有限公司、大方贵宝漆器工艺品公司、大方漆器工艺制品厂、大方漆器雕刻工艺厂、贵妃漆器工艺品厂、振勇漆器工艺制品厂、常青漆器工艺制品厂,大方漆器制作工艺在不断的生产中得到了传承和发展。

二、大方漆器特点

1. 生漆质量优异且丰富

大方漆器的超群品质很大程度上得益于当地的优质生漆。大方县重峦叠嶂,沟壑纵横,河谷交错,气候适宜,土质优良,县境地处低纬度高海拔地区,为暖温带湿润季风气候,大部分地区海拔在1400~1900米之间,非常适合野生漆树的生长。县内有百纳、长石、沙厂、瓢井等主要漆树产区。其品种有肤姻皮、白杨皮、青冈皮、粉皮大木、灯台大木、黄豆、椒叶、厚叶、柿花叶等。得天独厚的条件,孕育了大方县享誉国内外的漆器制作技艺。民间小诗:“方漆亮如油,照见妹梳头,摇动虎斑色,提起钓鱼钩”,就是大方生漆质地优良的真实写照。大方县是全国六大产漆县之一,以生漆产量多、品质优良而驰名中外。

2. 制作工艺独特

大方漆器制作流程有制坯、漆地、装饰等几个重要环节,50多道工序、82道生产环节。漆器是漆的艺术,漆器的设计要求材料、造型、装饰三者的统一,并突出漆质本身的自然美。漆器作品的特殊性在于其年代越久远,色泽越鲜艳,可以达到“朱红推光似珊瑚,黑漆推光如墨玉”的境地。漆器制作工艺要求制作人在每一道工序和每一个环节上都必须充分的细心和耐心,不能操之过急,所谓的慢工出细活就是这个道理吧。传承人高光友老师的漆器生产基地中心,有这么一件作品,高达两米多,圆径及一人之臂不能环抱,它是二十多个工人,历时近两年,用双手细细雕琢出来的精品,花瓶造型朴实,图案优雅逼真,民族气息浓厚,漆色光滑亮堂,色泽艳丽,经久耐用。听高夫人讲述,花瓶表面光滑亮堂的原因是因为工人不断用手掌摩擦而致,大方漆器的特点之处在于,它不担心被抚摸,越抚摸它,它就越亮堂,越光滑,图案越清晰,越逼真。一眼见到它,就不得不被其所吸引,不得不为漆器制作技艺所折服了。

3. 民族文化气息浓厚

大方漆器主要分为彝族和汉族两种,清田雯的《黔书·革漆》记载了大方县彝汉漆器的共同和差异之处,相同点是“其制度略同”,差异是“独绘事各别”。2008年6月国务院、文化部将大方“彝族漆器髹饰技艺”公布为国家级非物质文化遗产保护名录。本文所讲大方漆器即为大方彝族漆器。彝族漆器的文化内涵主要反映在漆器的胎料、造型和纹饰上,尤其是纹饰,最能反映彝族漆器文化。传统彝族漆器的纹饰都是黑底上绘红、黄两色花纹。黑、黄、红构成了彝族传统漆器的基本色调。彝族尚黑,黑色代表尊贵和庄重,因而所有的漆器都是黑漆打底;红色代表火焰,象征勇敢、热情和丰收;黄色代表美丽、吉祥和光明,三种颜色都为吉祥之色。彝族漆器的纹饰主要以点、线、面进行搭配装饰。纹饰内容主要源于彝族人民对自然和生活的观察和思考,特点是自然写实,形义一致。笔者采访漆器传承人高老师时,他说他们的绘画大多来源于彝族人民的日常生活,从其作品亦可看出,端庄美丽的奢香夫人,采果归来的年轻姑娘,嬉笑打闹的孩童,以及引吭高歌的翠鸟,漫天飞舞的蝴蝶,花团锦簇、争奇斗艳的牡丹,所绘无不源于其平时对生活的认真观察和对大自然的热爱。每一件不同寻常的漆器作品,无论是其胎料、造型,还是纹饰,都涵盖了彝族人民的本土认识、民间智慧、族群记忆和宗教信仰等,记录了彝族人民不同时期的历史沿革与发展历程,对研究彝族人民的自然和社会科学具有较高的参考价值。

三、大方漆器发展出现的问题

作为民族传统工艺的大方漆器制作技艺,其命运似乎和中国其他少数民族传统工艺一样,在经济全球化进程中,也难以抵挡现代工业文明的冲击,逐渐凋零、衰退。究其原因,主要有以下几点。

1. 市场混乱,缺乏管理

大方漆器在全国乃至世界小有名气后,慕名而来的人也日益增多,但是由于缺乏统一规范管理,漆器生产市场并不规范,市面上流传的漆器质量参差不齐,存在大量以次充好的现象。谈及漆器市场以次充好现象时,老一辈的漆器制作人总是摇头叹气,既无奈又气愤,"这种现象太多了,真是太多了,没有机构来管理,监督,虽然有个漆器协会,但根本不怎么履行职责。然而其他地方的漆器协会就很履行职责,它是政府牵头的,没有哪个敢讲什么,你可以作假的,市场允许,但是你要明码标价,外边进来的就写明外边进来的,市场比较规范。但是在我们大方,有些外边进来地打着我们大方漆器的牌子整,大方漆器这个老牌子都快被砸得差不多了。好些年前,福建领导来大方考察,带来别人送给他们的大方漆器,我们让他们打开看,结果一看是地摊货,有人买了市面上质量差的甚至是假的大方漆器送给政府,当时大方县领导很生气,打电话给漆器协会责任办,把相关人员叫来问话。但是问了还不是照卖不误,'相关人员'根本就不承担任何责任,问话问责只是个形式主义罢了,只要能卖到钱,就有人乱整。"漆器市场缺乏正式、规范的统一管理,政府重视程度不够,外来商人投机倒把现象严重,这些都使得漆器发展举步维艰。再加上,漆器制作本身工序繁杂,制作成品慢,一批漆器的生产周期需要 45 天。考虑到经济效益等原因,一些不良商家,偷工减料,缩减工序,也导致漆器制品质量低下,容易掉色、开裂,其型也较之正宗漆器相差甚远。更有甚者,"利用福建的合成钙塑,制作一个钢模,冲压成型后,再喷上成漆,生产出外形和正宗漆器相似的产品充当大方漆器销售,欺骗消费者,赚取价格差额。"[4]"地下"工厂和外来漆器充斥使得大方漆器市场难以形成规范管理,漆器质量难以保证。

2. 后继乏人,传承困难

大方漆器制作手工技艺多,工艺复杂,生产技术大多靠传、帮、带学艺的传统方式,然,许多谙熟此艺的老艺人已相继离世,传统工艺岌岌可危。笔者在采访高老师时,他说以前学习漆器技艺还需要交一万到两万元的学费,学员热情也很高,如今不仅不要交学费,每个月还需要给学员发工资,但即使这样,愿意学习漆器这门传统技艺的人也是越来越少了。年轻一代对漆器的价值认识不够,而且嫌脏嫌苦嫌累,又由于漆器市场目前处于低谷时期,经济效益不明显,学成之后前途不明确,多数年轻人更愿意选择外出打工挣钱,有志于漆艺事业的人少之又少。且"从事漆器行业生产的艺人文化水平不高,他们拥有的仅仅是手中的技术,很难把其转化成文字的形式传给后人,象脱胎漆器已经有几百年的历史,但有关漆器制造技术的专著也仅有明成黄所著的《髹饰录》一本。"[5]大方特有的皮胎漆器,生产成本高,制作周期长,市场需求量小,生产技艺极为讲究,现存艺人屈指可数,如不对漆器制作技艺采取保护性措施,长此以往,传统髹漆、脱胎、隐花等技艺肯定会因后续人才不足而逐渐消失,传统漆器工艺面临失传的危险。

3. 产品宣传不够,生产规模小

"非物质文化遗产的衰落不仅体现在生产地的减少,也体现在生产群体和使用群体的减少。”[6]据1988年贵州省传统工艺调查数据显示,贵州省22类300多种传统工艺中,濒于失传的项目约占15.6%,已知失传的项目约占5.6%。而当时漆器的生产地只有新中国成立前的10%,许多生产地已大大萎缩。如今,大方县生产规模最大的大方彝族漆器工艺品有限公司,仅有20多个工人,掌握核心技术的更是只有3~4个人,尽管其取得了一定成就,但相比庞大的现代产业集群,还不成规模,难以形成聚集效应,对传承人的发展及其周边地区的带动作用很难发挥,前景堪忧。在宣传方面,尽管政府做了很多努力,一些旅游景点也有漆器工艺品销售,但都比较局限,了解漆器的人并不多。生产规模的大小归根结底取决于市场销售量,大方漆器没有固定的销售人群,只是零星的散客,政府采购比例也在这几年逐渐降低。没有市场,没有销量,生产自然无法跟上。因此,应加大产品宣传力度,提高其知名度,由此带动漆器销量,从而使得其产量得以提高,生产规模得以扩大。

三、保护措施

“非物质文化遗产是文化遗产的重要组成部分,是我国历史的见证和中华文化的重要载体,蕴含着中华民族特有的精神价值、思维方式、想象力和文化意识,体现着中华民族的生命力和创造力。保护和利用好非物质文化遗产,对于继承和发扬民族优秀文化传统、增进民族团结和维护国家统一、增强民族自信心和凝聚力、促进社会主义精神文明建设都具有重要而深远的意义。”[7]大方漆器制作技艺被列入国家非物质文化遗产保护名录不仅是贵州省民族传统文化的独特见证,也是对中国传统文化,乃至世界文化的重要贡献。大方漆器作为中国手工技艺的典范,在历史上所创造的辉煌,以及如今政府对其的重视与保护,无不彰显着大方漆器所积淀的文化底蕴和内涵。几百年来大方县人民在不断的生产实践中对漆器制作技艺进行探索与研究,特别是技艺纯熟的老艺人对大方漆器的贡献,才形成如今独树一帜,别具一格的漆器制作技艺。笔者认为,对于大方漆器制作技艺的保护应当从两个方面进行,第一是传承人的保护,第二是对大方漆器进行生产性保护。

1.传承人保护

“传承人是非物质文化遗产的重要承载者和传递者,保护传承人是保护非物质文化遗产的核心内容之一。”[8]目前,大方漆器制作技艺面临的一个主要问题就是后继乏人,老艺人年事已高,青少年又缺乏兴趣,漆器制作技艺传承面临消亡的危险。因此,对于传承人的保护显得尤为重要。首先,对于漆器制作技艺的传承人,国家应该给予相关补贴,保障其基本生活,只有其基本生活得到了保障,传承人才能专注于传统技艺的保护与发展。传承人对于大方漆器都有着极深的感情,笔者在采访布胎传承人高光友老师时,话里行间都能感受到他对大方漆器制作技艺的热爱,以及对这门手艺前景的担忧。他说道“大方漆器600多年的历史,是大方几代人的心血,不舍得放弃,再苦也要坚持,希望国家在给予政策支持的同时,能给予实质性的资金支持,目前什么都不缺,就是缺钱。”其次,多与艺术院校合作,传扬漆器制作技艺。目前,我国尚未形成系统完善的非物质文化遗产教育体系,通过教育的方式来培养漆器制作技艺,以及其他非物质文化遗产传统技艺的渠道尚未开通。而学校承载着培养人才的重要责任,学生在学校具有大量的时间和空间来了解学习传统手工技艺。学校可以开设关于漆器制作技艺的特色课程,辅以现代化教学手段,将传统手工技艺与现代知识体系融会贯通。最后,加大宣传力度,鼓励广大民众欣赏,大量培养介入群体。“非物质文化遗产传承人及其广大民众是非物质文化遗产的真正主人,在文化遗产保护中占有主导地位。政府通过建立非物质文化遗产传承人保护制度,发挥主导作用,其目的是促进对民族传统文化的保有和传承。”[9] 民众的力量是无穷的,他们是传统手工技艺最有力的同盟者和支持者。大方漆器制作技艺只有吸引来自社会不同阶层不同职业的爱好者,对其进行保护和学习,使广大民众成为保护漆器制作技艺的真正主人,真正融入老百姓的生活,成为老百姓日常生活不可或缺的一部分,大方漆器方能长久不衰并发展壮大。

2. 生产性保护

衡量一个行业是否兴旺,有两个指标,第一是数量,从业人数的多少,以及企业发展规模的大小是该行业兴旺的基础。第二是质量,作为手工艺传统行业,其作品的质量体现在“精”上,在发展的过程中,精益求精,生产出出类拔萃的作品,傲视群芳,方能体现漆器价值。显而易见,这两个标准都只有在不断的生产中才能得到实现。大方漆器制作技艺被列入国家非物质文化遗产保护名录,对其的保护,最重要的一点就是要在生产中进行。“非物质文化遗产生产性保护是指将一部分非物质文化遗产及其资源转化为生产力和商品,纳入商品经济范畴,产生经济效益,并促进相关文化产业发展,使非物质文化遗产在生产实践中得到积极保护,实现非物质文化遗产保护与经济社会发展的双赢。”[10] 大方漆器实现生产性保护需要注意以下几点:一是大力拓宽大方漆器的需求市场,以需求带动生产。二是革新漆器生产技术,培养技术人员。大方漆器目前仍保留着手工作坊的传统生产模式,一些生产设备陈旧落后,生产力低下,生产周期长,成本高,效益低,产品质量差,严重阻碍漆器制作技艺的发展。因此,对其进行生产性保护的过程中,应借鉴学习福建等地的经验,引进机械化设备,降低生产成本,使漆器在日常生活中得到普及。但是漆器制作技艺的一大特点在于制作人的高超手工技艺,并且很多步骤是无法实现机械化生产的,走机械化和手工相结合的道路虽有利于提高产量,但是也会使得传统手工技艺日益工业化,机械化,这时,需要明确定位,高端收藏品则全手工制作,生活用品等可使用手工和机械相结合的方式。再者,对大方漆器进行生产性保护的同时要加大对产品的宣传,改良其包装设计,让更多的人知道漆器产品,从外观上感受其珍贵,最终使贵州三宝之一的漆器大放异彩。

漆器,是中华民族特色的传统工艺,是我国民族文化艺术的瑰宝之一。600 多年的厚重历史成就了如今大方漆器的博大精深,大方漆器的现状是中国所有传统手工艺的普遍现状,只有清醒认识其现状及成因并对其进行深入了解,才能采取恰当的方式对其进行保护,将日益没落的漆器工艺推向正轨。国家、社会和个人都应该对大方漆器这一国家非物质文化遗产的保护做出贡献,从而造福子孙后代。

【参考文献】

[1]兰一方.明清之际大方漆器考[J].故宫博物院院刊,1992(3).
[2]贵州省大方县地方志编纂委员会.大方县志[M].北京:方志出版社,1996:333.
[3]张建世.贵州大方漆艺文化的历史现状及保护措施[J].东南文化,2003(5).
[4][5]夏明胜.浅谈大方漆器发展[J].魅力中国,2009(3).
[6]周真刚.贵州世居民族传统手工技艺的保护及其产业化发展思考[J].西南民族大学学报,2013(5).
[7]联合国教科文组织文件《保护非物质文化遗产公约》.中国非物质文化遗产网 http://www.ihchina.cn/inc/detail.jsp? info_id=50.
[8][9]佟玉权.非物质文化遗产传承人的保护与制度建设[J].文化学刊,2011(1).
[10]田艳.加强非物质文化遗产的生产性保护[N].人民日报,2012-01-12.

● 武士与近代日本的扩张之路

石建琼
（贵州省遵义市第十七中学，贵州，遵义，563000）

【摘　要】封建武士缔造了以战争促发展的军国主义传统，“维新三杰”等封建武士的嫡系后裔则继承和发展这一传统，使日本在侵略中国和朝鲜、称霸亚洲的扩张之路上越走越远。

【关键词】武士；近代日本；扩张之路

在《普通高中课程标准实验教科书·历史·选修1·历史上重大改革回眸》（人民教育出版社，2007年3月第二版，2011年12月第二次印刷）第八单元“日本明治维新”第4课之“踏上对外扩张之路”中，明确指出：“明治政权成立之初，天皇就宣称‘欲开拓万里波涛，布国威于四方’。”也就是说，日本刚刚迈进近代社会的大门，就选择了对外扩张的发展道路，而选择对外扩张之路的元凶，就是以“维新三杰”为代表的中下级武士。他们继承和发展中世纪的军国主义传统，将“开拓万里波涛，布国威于四方”作为国家目标，不断从战争走向更大规模的战争，使一部日本近代史成为一部侵略扩张史，使近代日本成为最具侵略性、野蛮性、冒险性和掠夺性的军国主义国家。

武士以战争为职业，以获得战利品作为发财致富的根本途径，从产生之日起从未停止过军事扩张的步伐。8世纪中叶至12世纪末，处于在野地位的武士依赖武力夺取国家的土地财富和政治权力。1192年至16世纪末，即镰仓、室町和织田信长、丰臣秀吉的织丰时代，武士虽然已经成为政治上的统治者，但依然主要扮演战斗者的角色、履行战斗者的职责，继续扩张军事领地，剥夺天皇朝廷的政治权力。1590年丰臣秀吉统一天下后，率先将武士军事扩张的矛头从日本列岛转向亚洲大陆，将朝鲜和中国作为军事扩张的对象。1592年3月，派兵16万侵略朝鲜，2个月内便先后攻占开城和平壤等三大都城。被初战胜利冲昏头脑的丰臣秀吉，甚至狂妄叫嚣要迁都北京，由日本天皇统治中国，将侵占的土地分封给有功将士。应朝鲜政府的请求，7月中国明朝派遣的援军陆续抵达朝鲜。1593年1月收复平壤，4月朝鲜国土大部分光复。收复平壤后，双方开始和谈。1597年丰臣秀吉撕毁和约，派遣14万大军入侵朝鲜；1598年丰臣秀吉病亡，日军撤回国内。

作者简介：石建琼，贵州省遵义市第十七中学教师。

尚武是武士的标志,信奉军国主义是武士的天性,武力征服世界、建立军事帝国,一直是日本武士孜孜以求、锲而不舍的梦想。虽然丰臣秀吉发动的侵略战争以失败告终,但是,在德川幕府时代(1603—1867年),武士阶级的思想家和时代精英纷纷提出征服世界的纲领和路线。本居宣长(1730—1801年)将日本说成是天照大神创造的神国,宣扬"八紘为宇"的对外扩张思想,即梦想征服世界将整个世界置于日本统治之下的思想。林子平(1738—1793年)的《海国兵谈》,主张武力扩张,明确将日本进攻的目标确定为日本的邻近国家。本多利明(1743—1821年)在《经世秘策》一书中,狂妄叫嚣武力征服世界,使日本成为世界第一强国。强调为君之道的秘诀,在于以军事侵略谋求国家利益。佐藤信渊(1769—1850年)的《宇内混同秘策》鼓吹向外侵略扩张,其对外侵略扩张的纲领性蓝图和路线,从侵略中国东北入手,进而入关全面侵华,征服中国,然后征服亚洲的西侵和南进并行路线。接着,藤田幽谷(1774—1826年)又提出建立主宰世界的日本大帝国的思想主张。藤田幽谷的学生会泽安(会泽正志斋,1781—1863年)的《新论》宣扬日本优越论,认为日本"乃大地之元首,万国之纲纪",负有"皇化万国"之使命。木户孝允、伊藤博文、山县有朋、井上馨等维新领导人的老师吉田松荫(1830—1859年)明确提出:将失之于欧美的"交易之处""偿还于鲜(朝鲜)、满(中国东北)之土地",其"扩张补偿"的主张后来成为明治政府的一大战略。

明治新政府建立后,以"维新三杰"等武士阀为核心的近代天皇制统治集团,在其先辈对外扩张路线的基础上,提出了所谓"大陆政策"。1868年4月6日,由木户孝允审定、天皇宣读的《五条誓文》之第五条宣称:要"求知识于世界,大振皇基"。同日,木户孝允又借天皇的《安抚亿兆宸翰》(天皇的御笔信,也称《宣扬国威宸翰》)强调指出:要武力"开拓万里波涛,布国威于四方"。1871年废藩置县前后,西乡隆盛、木户孝允和大久保利通等握有政府实权的维新派官僚,制定了以"与万国对峙"为最高目标,以"富国强兵"为政策主体,以"殖产兴业"和"文明开化"为辅翼的基本国策。随着1877年西南战争的结束,军队的任务由对内镇压转为对外扩张,对外扩张也提上了行动日程。

1880年11月,掌握军队实权的陆军参谋本部部长山县有朋在给天皇的奏折《近邻兵备略》中,强调"兵之多寡"重于"国之贫富",扩充军备乃"燃眉之急"。于是,"富国优先"的"富国强兵"政策也演变为"强兵优先"的"强兵富国"政策,近代日本"军事立国"思想和以战争促发展的发展方式全面启动。1890年12月,内阁首相山县有朋在施政演说中公开抛出他的"主权线"和"利益线"谬论,即"强兵富国"和对外侵略扩张的总方针"大陆政策"。宣称:"盖国家独立自卫之道有二,一是守卫主权线;二是保护利益线。何谓主权线?疆土是也。何谓利益线?同我主权线之安危有紧密关系之区域也。""大陆政策"将邻国的疆土作为自己的利益线,并明确表示要以武力拓展主权线、开发利益线,将朝鲜和中国纳入日本的"保护"之下,以军事侵略谋求日本人的最高利益。

制定对外扩张政策的同时,明治政府一方面加强扩军备战,1882年拟定了以中国为假想敌的常备军兵力倍增计划(1884年开始实施)。1888年5月,将原来的六个镇台改编为第一至第六师团。所谓师团,即能够独立作战的战略单位,由步兵旅团(2个联队)2个、骑兵大队、野战炮兵连队、工兵大队、辎重兵大队各1个,以及师团司令部等构成。1891年,新设近卫师团,合计七个师团。海军在甲午战争开战时,有军舰28艘57600吨,水雷艇24艘1475吨。至此,以中国为对象的扩军备战已经完成。

另一方面迅速建立起军权独立的战争体制。1878年12月颁布并实施《参谋本部条例》,陆军实行军政、军令二元分离,陆军省负责军政,参谋本部掌管军令。参谋本部部长由天皇任命,参与策划帷幄之机务。军权由此具有了"君权"的性质,帷幄上奏制度也由此诞生。参谋本部部长直属天皇,地位与太政官平行而高于陆军卿,军方对政府处于优势地位。1893年,海军军令部也成为独立于政府的军令机构,海军军令部部长也拥有"直属天皇,参与帷幄机密事务"的特权。1889年颁布的《大日本帝国宪法》规定,天皇统率陆海军,天皇决定陆海军之编制及常备兵额。通过宪法的形式,直接把军权与君权联结在一起,使军权上升为至高无上的和绝对的权力,成为不受议会、内阁、司法机构等监督和制约的特殊权力。总之,"大陆政策"出台时,近代日本已经做好了出兵中国的准备工作。

一部日本近代史,就是一部对外扩张的战争史。1868年提出以武力"布国威于四方"的"国是之大本"后,便迫不及待地发动了侵略扩张战争。1874年,大久保利通一手策划了侵略中国台湾的战争。次年,又挑起侵略朝鲜的"江华岛事件",并在1876年迫使朝鲜签订不平等的《江华条约》。1879年,正式吞并琉球,改称冲绳县。1894—1895年发动甲午中日战争;1900年成为八国联军的主力,镇压中国义和团运动;1904年,发动日俄战争;1910年,吞并朝鲜。疯狂的侵略战争,使日本在明治维新40年后就成了世界上最强大的帝国主义国家之一。帝国主义时代的日本军国主义,又发动更加疯狂的侵略战争。1918年,出兵西伯利亚;1927—1928年,三次出兵中国山东;1931年,侵占中国东北;1937年,发动全面侵华战争;1941年,挑起太平洋战争。战争和扩张军备战争,构成近代日本历史的基本特征或主要内容,平均每隔五年左右,就要发动一次对外扩张战争,像这样不断地从战争走向战争的国家,在世界近代史上,除日本外找不到第二国。

日本资本主义的起步晚于欧美列强,加之国土狭小、自然资源储备不足,对原料和市场的渴求比欧美列强更加炽热、紧迫,因而近代日本选择了对外扩张之路,赤裸裸地以对外扩张弥补资源短缺、原料不足和开拓海外市场,这也使得近代日本更富掠夺性。疯狂的对外掠夺,为日本赢得了超常规的近代化成就。早在1928年,戴季陶就在《日本论》一书中说:日本民族之所以有今天,完全是几次战争的结果。

仅以甲午战争和日俄战争为例,便足以说明正是侵略战争促进了日本资本主义的发展,并使日本迅速成为世界强国。甲午战争的胜利,在政治上,日本确立了东亚强国的地位,增强了与欧美强国平等对话的砝码,1897年成功地修改了欧美列强逼迫日本签订的不平等条约。同时,与欧美列强一样,日本也成为拥有海外殖民地的国家。经济上,有黄金保障的、相当于日本4年财政收入的3.6亿日元的巨额赔款,奠定了国家财政基础,并使日本确立了金本位制,打开了日本参与国际金融市场的大门。战争赔款、掌握和支配朝鲜、中国市场,极大地刺激了日本企业的发展。军事上,通过成为殖民地所有国,取得了进出中国内地的立足点,为进一步推进大陆政策创造了条件。日俄战争的胜利,日本获得了对朝鲜的进一步统治权,获得了对中国旅顺、大连的租借权以及对长春以南的铁路及其附属地的权力。政治上,国际地位大为提高,进一步巩固和发展了作为东亚强国的地位,并且成为世界上最强大的五个帝国主义国家之一。军事上,确保了对韩国的主导权,奠定了进出满洲大陆的基础。大陆政策获得极大成功,日本的"主权线"由此推进到朝鲜,"利益线"延伸到中国大陆。为日本向亚洲大陆的军事扩张打开了方便之门,创造了扩大对华侵略的有利条件。经济上,完全垄断了中国东北地区和朝鲜的市场与资源,日本经济得到前所未有的全面发展。实现了重工业、化学工业的大机械化生产,国有军事工厂迅速发展,在重工业中牢牢占据中心地位。

对外扩张使近代日本获得了超常规的发展,由一偏隅小岛崛起为东方强国,却将灾难强加给中国等亚洲国家,使中国等亚洲国家长期处于落后和沉沦状态。

在教学过程中,老师适当补充一些日本对外扩张之路的内容,既可丰富课堂教学,又有助于调动学生的学习兴趣。

【参考文献】

[1] 人民教育出版社课程教材研究所,历史课程教材研究开发中心.普通高中课程标准实验教科书·历史·选修 1·历史上重大改革回眸[M].北京:人民教育出版社,2011.
[2] 宋成有.新编日本近代史[M].北京:北京大学出版社,2006.
[3] 娄贵书.日本武士兴亡史[M].北京:中国社会科学出版社,2013.
[4] 蒋立峰,汤重南.日本军国主义论[M].石家庄:河北人民出版社,2005.
[5] 戴季陶.日本论[M].海口:海南出版社,1994.

● 贵州"教案"与中西政治、文化冲突

纳光舜　伍娟

（贵州省宗教学会，贵州　贵阳　550001）

【摘　要】清末发生在贵州的天主教教案，有着深刻的政治、文化背景；政治对抗、异质文化碰撞，必然会引发冲突。分析和认识这一问题，有利于我们正确处理宗教关系，解决宗教方面的矛盾和问题，促进宗教关系和谐。

【关键词】天主教；教案；贵州；原因

天主教在贵州的传播，是伴随帝国主义势力侵略和不平等条约的签订而推进的，有着深刻的政治背景；天主教作为一种外来宗教文化，其与中国传统文化和贵州地方文化存在明显差异。天主教会依靠西方列强的势力而在贵州推行，破坏了中国的内政，形成与以官府为代表的政治势力的矛盾；天主教异质文化向贵州城乡民众渗透，触及民众以"敬天法祖"为核心的传统信仰，造成教会和民众的矛盾。

政治的对抗、异质文化的碰撞，当然会引发冲突。在贵州以青岩教案、开州教案及遵义教案为代表的一系列教案，就是在这种情况下发生的。教案风波对贵州的政局造成了重大影响。咸丰八年（1858 年），贵州代理宗座监牧佩尔尼发往法国的信中记述：贵州教团自开教以来的半个世纪中，遭受 40 多次"打教"的袭击，至少有 200 名教徒被驱赶到新疆等地。[1]可见这种冲突规模之大，影响之深。

一、贵州天主教"教案"

引发贵州天主教"教案"的原因主要有：因传教士（或教徒）与民众矛盾引发；因官员仇教引发和民众借"打教"之名发动起义，伤及教徒三类。

作者简介：纳光舜（1953—　），男，回族，云南昭通人，贵州省宗教学会常务副会长。研究方向：宗教学、民族学研究；伍娟（1978—　），女，贵州安顺人，成都信息工程学院副教授（宗教社会学博士）。研究方向：宗教学研究。

[1] 《贵州代理宗座监牧佩尔尼致在巴黎和里昂的教廷传信部枢机们的书简》（1858 年 9 月 14 日），载陈增辉主编，耿昇、杨佩纯译，中国第一历史档案馆、福建师范大学历史系编《清末教案［第 4 册］法文资料选译》，中华书局 2000 年版，第 65 页。

(一)因传教士(或教徒)与民众矛盾引发

同治八年(1869 年)五月初五端午节,遵义新旧两城民众齐集炎帝庙打醮求神,祭醮首人杨树勋与天主教徒杨希伯有夙怨,当杨树勋率众进香时,杨希伯上前阻止,双方发生口角。随即发生了天主教徒捣毁炎帝庙器物和民众捣毁经堂及教会医馆事件。同治十年(1871 年)一月,清政府屈从列强的压力而将遵义教案结案:纠众抢夺教堂财物的傅有沅,拿获讯明正法;杨希伯挟嫌逞凶,激成众怒,导致天主堂被毁坏,发配边疆充军;杨树勋争殴酿成巨案,杖二百,流两千里。

道光三十年(1850 年),在绥阳的孙神父(法国籍)将教堂迁往城内羊子市,强占民房田地所引起的民愤。金里张老戴王率众摧毁教会财产。

同治年间永宁州传教士、教徒,恃势为非作歹,民众杀教士 1 人、教徒 5 人,官府捕群众 29 名,15 名群众死于监狱。❶

同治五年(1866 年),永宁州传教士及教徒焚掠烈山村,杀群众百余人,激起了民愤。烈山村村民杀死传教士 3 人,清廷派兵镇压。❷

光绪十年(1884 年)八月十三日夜,有人在遵义天主堂门外嬉戏,喊“打天主堂”的口号,教徒与民众发生口角,教徒文三和等杀死围观天主堂的群众 7 人,第二天,遵义城罢市,群众拆毁教堂房屋,并将 7 人棺殓,埋于其中。天主教通过外交途径向中国政府施压,迫使清政府签订协议:中国政府对遵义天主堂和教徒所受损失赔款 3 万两;黔北一带被捣毁天主堂及其所属房屋,由中国官方负责修复;责令地方官对传教士加以保护。同时确定停止天主教在遵义传教权 12 年,认给被害平民每房埋葬费 100 两。

光绪十二年(1886 年),法国神父林多默从遵义返回绥阳,途经蒲老场街上,坐骑撞倒刘姓药摊,刘索赔,林不赔偿还斥刘阻碍交通。双方相约几十人发生冲突,林多默被杀死。官府赔偿了教会损失。❸

(二)因官员仇教引发

最典型的是青岩教案和开州教案。

青岩教案发生于咸丰十一年(1861 年)。这年四月,因对天主教的某些行为不满,贵州巡抚何冠英和提督田兴恕,联名向各府、州、县发出一秘密公函,要求对欲图传播天主教淆惑人心者,以外来匪人看待,随时驱逐,或借故处之以法。是年端午节,青岩一些群众按当地习俗上街“游百病”走过姚家关大修院门前,一群小孩齐声高诵民谣:“火烧天主堂,洋人坐班房。”大修院守门人和 4 名修士出来驱赶,与群众发生争吵。曾帮助天主教修建青岩大修院的青岩团务道赵畏三,为掩盖其与外国传教士的关系,按照“秘密公函”要求,借故将 4 名天主教徒处死。胡缚理得知青岩的消息后火速前往北京,向清政府交涉。通过与清政府代表劳崇光的谈判,双方议决:令贵阳府迅速张贴中法《天津条约》20

❶ (清)同治朝筹办夷务始末. 卷 38.

❷ (清)同治朝筹办夷务始末. 卷 43.

❸ 贵州省绥阳县地方志编纂委员会. 绥阳县志[M]. 贵阳:贵州人民出版社,1993:1001.

份;令贵州巡抚将抢去胡缚理的书籍和宗教用品、屋舍等如数赔还,原物已毁者,赔银5千两;被杀4人,每家赔银250两,并由赵畏三赔造富丽坟墓4座。

开州教案发生于同治元年(1862年)正月十五日(2月13日),开州(治今贵州开阳)夹沙龙的群众搭龙灯,准备祭龙神。当地民间组织"一心团"派人通知天主教徒参加,教徒以奉教为由予以拒绝。"一心团"总办周国璋等前往说服时,与教徒争吵起来。周国璋禀报开州知州戴鹿芝后,戴即飞报田兴恕。田兴恕让缉案就地正法。戴鹿芝将法国传教士文乃耳及张天申等4名教徒处死。天主教会通过公使馆向清政府提出严重交涉。最终以赔偿白银1.2万两,贵阳六洞桥田兴恕公廨划拨给贵州天主教会,将田兴恕遣戍完案。

此外,同治和光绪年间发生的几起教案也属此类。

同治四年(1865年),兴义府(治今安龙)和永宁州(治今关岭)团练预谋谋杀传教士未果。❶ 同年,普安厅同知钱埙张贴反教告示;贵定教徒黄丙扬杀死李老大之子,并殴打李老大。激起众怒,将黄夫妇杀死;天主教副主教梅西满过大定(今大方),被云南练勇抢去行李,3名兵丁因此被处死。❷

同治七年(1868年)底,法国传教士易德谦、文瑟纳2人从北天主堂乘轿至南天主堂,中途恰遇贵州巡抚曾璧光迎面而来,因街道狭窄,双方轿子阻于中央。曾璧光随从将易、文2人的轿子打翻在地,并加捣毁,易、文告到巡抚衙门,衙门置之不理。❸

同治八年(1869年),贵州桐梓民团仇教,团首王大珩领人攻教堂,杀教徒;独山民众受遵义教案影响,阻拦教士进城;绥阳川省营员刘子贵等,受遵义教案影响,毁坏教堂;安顺民团仇教,营团团首文际昌带领民团攻教堂,杀教徒;兴义知府孙彦青号召人民反教,团首刘官德杀教民。❹

同治九年(1870年),仁怀县又发生了法国传教士被县差王洪、陈伸纠合团民钟甘、狗二等抢掳殴打事件。

同治十三年(1874年),永宁州团管带任继武(四川人)由永宁带兵到花江。七月初的一个深夜,进入教堂,杀死神父杨通绪(又名杨义)和一名副祭、一名马夫,放火烧了教堂。❺

光绪十年(1884年),丁翥到绥阳任县令,路上鸣锣开道,一青年教友赶马路过,锣鸣马惊,冲闯了丁翥坐轿。丁翥扣其马数匹。县教堂的巴黎弟神父出面要回了马匹。丁上任后,暗地支持市民围攻教堂,损坏房屋,抢走财产。

(三)民众借"打教"之名发动起义,伤及教徒

清末,天主教在一些地方名声不太好,因此民众发动起义往往借"打教"之名发动群

---

❶ 清实录·穆宗实录. 卷149;卷171.

❷ (清)同治朝筹办夷务始末. 卷37.

❸ 贵阳市志编纂委员会. 贵阳市志·宗教志[M]. 贵阳:贵州人民出版社,1996:207. 贵州省遵义市地方志编纂委员会. 遵义地区志·军事志[M]. 贵阳:贵州人民出版社,2003:189.

❹ (清)同治朝筹办夷务始末. 卷74.

❺ 徐贵容. 花江天主堂简史[M]//政协关岭自治县委员会文史资料研究委员会. 关岭文史资料(第1辑). 政协关岭县委员会,1988:158.

众,但由此也就伤及无辜的教徒,形成教案。

同治八年(1869年),农民张立堂率领群众攻打教堂,将教堂房屋烧毁,神父只好将天主教堂迁到山堡上的民房里。

光绪十年(1884年),修文扎佐爆发“反洋教运动”,教堂被毁。后教会得到赔银6000两,在原址重建。[1]

光绪二十五年(1899年)八月,仁怀县陈玉川等领导哥老会“反洋教”起义,烧毁二郎坝教堂、杀死教徒2人,驱走教徒26户。[2]

光绪二十六年(1900年),帮会首领张立堂,见传教士范若瑟横行一方,便聚集帮会成员,将二郎坝旧教堂打毁,并击毙教徒两名。知县林庚尧下令逮捕张立堂未获。[3] 威宁州李连升,曾率众攻打境内德著乡发枝窝(今属赫章)天主教教堂。

光绪二十七年(1901年)四月,思南府龙泉县罗林芳,见传教士和教徒横行,侵占民产、田产,便率众攻打,焚烧教堂。

光绪二十九年(1903年)十二月中旬,仁怀县三岔场袁清芬、袁均芬弟兄二人,以“灭洋教”为口号,组织当地群众举旗起义。焚毁府经历衙署及传教士房屋。[4]

光绪三十年(1904年)三月,遵义温水数千群众起义,声言“仇杀西人”。击败前来镇压的清军,焚毁教堂及教徒住宅。[5]

光绪三十二年(1906年)秋,贵定县拉卢寨布依族农民罗发先,因不满清王朝的反动统治和法国传教士的欺压勒索,领导当地百余寨布依族、苗族群众起义。[6]

二、引发教案的政治和文化因素

(一)政治因素

贵州教案的发生,是近代中国社会的主要矛盾——中华民族与帝国主义之间的矛盾不断激化的产物。鸦片战争后,传教士在政治上以外国公使所代表的强权作后盾,形成一个凌驾于中国政府之上的独立权力系统。损害了中国的主权,对“皇权至上”、“君权大于神权”形成冲突。危及封建王朝的统治基础。天主教深入贵州各地秘密传教,发展教徒,建立教会,也引起民众思想上的对立和行为上的对抗。同时,一些天主教传教士藐视官府,欺压百姓,包揽词讼,庇护作奸犯科的教徒等,这些行为同样会引起官吏们憎恶。故教案多由“民教之争”上升为“官教冲突”。曾国藩曾指出:“凡教中犯案,教士不问是非,曲庇教民,领事亦不问是非,曲庇教士,遇有民教争斗,平民恒屈,教民恒胜。教民势

[1] 修文县地方志编纂委员会. 修文县志[M]. 北京:方志出版社,1998:1068.

[2] 贵州省仁怀县地方志编纂委员会. 仁怀县志[M]. 贵阳:贵州人民出版社,1991:1111. 贵州省遵义市地方志编纂委会. 遵义地区志·军事志[M]. 贵阳:贵州人民出版社,2003:189.

[3] 张睿哲. 习水县二郎坝天主教发展概况[M]//贵州省政协文史与学习委员会. 文史资料存稿选编(第3卷). 贵阳:贵州人民出版社,2006:387.

[4] 贵州省遵义市地方志编纂委员会. 遵义地区志·军事志[M]. 贵阳:贵州人民出版社,2003:190.

[5] 东方杂志,1904(7).

[6] 贵州省地方志编纂委员会. 贵州省志·军事志[M]. 贵阳:贵州人民出版社,1995:337.

焰愈横，平民愤郁愈甚。郁极必发，则聚众而群思一逞。以臣所闻，酉阳、贵州教案皆百姓积不能平房致。”[1]譬如遵义天主教“同治初年，遵郡各属先后设立天主堂，均在城内其乡村人烟辐辏亦闻有之，其入教多远来侨寓之人，或门户单弱畏人欺凌者，依之为保障；或犯罪潜逃匿迹其中。而狡黠者藉为护符，亦所不免，求其实心从善者寥寥”。[2]动机不纯者及不法之徒混迹于天主教内，甚至借教会势力以欺人，必招致民众反对。而青岩教案的前奏与天主教贵州教区主教胡缚理藐视官府的行为相关联。故青岩教案实质上是以何冠英、田兴恕为首的官府与天主教势力之间的政治性矛盾冲突，“秘密公函”是这次教案的“催化剂”。而开州教案，本因民俗纠纷而起（因祭龙发生争吵）。但随着官府介入，出动团练，逮捕并处死传教士和教徒。事件便迅速由民间纠纷转化为政治性争端。青岩教案和开州教案中政治冲突的焦点，是维护传教特权，还是维护官府权威——天主教依赖传教特权为其传教扫清道路，扩展教会势力；官府要以其权威维护统治基础，保障政令畅通。双方都会为此而力争。这也是教案起因简单，而事态变化急剧和处理过程复杂，而且多由“民教之争”转为“官教冲突”的根源之所在。

由于有列强为靠山，传教士和教徒有恃无恐，欺压百姓，积怨成仇，也是导致教案的因素。天主教极盛时代，为满清末年，盖以当时本地官吏，鉴于教案兴起，赔累极大，乃畏教如虎。外教势力日益抬头，渐至肆其权威，干涉行政。一般无知人民，乃相率奉教，借教会势力作为护符，狡黠者流，并时仗势欺压良民。[3] 这类事例很多。同治元年（1862年）开州教案后，官府由反教转为保教，民众“畏教如虎，外教势力日益抬头，渐至肆其权威，干涉行政。地方官为求息事计，每求必应，一般无知人民乃相率奉教，借教会势力作为护符。狡黠者流，并时仗势欺压良民”。[4] 同治三年（1864 年）冬，贵定县民黄丙扬，偕妻庭氏，“搭死李老大婴孩，旋即投入天主教内”。李老大邀约同寨 10 余人，赴黄丙扬家讲理，黄丙扬扬言：“身已入教，告官也不怕。”[5]同治五年（1866 年），贵定县冉石保等加入教民袁玉相、夏正兴的团练后，“藉教中声势，纠众杀害王江保、左寅寿二人，重伤三人，将其家财什物牛马抢掳一空”。[6] 光绪三十三年（1907 年），法国传教士杜公谋主持册亨打言天主堂教务时，对地方民间有关婚姻、田地等民事纠纷，无论教内教外，他都进行干预，并且私设法庭，对农民吊打、罚款。[7] 法籍教士劳若望，系青岩天主堂神父，一次由青岩到惠水做客，路经构皮街（今向阳路）时，摆汤圆摊的刘宏妹的小闺女，因初次见到外国人，未免惊奇，待劳若望走过去几步，对她妈说：“妈妈，你看洋人咧！”劳闻之，勃然大怒，掉过身来，不问青红皂白，一脚将刘宏妹的摊子踢翻，锅碗打烂，还将刘宏妹送到县衙门关押

---

[1] 曾国藩全集·奏稿十二[M]. 成都：岳麓书社，1994：7096.

[2] （民国）续遵义府志.《宗教》卷三十，第 20 页.

[3] （民国）开阳县志. 第九章《社会》第五十四节《宗教》.

[4] （民国）. 开阳县志稿. 第 9 章第 54 节.

[5] （清）. 同治朝筹办夷务始末. 卷 37，14 页.

[6] 刘锦藻. 清朝续文献通考. 卷 350.

[7] 周健钟. 法国传教士在安龙教区[M]//中国人民政治协商会议贵州省委员会文史资料研究委员会. 贵州文史资料选辑（第 7 辑）. 贵阳：贵州人民出版社，1981：133，140.

了两个多月。❶ 住惠水的法国教士贝厄利,凡教徒与非教徒之间发生诉讼,如教徒一方败诉,贝即气势汹汹闯入官府,强令县官与他一起升堂重审,并强词夺理为教徒一方辩护,稳操胜算。❷

(二)文化因素

引发贵州教案的另一原因是由于中西文化冲突。中国自汉代"罢黜百家,独尊儒术",崇儒之风盛行,儒家纲常名教理论在思想上占据着统治地位。中国长期以来一直保持着以儒家伦理为准则、以男性血缘为纽带的宗法制度,以此为基础,维持并不断完善了以"尊天敬祖"为核心的宗教信仰。一切宗教组织都必须依附于皇权,接受政府管辖,不得违背政府的法规。清末,贵州一些地区,中国固有的文化传统已根深蒂固,特别是儒家学说已渗入许多官绅百姓的思想中。儒家学说作为建立在地主经济基础上的、为封建君主制服务的一种政治伦理学说,与来自西方的天主教思想体系存在着深刻的对立。儒家学说强调君权至上,强调君臣父子伦理观,而天主教宣传人人平等,没有高下;儒家学说强调现世功业,天主教却强调死后永生。这使深受儒学影响的人们不能理解和接受;认为是非圣无法,大逆不道,必须起来抵制和反对。❸

明末清初,天主教刚传入中国时,曾以天主教教理趋附中华传统文化的方式进行教理宣传,开展传教活动。譬如明末意大利传教士罗明坚到广东肇庆后,先是"改著僧众服装",连住房屋也取名"仙花寺"。后来为了迎合儒士的心理,又改穿儒服。❹ 传教士对中国教徒在官场上祭孔、在家里祭祖的行为也采取了宽容的态度。但后来罗马教廷禁止将天主教教义儒教化,称中国民众的"敬天""祭祖""祀神"等皆为"非法礼仪",企图以天主教习俗取代中国传统的信仰,并将他们的理念强加给中国民众,甚至干预民众的民俗活动。以下几点尤为突出:①基督教禁止崇拜偶像,而中国社会特重祭祀祖先,即使一贫如洗,祖宗牌位也不可不设。②基督教排斥上帝以外的任何神,而中国社会中"自天地日月星雷风雨,以至山川城社门行井溜莫不有神",不仅"因时致祭",还随时祈祷、求福、祈寿、求雨、求晴、求子女、求太平等,无一事不求神。③基督教对男女交往持比较随便的态度,男女同堂听道聚会等,并无忌讳;而中国社会习俗则非常注重男女之大防。④中国社会上下很讲究风水,而基督教全无此说。⑤中国社会普遍闭塞寡闻,昧陋多怪,而基督教的仪式如圣洗、终傅等与中国常情多有扞格,于是就对其产生了很多敌意的猜度。❺ 这当然会招致民众的反对。据赵树好《论晚清习俗教案》统计,1861年至1910年的50年间,中国因习俗不同而引发的天主教、基督教教案达147起,包括神灵崇拜习俗引发的(如敬神、寺庙争夺等)、伦理类习俗引发的(如祭祖、教友破坏祠堂等)、消灾祈福类习俗引发的

---

❶ 黄如望. 天主教贵阳教区惠水堂区简史[M]//黔南州政协文史资料研究委员会. 黔南文史资料选辑(第1辑),1983年印,第199页。

❷ 黄如望. 法国传教士在惠水[M]//贵州省惠水县政协文史资料研究委员会. 惠水文史资料选辑(第1辑),1983年印,第43页。

❸ 李晓红. 近代黔中、黔西北教会势力发展之比较[M]//冯祖贻等. 教案与近代中国——近代中国教案学术论文集. 贵阳:贵州人民出版社,1990:213.

❹ 顾裕禄. 中国天主教的过去和现在[M]. 上海:上海社会科学院出版社,1989:6.

❺ 张力,刘鉴唐. 中国教案史[M]. 成都:四川省社会科学院出版社,1987:677.

(如迎神赛会、建醮、风水等)、娱乐性习俗引发的(如演戏、灯会等)四种类型。这些习俗均为民间信仰的重要内容。[1] 在贵州,广大群众对教会不敬祖、不祭神,男女混杂,破坏风水等,深恶痛绝。天主教依仗列强的武力和强权,横行不法,作奸犯科,网罗痞赖,欺压百姓,掠夺财物,剥削群众,侵越权柄,包揽词讼,民众因此纷纷起来抵制。

教案的发生官府是有一定责任的,如“前署永宁州知州尹树棠,前杀教民,虽属危城查办奸细,惟未将案情告知教堂,致启猜嫌,应请摘去顶戴,一年无过,方准开复。前署绥阳县知县杨嘉禾,于川兵入城损坏经堂,未能立即查拿,前署独山州知州钱埙,因办防剿,误阻教士不准入城,虽军务吃紧,事出有因,究属不合,应与误用印文签提教士之前署桐梓县知县耿光祺,均交部察议”。[2] 从文化的角度看,在贵州教案中,不少民众被迷信的观念所左右(相信和传播民谣),官员处理涉及天主教事务中的鲁莽行为(动辄处死传教士和教徒),官民盲目排外情绪(其实某种程度上,传教士也是传播西学的一种媒介),都是推动冲突升级的因素。其中尤以官民的盲目排外情绪表现最为突出。“维时民智未开,多仇视外人。”[3]由排外情绪到借机生事,是一些教案发生的共同特点。遵义教案中,民众的“仇教”,侮辱、打骂传教士,官府处理“民教纠纷”不力是一个因素,民众盲目排外也是一个因素(其中也不乏趁火打劫者)。民国《续遵义府志》对于遵义教案有段评说,较为中肯,引于此:

天主耶稣之教,出自西洋,虽与佛教有所不同,而主张祸福、引人希望之心则无二致。又时值西方科学发明,国势暴兴,设堂传教之约载入约章,挟其势力以俱来,几有骎骎乎!不可复制之势……至西教之遍行中国,不能相安,多酿巨案。同光之际,层见叠出。而遵郡屡起风潮,草菅人命,抑制舆情,赔款累累,加增负担。其原因乃在国权之不振,未可谓为宗教之流毒。今自众心了解以来,知警覆辙,教案遂少发生。此固由于政体变更,人民进步;亦以狎居既久,不复少见多怪,有以助成之所贵乎!人者真不具惩前毖后之通识,则知当时之大波轩然,诚为不可避免之事实,而为历史上留此纪念者,正以促进吾人之觉悟也。[4]

认为天主教“主张祸福、引人希望之心”,与佛教有共同之处,但天主教又是依仗西方“科学发明,国势暴兴……挟其势力以俱来”,传教事业进展很快,带来一些问题,以至于“不能相安,多酿巨案”。但其原因“乃在国权之不振”,不在宗教自身,当人们对天主教有所了解,“不复少见多怪”,“知警覆辙”,教案也就少了。

因天主教习俗与地方习俗差异也是引发教案的一个因素。譬如同治三年(1864年),镇宁城里金羲之叔母死,其叔为教徒,丧事礼仪,欲遵从教会规定办理。金羲之认为这是数典忘祖,有违国俗;遂邀集戚友段云陶等,在教友念经及神父举行祈祷之际,鼓噪入室,殴打教徒,遂酿成教案。次年,安顺府饬令镇宁州,勒令段云陶等,筹银购地,俾资结束而免扩大。段云陶等即以银320两,购获凹厂李姓地基3间,以建天主堂。[5]

---

[1] 赵树好．论晚清习俗教案[J]．人文杂志,1998(5)．张禹东,刘素民等．宗教与社会——华侨华人宗教、民间信仰与区域宗教文化[M]．北京:社会科学文献出版社,2008:138.

[2] 同治朝筹办夷务始末．卷80.

[3] (民国)续遵义府志．卷35《杂记》.

[4] (民国)遵义府志．卷30《宗教》.

[5] (民国)镇宁县志·宗教志·旧教.

● 侗族服饰文化成因初探

马丽亚
（贵州省民族博物馆　贵州贵阳　550002）

【摘　要】侗族是我国一个历史悠久的民族，主要包括南部侗族支系和北部侗族支系。不同地区的侗族由于自然或历史的原因服饰差异较大，形成独具特色的服饰文化。

【关键词】侗族；服饰；文化

中国堪称"衣冠之国"，中华民族的发展史也是一部精彩的服饰文化发展史。秦汉以前，直到春秋战国时期，古人们穿着多以皮革、丝麻为主，元代至明朝，才开始广泛使用棉花、棉布，明以后，布衣成为百姓的主要穿着品。历代服饰的款式型制皆产生于生产生活，因此具有现实的实际意义，然而，也并非仅作为遮羞避寒的实际功用而存在，侗族服饰更是以其精湛的工艺、绚丽的色彩、丰富的文化内涵成为了侗族文化的重要载体，在长期的历史发展中，它伴随了侗族的生存和发展，传承与演变，与其生活的环境、民族的历史、社会的发展、宗教的信仰以及习俗的演变紧密相连，是侗族人民集体智慧的结晶，也是人类重要的文化遗产。因此，侗族将自己的历史风俗、文化信仰等信息一针一线深深地储存进自己的服饰之中去，以独特的文化内涵而备受瞩目。

我国拥有侗族人口近300万，其族源可追溯到古代"百越"中的"西呕"，以及后来的"乌浒""僚浒"。公元前曾居住在今广东、广西和越南北部一带，称为"僚"，唐代以后泛称"峒蛮"或"峒民"，宋代称"仡伶"或"峒人"。公元6～9世纪扩展到黔、湘、桂交界地带并一直延续至今，创造了光辉灿烂的侗族文化，延续着我国服饰文化发展的历史脉络，不但成为侗族追求美好的重要代表，更是成为侗族社会发展的重要标志。

一、侗族及其服饰的历史记载

历史上关于侗族服饰的记载很多，比如，唐朝李延寿编撰的《北史·僚传》上有"僚人能为细布，色致鲜净"的记载，反映了当时侗族先民的纺织技术和染色技艺。胡璩《谭宾录》:" 东蛮王 入朝，颜师古 奏：昔武王时远国归款，周史集为《王会篇》，今卉服鸟章，备集蛮邸，请图其事，以贻於后。"宋朝《老学庵笔记》卷四说：在辰、沅、靖等州，有仡伶，"男未妻者，以金鸡羽插髻"。"女以海螺数珠为饰"。《小方壶斋舆地丛钞》说：侗童（侗）之

作者简介：马丽亚（1984－），女，回族，贵州平坝人，馆员，研究方向：博物馆学、民族文化。

未妻者"罗汉","皆髻插鸡羽"。《黎平府志》载洪饴孙诗说:"高楼翠压千重树,雉尾饵环拜回互",逢年之正月,"月也航年"时,男子头插鸡尾,穿着古装,吹着芦笙,威威武武。《图画见闻志》载"唐贞观三年东蛮谢元深入朝——中书侍郎,颜师古奏言,昔周武王治致太平,远国归款,周史集其是为王会篇,令圣德所及,万国来朝,卉服鸟章俱集蛮邸"。明朝弘治《贵州图经新志》说:黎平府属"男子科头跣足,或趿木履","妇女之衣,长裤短裙,裙作百褶裙,后加布一幅,刺绣杂文如绶,胸前又加绣布一方,用银钱贯次为饰,头髻加木梳于后","好戴金银耳环,多至三五对,以线结于耳根。绣花绅如锦,斜缝一尖于上为盖头,脚趿无跟草鞋"。清康熙《贵州通志》载"用蜡绘画于布而染之,既去蜡,则花纹如绘。"这种蜡染布曾被称为"阑干斑布"。以上记载可见侗族服饰的历史源远流长。

二、侗族服饰现状分布差异的历史地理原因

侗族服饰按照区域地理和方言区划,可以分为北部侗族服饰和南部侗族服饰。

(一)北部侗族服饰

北部侗族服饰主要分布在贵州的镇远、天柱、三穗、铜仁、剑河、锦屏北部以及湖南的新晃、靖县等地。该地的侗族因长期居住在与汉文化结合较为紧密的地带,经济文化长期交往较紧密,侗族服饰与当地各民族的服饰有着许多共同性。清顺治年间,实行的"剃发易服"政策使北部地区的侗族男女基本改装,布料普遍采用商店出售的阴丹士林布,而非自己织染的侗布,仅样式上保留了右衽无领衣的款式,上衣长至大腿中部,衣袖较窄,着裤装,只是在有节日、祭祖或婚嫁时仍穿传统裙装,如贵州镇远报京一带的侗族女装就体现了这种服饰特征[1]。乾隆年的《芷江县志·封域卷》就描绘了侗族改装前后两种截然不同的头饰和服饰,更装后的侗族已是头垂长辫、衣着满装的形象,除了少数老年人仍着传统服饰外,青年人服饰均与各族无异。

(二)南部侗族服饰

南部侗族服饰广泛分布在贵州的从江、榕江、黎平、镇远、锦屏南部,广西的三江、融水、龙胜和湖南的通道等地[2]。由于多在边远地区,居住环境相对较封闭,生活稳定,与外界交往甚少,其服饰较多地保留了古代的风俗和习惯。例如,贵州黎平尚重侗族女装就体现了我国历史上的云肩特征。云肩,也叫披肩,最早源于隋唐,普遍流行于明清时期的上层妇女社会,常用四方四合云纹装饰,并以彩锦绣制而成,装饰华美,图案内涵丰富,文化底蕴深邃,既是侗族吸纳外来服饰文化,融会贯通,形成自己服饰结晶,也是中国服装史上平面与立体设计的典范。

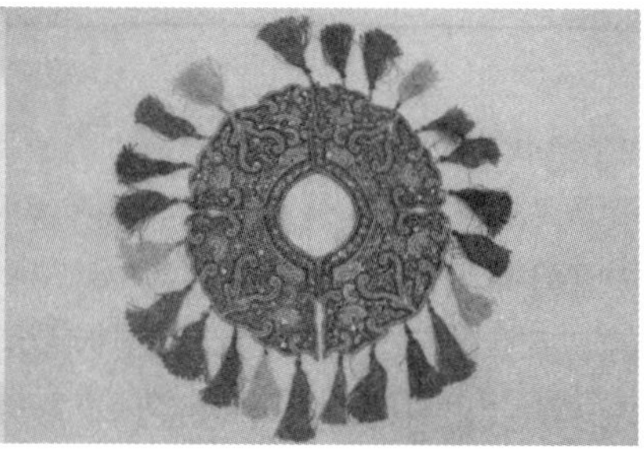

三、侗族服饰季节功能差异的现实原因

(一)夏秋之季的侗族服饰

夏秋之季的侗族女装有的为无领对襟单衣,脚上套布套或裹绑腿,下着百褶短裙,脚穿绣花船形鞋或无跟草鞋,衣身瘦长,上衣紧袖,衣长齐膝,前胸无扣无带,衣身两侧高开叉以方便行走;有的为交领左衽衣或叫开襟系带衣,上衣左侧用布带相系,衣裙无花纹图案,上衣内层系胸襟,胸襟上绣花纹,配腰带和围裙。夏天有的包白色侗布帕或颜色鲜艳的提花印花毛巾,盛装时佩戴层层相套的银饰大项圈,乌髻悠悠,银饰叮当,华贵而庄重。青年男子一般亮色侗布包头,如贵州从江庆云侗族男夏装盛装时在头部插羽毛作装饰,就体现了古代侗族先民"金鸡羽插髻"的遗风。

流行于贵州从江庆云、榕江宰荡等地的侗族女夏装为无领对襟衣,脚上套布套或裹绑腿,下着百褶短裙,脚穿绣花船形鞋或无跟草鞋,衣身瘦长,上衣紧袖,衣长齐膝,前胸无扣无带,衣身两侧高开叉以方便行走;有的为交领左衽衣或叫开襟系带衣,上衣左侧用布带相系,衣裙上无花纹图案,上衣内层系胸襟,就是宋代妇女戴的"抹胸",系腰带和围裙。夏天包白色侗布帕或颜色鲜艳的提花印花毛巾,盛装时佩戴层层相套的银饰大项圈,乌髻悠悠,银饰叮当,华贵而庄重。这些服饰在一定程度上体现了我国古代"褙子衣"的服饰型制特点,早在春秋战国时期,"褙子衣"就曾出现在楚族中。江陵马砖 1 号楚墓出土过一件单衣,形式对襟,袖口平直,后领凹,是对襟衣形制。宋时服装制式普遍为窄袖直领对襟中长衫,不施衿钮,腰两侧开衩,腰间常用勒帛系束。褙子的样式简约,风格

素雅，既舒适得体，又显得典雅大方，表现了宋代简约至极的物象之美。

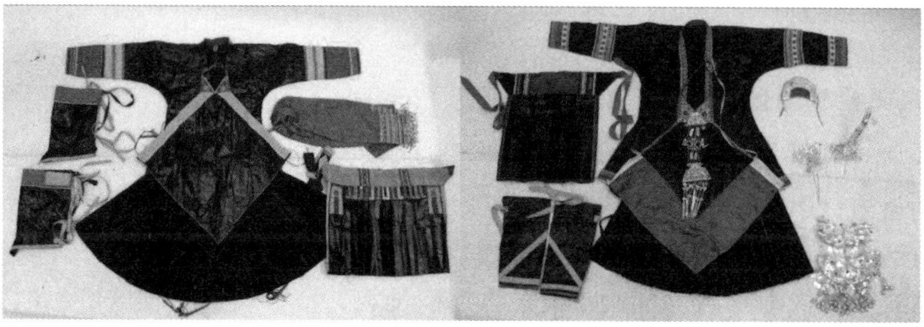

（二）冬春之季的侗族服饰

冬春之季的侗族女装以增强保暖性的需要为特色。或为矮领右衽衣，上衣为蛋浆紫黑侗布制作而成，为夹层结构。或为交领左衽衣，上衣左侧用布带相系，衣裙上无花纹图案，上衣的内层系胸襟，胸襟上绣花纹，显得古朴单纯。或外套夹衣，大挽袖褶至肘弯，挽袖上面，镶栏杆或彩色布条，色彩雅致美丽，裤管因地而异，有大有小，一般裤脚上镶栏杆，穿翘尖船形踏脚绣花鞋。或为大襟衣，穿两层，里衣袖子窄而长，袖口有彩色布条，外衣袖子宽而短，与露出的里衣彩袖交相辉映，包黑色或白色布帕。南部侗族青年男子冬天多穿绣花布鞋，包青色和紫色侗布制作的头帕。

贵州从江庆云侗族青年女冬装就以增强保暖性的需要为特色。或为矮领右衽衣，上衣为蛋浆紫黑侗布制作而成，为夹层结构，或为交领左衽衣，上衣左侧用布带相系，衣裙上无花纹图案，上衣的内层系胸襟，胸襟上绣花纹，具有“贯头左衽”的原始特征，显得古朴单纯。或外套夹衣，大挽袖褶至肘弯，挽袖上面，镶栏杆或彩色布条，色彩雅致美丽，裤管因地而异，有大有小，一般裤脚上镶栏杆，穿翘尖船形踏脚绣花鞋。或为大襟衣，穿两层，里衣袖子窄而长，袖口有彩色布条，外衣袖子宽而短，与露出的里衣彩袖交相辉映，包黑色或白色布帕，端庄大气。

四、侗族服饰所体现的审美观念

(一)侗族服饰体现的巫文化心理

侗族,跟任何一个民族一样,都有对于自己、祖先的思考和崇拜,这种心理深入到这个民族的血液之中,体现在这个民族的服饰之上,贵州黎平银朝侗族男子芦笙衣就是在盛大庆典活动时,感谢神灵赐予和祭祀祖先的仪式性舞蹈上,芦笙手穿的侗族古装。这种古装款式和结构奇特,做工精细,图案古拙而神秘,针法有锁绣、平绣、挑花以及锁绣等。下身的凤尾裙了为明清时期比较流行的款式,一般用绸缎裁剪成大小规则的条子,条上绣花鸟图纹,有的像草条,有的像树叶,在两畔镶以金线,拼缀成裙[3]。下配有彩色流苏或白羽毛,做工精细,图案古拙而神秘,针法有锁绣、平绣、挑花以及连环锁点绣等。十分华丽。

(二)侗族服饰体现"以富为美"的审美观念

爱美是侗族的天性,侗族服饰的发展和变化全部以审美取向作为取舍的标准,时代审美的共趋和居住的毗连,促成了侗族服饰在大同中追求小异,异中保持和维系着同的状态,但总之离不开"以富为美"的审美观念。每逢重大节日,侗族成年未婚男女青年,都将参加"踩堂",通过集体共舞的形式来择偶。参加"踩堂"的少女不但要身着刺绣盛装,还要在身上佩戴华光熠熠的银饰以显示其美和富有,银饰追求以大为美,以多为美,以重为美。

(三)侗族服饰体现的浪漫情怀

侗族是一个浪漫的民族,他们喜欢将大部分的时间和精力投入到美好的歌声中去,喜欢以一种轻松的心态去面对生活,其服饰虽然没有苗族服饰那般的繁复庞杂,但也美丽多彩,正如这个民族一样,平和而细腻,丰富而微妙,从容而纯朴,明亮而欢乐。他们用巧手缝制衣装,用心灵歌唱美好,他们用灵魂深处最为浪漫的情怀,表达对于历史、民族,以及自己的思考。大自然的万事万物,塑造了无与伦比的天籁之音——侗族大歌,声音中传递出的,是爱与美的交响。关于侗族大歌的起源流传着一个浪漫的故事,相传,一群侗族男女青年在田间干活,有说有笑,笑声引得百鸟齐鸣,百虫齐唱,声音有高有低,特别好听。于是大家就开始模仿鸟虫之声,慢慢形成了侗族大歌。这个传说不仅反映了侗族大歌与人们生活的息息相关,也反映了侗族大歌与自然的和谐相处。侗族频繁的社交活动,集体歌唱的习惯,以及长居山区的生活方式是这种音乐赖以生存的基础,以至大自然的鸟叫虫鸣、高山流水,生活生产中耕田犁地、纺纱织布之声无不入歌,侗族视唱歌为不可替代的精神食粮。一位学者说:"侗族大歌是一个长期没有文字的民族发展自己民族文化的艺术补偿。"

此外,侗族的"行歌坐月"习俗也体现了这种浪漫的精神贵州从江车间一带侗族女子在"行歌坐月"时所穿戴的女夏装为白衫,相对简洁素雅,不求花哨,不标新立异,而是最求内心的纯粹和美好。"行歌坐月"据民间流传早在"百越先民处在巢居时代"就已产生于巨杉之下的群体社交活动。男女情歌对唱,往往歌越唱越长,夜越坐越深。歌是恋爱的火焰,歌是节日的欢乐,歌是婚姻的纽带,歌是劳苦中的愉快,歌是悲哀中的慰藉。有了歌,生活就有了光彩;有了歌,日子就有了希望,他们用朴实的心怀和对生命的感悟,表达了对于婚姻恋爱自由的美好向往和热爱。

五、结语

侗族悠久的历史,形成了独具特色的服饰文化。侗族服饰南北分布的差异,侗族服饰夏秋之季和冬春之季体现出的季节功能差异,以及侗族服饰所体现的巫文化心理,"以富为美"的审美观念以及浪漫情怀的自然选择,共同造就了侗族服饰特有的文化魅力和独特境界。

【参考文献】

[1] 向锡黔,徐浩,杨安迪.贵州侗族代表性服饰的文化内涵探析[J].贵州大学学报(艺术版),2013,27(1).

[2] 罗冬梅.透视侗族服饰的文化内涵[J].南宁职业技术学院学报,2008,13(3).

[3] 吴春兰.论苗族妇女在服饰民俗旅游中的作用——以黔东南苗族侗族自治州剑河县革东镇为例[J].凯里学院学报,2012,30(1).

其他

● 以制度创新为杠杆　推动哲学社会科学繁荣发展*

洪名勇[1,2]

（1. 贵州大学管理学院，贵州　贵阳　550025

2. 贵州大学　哲学社会科学研究院，贵州　贵阳　550025）

【摘　要】在制约哲学社会科学繁荣发展的众多因素中，制度是更为关键的变量。因为不同制度和制度安排给哲学社会科学工作构造不同的激励，成功的制度安排能够促进哲学社会科学工作积极创新。以贵州大学为个案进行的分析说明，有效的制度安排确实促进哲学社会科学的快速发展。创新制度安排，推动哲学社会科学繁荣发展一是转变观念，统一认识，树立哲学社会科学是第一生产力的理念；二是创新正式制度安排；三是实施哲学社会科学创新工程。

【关键词】制度安排；哲学社会科学；繁荣发展

党的十七届六中全会通过的《决定》之所以强调要繁荣和发展哲学社会科学[1]，一个重要原因在于哲学社会科学不仅是科学，而且哲学社会科学还是第一生产力。哲学社会科学的发展受到诸多因素的影响，其中最为关键的是制度约束，推进哲学社会科学的繁荣发展，应以制度创新为杠杆，推进哲学社会科学进步。

一、制度安排、哲学社会科学工作者、创新绩效：一个理论基础

哲学社会科学发展不仅需要我们加大投入，构建创新平台和有人才作为支撑，更为关键的是要发挥哲学社会科学工作者的积极性、创新性，在人们的收入达到一定水平之后，激励哲学社会科学工作者创新的关键因素就是制度和制度安排。在制度分析的视野中，制度是更为关键的因素。正因为如此，诺贝尔经济学奖得主诺斯认为，制度不仅构造了人们在政治、社会和经济方面发生交换的激励结构，制度变迁“决定了社会演进的方式”，而且制度“是理解历史变迁的关键”。从微观的观点来看，制度决定哲学社会科学工作者的行为，不同行为其创新绩效不一样，不同的创新绩效使哲学社会科学工作者选择

* 基金项目：本文为2014年繁荣发展民族院校哲学社会科学联谊会第五次工作会议交流论文。

作者简介：洪名勇（1965—　），男，贵州金沙人，贵州大学教授，浙江大学和贵州大学博士生导师。研究方向：新制度经济学、农村经济和区域经济研究。

不同的制度。哲学社会科学工作者对制度的刺激反应在哲学社会科学工作者的行为选择上,一般来说制度影响行为的关系表达式为:

$$B = F(inst)$$

式中,B 代表哲学社会科学工作者的行为选择;$inst$ 是制度,而二者之间的关系表达即补偿函数 F,从中我们可以看出,制度是决定行为的变量。为了分析制度影响行为的选择机理,我们可以对行为的实施过程进行细分。行为可以被定义为行为哲学社会科学工作者将自己所拥有的资源投入某个项目上,从而使该项目得到实施。从行为整个实施过程来看,不同的制度对行为选择的某个因素的制约不同,哲学社会科学工作者得到的刺激也各不相同,哲学社会科学工作者即可根据这种刺激来调整自身的行为,继而产生不同的行为效果。由此我们可以将补偿函数的主要相关因素看成资源、项目和回报。资源是指哲学社会科学工作者从事这个行为所需要的各种资源,智力、体力、财力和物力等。项目是指哲学社会科学工作者可以使用自己的资源的事项,是一种可能完成的操作内容。回报是指哲学社会科学工作者通过一定行为得到的与自己需求有关系的结果[2]。

二、创新制度安排 推动哲学社会科学发展:一个贵州大学的案例

2009 年之前,贵州大学哲学社会科学研究发展是比较慢的,不仅教师申请到的科研项目少,高水平成果少,而且广大教师和科项人员没有从事科学研究的积极性。虽然原因是多方面的,但其中一个重要的原因是制度安排的失效,学校不仅对教师从事科研的数量没有要求,而且对教师从事科研成果的质量也没有要求,从不从事科研、从事科研活动的数量多少、质量好坏与教师的所得没有任何关系。教师从事哲学社会科学的研究和创新只有在评职称有点用,除此之外作用是比较少的。因此,一个教师只要评上教授之后,十年不发一篇论文,多年不申报科研项目的是屡见不鲜的。正因为这样,作为一所综合性地方大学,在 2003 年之前每年只有一个国家社科基金项目,2004 年与贵州工业大学合并之后,从事哲学社会科学教学与研究的教师虽然超过了 1000 人,但每年获得的国家社科基金会项目也只有几项,没有一个哲学社会科学的博士点;贵州大学过去有几个具有贵州特色、在全国有影响的学科不断走下坡路。作为一所省部共建大学和贵州省唯一的“211 工程”大学,哲学社会科学发展呈现这样一种局面肯定是有问题的,因此,学校在进行大量调查研究的基础上,决定从制度创新入手,创新制度安排,以制度创新为杠杆,推动哲学社会科学的发展。

学校在 2009 年年底召开了“文科振兴大会”,以学校党委和行政为名义推出了《贵州大学文科振兴纲要》(以下简称《纲要》),《纲要》对贵州大学发展的目标、思路、具体内容、发展重点等进行了项层设计。同时,还颁布了《贵州大学人文社会科学成果奖励办法》《贵州大学人文社会科学学术创新团队管理办法》《贵州大学文科特色重点学科重大项目管理办法》《贵州大学人文社会科学一般科研项目管理办法(试行)》《贵州大学人文社会科学学术讲座管理办法(试行)》《贵州大学人文社会科学中青年学术骨干评选管理办法(试行)》《贵州大学文科青年教师学术沙龙管理条例(试行)》等一系列重要文件。其制度创新主要体现在以下几个方面。

第一，建立投入哲学社会科学的稳定机制。长期以来，投入不足成为制约高校哲学社会科学研究和创新的重要约束，繁荣和发展高校哲学社会科学必须以增加投入，构建稳定的投入机制为前提。为此，贵州大学构建了稳定的投入机制，学校设立专项经费，从科学研究、人才培养、学科建设、图书资料建设、教师队伍建设等多方面给予额外支持。学校第一年投入达到近1000万元，并每年保持一定比例增长。

第二，建设分类考核和分类评价制度。我们知道，哲学社会科学与自然科学之间是有差别的，应该按照不同的标准进行考核和评价。事实上，在哲学社会科学内部，历史、哲学、文学、艺术等人文学科与经济学、管理学、法学等社会科学也是有区别的，不能够一个标准进行考核和评价。因此，我们根据学科的不同特点，对不同学院、不同学科进行分类考核，坚持基础学科和应用学科并重的指导思想，制定相应的科研考核办法和奖励办法，对各种文科成果实行分级分类奖励。此外，还对艺术比赛、体育竞赛、管理创新、人才培养等方面取得的成绩进行奖励。

第三，构建哲学社会科学研究协同创新机制。长期以来哲学社会科学研究主要是单个研究，缺乏协同创新，建设团队，协同攻关。为鼓励和支持我校文科教师团结协作，积极从事新兴学科、交叉学科和边缘学科领域的研究，多出高层次、有原创性的科研成果，制定和实施了《贵州大学人文社会科学学术创新团队管理办法》。遴选若干文科创新团队，跟踪和开拓新兴学科、交叉学科，以及边缘学科的研究领域与方向，通过学术创新团队的建设，培育了一支在相关研究领域能取得重大学术成果、产生重要影响的学术队伍。

第四，完善制度，加强管理。学校制定和完善了《贵州大学科研项目管理办法》《贵州大学科研经费管理办法》等管理文件，使科研管理有章可循、有法可依。加大了国家社科基金项目、教育部社科基金项目等的过程管理，严格实行开题报告会、中期检查、结题前咨询等制度。不断改进科研服务，建立和完善了人文社科科研管理信息系统和办公网站。

通过创新制度安排，以制度创新推进高校哲学社会科学发展。从贵州大学的实践来看，2010年开始正式实施以来，哲学社会科学研究和学科建设确实上了一大的台阶。这主要表现在以下几个方面。

第一，高层次科研项目明显增加。2005年新贵州大学组建之初，全校承担国家社科基金项目仅5项（含西部项目），2009年为11项（6项西部，一般项目5项），2010年达到12项，2011年继续稳中有升，达到14项，2012年全校新立项国家社科基金项目就达到22项，比2011年增加8项，增长57.14%，比2009年翻了一番，2012年一般项目和青年项目列立项在全国单位排名达到第55位，2013年国家社科基金项目就达到26项，一般项目和青年项目列立项在全国单位排名达到第39位，西部地区排第6位。2011年，张新民教授主持的“清水江文书整理与研究”获得国家社科基金重大招标立项，实现了国家重大课题零的突破之后，2012年岳公正教授再次投标的“工业化国家国民财富分配制度的重大改革、调节机制和政策体系比较研究”再次获得国家社科基金重大项目，2013年“中国苗族古经采集整理与研究”又获得国家社科基金重大项目立项，实现3年连续获得国家社科基金重大项目。此外，教育部社科基金也由合并之初的每年最多1项，2012年达到17项。另外，2010年至2012年间国家社科基金后期资助项获得贵州省零的突破，国家社科基金艺术项目获得贵州大学历史性突破,同时,农业部软科学项目、国家发展和改革委员会项目、中国科协项目、国家统计项重点项目、国家住房和城乡建设部项目、国家民政部项目、国家清史工程项目等部级项也相继实现了零的突破。

第二,高水平科研成果明显增加。2010年年初评出的第八次贵州省哲学社会科学优秀成果奖获17个奖项,2012年年初评出的第九次贵州省哲学社会科学优秀成果奖获27个奖项,比第八届增加10项,增长幅度达到58.82%,是获最多的单位。特别是学校在全国教育科学优秀成果奖、中国文艺评论奖、中国农村发展研究奖、中国舞蹈荷花奖、全国统计科研优秀成果奖等政府及重要民间奖项也实现了零的突破。2013年贵州大学共获第九次贵州省哲学社会科学优秀成果奖23项,其中获得一等奖4项,占全省一等奖的36.36%。

第三,哲学社会科学研究服务影响广泛。2010年以来,哲学社会科学方面的教师积极将研究成果应用到社会实践之中,服务地方政府和企业,不仅承担了地市级和县市级大量"十二五"规划,而且还是《国务院关于促进贵州经济社会又好又快发展的若干意见》(2012国发2号文件)的重要起草单位,作为主要编制单位参与完成的《黔中经济区经济社会发展规划》2012年获国家发展和改革委员会批准,作为独立编制单位承担了《贵州省扶贫攻坚示范区规划》的工作,还完成了《贵州省物业管理条例》《贵州省旅游管理条例》等重要法规的起草工作。另外,还有不少研究成果以内参形式报国家领导人和省委常委以上领导参阅,这些成果对促进地方经济社会发展起到积极作用。

第四,学术交流日趋活跃。学校高度重视文科学术交流及学术安全,坚持学术研究无禁区、讲授宣传有纪律,加强学术讲座、学术论坛的管理,出台了《贵州大学人文社会科学学术讲座管理办法》,设立专项基金支持文科讲坛、教授讲座及博士沙龙等多种形式的学术交流活动,先后邀请国家宗教事务管理局原局长叶小文、全国政协副主席厉无畏等国内外知名专家到校作学术报告近百场。举办了"21世纪生态经济与'三农'问题""中国西南多民族和谐共生"等国际学术会议。

第五,哲学社会科学"走出去"迈出实质步伐。学校不仅加强了与40多个国家和地区的100余所大学合作关系,而且还广泛开展人文社科领域的合作与交流。2008年5月,贵州大学被教育部设立为"教育部教育援外基地",侧重于与东盟国家间的交流与合作。为了配合援外基地的建设,学校成立了"东盟研究中心",组织一批国内外专家学者进行东盟国家的政治、经济、文化、教育、宗教等方面的研究。2011年12月,向教育部国际司提出成立"东盟研究中心"的申请,成为贵州省第一个教育部哲学社会科学的地区和国别研究平台。另外,学校还打造了美国文化研究中心、韩国研究所、日本文化研究中心等研究机构,有力推动了哲学社会科学"请进来、走出去"。

三、创新制度安排 推动哲学社会科学繁荣发展几点建议

第一,转变观念,统一认识,树立哲学社会科学是第一生产力的理念。我们知道,科学技术不仅是生产力,而且还是第一生产力。但长期以来,人们并没有认识到哲学社会科学也是科学,哲学社会科学也是生产力。事实上,在知识经济时代,知识、科技对经济增长具有重要作用。作为科学家簇的一大组成成员,不仅自然科学技术是生产力,而且

人文社会科学也是生产力，在一些特殊的时期和地区，人文社会科学不仅是生产力，而且还是第一生产力。我们说，人文社会科学是生产力，人文社会科学对经济社会发展的作用是巨大的，在一些特殊的时期，人文社会科学所起的作用比自然科学更大、更有力。例如，邓小平同志强调的"改革开放"，并以此推动的农村改革，这不仅是社会科学理论领域中一项具有伟大历史意义的创新，正是因为农村改革使中国能够用占世界7%的耕地养活了占世界22 %的人口，解决一个世界人口大国的吃饭问题。改革开放30多年来，中国经济社会的发展取得了巨大成就，人文社会科学的研究成果转化为生产力，尤其是不少改革方案的设计都是人文社会科学研究成果的具体体现，多数改革方案的实施无疑推动了经济社会的发展。笔者运用1979年至2011年30个省区经济增长、劳动力、资本及人文社会科学研究的面板数据进行统计分析和计量分析的结果表明，人文社会科学研究与经济增长之间呈正相关关系，人文社会科学研究对经济增长具有一定贡献，凡是人文社会科学研究创新能力强的省区，一般多是经济发展比较快的省区。

第二，创新正式制度安排，促进哲学社会科学繁荣发展。2011年10月18日党的十七届六中全会通过的《中共中央关于深化文化体制改革推动社会主义文化大发展大繁荣若干重大问题的决定》明确指出我们要"繁荣发展哲学社会科学"，并就如何发展哲学社会科学进行了总体设计。在这之后中办和国办转发了教育部《教育部关于深入推进高等学校哲学社会科学繁荣发展的意见》，2011年11月7日教育部、财政部又印发了《高等学校哲学社会科学繁荣计划（2011—2020年）》，教育部出台了《教育部关于进一步改进高等学校哲学社会科学研究评价的意见》《高等学校哲学社会科学"走出去"计划》《高等学校人文社会科学重点研究基地建设计划》等配套文件，这些文件就未来10年高等学校如何繁荣和发展哲学社会科学进行总体安排[3]。但从总体上看这些制度还是比较宏观的，笔者认为，中国高等学校还是比较复杂的，综合性高等学校与专业高等学校、地方高等学校与部属高等学校之间虽然具有共同性，但更为重要的还是差异性。因此，每个高等学校应该从自己的实际出发，认真分析本校的历史与现实，制定自己未来一定时期内哲学社会科学的繁荣发展进行总体设计和安排，以制度创新为杠杆，以制度创新为切入点，创新制度安排，推动哲学社会科学的繁荣发展。

第三，实施哲学社会科学创新工程。哲学社会科学的发展是一件十分复杂的系统工程，不仅需要做顶层设计，而且还需要我们有具体的抓手才能落到实处。笔者认为推动哲学社会科学发展的一项具体抓手和制度安排就是实施哲学社会科学创新工程。党的十七届六中全会的《决定》明确提出要"实施哲学社会科学创新工程"，以哲学社会科学创新工程推进哲学社会科学的学科体系、学术观点、科研方法创新；哲学社会科学创新工程实施要坚持基础研究和应用研究并重，传统学科和新兴学科、交叉学科并重，结合我国建设中国特色社会主义的伟大实践，努力构建具有中国特色、中国风格、中国气派的哲学社会科学体系；哲学社会科学创新工程要以重大现实问题为主攻方向，加强对全局性、战略性、前瞻性问题研究，激励有关单位和个人积极将哲学社会科学成果转化、应用于经济社会的发展；哲学社会科学创新工程要以建设一批国家和省部级社会科学研究基地和重点实验室为基础，拓展哲学社会科学创新平台，积极推进哲学社会科学思想库建设，缩小我国与发达国家哲学社会科学研究手段的差距；以推动哲学社会科学研究方法加强哲学社会科学信息化建设;哲学社会科学创新工程的重点以推动哲学社会科学发展方式转变为重点,积极推动哲学社会科学成果由粗放增长向打造精品转变,推出一批"代表国家水准、具有世界影响、经得起实践和历史检验的优秀成果"[1]。

【参考文献】

[1] 中共中央.中共中央关于深化文化体制改革推动社会主义文化大发展大繁荣若干重大问题的决定[EB/OL].(2011-10-26)(2012-09-09).http://www.china.com.cn/policy/txt/2011-10/26/content_23726299.htm.

[2] 洪名勇.制度经济学[M].北京:中国经济出版社,2012.

[3] 教育部、财政部.高等学校哲学社会科学繁荣计划(2011—2020年)[EB/OL].(2011-11-12)(2012-09-09).http://www.moe.edu.cn/publicfiles/business/htmlfiles/moe/A13_zcwj/201111/126304.html.

● 民族出版人员素质与角色定位试论

舒　松

（中央民族大学出版社，北京　100081）

【摘　要】人是出版业发展过程中最具能动性的、最活跃的因素，出版业的成败在于人，特别是人的综合素质。可以说出版人才综合素质在一定程度上影响并决定了出版业的兴衰。其次是出版人群体中，起关键和主导作用的编辑的职业素质问题。编辑的职业素质是内功，不是一朝一夕所能练就的，只有不断提高编辑的职业素质，在此基础上，进而才会有出版人员整体素质的提高。最后是职业出版人的道德规范及社会责任问题。只有强化职业出版人的道德规范及社会责任，才能形成出版业活的灵魂，打造所谓的出版精神。

【关键词】民族出版；人员素质；角色定位

民族出版业要拥有核心竞争力，最重要的一点就是人的因素。用“木桶理论”解释，就是在箍成木桶的所有木板中，只有没有短板，才能盛水最多，否则，其盛水量只能取决于其中的那条短板。在现实中，常常容易成为出版业竞争力短板的正是人的因素问题。当然，民族出版的人才培养是多种因素合力影响下形成的，这里仅就上述三个方面的问题展开分析。

一、出版人才综合职业素质

为了提高出版人才的综合素质，特别是民族出版人才的综合素质，需要从以下几个方面着手：

第一，加强专业人才培养。在专业人才培养方面，民族出版与一般出版具有许多共性。按照教育部1998年版《普通高等教育本科专业目录》，编辑出版教育的培养目标，是培养“具备系统的编辑出版理论知识与技能、宽广的文化与科学知识，能在书刊、新闻宣传和文化教育部门从事编辑、出版、发行的业务与管理工作及教学与科研的编辑出版学高级专门人才”。与之相适应，编辑出版专业的教学机构要按照“大出版”的观念，宽口径地培养复合型、创新型人才。特别是由于编辑出版具有的实际操作性特点，更易于走产学研相结合的培养模式，注重实际技能的训练和培养，这是国外培养现代应用型人才的

作者简介：舒松（1972—　），男，中央民族大学出版社编辑。研究方向：民族文化与民族出版事业发展。

重要手段,尤其以美国的硅谷最为典型,教学与科研有针对性地为生产服务,同时,生产也直接为教学和科研提供天然实验场地,两者相辅相成,互相补益。显然,置身于真实生产远比模拟现场操作更有利于教学与科研。

与之相比,国内的确也曾出现了高校培养出来的出版人员,在实际工作中有动手能力不强的现象。其实这种产学脱节的现象比较普遍,不仅在出版业是这样,在几乎所有应用学科都或多或少存在这种现象。因此,将产学研结合起来,尤其是研究生学习与生产实际相结合更为重要。倘若研究生的研究课题直接来自生产实际,其选题研究的现实意义与闭门造车有天壤之别。从一般意义上说,理论研究与具体实践环节严重脱节,不仅浪费宝贵的资源,也会扭曲人才培养机制,背离当代人才培养的目标。

除了上述共性外,民族出版专业人才培养突出了民族意识、民族理论、民族知识、民族文化和民族政策等方面的内容,人才培养目标更为明确、具体和细致。相对而言,人才培养的任务也更为艰巨。

第二,强化职业培训。出版人才的培养是多元化的,也是多渠道的,不仅有专业人才培养,同时还有许多其他措施,其中之一是通过职业培训来达到人才培养目标。民族出版人才培养也不例外。

出版人才方面的职业培训在美国也备受重视。美国出版商协会、美国大学出版商协会、美国独立出版商协会等协会都有短期讲习班和研讨会,主要对象是会员出版社从事编辑、版权、市场、图书设计、电子出版等专业的职员。同时美国有37所高校设立了出版课程。[1]

第三,通过其他多种途径促进出版业人才培养。民族出版人才培养可以通过多种渠道和途径实施。这与一般出版的人才培养有许多相通之处。

整体来说,全国从事民族出版业的人员也不是很多,大多都是从别的专业、别的学科或别的职业改行从事本工作的,有教师、也有毕业生,受过正规民族出版专业培养的人员很少。从业人员基本属于非民族出版专业科班出身。另一方面,民族出版专业人员受过在职培训的人也不多。因为多是转行人员,因而年龄结构也普遍偏大。另外,以前各民族出版单位对编辑出版工作人员的在职培训也抓得不紧,目前才开始有所重视。就总体来说,民族出版单位及从业人员,还亟待更新观念,提高科技文化水平,及时了解和掌握国内外最新出版动态,以适应信息数字化时代对出版人员的职业要求,迎接未来的挑战。

二、民族出版单位编辑职业素质

众所周知,民族出版单位与一般出版单位的最大不同在于其民族特色。与之相适应,对该类出版单位的编辑也应提出不同的要求,即民族出版单位的编辑不仅要具有一般编辑的素质,同时也要具有一些与众不同的特殊素质。其中,主要在于专业知识要求方面必须具备和掌握更多的民族学科知识。因为处于这样的出版社,时刻准备着与此类书稿打交道。所以,学习和掌握民族学科知识成了职业素质要求的基本内容,也可以说是必修课。比如,起码要学习和了解有关民族理论、民族政策、民族宗教、民族文化、民族习俗和禁忌等知识。

从事编辑工作,可以说是一个极具挑战性的职业。编辑不仅要具备一定的出版业务知识，接受良好的专业知识教育和职业技能训练，也要有一定的外语基础，熟练掌握计算机的应用与操作，并具备广泛的公关交际活动能力等。对于出版社各部门间工作职能和流程的了解，就更不在话下了。当然有机会的话，也绝不能错过经常参观和了解排版、印制和装订等职能车间对于完成一部书的整个运作过程。这些对于那些刚刚从事编辑工作的人来说则显得更为重要。

一般来说，民族类出版单位的规模都不是很大，多数为中小型社，如果编辑是在一家规模不算很大的出版社供职，那么就更会要求其兼顾多项职能。可以说现在很多出版社都要求编辑是一个地地道道的全能的多面手，既要做书稿的审读加工和版面设计，又要与图书的录排、印制部门取得合作，还要负责联络书稿的封面设计及图书广告宣传等有关事宜。这就要求编辑充当的是一名全能的竞技者，而绝不是一名单项选手。对于学术及专业知识方面，则要求编辑是一名不折不扣的杂家。而不会像少数专业出版社那样，有些编辑只要具有某一方面专业知识修养，充其量当一名文字编辑专家即可。

编辑除了具备职业特点要求的素质外，还需要在实践中不断地积累，这是造就能编辑出版大量优秀读物的编辑的前提。在编辑这块阵地上，只要付出辛勤的汗水来精心耕耘与浇灌，就会有美好的凝结着作者与编辑劳动智慧的丰硕成果诞生。

对于编辑来说，要获得出版专业的业务知识，其途径也是多方面的。可以通过参加编辑出版人员培训班的方式，也可以通过参观而向有编辑出版专业知识和经验的有关专家学习，当然更多的还是要靠自学积累的方式获得。学习和掌握编辑出版工作领域的基本知识与技能，大体包括内容产品策划、编辑加工设计、排版印制、发行销售、营销宣传、成本计算、著作权及合同法律问题等。

处于这个时代的出版社编辑，包括民族类出版社的编辑，不仅要做好编辑必须做的文字加工工作，还需要进行广泛联系，策划一些创造效益的内容选题，因为这对出版社的发展是十分重要的。一些出版社也曾探索编辑工作的项目负责制。就是说编辑是一个独立的个体，既要独立地开发项目、策划内容选题，还要带动和团结一批作者和有关出版发行校对人员，搞好每个出版项目的策划、编辑、出版和发行工作，充分调动其积极性，使每位编辑都有可能成为一个出版项目的核心，这种模式体现了现代编辑的职业特点。要让编辑全面负责好自己责编的每个项目，包括同出版部门的合作、生产与财务部门的成本核算、广告宣传信息的写作、配合传媒部门的宣传、开展销售工作的策划、安排作者签名售书、举办新书发布会及写作图书评论等多方面的工作。

编辑要在其业务领域中，塑造好角色形象，完成好本职工作，也需要具备：编辑的视野应该是开阔的，起码经常要查阅的资料要具备，有关的专业报刊和新书目上的情况应该了解；编辑的嗅觉应该是灵敏的，能够时时关注政治、经济、学术及图书出版等国内外前沿领域方面的现状、动态及热点焦点问题，当然每个人都会有自己的兴趣所在，允许有其自己的爱好和特殊关注的领域；编辑的触觉是多方位的，也是深入的，由于编辑接触的工作面很广，要学会从多种角度看问题，并对于图书市场情况有一个比较深入的了解；编辑的眼光是长远的，不因短期得失所左右，更不可急功近利；编辑思维是敏捷的，要善于发现读者的兴奋点，随时把握人们的好奇心，对工作全身心投入，当然也要非常勤奋才行。这些是编辑能独立判断书稿市场前景和努力做好内容产品策划及编辑工作的一些基本前提。值得指出的是,编辑工作经验的积累和总结,更是自己实践中的巨大财富,更应加以汲取。并且,编辑还需要不断地为完成好本职工作而提高素质,增加新鲜营养,这也是时代对编辑提出的一个重要的要求。

总之,编辑人员不仅要了解市场,掌握信息,策划选题,还要对书稿进行加工整理。同时,还要具有图书排版、印制、发行等相关领域的业务知识。要懂得图书装帧,还要有广告促销意识。面对激烈竞争的图书市场,编辑人员还要懂得成本管理与核算。而且,编辑不仅要具有专业知识,还须具有政治方面的素养,以及不畏艰辛和无私奉献的精神。这样才能在未来的出版事业中不断地开拓进取,取得更大成绩。

三、职业出版人道德规范及社会责任

古往今来,道德失范则社会混乱。出版人的职业道德在市场经济条件下,显得尤为重要。出版物作为特殊商品的多种社会职能赋予出版人更多的社会职责。民族出版业在此基础上更有其民族属性,突出了服务职能和社会公益性。在这种条件下,对民族出版从业人员的职业道德规范的要求相应地会更为严格。这里,我们重点说明市场经济体制下,作为市场主体的出版人应受到市场经济的一般道德的调节。从理论上说,市场经济作为契约经济无疑离不开道德的调节。否则,市场经济将会因为徒有躯壳没有灵魂而日益走向其反面。美国经济学家克拉克说过:“社会是一个有机体,竞争虽然是一种调节手段,但必须强调竞争之所以存在只是由于道义力量的允许。它是被社会的道德价值所控制和调和的,而社会的道德价值最终是最有力量的。”[2]

在市场经济的所有道德范畴中,“经济人”道德应该算作第一层次的道德,是最基本的道德,其缺乏所导致的后果将是市场经济的畸变甚至毁灭。值得一提的是,随着西方公共选择理论运用“经济人”假设分析政府行为,以及对行政道德研究的日益深入,“经济人”分析成了经济、政治及行政分析的一个重要方面。

最早使用“经济人”假设这一术语的是英国古典经济学家亚当·斯密,他认为“经济人”是追求自身利益或效用最大化并富有理性的人。这里所指的“经济人”虽然也是一样逐利并富有理性,但其外延已不局限于亚当·斯密所说的“经济人”,即主要指追逐利润的资本家,而是在更宽泛意义上使用这一术语,包括生产者、经营者和消费者等经济活动者。不过“这里所涉及的人,只是经济范畴的人格化……社会经济形态的发展是一种自然历史过程。不管个人在主观上怎样超脱各种关系,他在社会意义上总是这些关系的产物”。[3]也就是说,不管这些经济活动者在社会生活中的具体角色如何,在市场经济条件下它们都是市场经济关系的产物。从一般的意义上说,它们都是“经济人”。

“经济人”是市场经济的主体,“经济人”道德是市场经济的灵魂。对“经济人”道德标准的界定必须从“经济人”自身特点出发。“经济人”的显著特点是自利,并富有理性。这是亚当·斯密作为资本主义上升时期资产阶级经济学家,对“经济人”的最早也是最本质的描述,并把它当做“经济人”一切行为动机的出发点,当做其本性来对待。直到今天,这里所指的“经济人”与两百多年前斯密所说的“经济人”在这一点上变化似乎并不大。“我们每天所需要的食物和饮料,不是出自屠夫、酿酒家或烙面师的恩惠,而是出于他们自利的打算。”这句斯密名言似乎仍在起作用。

这种自利之所以能达到公益的效果，在斯密看来则是由于一只“看不见的手”的作用。比如，“那些把资本用于支持产业的人，通常既不打算促进公共利益，也不知道自己能在什么程度上促进这种利益，他所盘算的只是自己的利益，而在这种场合，像在其他许多场合一样，他受一只看不见的手的指引，去尽力达到一个并非他本意想要达到的目的，也并不因为事非出于本意，就对社会有害。他追求自己的利益，往往使他能比真正出于本意的情况下更有效地促进社会的利益”。[4]在这里，斯密从“经济人”的利己目的出发得出了有效地促进社会利益的结论。可以看出，这只无形的手既包括市场机制，也包括道德因素。如果没有道德在起作用，客观上则无法达到如此理想效果。

因此，作为“经济人”的道德标准，即使其从自利导向群利的应该是维系和协调“经济人”之间的相互关系，并最大限度地降低其交易成本的行为准则和一致赞同的行为规范，或者在某种程度上也可称为“经济人”的职业道德标准，如重合同、守信用、不损害他人利益等。这些对于与市场打交道的出版人来说具有重要的启示作用。应该说这个道德标准是相对较低层次的，它并不要求出版人作为“经济人”要舍弃自身一切利益，而只要求“经济人”对这些准则，就像遵守交通规则那样去对待。

虽然“经济人”的道德标准早已蕴涵在“看不见的手”中，但自从有市场经济以来，“经济人”的道德风险就与之相伴产生了。斯密早在《国民财富的性质和原因的研究》中就已经意识到了它的存在，并指出了在市场经济中颇有代表性的公司制企业存在道德风险的某种必然性。他指出：“无论如何，由于这些公司的董事们是他人钱财而非自己钱财的管理者，因此很难设想他们会像私人合伙者照看自己钱财一样地警觉，所以，在这类公司事务的管理中，疏忽和浪费是或多或少存在的。”但自斯密以来，这方面的理论发展和对具体问题的研究并没有继续，只是到了20世纪60年代以后，这方面的研究才日益兴盛起来。《新帕尔格雷夫经济学大词典》对道德风险是这样定义的：“从事经济活动的人在最大限度地增进自身效用时做出不利于他人的行动。”应该说这一定义正切中了“经济人”的要害，“经济人”的道德风险就在于为了追求自身利益而有损害他人利益的地方，与其道德标准正好背道而驰。这对于从事出版工作的人来说无疑具有警示作用，特别是当为了单纯追求经济利益而出版一些对社会有负面影响，具有明显的负外部效应的出版物时，道德风险就出现了。

尽管道德风险发生的主观因素是从“经济人”的自利行为出发的，但客观上存在于市场中的不确定性和不完全的或有限制的契约关系，则为道德风险的发生提供了机会，使负有责任的经济行为者不能承担全部损失或全部利益。因此，“经济人”道德尽管是基础性的，但也并不容易被共同遵守，很难保证在社会经济生活中使所有的人都一致赞同并相互默契地遵循这些准则。那种把自己的成本或费用转嫁给他人，从而对他人造成损害的行为在市场经济中并不少见。科斯在其《企业的性质》一文中，论证企业存在的原因时就考虑了“经济人”道德风险这一因素。他虽然没有直接这样明说，但是他认为，既然经济个体之间可以通过市场交易实现生产合作，那么为什么还会存在企业呢？他为此提出了“交易成本”概念，即获取准确的市场信息所需要付出的成本，以及谈判和经常性契约的成本。[5]由于信息的不确定性等因素，企业的存在正是为了节约交易成本，即用成本较低的企业内部交易替代成本较高的市场交易，从而尽量规避道德风险。因此，企业的出现恰恰从一个侧面解释了“经济人”道德风险的客观存在。

可见,那些自利行为的人都希望其他人遵守能促进社会利益的行为准则,而他自己却可以违背准则并获得利益和方便,但由于所有准则是从社会整体意义上推演出来的,所以,没有谁能够游离其外,必须平等地适用于一切人。每个人都应当清醒地知道,如果他自己能违背,别人同样也能违背,其结果,道德失范就会像癌细胞一样迅速扩散。可以想象,当全社会绝大多数人都这样做时,人们得到的将不再是利益和方便,而是市场经济有机体的病变,以及随之而来的灾难。

“经济人”道德风险的危害性使得道德防范显得格外重要。道德防范是维护市场经济秩序所必需的,如果没有“经济人”道德做保证,市场经济无法正常运行。但由于道德风险的发生是主客观因素同时起作用的结果。正如种子之所以能够发芽,不仅在于种子本身,还在于外界的环境。同样“经济人”的道德准则之所以有被践踏的危险,不仅在于“经济人”的逐利本性,使其见利忘义,同时还在于其所处的市场大环境为其潜在动机的实现提供了条件。因此,从出版人的角度来说,对“经济人”的道德防范也应从两个方面着手。一方面,通过教育加强对出版人的道德建设,从思想上加以引导;另一方面,通过政府的强有力作用,从制度和法律上加以规范。通过双管齐下,自律与他律共建,完全可以实现为市场经济留住道德。

如果仅仅依靠“经济人”的主观努力,克己自律,如受到做人良知的鞭策和社会正义感的驱使,尽量抑制自利的可能,尽管这种软约束绝对必要,但无论如何都是绝对不够,也是绝对不可靠的。只要同时构筑“经济人”的硬性的道德防线,堵塞客观上存在的种种漏洞,使市场经济在适当的法律和制度范围内运作,市场上“经济人”个人自利行为的相互作用就会产生一种反映所有参与者利益的和谐秩序。

如何防范“经济人”的道德风险,事实上是市场经济国家的一个不可回避的问题。对市场经济道德问题的研究,不但具有重要的理论意义,更具有深远的现实意义,尤其对于从事出版工作的人来说更是如此。因为出版业是经营性行业,有成本核算,有利润盈亏,注重“经济人”道德无疑有助于规范出版经营管理。当我们努力构筑起一道道坚实的道德防线时,“经济人”的道德风险才可能降至最低。我国的民族出版业在传统的计划经济条件下和目前的社会主义市场经济条件下,依次经历了计划调节和政府与市场调节阶段,既发挥政府这只“看得见的手”的作用,也发挥市场机制这只“看不见的手”的作用,在发挥市场机制作用时,同时也发挥着道德调节的作用。从未来的发展趋势来看,后者的作用会越来越大。

从一定意义上说,遵守出版人的职业道德本身就是出版人的一项社会责任。出版对社会有益的作品,是出版人的神圣职责;反之,出版对社会有害的作品,就是亵渎出版人的神圣职责。出版人的职业道德与其社会职责是高度统一的,只有遵守出版人的职业道德,才能更好地履行出版人的社会职责。其中出版人的职业道德是基础性的,也是出版人的道德底线,民族出版人应具有这种意识。

近年来,中国新闻出版界在职业道德建设方面取得了很大的成效,但也存在图书出版责任心差、编辑把关意识不强、个别出版物低级趣味等情况。按照树立科学发展观和构建和谐社会的要求,加强出版工作者的职业道德建设具有重要意义。为了提高出版工作者的职业道德修养,中国出版工作者协会制定了《中国出版工作者职业道德准则》,并进行了多次修订,其主要内容如下。

(1)为人民服务,为社会主义服务。以促进先进生产力和先进文化的发展为己任,坚持正确的政治方向,坚持以民为本,为人民服务、为社会主义服务、为全党全国工作大局服务。解放思想、实事求是、与时俱进、开拓创新,为全面建设小康社会和培育有理想、有道德、有文化、有纪律的社会主义新人做出贡献。

(2)增强使命感和责任感,力求坚持两个效益的最佳结合。始终把社会效益放在首位,力求实现社会效益和经济效益的最佳结合,反对唯利是图、见利忘义。大力弘扬中华民族优秀传统文化,自觉维护民族团结,牢固树立为中华民族伟大复兴奋斗的历史使命感和社会责任感。

(3)树立精品意识,提高出版质量。唱响主旋律、提倡多样化,贴近实际、贴近生活、贴近群众。多出好作品,不出平庸作品,杜绝坏作品。认真把好出版物的质量关,提高内容、编校、印装质量。

(4)遵纪守法,廉洁自律。遵守党的宣传纪律和国家的法律、法规,遵守出版管理的各项规章制度。自觉抵制和纠正行业不正之风,不买卖书号、刊号和版号。坚持以质取稿,不利用工作之便谋取个人名利。不参与非法出版、印刷、发行及其他违法经营活动。

(5)爱岗敬业,忠于职守。热爱本职工作,甘于岗位奉献。重视学习,善于学习,终身学习。努力掌握新知识、新技术和新技能。反对粗制滥造、玩忽职守的行为。

(6)团结协作,诚实守信。发扬集体主义精神,尊重人,理解人,关心人,互相帮助,互相爱护。讲信用,重信誉,平等竞争,用诚实劳动获得合法利益。尊重作者,保护著作权人的合法权益。

(7)艰苦奋斗,勤俭创业。谦虚谨慎,不骄不躁,密切联系群众。勤俭节约,讲求实效,反对形式主义和铺张浪费。

(8)遵守外事纪律,维护国家利益。发扬爱国主义精神,在对外交往中维护国家尊严和中国出版工作者的良好形象。

【参考文献】

[1] 魏龙泉.美国出版教育概论[J].中国出版,1994(1).

[2] [英]埃克里·罗尔.经济思想史[M].北京:商务印书馆,1981:418.

[3] [德]卡尔·马克思.资本论[M].北京:人民出版社,1975:12.

[4] [英]亚当·斯密.国民财富的性质和原因的研究(下)[M].北京:商务印书馆,1972:27.

[5] 胡希雨.当代西方经济学概论[M].北京:中共中央党校出版社,1998:467.

● 大学生拖延现象的心理过程探析

刘　郁

（贵州大学　公共管理学院，贵州　贵阳　550025）

【摘　要】拖延现象是人类社会存在的一个普遍现象，不但会使个体产生紧张、焦虑等负面的情绪，拖延的结果还会阻碍个体，以及社会目标的完成。本研究通过量表法和访谈法，对大学生这一特定群体的拖延现象展开调查分析。发现大学生拖延程度偏高，拖延现象产生诸多不良后果，减少拖延行为的主观愿望强烈。进行社会心理成因分析后发现被评价焦虑、厌恶任务、低自尊、完美主义、难做决策、朋辈压力是导致大学生拖延的主要原因，最后根据在乎的拖延者与不在乎的拖延者的不同提出不同的干预策略。

【关键词】拖延现象；心理；原因；策略

美国心理学家 Ferrari 调查发现，成人中普遍存在拖延现象，而在学校中与学业有关的拖延行为也极为普遍。Eills&Knaus 曾预计大学里有将近 95% 的学生存在不同程度的拖延现象，而 Solomon&Rothblum 研究发现，至少有一半的学生有着长期的行为障碍性的拖延现象。国外大量研究表明，拖延现象不仅仅是时间管理上的问题，还是一个包含认知、情感、行为等，拖延已不单纯是行为上的问题，它更多的牵涉心理层面。总结前人的认识，本研究认为以下三种因素在拖延中必不可少：首先是个体的主观意向，个体先前应该具有做某件事情的意向或打算。如果先前没有这种意向，就不存在推迟执行该事件的可能了。其次是主观意向与实际行动之间存在差距。差距不仅表现在开始任务的时间比预期晚，完成的时间比预期晚，还包括完成任务的质量没有达到预期目标。最后是情绪困扰，实际行动没有满足主观意向的要求，必然会带来相应的情绪困扰。

一、研究方法

（1）调查方法 采用一般拖延量表（GPS）和学习拖延量表（PASS）。在引入量表过程中，根据国内学者的研究，对量表进行一定的修订，即对一些项目的修改和删除，以保证量表更好地适用于被试群体。

（2）被试选择 量表法的被试来自贵州大学北区的 8 个学院。包括人文学院、法学

作者简介：刘郁（1970— ），女，贵州大学公共管理学院社会学系教授。研究方向：社会心理学。

院、理学院、外国语学院、管理学院、计算机科学与信息学院、经济学院、化学与化工学院，兼顾文、理、工学科的代表性。选取200名被试，实际发放问卷200份，回收200份，其中废卷4份，最后有效问卷196份，有效率为98%。其样本构成为文科114人，理科54人，工科28人；性别构成为男生106人，女生90人。

二、调查结果

从总体上来看，大学生拖延水平偏高，平均数为3.38，超过中数3。报告拖延水平非常严重（数值大于4）的被试者有15人，占总人数的7.65%。这些数据表明大学生在一般情境中，拖延程度略高，小部分人拖延程度非常严重，其中女生得分略低于男生。不同学科中，工科学生得分最低，文科学生得分最高。

大学生的学习拖延程度较高，平均数为39.45分，已超过均数36分（有时候拖延），自我报告学习拖延程度高于36分的有91人，占被试的46.4%，报告学习拖延水平非常严重（得分大于48分）的被试者为15名，仅占总人数的7.7%。大学生在与学习任务有关的任务（撰写论文、复习迎考、完成老师布置的学习任务等）上拖延程度较高，得分大于平均分的被试者达100人，占总数的51%；而在与学习任务无关的任务（如填表格、选课、登记注册等）拖延程度不太高，得分大于平均数的仅有61人，占总数的31%。统计结果还表明，尽管有些人拖延程度并不高，但是他们报告有减少拖延的愿望，61.7%的学生表明想减少在这些任务上的拖延行为。

首先，在拖延的频率上，在学习任务中，43.2%和40.8%的大学生报告他们在“撰写论文”和“复习迎考”至少“有时候”拖延，且有13.2%和15.7%的大学生报告他们“经常”或者“总是”在这些任务上拖延，在“完成老师布置的学习任务”中，64.5%的大学生报告他们至少“有时候”拖延，而32.2%报告他们“经常”拖延；在非学习任务中，7.4%、12.9%和19.6%的大学生报告他们在“学习上的行政事务”“列席性事务”和“一般的学校活动”任务中“经常”和“总是”拖延。

其次，对于“拖延是否是一个问题”而言，在学习任务中，32.2%、29%和32.3%的大学生报告对于他们而言，写论文、复习迎考和完成老师布置的学习任务中的拖延行为“经常”或“总是”一个问题，需要去解决；而在非学习任务中，20.9%、23.6%和15.6%的大学生认为他们在各项非学习任务（“学习上的行政事务”“列席性事务”和“一般的学校活动”）中的拖延是一个问题。

最后，对于想减少在该任务上拖延行为的愿望时，62.5%、63.4%和60.3%的大学生“比较想”甚至“非常想”纠正撰写论文、复习迎考和完成老师布置的学习任务中的拖延行为，而学习任务上的拖延，仅有47.3%、40.7%和37.1%的大学生想减少他们在学习上的“学习上的行政事务”“列席性事务”和“一般的学校活动”任务中的拖延行为。大学生学习拖延水平偏高，学习任务的拖延水平明显高于非学习任务的拖延水平，不少学生认为拖延是一个问题，减少拖延行为的愿望强烈。尽管部分学生的拖延程度并不高，但是其中仍有同学报告有减少拖延的愿望。

三、大学生拖延现象的心理过程分析

(一)大学生拖延现象心理过程描述

通过对被试者描述的拖延心理过程仔细地梳理与归纳总结,发现主要有以下两种类型。第一种类型的拖延心理过程:①刚开始没有紧迫感,认为反正时间还很多,一点也不着急。②盲目自信和乐观,相信自己应该能在最终期限之前完成任务。③截止时间快到了,慌慌张张赶时间,焦虑、自责,暗自下决心下次再也不这样了。④发现很难在最终期限前完成了,只追求完成任务,不顾完成质量了。⑤任务完成之后,如果还能获得比较满意的结果,小有成就感,但还会告诫自己再也不能做这种有惊无险的事情;如果结果令人不满意,后悔、自责,并告诉自己下次再也不能这样了。第二种类型的拖延心理过程:①刚开始没有紧迫感,认为反正时间还很多,一点也不着急。②盲目自信和乐观,相信自己应该能在最终期限之前完成任务。③截止时间快到了,慌慌张张赶时间。④发现不能在最终期限之前完成,放弃努力,听天由命。⑤截止时间到了,任务还没有完成,也不会再多想。反正都这样了,想也没有任何意义了。

这两种类型的心理过程反映了两种不同类型的拖延者存在。Milgram & Naaman (1996)研究发现存在两种类型的拖延者,一种叫做在乎的拖延者,一种叫做不在乎的拖延者[17]。在乎的拖延者敏感性低,焦虑性较高,更加悲观,有更多的消极情绪体验;不在乎的拖延者敏感性低,焦虑性比较低,更加乐观,有较少的消极情绪体验。这两种类型的拖延心理过程似乎与两种类型的拖延者存在对应关系。在乎的拖延者的拖延心理过程属于第一种,他们在拖延过程中有更多的焦虑、自责、后悔等消极情绪体验;不在乎的拖延者的拖延心理过程属于第二种,他们在拖延过程中虽然也体验到一定程度的紧张,但并没有激发太多的负性情绪和消极自我评价。在乎的拖延者往往更具有反思能力,并更多地具有改变拖延现状的意愿,因此他们相对于不在乎的拖延者,更值得我们去关注。

(二)大学生拖延现象的原因分析

大学生认为各个项目“比较影响”甚至“非常影响”他们的学业拖延行为的百分数较高,其中赞同率高于30%的达9个,即列举的由13个原因组成的26个项目对大学生的拖延行为都具有一定的影响,大学生在个别项目的赞同率较高。在对各个项目的赞同率进行分析,结果发现:

(1)大学生赞同率前3位的项目(十分赞同的)是“你认为自己论文准备还不充分”(低自尊)、“你很难把握好论文应该写什么不应该写什么”(难做决策)、“你担心自己得不到一个好成绩”(被评价焦虑),超过40%的大学生认为它们比较影响或非常影响自己的学业拖延行为。

(2)大学生赞同率4~7位的项目(比较赞同的)是“你觉得这项任务没有意义”(厌恶任务)、“你担心达不到自己的要求”(完美主义)、“你很讨厌写学期论文”(厌恶任务)、“你知道你的同学也都还没有开始写论文”(朋辈压力),超过35%的大学生认为他们比较影响或非常影响自己的学业行为。

(3)大学生认为最不能影响到他们的拖延行为的原因,统计表明为"你担心做得太好,你的同学会怨恨你"和"你担心得到一个好成绩后,将来别人会对你有更高的期望"赞同率最低,仅有低于10%的被试者认为它们影响拖延行为。

(4)在涉及低自尊、难做决策和被评价焦虑的项目中,有40%以上的大学生认为这些"比较影响"或"非常影响"到他们的拖延行为。大学生更多承认那些与自身能力有关的项目,如低自尊、难做决策等,更多将拖延归因于自身的状态上面,如还没有准备充分、不知道该写什么和担心不好的成绩等。但是当任务非常难以完成,以至于他们怀疑自己是否有能力顺利完成这个任务时,他们就会将任务拖到最后才去完成,并将拖延归因为厌恶任务。

"害怕成功"与"害怕失败"相对应,前者是指个体由于担心由于成功将带来的一些消极结果,后者指人们由于担心结果失败而给自身带来一些不良影响,尽管Solomon&Rothblum(1984)通过调查老师和学生发现学业拖延的原因中包含害怕成功[18],但是大量研究表明在自我报告中"害怕成功"对人们的拖延影响最小。这也表明人们更多地追求成功,而不会担心由于成功带来的消极结果而推迟任务的完成。通过对赞同率的直观了解,我们发现低自尊、难做决策、被评价焦虑、厌恶任务、完美主义、朋辈压力为大学生拖延的主要原因。它们可以解释大多数的拖延行为,但是它们究竟在何种程度上给拖延者带来了何种负面影响,还有待访谈法的进一步发掘。

(三)大学生拖延现象的后果分析

为了进一步了解拖延行为究竟在何种程度上给拖延者带来了何种的负面影响,在访谈中也特意询问了此方面的问题。尽管不少被试者认为,过去的拖延经历并没有给他们带来不能承受的后果是他们之所以拖延的重要原因,但是当谈论到拖延的后果时,几乎所有的被试者都认为,拖延终归是不好的,有许多不利的后果。对访谈记录进行归纳整理发现,学习拖延主要有以下后果:①浪费时间。因为在拖延的过程中,大多数时间是花在休闲娱乐等不重要的事情上面,使时间的利用率大大降低。②导致学习质量降低。当由于拖延而难以在规定的时间内完成学习任务时,只能以牺牲学习质量为代价。③影响学习成绩。很多被试者都把学习成绩与学习质量区分开来,所有被试者都认为拖延影响学习质量,但是只有一半的被试者认为拖延影响学习成绩。因为对于这些被试来说,拖延并不会影响学习成绩,这与目前大学里学习效果评价方式有关。④紧张焦虑、自责、鄙视自己等。并且会产生恶性循环。

四、大学生拖延现象的干预分析

通过量表法和访谈法,我们可以得知大学生拖延的主要原因,而且拖延给学生带来了很多消极的情绪困扰。如何帮助他们摆脱拖延所带来的困扰,以此提升他们的精神面貌是一个很现实、很重要、很急迫的问题。通过对拖延的心理过程分析,我们知道拖延者分为两种:在乎的拖延者和不在乎的拖延者。在乎的拖延者敏感性低,焦虑性较高,更加悲观,有更多的消极情绪体验;不在乎的拖延者敏感性低,焦虑性比较低,更加乐观,有较少的消极情绪体验。由于两者存在明显的不同,因此在进行干预的时候需要区别对待,这也是以前研究者没有区分的地方。

(一)与在乎的拖延者相关的干预分析

在乎的拖延者在拖延的过程中有更多的焦虑、自责、后悔等消极情绪体验。因此他们往往更具有反思能力,并更多地具有改变拖延现状的意愿。通过对拖延原因的了解,我们发现拖延者主观的非理性认知(包括完美主义、被评价焦虑等)对拖延的产生有着重要的影响。很多时候拖延者时间上有能力去完成计划好的任务,但是由于非理性认知的存在导致久久不去行动,最后一拖再拖。几次之后便会形成惯性,拖延的程度也在恶性循环中越来越高。因此对于在乎的拖延者来说,应该着力去改变自己的非理性认知。除此之外,针对各种拖延的原因,可以有以下具体的对策。

1. 采用积极的自我对话

自我对话可以传递出一个人内在的心理暗示。合理利用心理暗示的力量有助于减少拖延行为。每个人心中都会有两个"我",其中一个"我"强权、激烈,要求严格,不停指手画脚:你应该快点开工,你应该做到完美;另一个"我"胆怯、恐惧,忍受强权的我的各种指责和严厉要求,却以拖延为手段来无声抗议,有深深的无力感。如何协调这两者的冲突,可以尝试将消极的自我对话转为积极的自我对话:

"我必须得,不得不"改为"我选择,我打算要";

"我必须完成"改为"我什么时候可以开始";

"这任务太大了"改为"我可以每次做一小步";

"我一定要完美"改为"我也可以是人(意即人都是不完美的)";

"我没空娱乐休息"改为"我一定要有时间娱乐休息"。

消极的自我对话往往给人一种被迫的感觉,而每个人潜意识中都是有叛逆精神的,会对强迫产生本能的反抗。而积极的自我对话会让人产生主动的意识,并不再苛求自己,更容易激发内在的进取心。因此,采用积极的自我对话,在一定程度上可以防止由"完美主义""被评价焦虑"和"厌恶任务"等原因导致的拖延行为。当然,采用积极的自我对话这是一个良好的开始,正如多种原因导致拖延一样,也必须采取更多的方法,多管齐下,才有可能减少拖延行为。

2. 降低过高的期望值,建立自尊和自信

具有完美主义倾向的人往往会对自己有过高的期望,而在每次任务结束后发现自己没有达到期望时,便会丧失自尊与自信。在新的任务开始前,由于"低自尊"和"完美主义"会导致新一次的拖延。因此,降低过高的期望值是十分必要的。降低过高的期望值的过程也是一个重新认识自己,实现准确的自我定位的过程。当然,一个人很难在短时间内改变自己的原有观点,但是可以逐步地尝试,经过一段时间的努力,取得小小的进步,并由此产生成功的强化,对于改变拖延行为也是有帮助的。

3. 学会分解任务

一个大任务可能会由几个小任务组成。可以由易到难,当完成一个小任务时,会产

生“即时满足感”，便在它的驱动下完成下一个小任务。还可以采用行为治疗法中的奖励法，将任务分成几个阶段，学习时间和娱乐时间有一定的计划，若是每天可以按时按量的完成指定的任务量，可以根据个人兴趣爱好给予一定的奖励。强化正确行为，增强对任务的兴趣度，在一定程度上可以防止由“厌恶任务”导致的拖延。

4. 朋辈良性互动

朋辈之间应该多加交流，形成良好的互动。在与朋辈互动的过程中，增进彼此的了解，并树立正确的奋斗目标。可以将自己的每日学习、娱乐安排让朋辈知道，并由他们监督。这样可以有效地防止因朋辈的干扰而不能按计划学习情况的出现。当然，一个人的力量是很有限的，朋辈良性互动的形成不是靠一个人的努力就可以的，但当你率先跨出第一步，改变也不是不可能的。

5. 看到自己的进步

在与拖延行为做斗争的时候不要给自己太大压力。了解拖延症形成是慢性积累的，想要改变也并非一朝一夕的易事，有反复也很正常，告诉自己“慢慢改就好，要看到自己的成绩”。不要因为反复的拖延行为而自暴自弃，进而又产生“低自尊”和“被评价焦虑”，防止“习得性无助”对减少拖延行为的影响。

这些对策更多的是侧重于个人层面的，因为个人自身的努力才是减少拖延行为的关键所在。对于在乎的拖延者来说，他们对拖延产生的后果有清楚地认识，也正是基于这种认识，产生了强烈改变拖延的愿望，这在一定程度上也有利于他们做出改变。因此在帮助这一群体改变拖延行为的时候，要给予足够的肯定与支持，从小处开始，为大的改变奠定基础。

（二）与不在乎的拖延者相关的干预分析

不在乎的拖延者在拖延过程中虽然也体验到一定程度的紧张，但并没有激发太多的负性情绪和消极的自我评价。与在乎的拖延者相比，他们改变拖延现状的意愿要低，较少地认为拖延本身是一个问题。但一个关键问题是，尽管他们较少地认为拖延是一个问题，但是拖延并没有因此较少的产生其消极影响，如导致学生成绩下降，只是学生对此不在乎而已。不在乎的拖延者的不在乎程度也是有高低之分的。对于那些高程度不在乎的拖延者，当他们对自己的行为明知后果也不愿改变时，这时候我们要去改变他们显然是徒劳。我们没必要也没能力去改变他们，我们应尊重他们的选择。还有一种是低程度不在乎的拖延者，对于他们而言，我们不能排除他们对待拖延的态度不会改变，可能当拖延带给他们的后果超出了他们所能忍受的极限时，他们也会变得在乎起来，从而产生较多的负性情绪与消极的自我评价，因此对于这个群体，有必要让他们对拖延的消极影响产生一定的认识，防患于未然。如何改变他们的认知，可以有以下两种方法。

1. 成立朋辈互助小组

小组由在乎的拖延者与低程度不在乎的拖延者构成。通过各种互助活动，加强彼此之间的了解。在优势视角看来，每个人都是有优势的，都可以利用身边的资源去达到渴望的改变。通过组员之间的互动,对于在乎的拖延者来说,可以与他人分享自己所承受的种种消极情绪,这也是一个释放的过程,也可以得到别人的回应与鼓励,逐渐形成独立的支持系统。对于低程度不在乎的拖延者来说,可以从与他人的互动中直观地了解拖延对他人所造成的困扰,进而引起反思,有助于他们更好地认识到自己的行为可能会导致的后果。当然,朋辈互助小组在前期需要有高素质的领导者与组员共同营造出一个健康的小组氛围,在后期领导者的作用可以被弱化。

2. 学校心理咨询中心介入

学校心理咨询中心具有专业优势,可以定期开展相关讲座,合理利用校媒载体,介绍关于拖延的基本知识。这样有利于学生对自身的拖延行为有清楚的认识。对于低程度不在乎的拖延者,最重要的是让他们意识到问题的存在,这样可以防止成为高程度不在乎的拖延者。

【参考文献】

[1] 魏源. 大学生学习自我效能感的测量与干预研究[J]. 心理科学,2004,27(4).

[2] 陈保华. 大学生学习拖延初探[D]. 上海:华东师范大学,2007.

[3] 蒙茜等. 拖延研究述评[J]. 西南师范大学学报(人文社会科学版),2006,32(4).

[4] 李晓东等. 拖延行为的心理学分析[J]. 高校教育管理,2007,1(3).

[5] 关雪菁. 折扣机制与任务性质对学业拖延行为的影响研究[D]. 长春:东北师范大学,2006.

[6] 蒙茜,郑涌. 拖延研究述评[J]. 西南师范大学学报(人文社会科学版),2006,32(4).

[7] 訾言. 完美主义心理研究的历史和现状[J]. 心理科学,2004,27(4).

[8] 包翠秋,张志杰. 拖延现象的相关研究[J]. 中国临床康复,2006.

浅谈宋代笔记小说中词的作用

周春艳

（贵州大学　人文学院，贵州　贵阳　550025）

【摘　要】小说中植入诗词是中国古代通俗小说相对于西方小说和现代小说的鲜明个性特色之一。通常来说，诗词可以帮助小说提升其审美价值、增强其表现力，同时又可借助小说这个载体扩大自身的实用功能。在宋代，笔记小说的发展渐趋繁荣，而词也成为“一代之文学”。这个时期，笔记小说的作者在文中植入了大量的词作，这些词俨然成了小说的有机组成部分。小说中的词，对提升小说的文体地位和审美价值、推动故事情节、刻画人物性格等起到了不可小觑的作用。

【关键词】宋代笔记小说；词；作用

中国古代小说有两个系统，即文言系统和白话系统。在魏晋南北朝时期，只有文言小说。这时的小说可以统称为笔记体小说，采用文言，篇幅短小，记叙社会上流传的奇异故事，人物的逸闻轶事或其只言片语。在故事情节的叙述、人物性格的描写等方面均已初具规模。到了宋代，笔记小说的创作蔚为大观，而词更成为“一代之文学”。于是，我们不难发现一个有趣的现象，即宋代笔记小说的作者在创作中大量植入了词这一文体。这些散见于书中，或作者自创或引用的词作，并非作为纯粹的点缀，它们在提升小说的文体地位和审美价值、推动故事情节、刻画人物性格、补充史料之不足等方面起到了不可小觑的作用。

一、提升笔记小说的文体地位和审美价值

中国古代小说与诗词的关系向来密切，这也是中国的文化传统之一。例如，古代的人们在社会生活中便常常引用《诗经》中的篇章来表达自己的思想、情感，赋诗言志。据《论语·季氏》篇记载，中国古代大思想家教育家孔子便曾教育他的儿子说：“不学诗，无以言。”可以说，中国古代的小说很好地继承了这个传统，往往在创作中引入诗词歌赋和各种韵语。宋代的笔记小说中便包含了大量的词作，这些词已经成为小说的有机组成部分，起到了非常重要的作用。对此，宋末元初的罗烨在其《醉翁谈录》甲集卷一小说开篇

作者简介：周春艳（1985—　）女，广东茂名人，贵州大学人文学院2013级中国古代文学硕士研究生，研究方向：宋元明清文学。

中说:“夫小说者,虽为末学,尤务多闻。……论才词有欧、苏、黄、陈佳句,说古诗是李、杜、韩、柳篇章。……热闹处敷衍得越久长,曰得词,念得诗,说得话,使得砌。言无讹舛,遣高士善口称扬;事有源流,使才人怡神嗟讶。”[1]可以说,当时的罗烨就已经初步意识到了小说中植入诗词可以提升文体地位的问题。而在宋代笔记小说中,确实不乏雅正词提升笔记小说审美和文体地位的例子。如,《墨庄漫录》记载:

东坡在杭州,一日游西湖,坐孤山竹阁前临湖亭上。时二客皆有服,预焉。久之,湖心有一彩舟,渐近亭前,靓妆数人,中有一人尤丽。方鼓筝,年且三十余,风韵闲雅,绰有态度,二客竞目送之。曲未终,翩然而逝。公戏作长短句云:凤凰山下雨初晴。水风清,晚霞明。一朵芙蓉,开过尚盈盈。何处飞来双白鹭,如有意,慕娉婷。忽闻江上弄哀筝。若含情,遣谁听。烟敛云收,依约是湘灵。欲待曲终寻问取,人不见,数峰青。[2]

今人家闺房遇春秋社日,不作组紃,谓之忌作。故周美成《秋蕊香》词:乳鸭池塘水暖。风紧柳花迎面。午妆粉指印窗眼。曲理长眉翠浅。闻知社日停针线。探新燕。宝钗落枕梦春远,簾影参差满院。予见张籍《吴楚词》云:庭前春鸟啄林声,红夹罗襦缝未成。今朝社日停针线,起向朱樱树下行。方知唐時已有此忌,循习至今也。[3]

在这两则笔记中,《东坡西湖长短句》讲的是苏轼在杭州任通判与著名词人张先同游西湖的故事。苏轼所作的《江城子·凤凰城下雨初晴》一词从多方面描写弹筝者的美丽与音乐的动人。词中将弹筝人置于雨后初晴、晚霞明丽的湖光山色中,使人物与景色相映成趣,音乐与山水相得益彰。在人物的描写上,运用了比喻和衬托的手法,十分唯美。而《闺房春秋社日不作组紃自唐已然》讲的是唐宋习俗在春、秋社日应停做针线的忌讳,引用了周邦彦的闺情词《秋蕊香》。极为简短的笔记体,却引入了如此美丽的词。很显然,在叙述故事之余,更给读者提供了故事情节之外的高雅享受。可以说,这两首雅正词的引用,为笔记小说增色不少。显而易见,小说这一通俗文体,在与雅词的互动过程中,地位和审美价值都得到了提升。

二、推动故事情节发展,和故事人物息息相关

有的词在笔记小说中只是作为点缀,或美化小说文体,或显露故事中人物的才华,让读者看起来更舒心悦目。但是,还有些词却在笔记小说中起到了推动故事情节发展的作用,成为故事中不可缺少的叙事线索,甚至和故事主人公有性命攸关的关系。如《默记》卷上载:

铉既去,乃有旨再对,询后主何言。铉不敢隐,遂有秦王赐牵机药之事。牵机药者,服之前却数十回,头足相就如牵机状也。又后主在赐第,因七夕命故妓作乐,声闻于外,太宗闻之大怒;又传“小楼昨夜又东风”及“一江春水向东流”之句,并坐之,遂被祸云。[4]

又《渑水燕谈录》载:

柳三变,景祐末登进士第,少有俊才,尤精乐章,后以疾更名永,字耆卿。皇祐中,久困选调,入内都知史某爱其才而怜其潦倒,会教坊进新曲《醉蓬莱》,时司天台奏:“老人星见。”史乘仁宗之悦,以柳耆卿应制。耆卿方翼进用,欣然走笔,甚自得意,词名《醉蓬莱慢》。比进呈,上见首有“渐”字,色若不悦。读至“宸游凤辇何处”乃与御制《真宗挽词》暗合,上惨然。又读至“太液波翻”,曰:“何不言‘波澄’!”乃掷之于地。永自此不复

进用。[5]

前者所引之句为李煜所作的《虞美人》词，说的是李后主命歌妓演奏他的这首词而触怒了宋太宗，随后因此事被赐牵机药毒死。而后者所说的是柳永因所作《醉蓬莱慢》中的“渐”、“波翻”中的“翻”等字眼，以及“宸游风辇何处”暗合《真宗挽词》而触怒宋仁宗以致无缘功名、终身潦倒的故事。可见，笔记小说中的某些词作已非单纯的引用和状物写景，而是与故事情节联系密切，与主人公性命攸关。

三、表达故事人物之情志

在笔记小说中引用词作，除了提升小说的审美品位和推动故事情节发展外，还有一个最基本的作用，那就是借词来表达故事中主人公的情意和志向。有时候，故事的主人公借助词作来表达内心的情感，具有婉转低回、韵味无穷之功效。如《青琐高议》记载：

翌日，富作词别幼玉，名《醉高楼》。词曰：人间最苦，最苦是分离。伊爱我，我怜伊。青草岸头人独立，画船东去橹声迟。楚天低，回望处，两依依。后会也知俱有愿，未知何日是佳期？心下事，乱如丝。好天良夜还虚过，辜负我，两心知。愿伊家，衷肠在，一双飞。[6]

又《青箱杂记》载：

亚与章郇公同年友善，郇公当轴，将用之，而为言者所抑。亚作药名《生查子・陈情》献之，曰：“朝廷数擢贤，旋占凌霄路。自是郁陶人，险难无移处。也知没药疗饥寒，食薄何相误。大幅纸连粘，甘草《归田赋》。”亚又别成药名《生查子・闺情》三首，其一曰：“相思意已深，白纸书难足.字字苦参商，故要槟郎读。分明记得约当归，远至樱桃熟。何事菊花时？犹未回乡曲。”其二曰：“小院雨余凉，石竹生风砌。罗扇尽从容，半下纱幮睡。起来闲坐北亭中，滴尽真珠泪.为念壻辛勤，去折蟾宫桂。”其三曰：“浪荡去未来，踯躅花频换。可惜石榴裙，兰麝香销半。琵琶闲抱理相思，必拨朱弦断。拟续断朱弦，待这冤家看。”[7]

这两则笔记中，前者讲的是小说的作者借主人公柳富之手所写的《醉高楼》一词，表达了柳富与歌妓王幼玉依依惜别，不忍离别之苦，更表达了柳富希望二人即使身处异地也能同心同德，双宿双飞的美好愿望。此词将男女主人公那种情深意长，以及别离之怅惘悲伤表达得淋漓尽致，很显然，这要比简单直接地叙说离别的事实来得更感人肺腑，也更能打动读者的心，引起读者共鸣。后者则讲述了宋代词人陈亚与章郇公交好，章郇公官居要职时想提拔陈亚，可是，却遭到了其他人的阻挠。陈亚以药名作成《生查子・陈情》一首与《生查子・闺情》三首。《陈情》一首直接表达了自己的归隐之意，《闺情》三首则通过女子的口吻，表面似叙写情人之间的约定与相思，其实质是更深一层地表达自己隐居避世的愿望。词中的“当归”是一种中药名，“回乡”则是做菜的佐料“茴香”的谐音，词人在这里迂回曲折地表达了自身归隐的心声。以上两则笔记，虽一为叙写恋情，一为抒发归隐之志，其中的词作却都很好地充当了故事主人公抒情表意的媒介，与“赋诗言志”有异曲同工之妙。

四、刻画人物性格

此外，笔记小说中的词，又往往还有着塑造人物形象，刻画人物性格的作用。透过字里行间，读者可以看到一个个活灵活现的主人公。这些生动的刻画，不同于枯燥乏味的平铺直叙，不仅仅是为读者提供一个小说的读本，还可让他们在阅读的过程中平添几分愉悦。据《墨客挥犀》记载：

潘阆字逍遥，咸平间有诗名。与钱易、许洞为友，狂放不羁。常为诗曰："散拽禅师来蹴鞠，乱拖游女上秋千。"此其自序之实也。后坐卢多逊党，亡命，捕购甚急，阆乃变姓名，僧服入中条山。许洞密赠之诗，曰："潘逍遥，平生志气如天高。倚天大笑无所惧，天公嗔尔口呶呶。罚教临老头，补衲归中条。我愿中条山神镇常在，驱雷叱电依前赶出这老怪。"后会赦，以四门助教之官，阆乃自归，送信州安置。仍不惩艾，复为《扫市舞词》曰："出秋霜，价钱可。赢得拨灰兼弄火。畅杀我。"以此为士人不齿，投弃终身。[8]

蜀路泥溪驿，天圣中有女郎卢氏者，随父往汉州作县令，替归，题于驿舍之壁。其序略云："登山临水，不废于讴吟。易羽移商，聊舒于羁思。因成《凤栖梧》曲子一阕，聊书于壁，后之君子览之者，毋以妇人窃弄翰墨为罪。"词曰："蜀道青天烟霭翳，帝里繁华、迢递何时至？回望锦川挥粉泪，凤钗斜亸乌云腻。钿带双垂金缕细，玉佩玎珰，露滴寒如水。从此鸾妆添远意。画眉学得遥山翠。"[9]

第一则笔记写的是宋初著名隐士、诗人潘阆的故事。潘阆性格疏狂，曾两次坐事亡命，这首《扫市舞词》便栩栩如生地给我们展现了一个狂放不羁的潘阆形象。第二则写的是宋仁宗天圣时期一个叫卢氏的少女，随父亲从四川任上返乡的途中，在蜀道一个叫"泥溪驿"的旅社墙壁上写下《凤栖梧》一词，淋漓尽致地表了达自己的思乡之情。可是，卢氏又怕被人指责和讥讽自己身为女子却舞文弄墨，于是才忐忑不安地写下了这打招呼一样的题记。至此，一个充满才气、性情率真，却又小心翼翼、心思缜密的少女形象便跃然纸上了。

五、补史料之不足

最后，在宋代笔记小说中，有不少故事皆取材于词人的日常生活创作而成。由于这些笔记小说基本上和词人同时代，所以，即便作者对笔记小说中词人形象的塑造有改动或夸大之处，但也不至于随意进行捏造扭曲。也就是说，笔记小说中的记载具备一定可信度。并且，这些不一定能见于史料文献中的趣闻轶事，却可能在坊间广为流传。因此，笔记小说中的词，有时还具有补史料之不足的作用，体现出一定的文献价值。如，《侯鲭录》记载：

东坡云：琴曲有《瑶池燕》，其词不协而声亦怨咽，变其词作闺怨，寄陈季常去，此曲奇妙，勿妄与人。云："飞花成阵春心困。寸寸别肠，多少愁闷。无人问。偷啼自揾残妆粉。抱瑶琴、寻出新韵。玉纤趁。南风来解幽愠。低云鬟。眉峰敛，晕娇和恨。"[10]

又据《能改斋漫录》记载：

东坡元祐末自礼部尚书帅定州日，官妓因宴索公为《戚氏》。公方坐与客论穆天子事,颇讶其虚诞,遂资以应之。随声随写,歌竟篇就,才点定五六字。坐中随声击节,终席不问它词,亦不容别进一语。[11]

第一则写的是苏轼将不协律的《瑶池燕》曲改成合乐的《闺怨》词,并将其寄给陈季常。历史上,关于苏轼是否懂乐一事颇多争议,有人认为,苏轼并不通晓音乐。然而,从这两则笔记中的记载来看,苏轼很显然是懂得甚至可能精通音律、通晓词乐的。否则,一个不懂音乐的人很难轻易察觉琴曲《瑶池燕》的不合乐,并且对其进行恰当的改动。第二则记载的是官妓在宴会上唱歌,请苏轼为她们写《戚氏》词。苏轼依声写就,可以看出《戚氏》词是合乐的,并且他还"坐中随声击节",也就是说,苏轼通音律。从这两则笔记来看,一些在正史上没有记载、难以得知的事情,有时可以从野史或者别的有关记载看到。总的来说,通过笔记小说中有关词作的一些记述,便于读者对词人的生平、事迹等进行更全面的了解。

综上所述,中国古代小说融入诗词是一个普遍的现象,也吸引了历代学者对此进行研究。虽然人们对宋代笔记小说中的词研究得尚且不多,但对古典小说融入诗词这一范畴的研究却不在少数,亦不乏诗词在小说中发挥何种作用的深入思考。例如,林辰、钟离叔所著的《古代小说与诗词》[12]对古代小说与诗词的关系进行了深入探讨,从开篇题回、结构情节、肖像刻画、景物描写、预言伏笔、作者评议、人物自抒、闲情逞才、楹联酒谜、总结全书10个方面讨论了诗词在小说里的作用。牛贵琥的专著《古代小说与诗词》[13]则认为小说中诗词的主要作用可以归纳为以下几个方面:第一,小说中的诗词能增强对人物形貌性格的刻画。第二,小说中的诗词可以推动故事情节的相应发展。第三,小说中的诗词可以增强小说的艺术魅力,丰富作品思想内涵。第四,小说中的诗词可以雅化其中的某些内容,避免直接描写的尴尬。可以说,这些宝贵的资料对于研究词在小说中的作用来说,也是可供参考的。

【参考文献】

[1] (宋)罗烨. 醉翁谈录[M]. 上海:古典文学出版社,1957:3-5.

[2][3] (宋)张邦基撰,孔凡礼点校. 墨庄漫录[M]. 北京:中华书局,2002:32,241-242.

[4] (宋)王铚撰,朱杰人点校. 默记[M]. 北京:中华书局,1981:4.

[5] (宋)王辟之. 渑水燕谈录[M]. 北京:中华书局,1981:106.

[6] (宋)刘斧撰. 青琐高议[M]. 北京:中华书局,1959:89.

[7] (宋)吴处厚撰. 李裕民点校. 青箱杂记[M]. 北京:中华书局,1985:5-6.

[8][9] (宋)彭乘撰. 孔凡礼点校. 墨客挥犀[M]. 北京:中华书局,2002:286,322.

[10] (宋)赵令畤撰. 孔凡礼点校. 侯鲭录[M]. 北京:中华书局,2002:89.

[11] (宋)吴曾. 能改斋漫录[M]. 北京:中华书局,1985:435.

[12] 林辰,钟离叔. 古代小说与诗词[M]. 沈阳:辽宁教育出版社,2001.

[13] 牛贵琥. 古代小说与诗词太原[M]. 太原:山西人民出版社,2005.

● 顿悟的飞跃

——对比《麦田里的守望者》与《十八岁出门远行》的成长体验

高燕子

（贵州大学　公共管理学院，贵州　贵阳　550025）

【摘　要】《麦田里的守望者》是塞林格的代表作，而《十八岁出门远行》是“先锋文学”的典型作品，两者不约而同阐述了“成长”这个主题。本研究试从这两部作品的主旨、写作手法、意象及其现实态度几个方面存在的相似性和相异性进行比较分析，目的是为了通过剖析揭示两部作品各自所展现的独特艺术魅力，使读者能更好地品读两部作品的文学意味，从而启示青少年如何应对成长危机。

【关键词】《麦田里的守望者》；《十八岁出门远行》；成长；主旨；异同

前言

虽然塞林格和余华两位作家生活的国籍不同，年代不同，经历不同，但他们所创作的这两部小说都凸现出一个相似的主题——成长；尤其是青少年在人生旅途中所面临的独特的精神困境。“成长小说”大多都围绕青年自我意识觉醒、身心成长发展阶段，描写其成长过程中经历特别事件或特殊遭遇后，对人生、社会和自我认识有了突飞猛进的变化，最后脱胎换骨成熟起来，完成了青少年走向成年的社会化进程。十六岁的霍尔顿被学校开除后在纽约所经历的两天一夜的生活与十八岁的“我”第一次独自远行所遭受的待遇有异曲同工之处。因而本文从多个方面对两部作品进行比较，通过同中求异、异中析同的过程更好的展现作品独特魅力所在。

一、创作背景相似

改革开放初期我国所遇到的不知所从的迷茫正是二战后美国所经历过的状态。二战后美国的经济空前繁荣，美国人的生活水平不断提高，中产阶级的数量也不断增加。但是随着物质生活的富裕，美国人的精神生活却越来越贫乏，“高度的物质享受使人麻木而缺少能动性与革命性，整日疲于奔命追求物质享受而无暇顾及自己的精神生活，逐渐

作者简介：高燕子（1991－　），女，浙江湖州人，2014级人口学硕士研究生。研究方向：人口与民族文化。

丧失了自我。”

（一）空前繁荣异化期

二战后的西方世界，物质生活的极大丰富却也造成了拜金主义的盛行。人们追求物质享受超越追求精神价值。此外，战争给人们心理造成了严重伤害，人们普遍觉得精神空虚，人与人之间关系冷漠，孤独无助渴望趋同。在这种状况下，出现了各种形式的异化。所谓异化，在文学中体现为背离本来的性质、反常或本质的丧失、隔膜和疏远。具体反映在文学人物中是精神苦闷、孤独、异常，被人抛弃，被人排斥，极度压抑而不为人所理解；其表现形式为人与自我的异化、人与人之间关系的异化，人与社会环境的异化。

（二）改革席卷探索期

一般认为，十八岁是成年的标志，是独立面对生活的开始。十八岁的“我”出门远行，可以认为这是一个人开始面对广阔的现实人生的隐喻。小说通过描述一个十八岁男孩初次出门远行的经历，反映了孩子世界与成人世界的矛盾冲突，以及涉世未深的孩子对现实世界的困惑、恐惧。用看似荒诞的形式来表现真实的生活，表现的是理想与现实的冲突。

主人公霍尔顿的经历隐隐透着作者本人的真实经历，塞林格年轻时在军校住读，后进过三所学校，都没有顺利毕业，似乎也是一个学未有所成的学生。1941 年，塞林格写出短篇《冲出麦迪逊的轻度反叛》，主人公就命名为霍尔顿，这个愤世嫉俗的孩子可看做是《麦田》中霍尔顿的雏形。虽然塞林格和余华两位作家生活的国籍不同，年代不同，经历不同，但他们所创作的这两部小说都凸显出一个相似的主题——成长；尤其是青少年在人生旅途中所面临的独特的精神困境。个体的成熟可以是顿悟的飞跃，也可以是渐变的曲线。通过对比阅读我们不难发现，“成长”对于霍尔顿和“我”来说并不是缓慢的积淀，而是在短促经历后的幡然领悟！仓促的不容准备来不及思考，就像从悬崖上一跃而下那么直接与潇洒。

二、相同题旨解读

“成长小说是以叙述人物成长过程为主题的小说，就是讲述人物成长经历的小说。它通过对一个人或几个人成长经历的叙事，反映出人物的思想和心理从幼稚走向成熟的变化过程。”成长小说大多都围绕青少年自我意识觉醒、身心成长发展阶段，描写青少年成长过程中经历特别事件或特殊遭遇后，对人生、社会和自我认识有了突飞猛进的变化，最后脱胎换骨成熟起来，完成了青少年走向成年的社会化进程。[1]

虽然塞林格和余华两位作家生活的国籍不同，年代不同，经历不同，但他们所创作的这两部小说都突显出一个相似的主题——短促的成长；并且两部小说的故事情节也基本上遵循了成长小说的一个基本模式，即“天真——出走——迷惘——考验——顿悟”。

（一）遭遇

《麦田里的守望者》情节简单，语言个性化，作品问世后取得强烈反响，最大原因在于塞林格笔下塑造的一个外表纨绔叛逆、不懂礼貌、品行恶劣,而内在苦闷孤独、心思细腻又渴望童真之爱的主人公霍尔顿形象。

霍尔顿是一个聪明、敏感和富于想象力的少年。生长于优越的环境中,未来似乎已经被父母安排好了:成为一名像他父亲一样“优秀”的律师。但是他看不惯周围的一切,在被学校开除后他为了免去父母责问时的尴尬,决定独自在纽约游荡几天,期间住小旅馆、逛夜总会、滥交女友、酗酒,他糊里糊涂召了妓女,又与自己虚荣庸俗的漂亮女友搂搂抱抱。而围绕在他内心的却是绝顶的空虚和幻灭感,他企图逃出成人世界去寻找纯洁与真理,但又没有找到出路,最后病倒在精神病院。

《十八岁出门远行》的情节十分荒诞,充满了掠夺与欺骗。为了搭便车,“我”向司机敬烟,司机接受了“我”的烟,却粗暴地拒绝“我”乘车;“我”凶狠地呵斥他,他却“笑嘻嘻地十分友好地看起我来”,而且还要“我”在车正开着时去车厢取苹果;汽车抛锚了,司机不但不着急,反而在旁边认真地做起了广播体操;有人抢劫车上的苹果,他竟然无动于衷,只对“我”被打破的鼻子感兴趣;抢劫又一次发生,“我”奋不顾身地反抗,被打得“跌坐在地上”,“再也爬不起来”,司机不但不同情和帮助“我”,却“站在远处朝我哈哈大笑”;最后司机也参加到抢劫者行列里去,把“我”的背包也抢走了……

(二)认识

1.淡泊表象下的内心世界

《麦田里的守望者》谈到男校时,霍尔顿这样评价:“里面全是些伪君子。要你干的就是读书,求学,出人头地,以便将来可以买辆混账凯迪拉克。遇到橄榄球队比赛输了的时候,你还得装出挺在乎的样子,你一天到晚干的,就是谈女人、酒和性。再说人人都在搞下流的小集团……”[2]

成年人的世界也是霍尔顿憎恨的对象。他并不特别讨厌老师,但他烦校长,因为校长在有钱有势的家长面前点头哈腰,彬彬有礼总想取悦对方,而对无权无势的家长又冷若冰霜,显得高不可攀。霍尔顿也不怎么喜欢自己的母亲,因为她除了看电影,几乎无所事事。他也不羡慕他的父亲和哥哥,虽然他们事业上很成功,但是他们都很“虚伪”。总而言之,成人世界和走向成熟的人们都让霍尔顿感到一种莫名的恐惧。

2.虚幻梦境中的清醒讲述

在成长题材的小说中,个体的成熟可以是顿悟的飞跃,也可以是渐变的曲线。《十八岁出门远行》中:“我是在一天所经历的事情中迅速地完成了自己的成人仪式,看清了现实世界中人与人的难以沟通、相互敌视、欺骗和掠夺。

莫言曾因《十八岁出门远行》称赞余华是“中国当代文坛上的第一个清醒的说梦者”。这篇带有先锋气质的小说之所以能够引起小说家们之间的共鸣,有其独特的艺术魅力。作品交织着写实与象征,现实与梦境,理性与非理性,乃至懵懂的初涉者的目光与世俗尖锐的成人经验之间的隔膜。由此构成了莫言所评价的“清醒”与“说梦”矛盾性的艺术张力。每个“十八岁”的初涉者在即将进入成人阶段时都有过关于自我的白日梦,这些梦境中隐藏着许多利己主义式的青春秘密和自我的羞耻感。而这种内心深处的涉世欲望与懵懂状态，自然转化为梦里的焦虑、陌生感、无力及失控状态等非理性的情绪事件。只不过伟大的作家把这种飘浮的梦境清晰地记录下来，或者说用艺术的形式编织了一个看上去“合理”的事件，让读者感觉到一种亦真亦幻式的阅读快感。

（三）回归顿悟

在青少年还没有真正进入成人世界之前，他们看到的只是成人世界的表面。这个表面的成人世界往往是美好的、富有感染力和吸引力的，是成熟、智慧、理性的标志，对自身的不满和对理想化了的成人世界的向往的共同作用，导致了青少年对向成人世界迈进的渴望，然而，当他们有机会真正进入成人世界，对成人世界内里的种种丑恶和黑暗有所涉及和了解的时候，他们常常因缺乏心理和思想准备而收到极大的震惊，产生理想破灭和追求轰毁的迷惘、困惑、痛苦和矛盾，并对成人世界产生极度的失望。[3]

十六岁的霍尔顿不仅具有浮士德的探索精神：不断地否定自己，顽强地探索人生的真谛；而且还具有堂吉诃德的“救世”精神，尽管它同“避世”一样显得空幻。但那种不愿与世俗同流合污的洁身自好和为维护纯洁天地而甘愿充当“麦田里的守望者”的人生理想，体现了主人公在“愤世”“玩世”“避世”外衣下隐含着人类闪光的品质，因而也使这个形象具有悲剧的内涵，蕴含了道德上的崇高性。

在《十八岁出门远行》里，“我”摆脱了家庭，如脱缰的野马，一个人进入社会，没有目标，没有人指引，连父亲打点好的红背包也丢失了。但最后，在遍体鳞伤、一无所有的绝望考验下，“我”却觉醒过来，重新获得了生活的勇气和希望。当“我”独自面对世界时，却真正认识到自我的生命力。这正意味着成长者在一系列的挫折之后，痛苦地体验到独立的人格意识，真正地感受到了自我存在的意义，从此再也不用在父辈的阴影下生活。对于成长者来说，“我”的世界已经敞开了！属于“我”的时间开始了！这正是革命时代终结之后，新时代的年轻人自我成长的意义。

当主人公经历完一切，最后躺在遍体鳞伤的汽车的驾驶室中时，我们看到他的情绪由愤怒—悲伤走向了平静。汽车是他自己遍体鳞伤的处境的象征，审视着汽车也就是看着他自己，这使得他与汽车之间的认同感油然而生，“毕竟汽车的座椅没被他们撬去……”“我闻到了一股汽车漏出来的汽油味，那气味像是我身内流出来的血液的气味……我感到这汽车虽然遍体鳞伤，可它心窝还是健全的。”[4]因而他的出门远行，完成的是一个发现自我的现代主义式的认识的回归。

三、相似的写作手法

（一）迷惘与纯真的少年形象

1. 始于迷惘的叛逆少年

霍尔顿挚爱着纯真的童年时代。这个纯真世界由一些代表性的人物来体现。首先是他夭折的弟弟艾里，霍尔顿喜欢他，不仅是因为他们有着一母同胞的亲缘关系，更是因为他的纯洁和聪明。然后是妹妹菲茈，他总是极力想捍卫和保护她天真无邪的心灵。当他心情沮丧得要死时,他溜进了菲苾的房间,唯恐在死前见不着她;当他下定决心要去西部,去和菲苾告别时,看到她们学校的墙上写着下流的文字,他简直要发疯了;当菲苾提出跟他一同去西部时,他一口回绝了;当妹妹用了一个非常粗鲁的词"闭嘴"时,他感到很震惊。

他生性善良、真诚。他关心纽约中央公园小湖里的野鸭到哪里去过冬,他随身带的钱用得所剩无几,却把十块钱捐给提募捐篮的修女。虽然爱和女孩子鬼混,但从未与她们越雷池一步,唯恐伤害他们。平生最大的心愿是做一名麦田里的守望者,看护那些在麦田里玩耍的孩子,以免他们从麦田旁的悬崖边跌入深谷。

在霍尔顿的心中,世界被划分为两类:一类是污浊的现实世界,另一类是纯洁的充满真善美的世界。他在两者间徘徊并对他们持不同的态度。第二次世界大战后美国的经济空前繁荣,生活水平不断提高,但高度的物质享受使人麻木不仁整日疲于奔命追求物质享受而无暇顾及自己的精神生活,逐渐丧失了自我。因而形成了"迷惘的一代"。

2. 始于纯真的热血少年

现实世界中真实的自我被截然分开了,这可以说是青年成长过程中最具挑战性,也是最痛苦的经历。在余华的这部作品中,展示了青年在成长阶段迈向成人世界时的种种遭遇:理想与现实、反抗与无奈、残酷与温暖、失去与收获等。可以发现,作品中还透露出两个更深层次问题:一是青年所接受的成长教育的悖论,二是在青年成长过程中正面引路人的缺失。在"我"的眼里,成人的世界只有美好。"我"所接受的教育来自于"我"的父辈及其所属的成人世界。来自于成人的教育,却在成人的世界里被推翻。这一成长教育中的悖论令人深思。[5]

《十八岁出门远行》中的"我""像一匹兴高采烈的马一样欢快地"朝着未知的世界出发了,但这并不是一次愉快地旅程。"我"模仿着成人,与外面的世界打交道,与卡车司机搭讪、递烟,得到的却是冷漠地拒绝。遭受冷遇仅仅是厄运的开始,外面的世界在年轻的"我"看来是那样的难以理喻,不合逻辑,"我"试图亲近外面的世界,得到的却是暴力的回应。现实在"我"面前展示了一个无法理喻的怪异的世界:运苹果的卡车司机伙同他人抢劫了自己的货物,又与同伙们一起扬长而去;"我"因为保护苹果被打得遍体鳞伤,最后只好与同样被抢劫的遍体鳞伤的汽车在一起。"残暴"是荒诞世界奉献给"我"的"成人仪式"的第一份礼物,也是"我"初历人生的第一份宝贵经验,它打破了"我"对成人世界一切美好的幻想,让我在近乎梦境的现实中认清世界的真面目。

余华将主人公与外在世界的人们之间最大限度地陌生化了。小说中,"我"是一个"十八岁出门远行"的年轻人。除此之外,人物的背景如出身、学历、性格、爱好、能力等等,读者完全不知晓。"我"几乎可以代表所有的年轻人,而"十八岁"也非实指,而是一个初涉者的年龄标记;"我"到底要出门做什么,有什么目标和追求,小说中也没有交代,所以"出门远行"带有较大的不确定性和隐喻性,几乎可以代表年轻人所有的行为与愿望。我们除了知道他的司机身份之外,其他一无所知——他从哪儿来、到哪儿去、准备干吗……而且越到后面,读者越怀疑他的行为和身份,甚至猜测他可能是抢劫者的"同伙",一个十足的"恶人",一个神经不正常的"怪人"。然而,有一点可以肯定,"司机"是一个成人。几乎跟大多的成年人一样,他有着丰富的社会经验和世俗的判断。与"我"相反,

“司机”是一个典型的“社会人”。他时时盘算利害得失，较少情感用事，说一套做一套。跟现实生活中碰到的成年人可能都不一样，但却有着成年人的共性，是一个成熟的“世俗主义”的生存者。

（二）“红”的象征意向

1. 贯穿始末的鸭舌帽

解读《麦田》小说. 主人公头戴的那顶红色猎人帽也是最为关键的切入点。小说中，关于这顶帽子的描写前后多达七次。这顶帽子有个很长的鸭舌。霍尔顿总是别出心裁地把鸭舌转到脑后，这种在别人眼里十分粗俗的戴法在他看来却很美。在他的心中，冬天穿风衣，倒戴红色鸭舌帽正彰显了他的与众不同、特立独行，大有“世人皆醉我独醒”的意味。红色鸭舌帽不仅仅作为一种装饰品存在，它还被霍尔顿赋予了新的功能——作为一种武器，抵御来自外部社会的侵袭，此处作者用了借喻的方法来说明霍尔顿对成人社会的拒绝和反抗。后文中又描述到，霍尔顿在偷偷回家时，将心爱的帽子作为离别的礼物转赠给了关心自己的妹妹菲苾，这更像是一种特立独行的传承仪式。[6]

小说的结尾，霍尔顿在倾盆大雨中终于意识到，作为精神姿态象征的猎人帽终究无法抵挡来自成人社会的大雨倾盆。企图阻止孩子们成长的做法是徒劳的，当霍尔顿意识到这点时，他也就意识到坠落悬崖是每个孩子必经的路途，这对于他来说，是非常痛苦的思想转变，由于他早已敏锐地看穿成人世界腐败、堕落的本质。但他最终还是逐渐接受了这个现实，并与假模假式的社会取得和解。

2. 唯一的行囊红背包

《十八岁出门远行》以“仿梦”的方式，生动地揭示了世界的荒诞无常和青年人在这种荒谬人生面前的迷惘、无助。小说通过描述一个十八岁男孩首次出门远行的经历，反映了孩子世界与成人世界的矛盾冲突，以及涉世未深的孩子对现实世界的困惑与恐惧。用看似荒诞的形式来展现真实的生活，是荒诞中的真实，表现的是现实生活中理想与现实的冲突。

一个被父亲赶出远行的少年唯一的行李——“漂亮的红背包”。“红背包”是出门时父亲为“我”准备的，里面有食品、衣服等，是家人对“我”出门远行的一种支持和帮助，它象征了“我”成年前的归宿——家。司机抢走了它，意味着“我”暂时失去了“家”这个归宿，因而“我”必须去寻找一个真正属于自己的成年后的依靠、归宿。

（三）开放性结尾

小说末尾并没有清楚地指出霍尔顿的去向和思想动态，霍尔顿仍然身处精神病院中，整个结局在一种似有似无的希望和绝望中完笔。就因为这个结局，《麦田里的守望者》曾一度被认为是让人绝望和沮丧的小说，而实际上成长小说的开放式结局虽然未对主人公未来的生活做安排，却已经体现出主人公是否有勇气去面对将来的命运。霍尔顿的生命历程不会就此一塌糊涂直线性地走向死亡终点，而是循环式的，与意欲摆脱的社会取得了部分和解，因此应该定义为“可喜的成长”。只有心智上的清净明朗，意志的坚强笃定,才是判断成长的最高维度。

余华小说中的主人公似乎都处于成长的未完成或破碎状态中。《十八岁出门远行》中的"我"实际上只是在父亲的"建议"下走出家门去见识了一个无法理解的现实与残酷世界,"我"的行程最后止步于破旧的汽车,"成长"定格在了路上。[7]一天的远行,希望与绝望都读者都看在眼里,作者并未表态,远行的明天和归程都在读者个人的思考当中。

四、对于现实世界的不同态度

两篇文章对于现实世界的态度不同,一个是对现实充满了失望,渴望归隐。另一个缺是在遭遇了种种磨难之后快速成长,懂得了成人世界的虚伪和无奈,因而逐渐适应并慢慢走近这样的环境当中。

(一)看透假模假式一心归隐

《麦田里的守望者》有这样一段霍尔顿对未来的憧憬"我想我可以一路搭人家的车到西部去……那儿没有人认识我……我揣摩自己以在一个加油站找个工作……反正只要人家不认识我、我也不认识人家就成……就装作一个又聋又哑的人……我用自己挣来的钱造一座小屋,以后我如果想结婚什么的,可以找一个同我一样又聋又哑的姑娘。我们结婚以后,她就搬来跟我一起住在我的小屋里,她如果想跟我说什么话,也得写在一张混账纸上……我们如果生了孩子,就把他们送到什么地方藏起来。我们可以买来许许多多书,亲自教他们读书写字"。这便是霍尔顿对隐逸生活最生动的设想。

在霍尔顿的词汇中最常用的词语之一是"假模假式"。战结束后,美国社会出现了种种问题,人们已不再注重传统的道德思想,而更加关注人存在的价值和人的命运,他们反对社会,反对国家和战争,以各种方式和途径表达对社会及家庭生活的不满,以及对科技发展的焦虑,这就是"反文化"现象和"嬉皮士"的出现,"嬉皮士"是一些不务正业,整天游荡吸毒的年青人,他们寻求自己的独立和自由,敢于反叛传统的价值观和社会道德观,同时美国人还普遍接受了弥漫于欧洲的人生短暂、孤寡无助的绝望思想,使他们意识到人在现代社会中的无奈。因此就不难理解霍尔顿所持有的这种归隐的人生观,这也正是作者塞林格日后所践行的生活。

(二)虽遍体鳞伤仍心怀温暖

十八岁,正是刚刚走出了梦幻的花季雨季,带着美好的愿望初次出门远行,去认识成人世界;然而,现实世界并不是想象的那么美好,小说中的抢劫、暴力等都反映了现实的残酷,残酷得让十八岁的"我"感到震惊。"我"的理想和现实产生了强烈的冲突。然而,面对残酷的现实,"我"的感觉如何呢?我感到这汽车虽然遍体鳞伤,可它心窝还是健全的,还是暖和的。我知道自己的心窝也是暖和的。现实生活虽然是残酷的,残酷得有时让人感到悲伤,但我们不能感到绝望,毕竟还有"暖和"的地方。

作者告诉我们:我们生活的世界是纷繁复杂的,是无序的,是荒谬的,生活中的是与非、善与恶、美与丑往往交织在一起,生活中不光有真善美,也有假丑恶。但只要我们怀揣着坚定不移的信念,积极地走向现实世界,勇敢地面对并认识它,即使是遍体鳞伤,可心窝还是健全的,还是暖和的,就是有希望的!

(三)主动背离与被迫进入

霍尔顿以坦诚的态度面对读者,借着满嘴脏话和假话,读者接触到一个表面放荡不羁内心渴望温暖和真诚的孩子。在艰难的成长之路上,霍尔顿站在成人世界的门栏上,不断向成人世界窥探,充满渴望和恐慌。霍尔顿描述"潘西学校"和诸多校友,用到最多的一个形容词就是"假模假式",他认为学校和周围的一切人和事都长着一张培媚、虚伪、唯利是图的脸。霍尔顿说"我老是跟人说见到你很高兴,其实我见到他可一点也不高兴,你要是想在这世界上活下去,你就得说这类话"。他讨厌电影,觉得电影是虚构的骗取人们感情共鸣的假东西,因此他觉得自己的哥哥加入好莱坞从事电影业是一种堕落的媚俗。有趣的是霍尔顿爱好文学,读过不少书,却对"该死的"查尔斯·狄更斯有着不屑一顾的态度。从这个侧面来分析,霍尔顿腻烦一切外表和内在存在极大冲突的事物,他有着对假模假式的本能的反抗。因此他选择逃离,逃离阴森可怕的学校,逃离利欲熏心的家庭,逃离乌烟瘴气的社会……仅仅做一个保护最后净土的"守望者"。

"我"这个远行者出门看世界的愿望与对"家"的离弃均不是出于自觉,而是一种被迫的举动,是"父亲"代替"我"做出的决定。有一天"父亲"对"我"说:"你已经十八岁了,你应该去认识一下外面的世界了",并在我脑后拍了一下,于是我"像一匹兴高采烈的马一样欢快地奔跑了起来",出了家门。"我"是一个刚迈入成人门槛的少年,所以充满了冒险的热情和对外面世界的好奇,因此才能在对外界一无所知的情况下,"欢快地"离家远行;同时又由于"我"是在还没有任何心理准备和独自出门经验的情况下被父亲"推"出家门的,所以当黄昏来临、旅途劳顿时,便急切地要寻一个"旅店"作为庇护所,尤其是在挨打被欺后,"我"对"旅店"的渴望达到了顶点,这种渴望也就是对家庭保护的渴望,表现了"我"作为一个初出茅庐的少年内心的强烈无助感、恐慌感。

改革开放后,我国的市场经济迅速发展,人们的生活水平也快速提升,物质生活得到了较大的满足。然而,再看看当前的教育,一味的说教和填鸭,以为把孩子们关在"象牙塔"里是最单纯和安全的,但大人们忘记了最重要的一点:终有一天我们要走出校园,迈进繁杂多变的社会,那是的我们如果仍简单的如霍尔顿一样,那么等待我们的只有迷茫的无助。因而《十八岁出门远行》的经历是极其重要的,"痛"过之后才能成长,有些"弯路"走了才能验证过错,仅仅是一味的避免,等在前面也许会是深渊。

五、结语

青春期曾被人称为"心理学上的出生""精神断奶的过程",是理想主义萌生和对权威反叛的时期。毛姆曾说:"青年是幸福的,这是一种幻觉,是那些失去青春的人的幻觉;可是青年人知道他们是悲惨的,他们充满着灌输给他们的不可信的理想,每当他们接触现实时,他们都碰得鼻青脸肿、伤痕累累。"[8]

假如"悬崖边"代表无邪的童年的结束,那么"从悬崖边跌下去"则代表进入虚伪的成人世界。霍尔顿担心恶劣的社会环境对青少年的不良影响。他想象着孩子永远都长不大不会受到周边不良环境的影响。最终霍尔顿意识到企图阻止孩子们长大成人的做法是徒劳无益的,只有让孩子们亲身经历了"从悬崖摔下"后才能真正成长和变得成熟起来。人生的弯路不可避免,父辈们总想用他们的经验帮助我们少走"不必要"的弯路,然而,如果没有"从悬崖摔下"的经历,我们永远都不能长大。

人生不仅要"守望"当下,还需冒险的"远行"。

【参考文献】

[1] 霍侠.记录成长的烦恼——《哈克贝利·费恩历险记》与《麦田里的守望者》的比读[J].四川教育学院学报,2009(2).

[2] J·D·塞林格.《麦田里的守望者》[M].施成荣,译.南京:译林出版社,2009:1-198.

[3] 王虹.成长的烦恼和困境——《偶遇》和《麦田里的守望者》比较[J].江苏教育学院学报(社会科学版),2001(4).

[4] 余华.余华精选及[M].北京:北京燕山出版社,2006:143.

[5] 苏丽丽.《十八岁出门远行》的成长主题解读[J].芒种,2012(4).

[6] 隋莉英.成长的烦恼——从文体的角度看《麦田里的守望者》的主题意义[J].首都师范大学学报(社会科学版),2004(6).

[7] 牟昭.余华"成长小说"的中国特色[J].河南教育学院学报,2010(4):87.

[8] 太星南.从叙事风格看《麦田里的守望者》的成长主题[D].昆明:云南大学,2012.

● 高校大学生人性化思想政治教育探析

周　欢
（贵州大学　法学院，贵州　贵阳　550025）

【摘　要】当前高校大学生大多是“80 后”“90 后”，他们的个性较为鲜明，对思想政治教育的要求更高，从而给高校实施思想政治教育工作带来新的挑战，实行人性化思想政治教育工作成为必然的趋势。本文主要通过对人性化思想政治教育工作的价值和现状进行分析，提出关于高校思想政治教育人性化改革的相关建议和意见，以达到高校思想政治教育的预期目的，教育和引导当代大学生树立正确的人生观、价值观，提高他们面向社会的综合素质，促进高校思想政治教育工作的顺利开展。

【关键词】高校大学生；思想政治教育；人性化

高校大学生是建设中国特色社会主义事业的后备力量，是实现“中国梦”的宝贵资源。据中国统计年鉴记载，截至 2012 年年底，普通高校在校学生数为 2536. 5647 万人。《中共中央国务院关于进一步加强和改进大学生思想政治教育的意见》指出：加强和改进高校思想政治教育工作，提高当代大学生的思想政治素质，把他们培养成中国特色社会主义事业的建设者和接班人，对于全面实施科教兴国和人才强国战略，确保我国在激烈的国际竞争中始终立于不败之地，确保实现全面建设小康社会、加快推进社会主义现代化的宏伟目标，确保中国特色社会主义事业兴旺发达、后继有人，具有重大而深远的战略意义。但是，目前高校思想政治教育面对的是一群朝气蓬勃的“80 后”“90 后”大学生。这就要求高校思想政治教育所要传授的内容，不能仅仅是空洞乏味的思想政治说教或者道德传教。因此，有必要对高校思想政治教育实行人性化改革，从大学生的心理发展特点为出发点，遵循教育教学的基本规律。认清当今高校在思想政治教育工作中存在的优势和不足，明确在高校开展人性化思想政治教育工作的意义，并探索出一条切实可行的改革之路。

一、在高校开展人性化思想政治教育工作的价值

人性化思想政治教育是指在思想政治教育工作中坚持“以人为本”的指导思想，以学

作者简介：周欢（1982—　），女，贵州大学法学院讲师，硕士。研究方向：思想政治教育理论与实践。

生的心理发展特点为出发点,遵循教育教学的基本规律,在给学生进行思想政治教育工作时加入更多的人文关怀,以实现提高学生综合道德素质的目的。高校思想政治教育工作的中心任务在于“育人”,不是指对学生进行单纯的政治知识和道德条款的灌输,而是指加强对学生综合道德素质的培育,在思想政治教育工作中提高学生的德智,与学校其他方面的教育相互配合,为社会主义现代化建设输送德、智、体、美全面发展的人才。在高校推行人性化思想政治教育工作,正是“以人为本”这一宗旨的集中体现,对当代高校思想政治教育能否取得显著效果具有重要的现实意义,对大学生综合素质的全面提升具有巨大的推动作用。

(一)人性化思想政治教育能够引导大学生对社会生活形成正确的认识

高校思想政治教育的目标之一就是为社会培育德才兼备的人才,要实现这一目标首先应引导学生正确的认识社会。[1]“纸上得来终觉浅,绝知此事要躬行”,当今社会不仅要会学习,还要会将学到的知识加以运用。推行人性化思想政治教育工作,就是在顺应时代发展的趋势下,引导当代的大学生如何去分辨各种信息,正确认识社会生活中出现的一些问题和现象,以更好的心理状态面对社会,走向社会。运用在学校思想政治教育课中学到的各种正确的思想价值观念[2],处理个人与社会的关系,以及个人与个人之间的关系,通过对各种社会现象进行辩证性分析,更好地发展自我,贡献社会。这既是人性化思想政治教育的目标,也反映了在现阶段高校教育中人们的诉求,更是人性化思想政治教育的价值意义所在。

(二)人性化思想政治教育能够帮助大学生充分发掘自我价值,发挥自我潜能

大学生的心智还处于可塑性比较强的年龄段,在思想政治教育工作中要引导他们正确地认识自己,充分发掘自我价值,发挥自我潜能。人性化思想政治教育能够提升大学生的自我意识,使他们能够学会自省,正确的认识自我;学会如何面对他人的评判,完善自我。进而能够全面、客观地评价自我。既要使他们摆脱自卑心理,也要使他们避免出现骄傲自大的情绪,更客观、更全面地发掘自我潜能。人性化思想政治教育能够充分发挥学生主体作用,通过人性化思想政治教育使他们能够有效地提升自控能力,正确处理自我定位和树立人生理想之间的关系,培养健全的意志品质,增强他们在接受思想政治教育中的认同感,从而不断地超越自我,塑造自我。

(三)人性化思想政治教育有利于大学生形成正确的价值观念

高校大学生接受思想政治教育的主要渠道之一就是思想政治教育课。富有人性化的思想政治教育通过采用当代大学生喜闻乐见的方式,使他们在课堂上真正学到既高尚又不空洞的思想道德知识,对当代大学生形成正确的世界观、人生观、价值观起到至关重要的作用。

在当今社会,拜金主义、享乐主义、媚外主义、极端个人主义甚嚣尘上[3],相当一部分大学生已经被这些思想腐蚀,在日常的学习和生活中事事以这些思想为导向。在思想政治教育课上,单纯的说教不仅难以纠正这些不正确的思想,甚至会适得其反。只有将那

些所谓的大道理,用一些富有人性化特点的教学方式方法传达给学生,才能够让学生产生共鸣,并及时修正自己在认识世界、认识社会、认识他人的方面的误区。否则,只能使思想政治教育课流于形式,使那些经典的观点变成假、大、空的主义。

二、当前高校思想政治教育工作存在的问题

党中央、国务院历来都非常重视高校大学生的思想政治教育工作。改革开放以来,党中央始终坚持“两手抓、两手都要硬”的方针,切实加强和改进对大学生思想政治教育工作的领导。但是我们也应该看到,各地在开展高校思想政治教育方面取得了一定成绩的同时,也存在不足之处。当前高校思想政治教育中主要存在以下问题:

(一)思想政治教育形式单一,忽视对大学生个性的培养

现在有很多高校都陷入了一种误区,把对学生开展思想政治教育等同于给学生上思想政治教育课。认为在思想政治教育课上给学生传授足够多的知识,学生在思想政治教育考试的试卷上得一个高分,就算是圆满完成了思想政治教育任务。其实这种思想政治教育方式与学生们的实际生活严重脱节。让人更为担忧的是,这些高校不但将思想政治教育工作的形式仅仅局限在思想政治教育课,而且思想政治教育课堂上的教育方式也比较单一。

党和国家在新的历史阶段面临的历史任务、遇到的挑战和历史机遇都与以往有所不同。当代大学生的心理素质、思想观念、精神面貌也有新的时代特征[4]。这就决定了当前高校思想政治教育工作不可能有固定的模式可循,单一的教育形式、单一的教学手段无法完成当今经济社会发展对思想政治教育的要求。因此,我们必须以谨慎的态度去反思当前高校思想政治教育形式单一,忽视对大学生个性的培养的问题。

(二)思想政治教育课堂教条化现象严重,忽视了大学生的实际需求

思想政治教育不论是在中学还是在大学阶段都是一门必修课程,它的目的是塑造学生好的人生观与价值观,在长时间的思想政治教育教学过程中使他们成长为德、智、体、美全方面发展的人才。在实践中已经取得了很好的实际效果。但是,我们在实践思想政治教育的过程中还存在着各种问题,传统的教条主义没有完全改变过来,存在“教育八股”等现象。没有把学生的实际需求放在第一位,缺乏人性化。

知识的吸收与思想道德修养的提高,都是靠教学过程中学生们的主动吸收为必要条件的。任何事物的质变都依靠内因起决定作用,外因只是起到推动的作用[5]。思想道德教育工作是通过塑造人的内心,来提高学生们的思想道德素质。让学生真正从内心去认可学到的思想政治知识,并在实际生活中自愿去践行。因此,思想政治教育工作更应该强调调动学生主动性和积极性的内因。作为思想道德教育客体的学生只有在内心接受这种教育,思想道德教育教学才会有实际效果。

(三)思想政治教育偏重理论灌输,忽视了对大学生进行社会实践教育

思想政治本身是源于社会实践的,是在认知基础之上付诸社会实践,并在社会实践

中不断强化、巩固和提高的。但是,在现实中教师偏重向学生进行理论灌输,缺乏对学生进行社会实践教育。脱离了思想政治的社会实践属性,这就要求我们必须加强大学生思想政治教育的社会实践训练,而这种训练最有效的途径就是把思想政治教育训练纳入各种社会实践活动之中,让大学生的思想在生动的实践活动中不知不觉地得到反复表现和发挥,并形成行为惯性,从而使不自觉的思想行为逐步转化为自觉的思想行为。可以说良好的社会实践教育有利于对学生进行思想政治教育,有利于丰富学生的精神生活,有利于发展学生的兴趣、爱好和特长。

三、解决高校思想政治教育工作人性化缺失的有效途径

(一)在思想政治教育工作中,坚持"以人为本"的教育理念

思想政治教育是我国高校人才教育中的重要组成部分,这就要求在思想政治教育工作中始终坚持"以人为本"的教育理念,发挥学生的主体作用。这就要求在思想政治教育中弘扬人本思想,从过去的传统教育思想中解放出来,让思想政治教育围绕人这一本体来开展。在思想政治教育理念上实现人性化。在思想政治教育工作中坚持"以人为本"的教育理念要从以下两个方面来着手。

第一,思想政治教育工作中的主体要转变思想观念。老师在思想政治教育工作中处于引导者的地位,在思想政治教育工作中起着重要的作用,老师的思想观念会对学生产生直接的影响。所以,老师思想政治素质的高低,直接关乎思想政治教育的成败。只有树立"以学生为本"的思想政治教育观念,树立起学生主体意识和学生本位的思想,使学生与老师之间处于平等的地位,增强师生之间的情感交流,营造一个良性的思想政治教育体系,使"以人为本"的思想政治教育理念深入人心,才能达到高校思想政治教育工作的目的。

第二,在思想政治教育的内容上,要体现"以学生为本"的理念。"以学生为本"要求以学生的思想政治水平和道德水平为出发点、以学生的实际需求为本。传统的思想政治教育的内容大都过度要求与政治相一致,政治色彩过于浓厚,无视学生们的实际情况和个体需求。对学生的个体特点不够重视,缺乏人性化内容[6]。随着社会的不断进步和人的思想观念的不断提升,以往的思想政治教育方式已经难以适应时代发展的需求,思想政治教育方式也应该随着时代的变迁而发生相应的改变。在对学生展开思想政治教育工作时,应多一些人文关怀,多一些人性化色彩,既是"以人为本"的本质要求,也是解决高校思想政治教育工作人性化缺失的有效途径。

(二)联系当代大学生的实际生活,营造和谐的思想政治教育氛围

建设和谐社会是我们国家现阶段的主流思想,思想政治教育工作中也应以这一思想为出发点,联系当代大学生的实际生活和思想状况,营造一个和谐的思想政治教育氛围。因此,需要加强思想政治教育改革,其中努力营造师生之间教学相长的和谐的思想政治教育氛围尤为重要。这就要求我们做到以下两点。

第一,由"行政主导型"或"命令型"向"服务型"转变[7]。高校是教书育人的地方,但

是有些高校已然变成了国家行政机关,思想政治教育中出现了很多命令式的说教,老师与学生之间形成了相对立的关系,不利于思想政治教育成果的实现。高校的思想政治教育是面向学生、服务学生的,从事高校思想政治教育工作的人员应把自己定位成服务者,为学生服务,为大众服务,是思想政治教育工作成为服务于大学生实际生活的一项工作。真正的推动思想政治教育目标的实现。

第二,加强心理疏导与情感交流。我们国家正处于社会的转型时期,各种社会矛盾凸显,随着市场经济的不断发展,各种竞争越来越激烈,人们之间的感情日趋冷漠,心理压力也随之增强,甚至出现了不健康甚至亚健康状态。高校思想政治教育工作应该认识到这种变化,从学生的心理着手,进行心理疏导,教导他们用更积极向上的姿态来面对这个越来越物化的世界。同时要和他们进行情感交流,情感交流是营造和谐思想政治教育氛围的最重要的途径,通过情感的交流与沟通,彼此信任和和谐相处,将会推动思想政治教育目标的最终实现。这是实现高校思想政治教育人性化的重要途径。

(三)制定丰富多彩的思想政治教育形式,保护好学生接受思想政治教育的积极性

目前高校通行的思想政治教育形式主要有三种:一种是思想政治教育课;一种是思想政治讲座;另外一种是少数课外实践活动。两种教育形式都难以实现对学生展开全面的思想政治教育。思想政治教育课和思想政治讲座虽然可以满足信息量的要求,但是由于形式较为僵硬,无法使学生乐于其中。课外实践活动虽然可以让学生在快乐中学习,让学生通过社会实践、社会调查、社会服务等提升对思想政治教育观念的认识,但系统性不强。因此,必须综合各种思想政治教育形式,整合学校各种思想政治教育资源,制定丰富多彩的思想政治教育形式。既要提高学生的思想政治理论素质,又要注重对理论联系实际,更要保护好学生接受思想政治教育的积极性。让学生在快乐中受到思想政治教育,在思想政治教育中体验到快乐。

(四)充分利用互联网、多媒体、电子教材技术,丰富思想政治教育课教学手段

现代高校学生,使用网络获取信息的现象比较普遍。利用互联网进行思想政治教育教学,不仅可以为学生及时提供最新信息,而且受众比较广。而且可以通过将要向学生传授的思想政治知识,做成音频、视频、图像等形式,利用 QQ 群、人人网、MSN、微博等即时通信方式传播。[8]让学生接受思想政治教育的课堂形式多样化。同时,利用多媒体技术,可以在思想政治教育课堂上为学生播放具有教育意义的电影、图片,将要讲授的内容做成 PPT 等,使学生在学校课堂上接受思想政治教育的课堂形式多样化,让思想政治教育课课堂变得丰富多彩。此外,电子教材有容量大、使用方便、可以及时更新等特点,可以根据思想政治教育教学和社会发展的需要,适应学生的阅读需求。[9]为学生提高及时、高效的阅读模式,让学生可以更快、更全面地接受思想政治教育理论。

(五)注重学生的个性化特征和养成教育相结合

当前思想政治教育工作普遍存在着思想政治教育理论单一难以适应学生的多样化性格特征的矛盾。要解决这一矛盾,必须在整齐划一的思想政治教育课堂和课外实践活

动之外,发挥高校辅导员在思想政治教育中的作用。高校开设的思想政治教育课满足对学生整体教育的要求,辅导员则要担负起在课堂之外,根据学生们的个性化特征,进行个别教育的工作。帮助学校和学生解决好集体教育和个别教育的矛盾,既要照顾到学校教育教学的大局,又要照顾到学生个性的发展。

总之,高校大学生人性化思想政治教育改革是一项任重而道远的工作。在这场改革过程中,既要追求思想政治教育的效果,也要注意照顾到学生的具体特点和实际需要。高校思想政治教育工作既肩负着为社会输出全面发展的高素质人才的重任,也肩负着提升学生思想政治素养的重任。做好高校大学生人性化思想政治教育工作,必将是教育之幸,国家之幸!

【参考文献】

[1] 李红革,王威峰. 大学生思想政治教育人性化探究[J]. 湖南科技大学学报(社会科学版),2013(7).

[2] 张明秀,吴世彬. 从工具化到人本化:高校思想政治教育价值诉求的转变[J]. 学校党建与思想教育(德育新思维),2009(3).

[3] 项久雨. 思想政治教育价值与人的价值[J]. 教学与研究,2002(12).

[4] 郭凤志,胡海波. 从政治型到文化型:中国当代德育形态的嬗变路向[J]. 东北师范大学学报,2008(4).

[5] 马克思,恩格斯,列宁,斯大林. 论人性异化人道主义[M]. 北京:清华大学出版社. 1983:120 - 120.

[6] 吴运兰. 从政策执行过程谈高校教学管理的规范化与人性化[J]. 沈阳工程学院学报,2007(1).

[7] 刘海春. 论思想政治教育的人本价值回归[J]. 思想教育研究,2004(1).

[8] 郝胜杰. 思想政治教育如何面对"微博"的挑战[J]. 扬州大学学报(高教研究版),2010(4).

[9] 陈奎庆,张继延. 隐形思想政治教育的价值及实现路径[J]. 学校党建与思想教育,2008(9).

● 怎样把小组合作学习落到实处

曾广芬

（贵州省思南县思唐镇第五中学，贵州　思南　565100）

【摘　要】课堂教学改革倡导学生互相交流、互相学习、互相帮助，体验集体荣誉感和成就感，发展合作精神，使学生真正成为学习的主人。要让小组合作学习在教学尤其是中学英语教学中发挥应有的作用，关键在于教师要找准自己的课堂角色，让小组合作学习走上正轨。教师在教学中要起引导和指导作用。按照新课程改革的要求，教师既是学生学习的引导者，也是学生学习的合作者。

【关键词】小组；合作学习；帮扶对子；英语教学

传统课堂教学越来越不适合现在的学生，我们应敢于向传统课堂教学挑战。贵州省思南县思唐镇第五中学在2013年9月开始实施包括英语教学改革在内的课堂教学改革，课改实践证明，重视学生小组合作学习、挖掘学生自身潜能要比教师一味讲授更有效果。课改倡导学生在学习过程中主动参与、合作、交流与探究，改进学习方式，促进学生互相交流、互相学习、互相帮助，体验集体荣誉感和成就感，发展合作精神，使学生真正成为学习的主人。成立学习小组，形成帮扶对子，集集体的智慧共同学习是提高课堂效率和学习效率的最好办法。随着新一轮课程改革的深入，新的课程理念逐渐深入人心，小组合作学习成为课改中一道亮丽的"风景线"。它不仅强调了学习和发展的主体是学生，而且也强调了学生学习方式的变化。

一、小组合作学习的含义与特征

小组合作学习是指学生依不同性别或能力混合编成若干小组（每组6～8人），小组成员分工合作、相互扶持、彼此指导、共同努力学会教师每节课安排的内容，并达到预期的学习目标。小组合作学习具有以下一些基本特征：①合作学习小组成员有共同的学习目标。小组成员相互帮忙，努力完成共同的目标。一旦学习目标实现，全组成员共同受奖，体会成功的喜悦。②互帮互学。小组成员应当相互依赖、相互帮助，否则小组目标就不可能完成。因此，小组成员之间的成功机会均等，且可以取长补短。③交往互动。合作学习非常强调学生与学生之间、老师与学生之间的互动和交流。小组成员相互信任、

作者简介：曾广芬，女，贵州省思南县思唐镇第五中学教师。

共同探讨、资源共享,一起实现小组目标。④个人责任。小组成员应当完成自己承担的学习任务,同时也应该帮助小组其他成员。

二、如何形成有效的合作学习小组

合理分组是建设有效合作学习小组的前提。合作学习是在教师的精心组织下,学生以学习小组为单位进行学习的一种形式。教师一般按照“组内异质、组间同质”的原则,把全体学生分成若干个学习活动小组。

(1)在班级建立层次相同的学习小组。首先班主任对全体学生都要有一定程度的了解,然后将全班学生分成均等的三层,组成小组(最好是偶数)。然后在小组内给每名同学编号,形成一对一的帮扶对子。如“1”号同学帮助“4”号同学,“2”号同学帮助“5”号同学,“3”号同学帮助“6”号同学。开展小组结对盟约,落实帮扶。我们由各学科设计“帮扶小对子(对学)”:各小组可按学习成绩编号,“1”“2”“3”代表成绩最好,“4”“5”“6”代表学习上目前最困难,他们形成帮扶对子,课堂上随时帮助,小组内及时有力地评价。小组内帮扶时,“1”“2”“3”号讲给“4”“5”“6”号听,“4”“5”“6”号理解后再复述给“1”“2”“3”号听,达到相互学习和提高的目的。同时,学习结果展示时教师尽量抽“4”“5”“6”号上台演练,采用自评或互评方式进行评价。“4”“5”“6”号的作业有时就由“1”“2”“3”号进行批改。

(2)一个学习小组的好坏重要的是选出一个优秀的组长。组长是老师的小助手和代言人,是一组之魂。选一名成绩好、责任心强、有一定组织能力的学生担任小组长,负责全组的组织、分工、协调、合作等工作至关重要。老师要定期集中培训小组长,发挥学习小组长的管理、组织、检查作用。小组长的组织协调能力强,小组集体战斗力就强。讨论要由小组长安排组织实施,突出重点,解决自学时未解决的问题,并要控制每一个人的讨论内容、节奏和效率。在小组合作探究中,由小组长组织分配好任务,先一对一讨论,完善思路,然后小组集中讨论解决疑难点。按“A教B,B教C”的梯次合作,使小组成员在合作中共同完成学习任务,同时在一对一讨论中、展示中、点评中都有相互竞争。充分发挥小组成员的作用,展现小组合作学习的优势。

(3)每个小组的建立都要注重均衡配置。我们注意根据学生文化基础、爱好特长、性格、性别的不同,本着“条件均衡,优势互补”的原则,把学生分成若干个学习小组,人数4~6人为宜,这样有利于每个小组都能进行充分的讨论,有利于学生互相帮助和深入交流,并能培养学生的集体主义精神。同时也有利于各小组在同等条件下展开竞赛。

(4)尽量尊重学生意愿。在保证基本均衡的前提下,老师在分组时应充分考虑学生的意愿,注意不把彼此暂时排斥的学生编在同一小组,以免激发其逆反心理,影响小组组成。

学生的个体差异是客观存在的,教师要有意识地组织好分组。并且要做好每组成员的思想工作,培养学生团结友爱、互帮互助、民主平等的学习习惯。鼓励学生敢说敢想,要求他们努力做到虚心听取别人的意见,积极帮助学习有困难的学生,并实现资源共享。

三、小组合作学习在英语教学中的体现

（一）在英语教学中实施小组合作学习的特点

(1)合作小组和帮扶对子能帮助那些不善于独自发言的同学克服害羞、恐惧的心理障碍，克服课堂语言操练机会少、人次少，不能做到人人大量练习的缺点。在小组和帮扶对子的共同学习活动中同学之间相互帮助，密切了同学之间的关系。使学生在课堂上能处于一种轻松、积极的状态，从而提高学习效率。

(2)合作小组与帮扶对子间的讲评，把听与说放在同样重要的位置上，每个同学都是参与者，把个别练习中少数人的活动变成人人参加的“个别练习”，激发了学生的学习热情，有利于良好学风、班风乃至校风的形成。

(3)教师的角色发生了变化。教师不再是课堂教学的主体，而是课堂活动的组织者和监督员，真正做到了精讲多练，体现了以学生为中心的教学原则。

（二）小组合作在英语教学中的具体运用

在英语教学中，小组合作的技巧可以在各种类型的教学实践中加以灵活运用。下面就英语新词汇教学中如何巧用小组合作进行阐述。

在英语新课文的教学中，新单词 new words 比较多，对于 new words 的学习，采用小组合作学习可收到很好的效果，具体为：

(1)独学。学生各自根据音标拼读单词，圈出自己不会的。

(2)对学。帮扶对子学生之间进行交流，解除各自的困惑，如果还有不会的单词，打上三角符号留着小组里解决。

(3)群学。把对学不会的单词拿出来小组内讨论解决，小组长安排人进行教读，确保人人会读。

(4)各小组准备就绪后，派一名代表在全班交流与展示。可将写着生词、音标和意义的词汇表放在投影仪下，再简要解释生词的发音与词义。

(5)各小组的学生将所有的生词解释完毕后，教师出示自己早已准备好的标准版本，并将这份书写清晰的生词表放在投影仪下，请个别学生逐词朗读，纠正不正确的发音后，带领全班将全部生词朗读一遍。

(6)按生词的顺序，各组派代表参加用新单词造句即“Make a sentence with the new word”竞赛。

整个英语新单词教学过程中，老师组织了一系列的学习活动，使学生通过完成不同形式的任务掌握了生词。每个组员不仅完成了自己的任务和参与了本组的小组合作学习，还在交流过程中分享了其他小组的学习成果。最后的竞赛活动把整个课堂气氛推向高潮，学生进入最佳的学习状态。

四、提高小组合作学习在英语教学中实效性的建议

在英语教学中尝试小组合作学习，有时也产生过困惑，出现过合作学习不合作的情

况,例如,个别学生"一言堂",多数学生往往一言不发,心甘情愿当听众;或者,你说我说,大家抢着说,谁也不听谁的,造成课堂秩序混乱;尤其是有的学生用英语表达不流畅时就换用汉语等,使合作学习流于形式,学生的合作精神、交流能力等的培养也难以实现。为克服上述现象,进一步提高小组合作学习在英语教学中的实效性,笔者认为,在英语教学实践中应注意采取一些措施,做好以下几个方面的工作。

(一)明确任务,给足时间

合作学习应该是适时的,必须有明确的任务。新英语课程提倡任务型教学,而大部分任务都需要通过合作(帮扶对子合作与小组合作)来完成。这就要求教师在每次的合作前深入研究教材,设计好具有一定挑战性、开放性、探索性的任务,用简洁明了的语言提出任务,让学生明白合作的目的,给足合作的时间,注重个体的独立思考,确保每个学生在小组内充分交流和表现的机会。只有学生积极参与,合作才有可能出现一点即通、恍然大悟的效果,才能较好地完成学习任务并促成班集体的和谐。

(二)营造环境,学会合作

新英语课程强调在合作中学会学习,在学习中学会合作。合作学习不仅是课堂学习取得成功的条件,同时也是一种重要的学习目的,它无疑给沉闷的课堂注入了一泓活水,学生学习英语的热情空前高涨。这时更要注意让合作学习有序展开、明确分工,避免出现学生各行其是,看似热闹却无实效的场面。师生要学会交往、学会倾听、学会尊重他人,共同营造师生互动、生生互动的良好合作氛围。让学生在质疑中求索、在争辩中明理、在合作中进步。

(三)突出互动,适时引导

教师是合作学习的组织者、引导者和参与者。合作时若发现个别学生不认真参与,要及时加以引导,确保合作学习顺利开展,且不流于形式。如果学生在交流中存在英文单词不懂、英语课文不熟的思维障碍,立即给予帮助。必要时参与其中,对学生进行一些探究、发现等方法指导,使学生学会在合作中发现问题,不断激发学生的思维碰撞,把学生的探索引向深处。

在英语课堂教学中,要让小组合作学习发挥应有的作用,关键在教师要找准自己的课堂角色,让小组合作学习走上正轨。教师在教学中要起引导作用。按照新英语课程改革的要求,教师既是学生学习的引导者,也是学生学习的合作者。在小组合作学习过程中,教师要在小组间巡回指导和引导,了解各小组的学习情况,及时发现并解决活动中存在的问题。例如,学生参与度不均衡的问题,能力强的学生参与机会明显较多,甚至完全抢占话语权;而能力较弱的学生则显得消极被动,光会记录和对答案,不去体验获得知识的过程。这时教师就要发挥引导作用,鼓励能力较弱的学生参与合作,重视他们的观点和意见,鼓励他们积极发言。此外,教师在巡视小组和帮扶对子过程中,应善于进行表扬和激励。

（四）建立捆绑式的“合作学习”评价机制

小组合作学习追求基于小组成员共同努力和个人进步基础上的团体进步。因此，合作学习的评价要把学习过程评价与结果评价相结合，把对小组集体的评价与对个人的评价相结合，也就是进行捆绑式评价。对小组中帮扶对子的评价也应同时进行，比如知识点的过关上，帮扶对子不过关时，对子也会受到牵连，组长也会受影响。通过捆绑式的“合作学习”评价机制的建立与运行，最终促进个人、帮扶对子、小组乃至班集体的共同进步。

随着英语新课程的实施，英语课堂教学要努力实现从“传授和讲解语言知识”向“培养语言能力”的转变，小组合作学习显得更加重要。英语教师要大胆实践课改中的新思想、新理念。从尊重学生、理解学生、发挥学生主动性、创造力的角度出发，把小组合作学习有机地运用到平时教学中去，使学生有更多的主动学习机会，真正成为学习英语的主人，在平等的交往中充分展示自己的外语潜能。促使学生学会尊重、学会沟通、学会如何关怀和帮助他人，学会与人合作与交流。

● 论贵州非物质文化遗产档案式保护

刘　敏

（贵州大学档案馆（校史馆），贵州　贵阳　550025）

【摘　要】在全球化的大背景下，贵州省的文化生态发生了巨大变化，以口传心授方式的非物质文化遗产已变得岌岌可危。本研究探讨了贵州非物质文化遗产档案式保护的必要性，提出贵州非物质文化遗产档案式保护的途径，以期对贵州非物质文化遗产的保护及研究起到参考、借鉴作用。

【关键词】贵州省；非物质文化遗产；保护；档案

非物质文化遗产是贵州特有的文化资源优势，是贵州文化发展的核心竞争力。在全球化的大背景下，贵州省的文化生态发生了巨大变化，以口传心授方式的非物质文化遗产已变得岌岌可危。为非物质文化遗产保护工作保驾护航，贵州非物质文化遗产保护部门作了一些成功的尝试和举措，相继制定了《贵州省民族民间文化保护条例》《贵州省非物质文化遗产保护条例》《贵州省非物质文化遗产保护发展规划（2014—2020 年）》等条例规划，目前贵州非物质文化遗产保护工作正式列入日程，进入全面实施阶段。

一、贵州省非物质文化遗产概况

由于贵州特殊的历史、地理、民族等因素，造就了独特、丰富、多彩的非物质文化遗产，在全国居于重要地位。自 2005 年启动非物质文化遗产保护工程以来，挖掘、整理了一大批具有较高历史、文学、艺术、科学价值的非物质文化遗产资源。有记载着民族精神的民间文学苗族古歌、刻道、仰阿莎、珠郎娘美、苗族贾理、亚鲁王；有精美绝妙的传统手工技艺蜡染、刺绣、银饰、剪纸、泥哨；有独具风格的建筑苗族吊脚楼、侗族风雨桥、布依族石板房；有展现百姓丰富生活的傩戏、地戏、侗戏、布依戏、黔剧；有享誉海内外的苗族飞歌、“天籁之声”侗族大歌、好花红调、布依铜鼓十二调；有绚丽多姿的芦笙舞、反排木鼓舞、彝族铃铛舞、狮舞；有浓郁的风情民俗水族婚俗、苗族姊妹节、锦屏侗年、侗族萨玛节、仡佬毛龙节；还有神秘的民间药方瑶族药浴疗法、骨伤蛇伤疗法、中医传统制剂方法等。如今已建立起完整的四级名录保护体系，有人类非物质文化遗产代表作名录 1 项，国家

作者简介：刘敏（1976—　）女，江苏扬州人，贵州大学档案馆，副研究馆员，硕士。研究方向：档案管理。

级名录 74 项(125 处),省级名录 440 项(568 处),市(州)级名录 1000 多项,县(市、区)级名录 3000 多项;有国家级传承人 57 名、省级传承人 301 名,国家级文化生态保护实验区 1 个、省级文化生态保护实验区 2 个,国家级生产性保护示范基地 3 个、省级生产性保护示范基地 28 个。[1]

二、贵州非物质文化遗产档案式保护的必要性

非物质文化遗产档案式保护是指按照档案学的基本原理,运用档案工作的技术手段,通过文字、图表、录音、录像等形式将无形的非物质文化遗产“固化”下来,改善其生存环境,提高其生命力的一种保护模式。在众多的非物质文化遗产保护方式中,档案式保护是国际法确立的最基本的保护模式,也是各国政府和组织对非物质文化遗产进行保护的最简单有效的方式。[2]

(一)档案式保护是贵州非物质文化遗产保护工作的迫切要求

非物质文化遗产是无形的、不可再生的文化资源。虽然贵州非物质文化遗产资源丰富,但是十分脆弱,相当部分非物质文化遗产项目没有采取行之有效的措施进行保护和传承,出现了许多传统技艺濒临消亡,大量珍贵实物与资料遭到盗窃、毁弃、流失、随意滥用、过度开发等现象,其现状堪忧。如享有“中国戏剧活化石”之美誉的德江傩堂戏因缺乏科学保护,资源流失、损坏严重;全国著名漆器之一“大方漆器”因破坏其原真性,生存举步维艰。档案中承载着丰富的非物质文化遗产,非物质文化遗产需要档案来承载。非物质文化遗产的普查、建档、保护、开发利用等渗透着档案工作的各个环节,运用档案手段保护是贵州非物质文化遗产的迫切要求。

(二)档案式保护是贵州非物质文化遗产信息化的必要前提

《贵州省民族民间文化保护条例》中指出“……对于征集、搜集的民族民间文化资料,应当进行系统的整理、归档,逐步建立信息查询系统”;《贵州省非物质文化遗产保护条例》中要求有关部门“……对非物质文化遗产予以认定、记录,建立档案和数据库”;《贵州省非物质文化遗产保护发展规划(2014—2020 年)》中提出“到 2020 年,贵州将初步建成非物质文化遗产全省性统一数据库平台”。真实、系统、全面的非物质文化遗产档案资源是建立标准化、规范化的非物质文化遗产数据库所必备的基本前提。将普查、收集、整理的文字记录、图片、音频、视频等贵州非物质文化遗产相关档案进行数字化转化,积极构建贵州非物质文化遗产数据库,实现对其科学归类与高效检索、利用,实现资源共享。[3]

(三)档案式保护是贵州非物质文化遗产持续发展的坚实基础

贵州非物质文化遗产保护工作是一项繁复的系统工程,任重而道远。近年来,贵州省虽然积极展开了一系列的抢救保护工作,并取得了不俗的成绩,但贵州非物质文化遗产保护和传承仍然面临许多问题。档案重视对非物质文化的追溯记忆,其中所记录的信息是最原始的、最真实的,只有保护好非物质文化遗产的本来面貌才有助于非物质文化

遗产的传承。贵州非物质文化遗产保护工作必须充分认识到非物质文化遗产与档案之间的密切关系,才有利于贵州非物质文化遗产的持续发展。

三、贵州省非物质文化遗产档案式保护的途径

(一)高度重视,形成合力

非物质文化遗产保护是一项综合性、多学科性、群众性很强的工作。作为名副其实的非遗大省,贵州各级政府应高度重视非物质文化遗产保护工作,遵循"保护为主,抢救第一,合理利用,继承发展"的指导方针,将非物质文化遗产保护从部门工作上升到全省行动,形成"政府主导、社会参与、职责明确、运转协调"的保护常态,政府各部门之间、政府部门与社会团体之间、研究非物质文化遗产的各学科之间必须协同配合。[4]在原有的贵州省非物质文化遗产保护条例规划基础上,各个非物质文化遗产项目需结合实际,进一步制定具体的保护管理办法。广泛动员群众力量,让全省上下自觉担负起保护贵州非物质文化遗产的责任和义务,尤其是档案部门应尽快从贵州非物质文化遗产保护事业的边沿走向中心,发挥自身优势,积极协助相关部门,抢救和保护好贵州省的非物质文化遗产。

(二)全面普查,广泛收集

贵州非物质文化遗产种类丰富,分布范围广,必须全面开展拉网式普查。采取接收、征集、采集等方式,尽可能多渠道、多途径收集材料,运用文字、录音、录像、数字化多媒体等手段,进行调查、登记,确定发源地、传承人相关活动,进而确定资料收集范围、固定资料来源。以便全面掌握贵州省非物质文化遗产的种类、数量、分布情况、生存环境、保护现状,以及存在问题。[5]档案部门积极利用档案收集的经验,应用档案管理的先进技术,指导并监督相关部门及时建立真实、全面、系统的贵州非物质文化遗产档案。

(三)规范建档,科学管理

严谨、科学地甄别与鉴定普查收集到的资料及实物,根据内容真伪与价值大小两个方面进行衡量,反复甄选,筛选出流传较长久、范围较固定、可信度高的原始记录进行整理、分类、编目、建档。实行专库存放、专室陈列、专人管理,形成科学规范的档案式保护管理框架。立档后要注意动态补充,不断充实档案材料,以维护档案材料的完整性。传承人是传承与保护的活性载体,尤其要建立好传承人档案,对传承人的基本信息(姓名、性别、年龄、民族、文化程度、居住地址、技能技艺等)、经济状况(经济收入、居住状况等)、传承情况(传承人人数、年龄阶段、传承的技能技艺等)进行调查形成档案,同时要及时解决传承人遇到的经济、社会、文化方面的问题。[6]

为提高贵州非物质文化遗产的生命力,必须改善其生存环境。各个项目应分别建立特藏室进行特殊维护和专业管理。根据不同载体档案的不同特点,采取不同的保护措施。对德江傩堂戏师坛图、锦屏水书等纸质档案可采取除污、脱酸、封塑、杀毒、修裱、加固、揭"砖"、字迹还原等方法进行治理和修复;对德江傩堂戏、侗族大歌、苗族芦

笙舞等音像档案进行载体转换、防磁防光等物理技术处理;对傩面具、银饰、芦笙等实物档案视不同情况分别采取杀菌、防护、封膜、修复等加工保存,不便于永久保存的实物档案如苗族百鸟衣、马尾绣等,为避免反复利用受损,需转换为电子档案,并定期进行检查和复制。

加快建立贵州非物质文化遗产档案数据库。应用文字、录音、录像、数字化多媒体等现代技术,完成非物质文化遗产资源的数字化,建立数据库,以达到传统保存方式所不能达到的展示要求和保真效果。[7]

(四)研究利用,合理开发

为贵州非物质文化遗产保护和研究搭建良好的平台,深入研究,不断挖掘贵州非物质文化遗产的价值,从而赋予其更强的生命力。鼓励、支持从多视角、多学科对贵州非物质文化遗产保护问题进行深入地、长期性研究,定期召开研讨会,研究成果及时发表出版。目前,贵州成立了一些长期从事非物质文化遗产保护和研究工作的学术机构,如贵州省非物质文化遗产保护中心、贵州大学非物质文化遗产研究中心等。贵州非物质文化遗产要与时俱进,推陈出新。积极创作原生态歌曲,拍摄影视、表演戏剧等,如“多彩贵州”系列节目、钟幺爷开心剧场、“黔岭歌飞”贵州省少数民族歌曲创作大赛等都是成功范例。保护是基础,利用是目的。在保密法允许的条件下,陆续开放贵州非物质文化遗产档案,以便社会各界利用。积极了解利用者的需求,提供便捷、优质、高效的服务。

坚持“在保护中开发,在开发中保护”的原则,以“多彩贵州”品牌为依托,采取文化、旅游、商业一条龙的形式,合理开发贵州非物质文化遗产资源,形成一个信息灵、市场广、渠道畅的平台,从而既保护贵州非物质文化遗产的生存,又为其发展开辟道路。如国酒茅台、苗族银饰、侗族大歌走出了国门,西江苗寨的民俗生态旅游发展、德江傩堂戏积极尝试“以傩养傩”等开发,已经获得了丰厚的经济效益和显著的社会效益。

【参考文献】

[1] 贵州出台非遗保护发展规划推出“八大工程”. 贵州省文化网,2014,6.

[2] 张继.“非遗”档案式保护的国际法立法探析[J]. 吉首大学学报,2010(6).

[3] 刘曼曼. 保定市非物质文化遗产的档案式保护探析[D]. 保定:河北大学,2013.

[4] 陈国华. 论民间文学艺术的档案式保护[J]. 云南档案,2009(1).

[5] 覃凤琴. 从“非物质”到“外化物质再现”——非物质文化遗产档案式保护及其价值考察[J]. 档案与建设,2007(5).

[6] 陈军. 赫哲族非物质文化遗产的传承与保护研究[J]. 黑龙江史志,2012(6).

[7] 陶园,李青. 论档案式保护在“徐州琴书”保护中的必要性[J]. 兰台世界,2011(1).

● 高校卫生机构开展社区卫生服务政策的伦理分析

冯杰[1,2]　薛中豪[2]　徐凌忠[1]

(1. 山东大学公共卫生学院,山东　济南　250100

2. 山东省临沂市人民医院,山东　临沂　276003)

【摘　要】高校卫生机构开展社区卫生服务是新医改形势下一种新的卫生资源利用形式。本研究从公共性与偏私性、实然性与应然性、功利性与道义性三个方面对这一政策进行了伦理学分析。

【关键词】高校;社区卫生服务;伦理

高校卫生机构开展社区卫生服务是指高校医院改变以往综合医院的办院模式,将高校医院定位于高校社区卫生服务,为教职工及学生提供预防、医疗、保健、康复、健康教育、计划生育技术服务六位一体的卫生服务。是新医改形势下,为节约卫生资源,提高卫生资源利用率,促进高校卫生机构的发展,为人民提供更多更好的卫生服务而实行的一项政策。

作为一项公共政策,高校开展社区卫生服务是为大众服务的,其本意是为了促进社会公众利益,其应该具有公共性、合理性和正当性。对这一政策进行伦理分析就是分析这一政策行为是否公正、是否符合大多数人的利益。王锋认为公共性与偏私性、实然性与应然性、功利性与道义性构成了对公共政策进行伦理分析的三个维度。[1]下面本研究从这三个方面对高校开展社区卫生服务这一政策进行伦理分析。

一、　公共性与偏私性

(一)　公共性

公平正义是道德规范的基本要求,公共政策是为解决公共问题而采取的政策,公共性是其主要的性质。

1. 主体的公共性

高校卫生机构开展社区卫生服务这一政策的主体是国家卫生行政部门即政府。政

作者简介:冯杰,山东大学公共卫生学院公共卫生在读硕士,山东省临沂市人民医院助理翻译;薛中豪,临沂市人民医院科员;徐凌忠,山东大学公共卫生学院社会医学与卫生管理研究所所长,教授,博士生导师,研究方向:社会医学与卫生管理。

府为实现公共利益而进行公共管理活动,它是公共利益的代表和维护者。政府本身具有公共性,制定这一政策的目的是有效的利用卫生资源,保护和促进人民群众的健康,所以这一政策具有很强的公共性。

2. 目标问题的公共性

高校卫生机构开展社区卫生服务是为了解决人民群众的看病问题即医疗卫生问题。医疗卫生问题无疑是一个公共问题,是人民大众所面对的,为解决这一问题而实行的政策理所当然的具有公共性。此外,我国卫生事业是政府实行一定福利政策的社会公益事业。卫生事业的公益性决定了卫生政策的公益性。高校卫生机构开展社区卫生服务这一政策无论从卫生事业本身的性质还是从其要解决的问题来看,归根到底是为人民大众服务的,公益性是其最突出、最主要的性质。

(二) 偏私性

在实际的运行中,受本身及各种因素的影响,公共政策往往会出现“变形”“走样”,导致其偏离原有的公共性,出现偏私性。

1. 利益选择的偏私性

学校作为一个组织,在实际运行中并不是完全中立的,它也有自身追求的特殊目标,也要实现自身利益。实行高校卫生机构开展社区卫生服务政策后,相当一部分高校卫生机构原来由学校负责经费成为自筹,这样学校便相对减轻了负担。而随着高校卫生机构社区卫生服务的开展,高校社区就会享受到更多更好的卫生服务,高校社区从这一政策中的受益显然要大于其他社区。另一种情况是部分高校卫生机构搞小团体主义,仅为教职工或部分服务对象提供水平较高、价格实惠的卫生服务,而社区中的其他人群则享受不到。

2. 举办机构的偏私性

由于各地各校具体情况不同,所以并不是所有的高校卫生机构都适合开展社区卫生服务,需要有一个渐进的过程。而现在优先条件较好的高校卫生机构已经先期开展这项服务,且收到了较好的效果。这样条件不同的高校卫生机构,从这一政策中的受益也就不同,条件较好,实力较雄厚的高校卫生机构从这一政策中收益较早、较多,而不同的高校社区享受到的卫生服务也将不同。高校卫生机构开展社区卫生服务作为一项公共政策,兼有公共性与偏私性,二者辩证统一,任何一方也不可避免。我们在现实中要扩大其公共性,尽量减小其偏私性,以最大限度地为公众服务。

二、 应然性与实然性

在具体政策制定过程中,由于政策主体的目标设定,受到政策主体的价值观、意识形态、利益偏好等的影响,政策主体在制定政策时,公共政策的价值性就显得尤为重要,因此,公共政策是应然的,所要达到的是一种应该。但是在现实中,政策由于受到执行者和外部环境的影响,不可避免的会产生变形。政策的应然性与实然性之间存在一定的差距。

社区卫生机构作为小型医院,其规模必须予以限制,以全科医学为主,完成基础的常见病的诊治,只要能在社区中解决的问题,上级医院不予接诊,可依据疾病分级目录进行,以防止资源的浪费。[2]但是在实际运行中,部分高校卫生机构由于自身条件较好,经费充足,技术先进,可能发展较快,进而提供更多种类、更高水平的卫生服务,其规模也不断扩大,业务范围也不断扩展,向综合性医院过渡。另外,高校卫生机构开展社区卫生服务这项政策的初衷是促进增强高校卫生机构的功能,促进其发展,而在实际运行中有可能由于医务人员思想认识不到位,经营不善或者缺乏市场竞争能力导致部分高校卫生机构经济情况恶化甚至难以为继。

应然性与实然性就像是硬币的两个面,是有机统一的,不可能舍弃任何一个。只认同应然性是理想主义的一种表现,政策不可能完全达到"应该",在政策的执行中应做好控制,使其不致偏离应然性太多。

三、 功利性与道义性

在政策分析中,常见的价值选择有两种,即目的论和义务论。政策的功利性即是目的论的体现。目的论认为选择选择某种政策方案,是因为这一方案能产生有效的结果。功利主义认为正确的政策是那些能为最大多数人带来最大幸福的政策,新功利主义认为正确的政策是基于最大限度增加社会净收益的政策。[3]

义务论认为判断一项政策正确与否,要根据这一政策行为的性质而不是结果。它更多的是关注政策本身是否符合道德要求,是否公平。

高校卫生机构开展社区卫生服务这一政策,毫无疑问地会使人民群众享受到更多更好更方便的卫生服务,而且有效地利用了现有的卫生资源,提高了资源利用率,避免了资源的浪费,从而间接地增加了社会净收益。因此从目的论角度看,该政策产生效果较好,是正确的。但是,作为一项公共政策,它同时必须置身于道义性的审视之下。高校卫生机构开展社区卫生服务这一政策实施前,高校社区的居民难以方便的享受到社区卫生机构六位一体的卫生服务,而高校卫生机构也难以获得和社区卫生机构同样的发展机遇以及支持。这就是一种不公平现象,这一政策的实施正是为了解决这一不公平,因此它又是具有道义性的。

高校卫生机构开展社区卫生服务一方面必将为社区居民和教职工及学生提供高质量、多形式的卫生服务,另一方面也有利于充分利用卫生资源,提高卫生资源使用效率,增加高校卫生机构就诊人数,改善高校卫生机构的经营状况,减少卫生资源的浪费。并且还丰富了社区卫生服务的相关理论,促进了相关学科的发展。在其实现的运行中,应加强控制,即使调节,保证其公共性,最大限度减小其偏私性,从而确保这一政策真正做到为人民服务,为大众谋利益。

【参考文献】

[1] 王锋.公共政策伦理分析的三个维度[J].淮北煤炭师范学院学报(哲学社会科学版)2008(1).

[2] 孙慕义.集体的责任——中国当代医疗改革的责任伦理学剖析之二[J].医学与社会,2003,(16)15.

[3] 周辅成.西方伦理学名著选辑(下)[M].北京:商务印书馆,1987.

● 1982—2012 年三大检索工具收录贵州大学论文统计分析

唐圣琴[1]　张津[2]　吴卫兵[2]

（1. 贵州大学档案馆（校史馆），贵州　贵阳　550025

2. 贵州大学图书馆，贵州　贵阳　550025）

【摘　要】以 ISI Web 平台上的 SCI - E、CPCI - S 和 EI 为统计源，检索了贵州大学所发论文在 1982—2012 年间被三大检索工具收录情况，并采用定量分析方法，分析了收录论文数量、时间、著者、主题，以及出版物等，找出与其他高校的差距，提出了提高论文收录量的一些对策建议。

【关键词】贵州大学；SCI - E；CPCI - S；EI；收录论文；定量分析

SCI - E（科学引文索引 - 扩展版）、EI（工程索引）、CPCI - S（Conference Proceedings Citation Index - Science，原名 ISTP 即科技会议录索引）是世界著名的三大科技文献检索系统，是国际公认的进行科学统计与科学评价的主要检索工具，其收录论文的数量是评价国家、单位和科研人员学术水平，以及进行奖励的重要依据之一，已成为教师和科研人员提升自己的努力方向。为此，笔者对贵州大学所发论文在 1982—2012 年 31 年间被三大检索工具收录情况进行定量分析，目的在于了解掌握本校的学术水平现状，找出差距，为今后学校制定相关政策，以及有关人员提高论文录用率等提供一定参考。

一、 数据来源

以 ISI Web 平台上的 SCI - E、CPCI - S 和 EI 为统计源，以合并前的贵州大学、贵州农学院、贵州工业大学和合并后的贵州大学为检索词，检索式为 AD = Guizhou univ or Guizhou agriculture or Guizhou industry，31 年间共检出三大检索工具收入本校论文 3954 篇（年均收录 127.55 篇）。

作者简介：唐圣琴，女，贵州大学档案馆副馆长，研究馆员。研究方向：图书与档案管理。

二、 结果分析

(一)收录论文数量及时间分布

表 1 三种工具收录贵州大学论文

检索工具	论文总数(篇)	年均论文数(篇)	时间范围
SCI - E	1592	51.35	1982—2012 年
CPCI - S	530	29.44	1995—2012 年
EI	1832	114.5	1997—2012 年

贵州大学所发论文被三大检索工具收录量最多的是 EI,最少的是 CPCI - S,最早收录时间分别是 1982 年(SCI - E)、1995 年(CPCI - S)和 1997 年(EI),且随着时间的推移,收录量呈递增趋势(表 1,图 1),从开始年的 1 篇,到 2012 年 SCI - E 增加到 239 篇(其中 1983 年,1984 年,1987 年,1989 年,1991 年 SCI - E 收录量为 0),CPCI - S 增加到 65 篇,EI 达 324 篇,并且在第一次并校(1999 年)和第二次并校(2004 年)时出现了两个明显增长期,尤以 2004 年以后增长最快,这主要是由于并校后学科及研究人员增加带来的,但也与学校出台相关奖励政策有关。截至 2012 年,收录论文总数已达 3954 篇,年均收录论文最多的是 EI(达 114.5 篇),最少的是 CPCI - S(不足 30 篇),说明本校工程技术相关学科的发展好于其他学科。但与国内部分高校相比差距较大,如 SCI 收录量,15 所大学 1997—2006 年间排前三位的清华大学、北京大学、浙江大学年均分别达 2120.6 篇、1862.9篇和 1697.3 篇,最低的天津大学已达 533.1 篇,本校同期仅为 37.9 篇;又如华南农业大学在 1984—2012 年间被 SCI - E 收录论文量年均已达 98.14 篇[2],本校同期仅为 54.86 篇;从 EI 收录量来看,1969—2008 年间,清华大学、上海交通大学、浙江大学年均分别达 871.6 篇、594.58 篇、559.55 篇[3],我校 1997—2012 年年均仅 114.5 篇,可见,本校与国内大多数高校相比仍存在较大差距。

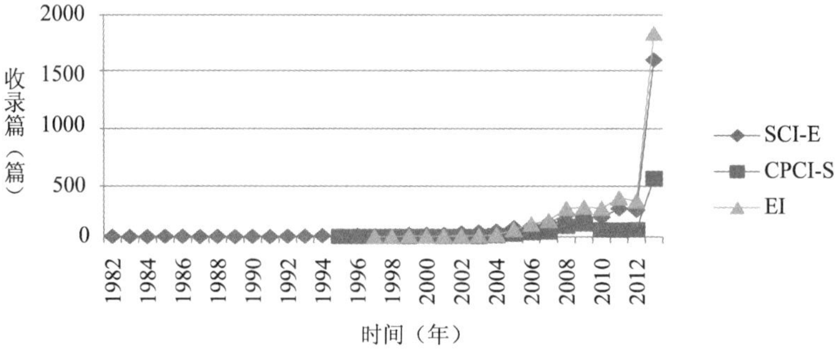

图 1 收录量随时间变化趋势

(二)收录论文著者及其分布

1. 收录论文著者

三大检索工具收录论文著者(见表2)分别占学校教职工总数的22.06%(SCI－E)、7.82%(CPCI－S)和25.43%(EI),即31年中,全校仅有不足30%的人发表论文被三大检索工具收录过。人均被收录论文不足2篇(见表2),年均不到0.06篇/人,处于极低水平。单著者收录量最多的分别达43篇(SCI－E)、15篇(CPCI－S)和24篇(EI),最少的仅1篇,收录1~2篇的著者占80%以上(见表2),符合长尾理论,即大量著者发表的论文未被收录;若以收录论文5篇或10篇以上的为高产著者(不到著者总数2%,表3)。由此可见,三大检索工具收录本校著者较少,人均收录论文量较低,学校教职工的整体学术水平还需进一步提高。

表2　收录论文著者分布

检索工具	总人数	人均收录(篇)	收录1篇		收录2篇		收录10篇以上	
			人数	%	人数	%	人数	%
SCI－E	883	1.80	608	68.86	139	15.74	13	1.47
CPCI－S	313	1.69	207	66.13	63	20.13	2	0.64
EI	1018	1.80	700	68.76	152	14.93	14	1.38

表3　论文收录量较多的著者

SCI－E			CPCI－S			EI		
著者	收录量		著者	收录量		著者	收录量	
	篇	%		篇	%		篇	%
Wang, JR	43	2.70	Li, SB	15	2.83	Wang, Jinrong	24	1.31
Song, Yuehua	21	1.32	Xiao, JC	11	2.08	Huang, Wei－Qi	18	0.98
Xiao, Xin	16	1.01	Xie, QS	9	1.70	Zhang, Zhu－Hong	18	0.98
Wu, Jiagang	14	0.88	Zhang, ZH	8	1.51	Li, Shaobo	16	0.87
Peng, Y	13	0.82	Chen, QS	7	1.32	Zhang, Jing	13	0.71
Xing, Ji－Chun	13	0.82	Zhang, J	7	1.32	Hao, Zheng－Hang	11	0.60
Ni, Xin－Long	11	0.69	Liu, F	6	1.13	Liu, Qi－Bin	11	0.60
Song, BA	11	0.69	Long, F	6	1.13	Yang, Jing	11	0.60
Chen, Xiang－Sheng	10	0.63	Wang, XM	6	1.13	Chen, Qi－Song	10	0.55
Huang, WQ	10	0.63	Liu, BY	5	0.94	Jiang, Yang	10	0.55
Liu, Xin－Hua	10	0.63	Mei, Y	5	0.94	Liu, Fei	10	0.55

续表

SCI - E			CPCI - S			EI		
著者	收录量		著者	收录量		著者	收录量	
	篇	%		篇	%		篇	%
Tao, Z	10	0.63	Wang, YS	5	0.94	Wang, Yisong	10	0.55
Yang, Ruidong	10	0.63	Yang, J	5	0.94	Wang, Yuanyu	10	0.55
						Wu, Jiagang	10	0.55

注:%指分别占SCI - E、CPCI - S、EI总收录量的比例。

2. 著者合作情况

在三大检索工具收录的论文中,合著论文占有较大比例,著者数一般在3~8人之间,最多的达几十人(含多个合作单位),篇均著者数均在3人以上(见表4),说明本校著者大多具有较强的合作意识,顺应了学科的发展需求,因为目前的研究更加趋向于不同学科、不同专业的合作,特别是现代高精尖技术,更需要多学科的协同攻关,多元化参与者的知识背景,使之能拥有较广泛的信息、知识和经验,为其创新研究创造较好的条件。

表4 论文著者合作情况

单位:篇

SCI - E		CPCI - S		EI	
著者总数	篇均著者数	著者总数	篇均著者数	著者总数	篇均著者数
7494	4.71	1656	3.12	6694	3.65

(三)收录论文出版物分布及影响因子

三大检索工具收录论文涉及300种以上出版物;就一种出版物来看,收录量最多的达61篇(占SCI - E总量的3.83%,表6),最少的仅1篇,收录1篇论文的出版物占了出版物总量的50%~70%(表5),可见,本校著者发表的被三大检索工具收录论文的出版物既分散又相对集中。

表5 收录论文出版物分布

检索工具		SCI - E	CPCI - S	EI
出版物总数(种)		554	318	348
收录1篇论文出版物	数量	330	223	177
	%	59.57	70.13	50.86

世界上比较公认的能较客观反映期刊学术水平和影响力的重要评价指标是影响因子(指在两年时间内,某一期刊上发表的所有文章被引用的总次数与这两年内该期刊上

所发表文章数量的总和的比值)，仅以 SCI－E 为例，本校被 SCI－E 收录 25 篇以上论文的 8 种期刊中(见表 6)，仅 1 种期刊(NONLINEAR ANALYSIS－THEORY METHODS & APPLICATIONS)5 年影响因子(2012 年 JCR 统计)超过 1，为 1.579，有 7 种期刊低于 1，最低的为 0.278(ACTA CRYSTALLOGRAPHICA SECTION E－STRUCTURE REPORTS ONLINE)，而据文献报道，SCI 平均影响因子约为 1[4]，由此可见，本校大多数著者论文所载期刊的影响因子都低于 SCI 平均影响因子，论文的质量还有待提高。

表 6　收录论文量分列前 8 位的出版物

SCI－E		CPCI－S		EI	
出版物名称/5 年影响因子	数量	出版物名称	数量	出版物名称	数量
ZOOTAXA/0.928	61	2009 INTERNATIONAL CONFERENCE ON NETWORKING AND DIGITAL SOCIETY, VOL 2, PROCEEDINGS	19	Nonlinear Analysis, Theory, Methods and Applications	25
CHINESE JOURNAL OF ORGANIC CHEMISTRY/0.592	60	Proceedings of e-ENGDET 2006	13	Chinese Journal of Geochemistry	24
ACTA CRYSTALLOGRAPHICA SECTION E-STRUCTURE REPORTS ONLINE/0.278	42	2008 2ND INTERNATIONAL CONFERENCE ON ANTI-COUNTERFEITING, SECURITY AND IDENTIFICATION	11	Gaofenzi Cailiao Kexue Yu Gongcheng/Polymeric Materials Science and Engineering	22
ACTA PHYSICA SINICA/0.899	40	ADVANCES IN NEURAL NETWORKS-ISNN 2011, PT Ⅲ	7	Yantu Lixue/Rock and Soil Mechanics	22
CHINESE JOURNAL OF INORGANIC CHEMISTRY/0.561	38	PROCEEDINGS OF THE 3RD INTERNATIONAL CONFERENCE ON ANTI-COUNTERFEITING, SECURITY, AND IDENTIFICATION IN COMMUNICATION	7	Guang Pu Xue Yu Guang Pu Fen Xi/Spectroscopy and Spectral Analysis	21
ACTA CHIMICA SINICA/0.531	32	2008 4TH INTERNATIONAL CONFERENCE ON WIRELESS COMMUNICATIONS, NETWORKING AND MOBILE COMPUTING, VOLS 1-31	6	Jianzhu Jiegou Xuebao/Journal of Building Structures	18
NONLINEAR ANALYSIS-THEORY METHODS & APPLICATIONS/1.579	32	2009 3RD INTERNATIONAL CONFERENCE ON ANTI-COUNTERFEITING, SECURITY, AND IDENTIFICATION IN COMMUNICATION	6	Gongneng Cailiao/Journal of Functional Materials	17
SPECTROSCOPY AND SPECTRAL ANALYSIS/0.293 *(*为 2012—2013 年两年)	25	ASIA-PACIFIC CONFERENCE ON SEMICONDUCTING SILICIDES SCIENCE AND TECHNOLOGY TOWARDS SUSTAINABLE OPTOELECTRONICS (APAC-SILICIDE 2010)	6	Journal of Molecular Structure/1.611	16

(四)收录论文主题分布

科技论文的关键词反映出论文的研究主题,从收录论文研究的主题来看,主要集中在化学、生物学、物理学以及机械工程等专业,这与三大检索工具收录论文的侧重点相符,其他专业的论文较少;从收录论文的关键词数量来看,篇均在3~7个(表7),也符合论文规范的要求(3~8个关键词);但从出现频率较高的关键词来看(表8),一些泛指意义的词单独作为关键词出现频率较高,如synthesis、Manufacture、Design、Existence等,此外,以代码、化学元素符号等作关键词的也不在少数,可见,本校部分科技人员在关键词的提取上还不够科学、合理,有待进一步改进。

表7 论文关键词数

检索工具	论文总数(篇)	关键词数(个)	
		合计(个)	篇均(篇)
SCI-E	1592	5696	3.58
CPCI-S	530	1869	3.53
EI	1832	11964	6.53

表8 出现频率较高的关键词

SCI-E	次	CPCI-S	次	EI	次
synthesis	83	Magnetron Sputtering	8	Algorithms	96
China	80	microstructure	8	Computer simulation	81
taxonomy	58	neural networks	5	Optimization	74
crystal structures	55	Existence	4	Scanning electron microscopy	64
morphology	54	first-principles	4	Mathematical models	61
new species	51	mechanical properties	4	X ray diffraction	57
existence	31	Model checking	4	Manufacture	55
optimal controls	31	security	4	Design	41
distribution	30	asphalt concrete	4	Microstructure	37
Guizhou province	25	Belief change	4	Mechanical properties	36
Hemiptera	21	TLA	4	Silicon	35
Homoptera	21	xonotlite	4	Civil engineering	35

三、 初步建议

（一）制定区别激励政策，促进学校办学目标的实现

学校教育事业发展“十一五”规划中明确指出：经过五年的努力，使学校综合实力处于国内先进行列，将贵州大学建设成“特色鲜明、优势明显、在国内外具有较大影响的高水平教学研究型综合大学”的目标。虽然2007年以来，本校被EI、SCI收录论文量年均达100篇以上，且还呈现出逐年增长的趋势。然而，与国际知名、国内一流的高校相比还存在较大的差距。学校虽已建立了对以上三大检索工具收录论文的奖励制度，但还应充分考虑各个学科之间收录期刊的不平衡性，通过区别激励政策来调动师生的积极性，如根据不同学科、不同科研课题级别、不同科研经费等制定更加细化的有差别的奖励办法，加大对承担科研课题较多、经费较多、课题级别较高、成果较突出的科研人员的奖励力度，激励他们去争取更多、更高级别、更多经费的科研课题，创造出更多高水平的科研成果、论文，以提高学校的竞争力和影响力。

（二）加强国际合作，提高论文质量

根据中国科技信息研究所每年《中国科技论文统计与分析简报》的统计，近些年我国发表的SCI－E论文中，国际合作产生的论文一直占我国SCI－E发表论文总数的20%左右[4]，说明这些参与国际合作的学术科研机构和学者已具备国际公认的科研实力去参与国际高水平的科研活动。同时也说明我国不少学者和学术科研机构进行高水平的科研活动，发表高质量、高档次的学术论文需要借助国际著名大学和研究机构的力量。而本调查统计的本校被SCI－E收录论文中，很少有参与国际合作的。表明我校的整体科研实力、学术声誉还较低，科研人员国际合作的意识还不够。因此，学校相关部门应努力创造条件，搭建平台，鼓励优秀人才到国外著名学术机构学习进修，与国际著名学术机构或学术团队开展合作研究，扩大科研人员的学术视野，增强跟踪国际科技前沿动态的意识，提高科研及学术水平。

（三）研究期刊发文规律，提高录用率

由于SCI－EI等严格的选用标准和专家评审制度，入选论文的学术性和权威性得到学术界的公认，代表着国际研究水平和发展趋势[4]。因此，一方面，应要求科研人员的科技成果达到较高水平；另一方面，还应鼓励他们积极向国外相关杂志和国内高水平的三大检索工具的来源期刊投稿。但论文是否被录用，不仅取决于论文的质量，而且也受投稿方向的影响，论文质量再高若投稿方向不对，也不可能被录用，故高校科研人员还应注意研究本专业高水平期刊的发文规律、载文主题、被检索工具收录情况等，再结合期刊影响因子等指标来决定自己的投稿方向，以提高录用率。

（四）提高英文水平，规范论文格式

三大检索工具的来源出版物主要是以英文语种的国外出版物为主。据统计，我国在

SCI－E 上的入选论文 89.5% 是从国外期刊上检索出的,EI 收录论文有 34% 是国外出版物中的:ISTP 收录我国科技人员在国外举办的会议上发表的论文占收录论文总量的 64.44%。且国际上一些著名的学会、协会如 IEEE、IEE 等每年都要举办有关会议,它们的会议录定期被 ISTP 收录。另外,SCI－E、EI 中也收录部分重要学会、协会的会议录[5]。由此可见,要提高入选率,不仅要有较高的英语写作水平,而且还需随时了解本学科本专业的国际发展动态,撰写出高质量的论文,积极向高水平的学术会议或国外期刊投稿。同时,还应按国际论文写作规范要求,重视摘要的撰写和英文翻译;凡属于国家级基金项目、攻关项目、星火计划项目、“863”项目等,还应注明资助项目名称,以证明其价值,因为课题的级别也是入选的参考条件之一。

【参考文献】

[1] 刘涛.基于 SCI－E 国内 15 所大学 1997—2006 年科研能力发展态势分析[J].现代情报,2008(4):25－29.

[2] 倪慧群,杨瑞春.华南农业大学 SCI 收录论文的统计与分析[J].佳木斯教育学院学报,2012(7):425－427.

[3] 于澄洁,诸平.EI compendex 数据库收录中国论文统计分析[J].中国科技期刊研究,2009,20(1):50－56.

[4] 秦长江.SCI－E、EI 收录河南省三所高校科技论文的期刊源分析[J].现代情报,2005(8):35－37.

[5] 程绍敏,张怡华,杨昌盛,方珍红.如何提高论文被 SCI－E、EI、ISTP 收录的几率[J].成都信息工程学院学报,2006,21(4):616－619.

人口·社会·法制研究

2013年卷(二)

主　编　杨军昌
副主编　郑姝霞　申　鹏
编　辑　谢　芝　熊月铭　申雯清　高燕子

知识产权出版社
全国百佳图书出版单位

图书在版编目(CIP)数据

人口·社会·法制研究.2013年卷.2/杨军昌主编.—北京:知识产权出版社,2015.4

ISBN 978-7-5130-3407-4

Ⅰ.①人… Ⅱ.①杨… Ⅲ.①社会科学—文集 Ⅳ.①C53

中国版本图书馆CIP数据核字(2015)第056201号

内容提要:

本卷（二）为贵州省高校人文社科研究基地——人口·社会·法制研究中心学术辑刊《人口·社会·法制研究》2013年卷（总第10卷）研究报告集。研究报告来源于人文社科基地课题与相关课题研究，或为驻人口社会法制中心期间完成，涉及农村空心化与农村社会建设、特殊群体受教育权、“空巢老人”生活状况、现代产业发展新体系、人口与计划生育、非遗与文化产业、民族文化等方面内容。既有宏观研究，也有微观分析，既有理论讨论，也有实证剖析；选题新颖，资料翔实，论从据出，针对性强，具有一定的理论与实践应用价值。

责任编辑:王 辉 责任出版:刘译文

人口·社会·法制研究2013年卷(二)

杨军昌 主编

郑姝霞 申鹏 副主编

出版发行:知识产权出版社有限责任公司
网　址:http://www.ipph.cn
　　　　http://www.laichushu.com
电　话:010-82004826
社　址:北京市海淀区马甸南村1号
邮　编:100088
责编电话:010-82000860-8381
责编邮箱:wanghui@cnipr.com
发行电话:010-82000860转8101/8029
发行传真:010-82000893/82003279
印　刷:北京富生印刷厂
经　销:新华书店及相关销售网点
开　本:787mm×1092mm 1/16
印　张:16.25
版　次:2015年4月第1版
印　次:2015年4月第1次印刷
字　数:380千字
定　价:120.00元(一、二册)
ISBN 978-7-5130-3407-4

目　录

中国西部农村空心化与农村社区建设问题研究
——基于贵州省瓮安县的部分观察与拓展思考*

方印

（贵州大学法学院　贵州　贵阳　550025）

【摘　要】农村社区建设是我国建设社会主义新农村的一项重要内容，是有效解决“三农”问题的重要途径。在长期的城乡二元结构体制作用下，我国农村空心化现象是一个不可避免的问题。由于我国东、中、西部在各方面发展水平上存在着不小的差距，导致西部地区社会主义新农村社区建设任务的完成具有极为重要的战略意义，也颇具有挑战性。本研究以部分农村地区为观察对象，以此拓展分析西部农村空心化现象的表现及其负面影响，指出其根源所在，进而提出“五位一体”综合推进建设西部农村社区的对策建议，希望为有效破解西部农村空心化问题，进一步推进西部农村社区建设提供有价值的决策参考。

【关键词】西部农村；空心化；社区建设；对策建议

一、引言

“十二五”时期是我国农村及整个国家改革发展的一个新时期、新阶段。建设社会主义新农村是党的方针与国家政策的重要内容之一。自农村社区建设工作开展以来，在民政部门的有力组织下，全国农村社区建设实验工作蓬勃发展，进展顺利。尽管如此，由于长期以来的城乡二元发展模式，尤其是农村长期被边缘化的历史疾症导致农村普遍存在的空心化问题使得目前社会主义新农村社区建设更是难上加难。为此，必须加强对农村空心化问题的研究，为农村社区建设的顺利开展与有效进行提供有价值的参考决策。那么，什么是农村空心化？什么是农村社区？农村空心化与农村社区建设究竟存在着什么样的关联？应采取什么样的对策、建议解决农村空心化问题，以更好地推动农村社区建设？这些都是迫切需要我们予以解决的重要课题。在我国，就目前的城乡差别而言，东

---

* 该研究报告为驻贵州大学人口·社会·法制研究中心期间完成的选题研究成果。

作者简介：方印（1969—　），男，汉族，贵州瓮安人，贵州大学法学院教授，贵州大学人口·社会·法制研究中心研究员，民商法硕士生导师，环境与资源法硕士生导师，法律硕士生导师，研究方向：民商法、环境与资源法、防灾减灾法、农村制度建设。

部地区的城乡差别最小,中部地区的城乡差别次之,西部地区的城乡差别最大。由于中部、西部、东部三地区之间的经济社会文化发展水平与程度差距巨大,自然地,三个地区的农村空心化问题的严重程度有所不同。相比之下,东部地区农村空心化问题较少,仅仅是极少数地方才会有空心化现象,其对东部地区农村社区建设工作的顺利展开与深入推进影响很小;中部地区的农村空心化问题比较多,部分农村存在着空心化现象,这只是在一定程度上影响着中部地区农村社区建设工作的顺利开展与深入推进;西部地区的农村空心化问题则最严重,农村普遍存在着空心化现象,这在相当大的程度上严重影响着西部地区农村社区建设工作的顺利开展与深入推进。西部地区的农村空心化现象不仅包含了中、东部地区农村空心化现象的全部特质,还存在着与中、东部地区的农村空心化现象不同的一些特殊之处。就目前而言,全国农村社区建设的重点与难点都在西部地区,可以肯定地说,全面了解西部地区农村空心化现象,有的放矢地推动西部农村社区建设,对于全国农村社区建设的有效开展与深入推进具有极为重大的战略意义。有关资料表明,目前,贵州省在2300元的扶贫标准下有1149万贫困人口,占全国的11%。而贵州省的户籍人口只有4200万,常住人口3500万,贫困人口约占户籍人口的1/4,约占常住人口的1/3,贫困面大,贫困程度深,减贫难度大,致富脆弱性大,返贫率高,贫困发生率为33%,占全国近9.4%,而且贫困人口主要分布在广大农村地区,总之贵州广大农村要在2020年跟全国同步进入小康社会,可谓形势严峻,任重道远。当然,过去贵州省部分农村地区空心化问题比较严重,但自民政部在全国开展农村社区建设试点推广工作以来,贵州省地方党委政府开展了全面深化农村社区建设工作,立足城乡统筹发展的基本理念,积极探索破解农村空心化难题、把城市社区管理服务理念引入农村社区建设的新道路,对农村社区建设的内容、模式和工作机制进行大胆探索,取得了不小的成就。比如,2009年年初,贵州瓮安县就拟选了经济条件好、群众基础好的村进行试点。2011年,全县已完成了57%的农村社区居委会挂牌。在开展此项工作中,主要以建立"一村一社区"和"一村多社区"为工作模式,以建立"农村社区便民服务中心"和"农村社区救助保障室(站)"为切入点,以深化村民自治为基础,以强化社区管理和服务为中心,以改善群众的生产生活环境促进农村经济发展为目标,深入开展农村社区试点建设工作,取得了一定的成效。但总体而言,贵州省部分农村地区空心化问题仍比较严重,也严重地影响贵州农村地区的加快发展和可持续发展。因此,本研究就以笔者家乡——贵州省瓮安县为例,拓展分析西部农村空心化现象与农村社区建设问题,对西部农村空心化问题进行探讨,提出"五位一体"社会主义新农村社区建设的对策建议,仅供参考。

二、西部农村空心化问题认识

(一)农村空心化的含义

关于农村空心化这一概念,目前学术界和理论界的界定可谓众说纷纭。过去的关注点主要在住宅空心化、村庄空间形态、乡村聚落空心化,其中对村庄宅基地演化特征与问题的探讨是侧重点。有的研究者从土地利用的方面定义空心化为村庄的内部出现大面积空置地的一种特殊结构布局的村庄,还有研究者从城镇化背景、住宅的空间布局和村民的年龄结构等方面定义了空心村。

就目前而言，学术界主要从以下几个角度来界定农村空心化这一现象。

1. 王亚维同志的观点

王亚维同志[1]从村庄聚落形态变迁的角度出发，认为农村“空心化”是指在村庄建设过程中，新建住宅“摊大拼”式不断向四周扩张，而位于村庄中心的老村区则保留了大量的破旧民房，且许多已经无人居住，所形成农村住宅聚落“空心化”。

2. 薛力同志的观点

薛力同志[2]从城市化的背景出发，认为农村“空心化”是在我国特有的城市化过程中发生的，它是一个复杂的社会经济过程在村庄的物质形态中的表现，是在城市化之后于非农化的条件下由迅速发展的村庄建设与落后的规划管理体制的矛盾所引起的村庄外围粗放发展而内部衰败的空间形态的分异现象。钟勇同志从农村人口结构变迁的角度出发，认为农村“空心化”是指随着城镇化的发展和农村劳动力的大量转移，村里剩下的都是老人、妇女和儿童(俗称993861部队)的现象。薛力依据发展程度的不同，把空心村的形成分成初期、中期、晚期三个发展阶段。在空心化的初期，农民经济水平逐渐拉开差距，同时由于我国城市化发展的政策使得农民无法顺利融入城镇，又因为我国对村庄的规划管理比较放松，一些生活富裕的农户逐渐开始在村庄外围建房，拉开了农村空心化的帷幕。在空心化中期，由于经济的发展，村庄中心的住宅年久失修逐渐老化，在村庄边缘建房的农民越来越多，农庄内部居住的人口越来越少，新旧住宅有明显的不同特征。在农村空心化的晚期，随着农村经济的进步发展，以及农民逐渐迁向村庄外围居住，村庄在物质形态扩充的同时也开始在内涵上发展。

3. 王进业与张军同志的观点

王进业与张军同志[3]认为农村“空心化”主要是指随着大量劳动力的外出务工，农村出现人才短缺、资金流失、土地抛荒、组织涣散的现象。徐勇同志则从乡村治理发展的角度出发，认为农村“空心化”是指支撑乡村可持续发展和文明转型的资金、技术、知识、人才和需求等资源和乡村治理可利用的手段严重匮乏，乡村发展陷入困境的现象。

4. 谷云凤、郭秀伟等同志的观点

谷云凤、郭秀伟等同志[4]又认为，现在在不少农村，因为城镇化的快速发展和农村主要劳动力大量外出务工，已经出现了经济层面上的空心村和地理层面上的空心村相互混合的空心化现象。这又从某种角度上表明了一种新的空心化现象的出现。

5. 笔者观点

综观已有研究成果，可以发现多数学者是从村庄聚落形态变迁的角度，土地利用的角度，城市化，以及人口结构变迁的角度，分别定义了农村“空心化”这一概念。本文认为，农村空心化是指由于城市化进程的加速发展，与城市发展力相比在农村一定区域或范畴出现的国家政治与法制影响力虚化，经济发展力与文化生产力退化，人口居住与资金、技术、知识、人才吸引力弱化，农村生态环境恶化等现象，与和谐发展、协调发展、可持续发展目标不相吻合甚至背离的立体式形象归纳。

(二)西部农村空心化的主要表现

基于传统农区的农村发展典型调研,并结合相关研究成果,可归纳出农村空心化具有如下的特征:农村青壮年劳动力大量外出,留居人口呈老龄化、贫困化趋势,人口、资金等要素流向城市,引起农村经济的衰退和社会结构的变革;基础设施和社会服务的空心化,村庄整体格局和历史景观风貌受到极大破坏;村中心有人居住的宅基地面积不断减少,而村庄公路沿线的人居宅基地面积却不断增加,住宅的规模、质量水平明显提高,造成农村聚落“外扩内空”现象。

国内众多学者认为农村“空心化”的主要表现为村庄空心化、人口空心化、金融空心化、资源空心化四个方面。笔者以为,农村“空心化”主要表现为以下七个方面。

1. 人口空心化

由于大规模的人口转移,使得农村进城务工人数从20世纪90年代起爆增,造成了农村人口的空心化。据笔者于2005年3月至12月连续十几次下到大兴镇进行调查实践,发现97.5%农户的青壮年(即18~50岁)都在外务工,而农村中则只剩下所谓的“993861”部队(即老人、妇女、小孩),并且在许多家庭,处于青壮年的妇女也外出务工,造成了家里只有老人和小孩的局面。由于老人和小孩都没有劳动能力,很多家庭只种植少量能够满足日常生活的农作物,导致耕地资源严重浪费。同时,这样不合比例的人口分布,带来的挑战也是巨大的,主要有四个挑战:新农村建设主体缺位、农村养老面临挑战、农村土地制度面临挑战、农业生产面临挑战。

2. 党团组织空心化

由于提倡劳务经济,政府每年都要向外输出大量的劳动力外出务工,具有一定文化基础和技能的青壮年党团员加入外出务工大军,导致农村特别是西部不发达地区的村党支部党员老龄化。七八十的老党员,连参加组织生活都成困难,农村的发展要发挥老党员的先锋模范作用的确很困难。因大量的青壮年团员外出务工,致使团组织基本上成了空架子,农村的发展要发挥后备军的作用只是一句空话。在新时期农村党组织建设中面临的一个新境遇就是日渐空心化的村庄,空心化给农村党组织的工作开展带来许多新问题,主要表现在以下几个方面:首先,党员流动的混乱性和留守党员的老年化给党组织对党员的管理带来诸多难题;其次,党员外出使组织程序的执行缺乏足够人手;[5]再次,多元化的价值观逐渐影响,以及减弱的思想政治教育使年轻一代党员缺乏入党动力,农村党组织活力越来越低。[6]

3. 村庄空心化

实行农村家庭联产承包责任制以来,随着农民收入的持续增长,农民具备更新住宅的意愿和能力,被长期压制的农民住宅需求开始释放,农村住房建设规模不断增大。现代农村的许多村庄因缺乏规划,或者管理不到位,致使大多农户选择在村公路沿线修建一栋栋漂亮的小洋房,原自然村落却是一大片残败不堪的旧木房,这已成为农村衰败的主要征兆。由于原有旧住宅环境较差、面积偏小等固有缺陷,很多农民为了改善居住环境,至今仍然未摆脱赚钱修房的旧思想,另外传统的“多一处宅基,多一份家业”的小农思想，以及盲目的攀比心理、特定的社会观念与文化习俗，成为祖辈宅基地深度开发利用的阻力所在，导致多数农民在外打工挣钱回乡后都是一味跟风修房。有相当比例的农户闲置旧房盖新房，既造成土地浪费，又不利于乡村景观的美化。很多农村漂亮的小洋房里的常年实际居住人口只有户主的父母和子女，还造成了资源的极度浪费。据全国土地详查提供的数字，现在我国村镇居民占用宅基地已达 1666.7 万 hm^2，大大超过 2000 年规划用地 1333.3 万 hm^2 的控制指标。

4. 金融空心化[7]

由于城乡差距的不断扩大，以及长期的重视城市经济的快速发展，导致农村金融的落后，并且在我国农村，形成二元化结构下的金融机构，即由中国农业银行、农信社组成的位于主导地位机构与由农村合作基金会、高利贷等组成的民间金融并存的格局。对于民间金融，政府一直是限制其发展的，而前者始终在政府规定的较低利率水平下运作。近几年，由于国有的商业银行为控制风险，大都收缩战线，集中主要力量争夺城市的大客户，大规模地撤地县以下基层机构，从 1999 年开始，四年撤并数累计高达 31000 家，农村合作基金会已被取缔，而多数农信社的不良资产又很高，资金规模有限，直接导致了农村金融服务的日益缺乏。现在依靠正规金融渠道，农民和农村中小企业基本无处可贷。没有利息低廉的资金来源，农村经济和小型生产业很难发展，并且由于农村民间金融的逐步盛行，使得农村信用社的作用空间不能充分发挥，并且因为农民贷款的难度较大，致使农村经济发展缓慢，导致农村资金大量流向城市，使得农村经济的发展缺少资金上的支持，形成了农村金融的空心化。

5. 资源空心化

空心村仅仅是一种外在特征，而医疗、教育、文化等资源都空心化则是农村空心化更深层次的本质特征。因为中国是传统农业国，中国必须集中财力去发展工业和城市，所以国家把重心移到了城市，放在工业上，把钱都投向城市，将城市培育为发展中心。中心对资源天然就有一种极强的集聚效应❶，结果导致所有资源都向城市集聚，同时抽空了农村的资源，所以农村日见衰败。失去了中心的农村，出现空心化是必然的。

6. 科技空心化

农业种植风险性高，收入不如外出务工，导致农村劳动力的大量转移出农村，其中大部分是农村青年。这部分农村人力资源是实现社会主义新农村建设，农村可持续发展的资本。现代农业科技成果广泛应用和推广，农村青年作为试验示范的先行者，其通过对新知识、新技能的掌握和运用，使这些科技成果转化为巨大的农村生产力，实现农村发展科技的接力。但是，这部分人口大量的转移外出，使得农村科技的推广和传承出现了断档。农业在职人员在知识结构、年龄结构上的严重失衡，导致的“空心化”，影响了农业中科技的推广体系的运行效率，严重影响了农业的推广组织体系和运行框架的完善性。留

❶ “集聚效应”(Combined effect)是指各种产业和经济活动在空间上集中产生的经济效果，以及吸引经济活动向一定地区靠近的向心力，是导致城市形成和不断扩大的基本因素。集聚效应是一种常见的经济现象，如产业的集聚效应，最典型的例子当数美国硅谷，聚集了几十家全球 IT 巨头和数不清的中小型高科技公司。

守农村是以老年、妇女和儿童为主的人口,形成了老人带孙子,妇女忙生产的现状。由于知识、生理、心理、精力和能力的原因,现有留守农村人口认识和采用创新的能力和自觉性较差,除了常规农业的种植技术外,对于知识型一类的无形软技术成果,如生态农业技术、生产管理技术等,因为他(她)们缺乏认识和接受创新的意识和动力,缺乏学习的能力和时间,而得不到有效的推广。出现了科技创新扩散的真空地带。"空心化"对农业科技推广体系的主要影响集中在基层农业科技的推广体系。乡镇、村组这两级基层农技推广体系受到的冲击最大。在乡镇一级,多数农技站的技术服务职能形同虚设,严重异化,有站无人,一人一站的现象比比皆是,而且人员工资和工作经费难以保证,影响了农业技术服务的数量和质量。再者,留守农村的老人带孙子不利于孩子的教育和管理,其观念和溺爱心理都不利于农村新一代喜欢农村、热爱农业、干农业的观念教育。现在最令人担心的是今后谁来干农业,谁是社会主义新农村建设的建设者和接班人。农村科技空心化将世代蔓延。

7. 社会服务空心化[8]

在农村,社会服务工作主要是指农业推广和农村社会工作方面。农村落后,交通不便,且居住高度分散,农户经营规模极小;人口空心化导致留守农村的老人、妇女和儿童增多。农业推广服务工作面临新的困难。许多农业推广服务的工作没有在农村很好地开展。一是缺乏实质性的有利于农业推广工作的政策和措施,二是缺乏高素质的农业推广人才。现在农村很多乡镇农业技术推广站形同虚设,20世纪80年代建立起来的农业技术推广网络,实质上已是网破、线断、人散。农业推广工作许多是轰轰烈烈搞项目,花花哨哨做文章,实实在在试验示范走过场。县级以上农业技术推广部门忙于应付项目的申报,向上要钱,无力顾及下乡做过硬的农业推广工作,许多县级农业部门因经费不足,下乡的差旅费都未报。乡镇农业技术推广部门人少素质差,又少轮回培训。除了营利性的涉农试验示范的经营活动和参加政府的政务工作外,这些部门一年很少时间开展公益性的农业推广活动且缺乏农业推广工作的思路,缺乏农业推广工作技能和方法。随着农业税及其附加税费的免征,乡镇农村基层政权职能的转变还相当落后,管理多,服务少。在农村发展工作中,缺乏科学、实际的调查研究,缺乏农村发展的基本知识和技能,缺乏科学的农村社会服务工作的理论和方法。表现在工作中,就是以钱为目标,追求急于求成,立竿见影,因而工作方式武断和粗暴。这些对于构建和谐的社会主义新农村是严重的隐患。

总之,我国农村的空心化是一个"立体"形象符号,应该包括国家政治与法制影响力虚化,经济发展力与文化生产力退化,人口居住与资金、技术、知识、人才吸引力弱化等众多方面。我国农村空心化程度已经使社会主义新农村建设基础变得相当薄弱。

(三)西部农村空心化的主要原因

在纯学术层面上,学者们一般用推—拉理论❶的分析框架来描述农村空心化的形成

❶ 西方古典推拉理论认为,劳动力迁移是由迁入与迁出地的工资差别所引起的。现代推拉理论认为,迁移的推拉因素除了更高的收入以外,还有更好的职业、更好的生活条件、为自己与孩子获得更好的受教育的机会,以及更好的社会环境。

原因。推拉理论应该是目前能比较全面地解释关于人口在城市农村流动特别是农村劳力向城市涌入动因的理论。陈旭堂认为,家庭联产承包责任制的施行和户籍制度的改革,以及工业化和城市化的发展,这些形成了城市的强大拉力;而农村的贫穷和发展机会的稀缺,以及农业生产效率的低下,则构成了农村的推力,这种推拉的复合后果就导致了空心村的出现和农村人口空心化的产生。

笔者认为,西部农村空心村现象出现的主要原因有。

1. 家庭联产承包责任制实行的原因

家庭联产承包责任制的实行,使农民有了相对自主的生产和经营自主权,摆脱了土地的"束缚",极大地解放了生产力,粮食产量稳步提高,农村劳动力剩余问题逐渐凸显,这为农村人口迁移到城市提供了一个推力,但是,其自身的缺陷也加大了城乡之间的差距,使得农民在农村没有太大的发展空间,农民要想发展只有选择外出。另一方面,随着农民收入的持续增长,农民具备更新住宅的意愿和能力,农民住房建设的规模不断增大,原有旧住宅环境较差,面积偏小等固有缺陷,促使农户住房投资区位明显改变,从而使旧宅基地的废弃或闲置成为可能。

2. 城乡二元的户籍制度实施的原因

自从 1958 年城乡二元的户籍制度的实施,将农民绑缚在农村土地上,限制农村人口向城市自由的流动,而庞大的农村人口数带来相应巨大的宅基地数量。随着工业化、城市化和农村就业结构的变化,青壮年向城镇转移,农村劳动力转移受到来自户籍制度和社会保障体系的阻碍。现行的城乡二元户籍和社会保障体系,难以在制度上给进城农民以必要的生存保障,因而固守农村的旧宅基地成为理性的选择。农村劳动力多以短期方式流动,造成宅基地"季节性"闲置。同时,在我国农村集体房屋禁止自由买卖,宅基地合法合理的退出机制缺乏,导致许多农民即使在城市买了房屋,农村旧的宅基地也长期空置。因此,着眼统筹城乡发展,研究解决保障农民权益,促进农村集体土地流转置换,实现城乡土地一体化配置,成为推进空心村整治与新农村建设亟须解决的产权制度问题。

3. 城市化、工业化带来的二、三产业发展的原因

城市化、工业化带来的二、三产业的发展,特别是第三产业快速发展,为农村剩余劳动力提供了转移空间。大量农村剩余劳动力进城务工、经商,在农村居住的人口呈逐年呈下降的趋势,还有一部分农民在城镇购房置业,并定居下来,但因为户籍的制约,这部分农村居民仍没办法解决户口迁移问题,使得人口的流动具有明显的不彻底性,很多实际"城镇人"仍然以房屋闲置的方式保有宅基地,使其成为生活的最后屏障,也造成了农村原有住房的大量闲置。

总之,西部农村空心村的出现有其深刻复杂的社会背景与众多原因。比如国家在政治生活方面对农村关注较少,在法制宣传教育方面关注不够,在教育、医疗、基础工业设施建设方面资金投入不足,在文化建设方面的政策支持不够,在规划建设、社会保障等方面长时期的空缺,使得农村成为一个难管、无人愿意管、难建设、无人愿意去建设、难发展、无人愿意去投入、难居住、无很多人愿意去居住、无潜力、许多人难以看出潜力的没有多大活力的地理区域与文化代名词。

(四)西部农村空心化的负面影响

毫无疑问,农村劳动力转移对于分流农村人口,加速城镇化建设,促进城乡一体化都有巨大作用。但是,农村劳动力转移的速度过快,而且转移的规模超量,对农业生产造成了消极的影响,已经成为农村现代化建设和农业可持续发展的巨大隐患。农村空心化不仅造成农村居住的混乱,浪费了大量的土地资源,也引发了其他一些问题,给社会增添了不安定因素。笔者认为,西部农村空心化的负面影响主要有以下几点[9]。

1. 土地资源浪费严重

首先,农村空心化造成了土地资源的严重浪费。我国耕地资源人均数量少,而且质量不高。村落空心化是与居住用地的扩展相伴而生的,这就造成了土地资源的双重浪费。我国人均耕地面积仅 1.59 亩,相当于世界人均耕地 3.75 亩的 43%,我国人口却以每年 1500 万的速度猛增,同时又存在着土地荒漠化、土壤退化、地力下降、农业环境污染、土地后备资源不足等严重的生态问题。对此,罗筠博士从社会学角度以贵州省瓮安县为例对农村环境污染问题进行了分析与概括❶,而且,由于空心村是一种核心和边缘的空间分异现象,空宅地、废弃地等均大多位于村中央,这对以后的村庄改造以及退耕还田均造成一定的困难。

2. 空心村中的养老问题日益严重

空心村的出现不仅仅伴随着农村经济结构的变化,同时也伴随着农村人口结构的变化,即人口空心化问题。由于农村经济非农化的发展,年轻人更多地选择离开农村从事工、商、服务业等非农业的工作,常留在农村的就是老人、小孩和妇女。这就引发了空心村中养老的问题。在中国,养老保险在城市中比较普遍,而在农村中,养老主要是靠家庭来承担。一方面是由于中国人口太多,而经济又不发达,国家难以承受农村中的老人赡养问题。在空心村中,老人比例上升,而子女特别是外出的子女对老人照顾多只是经济上的支持,老年人的生老病死等得不到保障,精神上也得不到慰藉。

3. 和谐稳定的乡村人居环境受到破坏

在计划经济时代,农村聚落较为稳定和协调。但随着空心化的加剧,农村的人居环境也受到较为严重的破坏。一方面,空心村破坏了农村的景观布局。住宅用地的急剧扩大和无序建设导致村内绿化树木的减少。另一方面,空心化对农村安全构成隐患,村中心遗留下来的旧房子多为木房、草房,一些老人生火做饭、点火照明,以及照明线路的老化,成为农村火灾的主要源头。而且,空心村的老房成了卫生防疫的死角,有的成为垃圾堆积场所,长期闲置造成家鼠泛滥,引起以家鼠为媒介的传染病的流行。同时,空心化易诱发农村矛盾。近年来,农宅盲目攀高引发的采光、排水、无消防通道等问题日益突出,民事纠纷不断上升,给社会治安和农村社会稳定留下隐患。总之,在大力推进工业化与城镇化建设的大背景下,资源开发地的农民并没有享受到本该享有的项目开发的益处以

---

❶ 罗筠. 中国农村环境污染问题产生的制度根源及解决对策——以贵州瓮安县为例[A],《贵阳市经济社会文化大发展与生态文明建设理论研究》(2010 年)[C],中国知网,2012-10-08。

及获得相应的补偿。相反地，因项目开发带来的地质灾害、生态破坏、环境污染等问题使原本和谐稳定的乡村人居环境受到较大的破坏。媒体的众多披露与农民群众集体上访的现象无不说明这一点不好的事实。

4. 无法带来农村经济的真正繁荣

随着大量劳动力外出务工，农村出现了越来越多的空心村，人才短缺、资金流失、土地抛荒、组织涣散等问题趋于严重，阻碍了农村经济的发展和农村稳定。市场经济的体制和改革导向是按要素分配，农村劳动力得到的收入份额是逐渐下降的，但带来资本的回报不断上升，客观上进一步加大贫富差距，无法带来农村经济的真正繁荣。尤其是在因工业化建设与城镇化建设大量征用农民土地问题上，农民获得的征地补偿价格极低，倒是当地政府和其他中间人获得了真正的巨额利润，这直接严重地损害了农民利益，产生该问题的最为核心的制度原因是没有给予农民财产权应有的尊重和保护。总之，农民权利贫困的制度原因使得农村经济不可能有真正的繁荣。

5. 阻碍农村城镇化进程和新农村建设进程

伴随着城市化进程和新农村建设进度的不断加快，我国社会经济的结构发生极大的变动，经济发展对土地的需求越来越高。适度地向外扩张，通过农业土地非农化来满足经济发展对城市建设用地的需求，是经济发展的必然方向。因此，乡村空心化所带来的土地扩展必然会与城镇化建设中农业用地非农化产生矛盾。一方面，空心化的农村新区多沿中心区向外扩，而城镇化也在不断向农村地区发展，这样势必形成农村与城市争地的空间格局；另一方面，近年来，空心化的二元结构愈加明显，并且外围的新建房屋也有了很大变化：面积越来越大，质量越来越好，价格越来越高。这样，在很大程度上加大了城镇化开发成本，不但阻碍了城镇化建设进程，而且由空心村内部长时间得不到改善而滞后了该地区的新农村建设。尤其值得一提的是，不少农村居民较为落后的文化观念，例如，自我满足、自我封闭等观念因素，再加上城市社会对农村的排斥，这就带来农村贫困的自我循环，也在很大程度上阻碍农村城镇化进程和新农村建设进程。

总之，农村空心化给我国民主政治的发展、农村经济的可持续发展、农村文化的可持续发展、社会主义新农村社区建设、城乡一体化的规划与实施等多方面带来不可忽视的负面影响。

三、农村社区建设的理论探讨与实践认识

什么是社区？我们所要建设的农村社区又是怎样界定的？它的意义是什么？农村社区建设的标准和理念有哪些？以下我们分别从四个方面逐层深入的探讨这些问题。

（一）社区的含义

社区是人类社会发展的产物，在漫长的历史中形成了以农耕文明、自然经济为主要特征的村落社区。随着经济社会的发展，出现了以商品生产和交换为主要特征的集镇社区和城市社区。

"社区"一词源于拉丁语,原意是亲密的关系和共同的关系。"社区"作为社会学术语是德国社会学家滕尼斯为分析欧洲社会的工业化、城市化变迁提供一个起点,而于1887年在他的代表作《社区与社会》中最先提出来的,是西方工业化发展中乡村城市化的产物。美国学者查尔斯.罗密斯把德文的"社区"译成了英文Community,是公社、团体、共同体的意思。

20世纪30年代,已故社会学家费孝通先生在将"社区"一词引入我国的时候,把英文的community这个名词译成"社区",在其所著的《社会学概论》中从社区的功能性和地域空间相结合的角度对"社区"的定义是:"'社区'是若干社会群体(家族、民族)或社会组织(机关、团体)聚集在一定地域内,形成一个生活上互相关联的大集体。""社区"一词在我国社会学界被一直沿用下来,它的含义是指人们在地缘关系基础上结成的互助合作的共同体,用于区别局限于血缘关系基础上形成的互助合作的共同体。《中共中央办公厅、国务院办公厅关于转发<民政部关于在全国推进城市社区建设的意见>的通知》(中办发〔2000〕23号)指出:"社区是指聚居在一定地域范围内的人们所组成的社会生活共同体。"这是目前实践层面关于社区的最权威的定义。

(二)农村社区的含义及传统农村社区的主要特征

社区可以根据其结构及综合表现分为农村社区和城市社区。农村社区,是指地域广阔、居民聚居程度小,以从事农业活动为主的社区类型。它是相对于传统行政村和现代城市社区而言的,是在一定地域范围内的人们通过密切的交往而形成的,为了追求共同的利益和需求,逐渐产生较强认同感的社会生活共同体。[5]笔者以为,传统农村社区具备以下主要特征。

1.人口规模小密度低人际关系密切

农村人口规模小的原因是由耕作半径小,目前农村生产条件下土地无法容纳很多劳动力等造成的。人口密度低是由于农村建筑物大多是四立三间瓦房和平房的原因。相对于城市社区而言,农村社区与外界交往不多,居民流动性较小,加之人口规模较小,促使农村社区人际交往十分频繁,农村社区成员之间了解较深,人际关系较为密切。农村社区这种密切的人际关系有助于社区居民的生产、生活及社区秩序的稳定,但在接受新事物方面又具有保守性,势必成为农村社区变革的阻力。

2.封闭性强、社会流动比率较低

农村社区的封闭性是由交通闭塞、信息封闭、成员与外界联系少、人口流动性小这四个主要原因造成的。交通闭塞主要是村组公路等级差未硬化,给村民生产、生活和出行带来极大困难,生产、生活成本较大;信息封闭主要指外界的信息传递到农村的途径间接、速度慢、内容不具体,导致了农民思想保守,不易接受新生事物,这种状况反过来促使信息进一步闭塞。由于农村社区的相对闭塞和封闭,使得社区成员的社会流动比率低、速度慢。农民一般不会频繁地改换自己的职业,即使改变也力求稳定,绝不轻易放弃手中的土地。另外,由于农村社区文化教育和密切协作较城市社区落后,使得农村社区居民在流动上缺乏进取性,主动流动较城市少。

3. 文化方面的家族特征

在农村社区,家庭是人们活动的主要场所。既然血缘关系、亲缘关系、寨邻关系是村民之间联系的纽带,那么形成的文化必然具有家族特征。文化的这种家族特征:一方面对于发展农业生产,繁荣农村经济,提高农村社区成员的生活水平有一定的积极作用;另一方面由于保持着传统的生产、生活方式和传统观念,许多方面不适应现代社会发展的要求,在某种程度上影响着农村现代化的实现。

4. 农村经济活动相对简单

在传统的农村社区中,人们的主要经济收入来自种植业。经济收入构成相对单一,农村社区人口劳动力种类相对单一。农业生产第二产业和第三产业在传统的农业社区中几乎难以发展。劳动分工相对较粗,生产的社会化程度较低,生产目的主要是自给自足,横向的市场交换程度比较低。农业生产过程及产品分配具有单向性,[6] 基本上属于自给自足的小农经济。

(三)农村社区建设的概念界定及农村社区建设的重要意义

正因社区可分为农村社区和城市社区,社区建设也就有农村社区建设和城市社区建设之分。但在我国,关于社区建设的界定,目前尚无一个被社会各界所共同认可的定义。民政部曾将社区建设定义为:社区建设是指在党和政府的领导下,依靠社区力量,利用社区资源,强化社区功能,解决社区问题,促进社区政治、经济、文化、环境协调和健康发展,不断提高社区成员生活水平和生活质量的过程。这是目前我国最具权威性的定义,此外,还有不少其他的定义。如有人认为,农村社区建设是指在行政村的地理区域范围内,在各级党委政府的统一领导和民政部门的协调指导下,村党组织和村委会直接组织,通过直接民主和自我管理的方式,依靠政府、社会和村民自身等多方面的资源和力量,推动农村基础设施、环境治理、社会保障和公共产品体系建设,强化各项公共管理与服务功能,加强农村精神文明建设,不断提高农村社区成员物质文化生活水平的过程。从社区建设的各种定义可以看出,虽说给社区建设下定义的角度各不相同,但不论从何种角度来界定社区建设,都反映出一个共同的特点——社区建设的实质。社区建设的实质是社区资源和社区力量的整合过程,即将社区中所有的资源、所有的力量拧成一股绳,形成合力来共同建设社区。概括地说,农村社区建设主要是指在党和政府的领导下,以一定农村地域为基础,动员各方面力量,整合农村社区资源,强化农村社区为民服务的功能,实现农村社区成员的自我管理、自我服务、自我提高,进而建设管理有序、服务完善、文明祥和的新型农村社会生活共同体的过程。它包括在原社区基础上进行的结构调整、区位调整、公共设施建设和原居住环境的改建,以及对社区管理体制、组织结构、服务机制等诸多方面的建设措施。总之,社区建设是一个全方位、多层次的概念,包括政治、经济、文化和社会各个领域和各个方面,是一个复杂的社会系统工程。“十二五”时期是我国农村及整个国家的改革发展的一个新时期。农村社区建设是顺应社会发展的必然要求,农村社区建设是推动农村经济和社会全面发展的重大战略举措,是建设社会主义新农村的重要内容。推进农村社区建设,是贯彻落实农村及整个国家发展战略的重要途径,推动我国农村地方和基层组织、管理及服务体制的变革,是促进社会主义新农村建设、加强农村公共服务、加快城乡一体化进程和促进经济持续发展的关键所在。具体而言,西部农村社区建设具有以下几个方面的意义。

1. 有利于促进社会主义新农村建设

社会主义新农村建设是个系统工程,它包含了农村社区建设的内容,农村社区建设是社会主义新农村建设组成部分的重要方面,二者是整体与局部的关系。新农村建设涉及政治、经济、社会和文化等不同方面,需要在统筹兼顾的同时集中力量、突出重点,以保证社会主义新农村建设的健康、快速和可持续发展。

2. 有利于加强农村公共服务

通过推进农村社区建设,可以健全乡村管理机制和新型农村公共服务体制,增强村级组织的服务功能,为促进公共服务向农村覆盖创造基础条件。在农村社区建设的实验和实践中,各地通过搭建农村社区公共管理和公共服务平台,加大对农村公共服务的投入,将卫生、就业、社保、文化、体育、科技、治安等公共服务送入农村社区;通过构建农村公共服务体系,发展社区服务、社区文体娱乐活动,增强农村的服务功能,提高农民的生活质量,通过倡导社会互助,使广大农民生有所居、老有所养、残有所助、孤有所抚、病有所医、贫有所帮等。

3. 有利于推动城乡一体化发展

农村城市化呼唤农村社区的萌生。随着改革开放的深入,大量的农民工来到城市。他们渴望在居住、就业、教育、社会保障、医疗卫生、文化生活等方面享受与城市平等待遇,呼唤着户籍制度和土地制度的改革等。只有加强农村社区建设,才能够打破城乡二元结构,改变传统城乡关系,使农民逐步享受并融入现代城市文明,加快农业生产方式现代化,农民生活方式城市化的进程,实现城乡良性互动。

4. 有利于保障农民安居乐业

随着农村经济体制改革的进一步深化,国家对于“三农”问题越来越重视。国家为提高农村人口素质和提高农民生活水平在政策上给予了较大的倾斜,这一切给农村经济带来了快速发展。但由于农村精神文明建设的相对滞后,农村一些旧思想、旧习惯、旧风俗仍在一定程度上存在,影响着农村社会发展和稳定。开展农村社区建设,可以宣传党的路线、方针、政策和国家的法律法规,加强思想道德文化建设,通过感恩教育,把广大农民的思想统一到农村的发展上来,引导村民树立尊老爱幼、邻里和睦、相互谦让、相互帮助的新风尚;可以调解民间纠纷,化解群众矛盾,消除治安隐患;打击各类犯罪活动,维护农村稳定,为村民营造一个安居乐业的良好生产、生活环境。

5. 有利于拉动农村市场,促进农村经济可持续发展

长期以来农村市场难以启动,这制约了中国经济的发展。开展农村社区建设发展农村经济,使农民真正富起来,可以提高农民的生活水平和生活质量,提高农村居民的购买能力,从而开发农村市场,这是今后我国经济可持续发展的关键所在。同时,投资农村市场是我国当前经济的一个新的发展动力,如果政府启动农村社区建设,将可以带动各方

资金投入农村。这是因为开展农村社区建设的过程中需要加大投入力度，改善农村基础设施落后的局面，农村的基础设施开发，如水、电、交通、通信等都可成为新的经济增长点。

（四）西部农村社区建设的基本标准和基本理念

建设社会主义新农村论断的提出，明确了农村社区建设工作的目标。十六届五中全会通过的"十一五"规划建议对建设社会主义新农村的目标要求作了高度概括，这就是"生产发展、生活宽裕、乡风文明、村容整洁、管理民主"。具体来说，"生产发展"和"生活宽裕"是建设社会主义新农村的物质文明建设目标；"乡风文明"与"村容整洁"是建设社会主义新农村的精神文明建设目标；"管理民主"是建设社会主义新农村的政治文明建设目标。上述目标要求，也可看成农村社区建设的标准。若农村社区建设能按照上述目标要求来开展，农村社区建设就会给村民带来巨大的实惠，就会有效地推动农村经济社会的发展。我国各地农村情况千差万别，村落分布和人口特点也有所不同，农村社区可以按照"一村一社区""一村几社区"或"几村一社区"的模式来建设。目前，农村社区建设的理念主要有步行社区理念、安全社区理念和绿色社区理念。步行社区是指：社区内部主要是步行空间，应该成为人们交往、休闲、健身的场所；人们步行 10 ~ 15 分钟应该可以享受基本的公共服务。安全社区是联合国改善人居环境的重要内容和衡量标准，核心是人的健康安全。安全社区是指：保证社区建筑物的质量，确保居住安全；社区内实行人车分流，确保通勤安全；提供基本的公共服务设施，比如医疗保健、消防、安全保卫设施，确保生命和财产安全。绿色社区是指建立一定的环保设施和环境管理体系的社区。

四、西部农村社区建设的几点思考

（一）农村空心化现象与农村社区建设问题解决的关联性

在计划经济时代，我国农村聚落较为稳定和协调。但随着我国市场经济的发展和城镇化水平的不断提高，农村"空心化"问题的加剧，农村土地资源浪费越来越严重，如果农村整体面貌难以改变，将会影响我国小康社会的顺利实现。另外，稳定和谐的乡村人居环境受到破坏，农村空心化的漫延和发展也无法带来农村经济的真正繁荣。这些都是面对农村空心化情形亟待解决的问题。[10]农村社区的建设是解决这些问题的关键，以下我们将会从三个方面来探讨农村空心化现象与农村社区建设问题解决的关联性。

1. 政治稳定与改革视角的观察

中国的农村经历了一个自由村落到社队，再到村组的体制演变过程。传统村落社区主要依靠长期历史自然形成的内部传统进行自我整合。如家法族规、乡土礼俗等。传统村落制度是上下脱离、城乡分割的治理体制。新中国成立后，在"政社合一"的公社制度下，将农村纳入国家治理的体系，改变了传统的"上下脱离"的体制，使传统农村社区迅速解体，村落自我整合的功能日益弱化。改革开放以来，实行村民委员会制度，在家庭生产经营基础上实行村民自治。但是村民委员会制度是由公社制度延续而来的，虽然不再是生产共同体,但仍然具有很强的行政功能。这种村组体制仍然带有相当程度的国家建构的特性,并服从于国家行政统辖的需要。长期以来形成的"城乡二元结构"使得村民委员会组织趋于行政化,随着集体经济体制解体,村民委员会为村民服务的功能进一步弱化。"无人管事,无钱办事,无章理事"一度成为乡村治理的难题,由弃农厌农现象所表征的"三农问题"日益突出。长期积累的问题没有得到合理及时的解决,所有的矛盾激化了农村空心化问题的加剧。建立农村社区可以重新激活新农村建设的主体力量—村民,真正使村民自治落到实处。建设社会主义新农村,关键要引导农民,充分调动农民的积极性、主动性和创造性。开展新农村社区化管理探索,旨在提高农村社会管理服务水平,让农民深刻地感受到,他们既是新农村的建设者,也是新农村建设的受益者;既是创造的主体,又是价值的主体。依托村党组织和村委会,开展农村社区化管理,把农民群众组织起来,有利于最大限度地调动和发挥农民群众的主动性、创造性,依靠自身力量,改善生产生活条件;同时也为社会各方面力量参与新农村建设提供一种机制,有利于促进各项支农惠农政策落到实处,让农民群众共享改革发展的成果。开展农村社区化管理,还可以进一步扩大群众有序地参与政治,完善基层管理和服务网络,形成一个有效的载体,让农民群众直接参与社区管理,表达个人意愿和合理诉求,做到自我管理、自我教育、自我服务、自我监督,完善村民自治机制,更好地促进农村经济发展和社会事业全面进步,实现城乡社会协调发展。通过这一系列的有效治理,农村空心化的问题势必得到缓解。[11]

2.经济发展视角的观察

随着改革开放的深入,大量的农民为了获得更好的物质条件来到城市务工,这些都是转型期必须面对的问题,在经济方面有着积极的一面,主要表现在:一是缓解农村人多地少的矛盾,提高了农业劳动生产率;二是农民外出务工增加了家庭收入,改善了农民的居住环境、生存环境,增强了农民购买力,提高了农民生活水平。但让农民都到城市生活很不现实。广大农民不能只看到城市暂时的大量就业机会,更要看到只有自身发展了才是长久的生存之计,才能更好地造福子孙后代。只有加强农村社区建设,才能够真正打破城乡二元结构,改变传统城乡关系,使农民逐步参与现代经济,加快农业生产方式现代化、农民生活方式城市化的进程,实现城乡良性互动。综观我国农村的生产、经营现状,可以看出村民与村民之间在生产中的联系较少,他们之间的交流大多停留在生活方面,这样极不利于农村的整体发展。农村社区的建设可以将农民团结起来为农民内部创业提供契机。马克思说:"一个民族本身的整个内部结构取决于它的生产,以及内部和外部交往的发展程度。"农村社区化建设是一个培养农民合作精神与合作技能的过程。[12]实行土地承包之后,每家每户都是一个微型的生产企业,每家每户都购置相同或类似的生产工具,采取相同或类似的生产方式,户与户之间基本上不发生生产联系,而提供生产资料和收购农产品的部门都是和农民无关的国家垄断企业。农民的这种不合作不仅导致社区生活的缺乏活力,更要紧的是他们作为一个个孤立的个体已经被深深地卷入了市场,而不是作为一种有机的联系在市场经济中进行有效的合作。以前,他们每个人都被限制在一个木盆里,没有扩大活动的余地,现在他们还是在木盆里,但是这个木盆连同木盆里的人已经被抛进了市场经济的湍流。在生产日益社会化的今天,提高农民进入市场的组织化程度,培育农民自己的服务组织极为迫切。产前、产后乃至产中的服务可以依据产品的不同组成不同的专业协会。基于农民自身利益之上的专业协会是城乡市场的中介,是经济上融入社会的桥梁。应该允许农民经营目前还有利可图的生产资料供应和农产品储运加工销售,使初级产品增值的利润回归农村社区居民手中;也应该允许农民成立自己的金融互助组织。只有农民才最了解农民的需求,而且他们的运作在成本上也是极具优势的。欧洲最大的银行——法国农业信贷银行,起初就是由农业信贷合作社发展起来的。有农民而无农民社会的一个重要原因是非赢利组织的缺乏。应该鼓励农民成立一些社区内或跨社区的民间组织,诸如老年协会、公益协会、生产技术协会等,这样,既丰富了农村生活,又和整个社会沟通了起来。如果说改革开放为农民提供了一个外部创业的宏观环境,那么农村社区化建设就是在为农民内部创业提供契机。农村社区化建设是一个新的资源组合过程,农村社区化建设同时也是基层政府转变职能革新自身以适应农村现代化的过程。

3. 文化继承与发展视角的观察

由于农村青壮年剩余劳动力外出到城市务工,留守在家的妇女们劳作之余,活动空间集中在走亲访友、串门、闲聊、打麻将消磨时光。年轻者认为看看小说、看看电影、看看录像便是文化消费,年长者则干脆认为花那个冤枉钱不值,认为有那钱还不如吃好点、穿好点,不如把钱攒下来盖房、娶媳妇。当前农村文化建设缺位,农村文化人才流失,也即表现在人口方面的农村“空心化”,由于城乡差距的扩大,农村大量的各类人才都涌向城市寻求发展,而一旦离开农村深入城市以后,他们就被城市所吸引,想方设法在城市立足,不会再回到生养他们的家乡农村。所以,今天的新农村建设,文化建设的任务是巨大的,也是艰难的。今天的新农村建设不应该只是经济发展的新农村、政治稳定的新农村,而应该也是文化繁荣的新农村。农村社区文化建设可以为新农村建设提供精神动力,培养农村社区居民的自信、勤劳、合作、民主的精神,调动他们建设新农村的积极性和创造性。农村社区文化建设可以丰富农村社区居民的精神生活,净化农村社区的风气,抵制黄赌毒、邪教、封建迷信在农村社区的泛滥。新农村文化建设可以创造一种健康、环保、节能、和谐的生活方式,以抵制消费主义生活方式在农村社区的盛行,为新农村寻找一条可持续发展的道路。《中共中央关于推进农村改革发展若干重大问题决定》提出:“坚持用社会主义先进文化占领农村阵地,满足乡村社区居民日益增长的精神文化需求,提高乡村社区居民思想道德素质。”这是当前繁荣发展农村社区文化的总要求。贯彻这个总要求,总体来看需要重点把握三方面主要内容。一是要把社会主义核心价值体系融入农村社区文化建设的全过程;二是要尽快形成完备的农村社区公共文化服务体系;三是要广泛开展农村社区居民群众乐于参与、便于参与的文化活动。

(二)建设社会主义新农村社区是解决西部农村空心化问题的重要途径

1. 建设社会主义新农村社区是推进西部农村经济社会发展的必然要求

改革开放30多年来,我国农业和农村发生了巨大而深刻的变化,取得了举世公认的伟大成就。然而,我们还应清醒地认识到,今天的农村,经济条件虽然越来越好了,但社会基础设施却相对薄弱,公共服务资源普遍匮乏,农村社会出现了许多新情况、新问题;

新时期的农民,已不仅仅满足于温饱,在人居环境、公共文化、医疗卫生等方面他们有着更高的要求;新时期的农业走标准化、规模化、国际化路子是必然选择,但农村社会事业落后,显然已经成为制约农业实现产业优化升级的一大障碍。这些新情况、新问题的出现,是农村经济社会发展到一定阶段的必然反映。[13]要真正切实解决这些问题,推进农村经济社会发展不断向前发展,就必须加强社会建设,推动经济建设、社会建设各方面全面协调发展。大力推行农村社区化,是顺应时代变迁、遵循客观规律、把握主要矛盾、创新发展新农村模式总结出的宝贵成果。实践充分证明,进入经济社会发展的新阶段,加强社区建设、推进新农村社区化,是破解改革难题、提升发展水平的有效手段,是推进农村经济社会实现新发展的必由之路。

2. 建设社会主义新农村社区是推进西部农村经济社会发展的现实选择

根据现代法治国家观念,向全体公民包括农民在内提供基本公共服务是政府的责任。虽然长期以来,各级政府部门一直致力于把公共服务送到农民手中,但效果却不甚理想。导致这些问题,一方面是因为我国农村村庄数量繁多、位置分散,以自然村为单位实施公共服务的成本过于高昂;另一方面是由于各级政府财力不充足,在原有体制框架下运行,让有限的政府财力、人员和公共服务资源延伸入每一个村庄很不现实。要顺应时代潮流,适应农村发展的实际情况,满足广大农民群众的公共服务需求,就必须创新工作思路,拿出新的方案新的举措。可以按照地域相近、规模适度、便于服务的原则,把分散的村庄规划为一定规模的社区,把政府的各种公共服务项目集中到新农村社区的平台上,为附近2千米半径内的村庄和农民提供服务。这种做法,不仅不影响原有的乡村组织结构,而且可以使分散的村庄相对集中起来,优化配置了农村的公共服务资源,真正使公共服务延伸到每个农村。社会主义新农村社区非常适合中国农村的实际情况,切实可行,并行之有效,这必将是改进和加强我国农村社会建设,提高农村公共服务水平的最佳选择。

推进农村社区化建设,将会使农民生活更加丰富多彩,村容村貌发生巨大的变化,使农村社会建设得到全面加强,我国农村会更加稳定。为农民提供公共服务,既是尊重农民,更是组织农民、教育农民、提高农民,在新农村社区共建共享的过程中,广大农民的公民意识、法制观念等在潜移默化中得到逐渐提升。新农村社区化也是由管理型政府向服务型政府转变的过程。有了新农村社区这个平台,各项公共服务职能“众流归一”,干部群众靠得更近了,服务效果变得更好了,人民群众更满意了,服务型政府建设将因此向前迈进一大步。农村社区化也为村一级组织“减”了“负”,使之腾出更多精力抓发展,有助于提高基层组织的凝聚力,改善党群干群关系,夯实执政基础,巩固基层政权。[14]此外,农村社区化还引发了人流、物流、信息流向村落聚集的连锁反应,繁荣了农村社区经济,农村传统生产生活形态也因此发生改变,新的农村社会生活共同体可以逐步形成。可以说,农村社区化着眼于“三农”问题的根本解决,推动农村由经济建设单项突破,转入“四位一体”整体推进的新轨道。农村社区化是农村改革发展的新生事物,具有旺盛的生命力。从实践看,农村社区化符合经济社会发展规律,符合农村实际,增进了农民福祉,促进我国农村的全面发展,是农村经济社会发展到一定阶段的必然产物。另外,实践还表明,农村社区化投入少、运行成本低、便于操作、易于学习,具有较强的实践性和普遍性,不论是发达地区还是欠发达地区，都有能力推行农村社区化。当然，我国农村情况千差万别，各地推行农村社区化的方式、途径，不可能只有一个模式，也应是多种多样。但不管采取什么模式，都需要从当地实际出发，解放思想，把握规律，科学定位，创新机制，量力而行，注重实效。只有这样，新农村社区这项新生事物，一定能在广袤的农村沃土上茁壮成长，加速推动中国农村小康社会的发展。

（三）破解西部地区农村空心化难题，推动西部农村社区建设的具体建议

农村空心化是中国城市化快速推进的产物。关于如何破解农村“空心化”难题，推动农村社区建设的研究成果已经很多，这些成果也提出了许多建设性意见，如：加强立法、执法力度，提高农村人口素质，强化领导班子建设，加大宣传力度等，涉及农村建设的很多方面，这些都是值得重视的。但总体来说，要破解农村“空心化”难题，推动农村社区建设，物质文明建设是基础，精神文明建设是关键，政治文明建设是前提，法制文明建设是保障。只有抓住这四个层面，通过全局统筹，以规划先行、政策引导、整合项目资源、有序推进农村社区建设，才是切实完善农村社区体系建设的重要保障。

1. 物质文明建设方面的建议

抓好西部农村社区的社会主义物质文明建设，主要应采取以下几项措施。

（1）完善服务体系。公共服务是国家为社会公众生活和参与社会经济、政治、文化活动等方面提供的保障和创造的条件，而农村公共服务是公共服务的重要组成部分，它的有效供给关系涉及农村经济与社会发展，是推动农村社区建设的基础。完善服务体系，包括几个方面的工作：①乡村集体经济组织开展以统一供种、排灌、植保、技术指导为主要内容的服务机制；②农林水等部门所属的基层农技站、农机站、水利站、林业站、畜牧兽医站、经营管理站等提供服务；③供销社、商业和外贸等部门及所属企业开展以技术培训、咨询、承包为重点的服务；④重点推进农村社区服务中心体系建设，为村民提供公共服务的场所，具备方便群众参政议政、教育培训、文体活动、综合治理、纠纷调解、计划生育、社会保障、公益服务、就业维权和卫生环境管理等基本功能。搞好这些服务体系，农民会大大受益，才能进一步壮大集体经济实力。比如，贵州省瓮安县为完善农村社区服务体系，以整合农村社区硬件设施建设为抓手，初步形成了具有社区功能的综合服务平台。经深入实地调查，综合比较，选择条件较好的村按照“一厅六室两阵地”的标准开展创建工作。“一厅”即综合服务厅，服务厅配备有为村民提供公共服务的办公桌椅、电脑、电话等设施。“六室”即多功能室（配备开展培训、议事活动和召开会议必需的桌椅、电脑、远程教育等设备）；卫生室（计生服务室）具备基本医疗、防疫等功能；广播室；图书阅览室；警务室（矛盾纠纷调解室）；文化活动室。“两阵地”即学习宣传暨村务公开栏；室外文体活动场所，至少建设一个篮球场，两个乒乓球桌，配备适合农村的必要而实用的健身器材。瓮安县的农村社区服务体系已基本建成，收到了良好效果，农民得到了真正的实惠，新农村建设取得良好的开端。

（2）努力增加农业投入。努力增加农业投入，主要包括以下内容：①调整农业产业结构，加快发展循环农业和生态农业。调整其内部结构，发展劳动密集型农业，提高农业本身的吸纳能力，实现农业劳动力内部转移，建设一个资源利润率高、生态环境优良、富裕

发达、清洁文明的现代化新农村,从而彻底治理"空心村"现象。政府应该制定相应的财税鼓励政策,搞好科技兴农工程建设。积极组织实施生物工程,推广秸秆气化、固化成型、发电、养畜等技术,开发生物能源和生物基材料,培育生物产业。发展节地、节水、节肥、节药、节种的节约型农业,鼓励生产和使用节电、节油农业机械和农产品加工设备,努力提高农业投入品的利用效率。加大力度防治农业面源污染。使农业生态效益、经济效益和社会效益协调发展。[15]今后的农业发展尤其是循环农业和生态农业的发展,主要依靠科技进步来实现,这将取决于农民科学文化素质的提高和农业科技成果的推广应用。为此,以职业技术教育为重点,以适用技术培训为突破口,努力提高农民的劳动技能,强化科技知识的普及,不断壮大农民科技队伍,要重视利用农、林、牧、渔的优良品种,扩大杂交水稻、玉米、油菜为主的良种良法播种面积,推广重要农产品的先进栽培技术,使农业生产的深度和广度、数量和质量提高到一个新的水平。②治理空心村,归根结底需要大量配套资金的投入。由于我国农村面大、加上国家财力有限,而当前国家财政对农村的投入远远不能适应农村发展的需要。要发展农村,治理空心村,就必须保证对农村建设的资金投入,加大国家财政支农力度,加大农村金融机构支农力度,有效地将国家、集体、个人等各种力量都调动起来,建立多元化的资金投入体系。比如,贵州省瓮安县委县政府依托新农村建设和党建"1+5"工程的建设,加大财政投入力度。涉农部门整合资源,对各项涉农资金进行统筹捆绑使用,支持农村社区建设。一年来,全县用于试点村的新农村建设资金达200万元,其中财政投入20万元,部门帮扶10万元,项目投入170万元。只有做到农业资金投入多元化、多渠道,农业发展才有后劲,农业从粗放型向集约型转变才有可靠的资金保证。③积极引导农民自我服务行为。只有引导农民自觉增加农业资金投入和劳动积累,将农村自身发展与城乡互动结合起来,空心村问题才会出现根本性改观。为此,首先,政府可以借鉴发达国家对农业扶植的政策,比如农产品价格政策、税收政策、信贷政策、保护贸易政策等,加大农业发展的政策支持和扶植力度,弥补市场机制对弱势农业资源配置中的不足。其次,政府应兴建维护大型水利等支持农业的基础设施建设,为农户提供价格低廉的农业用水,尤其是要解决干旱地区农业生产缺水问题。因为,如果田间道路建设不受重视,就会使得农业机械化受阻。西部地区农村多数是山区,因此要实现农业机械化就必须改变传统的优先实施小型机械化的观念,在有条件的地方要发展中型以上机械,提高农业规模化与标准化的程度,从而让农民充分体会到现代机械化的好处,为此,应大力加强田间道路建设,实现农业机械化。比如,贵州省瓮安县近几年来,就一直在多个乡镇进行这方面试点,目前已经取得了初步成效。最后,政府应通过休耕、限耕等措施改善土壤条件,改良农作物品种,使农民能真正在农村安居乐业。

(3)加快以交通、水利为基础的配套设施建设。在加快以交通、水利为基础的配套设施建设方面,主要应注意以下几点:①优先发展农村交通。西部边远山区因交通滞后,严重制约当地农村经济的发展。另外,交通闭塞导致信息不畅通,水利设施不足使得农民抵御自然灾害的能力低下等问题也十分的严重。今后,中央、省、州、县应切实加大对西部地区村组公路改造资金支持力度。为了避免重复建设,把村庄整治资金优先用于发展交通,解决群众生产、生活和出行难的问题。为此,贵州省瓮安县委、县政府要求结合"四在农家”创建活动和农村安居工程建设等项目的实施，着力抓好农村社区规划，积极推行“五通四有三改三建”工程，重点改善农村基础设施建设。从2009年至今，贵州省瓮安县已建成县乡油路117千米、通村油路(水泥路)60.74千米，全县公路通车里程达2098千米，基本实现了乡乡通油路、村村通公路的目标。②加大以水利基础设施配套建设力度。首先，应有计划地建设一些骨干水库和提水、引水、喷淋灌溉工程；其次，应加快河道整治，搞好大型灌区水利设施的更新和配套工程建设，抓紧实施病危水库除险加固工程，积极修建水渠；再次，应大力发展节水灌溉农业，解决工程用水和人畜饮水问题；最后，应广泛发动农民群众投工投料参与农田建设，采取多种办法抓紧完成对现有水利工程的维修、加固、抢险和挖潜改造，恢复和提高排灌能力。③加大中低产田改造力度，加强耕地和土壤改良工程，改善耕地质量，提高土地产出率，为群众增收奠定基础。加大高标准农田建设项目资金投入力度。通过对土地整治，抓好规模种植促进农村经济发展和繁荣；通过土地流转，增加农民的土租收入，规模经营户可请农民从事耕作管理，从而增加农民的货币收入。

(4)大力抓好社会主义新农村新居点建设。大力抓好社会主义新农村新居点建设，需要做好几个方面的工作：①抓好村镇规划体系建设，制订出一个适合本村发展的规划蓝图。要充分考虑不同的区域现状，并结合当地地形地貌和当地风土人情，坚持节约用地的要求，强化农民居住质量要求，鼓励开发兴建农户多层住宅小区。同时，在新一轮土地利用总体规划修编中，细化建新拆旧规模、用地布局，划定耕地保护“红线”，约束和控制村庄外延。道路、通信、电网改造和环境保护等分项规划要与村庄规划修编同时展开、同期实施，规划要注意区分类别和有一定的超前性。比如，贵州省瓮安县按照“以点带面、示范先行、全面推进”的工作思路，率先在永和镇的垛丁村、岚关乡的茶海村、瓮水街道办事处的仙桥村、雍阳街道办事处的云星村、猴场镇猴场村、玉山镇玉山村、渔河乡的新场村开展农村社区建设试点工作。在总结试点工作经验的基础上普遍开展农村社区建设工作，规划了公路沿线一带创建农村社区建设示范带的目标，力争用3～5年的努力，使全县100%的建制村达到农村社区建设县级标准要求。②对交通不畅、运输困难、水源缺乏不适宜人居住环境地域内的农户，根据国家易地扶贫搬迁政策，可整合国家易地扶贫搬迁工程、巩固退还耕林成果专项项目、农村危房改造和农村一事一议财政奖补等建设资金进行捆绑使用。把他们集中到水资源富足和交通顺畅的集镇附近和条件较好的村级公路沿线进行集中安置，并完善基础设施建设，给搬迁农户按人口给予一定的建房资金补助，减轻搬迁农户的经济负担，从而形成社会主义新农村建设的新居点即农村社区。[16]比如，贵州省瓮安县委、县政府推行的“五通四有三改三建”工程，改善了农村群众居住环境，加快了农村危房改造。在全县90%以上的农村社区均建起了社区困难群众保障室(站)。总之，通过开展农村社区服务，进一步增强了社区干部和群众的关系。

(5)加大农村扶贫开发力度，健全农村社会保障机制。加大农村扶贫开发力度，健全农村社会保障机制，需要认识以下几点：①农村扶贫开发主要是抓好特色种植和养殖，抓好常规农业保肚子，抓好特色种植、养殖保票子，就得靠国家的扶贫项目来支撑产业发展。对边远贫瘠的土地实行退耕还林、还草，减少水土流失，使广大农民长期以来从广种薄收模式中解脱出来。生态修复会导致农民的收入暂时减少，国家就得通过宏观调控，加大对大江大河源头省区生态修复补偿力度,解决生态修复区群众的生产生活问题。比如,贵州省瓮安县始终把解决弱势群体的生产生活困难作为凝聚民心的一项重要工作来抓。在农村社区建立了“爱心救助站、保障室”,将民政救济的重心下移,实现社区救灾救济工作及时、便捷、有效地进行,为农村社区的困难群众提供了优先优惠服务,切实解决了农村困难群体生产生活等困难问题。②建设和谐农村社区,关键要体现社会公平、改善民生,特别是要关注农村弱势群体,着力解决困难群众的热点、难点问题,为此有必要健全农村社会保障机制。我国享受社会保障的人数占劳动者的比例较低,与目前世界上小康国家的覆盖率75%和富裕国家的87%相比,相差甚远。党的十四届三中全会关于我国社会主义市场经济体制若干问题的决定,把社会保障制度作为我国市场经济体制的五根支柱之一,因此,要重视建立和完善包括农村养老保险、医疗保险、社会救济、社会福利、优抚安置、个人储蓄或积累等社会保障体系。发展壮大保障实体,完善服务网络,以适应农村经济社会发展和农民群众的客观要求。

(6)大力发展村办企业。农村金融扶贫的重要任务之一就是创业扶贫,主要是大力发展村办企业。具体而言,在积极支持办好乡(镇)一级企业的同时,要加快村办与各种联办企业的发展、鼓励个人和私人企业的发展,积极引进外资、技术和发展横向联合,鼓励发展开发性、外向型的乡镇企业。立足本地优势资源的深度开发,积极发展种养业和农副产品加工工业、矿业、建材和建筑业、运输业、商企服务业。同时积极发展乡村集体商业,鼓励农民个体运销专业户有组织地进入流通领域,搞活农产品流通。发展加工技术,就地增加农村就业机会,吸收更多农村劳动人口,拓宽农民增收渠道,吸引农村劳动人口回流,抑制空心村现象的发展和恶化。目前,我国平原地区农民使用的农业机械品种多样,自动化程度高,大大提高了农业生产效率。因地制宜,积极建设各类农产品加工厂,就地吸收当地农业劳动人口,使劳动力流失得以缓解,是治理空心村现象的手段和方法之一。[15]总之,大力发展村办企业,尽可能在本地解决农村劳动力的就业与创业问题,可以减少外出务工人员,在带来农村经济繁荣的同时,也把农村青壮年留在农村、稳在农村,在一定程度上缓解农村现行的留守儿童、留守老人问题,有效避免农村人口的进一步空心化。

2. 精神文明建设方面的对策建议

当前,西部农村文化建设薄弱,精神文明发展滞后,因此必须加强农村精神文明建设,实现农村文明新风尚。有鉴于此,如何坚持以马克思主义为指导,加强农村精神文明建设,就成为摆在我们面前的艰巨任务。笔者认为,加强农村精神文明建设重点要从以下几个方面下入手。

(1)思想认识应进一步“高”起来。要保持农村的社会稳定和长治久安,就必须高度重视和加强农村精神文明建设。主要从三方面提高:①要认识到加强农村精神文明建设,是党的路线方针政策“进村入户到人”的需要。②要认识到加强农村精神文明建设,是全面振兴农业加快实现小康的需要。③要认识到加强农村精神文明建设,是保持农村团结稳定的需要。在具体的农村工作中,要做好有关土地法律和科学消费的宣传工作,使农民能够建立科学理性的消费观。减少“风水”等迷信思想在住宅建设中的影响,加大宣传《中华人民共和国土地管理法》《中华人民共和国城乡规划法》等法律政策,以及空心村整治的目的和意义,积极培育公众的主体意识、权利意识和参与意识。

(2)制度建设应进一步“硬”起来。农村精神文明建设要真正取得成效,必须把正面教育与管理约束有机结合起来,把农村精神文明建设纳入经济和社会发展的总体规划,建立健全上合国情、下达民意、切中实际、便于操作、规范有效的管理机制,如村民选举制度、科技推广制度、村民议事制度、村民管理制度、治安调解制度、森林消防制度、村组财务“两公开一监督”制度等村规民约,从而把农村的人际关系、人们的日常行为和村级自治组织建设纳入规范化、制度化、法制化管理轨道,促进农村精神文明建设整体水平的提高。此外,还要加大激励措施,及时总结和推广成功经验,宣传好人好事,表彰先进典型,完善政策法规的出台,鼓励开展村庄整治实施的意见,明确村庄整治指导思想、方法、步骤,明确各部门责任和分工并制定相关的优惠政策,引导各地按计划、有组织地开展村庄综合整治工作。

(3)工作方法应进一步“活”起来。为做到工作方法上进一步“活”起来,需要注意以下几点:(1)抓住农民群众最关心的事情。从村民自己身边的事做起,把农村精神文明建设活动同群众的切身利益紧密联系起来,就会调动他们参与精神文明建设的积极性。要大力开展创建文明户、文明村活动,同时把建设文明村纳入农村奔小康的目标规划,开展多层次、多内容、多形式的创建活动,促进农村精神文明建设不断进步。在农村社区建设活动中,贵州省瓮安县从以下四个方面,抓好农村文化阵地建设为载体,大力发展社区文化,丰富社区居民的精神文化生活:一是倡导健康、文明的生活方式。通过创办农家书屋,为农民群众解决读书阅报的问题。比如,贵州省瓮安县永和镇垛丁村从开展农村社区建设工作以来,已新建和完善了文体活动室、篮球场、健身场所等设施。二是以一年一度的“农民运动会”作为农民文化传统运动会为载体,抓好我县社区文体活动队伍建设。比如,贵州省瓮安县猴场镇的猴场村组建了一支40余人的龙狮队,利用农闲时节和节日期间为当地群众送去丰富的精神食粮。三是积极创办宣传橱窗和科普长廊。全县各个村均建立了各种公示栏,并结合农民实际开展思想道德、科学知识宣传、人口与计划生育知识教育等活动,从而改变了农村群众思想意识,生活陋习,提高了农民群众的文明素质。四是教育引导农民群众移风易俗,倡导社会主义新风尚,结合县文明委开展的“五好家庭”评选活动,培育了农村群众良好的社会公德、职业道德和家庭道德,促进了农村社区精神文明、政治文明层次的提升,尊老爱幼、互谦互让、互帮互助的新农村新风尚正在形成。②解决空心村问题,切忌急功近利,在多样的改进方法中可以选择搞好试点、稳步推进,选择适宜的改造模式。通过深入调查研究,搞好先期试点,在试点成功运行的基础上,总结经验,以点带面,然后在大范围内展开,成熟一个改造一个,改造一个见效一个。[17]③在农村精神文明建设方面,应进一步扩大文化阵地。抓农村精神文明建设,首先要加强思想文化阵地建设,农村文化阵地是农村精神文明建设和科技、教育、文化活动的重要场所,也是衡量农村精神文明建设水平的重要标志。我们应该从农民群众身边的事情抓起,重视农村社区文化、村镇文化、企业文化、校园文化等建设。农村文化阵地建设,要本着节俭高效的原则,因地制宜突出重点,逐步形成网络。

(4)队伍建设应进一步“壮”起来。加强西部农村精神文明建设,队伍建设是保证,领导重视是关键。为此:①要加强农村社区建设中的人才队伍建设,不断加强理论政策和文化科技培训,提高整体素质。不仅可以采取通过面向社会招聘等方式提高社区干部队伍素质,也可以采取下派等方式向社区增派人手,充实社区专职工作者队伍,还可以考虑干部参与挂点社区的建设,积极帮助解决工作中存在的困难和问题。②要实事求是地解决从事农村精神文明建设干部的待遇问题。落实政策,落实编制,真正体现与其他业务干部一视同仁的原则。③要把那些有水平、有能力、群众公认、办事公心、严于勤政、德才兼备的人才选拔到村干部岗位上来,选优配强村支“两委”班子,增强村支“两委”班子的凝聚力和战斗力。

(5)党风建设应进一步“廉”起来。加强基层党风廉政建设,对于贯彻落实科学发展观,构建社会主义和谐社会,维护基层改革发展稳定大局,推进社会主义建设,巩固党在基层的执政基础,提高党的执政能力,具有十分重要的意义。当前,加强农村党风廉政建设,抓好基层干部队伍的思想道德建设,净化农村社会风气是十分必要的。为此:①加强对农村党员特别是乡镇和村组领导干部的教育,严格管理,严格监督,充分发挥党员在农村两个文明建设中的先锋模范作用。②建立村支“两委”联席会议制度、村民会议和村民代表会议制度、村支“两委”班子组成人员述职述廉制度等民主议事决策制度,保证村内重大事项都经过民主决策进行,让广大社区群众监督两委干部的工作。③通过建立村党支部“三会一课”制度、党支部议事规则、村务公开等一系列规章制度,逐步推进社区干部管理工作规范化、制度化。

(6)领导力量应进一步“强”起来。农村基层组织是贯彻落实党在农村的方针、政策,也是抓好两个文明建设的重要环节。加强以党支部为核心的基层组织建设,是农村精神文明建设的根本保证。要按照政治上强、工作上勤、团结上明、作风上廉的标准选好村支部领导班子。比如,为进一步加强农村社区建设的领导,贵州省瓮安县做到了:①成立了由县委专职副书记任主任,组织部部长、政法委书记、宣传部部长、人大常委会副主任、政府副市长、政协副主席任副主任,相关部门为成员的农村社区建设工作指导委员会,各试点的乡镇、村也相继成立了农村社区建设工作指导小组,负责组织开展农村社区建设工作。②县、乡(镇、办)、村三级将农村社区建设工作列为“一把手”工程,进一步明确职责,切实加强对农村社区建设工作的领导、指导和实施。③加大农村社区建设工作力度,进一步整合资源,形成合力,县指导委员会及各试点乡(镇、办)结合职责,制订了具体的工作措施,促进工作开展。目前,全县各试点村已基本形成“党委领导、政府主管、民政牵头、部门配合、村级组织主办、社会力量支持、群众广泛参与”的农村社区建设工作格局。总之,我国已有农村精神文明建设的伟大实践表明,凡是精神文明建设搞得好、村风民风正的地方,农村基层党组织建设一定搞得好。为此,要搞好农村精神文明建设,就必须全面加强以村党支部为核心的基层组织建设。

3. 政治文明建设方面的对策建议

农村政治文明的核心和本质就是农民“当家做主”,这是农民政治地位的突出体现。政治文明既是社会主义新农村的目标之一,又是实现社会主义新农村的有效保障。由于政治文明建设为农民当家做主提供制度性的平台,在公共服务供给、社会秩序维系、冲突矛盾化解等多种领域发挥基础性作用,因此,政治文明建设不仅从协调发展、整体推进的层面推进农村物质文明建设与精神文明建设,而且从战略发展上为农村物质文明建设和精神文明建设提供了强有力的保障，为物质文明建设与精神文明建设提供规范，创造安定团结的政治秩序和良好的政治氛围。正确认识和把握政治文明与社会主义新农村建设的关系，对于社会主义新农村建设的实践无疑具有重要理论价值和现实意义。建设社会主义新农村，是党中央从贯彻落实科学发展观、构建社会主义和谐社会的全局出发做出的重大战略部署，是我国现代化建设进程中的重大历史任务。因此，全面推进我国农村政治文明建设的进程，必须以科学发展观为指导，从构建社会主义和谐社会的全局出发，着重解决以下几个问题。

(1)加强农村基层党组织建设，努力推进农村民主政治建设进程。农村基层党组织是党在农村的执政基础。建设好农村基层党组织，不断增强其创造力、凝聚力和战斗力，是推进农村民主政治建设的组织保证。为此，一方面必须建设好村“两委”班子，选准配强村支部书记，可以根据群众公认的原则，通过“公推直选”和“两推一选”的方式选举村支书，同时不断完善村支部民主决策、民主管理、民主监督制度和干部能上能下的选用机制，以党内民主影响和推动人民民主。另一方面，必须进一步加大对乡镇党委和村党支部成员的教育培训力度，不断增强其以人为本、依法执政的观念，使他们既能围绕农民的需求、根据农民的意愿、依靠农民的力量建设农村，把广大农民群众的根本利益作为建设社会主义新农村的出发点和落脚点，让农民群众充分享受新农村建设带来的实惠。依法治乡(镇)、依法治村，严格按照村委会选举办法的法定程序选举村民委员会，健全和完善村民会议制度，重大事项实行民主决策，努力做到村务管理制度健全、规范有序，促进农村各项事业逐步走上规范化、法制化轨道。

(2)进一步深化村民自治制度的改革，完善村民自治制度。村民自治的真正价值在于为村民的自由、自主和自治活动提供制度平台。因此，一方面要加强管理和监督，改革和完善相关的制度。应该根据各地实际情况，科学规范村委会主任、副主任和各委员职权，同时赋予村民对他们实施有效监督的权力，从而真正实现以“民主选举、民主管理、民主决策、民主监督”为核心的村民自治。另一方面，要完善与村民自治相关的法律法规，逐步实现村民自治的法制化、程序化和规范化。还有，应对村民自治中的一些重要领域进行立法，如村务公开，村民会议和村民代表会议、乡镇人民政府与村委会的关系等，从而使有关民主选举、民主决策、民主管理、民主监督的程序进一步得到重视和强化。只有这样，农民群众的民主权利才能得到较好的维护和落实。

(3)进一步提高农民的文化素质和民主政治素质，大力推动农村政治文明建设。发展社会主义民主政治，建设社会主义政治文明，离不开广大农民的积极参与。由于受文化教育水平的限制，使农民在掌握政治信息、参政议政上遇到许多技术上的困难，难以把自己的利益要求转变为政策要求，这在一定程度上制约了农民的参政议政能力和质量。教育水平的低下，现代文化知识的贫乏，已成为制约农村民主化进程和农村现代化的“瓶颈”。因此，推进农村民主政治，发展农村社会主义政治文明，必须大力发展农村科学文化教育事业，普遍提高农民的科学文化素质。要加强对农民的法律教育、政治技能教育，培养农民的民主权利意识，以提升农民的政治素质和参与政治的能力。要通过村民自治实践，使农民普遍接受基本的民主训练，培养民主意识和民主习惯，掌握自治操作技术，进而提升政治参与能力，使农民行使民主权利的能力与他们享有的民主权利相适应，使村委会理性化的自治能力与其享有的自治权利相统一,由此推动村民自治规范健康有序发展。

(4)主动树立高效、廉洁、透明的基层政府形象。主动树立高效、廉洁、透明的基层政府形象,要做好以下三点:①通过选拔任用制度的改革,推进干部工作的科学化、民主化、制度化,形成朝气蓬勃、奋发有为的领导集体;并且有组织、有领导地开展乡镇政府领导的直选试点工作,行使人民在选拔干部中的参与权、监督权,真正还权于民。②培养领导干部对人民群众的感情。③提高基层干部素质,培养干部法律意识。建立廉洁、高效政府,巩固党在农村的领导地位和执政基础。比如,贵州省瓮安县出台了《瓮安县农村社区建设职能部门工作职责》,对各成员单位进行责任明确,并将各成员单位履职情况纳入县委县政府对各单位的年终考核,由县委县政府督查室按职责的完成情况对各成员单位进行检查督促。

(5)强化村务、社务公开制度。社务公开的好处很多,比如增强了农民的民主意识,密切了党群干群关系,加强了对社区干部的监督,使问题在基层得到解决,减少了上级政府的群众信访压力等。因此,应进一步强化推行社区政务、事务、财务的全方位公开制度,定期向社区成员公开,也可以借鉴全国其他优秀社区的"社区居民恳谈日"活动等经验,组织社区居民代表议社区建设、谈社区管理、定社区大事。努力做到"民知、民议、民管、民享",让社区居民充分体验"当家做主"的民主气氛。为真正把社务公开和民主管理落到实处、收到实效,有必要做到以下五方面的规范:①内容规范。凡是村民关心的大事、要事、难事都要逐项公开,公开的内容力求全面真实。②程序规范。公开内容一般由社区委员会提出,提交村务公开监督小组、民主理财小组审核通过后方可公示。③时间规范。坚持财务公开按季公示制度,群众关心的热点、焦点问题及时公开。④形式规范。在公开的形式上力求灵活多样,公开墙一般应建在学校等群众习惯聚集的地方,统一质量标准,可以考虑以水泥墙为底板,制成黑板状,经济、实用、耐久。⑤管理规范。各村设立举报电话,接受群众对公开墙的监督。公开墙应设置遮雨篷,公开墙归属村务公开监督小组管理。

4. 社会法制文明建设方面的对策建议

没有西部农村的小康,就没有全国农村的小康,从而就没有全社会的小康。我国是个农业人口众多的国家,解决农业、农村和农民问题,是全面建设小康社会工作任务的重中之重。在现实中,我们要切实加强社会主义法治建设,努力为社会主义新农村建设服务。

(1)进一步提高对农村法制建设重要性的认识。建设社会主义法治国家,离不开广大农民的积极参与,否则依法治国就不可能得到全面落实。实现建设有中国特色社会主义新农村的目标,离不开法制的保障。巩固农业的基础地位,长期稳定农村基本政策,实施科教兴农,实现农业可持续发展,保护和发展农村生产力,维护广大农民的民主权利和其他合法权益,促进农村物质文明、精神文明、政治文明的协调发展,都需要进一步加强和完善农村法制建设。因此,各级党委和政府必须从思想上认识到加强和完善农村法制建设事关农村工作的全局,事关农村经济发展与社会进步,事关农村全面建设小康社会的进程,在推进农村各项工作的过程中,必须始终坚持"一手抓经济,一手抓法制",使经济实力与法制建设同步发展，坚持依法决策，依法行政，依法办事，努力提高运用法律手段管理农村工作的水平。

（2）健全适应农村改革和发展需要的有关法律制度。农村法制建设事关农村全面建设小康社会的大局。因此，今后一段时间，应当迅速建立和完善农业法律体系，对农村社区的性质、功能、权力、责任及社区组织原则、组织定位、组织机构、财政保障等进行规范，来指导农村社区的建设，使农村社区建设走上法制化、制度化、规范化的轨道。比如，贵州省瓮安县农村社区指导委员会多次深入试点村、组开展调研，广泛征求意见，在此基础上制订出台了《瓮安县农村社区建设工作实施方案》，进一步明确了农村社区建设指导思想、基本原则、总体目标、工作任务、保障措施等，为开展农村社区建设工作提供了有力的政策支撑。加快制定、完善和规范农村政治、经济、社会生活的法律法规。在农业立法的过程中，可以学习和借鉴国外的有益经验；同时注意结合我国的国情和农村的实际，不能照搬照抄，要把在农村改革和建设实践中行之有效的方针政策以及已经成熟的经验上升为法律，使农村生活的各个方面都能做到有法可依、有法必依、执法必严、违法必究，还应着手清理那些早已过时的、不符合农村地区各项工作发展现状的法律法规，做到与时俱进，实事求是。比如，在区域扶贫开发中，最重要的是产业扶持与技术支持，而不是直接给农民更多的生活费。在制度上要设计出大力提高农村贫困人口与低市场人口的参与能力的参与机制，要将劳动参与与资源参与一并纳入制度设计要素中，同时要注意设计好农村贫困人口参与后的利益分享机制，以此作为参与资格与利益合理分配的保障。在农业执法方面，要进一步加大农业执法力度，努力建设一支高素质的农业执法队伍，清理整顿农资市场，重点打击制售假冒伪劣种子、农药等坑农害农的违法犯罪行为，以促进农资市场秩序的根本好转。此外，政策法规的执行还需要专门的监督，不能让其成为摆设，各级民政部门要切实担负起责任，监督各农村社区在贯彻执行政策措施方面的力度，并将其作为优秀农村社区评比的指标纳入考核体系，将评比结果引入财政投入中的以奖代补方式中，积极督促各社区依法开展建设活动。

（3）加强农村法制宣传教育，切实增强广大农村干部和农民群众的法律意识和法制观念。要进一步在广大农民特别是农村干部中开展经常性的法制宣传教育活动。通过这种宣传教育，切实增强农村干部的法制观念和依法办事的能力，使他们自觉遵守法律法规，做到依法行政，民主治村；切实增强农民群众的法律意识，使广大农民群众学法，知法，守法；使各种涉及农业、农村和农民的法律法规能够尽快地传达到农民群众中，保证这些法律法规能真正发挥作用。

（4）加强农村法律事务服务，为农民提供强有力的法律支持。加强农村基层法律服务要进一步明确调整和规范农村基层法律服务所在的业务范围，进一步加强调整和规范司法行政机关对农村基层法律服务机构的管理，进一步完善规范农村基层法律服务从业人员管理制度。加强农村法律服务，首先要重视基层司法行政部门特别是基层司法所（办）的作用。这些部门设在农村，工作人员常年与农民打交道，他们更了解农民对法律知识的需求，通过他们对日常纠纷的调解，可以教育农民知法、守法，使农民明白自身享有什么权利，可以做什么，不可以做什么，以及违法的后果；其次，要发挥基层人民法院人民法庭的作用。人民法庭有对基层人民调解组织或调解员进行业务指导的义务。

5. 生态文明建设方面的对策建议

胡锦涛同志在党的“十八大”报告中指出“建设生态文明，是关系人民福祉、关乎民族未来的长远大计。面对资源约束趋紧、环境污染严重、生态系统退化的严峻形势，必须树立尊重自然、顺应自然、保护自然的生态文明理念，把生态文明建设放在突出地位，融入经济建设、政治建设、文化建设、社会建设各方面和全过程”。笔者认为，针对当前我国农村社区空心化的现状，认真领会胡锦涛同志的讲话精神，从生态文明建设方面解决西部地区农村社区“空心化”问题是很有必要的。

(1)优化农村土地开发利用格局。解决西部农村社区空心化问题，要在加快经济建设的同时，注意保护好农村生态环境。努力做到使农村社区人口和资源环境相均衡、经济增长和生态效益相统一，合理调整农村社区经济的发展格局，促进对农村土地和资源的有效利用。在经济不断发展的同时，更要注意保持农村社区自身拥有的良好的生态环境，走可持续发展道路。真正做到“既要金山银山，又要绿水青山”。努力发展循环农业和生态农业，走依靠科技提高单产的道路，杜绝单纯依靠农药化肥提高单产的错误意识。对于可能造成农业污染的任何源头，都要提高警惕，防患于未然。比如，近些年来，贵州省瓮安县相继实施了长防工程、农发水保项目、生态项目造林、退耕还林和低产林改造工程等，保质保量地完成各项林业工程建设任务，这不仅优化了农村土地开发利用格局，而且使林业生态建设走在了全省的前列。由于贵州省瓮安县在退耕还林中业绩突出，连续两年被黔南州人民政府评为“退耕还林先进县”“造竹工程先进县”。

(2)全面促进农业资源的合理利用。胡锦涛同志在“十八大”报告中指出：“节约资源是保护生态环境的根本之策。”因此，在解决西部农村社区“空心化”问题上也要倡导合理利用各项农业资源，推动农业资源尤其是耕地的利用方式根本转变。改变以往靠大幅消耗能源、水、土地来提高效益的局面，提高对各项农业资源的利用效率和效益。发展节地、节水、节肥、节药、节种的节约型农业，鼓励生产使用节电、节油农业机械和农产品加工设备，努力提高农业投入品的利用效率，加大力度防治农业面源污染。使农业生态效益、经济效益和社会效益协调发展。比如，贵州省瓮安县在退耕还林工程和天然林保护工程建设中，坚持生态与产业建设两手抓，规划栽植了楠竹、花椒、苦丁茶、板栗核桃等经济林，培育产业基础资源面积占全县退耕还林总面积的73.6%。2004年至今，天然林保护工程年年受到省、州级表彰。该县育林又育人、喜结文明果的做法，为西部地区农村生态文明建设树立了典范。

(3)加强农村生态文明制度建设。健全的制度是保护生态环境的基石。“要把资源消耗、环境损害、生态效益纳入经济社会发展评价体系，建立体现生态文明要求的目标体系、考核办法、奖惩机制。建立国土空间开发保护制度，完善最严格的耕地保护制度、水资源管理制度、环境保护制度。”加强对农村社区环境的监管，健全农村社区生态环境保护责任追究制度和环境损害赔偿制度。加强生态文明宣传教育，增强农民的节约意识、环保意识、生态意识，形成合理消费的社会风尚，营造爱护生态环境的良好风气。比如，贵州省瓮安县为扎实推进农村生态文明建设工作，真正做到规范管理，全县结合自身实际，制定落实了工作队伍内部风险抵押金制度、责任区全天保洁制度、单位自查通报制度等系列规章制度，切实增强了干部职工认真参与农村生态文明建设工作自觉性和责任感,彻底改善了过去农村生态文明建设工作“无单位负责、无人监督、无人考评”的状况。这些制度既包含正式的制度如国家法律法规、有关政策(最重要的是分配政策与投资政策)、产权等,也包括非正式的制度如文化、意识、观念等。

五、结语

农村空心化现象与农村社区建设之间有着高度的关联,综合表现在政治意义的关联、经济意义上的关联、文化意义上的关联等几个方面。“十二五”时期是我国农村及整个国家的改革发展的一个新时期、新阶段。农村社区建设是在党和国家的领导下,以农村地域范围为基础,动员各方面力量,整合农村社区资源,强化农村社区为民服务的功能,实现农村社区成员的自我管理、自我服务、自我提高,进而建设管理有序、服务完善、文明祥和的新型农村社会生活共同体的过程。回顾过去,尽管自农村社区建设工作开展以来,在各级民政部门的有力组织下,全国农村社区建设实验工作蓬勃发展,进展比较顺利,但由于农村社区建设是一项十分复杂的社会系统工程。因此,客观地说,目前我国社会主义新农村社区建设仍存在着许多亟须解决的重要问题。由于我国东、中、西部各方面在发展水平上存在着不小的差距,导致西部地区社会主义新农村社区建设任务的完成具有极为重要的战略意义。只有全面了解与深入剖析西部地区农村空心化问题,把握其本质所在,才能为西部地区有效开展与深入推进社会主义新农村社区建设提出切实可行的对策建议。笔者以为,尽管我国西部地区虽然存在较多制约农村社区建设的因素,但这并不表明西部农村的未来一定是一片灰暗,前途可危。只要我们切合实际,实事求是,勇于创新,总能找到破解西部农村空心化难题以推动西部农村社区建设的有效途径。回顾西部大开发的历史,可以看到我国西部农村社区建设已经取得了巨大进步,不过相对于高度发达的东部地区经济发展水平来说,这仅仅是属于起步的阶段。笔者相信,只要在党的“十八大”思想的正确指导下,在十八届三中全会精神的指引下,从“五位一体”建设(物质文明建设、精神文明建设、政治文明建设、社会法制文明建设、生态文明建设)认识高度入手,解放思想,实事求是,与时俱进,求真务实,大胆创新,做好合理的制度安排与制度创新,坚持走创新式发展模式与内生性致富道路,就一定能有效破解西部农村空心化难题,有条不紊地推动西部农村社区建设,最终夺取我国社会主义新农村建设的伟大胜利。

【参考文献】

[1]王亚维.“空心村”形成的原因及对策[J].山东国土资源,2005(10).
[2]薛力.城市化背景下的“空心村”现象及其对策探讨——以江苏省为例[J].城市规划,2001(6).
[3]王进业,张军.“空心村”综合症[J].乡镇经济,2003(7).
[4]谷云凤,郭秀伟等.新农村建设要谨防“空心化”倾向[J].农民致富之友,2007(8).
[5]项继权.论我国农村社区的范围和边界[J].中共福建省委党校学报,2009(7).
[6]项继权.中国农村社区及共同体的转型与重建[J].华中师范大学学报(人文社会科学版),2009(5).
[7]陈祥升.论我国农村的金融空心化[J].商业研究,2004(2).

[8]李首成,孙园园,何蕾,高本均,姜文韵,曹晓宁.解决农村空心化与社会主义新农村建设关系的探讨[C].推进社会主义新农村建设研讨会论文(2006年).中国知网,2012-10-05.
[9]杜挺.城市化背景下乡村聚落空心化问题初探[J].内江师范学院学报,2010(6).
[10]段炼.当前农村社区建设存在的问题[J].边疆经济与文化,2009 (2).
[11]甘信奎.新农村社区建设模式及政策推进[J].江汉论坛,2009(2).
[12]周学文.社区建设是基层社会建设的重要载体[J].中国民政,2008(12).
[13]郑新立.关于建设社会主义新农村的几个问题[J].农业经济问题,2006(1).
[14]杨迅.农村社区化:农村改革发展的模式取向[J].山东省农业管理干部学院学报,2008(5).
[15]童荣萍."空心村"现象的科学认识及治理[J].农业经济,2006(10).
[16]杨永芳,刘玉振,艾少伟."空心村"问题成因分析及解决对策[J].安徽农业科学,2007(26).
[17]秦振霞,杨明金,宋松."空心村"问题及其解决对策[J].农村经济,2009(3).

● 教育公平视野下特殊群体受教育权研究*

廖艳[1]　翟林琳[2]

（1. 贵州大学　公共管理学院，贵州　贵阳　550025

2. 贵州大学　法学院，贵州　贵阳　550025）

【摘　要】特殊群体受教育权的平等实现对于个人和社会而言都具有非常重要的价值。正因如此，国际社会制订了特殊群体受教育权保障的国际标准，既包括《世界人权宣言》，以及《经济、社会和文化权利国际公约》等为特殊人群受教育权保障提供基本原则的一般性国际人权标准，也包括为特殊群体受教育权保障提供直接指南的保护特定人群的国际人权条约，以及国际人权组织颁布的与特殊人群教育有关的"软法"性法律文书。为了更好地保障特殊群体的受教育权，我国政府做出了诸多努力，也取得了长足的进步，但是与特殊群体受教育权的国际标准相比，仍然存在许多不足，尤其是在农民工子女、残疾人和少数民族群体方面。为了更好地帮助我国特殊群体实现受教育权，既需要坚持全纳教育的理念、完善教育补偿机制、认真履行相关的国际人权条约，以及完善相关立法和救济方式；也需要专门针对某些特殊人群提出具体的完善对策。

【关键词】受教育权；特殊群体；教育公平

一、导论

（一）问题的提出

正如李克强总理所言，"教育公平具有起点公平的意义，是社会公平的重要基础，可以使人们通过自身努力，提升参与平等竞争的能力"❶。然而，在人类历史的大部分时间里，教育是不公平的。随着工业社会的到来，人们权利意识日益高涨，人们追求教育公平的愿望越来越强烈。在人类追求教育公平的进程中，具有里程碑意义的事件之一就是

＊ 基金项目：贵州省社科青年课题（编号：12GZQN06）、贵州省基础教育科学研究教育教学实验课题（编号：2012B214）。该研究报告为驻贵州大学人口社会法制研究中心期间完成的课题研究成果之一。

作者简介：廖艳（1977—　），女，湖南隆回人，贵州大学公共管理学院副教授，法学博士。翟林琳（1989—　），女，天津武清人，贵州大学法学院法学理论专业硕士研究生。

❶ 参见李克强在国家科技教育领导小组第一次全体会议上题为《注重教育公平，推动科技创新》的讲话，http://www.gov.cn/ldhd/2013-08/31/content_2478487.htm.

1948 年的《世界人权宣言》将受教育权确认为一项人权，从此，保护公民平等地享有受教育权成为一个国家义不容辞的义务。在《世界人权宣言》的影响下，随后发布的重要的国际人权文件几乎都将受教育权确认为人权体系中一项重要的权利。受教育权的确立意味着人人不受性别、地位、种族，以及社会地位的影响，平等地享有受教育的权利，在该权利实现过程中不受任何人的歧视。正因如此，世界上绝大多数国家都非常重视公民受教育权的平等保障，希望能够消除教育歧视、弥合教育不平等，以及缩小教育差距。尽管各个国家努力通过各种手段促进教育公平，但是教育不公平的现象仍然普遍存在，特殊群体遭受教育歧视就是其中之一。

中国作为一个发展中国家，在特殊群体受教育权保障方面也存在着同样的困惑。尽管国家试图通过颁布法律和制定各种政策来保障特殊群体的教育权利，但是这些差距在事实上仍然没有明显缩小。由于中国国情的特殊性，中国的特殊群体种类繁多，形成原因复杂，数量庞大(比如说少数民族群体、农民工随迁进城子女群体)。如果我们不将更多的关注投给特殊群体，可能会加剧特殊群体对于社会的不满，积聚更多的社会矛盾，不利于社会公平、社会发展、社会稳定和社会和谐，同时也影响特殊群体个体的自我发展，最终无法破解城乡代际继承效应。正因如此，国内一些学者开始关注特殊群体受教育权保障问题，并形成了部分研究成果。[1] 这些研究成果论证了中国当前特殊群体受教育权保障的急迫性和必要性，并提出了相应的对策，为本研究提供了基础。

尽管如此，与国外学者对特殊人群受教育权问题的热衷程度相比，国内学者们对于这一问题的研究明显关注不够，已有研究成果也存在一定的不足。首先，国内的研究成果大多缺乏国际视野，对相应的国际标准缺乏足够的了解和深入的论证，在一个人权全球化日益高涨的时代，国际视野的缺失无疑会降低研究的深度和意义；其次，国内学者对于特殊群体受教育权保障的必要性和正当性的研究大多是从现实的角度进行论证，而很少有学者从人权角度展开论证；再次，专门针对特殊群体这一整体受教育权保障的研究成果甚少。因此，本研究报告在吸取众多学者前期研究成果的基础上，以特殊群体受教育权的国际人权标准为参照系，探讨我国特殊人群受教育权保障的现状和未来。

(二)核心概念的界定

1. 特殊群体

学界对特殊群体的理解主要有两种看法。第一种看法认为特殊群体是指由于身体或生理原因处于边缘或不利地位的人群，包括老年人、妇女、儿童，以及残疾人等；第二种看法认为无论是因身体或生理原因，还是由于制度或结构性原因造成的处于边缘或不利

---

[1] 代表性成果主要有：高松元，鲍永红的《转型时期我国特殊群体受教育权的保护》(《现代教育管理》，2010 年第 1 期)；郭兴利的《全球化进程中的弱势群体受教育权之保护》(《教育学术月刊》，2009 年第 3 期)；廖艳的《特殊群体受教育权保障探析》(《教育文化论坛》，2013 年第 4 期)，以及《残疾人受教育权保障的国际标准与中国实践》(《西部法学评论》，2013 年第 4 期)；李佳勋的《农村残疾人受教育权的法制保障》(《教育评论》，2010 年第 4 期)；潘高峰的《试论我国少数民族受教育权及其保障》(《西南民族学院学报(哲学社会科学版)》，2002 年第 4 期)；马明霞的《我国少数民族受教育权的保障与实现——以西部民族自治地区为例》(《甘肃政法学院学报》，2005 年第 2 期)；张杰，汪进元的《农民工子女受教育权的平等保护》(《华东政法大学学报》，2009 年第 2 期)。

地位的群体都是特殊群体。本研究报告中的特殊群体是指那些由于自身或社会原因常处于不利地位，其权利应受到特殊保护的群体，这一群体应具有两个基本的特征：其一，处在社会边缘或不利位置。之所以说特殊群体处于社会的不利地位，是由于他们所拥有的经济、社会、文化，以及人力资源较少，因而他们能够从社会中获得的酬赏不多，他们很难过上与尊严相匹配的生活。其二，其权利应受到特别保护。特殊群体处于社会的不利地位，社会文化和制度的歧视和排斥导致这些人凭借个人的能力和努力很难摆脱目前的困境，很难实现向上流动，因而必须对他们进行差别对待，实行特别的保护。

2. 受教育权

受教育权作为一项基本的人权，是每个人都应该享有的权利，是由国家保障实现的接受教育的权利，也是公民享受其他文化教育的前提和基础。《世界人权宣言》《经济、社会和文化权利国际公约》等重要的国际人权法律文书都用较多的篇幅规定了这项重要的人权。

《世界人权宣言》第 26 条第 1 款规定了“人人都有受教育的权利”，并提出了实行不同类别教育的基本要求。《取缔教育歧视公约》的序言中“回顾《世界人权宣言》确认不歧视原则并宣告人人都有受教育的权利”。《经济、社会和文化权利国际公约》第 13 条是国际人权法中对受教育权规定得最为广泛和全面的条文。此外，《消除对妇女一切形式歧视公约》第 10 条、《儿童权利公约》第 28 条、《残疾人权利公约》第 24 条、《欧洲人权公约第一议定书》第 2 条、《美洲人权公约附加议定书》第 14 条，以及《非洲人权和民族权宪章》的第 17 条都明确规定了“受教育权”。

为了更好地帮助和促进缔约国、有关国际组织和专门机构逐渐和有效充分地实现该项重要的权利，联合国经济、社会和文化权利委员会于 1999 年通过了专门针对《经济、社会和文化权利国际公约》第 13 条的“第 13 号一般性意见：受教育权”，该意见规定了受教育权的内涵、特征、实现标准，阐述了保障受教育权的重要性，以及缔约国履行该权利可能存在的障碍。该意见指出，受教育权是一项包括受初等教育的权利、受中等教育的权利、技术和职业教育、受高等教育的权利、受基础教育的权利、享受教育自由的权利、不歧视及平等待遇，以及学术自由和机构自主等权利在内的权利群。

在“第 13 号一般性意见：受教育权”里，联合国经济、社会和文化权利委员会还详尽地介绍了国家履行受教育权的一般法律义务和具体法律义务。受教育权的一般义务是指“逐步实现”的义务，即国家有义务采取谨慎、具体和有目标的步骤，尽可能迅速、切实有效地行动，充分保障受教育权的落实。同时，不允许国家在受教育权上采取任何无理由的倒退措施。受教育权的具体法律义务是指国家有义务尊重、保护并落实受教育的权利。

二、特殊群体受教育权保障的国际人权法框架

特殊群体受教育权的保障长期以来主要依据一般性国际人权标准进行，这些国际标准主要包括《世界人权宣言》，以及《经济、社会和文化权利国际公约》的相关规定，它们为特殊人群受教育权的保障提供了基本的原则。除此之外，保护特定人群的国际人权条

约,以及国际人权组织颁布的与特殊人群教育有关的"软法"性法律文书为特殊人群的受教育权保障提供了直接的指南。

(一)受教育权保障的一般国际人权法源

1.《世界人权宣言》

作为全人类第一份普世性的人权文书以及"所有人民和所有国家努力实现的共同标准",《世界人权宣言》首次向全世界宣示了一系列人权,受教育权名列其中。在该宣言第26条的三个条款中,第1款明确规定:"人人都有受教育的权利,教育应当免费,至少在初级和基本阶段应如此。初级教育应属义务性质。技术和职业教育应普遍设立。高等教育应根据成绩而对一切人平等开放。"这一款项不仅明确规定了受教育的权利,而且指明了国家在初等教育、技术和职业教育,以及高等教育方面的不同义务。除了上述规定外,该条第2款和第3款分别规定了教育的目的,以及父母的权利。

除了第26条的受教育权条款外,第2条的非歧视条款也是特殊群体受教育权的重要依据。该宣言第2条载明:"人人有资格享有本宣言所载的一切权利和自由,不分种族、肤色、性别、语言、宗教、政治或其他见解、国籍或社会出身、财产、出生或其他身份等任何区别。"这条款说明了《世界人权宣言》所载的所有权利人人都享有并应受到平等的保护,基于任何形式的歧视都不被允许,这当然也包括了第26条规定的受教育权。

2.《经济、社会和文化权利国际公约》

由于《世界人权宣言》只是一个宣言,对缔约国并不具有法律约束力,因此联合国又制定了《公民权利和政治权利国际公约》,以及《经济、社会和文化权利国际公约》,将《世界人权宣言》宣示的人权纳入国际公约的框架中,从而使"努力实现的共同标准"具备了国际法上的法律约束力。作为一项文化权利,受教育权的国际标准载于《经济、社会和文化权利国际公约》第13条和第14条之中。

与《世界人权宣言》第26条一样,《经济、社会和文化权利国际公约》第13条也明确指出"人人有受教育的权利",同时也规定了教育的目的,以及父母对子女教育方面的权利。与《世界人权宣言》第13条不同的是,该条将受教育的权利与教育目的合并为一款,将国家在初等教育、中等教育,以及高等教育方面的义务单独作为一款。在国家义务方面,除了规定初等教育的义务性质,以及免费之外,还要求中等教育和高等教育逐步做到免费,此外还要求鼓励和推进对那些原来没有完成初等教育者实现基础教育等。

公约起草者还考虑到各国社会和经济发展的实际差异性,因而专门设立了第14条用以规定缔约国在受教育权方面必须承担的最低义务,以及具体时限,要求尚未实施免费义务性初等教育的缔约国,应在加入该公约两年之内制定和采取一个逐步实行的详细行动计划,并规定在合理的年限内实现一切人人接受免费义务性教育的原则。显然,《经济、社会和文化权利国际公约》关于受教育权义务的规定比《世界人权宣言》不仅要详细,而且对国家的要求也更为严格。这一进步不仅反映了《经济、社会和文化权利国际公约》实现《世界人权宣言》所确立的人权标准的决心,而且表达了公约起草者对受教育权标准的上升。

3. 经济、社会和文化权利委员会发布的一般性意见

作为《经济、社会和文化权利国际公约》的条约监督机构，经济、社会和文化权利委员会自成立以来陆续发布了一系列一般性意见，阐述其经济社会文化权利问题的立场，应对国际社会关于经济社会文化权利概念模糊，以及不具有可诉性等批评，并最终推动公约的实施。当前来看，这些一般性意见已经成为正确把握经济社会文化权利的重要依据，具有国际法上的"软法"地位。

(1)"第11号一般性意见：初等教育行动"

由于一些国家并没有根据《经济、社会和文化权利国际公约》第14条拟定免费义务教育的行动计划，1999年经济、社会和文化权利委员会发布了"第11号一般性意见：初等教育行动"，对该公约第14条的内容作了进一步阐述，指出该条中所指的"义务性"不仅意味着家长、监护人，以及国家都无权把儿童是否应受初等教育的决定视为可选择的，还进一步突出了对性别歧视的禁止，"免费"意味着在不向儿童、家长和监护人收费的情况下提供教育，包括强迫征收昂贵的校服费用。[1] 该意见要求缔约国在两年内通过一项由社会各界参与制订的行动计划，计划必须包括所有必要的行动，规定一系列目标和实现日期，确保该项权利得到逐步实现。不过，禁止歧视的规定必须即刻执行。

(2)"第13号一般性意见：受教育权"

"第13号一般性意见：受教育权"是针对受教育权的一般性意见，其根本宗旨在于受教育权的保障。该一般性意见确立了受教育权的4A标准，具体包括可提供性(Availability)、可获取性(Accessibility)、可接受性(Acceptability)、可调适性(Adaptability)。其中，可提供性要求"应在缔约国的管辖范围内设置够多能够运作的教育机构和方案"。可获取性在缔约国管辖范围内，"人人都应该能够利用教育机构和方案，不受任何歧视"。并且，可获取性包含了互相重叠的三个因素：不歧视，即不得援引受到禁止的任何理由歧视任何人，实际可获取性要求——教育必须在安全的物质环境中进行，学生可在一些堪称便利的地点上学(例如，邻里单位的学校)或通过现代技术设备接受教育(例如，收看"远距离教学"节目)；经济上的可获取性要求，教育费用必须人人负担得起。初等教育应"一律免费"，缔约国对中等教育和高等教育要逐渐做到免费。可接受性要求教育的形式和实质内容，包括课程和教学方法，必须得到学生的接受(例如，文化上合适和优质，在适当情况下，也应该得到学生家长的接受)。可调适性要求教育必须灵活，能够针对变动中的社会和社区的需求而进行调适，使其符合各种社会和文化环境中的学生的需求。[2]

(二)专门针对特殊群体受教育权保障的特别国际人权法源

虽然《世界人权宣言》《经济、社会和文化权利国际公约》等公约，以及经济、社会和文化权利委员会的一般性意见为特殊群体受教育权保障确立了一般标准，但是由于这些标准乃是针对每一个人的标准，并没有照顾到特殊人群与普通人群在受教育权方面的差

---

[1] "第11号一般性意见：初等教育行动"，第6~7段。

[2] "第13号一般性意见：受教育权"，第6段。

别,尤其是没有顾及特殊人群受教育权实现面临的一些特殊困难,因此这两份国际人权文书对于特殊人群的受教育权并不能发挥应有的作用。正是在这一背景下,专门针对特殊人群受教育权保障的国际标准的制定也就成为联合国,以及相关机构面临的重要任务。

1.《取缔教育歧视公约》

为了重申《世界人权宣言》中确认的不歧视原则并宣告人人都有受教育的权利,同时考虑到教育上的歧视侵害该宣言里所宣布的各项权利,联合国教科文组织于 1960 年颁布了《取缔教育歧视公约》。该公约第 1 条就详尽地阐述了“歧视”和“教育”的含义,“歧视”一语是指基于种族、肤色、性别、语言、宗教、政治或其他见解、国籍或社会出身、经济条件或出生的任何区别、排斥、限制或特惠,其目的或效果是取消或损害教育上的待遇平等;“教育”一语指一切种类和一切级别的教育,并包括受教育的机会、教育的标准和素质,以及教育的条件在内。同时,该公约列举了禁止教育歧视的具体行为,包括:(甲)禁止任何人或任何一群人接受任何种类或任何级别的教育;(乙)限制任何人或任何一群人只能接受低标准的教育;(丙)对某些人或某群体设立或维持分开的教育制度或学校,但本公约第 2 条的规定不在此限;(丁)对任何人或任何一群人加以违反人类尊严的条件。为了更好地理解“歧视”的含义,该公约的第 2 条解释了男女学生、为宗教或语言上的理由,以及不在于排除任何一群人为目的而设立或维持分开的教育制度或学校不构成教育歧视。为了消除和防止教育歧视,该公约的第 3 条至第 7 条强调了国家应承担的各种义务。由于特殊人群是教育歧视的主体,因而《取缔教育歧视公约》应被当然视为特殊群体受教育权保障的总纲性文书。

2. 有关特殊人群保障的国际人权条约中对受教育权的规定

在联合国人权条约中,有相当数量的条约是专门针对特殊人群而颁布的。为了防止和消除对特定人群的教育歧视,这些条约中的受教育权条款大多针对这些人群的特殊教育需求,对这些人群的受教育权保障做出了特别的规定。

(1)《儿童权利公约》

1989 年 11 月 20 日通过的《儿童权利公约》全面规定了儿童应享有的各项基本权利,其中也包括受教育权。《儿童权利公约》的第 28 条和第 29 条作为儿童受教育权条款,明确规定了儿童受教育权的目的和国家义务。第 28 条除了强调受教育的权利之外,还要求初等教育免费,鼓励发展中等教育和高等教育,平等获取职业教育指导和资料的机会,并要求国家采取措施提高出勤率、降低辍学率等。第 29 条规定了儿童接受教育的目的乃是最充分地发展儿童的个性、才智和身心能力,培养对人权和基本自由,以及联合国宪章各项原则的尊重等。

(2)《残疾人权利公约》

联合国人权事务高级专员特姆·皮莱曾经指出:“在人权体系中历来是见不到残疾人的,他们在人权工作中也一直被忽视。”[1]皮莱的这一论断的确有一定道理,相比其他特

[1] 《残疾人权利公约的监测工作:人权监测员指南》,HR/P/PT/17,2010,第 6 页。

殊群体的人权保障,联合国对残疾人的权利保障的确相对滞后。因为,联合国1965年制定了《消除一切形式的种族歧视的公约》,1979年通过了《消除对妇女一切形式歧视公约》,1990年通过了《儿童权利公约》,但是《残疾人权利公约》这一以保障残疾人权利为目的的国际人权公约直到2006年才获得通过。并且,在《残疾人权利公约》制定前,正式的国际人权公约中基本上见不到"残疾人"三个字。《残疾人权利公约》第24条详尽地规定了残疾人的受教育权。该条第1款指出,为了加强对人权、基本自由和人的多样性的尊重,最充分地发展残疾人的个性、才华和创造力,以及智能和体能,并能使所有残疾人能切实参与一个自由的社会,国家应明确禁止基于残疾的教育歧视,并确保在各级教育实行包容性教育制度和终生学习。第2款至第5款详细规定了国家在残疾人教育方面应履行的义务。

(3)《消除对妇女一切形式歧视公约》

为了提升妇女的弱势地位、促进性别的平等,以及消除对妇女的歧视,联合国在1979年12月18日通过了《消除对妇女一切形式歧视公约》,全面保障妇女在政治、社会、经济、文化方面的权利。作为专门保障妇女受教育权的条款,该公约第10条规定了国家在消除妇女教育歧视、促进男女教育平等方面的义务,具体包括教育机构、教育层次、课程,以及教育设施、教育奖励等方面的平等,并鼓励男女同校,减少女生的退学率。

(4)《消除一切形式种族歧视国际公约》

鉴于世界上许多地区种族歧视和种族隔离的现实,为了促进民族团结和国际社会的和平与安全,联合国在1965年12月21日通过了《消除一切形式种族歧视国际公约》。该公约的第5条详细地规定了不同种族、肤色或民族或人种的人们平等享有各种权利,其中就包括受教育权。且在第7条中又规定了缔约国的义务,要求各缔约国承诺立即采取有效措施尤其在讲授、教育、文化及新闻方面以打击导致种族歧视之偏见,增进国家间及种族或民族团体间的谅解、容恕与睦谊。

(5)《保护所有迁徙工人及其家庭成员权利国际公约》

鉴于移徙现象的重要性,以及移徙工人及其家庭的脆弱性,联合国大会1990年12月18日通过了《保护所有迁徙工人及其家庭成员权利国际公约》。该公约的第30条规定了移徙工人子女的平等受教育权。

3. 各人权条约机构发布的一般性意见

(1)经济、社会和文化权利委员会发布的一般性意见

由于"即便在生活水平较高的国家,残疾人也没有机会享受《公约》所确认的一切经济社会文化权利",[1]并且,"政府缺乏能有效改善残疾人状况的决定性的协同措施",[2]经济、社会和文化权利委员会在1994年发布了"第5号一般性意见:残疾人"。该意见不仅规定了缔约国对残疾人的一般义务、义务的履行手段,以及消除基于残疾的歧视的义务,而且结合公约的具体权利条款进行了阐述。在受教育权方面,该一般性意见指出,当今许多国家的教学大纲都确认,残疾人能在全纳(inclusive)教育体系中接受最好的教育。

---

[1] "第5号一般性意见:残疾人",第1段。

[2] "第5号一般性意见:残疾人",第2段。

并且,《残疾人机会均等标准规则》规定,“各国应确认患有残疾的儿童、青年和成年人应能在混合班环境中享有平等的初级、中级和高级教育机会的原则”。为了做到这一点,各国应确保向教员提供培训,使其能在正常学校中向残疾儿童传授知识,还应确保提供必要的设备和资助,以使残疾人达到与其非残疾同学相同的教育水平。比如,对于耳聋的儿童,应确认手势语为一种单独的语言,并向这类儿童提供,应承认该语言在这类儿童总的社会环境中的重要性。

由于“世界人口正以稳定、十分惊人的速度走向老龄化”,同时“与其他诸如妇女和儿童等群体的情况不同,关于老龄人的权利还尚无全面的国际公约,也尚未确立起附属于这一领域联合国各套原则的约束性监督安排”,❶经济、社会和文化权利委员会在1995年发布了“第6号一般性意见:老龄人的经济、社会和文化权利”。该意见的第5部分强调了老龄人应享有的七种具体人权,其中就包括受教育权。与其他人群不同的是,该一般性意见指出,就老龄人而言,必须从两个不同但相辅相成的角度看待受教育权:①老龄人有权得益于教育方案;②使老龄人把知识和经验传授给子孙后辈。关于前者,国家应制定适合于老龄人的教育方案和培训,并要树立终身教育的理念;关于后者,该一般性意见强调应当制定以年长者为导师和知识、文化与财富传授者为特色的各种教育方案。

(2)儿童权利委员会发布的一般性意见

儿童权利委员会的“第1号一般性意见:教育目标”涉及儿童教育目的问题,该意见分析第29条第1款的意义和功能,并对人权教育,以及该条的执行、检测和审查进行解释,要求缔约国将该条所述原则纳入教育政策和教育立法中,并制订一项全面的国家行动计划以增进和监测第29条第1款之目标的实施,建立一项审查程序,以处理关于现行政策和做法不符合第29条第1款的申诉。该一般性意见尽管是关于儿童教育目的的一般性阐述,但是该意见仍没有忘记残疾人教育问题。在其所指的儿童教育歧视现象中,指出正规教育系统,以及非正规教育环境甚至家庭中,广泛存在对残疾儿童的歧视,认为这样的做法违背了教育方向是最充分地培养儿童个性、才智和身心能力的规定。

由于艾滋病的流行对儿童的严重影响,以及儿童自身具有的脆弱性,儿童权利委员会于2003年发布了“第3号一般性意见:艾滋病毒/艾滋病与儿童权利”。该一般性意见的目标是进一步确定和落实儿童在艾滋病毒/艾滋病背景下的所有人权。就受教育权而言,该一般性意见指出,国家有义务确保包括感染上艾滋病毒的儿童和因艾滋病毒/艾滋病成为孤儿或受影响的儿童在内的所有儿童提供小学教育,并应作出适当的准备,确保生活在受艾滋病毒/艾滋病影响的社区内的所有儿童的受教育权得到充分的保护。

除了经济、社会和文化权利委员会,以及儿童权利委员会对残疾人、老龄人、儿童、艾滋病人等特殊人群的受教育权给予了特别的关注外,其他人权条约机构颁布的一些一般性意见也对特殊人群的受教育权有所涉及。比如,消除种族歧视委员会发布的“第29号一般性意见:世系问题”规定了禁止在教育领域基于世系排斥和歧视任何儿童,确保公共和私人的教育系统接纳所有族群的儿童。

综上,我们认为,受教育权的一般性国际人权法律文书和专门保障特殊人权受教育

---

❶ “第6号一般性意见:老龄人的经济、社会和文化权利”,第1段、第13段。

权的国际人权法律文书共同搭建了特殊群体受教育权保障的国际标准，是特殊人群平等实现受教育权最为直接的国际法依据，同时也为特殊人群受教育权保障提供了基本的原则和具体的国家义务。

三、我国特殊群体受教育权保障的现状

从特殊群体受教育权保障的国际人权法源来看，国际社会关注的特殊群体主要包括女性、残疾人、不同种族、肤色以及宗教的人群和移徙工人及其家庭成员等几个群体。结合中国教育和社会现状，我们发现，中国女性受教育权的平等保障基本已经实现。[1] 不同种族、肤色，以及宗教的人群的受教育权问题在中国主要表现为少数民族群体受教育权问题。国际社会关注的移徙工人及其家庭成员是指跨境工人及其家庭成员，由于该群体的教育问题在中国并未成为一个严重的社会问题，因而本研究报告未予以关注这一群体。但是，中国有一个庞大的国内移徙工人群体即农民工，并且该群体子女的教育问题一直是中国教育乃至中国社会中一个非常严重的问题，至今仍然未能得到完满解决。此外，残疾人在中国教育领域仍然屡屡受到歧视或不平等的对待。正因如此，本研究报告将主要关注农民工子女、残疾人，以及少数民族这三个群体的教育问题。

（一）我国农民工子女受教育权的保障现状

2010 年的《世界儿童状况报告》显示，中国农村大约有 7300 万未成年人口，其中留守在农村的有 5800 万，2500 万流动到城市。[2] 这些流入城市的未成人的主体就是我们经常谈论的农民工子女，尽管农民工在现代化进程中发挥了非常重要的作用，但是他们的子女的教育问题始终未能得到有效的保障。

1. 已采取的保障措施

为了解决农民工子女的教育问题，政府采取了一系列的措施，制定和修订了相关法律，并制定相关政策予以落实。

（1）法律保障

尽管《宪法》（1982 年）没有专门关于农民工子女权利保障的条款，但是，《宪法》明确赋予了中华人民共和国公民享有受教育的权利。2004 年修宪时，新增加了“国家尊重和保障人权”条款，这些条款应被当然视为农民工子女受教育权保障的宪法依据。

除了宪法保障外，专门的教育法也是农民工子女受教育权保障的法律依据。《义务教育法》（1986 年制定/2006 年修订）是保障农民工子女受教育权最为直接的法律依据。特别是修订后的《义务教育法》明确规定了包括农民工子女在内的流动儿童享有与本户籍所在地儿童平等接受义务教育的权利。该法第 12 条规定：“……父母或者其他法定监

[1] 根据教育部发布的 2012 年的教育统计数据显示，在初级中学接受教育的女生比例占全体初中学生的 47.50%，接受初等教育的女生比例占全体小学生的 46.42%。女生接受基本教育的比例与我国的人口性别比极为接近，这就意味着男女在接受基础教育的机会上基本上实现了平等。数据来源于教育部网站 http://www.moe.gov.cn/publicfiles/business/htmlfiles/moe/s7567/list.html。

[2] 联合国儿童基金会：《2010 世界儿童状况报告》，www.unicef.org.

护人在非户籍所在地工作或者居住的适龄儿童、少年,在其父母或者其他法定监护人工作或者居住地接受义务教育的,当地人民政府应当为其提供平等接受义务教育的条件。”该条文第一次明确了流动人口子女教育的政府管理责任的归属,农民工子女受教育权保障有了最为直接的法律依据。

除了《义务教育法》外,《民办教育促进法》(2002 年)、《教育法》(1995 年)和《高等教育法》(1998 年)虽然没有明确规定,但也对农民工子女受教育权保障有所规定。此外,还有一些国家层面的法规和行政规章,以及地方性立法也对农民工子女受教育权有所规定。

(2)政策保障

除了法律保障外,国家还制定了许多配套政策将法律法规予以落实。1998 年,教育部颁布了《流动儿童少年就学暂行办法》。尽管该办法有关严格控制义务教育阶段适龄儿童少年外流,以及允许收取流动儿童借读费等规定被有的学者认为违反了禁止歧视原则,[1]但是该办法第 4 条还是要求“流入地人民政府为流动儿童少年创造条件,提供接受义务教育的机会。流入地教育行政部门具体承担流动儿童少年接受义务教育的管理职责”。2001 年,国务院颁布的《关于基础教育改革与发展的决定》提出:“要重视解决流动人口子女接受义务教育问题,以流入地区政府管理为主,以全日制公办中小学为主,采取多种形式,依法保障流动人口子女接受义务教育的权利。”

2003 年,国务院办公厅 1 号文件即《关于做好农民进城务工就业管理和服务工作的通知》颁布。该通知要求“多渠道安排农民工子女就学”。具体做法是“要保障农民工子女接受义务教育的权利。流入地政府应采取多种形式,接收农民工子女在当地的全日制公办中小学入学,在入学条件等方面与当地学生一视同仁,不得违反国家规定乱收费,对家庭经济困难的学生要酌情减免费用”。同年 9 月 17 日,国务院发布了《关于进一步加强农村教育工作的决定》重申要保障农民子女平等接受教育的权利,以及流入地政府对农民工子女教育负有管理责任。同日,国务院办公厅转发了由教育部、中央编办、公安部、发展改革委、财政部、劳动保障部六部门联合发布的专门针对农民工子女教育问题的《关于进一步做好进城务工就业农民工子女义务教育工作的意见》,该意见强调了保障农民工子女义务教育权的重要性,并提出了保障的具体措施,以及各部门的具体职责。2006 年,国务院发布了《关于解决农民工问题的若干意见》,该意见提出了许多保障农民工子女平等接受义务教育的具体措施,包括:输入地政府将农民工子女义务教育纳入当地教育发展规划,列入教育经费预算;要以全日制公办中小学为主接收农民工子女入学,并按照实际在校人数拨付学校公用经费;城市公办学校对农民工子女接受义务教育要与当地学生在收费、管理等方面同等对待;输入地政府对委托承担农民工子女义务教育的民办学校,要在办学经费、师资培训等方面给予支持和指导,提高办学质量。

2012 年 8 月,教育部、发展改革委、公安部、人力资源社会保障部公布了《关于做好进城务工人员随迁子女接受义务教育后在当地参加升学考试工作的意见》,该意见提

[1] 董立山.“论和谐社会视域下农民工子女平等受教育权的立法保障”[J].社会主义研究,2008(1):95-96.

出，农民工子女接受义务教育后在当地参加升学考试应坚持有利于农民工子女公平受教育权利和升学机会的原则。如果说以往的保障措施主要针对的是义务教育阶段，该意见的出台为农民工子女在接受完义务教育之后平等地进入高中和大学学习提供了政策保障。至此，农民工子女平等地接受教育的权利在法律和政策层面基本上得到了承认。

2. 存在的问题

近年来，尤其是2003年以来政府对于农民工子女教育问题高度重视，农民工子女受教育权的保障工作也取得了长足的进步。但是，由于体制、资源，以及观念等方面的原因，农民工子女受教育权的实现状况仍然不容乐观，主要表现在以下几个方面。

(1)入学机会的不平等

尽管国家法律和政策都明确规定农民工子女在入学条件上与当地学生一视同仁，并要求流入地政府承担管理责任。但是，事实上，农民工子女在入学机会上还是无法得到平等的保障，主要表现在两个方面。首先，部分农民工子女仍然不能进入公办学校接受教育。尽管绝大部分农民工都希望将他们的子女送入公办学校接受教育，但是，有些公办学校往往会以教育资源有限等理由拒绝或变相拒绝农民工子女接受教育。并且农民工子女入学手续烦琐，需要的资料和材料较多，甚至还有个别学校仍在变相收取相关费用。[1] 在几番折腾之后，农民工可能会放弃其子女进入公办学校学习的机会。其次，农民工子女很难进入拥有优质教育资源的学校和班级学习。由于城市优质教育资源的有限性和不平衡性，家长都想将自己的孩子送至所谓的名校、名班，以及名师那里接受教育。因而优质教育资源一直是某些地方政府官员和教育部门工作人员谋取利益的手段。在利益的驱使下，优质教育资源被各方既得利益者瓜分，平等接受教育的权利，以及就近入学的原则可能被搁置或变相搁置。农民工子女因其社会地位的边缘性，可利用的资源有限，即使进入公办学校就读，也很难进入名校、名班，接受名师的教导。

(2)教育过程的排斥

在政府的关爱和政策的保障下，一些农民工子女已经顺利进入公办学校同城市孩子一起接受教育。但是，简单地将这些学生纳入公办学校并不等同于真正地融合。教育权问题特别报告员弗农·穆尼奥斯就认为，不同类别的学生的融合并不是一个简单的过程，而这一过程所提出的复杂问题需要得到认识和正视。在没有结构性改革配套的情况下(如学校结构、课程设置和教学策略方面)简单地将各类学生接纳到一起的尝试可能将由于各种原因继续无法实现受教育权。[2]

农民工子女在教育过程受到的排斥主要分为两种，一种是来自教育体制，以及教学模式的排斥，在现有的教育模式和教育体制下，由于应试教育的需要，教学的各种安排完

---

[1] 国家发改委、财政部下发的《关于公布取消和停止征收100项行政事业性收费项目的通知》规定，从2009年1月1日起全国禁止收取义务教育借读费，但是义务教育阶段变相收取借读费的事情却时被曝光，借读费也改名为"赞助费""捐资助学金"，以及"共建费"等。相关的报道可见，包建永：《民工子女须自愿捐款，安宝学校被疑变相收借读费》，http://www.taizhou.com.cn/a/20090831/content_124101.html；娄媛媛：《借读费换"马甲"依然存在》，http://www.gdzjdaily.com.cn/baby/2011-01/04/content_1320736.htm.

[2] 《残疾人受教育权利：教育权问题特别报告员弗农·穆尼奥斯的报告》，A/HRC/4/29，第12段。

全是以教师为主导,学生必须无条件适应教师、适应学校。教师在教育过程中往往会比照城市孩子的兴趣爱好,以及他们的文化和知识背景来安排教学内容、选择教学方法和教学手段、进行课堂设计,以及安排课外活动,很少顾及农民工子女。农民工子女只能被动地适应这种以城市孩子价值观为中心的教育。另一种排斥是来自同学、教师、家长,以及学校管理人员的。由于农民工子女进入公办学校学习,原本有限的教育资源更为紧张,并且必然会对学校和教师的管理产生一定的影响,打乱了原来的秩序,这难免会惹来部分家长、同学、教师和学校管理人员的怨怼。

(3)教育结果的不平等

由于农民工子女在教育的起点上相对处于不利地位,在教育过程中又可能遭受到种种排斥,可想而知,其教育结果也是不平等的。在公办学校学习的部分学生,他们在这种以城市文化价值观为中心的学习环境中,可能会自卑、不适应甚至行为“异常”,这反过来会加剧同学、老师、同学家长,以及学校其他管理人员对他们的不理解甚至歧视。久而久之,这部分学生可能会对自己产生怀疑、厌弃,更加不喜欢学习甚至辍学。而在简易学校就读的农民工孩子,由于教育资源有限,要想保障高的教育质量有较高的难度。

(二)我国残疾人受教育权的保障现状

全球残疾人人数估计在5~6亿之间(其中有1.2~1.5亿为儿童,而儿童中又有80%~90%生活在发展中国家的贫困之中),同时,所有学生中估计有15%~20%在其整个受教育过程的某一时期都会有特殊需要。[1] 尽管发展中国家小学入学率现在已经提高到86%,但是据估计,在发展中国家里上学的残疾儿童只占1%~5%。其中,女性残疾人的识字率只有1%,与此相比,全部残疾人中识字率为3%。[2] 也就是说,在大多数普通人畅享受教育权的同时,世界上许多残疾人因为自身条件、家庭经济条件或者社会偏见等原因,被拒之校门之外。即使身在学校,他们的受教育权的实现也面临重重困境。因此,如何更好地实现这一庞大的残疾人群体的受教育权成为现代社会的一个严峻的考验。我国政府为了更好地保障残疾人受教育权,也采取了许多措施,并取得了一定的成效。

1.取得的成就

(1)制定了残疾人受教育权保障的相关法律和政策

制定框架性法律和政策是残疾人权利保障的基础,也是国家保障残疾人权利的基本义务。中国政府历来重视残疾人工作,自新中国成立以来党和政府采取了诸多残疾人保障的措施。迄今为止,国家已经建成了以宪法为统领的保障残疾人受教育权的法律框架和政策体系。

宪法第33条和第46条提供了受教育权的一般规定,而相关的残疾人立法和教育立法中包含了诸多保障残疾人受教育权的条款。

作为残疾人保障最根本的法律,《残疾人保障法》(1990年制定/2008年修订)无疑是

---

[1] 《残疾人受教育权利:教育权问题特别报告员弗农·穆尼奥斯的报告》,A/HRC/4/29,第7段。

[2] 《残疾人受教育权利:教育权问题特别报告员弗农·穆尼奥斯的报告》,A/HRC/4/29,第8段。

残疾人受教育权保障最重要的法律依据。该法共计九章，其中第三章就是保障残疾人接受教育的权利。该章明确规定了政府在残疾人教育事业中的责任、残疾人教育的方针、实施方法、实施机构、责任主体，以及师资、物质保障条件等。此外，作为专门针对残疾人教育的法规——《残疾人教育条例》于 1994 年颁布，该法规的颁布使得残疾人受教育的权利有了明确的法律保障。该条例确认了残疾人享有接受学前教育、义务教育、普通高级中等以上教育、成人教育，以及职业教育的权利，并对残疾人教育的师资保障，以及物质条件保障进行了详细的规定。除此之外，2012 年的《无障碍环境建设条例》也是一项残疾人保障的专门性法规，这一法规对于保障残疾人的受教育权无疑有巨大推动作用。

在教育立法方面，《义务教育法》第 19 条规定："县级以上地方人民政府根据需要设置相应的实施特殊教育的学校（班），对视力残疾、听力语言残疾和智力残疾的适龄儿童、少年实施义务教育。特殊教育学校（班）应当具备适应残疾儿童、少年学习、康复、生活特点的场所和设施。普通学校应当接收具有接受普通教育能力的残疾适龄儿童、少年随班就读，并为其学习、康复提供帮助。"《高等教育法》第 9 条规定："高等学校必须招收符合国家规定录取标准的残疾学生入学，不得因其残疾而拒绝招收。"《职业教育法》（1996 年）不仅要求国家采取措施"扶持残疾人职业教育事业的发展"，而且在第 15 条还规定了，"残疾人职业教育除由残疾人教育机构实施外，各级各类职业学校和职业培训机构及其他教育机构应当按照国家有关规定接纳残疾学生"。

除了上述法律法规之外，国家制定的一些政策中也保障了残疾人受教育权。自 1991 年以来，国务院残疾人工作委员会发布了多个残疾人事业的五年计划纲要，这些纲要为国家残疾人事业的发展和残疾人权利保障奠定了最基本的政策框架和阶段目标，《国家人权行动计划（2009—2010）》和《国家人权行动计划（2012—2015）》都把残疾人的受教育权保障作为一大行动目标，并提出了对残疾学生的国家助学政策、扩建特殊学校和推动随班就读等举措。上述文件无疑为残疾人受教育权保障提供了重要的政策依据。

国家相关机构制定的其他一些政策也为残疾人受教育权保障提供了依据。比如，国家教委 1994 年颁布的《普及义务教育评估验收暂行办法》第 7 条规定，"八五"期间，地方各级政府进行义务教育评估验收时，必须考核残疾儿童少年入学率验收指标，"各类适龄残疾儿童、少年，在城市和经济文化发达的县达到 80% 左右，其他县达到 60% 左右（含在普通学校随班就读的学生）"。2009 年国务院发布的《关于进一步加快特殊教育事业发展的意见》不仅要求提高《暂行办法》中规定的残疾人入学率标准，[1]还要求全面实施义务教育阶段残疾学生的免费教育，并提高义务教育阶段残疾学生的补助水平；加强特殊教育教师培养培训工作，改善特殊教育教师的工作待遇。同时，该意见还要求加强特殊教育学校建设，并且全面推进残疾学生的随班就读工作，建立和完善县（区）级随班就读支持保障体系。

---

[1] 《关于进一步加快特殊教育事业发展的意见》规定：城市和经济发达地区，适龄视力、听力、智力残疾儿童少年（以下简称三类残疾儿童少年）入学率要基本达到当地普通儿童少年水平；已经"普九"的中西部农村地区，其三类残疾儿童少年入学率要逐年提高；未"普九"地区要将残疾儿童少年义务教育作为普及九年义务教育的重要内容，三类残疾儿童少年入学率达到 70% 左右。

(2)残疾人受教育的条件和水平有了明显改善

正是由于上述法律和政策的颁行,中国残疾人受教育的条件,以及受教育权的实现水平有了明显的改善。在受教育条件上,主要有以下几个方面的进步:首先,残疾人教育机构大幅增加。2008年,中国启动“中西部地区特殊教育学校建设工程”,计划新建、改扩建1160所特殊教育学校,中央财政规划投资将达54.5亿人民币。截至2009年年底,国家设立特殊教育学校1672所,其中盲校35所,聋校541所,培智学校401所,综合性特教学校695所,特殊教育学校学生总数15.9万人。其次,残疾人教育教学的水平得到了改善。自1987年以来,政府相继制订培智学校、聋校、盲校教学课程计划,2007年制订了特殊学校义务教育课程设置实施方案,增设康复课、沟通交往课、信息技术课和外语课程等。并且,国家鼓励师范院校的特教专业增加招生名额,吸引高水平教师到特教岗位上从教。截至2009年,特教学校专任教师达3.5万人,普通学校中承担特教工作的教师也在逐年增加。国家开展对特教学校校长的培训,建立全国残疾人职业教育师资培训基地。从事特殊教育职业的教师享有特殊岗位津贴,掌握手语或盲文的教育机构的教师和管理人员享有补贴。[1] 最后,教育经费投入和收费有明显改善。在教育经费投入上,国家通过福利彩票为残疾教育提供经费支持,一些地方甚至明确规定将福利彩票地方留成的20%用于发展残疾人事业,[2]这有利于避免残疾人教育出现“巧妇难为无米之炊”的尴尬局面。在收费方面,残疾人义务教育阶段不仅实现“两免一补”,并在此基础上提高了生活补助。

残疾人受教育条件的改善,直接推动了残疾人受教育水平的提高。当前来看,全国残疾人入学率明显提高,1997年首次全国残疾人抽样调查中,6岁以上已上普通学校的残疾儿童占调查总人数的54.3%,已上特教学校占0.95%,二者合计达到55.25%,[3] 2006年全国第二次残疾人抽样调查中,63.19%的学龄残疾儿童正在普通教育或特殊教育学校接受义务教育。2011年发布的《中国残疾人事业“十二五”发展纲要》表明,残疾儿童少年义务教育入学水平明显提高,残疾人职业培训机构达到4704个,376.5万人次残疾人接受职业教育和培训。正是由于中小学残疾教育的巨大进步,全国升入高等学校就读的残疾学生数量也从2006年的5134人,增加到2011年的8027人。[4]

2.*存在的问题*

尽管我国残疾人受教育权保障取得了巨大的进步,但是不可否定的是,我国残疾人受教育权仍然存在一些问题,面临一些挑战,主要体现在以下方面。

(1)残疾人总体受教育程度低

根据2006年全国第二次残疾人抽样调查的数据,我们可以发现残疾人受教育程度

---

[1] 参见中国提交的《残疾人权利公约》实施情况的初次报告,CRPD/C/CHN/1,2010,第98段。

[2] 比如,《广东省实施〈中华人民共和国残疾人保障法〉办法》第7条规定:各级社会福利彩票公益金应当按照当年本级福利彩票收入不低于20%的比例划转用于发展残疾人事业;《海南省实施<中华人民共和国残疾人保障法>办法》第3条规定:社会福利彩票公益金应当将留归地方的资金按照不低于20%的比例用于发展残疾人事业。

[3] 1987年全国残疾人抽样调查研究资料,数据来源于中国残疾人联合会网站,http://www.cdpf.org.cn/sytj/content/2008-04/07/content_30316031.htm。

[4] 2006-2011年高等院校录取残疾考生情况,数据来源于中国残疾人联合会网站,http://www.cdpf.org.cn/sytj/content/2012-06/26/content_30399879.htm。

较低,15 岁及以上的残疾人口中将近有一半人是不识字的,是全国 15 岁及以上人口文盲比率的 10 倍多。15 岁及以上的残疾人口中小学程度残疾人口比率为 31.85%,初中程度残疾人口比率为 15.04%,高中程度残疾人口比率为 4.89%,大专及以上残疾人口比率为 1.13%。从调查数据来看,全国初中及以上程度残疾人口比率约为 21%,远远低于全国人口的比率。无论从接受小学、初中、高中教育,还是从接受大学(含大专)及其以上教育的人口比率来看,残疾人都远远低于全国人口的比率,其中全国接受大学(含大专)及其以上教育的人口比率大约为残疾人的 8 倍。

(2)学龄残疾儿童入学率不高

在 2005—2009 年间,尽管我国未入学的学龄残疾儿童少年的比率在逐年下降,但是每年仍有约 1/3 的学龄残疾儿童没能入学。❶ 由此可见,我国学龄残疾儿童少年在校接受教育的比率仍然不甚理想,相比而言,有些发展中国家的学龄残疾儿童少年的入学比例就高了许多。比如,《世界残疾报告》发布的数据显示了南非 6 ~ 11 岁残疾儿童在校接受教育比率高达 80% 左右。❷

(3)残疾学生进入普通学校就读的比率仍然不容乐观

表 1　2005—2009 年在特教学校(含特教班)与普通学校就读的残疾学生数量❸

类型 \ 年份	2005	2006	2007	2008	2009
在校接受特教的学生(人)	561541	561701	582683	576124	544308
特教学校、特教班就读学生(人)	158036	163274	160337	167723	170524
普通学校随班就读学生(人)	403505	398427	422346	408401	373784

从表 1 我们发现,在接受教育的残疾学生中,其中有 1/3 ~ 1/4 的残疾学生在特殊教育学校或者特殊教育班级学习,这也就意味着这部分学生几乎没有与非残疾学生接触和交流的机会,其中聋生进入特殊教育学校的比率最高。

(4)每年能够接受高等教育的残疾人比率过低

在 2006—2010 年间,全国 100000 人中每年大约有 4000 人可以进入到高等院校接受教育,而 100000 残疾人中,每年最多只能有 1 位残疾人有机会接受高等院校的教育。

此外,残疾人受教育程度还存在着明显的城乡差异和地区差异。比如:在 2007—2011 年间,城市残疾人口中有初中以上教育程度的人口比例远远高于农村;农村残疾人口中只有小学程度的比例略高于城市;农村从未上过学的残疾人口比例远远高于城市。❹

❶ 数据来源于中国残疾人联合会网站,http://www.cdpf.org.cn/sytj/node_304004.htm。

❷ World Health Organization, The World Bank:World Report on Disability,2011,p.208.

❸ 表格根据中国残疾人联合会网站提供的残疾人年度数据整理而成,见中国残疾人联合会网站,http://www.cdpf.org.cn/sytj/node_304004.htm。

❹ 参见《2011 年度全国残疾人状况及小康进程监测报告》,中国残疾人联合会网站,http://www.cdpf.org.cn/lilun/content/2012-09/27/content_30415781.htm。

(三)我国少数民族受教育权的保障现状

新中国成立后,特别是改革开放以来,我国的民族教育事业在中国共产党关于民族平等和民族团结政策的指引下,发生了翻天覆地的变化。国家对少数民族教育的重视和发展,少数民族地区在办学规模、办学形式、教学内容、教学条件上,都取得了可喜的成绩,但也存在一定的不足。

1.取得的进步

(1)民族教育历经的发展阶段

十一届三中全会以后,我国民族教育法律框架已经初步构建完成,少数民族受教育权保障有了有力的法制依据。随着我国民族教育法律体系初步构建的步伐,我国民族教育经历的几个重要阶段。

恢复阶段:从十一届三中全会到20世纪80年代末期。该阶段主要是对文化大革命时期被冲击和破坏的民族教育政策的调整和恢复。首先,随着《民族区域自治法》和《义务教育法》的颁布出台,民族教育开始进入法制化的道路。其次,各民族地区从实际出发,根据本地区民族的特点和区域特色确定本地区的教育发展规划、政策和办学模式。再次,开始了"双语"教育模式的探索。尽管当时国家还处于恢复发展时期,但是还是在"有条件"的民族地区推行"双语"教学模式。最后,提出了民族教育发展的具体措施,包括改善民族学生招生政策和民族学生待遇,开展对口支援,鼓励高校毕业生到民族地区去支教等。

发展阶段:20世纪90年代至20世纪末。在该阶段,我国民族教育得到了进一步的重视和发展。首先,确定了民族教育的基本原则❶。其次,进一步发展了"双语"教学模式。1991年《国务院关于进一步贯彻实施<中华人民共和国民族区域自治法>若干问题的意见》指出:"使用少数民族语言文字授课的地区,必须搞好双语教学,推广全国通用的普通话。"❷最后,首次提出要根据《宪法》和《民族区域自治法》《义务教育法》等相关法律法规,抓紧拟定《民族教育工作暂行条例》,在总结经验的基础上,再制定《民族教育法》,使我国的民族教育工作逐步走向依法治教的轨道。❸

提升阶段:21世纪初至今。进入21世纪以来,科教兴国战略全面实施和深化,国家更加重视发展教育。民族教育也在国家的大力扶持、发达地区高等院校的大力支持,以及各民族人民的努力下得到了巨大发展。首先,提出了21世纪民族教育的发展目标,大力发展"两基"。对民族教育实行"两免一补",加大民族教育的资金投入。其次,通过"富民兴边"工程,加快人口较少民族的教育发展。再次,推进民族教育手段现代化,重点支持现代远程教育网络建设,加快普及信息技术教育的步伐。最后,国家开始培养大批

---

❶ 基本原则具体为:一是坚持社会主义办学方向;二是坚持为当地的经济建设和社会发展服务;三是坚持一切从实际出发;四是坚持改革开放,扩大交流;五是坚持教育与宗教分离;六是坚持国家帮助与自力更生相结合。参见国家民委办公厅,国家民委政策研究室.国家民委文件选编[M].北京:中国民航出版社,1996:863.

❷ 全国人民代表大会民族委员会.中华人民共和国民族法律法规全书[M].北京:中国民主法制出版社,2008:434.

❸ 吴仕民.中国民族教育[M].北京:长城出版社,2000:34.

“双语”教师,加大推进“双语”教学的力度。

(2)接受各层次教育的少数民族人口比率逐年攀升

从统计数据来看,我国少数民族接受基础教育、中等教育和高等教育的人口比率基本上呈逐年上升的势头,具体参见表2~表5。

表2　2008—2012年全国接受基础教育及初等教育的少数民族学生比重❶

年份	初等教育(%)		特殊教育(%)	学前教育(%)
	普通小学	成人小学		
2008	10.36	无数据	7.77	6.86
2009	10.52	19.65	7.66	7.13
2010	10.54	15.16	7.61	7.15
2011	10.52	16.69	2.97	7.32
2012	10.70	11.52	7.28	7.77

由表2我们可以看出,我国少数民族的基础教育和初等教育的比重是比较稳定的,且呈一种较平稳的上升趋势,尤其是普通小学和学前教育的入学比重每年都呈现增长之势。

表3　2008—2012年全国中等教育学校少数民族学生比重❷

年份	高中阶段教育(%)					初中阶段教育(%)	
	高中		中等职业教育			普通初中	职业初中
	普通高中	成人高中	普通中专	成人中专	职业高中		
2008	7.15	2.50	7.30	4.42	4.15	9.03	20.28
2009	7.34	1.44	7.60	5.13	4.50	9.22	22.08
2010	7.55	4.33	7.70	6.84	5.22	9.42	33.60
2011	7.80	0.63	7.86	8.85	5.63	9.71	无数据
2012	8.15	6.70	8.06	8.32	5.99	10.03	34.06

表3说明了我国少数民族的中等教育水平有了稳定的发展,5年时间里无论是初中阶教育还是高中阶段教育都呈现了稳步增长之趋势。

❶　表格根据中华人民共和国教育部2008—2012年教育统计数据整理而成,http://www.moe.gov.cn/publicfiles/business/htmlfiles/moe/s7382/index.html。

❷　表格根据中华人民共和国教育部2008—2012年教育统计数据整理而成,http://www.moe.gov.cn/publicfiles/business/htmlfiles/moe/s7382/index.html。

表4 2008—2012年全国高等教育学校少数民族学生比重❶

年份	研究生(%)		普通本专科(%)		成人本专科(%)		其他各类高等学历教育(%) 网络本专科生	
	博士	硕士	本科	专科	本科	专科	本科	专科
2008	4.00	4.72	6.91	5.64	5.83	5.46	4.33	3.73
2009	4.37	5.11	7.23	5.78	6.20	5.49	4.42	4.17
2010	4.68	5.04	7.35	5.99	6.46	5.97	4.52	4.29
2011	5.26	5.77	7.81	6.61	7.57	6.88	4.24	3.92
2012	5.23	5.89	7.86	6.82	8.05	7.60	5.63	5.67

表4说明尽管少数民族在高等教育中的比重还不是很高,但是接受高等教育学生的比率在逐年上升。无论是网络本专科生、成人本专科生、普通本专科生还是研究生都呈现了逐年上升的情形。这也是少数民族教育发展的一个重大体现,同时也反映出了国家对于少数民族受教育权的保障的进步。

2. 存在的问题

尽管我国少数民族的受教育权保障有了很大程度的提高,但是少数民族受教育的程度整体来说仍然处于较低的水平,我们从少数民族的平均受教育年限就可以得到证明。

表5 我国少数民族人口平均受教育的年限❷

民族	平均受教育年限(年)	民族	平均受教育年限(年)	民族	平均受教育年限(年)
壮族	8.21	傈僳族	5.96	阿昌族	7.33
回族	8.21	东乡族	5.70	怒族	6.90
满族	9.20	仡佬族	7.73	鄂温克族	10.08
维吾尔族	8.08	拉祜族	6.00	京族	9.01
苗族	7.23	佤族	6.32	基诺族	7.69
彝族	6.54	水族	6.87	德昂族	5.81
土家族	8.23	纳西族	8.50	保安族	6.79
藏族	5.40	羌族	8.03	俄罗斯族	11.27

❶ 表格根据中华人民共和国教育部2008—2012年教育统计数据整理而成,http://www.moe.gov.cn/publicfiles/business/htmlfiles/moe/s7382/index.html。

❷ 表格根据第六次人口普查数据整理而成。

续表

民族	平均受教育年限(年)	民族	平均受教育年限(年)	民族	平均受教育年限(年)
蒙古族	9.33	土族	7.89	裕固族	8.78
侗族	7.06	仫佬族	10.01	乌孜别克族	9.97
布依族	7.95	锡伯族	8.46	门巴族	5.23
瑶族	7.74	柯尔克孜族	8.21	鄂伦春族	10.58
白族	8.20	景颇族	6.95	独龙族	6.96
朝鲜族	10.40	达斡尔族	10.06	赫哲族	10.76
哈尼族	6.46	撒拉族	6.07	高山族	10.33
黎族	8.05	布朗族	6.35	珞巴族	5.65
哈萨克族	8.76	毛南族	8.34	塔塔尔族	10.73
傣族	6.86	塔吉克族	8.00		
畲族	7.99	普米族	7.37		

从表5我们可以看出,少数民族的受教育年限大多数不足9年,也就是说连最基本的九年义务教育都不能确保,只有少数几个民族能完成9年义务教育,受教育程度最高的民族——俄罗斯族也只有11.27%。由此可见,少数民族的基础教育的实现都成问题,更遑论高等教育。

四、我国特殊群体受教育权保障之完善

特殊群体在教育领域中受到不公正的对待,既有观念层面的歧视,也有制度和法律层面的不足和障碍,同时也有不同特殊群体自身的特殊原因。因而,我们要想使特殊群体平等享有受教育权,既需要针对特殊群体整体提出总体性和原则性对策,也需要针对不同的特殊群体提出具体的对策。

(一)我国特殊群体受教育权保障的原则性对策

1. 坚持全纳教育的理念

联合国教科文组织指出,全纳应被视为是一个通过增加学习、文化和社区参与,减少教育内外的排斥从而处理和回应所有学习者多样化需求的过程。它涉及内容、途径、结构和策略等多方面的变革与调整,其共识是要涵盖全体适龄儿童,其信念为教育所有儿童是普通教育系统的责任。[1] 从全纳教育的定义可以看出,全纳教育的内涵丰富,它适合于所有人的教育。但是,全纳教育最初是针对残疾人教育提出的,其内涵是在受教育权

[1] 联合国教科文组织:《全纳教育指导方针:确保全民接受教育》,2005,第9页。

的实践中逐渐丰满和充实的。

1994年,联合国教科文组织通过了《萨拉曼卡宣言——关于特殊需要教育的原则、政策与实践》。该宣言第一次提出要对包括残疾人在内的所有人实行全纳教育,它指出全纳教育不仅是反对歧视、建立全纳性社会的最有效途径,而且能为绝大多数的儿童提供一种有效的教育,提高整个教育体系的效益,并从根本上改善教育的成本——效益比❶,为随后颁布的《特殊需要教育行动纲领》进一步解释和规范了全纳教育的对象。该纲领指出全纳教育的对象不仅仅限于残疾人,它是"针对那些因残疾或学习困难而产生特殊需要的儿童少年所言的","这些儿童应包括残疾儿童和天才儿童,流浪儿与童工,边远地区及游牧民族的儿童,少数民族儿童及其他处境不利的儿童"❷。2005年,联合国教科文组织发布了《全纳教育指导方针:确保全民接受教育》,该指导方针不仅规范了全纳教育的定义,还指出了实施全纳教育是确保实现全民教育的最有效的方式,以及如何实施全纳教育。全纳教育的发展历程表明了全纳教育绝不仅仅只是解决残疾人教育的良药,同时也是解决边缘群体教育问题、反对教育歧视,实现全民教育最有力的手段。

全纳教育蕴含了几个基本的原则。首先,人权原则。全纳教育首先要求尊重人权,人人享有平等地接受教育的权利,不剥夺和侵害任何人尤其是边缘人群的受教育权,并特别关注边缘人群的受教育权。全纳教育反对歧视,接纳和包容所有人。全纳教育反对隔离教育,要求普通学校向所有人开放,不拒绝任何有需求的学生,包括残疾人和其他处于社会边缘地位的人。其次,差异性原则。全纳教育承认差异,包容差异,尊重差异。全纳教育认为世界上的人是多样化的,每个人不论其个体差异如何都是组成多样化世界的一部分。每个人又都是个性化的,都是独立、自由而又自主的个体,我们必须尊重这些差异并充分考虑这些差异。因而,全纳教育力求满足这些特征和兴趣不一的个体的需求,在教育体系、教育模式、教育方案、教育手段,以及教育内容和方法的设计上应广泛而又多元化,不能整齐而单一。再次,以学生为中心的原则。既往的教育模式要求学生适应教育、适应学校、适应教师,这样必然会忽略教育的主体——学生,生产出来的产品僵硬而又缺乏创造力。全纳教育要求教育必须以学生为中心,从学生的最大利益出发,选择最适合他们的教育。最后,参与性原则。弱势群体和不利群体在教育领域和社会生活中常常被边缘化,遭受社会排斥和歧视,以致不能参与或无法有效参与社会。全纳教育要求包括弱势群体和不利群体在内的所有人在教育过程中充分参与,与他人合作。这既要求拆除形式的藩篱,允许所有人在同等的教育环境下接受同样的教育,确保参与的机会;也要求破除观念上的隔阂,学生、教师、学校、社区、社会都应该在思想上平等地对待每一个人,鼓励合作,鼓励参与,并最终实现认同和融合。

全纳教育的实现主要依靠政府。政府在实施全纳教育中所负的主要义务有:①消除所有学生在教育上可能面临的宪法和法律障碍,确保所有学生不被歧视,所有学生能被包容在普通教育体制中;②保障教育经费的投入,确保所有学生能够得到适当的接纳;③向教师提供多样化的职前和在职培训,以适应所有学生的不同需求;④建立全纳学校,

❶ 《萨拉曼卡宣言——关于特殊需要教育的原则、政策与实践》,第5段。

❷ 《特殊需要教育行动纲领》,引言第3段。

改革原有的班级规模、教材、教学手段,以及教学方法等,以学生为中心,让每一个学生得到平等的课堂参与机会,确保获得更优质有效的教育;⑤提供包括交通、教学设备、无障碍设施等在内的适足的教育物质条件;⑥建立全纳教育的监测和评估体系;⑦加强宣传,促进家长、学校、教师、学生、社区、社会大众对全纳教育的认识,消除社会排斥和社会歧视,建立全纳社会。

我国教育领域出现的种种不平等现象,最主要的原因来自社会根深蒂固的陈旧刻板观念和歧视的心态,这些刻板印象和歧视心态甚至可能掺杂着某种敌意。全纳教育以其“接纳”“包容”“多样化”“融合”,以及“尊重”的价值理念,以及特别关注社会边缘群体的人文态度,成为消除教育歧视、追求教育平等的最佳方式。具体来说,应做到如下三点。

(1)树立全纳思想,消除教育歧视

全纳一词“应被视为是一个通过增加学习、文化和社区参与,减少教育内外的排斥从而处理和回应所有学习者多样化需求的过程。它涉及内容、途径、结构和策略等多方面的变革与调整,其共识是要涵盖全体适龄儿童,其信念为教育所有儿童是普通教育系统的责任”[1],由此可见,全纳教育的基本理念是平等、包容、参与,以及多样化。这种全新的教育理念的基本立足点在于平等尊重每个人的权利,在教育领域里实现“零拒绝”,充分满足每个人的教育需求,包容每个人的差异,促进每个人有效参与社会,构建一个多样化的教育环境。尽管有许多学者批评全纳教育只是一个美好的理想,在现实中很难真正实现,但是全纳教育理念给我们破除教育歧视,平等实现受教育权指明了方向。

(2)建立全纳学校,反对教育排斥

要实现教育平等,反对教育排斥,最核心的做法就是建立全纳学校。《特殊需要教育行动纲领》认为,全纳学校的基本原则是在一切可能的情况下,全体儿童应在一起学习,无论他们有何种困难或差异。全纳学校必须认识到和照顾到学生之间不同需要,顺应不同的学习类型和学习速度,通过适宜的课程、组织安排、教学策略、资源利用及社区合作,确保面向全体学生的教育质量。[2] 这些必须通过教育立法和教育体制改革来实现。比如说,全纳教育经费的支持、资源的配置、全纳师资的提供、全纳教育效果的监测与评估等等都需要立法和政策的保障。

(3)开展融合式教学,实现教育公平

全纳教育在英语中是 inclusive education,而 inclusive 意指“不排斥其中任何团体的,不排斥任何一方的”,从这里可以看出全纳教育反对排斥、追求融合,推崇参与和合作。全纳教育要求在教学过程中,教师与学生都应积极主动地参与,这种全新的态度将敦促教师尊重并充分考虑每个学生的特点,鼓励学生积极参与与自己有关的事情,与同学和老师合作,为参与社会和融合社会做好准备。当然,这样的教学模式可能要求改变现有的班级规模,注重小组合作,关注边缘群体,并要求多样化的师资结构。只有在这样融合和合作的环境中,才能彻底消除特殊人群在教育领域中遭遇到的排斥和歧视,才能接受

[1] 联合国教科文组织:《全纳教育指导方针:确保全民接受教育》,2009 年,第 9 – 10 页。

[2] 《特殊需要教育行动纲领》,第 8 段。

高质量的教育,最终获得较好的教育效果和公正的教育结果。

其实,有些地方已经开始尝试以全纳教育的理念来包容和接纳特殊群体,比如:武汉市从2010年开始敞开学校大门接纳进城农民工子女就学,确保其“进得来、读得起”的同时,积极探索进城农民工子女入学“融合教育”,保证其“留得住、学得好”。[1] 我们只有将这些群体都纳入全纳教育体系中,充分尊重每一个个体,承认、容纳并尊重他们的差异,确保每个人都有机会接受他们所需求的教育。只有这样,在教育发展的未来道路上,才能真正做到“一个都不能少”。

2. 教育补偿机制的完善

特殊群体在教育领域中处于边缘性或不利的地位,究其根本,是由于社会的不平等造成的,因此,我们要想缩小或拉近特殊人群与一般人群在教育上的差距,必须对他们实行教育政策上的倾斜对待。目前各国都选择了以形式平等为基础,采取利益补偿为补充的政策,而利益补偿的对象则是在教育领域中处于弱势地位的人群。我国现在的教育补偿机制并不健全且存在很多问题,需要对此进行完善。

(1)理念的转变:合理表达弱势群体的教育利益

教育政策可以说是一种权威性的分配方案,因为政府是通过教育政策来对全体教育资源与教育利益进行分配的。政策的制定实际是各方利益群体博弈的一个结果。“教育政策的科学与民主的真谛在于,所有社会利益主体的利益都应该在教育政策中得到合理合法的表达与整合。”[2]因此,我们应转变现有理念,合理表达弱势群体的教育利益,这也是建立教育领域弱势群体利益补偿机制的基本前提。

由于不同社会群体在教育政策制定的影响程度不同,而弱势群体往往没有办法施加应有的影响,这也在一定程度上限制了教育政策的利益群体表达其多样化的利益诉求,造成教育政策的滥用,从而危害教育公平。因此,在教育政策的制定过程中,我们必须充分听取各个相关利益群体的不同意见,特别是特殊群体的意见一定要重点听取,这样才能将其利益诉求反应到政策之中。只有建立起一个不同利益群体之间的对话机制,才能给不同利益群体平等的发言权。通过教育决策的集体选择可以最大限度地整合、平衡各种不同的利益要求,形成各利益群体平等参加的教育政策平衡机制,以最大限度防止不公平的教育政策产生,实现教育公平。

(2)加强教育政策补偿的执行力度

首先,应合理定位政府的角色。政府代表的是公共利益,但是也具有一定的自利性。尽管几乎所有的国家都强调教育的公益性质,但现代教育已不再仅仅属于公共利益性质,教育领域出现了公益和私营并存的现象。因此,需要政府在执行教育政策时合理界定自身角色,在涉及社会各利益主体的教育利益分配时,政府要做到公正公平,既不能出于自身的利益而与民争利,也不能卷入各个利益主体的教育利益纷争,故意偏袒某些利益群体,使教育政策在进行利益补偿与平衡时不能保持客观公正。

---

[1] 《武汉市探索进城农民工子女入学“融合教育”》,http://news.xinhuanet.com/edu/2010-09/06/c_13481099.htm。

[2] 祁型雨.利益表达与整合——教育政策的决策模式研究[M].北京:人民出版社,2006:19.

其次，应健全相关法律与制度。教育补偿政策的有效执行，关键在于有相关的法律和制度为其保驾护航。我国现今还未形成一个健全有效的弱势群体保障机制，法律法规不完善是其中的关键因素之一。教育政策的执行若缺乏相关的法律和制度尤其是程序性法律和制度的保障，极有可能出现教育政策的内容与操作的不一致，导致一些不公平的教育特权现象的出现。所以，我们必须加强弱势群体的法律制度保障，完善程序性监督机制，保障少数民族的合法权利。

教育补偿政策的执行除了有力的程序机制保障外，还需要财政和资源的保障。但是，我国现行的财政体制却很难应对这个问题。比如，对教育发展起关键作用的义务教育阶段的财政实行的是"地方负责、分级管理"的制度，目前我国义务教育的财政投入中，87%左右是由基层地方政府负担，省级政府负担11%，中央只负担2%。[1] 这样的经费分配体制极其不公正，因为我国西部省份经济较为落后，教育水平总体不高，民族人口众多，多重不利因素使得特殊人群的数量较多，这些人群在目前的财政体制下很难摆脱教育上的贫困。在这一问题上，南非政府的做法也许可以给我们一定的启示，南非政府出台了《国家学校经费规范和标准》，该规定要求各省教育部门制订一个"资源目标名单"，该名单根据学校的物质条件、可利用的设施、学校拥挤程度、师生比例、基本服务的有效性，以及学校周围社区的相关贫困程度等内容来对学校的办学资源状况进行总体排序。在此基础上，省级教育部门把省内的全部公立学校从最贫穷到最不贫穷划分为5类，即五分位学校。国家根据这些情况，按照一定的标准确定经费的分配比例。[2] 这种以贫困程度作为标准而不是以行政区域作为标准来确定资源分配的方法更能够保障处于不利地位人群的受教育权的实现，也更符合社会正义的要求，是值得我们借鉴的。

3. 认真履行相关的国际人权条约

与特殊群体受教育权保护的重要的国际人权文书有《世界人权宣言》《经济、社会和文化权利国际公约》《残疾人权利公约》，以及《少数人权利宣言》等。这些公约直接或间接地规定了特殊群体的受教育权，并确立了特殊群体受教育权的国际标准。认真比照特殊群体受教育权的国际标准，我们发现，我国已有的教育法律框架及其实施与国际标准尚有一定的距离，因而我们应该寻找差距，认真履行相关的国际人权条约。尽管我国在改革开放以来在特殊群体受教育权保障方面取得了极大的成就，但是仍然存有不足，并没有完全达到《经济、社会及文化权利国际公约》及其他条约的标准。要想更好地保障特殊群体的受教育权，必须认真履行特殊群体受教育权的国际标准，不仅要在特殊群体教育立法上体现国际人权公约的要求，并且要求制订配套的计划和政策将其落实。只有在国际标准的指导下，才能更加完善特殊群体受教育权的保障，才能使特殊群体受教育权这一重要人权得到实现。

4. 完善相关立法和救济方式

我国地域宽广，人口数量多，少数民族人口众多，城乡二元分割，区域发展不平衡，社会阶层分化较为严重，社会结构的发展远远落后于经济结构的发展，传统文化仍在制约

---

[1] 宋梅：《农村离免费义务教育有多远》，http://www.people.com.cn/GB/jingji/1038/3003873.html。

[2] 肖伟志，葛健.南非公民受义务教育权的标准及其实现[J].西亚非洲，2011(3)：33.

着社会的发展,因而造成了我国特殊群体数量多,成因复杂,并且许多特殊群体的不利地位是多重困境叠加造成的。当然,一个公正的社会必然会对这些处于不利地位的特殊人群负责,帮助他们摆脱目前的困境,立法就是其中的重要手段之一。但是,长期以来,我们主要靠政策和权力治理教育,结果使颁布的一系列教育法律法规走向软化和失效,仅仅成为一种和谐的点缀。❶

(1)制定《反教育歧视法》

目前我国针对特殊群体专门的教育立法只有一部《残疾人教育条例》。该条例规定了残疾人接受学前教育、义务教育、职业教育、普通高级中等以上教育及成人教育的权利以及不同层次教育的实施机制、师资保障,以及物质条件保障,并规定了奖励与处罚的措施。尽管该条例存在着一定的缺陷,但是对于保障残疾人群的受教育权还是起到了重要的作用。考虑到中国的具体国情,以及教育不公平的主要表现,制定《反教育歧视法》成为首当其冲的手段。法律具有政策所没有的刚性,是反歧视最为有效的手段,因而面对特殊群体受教育权的歧视问题,制定一部反歧视法是解决该问题的关键。

任何人的权利都是平等和公平的,任何人都应平等地享有接受教育的权利。当然,特殊群体因为自身、地区等原因处于弱势地位,若只是形式上的公平并不能实现真正的公平正义,这既违背了宪法的精神也违背了人权精神,为了实现实质的公平则必须对其实行差别对待。作为一部旨在反对各种形式教育歧视的立法,《反教育歧视法》必须体现出教育公平的理念。教育公平原则应不仅作为该法的重要指导原则,也应该成为其他教育立法的重要指导原则。实际上,在全国性9部与教育直接相关的法律中,只有2006年修订后的《义务教育法》确立了教育公平的立法原则,其他法律几乎都没有适时做出调整,明确教育公平的立法原则。❷

(2)明确规定违反教育法的法律责任

根据学者们的统计,在全国性9部与教育直接相关的教育法律中,只有2006年修订的《义务教育法》设置了违反教育公平的相关法律责任。在3部非教育类的法律中,《就业促进法》和《残疾人保障法》各有一条与教育公平相关的责任条款。9部教育法律中有8部没有设置与教育公平相关的法律责任,其中有两部法律根本没有设置法律责任条款;在设置了法律责任条款的7部法律中,有5部法律的责任条款数量不超过5条,责任条款数量超过10条的只有1部法律。这种责任条款缺失的状况,体现了目前我国教育法律的可操作性差,实效难以保障。通过对教育法律体系中宪法、法律、行政法规中法律责任条款的统计,不难发现,目前中国教育法律体系还难以达到实效,是名副其实的"软法"。❸因而,我们应该在今后制定或修订相关的教育立法时,一定要明确规定违反教育法律法规的责任,这样才能体现法律的权威。

(3)完善相应救济方式

我国的教育申诉制度并不完善,就目前已经颁布和实施的法律中只有《教师法》和

---

❶ 王康.教育公平:走向作为正义制度保障的法律实践[J].内蒙古社会科学(汉文版),2009(3):135.

❷ 汪习根,周翠彬.中国教育公平的法律规范分析及改革构想[J].湖北社会科学,2010(7):154.

❸ 汪习根,周翠彬.中国教育公平的法律规范分析及改革构想[J].湖北社会科学.2010(7):154.

《教育法》两部法律法律明确规定了教育申诉制度。而《教师法》和《教育法》中对教育申诉制度的规定也并不完善,没有关于学生申诉的相关具体条文,而学生恰恰是受教育权被侵害的主体。对此,我们认为应当在法律中进一步明确规定申诉管辖权、申诉主体、申诉程序,以及申诉时间等。

除了完善教育申诉制度外,还需完善现有的教育行政复议制度。我国的《行政复议法》并没有单列行政机关侵害公民的受教育权的情形,这就为受教育权的救济制造了困难。实际上,对于学校等行政主体不颁发毕业证等行为应明确归入《行政复议法》第6条第8款行政复议之中,但是对于学校处分等行为是否可以提起行政复议在学界还有许多争论,笔者认为应该列入行政复议的范围之中。这是因为校纪处分是学校自主裁量权的体现,是一种特别权力关系,学校做出的开除学籍等处分可能会影响学生的人格塑造和就业,也对其受教育权产生影响,因而不能被排除在救济之外。

当然,我国教育行政救济的完善不仅仅限于上述两种途径,还应完善教育仲裁制度、教育处罚制度等,为公民特别是特殊群体的受教育权保障提供有效的救济途径。同时还可以考虑增加司法救济来保障权利人的教育权利,当负有责任的行政机构不作为时,权利受到侵害的人可以诉诸司法。

(二)我国不同特殊群体受教育权保障的具体对策

1. 我国农民工子女受教育权保障之完善

农民工子女受教育权的实现状况不甚理想的原因甚多,我认为最重要的原因在于国家的教育法律体系存在一定缺陷,以及相关法律政策没有得到有效地落实。尽管国家高度重视农民工子女受教育权问题,法律与政策也确定了农民工子女有平等的受教育权。但是遗憾的是,这些法律和政策在有些地方政府,以及教育行政官员眼里如同一纸空文。尽管在现实中确实存在着这样或那样的理由,但是并不能成为阻碍农民工子女平等实现受教育权的借口。具体来说,应该从以下三个方面入手。

(1)制定《流动儿童少年教育法》

农民工子女无法平等享有受教育权的最重要的原因之一就是现有的教育法可操作性不强,难以取得应有的实效。事实上,无论是从原则上规定受教育权的《宪法》和《教育法》,还是与农民工子女教育联系最为直接的《民办教育促进法》和《义务教育法》都存在着同样的问题。《宪法》和《教育法》尽管明确规定了公民享有平等受教育的权利,但是没有具体的法律法规规定如何实现该项权利。《民办教育促进法》规定了民办学校享有与公办学校相同的法律地位,但没有制定具体细化的措施;而2006年修订的《义务教育法》规定了流动儿童少年享有平等接受义务教育的条件,但没有相关条款对地方政府的责任和义务进行明确和具体的规定。

除了现有的教育法律体系可操作差之外,没有一部专门针对包括农民工子女在内的流动儿童少年的教育法也是我国农民工子女教育问题无法得到根本解决的关键因素之一。目前,许多国家制定了专门的法律法规来解决流动儿童少年的教育问题。比如,美国早在1960年就出台了"迁移者教育计划"(Migrant Education Program,MEP),该计划旨在为迁移学生提供补偿教育和服务支持,以降低迁移流动对学生的不利影响。2002年,美国又通过了《不让一名流动儿童落伍法》(No Child Left Behind Act),将消除流动学生与非流动学生的差别、保证美国学生获得成功教育作为政府的使命。❶

我国农民工子女数量巨大,且仍呈现出逐年递增的趋势,农民工子女在教育上遭受的不平等现象已经成为并将在未来较长一段时间内仍是我国高速发展的城市化社会中最不和谐的音符。为了彻底解决这种教育不公平现象,我们可以借鉴美国的做法,制定一部《流动儿童少年教育法》。《流动儿童少年教育法》不仅要在立法的目的上体现教育公平理念,反对教育歧视,平等保护流动儿童少年的教育权益,而且要明确各级政府和各方义务主体的责任、经费保障机制,以及监督机制等,设立刚性的违法责任条款。

(2)督促落实"两为主"政策

尽管制定专门的流动儿童少年教育法是解决农民工子女教育问题的根本途径,但是立法并非一朝一夕之事,当下更为现实的解决办法就是落实"两为主"的政策。"两为主"政策最初是国务院在 2001 年发布的《关于基础教育改革与发展的决定》中提出的,该决定指出,流动人口子女接受义务教育问题要坚持"以流入地区政府管理为主"和"以全日制公办中小学为主"的原则。此后,国务院、教育部等部门相继颁发了《关于做好农民进城务工就业管理和服务工作的通知》《关于进一步做好进城务工就业农民工子女义务教育工作的意见》等规范性文件都强调了这一政策。"两为主"政策涉及了农民工子女教育的两个核心问题,即政府管理责任和平等入学机会问题,在实践中也取得了较好的效果。由于明确了流入地政府的管理责任,以及按照实际在校人数拨付学校公用经费制度的推行,原有的教育地方保护主义逐步开始有所松懈,各地方政府开始实质性地制订和执行流动儿童教育方案,各城市公立学校逐渐接受和容纳农民工子女。根据现有学者的调查资料,中等城市和小城市公立学校分别吸收了流动儿童的 86% 和 94%,大城市公立学校的吸收比例为 77%。❷ "两为主"政策的推行,为农民工子女平等受教育权寻求了真正的突破口,因而我们应该进一步地将该政策落实。

(3)人口流入量大的地方政府应加大扶持民办学校的力度

不可否认的是,有些现实原因确实不是马上就可以得到解决的,需要一个长期的、逐渐的过程。比如说,个别流入地的农民工子女数量庞大,人口流入大省广东就是如此。广东外来工子女以平均每年 30 万人的幅度在增长,到 2008 年年底,广东全省外来工子女 269 万人,相当于我国非户籍子女接受义务教育的 1/4 强。而且这些外来工子女主要集中在珠三角地区,义务教育阶段在校学生的外来工子女比例深圳为 2/3,东莞接近 60%,广州 53%。❸ 现有的公办学校规模难以立即容纳数量如此巨大的农民工子女,以东莞为例,2000 年以前,东莞市的公办学校尚有充足条件,能够保障 90% 以上的农民工子女就读,但到 2006 年止就难以吸收增长如此迅猛的农民工子女。2006 年年底,东莞市户籍人口为 169 万人,流动人口估计高达 100 万人,外来学生与本地户籍学生之间的比例已

---

❶ 中央教育科学研究所教育发展研究部课题组. 进城务工就业农民子女接受义务教育的政策措施研究[J]. 教育研究,2007(4):49.

❷ 杨聪敏. 农民工子女受教育权平等的政府责任[J]. 中共宁波市委党校学报,2010(4):46.

❸ 卢文洁,外来工子女年增 30 万,免费不容易[N]. 广州日报,2009-02-12。

经高达63:37,而且未来非户籍学龄儿童、少年仍将以每年6万人的高速递增。❶ 针对这种情况,流入地政府应该加大扶持民办学校的力度,有效吸收农民工子女入学。具体可以包括,政府给予吸收农民工子女入学的民办学校实行一定的设施设备和经费资助、政府资助和社会赞助在民办学校就读的家庭经济困难的农民工子女,以及提高民办学校教师待遇等做法。

2.我国残疾人受教育权保障之完善

《国家人权行动计划(2012—2015)》提出了残疾人受教育权利的实现目标,即提高残疾人受教育水平。保障适龄残疾儿童普遍接受义务教育。推动残疾儿童以随班就读方式接受义务教育。为残疾人提供与其需求和受教育能力相适应的教育。发展残疾儿童学前康复教育、残疾人职业教育,促进残疾人接受高中阶段教育和高等教育。减少残疾人青壮年文盲。我们要加快发展残疾人教育事业,努力实现这一目标,尽快与《残疾人人权公约》的标准接近。

(1)加快融合式教育的步伐

尽管我国1994年制定的《残疾人教育条例》规定"残疾人教育应当根据残疾人的残疾类别和接受能力,采取普通教育方式或者特殊教育方式"(第3条),并且,2009年国务院发布的《关于进一步加快特殊教育事业发展的意见》也要求全面推进残疾学生的随班就读工作,建立和完善县(区)级随班就读支持保障体系,但是,从国际人权标准对全纳教育的解释来看,残疾学生的随班就读并不当然等同于融合教育。关于这一点,联合国受教育权问题特别报告员弗农·穆尼奥斯有着清醒的认识和清晰的解释。他指出:"不同类别的学生的融合并不是一个简单的过程,而这一过程所提出的复杂问题需要得到认识和正视。在没有结构性改革配套的情况下简单地将各类学生接纳到一起的尝试可能将由于各种原因继续无法实现受教育权。"❷这也就是说,全纳教育的实现需要在班级人数、师资需求、学校管理,以及教育督导和评估体系等方方面面进行全方位的改革,而在目前全国教育资源尤其是特殊教育师资不足的状况下,将残疾人纳入普通学校进行随班就读可能会流于形式,难以取得预期的效果。

正因如此,为了落实国际人权标准规定的残疾人教育的基本理念,我国应坚持将全纳教育理念作为相关立法与政策的基本原则。具体来说,我们应该在《残疾人教育条例》总则部分明确规定坚持全纳教育的基本原则,在后面各章的具体制度条款中融入全纳教育的理念。关于这一点,一些发达国家的做法为我们提供了参考和借鉴。比如说,1977年意大利《国民法517号》为了贯彻全纳教育的理念,规定同一个普通教育班级不得安置两名以上的残疾儿童同时就读,实施全纳教育的班级的学生总额不得超过20人,学校课外活动的设计必须保证包括残疾儿童在内的所有儿童都能参加;并且,特殊教育教师(又名特殊教育辅导员),即接受过专门训练以对残疾儿童实施特殊教育的学校教育工作人员要编入全纳班级,协助普通教师共同工作,并且两类教师要共同与全纳教育班级的所

❶ 朱海波.进城务工农民子女义务教育平等权的法律保障及其制度困境[J].湖南社会科学,2009(4):56.

❷ 《联合国受教育权问题特别报告员弗农穆尼奥斯的报告·残疾人受教育权利》,A/HRC/4/29,2007,第12段。

有学生进行交流。[1]

(2)完善问责制

问责制乃是人权实现的基本保证,如果法律只规定具体权利和相关义务,而不明确责任主体、问责途径,以及责任形式等,人权保障只能停留在"纸上谈兵"的层面。从现有的立法来看,我国多个法律已经确认了残疾人受教育的权利,《残疾人教育条例》还规定了国家保障残疾人受教育权的一些相关义务,比如筹措经费(第 44 条)、减免学杂费(第 28 条),以及培训教师(第 35 条)等。但是,必须指出的是,我国法律对残疾人受教育权保障的法律责任的规定相对简单。比如,《残疾人教育条例》关于法律责任部分只有简单的一个条文(第 50 条),并且该条只规定以下行为需要承担相应的法律责任:拒绝招收残疾人入学的行为,侮辱、体罚、殴打残疾学生的行为,侵占、克扣、挪用残疾人教育款项的行为。

比照残疾人受教育权保障的国际标准,仔细分析该法关于法律责任的规定,我们发现它存在几点不足:首先,该法只规定了上述三类行为应该承担法律责任,这样一种缺乏兜底条款的列举使规定难免存在挂一漏万的危险,对于新形势下可能出现的其他侵犯残疾人受教育权的行为无法规制。其次,该法只是设定了非政府机关没有履行法定义务应该承担的法律责任。事实上,残疾人受教育权保障的国际标准表明,国家对于残疾人教育的可提供性、可接受性、可获得性和可调适性负有尊重、保护和落实的三方面义务,并且国家是残疾人受教育权保障最重要的义务主体。正因如此,残疾人受教育权的问责,不仅是对私人主体未履行尊重义务的问责,也包括对政府疏于履行相关义务的问责。并且,对政府的问责不仅包括政治上的问责,也包括法律上的问责。但是,《残疾人教育条例》只是规定了国家尊重、保护和履行三个层面的义务,对于国家怠于履行义务的情况该承担何种责任缺乏明确规定。比如,该法第 44 条规定的各级政府负责筹措残疾人教育经费,并且保证该经费随着教育事业费的增加而增加,这一条文虽然规定国家的一项履行义务,但是由于缺乏相关的法律责任,这一义务的实施保障只能依赖其他相关政策。如果缺乏政策规定时,我们只能寄希望于官员的良知。再次,司法救济渠道不畅通。《残疾人教育条例》第 50 条规定了有关部门可以对侵害残疾人受教育权的直接责任人员给予行政处分,但没有规定司法救济,这样的规定显然违背了司法终局裁决的基本原则,与国际人权法再三重申的人权司法保障原则显然是相悖的。一旦负有责任的行政机构不作为时,权利受到侵害的残疾人无法诉诸司法。

鉴于《残疾人教育条例》在问责制上存在的问题,国家在修订该法时首先应该对第 50 条进行修改。在修改第 50 条时,不仅要将"由有关部门对直接责任人员给予行政处分"修改为"承担相应的法律责任",还应该规定权利受到侵害的残疾人可以向主管行政部门申诉,或者向法院提起诉讼。此外,应该在该条末尾增加一个兜底款项,对非政府机构侵犯残疾人受教育权的其他行为纳入法律规制的范围内。除了第 50 条的修改之外,为了督促政府积极履行尊重、保障和实现三个方面的义务,可以考虑在第 50 条的基础上增加一个条文,对政府的不作为现象进行规制。其问责的途径包括公民的申请公开和行政诉

[1] 刘贤伟."全纳教育"呼唤中国完善特殊教育政策和教育立法[J].中国特殊教育,2007(8):4.

讼,责任形式包括对直接责任人员的行政处分,以及其他法律责任。当然,这一修改必须与行政诉讼法的规定相吻合,如果与行政诉讼法规定的受案范围相违背,该法规的规定将违背法制统一原则和立法法的相关规定。

(3)对农村地区残疾人在教育上实行更多的政策倾斜

受城乡二元结构的影响,我国特殊学校布局,以及无障碍建设皆存在以城镇为中心的现象,这一现象与国际人权标准要求的保护教育的可获取性存在一定冲突。并且,中国近年来在农村地区实行的撤点并校工作,给学生的入学带来了巨大的麻烦,造成了入学率的急剧下降,遑论行动存在诸多不便的残疾人了。正是因为上述诸原因的影响,农村地区的残疾人实在难以与城市残疾人一样平等地实现受教育权。因此,国家在制定残疾人教育的政策时,应该积极考虑国际标准关于保护教育的实际可获取性,以及经济可获取性的措施,比如,保障普通学校和特殊学校布局的合理化,改善上学交通条件,完善校车制度,为普通学校配备一定的盲文和手语教师。同时,考虑到农村的收入水平普遍低于城市,政府除了免除义务教育、高中教育,以及职业教育阶段农村残疾学生的学费和书费之外,还应免除其包括服装费、住宿费在内的一切杂费,同时适当提高义务教育阶段残疾学生的生活费和交通费的补助标准,帮助更多的残疾人接受义务教育。

3. 我国少数民族受教育权保障之完善

教育是实现民族复兴,同时也是少数民族摆脱贫困落后面貌的根本方式,保障少数民族受教育权的任务任重而道远。新中国成立以来,国家对少数民族教育的重视和发展,但是仍然存在一定问题,还需要更进一步的完善。

(1)完善少数民族受教育权法律体系

我国现在还尚无统领民族教育法律体系的民族教育基本法,也没有一部民族教育单项法,这给我国少数民族的受教育权保护带来了困难,对此,我们必须制定民族教育基本法并在此基础上对现有法律进行完善。

在新法的制定上,我国应该在《宪法》《教育法》的指导下,制定民族教育基本法即《少数民族教育促进法》,加强对少数民族教育的经费保障,以及师资保障等。在必要的情况下,教育部和国家民委可以考虑联合制定关于少数民族教育的部门规章,以及配套政策,以强化《少数民族教育教育促进法》的执行。

除了中央立法之外,我国还应该积极完善地方性民族教育立法。当前来看,我国应该重点完善各民族地区的民族教育地方性法规、单行条例,以及地方政府规章。因为各少数民族有着自己独特的文化传统和地域特点,这一传统使当地教育具有一定特殊性。因此,只有充分考虑本地区的文化传统和地域特色特点,关于少数民族受教育权保障的地方性立法才能更好地从本顾及该地区少数民族的受教育权诉求,其法律实效也才会更为显著。

(2)提高少数民族人群的法律意识

由于法律意识的增强可以大大地促进基本权利的维护,保障合法权益,而少数民族这一群体由于其历史和自身发展的特殊性,其权利意识还有待进一步增强。因此少数民族受教育权的法律保障必定要依靠其法律意识的提高。

由于法律意识不仅包含法律权利意识,也包含法律义务意识和法律责任意识,因此少数民族法律意识培育也包括对权利意识、义务意识和责任意识的培育。就少数民族受教育权保障来说,其法律意识培养的重心在于权利意识的培育,尤其是提升其对宪法受教育权的认识。同时,为了防止一些家长妨碍子女接受教育,也必须提升其义务意识,通过法制教育,明确告知父母在子女受教育上应该履行的义务。

国家作为少数民族受教育权的义务承担者,应当秉持平等的理念,对少数民族进行倾斜性保护。这不仅要求立法机关对少数民族教育问题重要性有着清醒的认识,同时也要求司法机关公正司法,积极对侵害少数民族受教育权的违法行为实施法律制裁。此外,教育行政机关也应当提高对于少数民族受教育权的保护意识,积极担负起行政义务,在违背法律时认真履行相关的法律责任。

五、结语

尊重特殊群体人权,保障特殊群体的生存和发展权利是型构现代文明社会的重要基础。受教育权作为一项基本权利,是其他许多人权实现的基础,是值得优先考虑的权利。受教育权的实现不仅可以提升特殊群体生存和发展能力,帮助他们摆脱劣势位置,而且体现了社会的公平正义。特殊群体受教育权的保障不仅事关社会的安定、国家的繁荣,更有利于自身的发展。《经济、社会和文化权利国际公约》和《残疾人人权公约》等国际公约为我们实现特殊群体受教育权提供了标准。从目前来看,虽然我国政府高度重视特殊人群的教育事业,采取了一系列有利于特殊群体受教育权实现的措施,但是总体来看我国特殊人群受教育权实现状况离国际公约的标准相距还较远。

百年大计,教育为本。保障特殊群体的受教育权不仅是国家的宪法义务,也是《经济、社会和文化权利国际公约》和《残疾人权利公约》等国际人权法确定的义务。作为一个负责任的大国,中国在特殊群体受教育权的保障上已经取得了巨大的进步,但是作为一个发展中国家,中国在特殊群体受教育权保障上仍然面临着众多的挑战。中国应该坚定不移地贯彻宪法人权保障原则,恪守国际人权法关于各类特殊群体受教育权的普遍标准,以便更好地保障特殊群体的受教育权。在人权全球化浪潮日益高涨的今天,我国应该以宪法的人权保障原则和国际人权标准为指南,不断完善现行法律和政策,珍视我们在特殊人群受教育权保障方面取得的伟大成就,正视我们存在的问题和面临的挑战,使广大特殊人群能够切切实实地实现受教育的权利。

●贵州“空巢老人”生活状况调研报告*

杨军昌[1,2]

(1. 贵州大学人口·社会·法制研究中心　贵州　贵阳　550025

2. 贵州大学学报编辑部　贵州　贵阳　550025)

【摘　要】伴随着社会老龄化程度日益加深而在城乡愈益增多的“空巢老人”,是新时代社会生活中的特殊弱势群体,在生活上存在着物质、生理、精神、社会关系等方面的突出问题,是健康老年化、积极老年化实现道路上的严峻挑战,已为政府、社会广泛关注。文章立足于实证调查资料,在对贵州“空巢老人”的现状特点概括基础上,从经济供养、医疗卫生、生活照料、精神慰藉、权益保障等方面对“空巢老人”生活状况存在问题与原因进行了总结与分析,提出了旨在使贵州“空巢老人”生活问题得到解决、生活质量得到提高,生活权益得到尊重和保障的对策建议。

【关键词】空巢老人;生活状况;问题;对策;贵州

一、前言

随着社会老龄化程度的加快,“空巢老人”越来越多,已经成为一个不容忽视的社会问题。2011 年国家统计局公布的第六次全国人口普查数据显示,60 岁及以上人口占 13.26%,其中 65 岁及以上的人口就占了 8.87%,比 2000 年上升 1.91 个百分点。《中国老龄事业发展“十二五”规划》指出,“十二五”时期,随着第一个老年人口增长高峰的到来,我国人口老龄化进程将进一步加快。2011—2015 年,全国 60 岁以上老年人将由 1.78 亿增加到 2.21 亿,平均每年增加 860 万;老年人口比重将由 13.3% 增加到 16%,平均每年递增 0.54 个百分点。预计到 2025 年,老年人口数量将突破 3 亿,占当时总人口的 20.0%;2050 年总人口为 16 亿,60 岁以上的老年人口数量将在 4.83 亿人左右,占当时总人口的 34.1%。资料显示,在老龄化的背景下,我国城乡“空巢家庭”已近半❶。有学者预

---

* 本研究报告为贵州省老年办、贵州大学人口·社会·法制研究中心 2012—2013 年度协作课题“贵州‘空巢老人’生活状况调研调查研究”最终成果。项目组成员有吴志英、谢峰、华骅、左洁、洪辉、邹媛媛、李良兴等。华骅、左洁、洪辉、邹媛媛等参与了分县报告初稿的撰写。

作者简介:杨军昌(1963—　),侗族,贵州大学人口·社会·法制研究中心主任,贵州大学学报编辑部主任,教授,博士。研究方向:人口社会学、老年社会学、民族社会学等领域的研究。

❶ baike. baidu. com/view/715161

测:到21世纪三四十年代,中国城市里的独生子女父母年老后可能有60% ~70%与已婚子女不住在一起,农村中的独生子女父母年老后可能有30%与已婚子女不住在一起❶。因此,如何在"未富先老"的经济和社会条件下帮助空巢老人更好地生活,已成为政府和学界广泛关注的问题。

人口老龄化关系到一个国家未来的发展,中国老龄化进程的逐步加快已影响到经济社会的各个方面。贵州是中国典型的山区省份和多民族省份,也是中国经济发展相对滞后的西部省份。20世纪80年代以来,随着市场经济体制的确立,人口流动的加剧,我国发展不均衡战略的影响,以及人口计划生育政策带来的家庭规模小型化、少子化的影响,农村青壮年大量脱离生于斯、长于斯而又祖祖辈辈坚守的土地和家园,而成为长期在比较经济效益优厚的东中部等地"掘金"的农民工,这在经济尚不发达、社会保障制度尚不健全的环境下,早已事实上产生和存在的大量"空巢老人"无疑成了新时代社会生活中的特殊弱势群体,而且随着老年化程度的日益加剧,其数量不仅在农村而且在城镇也将快速增长,由此所面临的物质、生理、精神、社会关系等方面问题也因日益突出而成为社会、政府关注的社会问题中的重点内容。因此,对贵州"空巢老人"问题进行研究,不仅具有论题研究的普遍意义,更具有特殊情况下特殊问题研究的针对意义和目标价值,对于引起全社会高度重视和解决"空巢老人"问题,促进社会和谐的相关政策、法规的制定及相关措施的实施均有积极的参考价值。

正是在这一时代背景下,贵州省老龄办、老年学会和贵州大学人口·社会·法制研究中心于2012年7~8月联合开展了全省"空巢老人"生活状况专项调查,组成调研组分赴大方县、赤水市、玉屏侗族自治县、罗甸县及南明区和云岩区等地,采取问卷调查与重点访谈、实地观察相结合而又以问卷调查为主的方式,调查了"空巢老人"在经济供养、生活照料和精神慰藉等方面的情况。此次调查共发放问卷827份,回收有效问卷684份。经过对问卷的统计整理和对调查地区历史文献与访谈、交流等资料的梳理分析,形成以下研究成果以示汇报。

二、贵州省"空巢老人"现状特点

任何研究都要有明确的研究对象,对"空巢老人"的研究也是如此。"空巢老人"的理论基础是人口学中的"家庭生命周期说"(美国学者P. C. 默多克于1947年把家庭生命周期分为形成、扩展、稳定、收缩、空巢和解体六个阶段)。"空巢老人"包含了"空巢"家庭和"老人"两个概念。按照国际惯例,老人通常指60~65岁以上的人,这一点比较明确。而对于空巢老人家庭的定义则存在分歧。综合现有文献表明,大部分学者将其界定为无子女或虽有子女,但子女长大成人后离开老人另立门户或因各种原因(工作、求学、外出打工等)长期外出剩下老人单居或夫妻双居的老人家庭。具体又分为三种情况:一是无儿无女无老伴的孤寡老人;另一种是有子女但与其分开单住的老人;还有一种就是儿女远在外地,不得已独守空巢的纯老人家庭。

❶ 郭颖. 和谐社会语境下的本土空巢新闻研究——以《楚天都市报》《楚天金报》《湖北日报》的数据为例[J]. 今传媒,2012(5).

为了研究对象具体明确而又利于问卷统计与分析,我们把"空巢老人"界定为:无子女或子女不在身边与老人分开居住、独自生活的60岁及以上的老年人。"空巢老人"家庭则指60岁及以上老年夫妇家庭户与老年人独居的一人家庭户。与两个概念相关的认定条件为:①凡是有子女而子女成年后另居而不与老人居住者;②与"人口普查"口径一致,有子女未分家另居(以农村为主)但连续半年及以上长时间在外(打工、经商等)者;③与"2"相应,农村中60岁及以上留守老人虽与孙辈居住,但孙辈未满14岁而不属于劳动年龄人口者;④无子女老人家庭。

(一)贵州省"空巢老人"现状

据贵州省老龄办统计,截至2012年8月底,贵州共有"空巢老人"1168251人,占贵州老年人数量的26.2%。其中,男性530645人,女性637606人;城镇226718人,乡村941533人。

从地区分布看,贵州"空巢老人"分布并不均匀。其中,毕节位居全省首位,遵义和铜仁紧随其后,分列第二、第三,黔东南州数量最少(见表1)。

表1 贵州"空巢老人"状况表

单位:人

地区	"空巢老人"家庭(户)			数量		
	城镇	乡村	总数	城镇	乡村	小计
贵阳	37714	13684	51398	61725	20113	81838
黔东南	3452	40441	43893	6777	67336	74113
黔南	10071	84134	94205	16445	128360	144805
毕节	12042	111419	123461	17456	166794	184250
黔西南	3850	41368	45218	5778	70099	75877
六盘水	13525	47012	60537	20495	73089	93584
遵义	22172	91393	113565	35951	144825	180776
安顺	41230	51650	92880	37200	117600	154800
铜仁	15861	119515	135376	24891	153317	178208
小计(全省)	159917	600616	760533	226718	941533	1168251

资料来源:根据全省各州市空巢老人情况统计表整理而成。

贵阳市81838人,黔东南州74113人,黔南州144805人,毕节市184250人,黔西南州75877人,六盘水市93584人,遵义市180776人,安顺市154800人,铜仁市178208人,分别占贵州省"空巢老人"总数的7.0%、6.3%、12.4%、15.8%、6.5%、8.0%、15.5%、13.3%、15.3%。

在家庭户上,全省共计760533户。其中,城镇159917户,乡村600616户。铜仁、毕节、遵义各以135376、123461、113565户分列前3位。在家庭户中,夫妻健在421744户843488人,其中城镇89360户178720人,乡村332384户664768人;夫在妻故129006户129006人,其中城镇19323户19323人,乡村109683户109683人;妻在夫故181847户181847人,其中城镇36346户36345人,乡村145501户145501人。

从年龄结构来看,60~69岁674114人,70~79岁374996人,80岁以上119141人,分别占全省空巢老人总数的57.70%、32.36%、9.94%(见表2)。分地区来看,不平衡现象较为明显,60~69岁占地区空巢老人比例最高以遵义、黔东南、安顺排前位,均在60%以上;80岁及以上者以贵阳、黔西南、毕节为最高,约过10%。总体说明空巢老人年龄结构为金字塔形,为老年结构的正态型分布,折射出贵州人口出生的时代特征与经济发展水平与制度影响。

表2 贵州省老年人口与"空巢老人"人口年龄结构情况

单位:人

年龄 地区	60~69岁			70~79岁			80岁及以上		
	老年人口	"空巢老人"	比例	老年人口	"空巢老人"	比例	老年人口	"空巢老人"	比例
贵阳	291569	41772	0.51	172135	27004	0.33	50561	13062	0.16
六盘水	180677	49795	0.53	105422	34594	0.37	30791	9195	0.10
遵义	528927	117296	0.65	275661	45454	0.25	77576	18026	0.10
安顺	168097	98760	0.64	97279	46450	0.30	30513	9590	0.06
铜仁	271636	101591	0.57	141921	62174	0.35	41226	11443	0.08
毕节	393148	95463	0.52	242298	63277	0.34	74990	25510	0.14
黔西南	182542	37179	0.49	105456	27316	0.36	34481	11382	0.15
黔东南	288643	45498	0.61	179715	22422	0.30	41875	6193	0.09
黔南	261271	86760	0.60	151293	46305	0.32	41093	11740	0.08
总计	2566510	674114		1471180	374996		423106	119141	

资料来源:根据全省各州市"空巢老人"情况统计表整理而成。比例为各年龄段"空巢老人"与相应地区"空巢老人"总数比。

(二)贵州"空巢老人"数量增多的原因

就全国而言,"空巢老人"形成的原因复杂多样,这从相关研究结论的众说纷纭、难达一致便可知其一斑。如学者赵芳、梁艳等将老人"空巢"的原因分为个人原因、家庭原因和社会原因三种,同时强调最重要的原因是社会因素,是社会的发展使空巢家庭的出现成为某种必然。尤其是随着独生子女政策的推行,家庭子女数量锐减,对于那些双独联姻(独生子女间联姻通婚)组成的家庭,客观上无法同时满足双方老人与子女共同生活的要求，必然有一部分老人主动或被动独立生活而空巢。李克在“‘空巢’离爱巢有多远”中，将导致老人空巢的原因分为社会经济的进步和居住条件的改善，对自由空间和平静时间的向往，独生子女政策的实施，家庭结构模式的小型化核心化，社保体系尤其是老龄体系落后和不完善，社会养老机构养老发展滞后等6点。刘亿、吴奇超在“经济转型期家庭社会资本与‘空巢’老人养老问题”研究中，强调了现代价值观念的冲击对形成“空巢老人”的影响；张晓峰在“关注‘空巢老人’促进社会和谐”和肖结红在“‘空巢老人’问题探析”中都指出，代际间生活习惯、思想观念的差异，也造成了很多老年人和子女希望分开居住。陈兰兰在分析农村空巢家庭出现和增多的原因时认为，随着我国改革开放的深入发展，城镇化进程的加快，户籍制度的改革，大量的农村劳动力涌向城市，最终导致了农村“空巢老人”的增多（陈兰兰，2007）。姚引妹将导致农村“空巢老人”的原因归为三点：一是农村联产承包责任制的实施，为农民走向高效率的就业岗位提供了可能性；二是农村城市化、工业化进程加快，“身份制”和“户籍制度”松动，农村剩余劳动力流动就业更自由；三是计划生育政策使家庭子女数量减少，家庭规模小型化（姚引妹，2006）。

梳理上述文献可以看出，“空巢老人”增多的成因非常复杂，而且各个地方又不尽相同。因此，对贵州“空巢老人”形成与增多原因进行客观、科学的讨论与分析，有助于全面把握贵州“空巢老人”的概貌特点，发现“空巢老人”生产生活的基本情况，制定切合地情实际的应对决策，促进“空巢老人”生活问题的有效解决。

我们认为，贵州“空巢老人”数量的增多与全省人口年龄结构老龄化、经济社会发展和城镇化进程加快等因素密不可分。在目前情况下，出现数量众多的“空巢老人”，其原因主要有以下几个方面。

一是政策因素造成空巢。一方面是20世纪70年代及以后，国家持续推行了计划生育政策，使家庭人口减少，家庭规模变小。随着不少家庭独生子女的外出求学、工作和结婚，无疑会使众多家庭走向空巢；另一方面是近年农村惠民政策的不断出台，政策宽松，在日益拉大的城乡差距与效益比较的选择下，农民不受土地限制而自主流动并长期在外打工创业，使得家庭成为空巢。而近几年出台的覆盖全省城乡的最低生活保障制度、经济适用房和廉租房制度、农村新型合作医疗制度等解决民生问题的政策措施的实施，为家庭小型化的发展提供了物质支持，亦即在生活条件改善的同时，分户式的生活方式成为多数人的选择，三口之家的普及是“空巢老人”增多的直接原因。

二是个人因素造成空巢。这主要针对老年人而言，表现为：首先是经济上能够独立、精神生活较为丰富、身体状况较为健康的低龄老人自己希望过独立生活，得到更多自由；其次是老人对老居住地有深厚感情，即便是子女进城或是迁居要求其到新地新居生活，但不愿意离开有山有田有房子的久居环境；再次是老年人独立意识增强，即使条件有限，也甘愿空巢；最后是老人的生活方式、价值观念等方面存在差异，为避免与子女生活在一起产生冲突与矛盾，而选择独立生活。

三是家庭原因造成空巢。改革开放以来，市场经济为主体和多元化经济结构催生的“小型化家庭”为空巢现象积淀了土壤。家庭中子女压力大（子女的子女读书等），无暇照顾老人,或受住房紧张等条件制约,难以举家生活。再有是农民的生活水平逐渐提高,人们购房或建房能力日益增强,传统的大家庭居住方式不再适应他们的需求,小家庭被普遍接受。家庭功能的分化动摇了传统大家庭的基础,家庭核心化、小型化的加剧使得"空巢家庭"的增多成为必然。

四是竞争压力加剧造成空巢。城市中工作竞争压力、生活压力的存在,促使年轻人把更多的时间和精力用于自己的工作与学习,从而忽视了对没有子女在身边的父母的生活照料;同时,竞争还促使人们更加关注子女的升学和教育问题,而忽视了对父母在情感方面的支持;竞争又使长期在外的农民工为工作和生活奔波劳碌,难以时常回家看看,老年人只能长年独守空巢。因此,竞争在促进经济快速发展的同时,也成了催生空巢老人的助推器。在调查中,这一因素均有提及。

五是价值观念转变造成空巢。改革开放带来经济发展的同时,也带来了传统价值观念的变革,城乡年轻人对家庭的责任感总体上均日渐淡化,尤其是传统孝道观念在逐渐丧失,不少年轻群体家庭责任意识不强,敬老、养老意识淡薄,代沟愈来愈突出,从而使老人不得不独守空巢。

当然,空巢家庭的产生也还有其他一些因素。例如,在农村,儿子在外打工,婆媳、公媳关系的沟通缺少联系的中介和桥梁,家庭不和,矛盾增多,迫使老人同儿媳和孙子分开住;又由于一些子女无赡养老人观念,时常嫌弃、虐待、打骂老人,从而使老人不得不独守空巢等。

三、调查点"空巢老人"基本情况

(一)调查点选择与调查对象

为全面反映贵州省空巢老人基本状况,课题组在摸底、咨询与交流基础上,决定调查点的选择按如下原则综合考虑:①地域覆盖原则。全省东、西、南、北均有调查点。②代表性原则。在东、西、南、北各自区域内,最优选取具有空巢老人区域代表性的县市。③工作基础性原则。有一定的老龄事业发展基础与老龄工作发展环境。④民族性原则。民族区域自治地方与非自治地方同时进入选点视野。⑤城乡兼顾原则。按照这些原则,课题组在广泛征求意见的基础上,确定黔东的玉屏侗族自治县、黔南的罗甸县、黔西北的大方县、黔北的赤水市,以及贵阳云岩、南明两城区作为调查点。除作为全省经济、政治、文化中心与百分之百人口城市化的两城区外,兹将其余4个调查点的简要情况介绍如下。

玉屏侗族自治县位于贵州省东部,铜仁地区南部,有"黔东门户"之称,为贵州省的东大门。总面积517平方千米,政府驻平溪镇,辖四镇两乡84个村委会,9个社区。2011年年末,总人口152 871人,其中侗族123 214人,占总人口的87%。该年全县实现生产总值307914万元,农民人均纯收入达到4254元。全县共有60岁以上老年人两万余人,占总人口的13.5%。此外,还有百岁老人9人。2001年进入人口老龄化县(市)行列,是贵州七个省级"长寿之乡"县(市)之一。截至2012年7月,共有空巢老人7367人,占全县60岁及以上老年总人口的36.8%。其中男性空巢老人为3601人,女性空巢老人为3766

人。人口老龄化、高龄化、空巢化问题突出。

罗甸县地处黔桂两省(区)结合部的高原千岛湖畔,辖26个乡镇273个行政村(社区、居委会),总人口34万人,是一个以布依族、苗族为主的多民族聚居县。总面积3015平方千米,总人口34万人。截至2012年7月底,罗甸县共有空巢老人家庭10800户,空巢老人15600人,占全县60岁以上老年总人口的35.7%,其中男性7513人,女性8087人。在空巢老人家庭中,夫妇健在9600人,夫在妻故2713人,妻在夫故3278人。在年龄构成上,处于年龄组60~69岁的有8371人,年龄组70~79岁的有5860人,80岁及以上有1369人。

大方县位于贵州省西北部、乌江上游六冲河北岸。总面积3505.21平方千米,辖36个乡镇,居住着汉、彝、苗、白、仡佬等23个民族,总人口128万人,少数民族占33.02%,农业人口占95.2%,属国家扶贫开发重点县之一。截至2012年7月,全县共有空巢老人13461人,占全县60岁以上老年总人口的32.6%,其中男性5634人,女性7827人。

赤水市地处贵州遵义西北部,赤水河中下游,与四川南部接壤,是黔北通往川渝的重要门户,素有“黔北明珠”的美誉。总面积1801平方千米,辖9镇5乡3个街道,100个行政村,22个社区,居住有汉、苗、土家、仡佬、布依等26个民族。截至2011年,赤水市地区生产总值达41.29亿元,人均生产总值17372元;农民人均纯收入5598元,城镇居民可支配收入12589元。全市总人口31.15万人,其中农业人口23.8万人,占76.41%;非农业人口7.35万人,占23.59%。到2012年7月,赤水市空巢老人家庭共计7906户,其中城镇598户,乡村7308户;空巢老人11 638人,占全市60岁以上老年总人口的35.4%,其中男性5916人,女性5722人;60~69岁7873人,70~79岁2887人,80岁及以上878人;空巢老人中夫妇健在的3632户,夫在妻故的有1744户,妻在夫故的有2530户。

如前所述,此次调查共发放问卷827份,回收有效问卷684份,问卷调查684人。其中,在赤水市老城社区、滨江社区、复兴镇和大同镇共发放问卷120份,回收有效问卷115份。在调查的115个空巢老人中,城市57人,农村58人;男性42人,女性73人;75人处未婚、离异、丧偶状态。年龄分布在60~89岁之间,平均年龄为72.16岁,男性的平均年龄是70.31岁,女性的平均年龄为73.22岁。受教育情况普遍偏低,高中或中专仅占4%,初中学历的也仅有14.78%,其他为小学或文盲。在玉屏县,共发放调查问卷120份,回收有效问卷91份。此次问卷调查对象中,男性占43.3%,女性为56.7%;民族成分汉族20.1%,侗族59.8%,土家族17.6%,回族2.5%,侗族空巢老人占绝大部分;婚姻状况为未婚占16.7%,已婚占57.1%,丧偶占23.8%,离婚占2.4%;文化程度上不识字识字很少的占25.4%,小学文化程度的占28.8%,初中文化程度的占22.4%,高中或中专文化程度的占19.9%,大专及以上的占2.5%;65.7%的被调查空巢老人为农村户口,34.3%为城市户口。在罗甸县共发放问卷167份,回收有效问卷140份,其中城镇65份,农村75份。140位空巢老人中,男性81人,女性59人,其中77位老人配偶健在,63名老人单身(包含未婚、离异和丧偶);汉族老人39人,布依族老人98人,其他民族老人42人;年龄分布在60~83岁之间,平均年龄为69.74岁。文化程度普遍偏低,大专及以上学历10人,占7.2%;小学及其以下学历81人,占57.9%。城镇65人,占46.4%。农村75人,占53.6%。在大方县,于大方镇龙云村、竹园彝族苗族乡老街村和城中社区、城北社区、城南社区发放问卷120份,收回有效问卷102份。同时,对具有典型性和特殊性的城镇与农村各10位老人进行了重点访谈。调查对象中,男性41人,女性61人,有汉族、彝族、穿青族、苗族、白族共5个民族,最大年龄为88岁;有57人不识字,读过高中及以上的人只有10人,文化程度严重偏低。

(二)调查点空巢老人基本情况

通过对6个调查点实地调研发现,贵州空巢老人状况呈现以下特点。

(1)在县市行政区域,农村空巢老人是空巢老人群体的主要组成部分,其数量远多于城镇空巢老人。对赤水、罗店等四县市的调查显示(见图1),农村空巢老人所占比例在80%以上。其中,赤水市农村空巢老人11638人,占全市空巢老人总数的92.99%;罗甸县农村空巢老人15264人,占全县空巢老人总数的97.85%;玉屏侗族自治县农村空巢老人6905人,占全县空巢老人总数的93.73%;大方县农村空巢老人11564人,占全县空巢老人总数的85.91%。这充分显示出空巢老人这一弱势群体的城乡分布差异以及人文关怀与社会支持的方向与重点。

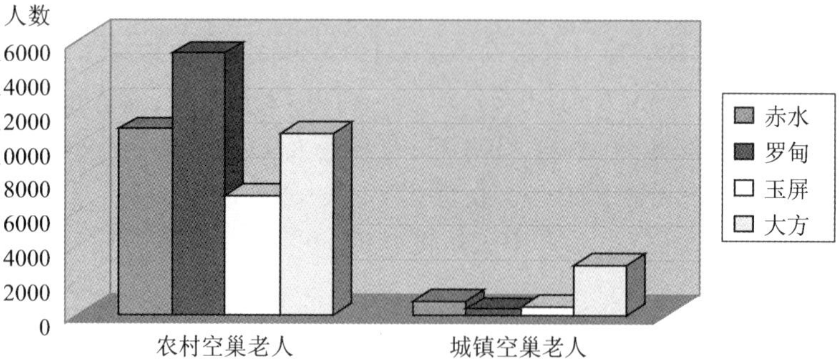

图1　赤水、罗店等四个调查点空巢老人数量分布

(2)空巢老人低龄组比例过半(见图2),是空巢老人群体中的"生力军"。在赤水市,年龄组60~79岁占92.46%,80岁及以上占7.54%;在罗甸县,60~79岁占91.22%,80岁及以上占8.78%;在玉屏县,60~79岁占85.19%,80岁及以上占14.81%;在大方县,60~79岁占99.48%,80岁及以上仅占0.52%。据分析,空巢老人大多集中在低龄组的原因,多是由于年龄上升而导致生理机能下降,越是高龄死亡人数越是上升,因而数量下降很快。当然,生活质量本身、医疗卫生条件等同样有着至关重要的影响。

(3)婚姻状况伴随着生命历程的规律,夫妻健在现象逐渐递减。整个调查对象中,配偶健在者213人,占47.5%;丧偶191人,占42.6%;离异9人,占2.0%;未婚35人,占7.8%人。在80岁及以上高龄群体中,丧偶率均超过50%以上。后三项数据表明,丧偶、离异、未婚的空巢独居老人比例较大,占调查对象总数的52.5 %,这些老年人是空巢老人弱势群体中的特殊群体,他们的生活照料和精神慰藉更值得政

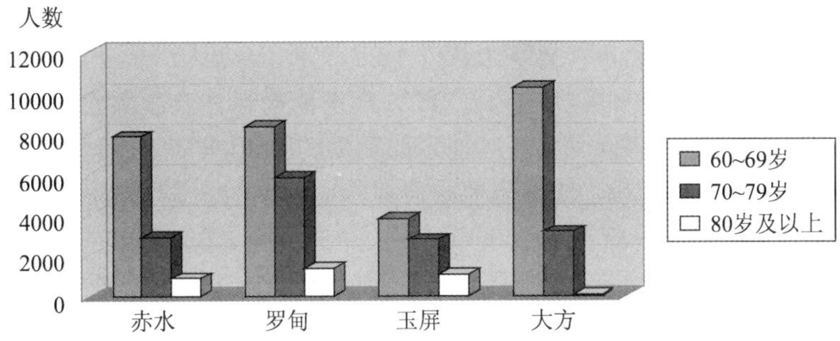

图 2　赤水、罗店等四个调查点空巢老人年龄结构

府和全社会关注。

（4）文化水平普遍低下（见图 3）。在调查全部对象中，大专及以上文化程度仅 15 人，占调查对象的 3.3%；高中或中专仅 43 人，占 9.6 %。以上两项合计仅占调查对象总数的 12.9 %。其余均是初中、小学文化程度乃至没有上过学，其中尤以大方、罗甸两县最为突出：大方县不识字者高达 57 人，占调查对象的 55.9%。罗甸县小学、不识字或识字很少的就有 81 人，占 57.8%；初中 86 人，占 19.2%；小学 125 人，占 27.9%。由此看出，中低文化教育背景的老人占了调查对象的近九成，表明空巢老人的文化水平普遍偏低。

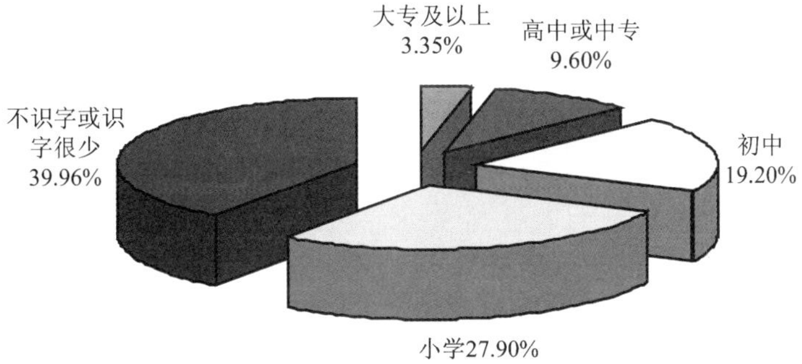

图 3　赤水、罗甸等四个调查点空巢老人文化程度

（5）农村与城镇生活空间差距巨大，但邻里互动农村优于城镇。农村空巢老人普遍很少流动，几十年住在同一个村子里，邻里间生活习惯相似，日常生活中彼此经常走动，“远亲不如近邻”观念突出；而城镇空巢老人生活空间、流动空间较大，居住方式（单元式住宅）、文化层次、职业性质、收入水平及兴趣爱好等都优于或长于农村空巢老人，社区活动活跃，但邻里互动很少，“鸡犬之声相闻，老死不相往来”观念普遍存在，在生活陷入困境时多想到的是寻求子女和朋友的帮助而不是邻里。

（三）调查点空巢老人生活状况

1. 玉屏县空巢老人生活状况

（1）生活保障状况

据调查，玉屏侗族自治县空巢老人的生活保障状况目前处于中低等水平，有 27.7%

的空巢老人月收入(包括生产所得折价)在300元以下,月收入在300~599元的占27.4%,600~899元的占9.8%,900元及以上的占35.1%;大部分空巢老人生活来源是依赖退休金或养老金和子女或其他亲属资助,其中依赖退休金或养老金的占35.4%,依赖配偶资助的占10.4%,依赖子女或其他亲属资助的占20.8%,依赖房屋出租、银行存款或投资红利等收入的占4.2%,依赖当地政府或社团救助的占12.5%,依赖自己简单劳动所得的占1.7%;每月支出情况为:300元以下占38.8%,300~599元占21.8%,600~899元占9.9%,900~1199元占2.5%,1200元以上占2.5%;每月看病吃药的花费情况为:300元以下占77.5%,300~599元占15.0%,600~899元占2.5%,900~1199元占2.5%,1200元及以上占2.5%。但当问及"依您现在的经济状况,能承担起日常医疗费用吗"时,有26.8%的空巢老人表示完全可以,51.2%表示基本可以,有19.5%表示有些困难,2.4%表示十分困难。说明仍然有一定比例的空巢老人还存在买不起药、看不起病的情况。

(2)身体健康及医疗保障状况

身体状况及医疗保障状况是某个地区空巢老人生活状况质量好坏的重要体现之一。问卷调查结果显示,被调查的空巢老人中,身体良好无老年性疾病的占69.7%,需要经常吃药看病的占20.6%,身体时好时坏的占7.6%,说不清楚的占2.1%。活动能力方面:能做简单的生产性劳动的占32.5%,只能做简单的家务活的占47.5%,只能照顾自己的简单起居的占17.5%,完全丧失生活自理能力且日常生活靠亲友照顾的占2.5%。医疗方面:33.9%的被调查者享受公费医疗,3.1%享受劳保医疗,57.7%为新型农村合作医疗保险,5.3%不享受医疗保障;生病后自己买药或采药吃的占29.0%,去村诊所看的占25.0%,到社区医院看的占32.0%,去县或市级以上医院看的占10.0%,在家请医生的占2.0%,其他的占2.0%(见图4)。可见,大部分空巢老人生病后一般是自己买药吃或者就近到村诊所及社区医院看病,只有小部分人到县或市级及以上医院看病。在访谈中,一些空巢老人表示,由于去大医院医疗费用高,且不是全额报销,自己需要承担部分医药费,感觉负担还是很重,加之开启医疗保险大额费用手续的烦琐和不确定性,一般选择自己买药及到附近收费较低的诊所或社区医院看病就医。

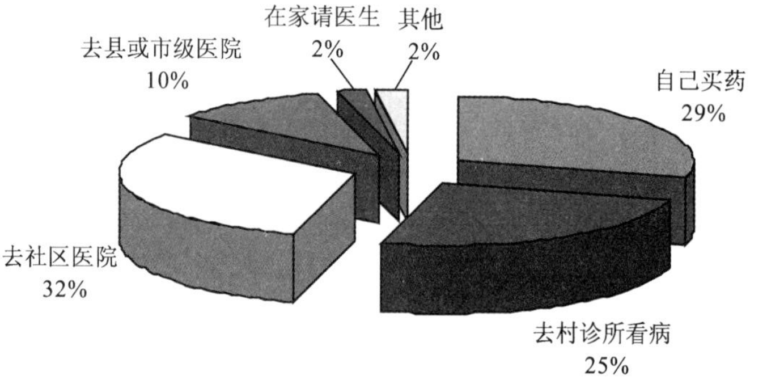

图4　空巢老人生病就医情况

(3)日常休闲娱乐状况

在调查中了解到,玉屏侗族自治县建立了老年协会书法、体舞、门球、乒乓球、柔力球等14个老年单项协会,对于老年人的休闲娱乐生活比较重视。问卷调查结果显示,87.2%的被调查者所在村委会(或社区)都建有老年活动室,且42.2%的被调查空巢老人每天都去,有36.4%的人两三天去一次,12.1%的人四五天去一次,3.0%的人一周去一次,6.1%的人一两个月去一次。但有少部分老人表示,由于身体原因不能到老年活动室参加娱乐活动。其休闲娱乐方式为:聊天占36.5%,打牌占21.7%,看电视占20.1%,健身占18.9%,其他(门球、体舞、旅游等)占2.7%。

(4)人际关系状况

老年人生活状况的好坏除了体现在生活保障及医疗保障等物质方面,还体现在人际关系的交往等精神层面。据调查,当遇到困难或麻烦时,被调查者经常找邻居、朋友帮忙的占22.5%,有时找的占65.0%,很少找的占7.5%,有5.0%的被调查者从来不找。与邻居、朋友的关系程度为:非常好的占38.5%,比较好的占46.2%,一般的占15.4%;与平时接触最多的好朋友几乎每天都联系的占29.8%,每隔三四天联系一次的占32.7%,每隔一周联系一次的占17.3%,每隔十天半月联系一次的占10.2%,每隔一两个月联系一次的占7.6%,每隔三个月或更长时间联系一次的占2.4%。但在访谈中发现,个别独居老人与邻居、朋友基本很少接触,他们生活比较空虚,自我感觉与别人交流有困难,也不愿意跟别人交流,有的甚至与邻居存在矛盾。同时,在问及是否“有时会感到孤独寂寞”时,19.9%的被调查者表示从没发生,37.7%的人表示很少发生,29.8%的人表示有时发生,12.6%的人表示经常发生(见图5)。

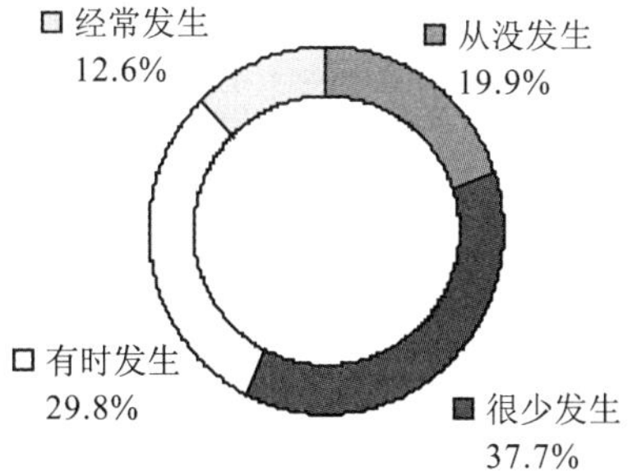

图5 空巢老人孤独状况

(5)精神慰藉状况

在个案访谈中,有子女的空巢老人很希望子女经常回来看自己,但又存在怕耽误子女工作或离得比较远等原因往往对子女表示“我很好,不用来看我”的矛盾心理。问卷调查结果显示,子女每周回家看望父母一两次的占30.1%,每月回家看望父母一两次的占19.4%,每两三个月回家看望父母一次的占19.4%,每半年回家看望父母一次的占16.7%,一年或更长时间才回家看望父母的占到了13.9%。子女与父母的交谈方式为:面对面交谈的占35.8%,打电话进行交谈的占了64.2%。在其交谈内容中,子女最关心父母身体健康状况的占71.1%,最关心父母心情和精神状况的占15.6%,最关心父母一日三餐的占4.4%,最关心父母日常起居的占6.7%,其他的占2.2%。当遇到困难或心情不好时,55.6%的老人希望子女知道,38.9%的老人不希望子女知道,5.6%的老人说不清楚是否应该让子女知道。由此可以看出,玉屏县空巢老人的精神慰藉还远远不够,子女对老人的关心主要集中在身体状况方面,往往忽略了老人的精神健康状况,与空巢老人的内心期望有一定的差距。

(6)权益保障及其他

老年人享有个人自由处理个人合法财产、子女赡养、再婚自由、继续接受教育、社会关爱、司法援助等权益。对于这些权益,被调查者知道的情况是:9.7%知道全面,20.2%知道较为全面,54.8%知道一两点,15.3%表示不知道。对于1990年颁布实施的《贵州省老年人保护条例》的了解情况是:12.1%的老人表示了解,29.4%的老人表示了解一点,38.2%的老人表示听说过,但不知道具体内容,20.3%的老人表示没有听说过。可见,玉屏侗族自治县空巢老人对于权益保障方面的具体内容和条例了解得不够具体和深入,甚至有一定比例的空巢老人完全不知道这方面的内容。

在丧葬意愿方面,虽然贵州省早在2002年颁布实施的《贵州省殡葬管理条例》中就规定,在人口稠密、耕地较少、交通方便的地区应当实行火葬,其他地区实行土葬,但却有87.5%的老人希望土葬,仅有12.5%的老人希望火葬。2012年,玉屏县政府推行火葬,改革土葬,禁止乱埋滥葬,以保护生态环境,厉行节约用地,但由于玉屏是侗族自治县,人口大部分是少数民族,基于少数民族的习俗及老年人"入土为安"的思想根深蒂固,所以至今大部分老年人还是希望死后能够土葬。

2.罗甸县空巢老人生活状况

罗甸县140位受调查空巢老人中,男性81人,女性59人,其中77位老人配偶健在,63名老人单身(包含未婚、离异和丧偶);汉族39人,布依族98人,苗族2人,壮族1人。年龄分布在60~83岁之间,平均年龄为69.74岁。普遍文化程度偏低,大专及以上只有10人,占7.2%;高中或中专只有12人,占8.6%;初中有37人,占26.4%;小学有31人,占22.1%;不识字或识字很少的有50人,占35.7%。140位空巢老人中,有房子的123人,没有房子的17人,分别占调查总体的87.9%和12.1%,其中,没有房子的农村户口老人有6人,城镇户口老人有11人。

从经济状况看,大部分城市老人经济独立,但比例不小的老人对可能出现的医疗费用支出表示担忧;从生活照料看,去医院看病的花费和犯病时无人照料是空巢老人生活上遇到的最大困难;从精神慰藉看,不少老人感到孤独寂寞。现阶段,我国对空巢老人的社会支持还是以子女、配偶、亲友为主的非正式照顾体系,而以社区、养老机构等为主的正式照顾体系却显得力量微弱,发展也相当不完善。鉴于该县受调查对象城镇、农村人数相近,因此特将各自具体情形做如下整理。

(1)农村问卷调查情况说明和分析

75位接受调查的农村空巢老人中,45位老人的配偶健在,30位老人单身(包含未婚、离异及丧偶)。这30位单身老人在生活照料、经济供养和精神慰藉方面面临更大的困境。69位老人有自己的房子,6位老人没有自己的房子而居住在子女修建的房子里——子女常年在外地打工。通过实地调查,我们发现以下情况。

经济因素是产生农村空巢老人的主要原因。在罗甸县农村,许多中年人上有老下有小,家庭负担重,生活压力大,为了谋求较好的经济收入以养家糊口,纷纷选择了外出务工经商,这就造成了数量众多的农村老人"空巢"。同样,由于经济原因,很多外出打工子女减少了回家看望父母的次数,特别是在比较远的城市打工的子女,往返的车费对于他们来说是一笔不小的花费,所以只好压缩回家的次数。在本次问卷调查中,当问及"子女多长时间回家看望父母"时,75 位被访者中有 71 位老人作了回答:21 人回答每周一两次,7 人回答每月一两次,4 人回答两三个月一次,14 人回答半年一次,24 人回答一年或更长时间一次,1 人回答说不清楚。

农村空巢老人普遍面临较大的经济压力。目前,在老人的赡养问题上,大多是根据家庭的经济情况由老人与子女共同协商决定,但赡养费一般都很少,仅能维持老人的日常生活开销,有的甚至维持不了日常生活(如有的子女一年仅给五六百元)。所以,老人们不得不从事一些力所能及的生产劳动,挣一点收入来补贴家用,从而不给子女增添更多的经济负担。但由于子女不在身边,大多数农村空巢老人都很担心自己生病,因为一生病没人在身边照料就会使他们的生活陷入困境。

子女对农村空巢老人普遍缺乏情感支持。由于子女外出务工经商而离开父母,农村空巢老人暂时失去了自己的精神寄托。对外出子女的思念之情难以排解,他们时常在等待和期盼子女归来的日子中度过,但更多的是为外出务工经商子女的身体和工作状况担忧。有一部分农村空巢老人还带着不满 14 岁的孙辈一起生活,他们的孤独无助感有所减弱,但与孙辈的日常交流又存在代沟问题,这在无形之中削弱了家人对他们的情感支持。在日常生活中,当遇到困难或心情不好时,56 位老人表示希望让子女知道他们的状况,12 位老人表示不希望让子女知道他们的状况,6 位老人表示说不清楚。此外,还有小部分老人同子女在赡养问题上存在分歧,致使双方关系紧张,无疑给老人增加了更大的精神压力。74 位有子女的老人中,与子女关系非常好的有 35 位,与子女关系比较好的有 28 位,与子女关系一般的有 11 位。

多数农村空巢老人担心养老问题。在问及是否担心今后自己的养老问题时,13 位老人表示非常担心,36 位老人表示担心,12 位老人表示一般,12 位老人表示不担心,2 位老人表示非常不担心。在问及最担心什么时,3 人担心子女不孝,10 人担心没钱看病,30 人担心丧失经济来源,6 人担心生活失去自理能力。

农村空巢老人文化娱乐活动少。当问及"您所在的村委会有老年人活动室吗"这个问题时,69 位老人回答"有",6 位回答"没有"。在问到"您多久去一次老年人活动室"时,75 位农村空巢老人中有 72 人做了回答,3 人未作回答,其中"每天都去"的有 22 人,"两三天去一次"的有 30 人,"四五天去一次"的有 11 人,"一周去一次"的有 1 人,"一两个月去一次"的有 2 人,表示"说不清楚"的有 6 人。在问到"您所在的村委会多久组织一次老年人活动"时,75 位老人中有 72 人作了回答,其中有 5 人回答"一周一次",有 7 人回答"两三周一次",有 24 人回答"一个月一次",有 20 人回答"半年一次",有 10 人回答"一年一次",还有 6 人回答"不知道"。

多数农村空巢老人身体状况良好。当问到"您目前身体状况如何"时,75 位老人都做了回答,其中有 47 人认为自己"身体良好,无老年性疾病",14 人认为自己"身体不好,经常要吃医生开的治疗药”,11 人认为自己身体“时好时坏”,还有 3 人对自己身体状况“说不清楚”。

大多数农村空巢老人面临看病难问题。回答“如果生病会选择哪种途径进行治疗”这个问题,20 人选择自己买药或采药吃,20 人会去村诊所看,31 人去县或市级及以上医院看,1 人会在家请医生,1 人选择用身体硬抗,还有 2 人表示说不清楚。在回答“需要就医时由谁陪同”这个问题时,49 人选择与配偶或子女等亲属前往,7 人选择与左邻右舍前往,1 人选择和朋友前往,还有 18 人没人陪同自己前往就医。在问到医疗保障时,有 1 人回答享受公费医疗,2 人回答享受劳保医疗,67 回答人享受新型农村合作医疗,还有 5 位老人没有任何医疗保障。在每月花销多少生活费方面,42 人在 300 元以下,21 人在 300 ~599 元之间,7 人在 600 ~899 元之间,2 人在 900 ~1199 元之间,3 位老人在 1200 元及以上。在每月看病吃药要花多少钱方面,58 人在 300 元以下,11 人在 300 ~599 元之间,,1 人在 600 ~899 元之间,3 人在 900 ~1199 元之间,2 人在 1200 元及以上。在问及“依照目前的经济状况能否承担得起日常医疗费用时(大病除外)”,只有 3 人回答完全可以,11 人回答基本可以,42 人回答有些困难,19 人回答十分困难。由此可见,大多数空巢老人都面临看病难问题。

农村空巢老人与子女联系少,与邻里互动多,七成多的老人在生活中感到幸福。在问及有几个子女时,75 位被访者都给予了回答:1 人没有子女,7 人有 1 个子女,27 人有两个子女,23 人有 3 个子女,17 人有 4 个或 4 个以上子女。其中,19 人的子女居住在本省郊县县城,39 人的子女居住在本省郊县农村,8 人的子女居住在外省城市市区,5 人的子女居住在外省县城,1 人的子女居住在本省其他城市市区,1 人的子女居住在本省其他县城,1 人的子女居住在本省其他农村。在问及与子女以何种方式交谈时,26 人是面对面交谈,余下的 48 人是通过打电话的方式与子女交谈。

在农村,受日常生活环境的影响,人与人之间的亲密程度与血缘、地缘的远近密不可分。近九成的老人表示,他们的好朋友主要是街坊邻居,同村或同族的人;五成多的老人表示他们日常生活中的好朋友对他们最重要的帮助是心情方面;接近二成的老人认为好朋友对他们最重要的帮助在于经济方面;二成多的老人认为好朋友对他们的帮助是生活方面。当问及“在日常生活中是否感到幸福”时,就主观感受而言,六成的老人在生活中感到幸福(见图 6)。

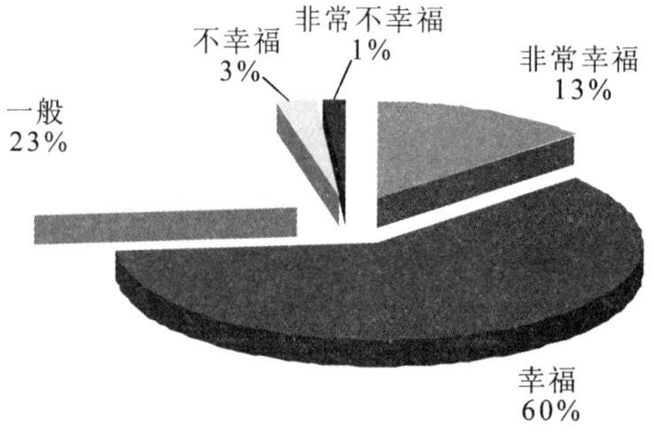

图 6　农村空巢老人幸福状况

农村空巢老人对老年人保障权益知之甚少。1996 年，我国就颁布实施了《中华人民共和国老年人权益保障法》，但老年人对这部法律的了解状况很不乐观，仅有 3 人表示了解，12 人表示了解一点，20 人则表示听说过但不知道具体内容，40 人表示没有听说过。贵州省 1990 年颁布实施的《贵州省老年人保护条例》，其普法情况稍微好一些，但了解的也只有 5 人，了解一点的 16 人，22 人听说过但不知道具体内容，32 人表示没听说过。由此可见，无论是《中华人民共和国老年人权益保障法》还是《贵州省老年人保护条例》都存在宣传不到位的问题，政府相关部门需要把相关政策落实好宣传好。老年人依法享有个人自由处理个人合法财产、接受子女赡养、再婚自由、继续接受教育、接受社会关爱、司法援助等各种权益，但老年人对这些权益了解甚少，维权就更少了。所以，当问到“老有所养，老有所医，老有所学，老有所乐”现阶段实施情况时，仅有 26 人认为基本实现，38 人认为实现一些，3 人认为没有实现，8 人认为说不清楚。

(2)罗甸城镇问卷调查情况说明和分析

日常生活多数规律有制，经济、医疗条件大多有所保障，四成老人担心生活失去自理能力。受访的 65 位(32 位老人的配偶健在，33 位老人单身离异、丧偶和未婚)城镇空巢老人在回答“您所在的社区有老年人活动室吗”这个问题时，44 人回答“有”，5 人回答“没有”，还有 16 人表示“不清楚”。在问到“您多久去一次老年人活动室”时，44 位老人做了回答：8 人每天都去，7 人两三天去一次，12 人四五天去一次，6 人一周去一次，9 人一两个月去一次，余下的两位老人表示说不清楚。在问到“您所在的社区多久组织一次老年人活动”时，44 位老人的回答各有不同：有 9 人回答“一周一次”，有 3 人回答“两三周一次”，有 7 人回答“一个月一次”，有 9 人回答“半年一次”，有 4 人回答“一年一次”，还有 12 人回答“不知道”。从这里可以看出，他们对社区定期开展组织老年人活动的情况是不了解的。当问到“您目前身体状况如何”时，39 人认为自己“身体良好”，15 人认为自己“身体不好，经常要吃药”，8 人认为自己“身体时好时坏”，还有 3 人对自己身体状况“说不清楚”。

对于“如果生病会选择哪种途径进行治疗”这个问题，20 人选择自己买药或采药吃，5 人表示会去社区医院，37 人去县或市级及以上医院看，1 人会在家请医生，还有 2 人选择说不清楚。对于“需要就医时由谁来陪同”这个问题，选择“与配偶或子女等亲属前往”的有 49 人，选择“和左邻右舍前往”的有 5 人，还有 11 人选择“没人陪同自己前往”。在医疗保障方面，有 34 人享受公费医疗，11 人享受劳保医疗，10 人享受城镇居民医疗，还有 10 人没有任何医疗保障。在每月花销多少生活费方面，19 人在 300 元以下，13 人在 300 ~ 599 元之间，7 人在 600 ~ 899 元之间，8 人在 900 ~ 1199 元之间，18 人在 1200 元及以上。在每月看病吃药的花费方面，36 人在 300 元以下，20 人在 300 ~ 599 元之间，7 人在 600 ~ 899 元之间，2 人在 1200 元及以上。在问及“依照目前的经济状况能否承担得起日常医疗费用时(大病除外)”，只有 15 人回答完全可以，33 人回答基本可以，10 人回答有些困难，7 人回答十分困难。在问及“是否担心今后自己的养老问题”时，3 人表示非常担心，27 人表示担心，35 人表示不担心。在最担心的养老问题上，三成的老人担心丧失经济来源，四成的老人担心生活失去自理能力。

人际交往上，子女探望时间、交谈方式不一；人际交往多限于同事同学，幸福感较强。

在“子女多长时间回家看望父母”这个问题上,75位被访者中有64位人作了回答:35人回答每周一两次,4人回答每月一两次,2人回答两三个月一次,4人回答半年一次,9人回答一年或更长时间一次,10人回答说不清,因为他们的子女回家看望他们的时间并不固定。在问及“与子女以何种方式交谈”时,40人回答是面对面交谈,23人是打电话,还有一位老人通过写信的方式与子女交流与沟通。在日常生活中,当遇到困难或心情不好不好时,40位老人表示希望让子女知道他们的状况,15位老人表示不希望让子女知道他们的状况,9位老人表示说不清楚。64位有子女的老人中,与子女关系非常好的有22位,与子女关系比较好的有28位,与子女关系一般的有14位,没有与子女关系差的老人。当问及“您的好朋友是什么人”时,14位老人认为他们的好朋友主要是原先的同学,26位老人认为他们的好朋友是原先单位的同事,15位老人认为他们的好朋友是街坊邻居,10位老人认为他们的好朋友主要是有共同爱好的人。65位老人中,44人认为在日常生活中好朋友对他们最重要的帮助心情方面,11人认为好朋友对他们最重要的帮助经济方面,3人认为好朋友对他们最重要的帮助生活方面,7人认为好朋友对他们最重要的帮助人际关系方面。当问及“在日常生活中是否感到幸福”时,就主观感受而言,感觉生活幸福的老人和感觉生活一般的老人在人数方面很接近:8人感到非常幸福,25人感到幸福,32人感觉生活过得一般,没有一位老人认为自己在生活中不幸福。

权益保障上,与农村空巢老人一样,疏于对法律的了解,维权意识有待提高。1996年我国就颁布实施了《中华人民共和国老年人权益保障法》,但老年人对这部法律的了解状况很不乐观,仅有10人表示了解,14人表示了解一点,32人则表示听说过但不知道具体内容,9人表示没有听说过。贵州省1990年颁布实施的《贵州省老年人保护条例》,了解的也只有9人,了解一点的16人,28人听说过但不知道具体内容,12人表示没听说过。由此可见,无论是《中华人民共和国老年人权益保障法》还是《贵州省老年人保护条例》都存在宣传不到位的问题,政府相关部门需要把相关政策落实好宣传好。老年人依法享有个人自由处理个人合法财产、接受子女赡养、再婚自由、继续接受教育、接受社会关爱、司法援助等各种权益,但老年人对这些权益了解甚少,维权就更少了。所以,当问到“老有所养,老有所医,老有所学,老有所乐”现阶段实施情况时,仅有22人认为基本实现,32人认为实现一些,6人认为没有实现,5人表示说不清楚。

(3)农村和城镇空巢老人现状比较

受教育程度与经济收入方面,城镇优于农村。一般而言,受教育程度和经济收入呈正比关系,即受教育程度越高,经济收入也越高。农村75位受访者中,有40人不识字或识字很少,22人的文化程度是小学,12人的文化程度是初中,1老人的文化程度是高中或中专,没有文化程度在大专及以上的老人。因农村受访者的受教育程度普遍偏低,他们的经济收入也普遍较低:62人的月收入在300元以下,7人在300~599元之间,1人在600~899元之间,2人在900~1199元之间,3人在1200元及以上。

相比农村而言,65位城镇受访者的受教育程度较高:仅有10人不识字或识字很少,9人的文化程度是小学,25人的文化程度是初中,11人的文化程度是高中或中专,10人的文化程度是大专及以上。因此,他们的经济收入也普遍高于农村:12人的月收入在300元以下,7人在300~599元之间,2人在600~899元之间,14人在900~1199元之间,20

人在1200元及以上。

生活来源方面，城镇优于农村且差异明显。从调查的情况来看，农村空巢老人主要依赖养老金和子女等亲属的资助，城镇空巢老人主要依赖退休金和养老金。75位农村受访者中，24人的生活来源主要依赖退休金或养老金，30人依赖子女等其他亲属资助，两者相加占总体的72.0%；65位城镇被访者中，43人的生活来源主要依赖退休金或养老金，占总体的66.2%。75位农村空巢老人中，只有3人认为自己经济来源稳定，9人认为比较稳定；而65位城镇空巢老人中，30人表示自己经济来源稳定，20人认为比较稳定。46.7%的农村空巢老人认为自己的经济来源比较不稳定和很不稳定，而城镇空巢老人的这一数值仅为12.3%。

精神慰藉方面，再婚问题城乡有别，第三方赡养存在差异。空巢家庭中，有很大一部分是单身（包含未婚、离异和丧偶），因此单身空巢老人的再婚问题也值得关注，特别要解决好因该问题引发的人际间的矛盾。由于老年人的生活经历、社会角色、家庭状况等的复杂原因和社会传统文化的影响，再婚问题一直面临着错综复杂的矛盾。同时，老年人也存在着不少的心理障碍，致使再婚率极低，老年人容易在婚姻方面自我贬低，离异或丧偶的价值大有降低，产生出不同程度的心理压力，妨碍对幸福婚姻的再追求。除了自身因素外，也有来自子女的反对，还有些客观条件的限制。在问及单身老人有无必要再找个老伴时，城镇和农村受访者之间的回答是有差异的：75位农村受访老人中有65人认为没有必要，有10人表示说不清楚，没有一人明确表示单身老人有必要再找个老伴；而在65位城镇空巢老人中，36人认为没有必要，24人表示说不清楚，15人认为有必要。对于由第三方赡养的问题，老年人对此有不同的看法，然而，包括由养老机构或非子女照顾老人，必将成为养老方式的一种重要补充。随着人口老龄化的加剧和生活方式的变化，独居高龄老人的比例和数量必将不断增加。空巢老人的养老方式主要有两种，即居家养老和养老院养老。部分老人觉得独居生活比较自由，所受的拘束比较少。独居除了造成孤独感之外，还有一个十分现实的问题，包括一些日常的家务劳动和身体健康，要是出现一些意外，很可能就得不到及时的医治。因此，第三方赡养是较好的选择，但受传统思想和经济条件的影响，农村空巢老人在养老院养老的远没有城市普及率高。同时，我国还没有足够的养老院来接纳不断增加的老年人。

3. 大方县空巢老人生活状况

在大方县调查的102位（男性41人，女性61人）空巢老人中，民族有汉族、彝族、穿青族、苗族、白族，最大年龄为88岁，98人有自己的住房，4人无房，1人常年借助在亲戚家。具体生活状况如下。

（1）日常生活

接受我们调查的102位老人中，87人家中有电视，这些老人也时常看电视，看电视成了他们主要的消遣方式，没有电视的老人会在亲戚家或者街坊邻居家观看。看报刊的人不多，只有23人，11人每天都看，其余的则偶尔看。在调查的几个社区和村子里，城中社区和大方镇龙云村设有老年人活动室，活动室一个月举行一次活动，活动内容比较丰富，像歌舞比赛、棋类比赛、书法绘画比赛等，都属于比较文艺和慢节奏的活动，适合老年人的身体和心理需求。87位老人中，54位老人身体良好，无老年性疾病；其余的人多少有高血压、冠心病、肺心病、糖尿病、呼吸系统等疾病,需要一直吃药,这甚至占据了老年人一年大部分的开支。老年人的日常饮食起居大部分都很规律,且饮食比较清淡,注重健康。他们生病后大部分都会去医院检查或者自己买药吃,只有两个老人自认为身体不错,一般感冒发热的小毛病都是靠身体抗。他们看病一般都有人陪同。所有人都享有医疗保险,82 人享受新型农村合作医疗,这一部分人中有 37 人是迁往城市生活的农村居民。他们的生活来源大部分来自子女或亲属资助、政府资助,以及自己的劳动所得,且月收入都很低,低于600 元的有 79 人,其中不足 300 元的有 49 人,600 元以上仅有 23 人。这部分人中收入低于 300 的大部分是农村居民,靠低保或者打临工维持生活,没有投资性收益,且收入十分不稳定。有 80 人每月看病吃药要花费 300 元左右,有 1 人因患有严重肺心病和糖尿病,每月看病要花掉 1000 元左右,收入不够只有靠子女资助和向周边邻居借取。对于今后的养老问题,只有 8 人表示不担心。这些老人都是城市居民,每月领有高于 1000 元的退休金,身体比较好,子女均有工作,所以对于经济这一块不是非常担心。其余绝大部分老人均或多或少表示有所担心,其中 68 人表示最担心的是生活失去自理能力。这部分人中有 38 位是属于失去老伴,子女在外务工,一年难回几次家的情况。有 1 位老人表示最担心的是战争爆发,这位老人曾亲历过战争的创伤,害怕再过穷困潦倒、颠沛流离的生活,战争在他心中留下了非常大的阴影,以致在和平年代生活了几十年仍然对此心有余悸。在问及如果失去自理能力后是否会去养老院时,大部分老人选择不去,30 位老人选择现在还不清楚或者没有考虑,而选择不去的老人是想留在亲人身边。有 1 位老人享受新农村住房,认为家中条件好了,在家里颐养天年是最好的,不愿去养老院。而就安葬方式和葬礼形式来说,80 位老人倾向于土葬,10 位老人选择待考虑或者听从子女安排,葬礼大部分选择简单朴素。这也反映了他们还是持有“保留全尸”“入土为安”的传统观念。

(2)家庭情况

102 位老人中,有 3 位老人未婚,也没有领养孩子;44 人已婚,老伴在世;55 人丧偶。42 位与老伴关系不错,13 人一般。在所有老人中,74 人认为如果失去老伴,没有必要再找。原因主要有二:一是观念上,老人们思想比较传统保守,认为一辈子只能结一次婚;有的有找老伴的想法,但碍于周边邻居或者子女的压力,害怕被人说闲话,因此也不愿找。二是很多老人认为自己已经年老体衰,自己都难以照顾好自己,如果再找个老伴,那就是又找个人伺候,与其这样,不如不找。99 位老人中只有 1 人没有孩子,其余都有 2 ~ 7 个孩子,没有独生子女情况,他们大多居住在本省农村和城市地区。有 40 位老人的子女每周会回家看一次,给一点生活费或者买点日常用品。这一部分老人和子女的关系比较好。但有一位老人,其两个孩子均出外打工,对老人不管不问,平常不会回来看一次老人,也没有电话,基本是两三年回来一次,和老人的关系非常疏远。有 60 位老人与子女约 3 天至一周左右会交谈一次,有 20 位老人的子女是一两个月交谈一次,只有 8 位老人的子女是每天都会跟老人交谈。与老人面对面交谈的有58 位,打电话交谈的有34 位,交谈的内容大部分是关于老人的身体状况和子女的家庭工作情况。在所有老人中,46 人选择遇到困难时会告知子女,36 人选择不把困难告诉他们而是自己面对。至于原因,一是孩子远离自己,远水解不了近火,说了只会让子女干着急,解决不了实际的困难;二是在面临困难,尤其是经济困难的时候,老人认为子女在外打工生活也很不容易,不想花他们的钱,熬一熬困难就过去了。

(3)人际交往

空巢老人在生活上、精神上对于与人分担和分享的诉求应该是非常强烈的,而他们的子女又不在身边,周边邻居是他们日常接触最多的人,因此调查他们与周边邻居的关系,对于了解他们的心理状态和精神状况非常重要。在所有老人中,有52人三四天去邻居家串一次门,22人每天都去,但有5人从不串门。此外,还有几位老人日常生活比较谨慎和敏感,他们认为去别人家里容易招惹是非,因此都是闭门不出。大部分老人都比较清楚邻居家的情况。在他们或对方遇到困难时,76位老人或其邻居表示过关心,几乎所有的老人会与对方互相帮忙。最近半年来,92位老人与邻居相处平和,没有发生矛盾,有4人与邻居发生过口角,都是鸡毛蒜皮的小事情,没有打斗反目的情况。他们当中,大都有3~5个朋友,而这些朋友主要就是街坊或者有相同爱好的人,方便一起组织活动、闲话家常。他们通常每3~6天就要聚在一起,谈得最多的是日常生活琐事。有82位老人认为,朋友在一起聊天是最开心的,因为他们了解自己的心理,也愿意倾听自己的想法,对自己开朗心情、抒发苦闷有很好的作用。绝大部分老人都与周围邻居相处融洽,或者有固定的朋友圈可以一起娱乐,很少有感觉周围人不理解或者孤独寂寞。在问及他们对生活是否满意或是否感到幸福时,96人都表示幸福,只有2人表示不幸福。这两位老人的子女常年在外,几年才回一次家,几乎没有电话联系,且老伴过世早,一人生活孤独寂寞,性格比较孤僻。

(4)权益保障

对于老年人的各种权益,比如自由处理个人合法财产、享受子女赡养等权利,62人表示知道一二点,20人对此完全不知晓,只有1人对此有全面的了解。对于我国颁布实施的《老年人权益保障法》和《贵州老年人保护条例》,也只有2~3人了解,其余都表示不太知道,甚至没有听说过。在问及认为现阶段我国的老年工作如何时,有40人认为如今生活很好,社会对老年人价值的认同,以及照顾等工作做得很好。对于老年人权益保障的政策、法规等宣传,86位老人表示满意或基本满意。

对老年工作不满意的大致包括以下一些:①对残疾老年人关爱不够;②医疗费用昂贵,医疗补助却较低;③对老年人权益保障的政策、法规的宣传力度不够;④低保补助和老龄补贴较低,生活物资昂贵;⑤社区医院对老年人态度不好;⑥政府对于不孝子女没有法律强制等有效的措施,子女不赡养老人的情况时有发生。

4. 赤水市空巢老人生活状况

在调查的赤水市115个空巢老人(男性42人,女性73人)中,40人有配偶,75人属于单身老人(包含未婚、离异、丧偶);年龄分布在60~89岁之间,平均年龄为72.16岁;受教育程度普遍偏低,高中或中专仅占4%,初中学历的也仅有14.78%,其他均为小学或文盲;城镇57人,占49.57%,农村占50.43%。其生活状况如下。

(1)居住与收入状况

受调查的空巢老人中,对所居房屋拥有所有权的占56.5%,其他都没有属于自己的住房,其中城里部分老人居住在以前单位房子里或者租住在公屋里,农村老人居住在子女家里。农村老人之所以丧失房屋拥有权,与中国传统的财产继承制有关——儿子们长大成人后会平分父母的财产,使得父母一无所有,只能靠儿子们的孝心度过晚年。收入来源方面,依赖当地政府或社团救助的有 63 人,依赖子女或其他亲属资助的有 28 人,仅有 23 人有退休金或养老金,17 人则凭借自己简单劳动所得,配偶资助有 2 人,只有 1 人依赖房屋出租、银行存款或投资红利等收入,选择其他的有 11 人。不但如此,城镇与农村之间存在较大的差异:城市空巢老人会有退休金或养老金,并且受到政府资助的可能性更多;而农村空巢老人则大多只能依靠子女或其他亲属,要么靠自己的农业劳动所得维持基本生活,政府在农村老人养老问题上基本是缺位的。在每个月能花多少钱这个问题上,300 元以下的占 37.39%,300~599 元有 34.78%,600~899 元占 15.65%,900~1199 元占 3.48%,1200 元及以上的有 8.70%(见图 7)。由于空巢老人的收入非常有限,所以每月的日常花费大部分仅仅维持在温饱水平上,特别是每月开支在 600 元以下的多达 70% 的家庭,花费不仅包括食物开支,更包括了医疗开支。可想而知,空巢老人医疗费用大多由家庭支付,公费医疗和城镇医保支付比例很低,合作医疗比例就更低了。据调查,造成这种情况的原因有以下几个方面:①报销门槛高;②报销流程手续多,不便民;③各级医院有相互不承认病例的情况出现,重复检查更是加重了老人经济的负担;④报销时,只有少部分大医院开的证明才能给予报销,但市区大医院对于偏远农村老人来说路途与行程费用是笔很大的开支,所以生病后大多选择就近的乡村医院就医。

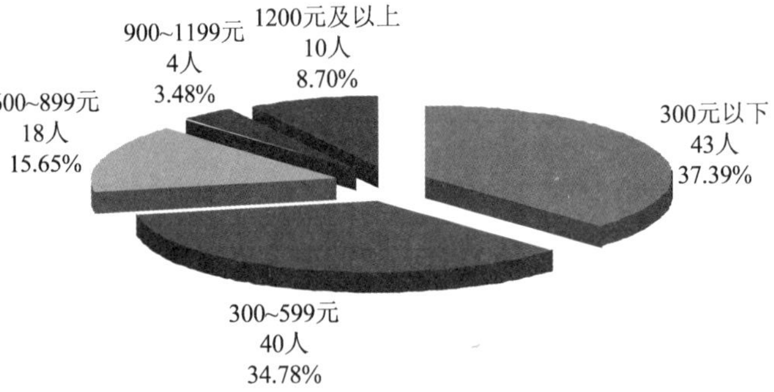

图 7　赤水市空巢老人每月开支情况

(2)健康和医疗状况

被访者身体状况良好、无老年性疾病的有 38 人,占 33.0%;身体状况不好,经常要吃医生开的治疗药的有 52 人,占 45.2%;时好时坏的有 18 人,占 15.7%;说不清楚的有 7 人,占 6.1%。以被访者目前的身体状况,能做简单的生产性劳动的有 32 人,占27.8%;只能做简单的家务活的有 58 人,占 50.4%;只能照顾自己的简单起居的有 25 人,占 21.7%。俗话说"岁月不饶人",被调查的空巢老人平均年龄超过 70 岁,身体状况大不如前,老年病日渐增多,问诊吃药成了大部分空巢老人日常生活的一部分。对于"如果生病会选择哪种途径进行治疗"这个问题,74 人选择自己买药或采药吃,占 64.35%;12 人会去村诊所看,占 10.4%;8 人去社区医院看,占 7.0%;19 人去县或市级及以上医院看,占 16.5%;用身体硬抗的有 2 人选择,占 1.7%。对就医的态度和方式选择反映了空巢老人严酷的就医现实，本来就生活在温饱线上，在面对医疗保障缺失或低下和医疗费用高昂的压力下，“看病贵、看病难”对他们而言更多了一份无奈。

中国政府自2006年以来推进了空前规模的医疗体制改革，并于2009年4月颁布了《关于深化医药卫生体制改革的意见》。医改方案特别强调了在2009—2011年间要着力抓好5项重点改革，首项就是加快推进基本医疗保障制度的建设。本次调查中，享受公费医疗的仅9人，22人有劳保医疗，新型农村合作医疗有53人，不享受医疗保障有6人。虽然大部分老人都加入了医疗保险，但目前医疗保障水平仍然很低，难以保障空巢老人的基本医疗需求，只能起到“聊胜于无”的安慰作用。针对老龄化的到来，如何根据老龄人群的服务需求特点和变化规律，制定相适的医保制度是至关重要的。空巢老人每月看病吃药开支情况为：300元以下的占85.2%，300～599元之间的占7.8%，600～899元之间的占6.1%，1200元及以上的仅为0.9%。在实际走访中，许多老人觉得看病难、看病贵，宁肯硬抗也不愿去医院（见图8）。在新医改方案指导下，中国医保制度的建设进展是迅速的，目前已形成了城镇职工基本医疗保险、城镇居民基本医疗保险、新型农村合作医疗三大基本医疗保险网络，覆盖人口达11.3亿。当然，广覆盖只是医保制度建设的第一步，不同保障制度间的管理衔接、保障水平的平衡，以及特殊人群的制度安排等，都是进一步深化医疗改革的重要内容。

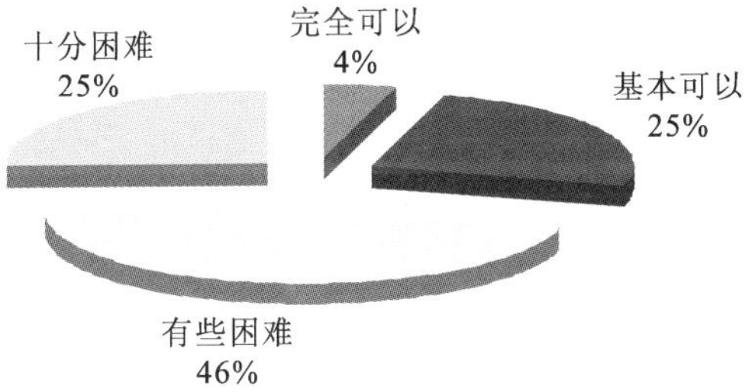

图8　赤水市空巢老人医疗费用承担力情况

（3）养老状况

中国是一个深受儒家思想影响的国家，孝的观念特别浓厚，“养儿防老”的思想根深蒂固。所以，当问及如果生活失去自理能力时，选择去养老院的仅有33人，不会选择去养老院的多达54人，而选择说不清的有28人。对于不去养老院的原因，有96人进行了回答：自己想去但子女反对的有12人，自己想去但没有经济能力的有16人，自己不想去、想留在亲人身边的有34人，担心养老院照顾不到位的有5人，担心自己在养老院住不惯的有18人，选择其他选项的有11人。但大部分老人都希望能在晚年享受天伦之乐，可子女数量的减少及其大规模外出务工、人口流动性增强等，都打碎了空巢老人的美好愿望，未来会有更多的老人不得不在养老院里度过晚年。

对于失去老伴的老年人有没有必要再找个老伴这个问题，给出作答的有110人，其中有97人回答没必要，回答有必要的仅13人。一些老人出于精神与生活上的需要是有再找个伴侣愿望的，但实际情况是担心儿女反对。因此，失去老伴的老年人再婚问题需要整个社会的关心和理解。在受访者如何看待今后自己的养老问题方面，13人选择“非常担心”,40 人选择“担心”,16 人选择“一般”,40 人选择“不担心”,6 人选择“非常不担心”。总体看,有超过一半的老人担心自己的养老问题,这是一个严峻的现实。老人的今天就是我们的明天,如何给这些空巢老人一个可期的、有保障的晚年是政府部门必须考虑的问题。

留守老人日常心理慰藉方面如何呢?在老人与子女的互动频率这个问题上,有 106 位老人(样本有小部分未婚或无子女情况)提供了答案:18 人回答“子女每周一两次回家看老人”,16 人回答“每月一两次”,18 人回答“两三个月一次”,有 8 人回答“半年一次”,41 人回答“一年或更长时间一次”,5 人回答“家里有事就会回来看望”。关于“多久与子女交谈一次”这个问题,仅有 9 人“与子女每天都交谈”,20 人选择“三四天一次”,15 人选择“一周一次”,30 人选择“一两个月一次”,20 人选择“半年一次”,选择“不定期”的有 12 人。杜鹏等的研究也发现,子女外出务工之后与留守老人的联系减少,电话成为外出子女和留守老人联系的主要方式,并为留守老人所接受[1]。本次调查中,与子女交谈方式选择打电话的有 72 人占 67.9%,也证实了这一研究。在日常生活中,当老人遇到困难或心情不好时,有 64% 的老人希望让子女知道自己的状况,24% 的不希望子女知道免得给子女增添负担。中华民族是极其重视家庭观念的民族,当问及与子女关系怎样时,39 人表示“非常好”,33 人觉得“比较好”,30 人则表示“一般”,3 人认为“不太好”,1 人认为“很不好”。晚年老人不仅需要物质上的保障,更需要精神上的慰藉,尤其是需要来自子女的精神照料。但现实是空巢老人普遍忍受着孤独,每年子女回家探望的次数非常有限,与子女的交谈也不是很经常。因此,空巢老人与其他老人相比,更多地承受了精神上的压力。如何丰富空巢老人的精神生活,让空巢老人“老有所乐”,值得我们深思。

(4)休闲娱乐状况

空巢老人平时又有哪些娱乐活动呢?受访者家中有电视的 95 人,没有电视的 20 人。看电视本是现代人娱乐的重要内容,但有 17.4% 的空巢老人家庭由于经济原因无力购买电视,致使这部分老人业余生活更加贫乏。因此,政府部门在建设文化娱乐中心的时候有必要提供多媒体、电视等娱乐服务载体,解决这部分老人的娱乐需求。“在日常生活中是否看报纸杂志”这个问题中,仅有 32 人选择看,83 人选择不看。当问及所在村委会(或社区)有无老年人活动室时,112 人进行了回答:74 人回答有,25 人回答没有,回答不清楚的有 13 人。这说明,虽然知道有老年活动室,但由于宣传问题、路途遥远问题、老年人身体状况等原因,导致“只闻其名未见其室”。此外,还有四成多的老人并没有享受到村委会(或社区)给他们提供的娱乐场所。当问及“您平时与亲友在一起喜欢做什么”时,选择聊天的有 72 人,20 人选择打牌,6 人选择看电视,10 人选择健身,选择其他有 4 人。在“您所在村委会(或社区)多久组织一次老年人活动”这个问题上,有 76 人作答:4 人选择一周一次,7 人回答两三周一次,17 人回答一个月一次,8 人选择半年一次,26 人回答一年一次,选其他选项有 14 人,部分回答没参加过不清楚,还有部分回答每逢节日就会组织活动。对于“一般组织什么活动”这个问题,有 70 人作答:4 人回答外出旅游,15 人选

[1] 杜鹏,丁志宏等. 农村子女外出务工对留守老人的影响[J]. 人口研究,2004 (6):44 – 52.

择歌舞比赛,12 人选择棋类比赛,13 人选择日常健身,选项清理周边垃圾、做环保志愿者的有 11 人,15 人选择其他。

(5)人际交往状况

俗话说,"远亲不如近邻",在现代社会邻里关系同样重要。当问及多久到邻居家串门一次的时候,52 人回答每天都去,33 人回答三四天去一次,3 人回答一周一次,12 人回答一两个月一次,15 人回答从不串门。在"生病时邻居表示过关心或问候吗"这个问题上,有 105 人回答表示过,只有 10 人回答没有表示过。当问及"那么邻居家人生病,您表示过关心吗"时,表示过关心的有 106 人,只有 9 人没有表示过。日常生活中受访者遇到困难或麻烦时,经常找邻居帮忙的有 28 人,有时找的有 64 人,20 人很少找,3 人从不找。反之,邻居遇到困难经常找受访者家人帮忙的有 25 人,68 人有时候找,而 18 人很少找,4 人从不找。总的来说,受访老人觉得与邻居关系非常好的有 34 人,认为比较好的有 51 人,28 人认为一般,2 人觉得比较差。当问及"您最要好的朋友有几个"时,最多一位老人回答 20 个,最少的回答 0 个,平均朋友数量为 3.72 个。对于与好朋友的联系频率,有 111 人作答:几乎每天都联系的有 48 人,27 人每隔三四天联系,6 人每隔一周联系,17 人每隔十天半个月联系一次,7 人每隔一两个月联系,6 人每隔三个月或更长时间联系一次。老人们与好友谈论最多的,排在第一位的是生活琐事 63 人选择,有 13 人谈论个人心情,10 人谈论子女的家庭工作,12 人谈论自己的养老问题,8 人谈论时政新闻,无所不谈的有 5 人。好友对自己帮助最大为:心情方面占 42.3%,生活方面占 38.7%。除此之外,13 人觉得好友在经济方面给予了重要帮助,4 人认为在人际关系方面得到了重要帮助,选择都有帮助的为 4 人。对于是否感到幸福这个问题,绝大部分老人都回答感到幸福,回答不幸福的仅有 5 人(见图 9)。可见,子女不在身边的空巢老人,邻居和朋友成了求助和情感寄托的对象,与邻居和朋友交往、聊天成为他们生活的重要一部分。社区和村庄是空巢老人生活的区域单位,未来如何构建更和谐、健康、多彩的社区和村庄里的邻里关系,将会影响到空巢老人拥有一个什么样的晚年。

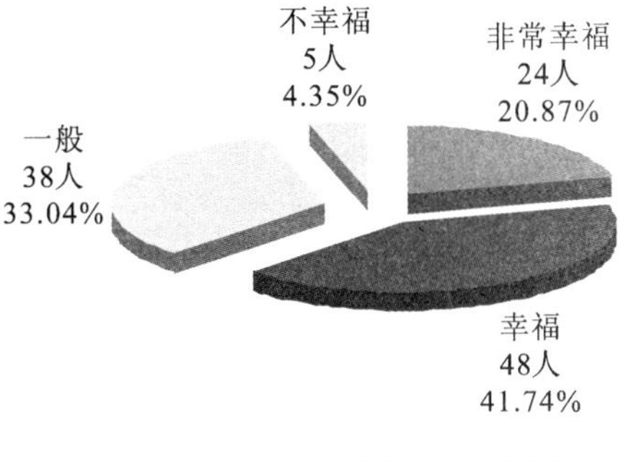

图 9　赤水市空巢老人的幸福感情况

(6)权益保障状况

1996 年我国就颁布实施了《中华人民共和国老年人权益保障法》,但老年人对这部法律的了解状况很不乐观,仅有 12 人表示了解,34 人表示了解一点,42 人则表示听说过但不知道具体内容,26 人表示没有听说过。至于贵州省 1990 年颁布实施的《贵州省老年人保护条例》,了解的也只有11人,了解一点的24人,51人听说过但不知道具体内容,28人表示没听说过。由此可见,无论是《中华人民共和国老年人权益保障法》还是《贵州省老年人保护条例》都存在宣传不到位的问题,政府相关部门需要把相关政策落实好宣传好。老年人依法享有个人自由处理个人合法财产、接受子女赡养、再婚自由、继续接受教育、接受社会关爱、司法援助等各种权益,但老年人对这些权益了解甚少,维权就更少了。所以,当问到“老有所养,老有所医,老有所学,老有所乐”现阶段实施情况时,仅有37人认为基本实现,48人认为实现一些,7人认为没有实现,20人认为说不清楚。

5.贵阳市南明、云岩两城区空巢老人生活状况

云岩区是贵阳市的两大城区之一,是原贵阳老城的主体部分和贵州省人民政府驻地所在地区。辖1个镇和26个社区服务中心,总面积93.57平方千米,其中城区土地面积12.4平方千米。常住人口约95万人,流动人口约30万余人,农业人口3万余人。

南明区是贵州省会贵阳市的中心城区之一,是省委办公所在地和全省、全市的政治、经济、文化、科技及教育中心,总面积209.34平方千米,辖4个乡和15个街道办事处168个社区委员会(包括139个社区及29个村)。2010年,全区城镇居民人均可支配收入达16 597元,农民人均纯收入7525元。困难居民最低生活保障标准已由2010年10月的300元调整为2011年7月的340元,上涨幅度达14%。2011年年初,全区总人口66.79万人中,农业人口为6.05万人,非农业人口为60.74万人,两者之比约为1:10;60岁及以上的老年人口为9.4万人,约占全区总人口的14.07%,其中,农业人口6297人,非农业人口87704人,两者之比约为1:14,其中城镇空巢老人为5280人,占全区60岁以上老年人口的5.5%。

对贵阳市南明区的6个社区(居委会)和云岩区4个社区的300位空巢老人的生活状况调研,采用问卷调查为主、重点访谈为辅的方式进行,最后回收有效问卷209份。现将调研情况报告如下。

(1)基本情况

本次调查男性占44%,女性占56%,共有汉族、布依族、壮族、苗族、水族、回族、仡佬族、土家族8个名族,其中汉族最多,占95.7%。他们大都接受过文化教育,只有35个人不识字,上过初中的最多,占30.7%。所有受调查者均是城市户口。在住房情况上,有16.9%的老人没有自己独立的住房,生活状况堪忧。比如南明市府社区的吴良俊老人,现年75岁,跟他老伴居住在公租房里,每半年缴纳一次房租。还有现年75岁的刘桂芝老人,每月靠着900元的社保过日子,带着孙子住在政府公租房里。

(2)娱乐活动

有97%的老人家里有电视,日常生活中有93.9%的老人看电视,在家里看的占97.4%,在老年活动室看的占2.6%;看报纸的有71.3%,不看的只有28.7%,每天都看报纸的人有76.7%,两三天看一次的为17.2%,四五天看一次的为4.3%;所在社区有老年人活动室的占61.9%。有22.3%的老人每天都去活动室,两三天去一次的为29.1%,四五天去一次的为17.5%,一周去一次占8.7%,一两个月去一次占14.6%;平日和亲朋在一起聊天的占44.8%,打牌占24.5%,看电视为11.9%,健身为16.1%,有2.8%的老人自填的唱歌、跳舞等活动。他们所在的社区,有18.4%的一周举行一次活动,16.1%的

两三周举行一次活动,20.7%的一个月举行一次活动,剩余的则是半年或以上组织一次;社区活动包含外出旅游占15.4%,歌舞比赛占16.2%,棋类比赛占17.1%,书法绘画比赛占9.4%,健身占27.3%,做环保志愿者占14.5%,开座谈会、茶话会占20.5%(如图10所示)。

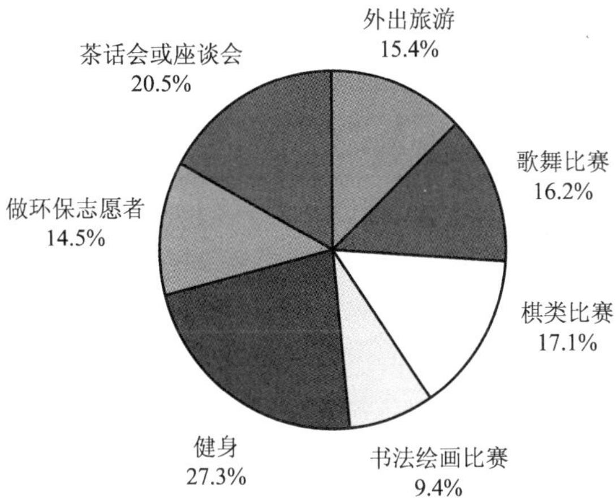

图10　南明、云岩两城区空巢老人社区活动类型

(3)身体状况

身体健康、无老年性疾病的占68.7%,经常要让医生看病拿药吃的占8.2%,时好时坏的占17%;在做家务上,28%的老人能做简单的生产性劳动,56.7%的老人只能做简单家务活,14.6%的老人只能照顾自己的简单起居,0.6%的老人日常生活靠亲友照顾。生病的时候,有41.2%的会选择自己买药吃,20.6%的去社区医院看,37.7%的去县或市级以上医院看;66.5%的老人看病会选择配偶或子女陪同,1.2%的人让邻居陪同,2.5%选择让朋友陪同,29.8%的老人生病时没有人陪同;在是否享受医疗保障方面,不享受仅占3.6%,其余96.4%的老人均有享受医疗保险;在生活来源上,他们的情况如图11所示。

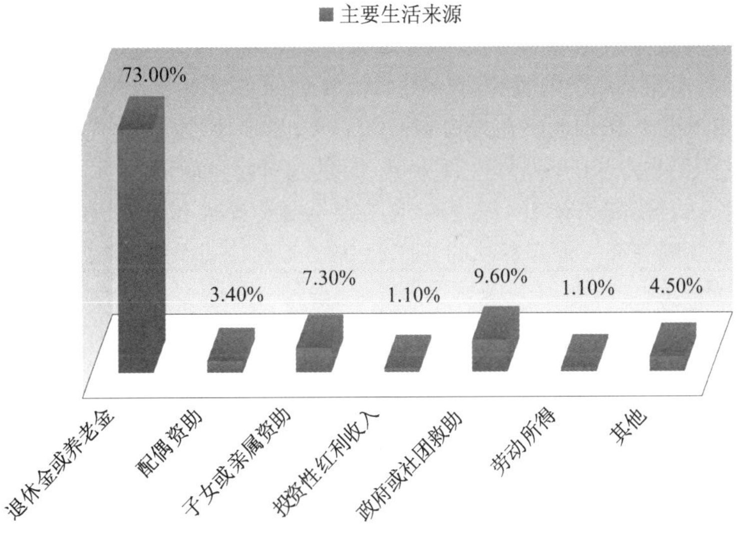

图11　南明、云岩两城区空巢老人生活来源情况

从图11可知,绝大部分空巢老人生活来源为养老金或退休金,这个比例占了73.00%,仅有4.50%的老人是靠配偶的抚恤金维持生活。其收入(包括生产所得折价)百分比如表3所示。

表3　南明、云岩两城区空巢老人收入情况

(元/月)

收入	<300	300~599	600~899	900~1199	>1200
比例	4.9%	17.5%	3.6%	10.8%	63.2%

从表3可见,月收入高于1200元的占63.2%,约占老人数量的2/3,这表明他们的经济来源不错。就收入稳定性而言,68.7%的老人表示收入很稳定,22.1%表示收入比较稳定,8%的人表示一般,1.2%表示较不稳定。在看病吃药上,约13.1%的老人每月花的钱低于300元,46.1%的人得花300~599元,11.8%的人要花600~899元,13.1%的人要花900~1199元,15.8%的人要花1200元以上。对于日常医疗的承担情况,25%表示完全可以承担,46.3%表示基本可以承担,22.5%觉得承担有些困难,6.25%表示承担医药费十分困难。在采访南明区河滨社区的张兰英老人时,她对看病贵、看病难深有体会。她说,她的生活来源是配偶抚恤金,每个月几百元钱,她没有医疗保险,平时看病吃药都是去小药房拿,大医院根本不敢去。另一位老人吴良英说道:“希望在不住院的情况下也能启用医保,比如门诊买药能用医保卡,对他们就是最大的帮助。”王玉琴老人也表示:“医保卡的存在形同虚设,小病不敢去医院,手续繁杂,检查项目多,大病医保卡又不够用。”因此建议医保卡的现金部分多发放些,医院的检查项目能够少一些,解决问题的根本是对医疗体制进行改革。对于是否担心养老问题,9%表示非常担心,23.5%表示担心,21.7%表示一般,36.7%表示不担心,9%表示非常不担心。在问及他们最担心的是什么时,一半的老人表示最担心的是生活失去自理能力无人照料,22.7%的老人担心没钱看病,有15.1%的人表示不担心或者仅仅是担心子孙无工作。在问及生活失去自理能力会不会去养老院时,29.1%选择会,35.8%选择不会,35.2%表示说不清或者到时候再看。当问及不愿去养老院的原因时,11%表示可能子女会反对因而不去,自己想去但没经济能力的占21.5%,自己不想去而想留在身边的占26.2%,担心养老院照顾不到位的占22.7%,担心自己在养老院住不习惯的占11%,有7.6%的老人对此事尚未考虑。在问及百年之后他们会选择何种方式安葬时,81.6%表示响应国家号召选择火葬,这表明他们的思想比较开明,精神境界在不断提高。而在葬礼的选择上,94.5%选择了简单朴素、一切从简。

(4)婚姻状况

未婚的占1.9%,已婚的是61.7%,丧偶的是34.6%,离婚的占1.9%;与老伴关系的为:非常好的占47.7%,比较好的占28%,一般的占21.5%,不太好的占1.9%,很不好的仅占0.9%;67.3%的老人认为,失去老伴不必再找。这表明他们的思想还是比较保守;94.1%的老人均有子女,且两个以上的居多,占83.7%,大多分布在全国各地,有贵阳的,有外省的,有城镇的,有农村的;有58.9%的子女每周回家看老人一两次,23.9%的子女每月看一两次,其他的就是三四个月乃至更久才回家看一次;30.6%的子女每天和老人交谈,21.7%的子女三四天和老人交谈一次,26.8%的老人一周与老人交谈一次;交谈方式比较多,面对面交谈的占55.8%,打电话交谈的占44.2%;交谈得最多的是关心老人身体情况,占40.8%;当遇到困难或者心情不好时,有64.1%的老人希望让子女知道,20.5%的老人不希望子女知道,他们对子女通常也是报喜不报忧,害怕影响孩子们的正常生活;约一半的老人与子女的关系非常好,占50.6%,与子女关系比较好的占33.1%,一般的占15.%,不太好的占0.6%。

(5)人际交往

我们主要就空巢老人与周边邻居的关系进行了调查。结果表明,约15.6%的老人会每天去邻居家串门,19.3%的老人三四天去一次,17.5%的老人一周去串门一次,9.4%的老人一两个月去一次。他们对邻居家情况的了解如表4所示。在问及家人生病邻居是否表示过关心时,80%的人说表示过。同样,85%的老人在邻居生病时也向他们表示过关心;80%的老人在遇到问题时,会找邻居帮忙;31.5%的老人表示与邻居的关系非常好,只有1.2%的老人与邻居关系比较差;他们大部分人都有三五几个有共同语言的好朋友,有1~5个好朋友的为49.3%,有6~10个好朋友的为22.4%,有10个以上好朋友的为24.6%;他们的好朋友中,有16.9%的是同学,有41.1%的是原单位同事,有25.8%的是街坊领居,有13.7%的是有共同爱好的人;他们与好朋友联系的频率是:20.7%几乎每天与朋友联系,32%每隔三四天与朋友联系,18.3%每隔一周与朋友联系,11.2%每隔十天半月与朋友联系;联系时,会互相聊天,谈论的是以下一些内容:①生活琐事,占36%;②个人心情,占24%;③子女的家庭与工作,占14%;④时政新闻,占13%;⑤自己的养老,占10%;⑥其他,占3%。与朋友聊天,对于他们心情的帮助是最大的,这个比例占64.9%;其次是生活方面的互帮互助,占16%;然后是人际关系方面的帮助,占19.1%。当问及他们是否对生活满意感到幸福时,17.1%的人表示非常幸福,56.7%的人表示幸福,25%的人表示一般,只有1.2%的人觉得不幸福。

表4　南明、云岩两城区空巢老人对邻居的了解情况

程度 项目	完全清楚	大部分清楚	小部分清楚	不清楚
共有几个人	25.2%	27.0%	24.5%	23.3%
叫什么名字	25.0%	24.4%	23.8%	26.8%
在哪里工作	21.4%	19.5%	26.4%	32.7%
他的性格特点	12.7%	25.3%	22.8%	39.2%

(6)权益保障

对于老年人的合法权益,18%的老人有全面的了解,27.9%的人有较为全面的了解,45.4%的人知道一二点,8.7%的人不知道;对于我国颁布的《中华人民共和国老年人权益保障法》,有25%的老人了解,40.9%的老人了解一些,34.1%的老人听说过但不知道具体内容;对于针对我省老年人颁布的《贵州省老年人保护条例》,18.3%的老人了解,

37.8%的老人了解一些,36.6%的老人听说过但不知道具体内容,7.3%的老人没有听说过此条例。当被问及“五个老有”在现阶段的实施情况时,42.7%的人认为已经基本实现,49.4%的人认为实现了一些,只有1.2%的人认为没有实现。对于老年人权益保障的法规,35.9%的人表示满意,57.3%的人表示基本满意、但还有可以改进的地方,只有6.8%的人表示不满意。

四、贵州省“空巢老人”生活状况及原因分析

在前文中,我们较为清晰地了解了几个调查点空巢老人生活的基本概貌。为了了解整个贵州省空巢老人的生活状况,我们根据调查资料,进行了如下几个方面的概括。

(一)生活状况

1. 经济供养方面:经济收入低,但城乡差异大,农村空巢老人生活保障存在困难

老有所养是“六个老有”工作目标中的首要任务,是实现老有所医、老有所教、老有所尊、老有所学、老有所乐的基础。近几年,党和政府实施了一系列促进养老保障方面的政策措施,如免征农业税、实施新农保和城乡最低生活保障制度等,老年人的基本最低生活水平有了制度性的保障。从调查情况看,空巢老人的温饱问题都基本得到了解决,除有固定工资收入者外,供养水平低是城乡空巢老人的共同面临的问题。按照全面建设小康社会的标准和老年人共享经济社会发展成果的要求来衡量,空巢老人中有相当一部分仍然是困难群体。在贵阳市南明区和云岩区的调查对象中,近1/4的空巢老人的月收入在900元以下,加上物价上涨因素的影响,生活状况长时期处于低水平状态。而农村空巢老人的养老主要依靠“土地”和“家庭”。从调查来看,土地的保障功能在弱化,大多数农村免征农业税的惠农政策并没有给农民带来多大实惠,在种田效益较低的当前,大量劳动力外出务工,造成部分耕地闲置搁荒,土地的养老保障功能在下降。此外,家庭的赡养功能也在弱化,但家庭赡养仍然是农村空巢老人养老的主要形式。从家庭收入角度分析,家庭赡养的经济来源主要是依靠子女和自己的生产劳动。对相当一部分农村空巢老人而言,子女外出务工经商的收入是不稳定的。虽然大多数老年人能从事一些农业生产劳动或者其他性质的劳动,但收入也偏低且不稳定。在调查的农村空巢老人中,多数人月收入不到500元(如大方48%的空巢老人月收入不足300元),而经济来源又大都依附土地或接受政府或子女资助,收入单一,生活保障随时都面临困难。

2. 医疗卫生方面:“看病太难——‘小病拖,大病熬’仍十分普遍”

医疗保障与空巢老人的日常生活紧密相关。空巢老人特别担心生病,既怕看不起病,又怕生病后行动不便,没人照料。如对罗甸县65位城镇空巢老人的问卷调查发现,在问及“养老问题中您最担心什么”时,44%的老人表示“担心生活失去自理能力”。在广大农村,贵州已全面建立了以大病统筹为主的农村新型合作医疗制度,从调查情况看,农村老年人的新合参保率也已达到了95 %以上,很大程度上缓解了农村空巢老人看病难的问题。但这一制度的实践对农村空巢老人而言也存在较大的不足,主要表现在三个方面:一是只有在大病住院时才能报销部分医疗费用,报销起点的“门槛”较高,而且还有相

当一部分昂贵的住院医疗费用需要农村空巢老人自己承担，而现实情况是绝大部分的农村空巢老人没有能力支付治疗费用；二是数量不少的农村空巢老人患的是常见的老年病和慢性病，如高血压、糖尿病等，需要常年吃药，因此他们的医疗费用支出占日常总支出很高的比例，医疗负担相当沉重。总之，“吃得起饭，吃不起药”的现象在调查地方都有存在；三是在新农合背景下，碍于大医院的高门槛和诊疗费，多数老年人（如大方 80% 的空巢老人）看病大都选择去收费相对低廉的诊所或卫生院，而少有去大医院看病。这就形成了一个恶性循环：小医院费用低，报销比例少；大医院费用高，报销比例高。但从他们的收入来看，又只能去小医院看病，这就形成了一个收入低、药期长、报销比例长期偏低的“看病难”问题。又由于子女在外务工经商不在身边，农村空巢老人一旦得了急病需要送往医院及时救治，往往由于无法及时被发现而失去了宝贵的救治时间，在客观上增加了空巢老人的死亡数量。

3. 生活照料方面：主要依靠自己或邻里、亲朋，相应的社会帮扶体系、机制尚未完全建立和有效运作，空巢老人生活照料问题堪忧

据调查，农村空巢老人群体尤其是高龄农村空巢老人在生活中普遍存在处理突发事件能力弱的问题。该问题的产生，一方面是由于他们年龄偏大而导致的行动能力差，另一方面是由于受教育程度低引起的现代生活常识的匮乏。在访谈中了解到，他们常常为一些生活中突发的事件而感到忧愁，由于不知如何处理，又找不到寻求帮助的对象，从而影响到正常生活。比如卧室的灯泡烧坏了，他们可能要一夜摸黑，影响了正常的作息起居；又比如头晕、感冒和牙疼等身体不舒服症状，在这些症状消失前会持续影响到他们的正常生活，降低他们的生活质量。由于子女不在身边，日常生活中，农村空巢老人的照料主要依靠自身和邻居，但邻居的照料范围有限，照料的程度也不深。

城镇高龄空巢老人的生活照料主要依靠自身和社区开展的居家养老服务。目前，我省社区居家养老服务较少，为空巢老人提供服务的内容也不多，不能满足广大老年人的养老服务需求。因此，当空巢老人遇到生活照料方面的困难时，社区基层服务组织一方面由于无法及时得到信息反馈而使服务缺位，一方面也因专业服务人员数量偏少而导致生活照料不到位。这些情形的发生在一定程度上影响了城镇空巢老人的生活质量。

根据国家的相关政策，农村孤寡老人绝大多数应纳入五保户，乡镇村级行政组织应开办敬老院等福利事业，保障其生活。对此，国家颁布了相关的法律对其实施主体做出了相关的规定，如《农村五保供养工作条例》第 3 条规定：“五保供养是农村的集体福利事业。农村集体经济组织负责提供五保供养所需的经费和实物，乡、民族乡、镇人民政府负责组织五保供养的实施。”《农村敬老院管理暂行办法》第 2、4 条规定：“敬老院是农村集体福利事业单位”，“敬老院所需经费实行乡镇统筹，并通过发展院办经济和社会捐赠逐步改善供养人员的生活条件。村办敬老院所需经费由村公益金解决”。从这些法律规定中可以看出，应为农村孤寡老人提供社会支持的主体是村集体和乡镇级政府，但现实情况是，这一社会支持的主体为农村空巢老人的服务在宣传、设施、服务队伍、物质保证、管理制度等方面尚未完全到位，以致不少乡镇仅有敬老院的建筑而鲜有入住老人的身影。

4. 精神慰藉方面:"子女在外,'精神空巢'最难熬";精神文化生活在农村单调突出,城乡"空巢综合征"现象似又有"燎原"之势

在访谈中了解到,空巢老人的精神生活往往受到子女和社会的忽视。现代生活中,有一定数量的青年人仍存在"老年人吃好穿暖生活就幸福了"的思想观念,从而忽视了空巢老人的精神需求。调查表明,老人想从子女那里得到精神慰藉的心理需求是普遍存在的。比如,当问及"日常生活中,当您遇到困难或心情不好时,希望子女知道您的状况吗"时,超过1/3的农村空巢老人表示"希望",将近2/3的城镇空巢老人也表达了同一心理诉求。在访谈中还发现,大多数不能与子女经常沟通的空巢老人精神状态令人担忧,他们常常表现出忧虑、烦躁等负面情绪,精神生活质量偏低。农村中的空巢老人精神文化生活单调突出,大部分的娱乐活动是在家中看电视节目。如大方县86%的空巢老人空余时间靠看电视打发,有条件购买报纸杂志且每日都阅读的只有4人。只有两个调查点有老年人活动中心,但其为老年人群体活动提供的场所和时间也较为有限,不能充分调动老年人参与活动的热情。

有专家指出,由于空巢老人身边无子女,缺乏精神慰藉,易犯孤独、抑郁、恐惧、情感饥饿等精神疾患为表现特征的"空巢综合征"。调查显示,多数空巢老人生活单调,自我封闭,使得心情无处倾诉,诉求无处表达,有情绪也没有及时沟通和发泄。又由于社会公共文体服务活动设施的不具备、不完善,从刚性上制约了老年人参与社会活动的可能性。正因如此,大部分老年人的晚年生活比较枯燥,活动较少,一些老年人甚至有各种精神方面的困扰,比如轻微抑郁症或者性格孤僻等。如大龙镇的张××(男,76岁,回族),现无子女,与老伴住在一起,没有经济收入,就靠政府每月300元的低保维持生活,没有亲戚朋友,平时生活单调,除了与老伴偶尔上街逛逛之外没有任何娱乐活动,因此对于以后的生活很是担忧,担心若是生病了只有靠政府照顾,精神上没有任何寄托,十分空虚寂寞,情绪时常波动。前家陇村的罗××老人(72岁),未婚无子女,主要靠自己卖小菜和政府的低保维持生活,平时娱乐生活仅仅是看电视,没有什么亲戚朋友,没有交流倾诉的对象,生活十分孤独寂寞,曾一度表示十分想找一个老伴,但由于各方面的原因没有找到。这些状况意味着,老年人的精神慰藉没有得到社会应有的重视。因此,我们在强调保障老年人基本生活的同时,更应注重老年人的"精神赡养",慰藉空巢老人寂寞的心灵。

5. 权益保障方面:法制宣传不够,空巢老人法制观念淡薄,维权意识不强,侵害空巢老人合法权益现象时有发生

调查显示,很多空巢老人不了解老年人应享受的权利和对老年人应尽的义务。如在玉屏,有54.8%的被调查者对于"老年人享有个人自由处理个人合法财产、享有子女赡养、享有再婚自由、享有继续接受教育、享有社会关爱、享有司法援助等权益"仅仅知道一些,而有15.3%的空巢老人表示完全不知道。在个案访谈中,很多老人都表示,所在社区、村委会及老年活动室没有相应的老年权益保护法规条例书籍阅读学习,而且对老年权益保护工作及宣传不够重视,对老年权益保护工作执行力度不够,一些关心老年人权益和切身利益、增加对老年人的优惠政策未落实到实处。由于老年法规宣传的广度、力度还不够,老年人自身依法维权意识和能力较差;同时,受一些社会不良风气的影响,传统的孝道在削弱,养老意识在逐渐淡薄。调查中发现,虐老侵权的现象有来自社会的歧

视、欺辱等违法行为，也有来自子女相互扯皮、拒不赡养老人的失德忘本举动。在被调查的空巢老人中，有赡养权、财产自主支配权、婚姻自主权被侵犯现象。虽然为数不多，但其负面影响很大，需要全社会相互配合、齐心合力，进一步建立健全维护老年人合法权益的法律援助制度，帮助老年人运用法律武器维护自身的合法权益。

（二）原因分析

空巢老人作为人口老龄化过程中比较突出的社会现象，对经济、社会可持续发展具有一定的影响：首先会迅速增加对经济福利、社会服务、社会保障的需求及对社会生活方式的影响；其次会出现劳动生产率降低、劳动力供给过多或不足问题；再次会使社会养老负担不断加重，传统家庭养老功能减弱等。空巢老人作为社会中的特殊群体，之所以会出现上述问题，主要有以下几点原因。

首先是社会层面对贵州日趋紧迫的人口老龄化、“空巢”老人问题认识不足。有些人认为人口老龄化、空巢老人只是局部性和少数人的问题，甚至认为是很多年以后才需考虑的问题。但随着我国人口年龄结构老龄化趋势逐渐加快，空巢老人问题日益突出，随之而来的对我国经济和社会发展产生的影响将越来越明显：一是我们是在经济不发达的条件下进入老龄社会，与发达国家在经济发展到较高水平时出现老龄化相比，我们解决老龄化问题任务更为艰巨；二是老年抚养比将不断上升；三是社会消费结构将发生一定的变化；四是对社会的服务功能提出了新的要求。老年人的服务需求将日益增加，特别是日常生活服务、医疗保健服务、心理服务等要求越来越高，然而目前的社会服务功能远远不能适应形势发展的要求；五是优良传统道德受到冲击，相当一部分年轻人对父母只是索取，不愿付出，在物质生活、精神生活上侵犯老年人合法权益。

其次是在工作层面对空巢老人问题的认识存在着片面性。往往看到其所带来的问题和消极因素，把老龄化当做一个沉重的社会包袱，而没有或很少看到老龄化社会的积极因素。首先，人口老龄化是社会进步、生活水平提高的重要标志。社会人口平均寿命是与经济发展水平成正比的，因此，一个城市进入人口老龄化社会应该是一种可喜的现象，而不应将其视为包袱；其次，人口老龄化也给社会带来了许多积极的影响。如老年消费者创造的巨大而稳定的市场商机，老年人对社会服务的需求，以及老年人就业需求的大幅度减少，都给社会带来新的更多的就业机会；再次，从总体上讲，老年人群体是传播传统美德的重要力量，良好的尊老风尚不仅是社会安定的基础，也是培养文明社会风气的重要内容；再次，老年人群的低犯罪率为社会带来了安全和稳定。正因为没有看到上述积极因素，有关工作与制度现状存在下列问题：①对残疾老年人关爱不够；②医疗费用昂贵，医疗补助却较低；③对老年人权益保障的政策、法规宣传力度不够；④低保补助和老龄补贴较低，生活物资昂贵；⑤社区医院对老年人态度不好；⑥政府对于不孝子女没有法律强制等有效的措施，子女不赡养老人的情况时有发生。

再次是在经济方面，空巢老人由于年龄越来越大，进而开始退休或失去工作能力，创造财富的能力也逐渐下降，很多空巢老人自己甚至完全没有收入，要靠子女和社会等的帮扶。另外，农村空巢老人家庭困难的，子女又在外打工养家，老人在子女的经济资助下可能经济情况有所改善，这类老人就是完全性的“精神性空巢”，进而生活空虚引发各种情绪不稳;但对于子女在外打工而子女的孩子需要老人抚养的,这一类空巢老人月支出就要大得多,除了自己每月的必要支出,还要承担孙子的抚养费用,经济负担较重,不止是“精神性空巢”,而且还有经济上的负担。多数空巢老人所在的农村地区贫困落后,经济欠发达,当地政府和乡镇(社区)等对于空巢老人的生活保障资金投入不够。在一些明文性的政策制度和规章制度之中,虽然有体现对农村60岁以上贫困老人或低保老人“五保”的政策等,但对于处于“精神空巢”及生活水平低下的空巢老人弱势群体,没有明确的政策制度和规章制度等保障措施。

最后是法律法规存在局限,宣传落实措施不力。我国在1996年就颁布了《中华人民共和国老年人权益保障法》,列出了包括老年人享有国家法律保护和社会保障、享有家庭赡养与扶养等共六章关于老年人保护的法律法规。而贵州省早在1990年就颁布了《贵州省老年人保护条例》。2010年,省人大代表提出了修改此条例的议案,建议细化条例内容,增加子女给予老年人精神慰藉的方式方法。但至今为止,未有一部关于高龄老人、空巢老人的地方性法规制定,使空巢老人特惠关怀的法律保障缺失。而对已有相关老年人的保护法规,实际宣传与执行也存在较大问题。在调查中,老年人对此知之甚少。究其原因,一是法律法规宣传力度上的欠缺,相关部门对于此类文字法规可能只是照本宣科地诵读,而没有深入的讲解;二是在贯彻执行的过程中落实不够,导致许多老年人很少或者根本就没有享受到相关法律给他们带来的保障,因而日后遇到问题找不到依据和着力点,无从解决;三是没有一个具体的部门对此指导和监督。由此,使得空巢老人的实际生活问题与法律保护严重脱节。

五、贵州省空巢老人社会支持系统的理论建构与对策措施

(一)贵州省空巢老人社会支持系统的理论建构

由上可见,空巢老人作为老年人中的一个特殊群体,尤其是农村空巢老人的健康保障、人身安全、生活照料、精神慰藉、经济供养等问题尤为突出,其身心健康,以及因空巢而带来的社会问题涉及须个体以至社会生活的各个方面,所以,必须从政府部门、个人、家庭和社会等各个环节来综合考虑应对策略,以完善并构建起与其自身相符合的强大的社会支持体系,为空巢老人的晚年营造一个和谐的生活环境。

各种迹象表明,空巢家庭将是21世纪我国老人家庭的主要模式,空巢老人们的生活和精神状态亟待社会关注。而农村空巢老人问题已成为新时期农村老龄工作面临的新课题和农村社会关注的新焦点。如何化解他们的养老困境,已成为一个带有普遍性的亟须解决的社会问题。

这里,我们有必要就社会支持系统的概念及相关研究成果予以阐述。从社会学视角来看,社会支持系统是指现存的社会网络运用一定的物质和精神手段对社会弱者进行选择性帮助的一种社会行为。良好而又协调互动的社会支持系统有助于帮助解决人们日常生活中的问题和危机,有益于身心健康和个人幸福,有利于社会管理的制度化、上水平,进而促进社会的公平与和谐。对于社会支持系统的研究,国外始于20世纪70年代,格兰洛维特于1973年在《美国社会学刊》上发表的《弱关系的力量》,从人们互动的频率、

情感强度、亲密程度和互惠交换四个维度阐发了其关系强弱理论,并在《谋职》一书中认为弱关系在传递信息上的优势是可以跨越群体界限的桥梁❶。之后,美国社会学家林南在格兰洛维特关系强弱理论基础上,建构了社会资源理论。他认为,人类社会是一个分层体系,人的地位高低表明了其拥有社会资源(如金钱、权力、声望等)的多少。同一阶层的人们拥有的社会资源相近,相互关系往往是强关系;而不同阶层的人们拥有的社会资源差别越大,相互的关系往往是弱关系,人们可以通过弱关系来吸取、共享网络中其他成员拥有的资源,亦即社会资源❷。相继,科尔曼相对物质、人力资本概念,提出了社会资本理论,认为一个自然人一出生就拥有存在于人际关系和社会结构中的资本财产,包括义务与期望、信息网络、规范与有效惩罚、权威关系、多功能社会组织和有意创建的社会组织等❸。

在上述关系强弱、社会资源、社会资本等理论基础上,西方学者对社会支持系统进行了分析总结。韦尔曼运用因子分析等方法,认为社会支持系统由感情支持、小宗服务、大宗服务、经济支持、陪伴支持等五个方面组成;库恩等人将之概括为归属性支持、满足自尊的支持、物质性支持和赞成性支持四种;考伯则认为其统合了情感性支持、网络支持、满足自尊的支持、物质性支持、工具性支持和抚育性支持六个方面;范德普尔在研究中,强调了情感支持、实际支持和社会交往在支持系统中的不可或缺地位❹。我国学者丘海雄认为,社会支持系统由正式社会支持和非正式支持组成。其中,前者指由正式的途径获得的支持,包括来自政府、企业、社区组织和市场的支持,后者指源于血缘、亲缘、业缘、地缘和私人关系的支持❺;章志霞在《城市空巢老人社会支持及应对措施》(2009 年)中,把社会支持分为配偶支持和亲朋支持、经济支持、子女支持和情感支持、生活照料、精神慰藉,并认为影响空巢老人社会支持系统的主要因素为配偶及子女、性别、受教育程度、年龄。章志霞还认为,空巢老年社会支持网络系统应由以下环节组合起来,即以国家和政府的法律、法规、政策为保障,老人自助互助为原则,以社区照顾服务为依托和家庭力量为基础等;行红芳从社会需求与满足的角度,认为应从国家与政府、社区、组织与家庭四个层面来构建老年人的社会支持系统❻。

如上所述,并非要在此对相关研究成果予以评价,而是以此略呈社会支持系统理论研究的成就与贡献。也正是基于上述研究文献的梳理和对空巢老人现实问题的思考,我们认为,新的时期,农村空巢老人社会支持系统应由社会舆论支持、社会政策与实施支持、社会工作支持、社会关系支持、社会文化支持五个方面,通过上述方面的行动与协调互动,使农村空巢老人在经济供养、健康保障、人身安全、生活照料、精神慰藉等方面的需求得到满足。这一支持系统的具体内涵如下:

第一,社会舆论支持。孟小平在《揭示公共关系的奥秘——舆论学》中指出:“舆论是

---

❶ 蔡禾. 城市社会学:理论与视野[M]. 广州:中山大学出版社,2001.

❷ 肖鸿. 试析当代社会网研究的若干进展[J]. 社会学研究,1999(3).

❸ 文军. 西方社会学理论:经典传统与当代转向[M]. 上海:上海人民出版社,2006.

❹ 贺寒平. 国外社会支持网研究综述[J]. 国外社会科学,2001.

❺ 丘海雄,陈建民,任焰. 社会支持结构的转变:从一元到多元[J]. 社会学研究,1984(4).

❻ 行红芳. 老年人的社会支持系统需求满足[J]. 中州学刊,2006(3).

公众对其关切的人物、事件、现象、问题和观念的信念、态度和意见的总和,具有一定的一致性、强烈程度和持续性,并对有关事态发展产生影响。"

第二,社会政策与实施支持。社会政策,是通过国家立法和政府行政干预,解决社会问题,促进社会安全,改善社会环境,增进社会福利的一系列政策、行动准则和规定的总称。从广义的角度讲,社会政策也是一种社会的行为,是一种可以满足社会成员多层次需求的政策。政府的作用主要体现在制定和宣传与其相应的政策和法律法规,建立并推行与之相关的制度,实施协调和督查并进行资金上的投入。具体在我国,对于农村空巢老人来讲,政府的决策与实施行为表现在农村社会养老保险、农村大病医疗救助、新农合、农村最低生活保障、五保供养等制度的建立、推行与逐渐完善和行动对于社会民生的重大影响上。从这个意义上讲,政府应当是空巢老人社会支持系统的最权威的方面。只有有效地贯彻施行符合民情的相应的政策和法律法规,才能切实保障空巢老人在经济收入来源、生活照料、婚姻家庭关系、医疗保障等方面的合法利益,真正保证其生活水平的提高。

第三,社会工作支持。社会工作是一种帮助人和解决社会问题的工作。它帮助社会上的贫困者、老弱者、身心残障者和其他不幸者;预防和解决部分经济困难或生活方式不良而造成的社会问题;开展社区服务,完善社会功能,提高社会福利水平和社会生活素质,实现个人和社会的和谐一致,促进社会的稳定与发展。社会工作具有助人、救难、解困和发展四大功能,而且由于社会工作具有服务性、稳定性、发展性、调节性等特性,其在行动中对遭受各种困难和不幸的人进行帮助、解决和预防社会问题,促进社会生活秩序的改善,解决社会生活中出现的一些不平衡、不协调的现象,以及调节社会运行过程中生产关系和上层建筑出现的一些矛盾问题等方面的作用发挥,可弥补行政管理、家庭功能的缺陷、缺失或不足。运用社会工作个案工作、小组工作和社区工作等方法,无疑可以为空巢老人提供更加科学和人性化的服务。

第四,社会关系支持。社会关系是社会中人与人之间关系的总称,主要包括个人之间的关系、个人与群体之间的关系、个人与国家之间的关系,一般还包括群体与群体之间的关系、群体与国家之间的关系。鉴于农村空巢老人特殊群体的实际,在此主要针对的是个人之间的关系、个人与群体之间的关系,包括血缘、亲缘、地缘、业缘、学缘等具体关系。众所周知,由于社会资源占有关系的不同和社会不公的客观存在,空巢老人的社会关系往往比较简单,而且社会地位低微,家庭地位也每况愈下,因此,社会关系支持的重要性就显得十分明显,尤其表现为在经济支持、生活照料、人格尊重、情感慰藉、社会交往等方面。

第五,社会文化支持。弱势群体社会支持系统的构建不仅取决于社会经济发展状况,也受社会文化的深刻影响。我国古代,济贫、养老、扶幼、助残等文化和行为传统源远流长,"老吾老,以及人之老,幼吾幼,以及人之幼",就是我国古代社会文化的重要取向,"尊老、敬老、孝老"始终是我国社会文化的重要内容而代代相传和实践。空巢老人问题存在的原因,除了经济、身体因素外,来源于与市场经济相对对立的社会文化的缺失产生了重要影响。

（二）相关对策思考

“空巢老人”空巢老人数量的增多不是一个孤立的社会现象，而是人口转变、经济发展、代际关系变化、社会文化变迁等多种因素共同作用的结果，是社会经济发展到一定阶段的必然产物，给国家经济、社会发展带来了一系列问题，迫切需要建立和完善多层次、立体化的社会支持系统，从而保证空巢老人能幸福地安度晚年，构建起一个“不分年龄，人人共享”的和谐社会。

1. 加大宣传力度，提高全社会对空巢老人问题重要性的认识，为解决空巢老人问题提供舆论支持

要充分利用电视、报纸、网络等各种媒体进行广泛宣传，使党和政府有关老龄工作的方针政策深入人心，使群众了解当前空巢老人面临的现实问题，唤起社会各界高度重视空巢老人问题。在实地调研中，基层老龄工作者和空巢老人都普遍反映政府和媒体对空巢老人问题的宣传较少。即使有宣传，也大都停留在空巢老人的经济供养方面，而对长期困扰空巢老人的生活照料和精神慰藉等问题宣传严重不走。此外，对关爱和帮助空巢老人的先进人物和先进事迹的报道也鲜见报纸、电视等媒体。做好宣传工作是有效解决空巢老人问题的必要条件。建议各级老龄办采取把节假日集中宣传与日常宣传有机结合起来，坚持正面宣传为主，提高宣传效果，同时和新闻媒体紧密合作，为其提供宣传素材，增强宣传力度。宣传应主要面向两个对象，即各级党政领导和全体公民。向前者宣传是为了让他们更全面地了解本地区空巢老人的生活现状及其面临的具体困难，提高他们对空巢老人问题的重视程度，引导他们把解决空巢老人问题纳入政府议事日程，及早采取有效措施；向后者宣传是为了培养公民敬老爱老的思想意识，提高全体公民依法履行赡养义务的自觉性。

2. 加快城乡社会救助体系建设，完善基本生活保障制度

一是政府要积极发挥主导作用，进一步完善社会养老保险制度并完善社会帮困救助机制，提高社会对空巢老人的养老保障能力；二是建立健全老年群体的多层次养老保障体系。政府应把社区居家养老服务纳入养老保障体系和当地经济社会发展规划框架之中，并提供政策性财政补贴；三是加大对高龄、病残和无人照顾的困难空巢老人的救助力度，帮助他们解决基本生活保障问题，让他们同样享受到社会改革发展的成果；四是进一步建立农村社会养老保障体系。为数众多的老年人口和空巢老人分布在农村地区，农村老人养老问题更是异常艰难。因此，要进一步加大对农村养老保障资金的投入力度，构筑完善而公平的养老体系，从制度上解决农村高龄老人和病残空巢老人养老难的问题；五是进一步增加财政投入，加强农村养老院、敬老院和居家养老服务建设，让高龄老人、困难空巢老人集中入院养老，以保证老人达到温饱并解决衣食住医等问题。

3. 完善医疗保障体系，扩大社会医疗保障覆盖面

要按照政府财政补助为主、个人缴费为辅的原则，逐步建立医疗保险基金制度。农村要加快合作医疗保障步伐，保证参加新型农村合作医疗的农民享受相应的政策，全面实施大病救助制度，让老百姓就医享受到真正的实惠和方便。对于高龄空巢老人、特困

空巢老人,县及县以上医疗机构要尽可能实行“三免四减半”(即免除门诊普通挂号费、门诊注射手续费、门诊换药费,对床位费、X光拍片费、三大常规化验费、三级护理费实行减半收取)政策。也可以借鉴外地经验,降低医疗救助门槛,大幅下调重病大病的起付线,增加受助比例和受助金额,着力缓解特困空巢老人的“看病难、看病贵”问题。

4. 加快构建以社区为依托的居家养老服务体系,建立完善养老服务社会化支持系统

首先,要着力打造城市和农村社区两个平台。在城市,要加强和改进社区社会管理,增强和完善社区为老服务功能,积极发挥社区对居家养老的依托功能;在农村,要结合社会主义新农村建设,大力开展社区建设,重新构筑农村社区为老服务体系。其次,要完善社会协调配合机制。财政、工商、税务、物价、国土、建设和民政等部门要制定优惠扶持政策,鼓励社会团体、民办非企业单位、民营企业和国内外人士投资帮扶空巢老人,发展老龄产业,逐步形成完善的社会支持服务体系。再次,要进一步加强社区建设和服务功能,建立为老服务长效机制,实施社区为老服务项目开发、指导、管理、监督职能。在经济条件允许的地区,应多渠道构建养老服务体系,并大力创造条件在社区安装老人应急救助系统,加强社区服务网络建设,尽快形成适应城乡不同特点、设施配套、功能完善、管理规范的社区养老服务体系。

5. 加强老年文化体系建设,丰富老年人的精神文化生活

据调查,目前城乡基层老年活动场所和设施严重不足,这就需要加大公共文体设施的建设力度,以社区为基础,成立老年人健身辅导站和老年人活动中心。基层居委会和村委会可成立形式多样的老年群众组织,由老年人自己组织、自己管理,开展各种各样的文体娱乐活动,吸引老年人参加。并尽可能地多组织老年人外出活动,让他们增加兴趣爱好,走出封闭的生活状态,保持乐观的精神,营造自己的生活乐趣。老年人是社会弱势群体,他们想参与劳动却不能,想增加收入却无力,但他们曾经为社会建设添砖加瓦,在他们劳动力降低或者丧失劳动力之后,如何构筑起保护他们的坚固防护网,使他们能够安度晚年,这需要国家和社会各界的努力和合作,需要我们在基础建设、思想观念、文化教育上整合资源,这样才能有力地推动老龄事业的全面发展,构建一个和谐、健康的老龄化社会。

6. 加快法规建设,为解决空巢老人问题提供法律保障

贵州省已建立包括《贵州省老年人保护条例》等在内的老年人权益保障的法规政策,这些法规政策对解决空巢老人问题起到了重要作用。2013年7月1日起,新修订的《中华人民共和国老年人权益保护法》正式施行,首次将“常回家看看”等精神赡养写入了条文。此外,新修订的《中华人民共和国老年人权益保护法》在维护空巢老人的社会保障权、受赡养权、财产权、婚姻自由权和劳动权等五项基本权利方面也有积极的建树,保证了他们能及时分享社会经济发展成果。但另一方面,还需要积极探索建立惠及空巢老人的新机制。我们在调研中了解到,基层老龄工作者在解决空巢老人问题时有新的工作思路,值得借鉴:一是家庭协议赡养制度。该制度主要是通过子女和老人签订《家庭赡养协议书》的方式,提高子女对空巢老人履行赡养义务的意识。二是居家养老政府补贴制度。该制度主要是将政府对入住养老机构老年人的生活补贴延伸到居家养老的老年人中,通

过政府购买服务的形式为空巢老人提供实质上的帮助。三是完善新型农村合作医疗制度。该制度的主要内容是减免生活困难的空巢老人个人承担的看病医疗费用,降低报销起付标准,提高报销比例,为空巢老人看病治疗提供便利。

7.促进空巢老人及其子女的积极互动,实现精神慰藉最大化

首先,老人要从思想上摆脱中国传统文化影响,主动利用社会支持,转变观念,走出家门,充分利用社会支持系统,调整心态,学会主动寻乐,多与子女、配偶、朋友互动,沟通交流,排除心中的抑郁情绪;同时,老人要根据自己的兴趣爱好加入老年团体和组织,培养兴趣爱好,建立新的人际关系,调整生活方式,参与各种社会活动和公益性劳动以发挥余热,丰富自己的生活,增强内心的价值感和存在感,并在其中逐步减少对子女心理上的依恋,提高自立程度。其次,子女应加强对老人的“精神赡养”,常回家看看。儿女应该在情感上和理智上有体贴父母的习惯,即使“离巢”,也要增加与父母的联系和往来的次数,以避免父母家庭“空巢综合征”的发生。此外,还应在志愿者服务队伍建立、社会工作者队伍和专业服务人才培养、集中住宅区的社会服务建立与完善、民间组织或慈善组织作用发挥等方面做积极的工作,以共同作用于空巢老人事业,促进社会和谐与进步。

【参考文献】

[1]赵芳,许芸.城市空巢老人生活状况和社会支持体系分析[J].南京师大学报(社会科学版),2003(3).
[2]刘颂.积极老龄化框架下老年社会参与的难点及对策[J].南京人口管理干部学院,2006(4).
[3]杨淑芹.论老年人的价值、需求及老年人的社会参与[D].大连:辽宁师范大学,2003.
[4]黄润龙.我国空巢老人家庭状态[J].人口与经济,2005 (2).
[5]龚文君.农村空巢家庭的养老保障问题研究[J].西北人口,2007(1).
[6]张大勇,梁盛胜.家庭养老在当前农村养老保障中的地位与作[J].湘潮,2007(10):37.
[7]罗芳,彭代彦.子女外出务工对农村“空巢”家庭养老影响的实证分析[J].中国农村经济,2007(6).
[8]陈玉光.农村“空巢家庭”老人面临的困境及其改善[J].新视野,2009(1).
[9]姚引妹.经济较发达地区农村空巢老人的养老问题——以浙江农村为例[J].人口研究,2006(6).

● 构建贵州现代产业发展新体系研究*

申　鹏
（贵州大学人口社会法制研究中心，贵州贵阳，550025）

【摘　要】贵州作为全国的后发地区，建设现代产业发展新体系的紧迫性更加突出。贵州经济总量水平处于全国经济发展的下游水平，人均经济收入处于全国挂末水平，其现代产业体系属于低水平的"三、二、一"产业体系，产业结构和就业结构的反差严重不协调。为此，围绕贵州现代产业新体系建设的战略任务、发展定位和战略目标，分别从区域产业发展规划、发展贵州现代农业、新型工业化、新型城镇化、发展现代服务业、优化产业投资环境等方面提出相应的政策建议。

【关键词】现代产业；新体系；贵州

一、引言

世界各国的经济发展过程均相当重视产业结构调整与升级，发达国家如此，发展中国家亦然如此，中国更是如此。2008年世界金融危机之后，经济发展方式转变问题更加突出，特别是在当代中国，已经引起党和政府的高度重视。党的"十七大"报告把建设现代产业体系作为我国经济建设的主要任务；党的十七届五中全会明确指出，加快转变经济发展方式必须坚持把经济结构战略性调整作为主攻方向，调整经济结构对于加快转变经济发展方式、促进经济长期平稳较快发展具有决定性意义。经济结构包括产业结构、所有制结构、分配结构和区域结构，其中产业结构调整是经济结构战略性调整中的关键问题之一，其调整难度非常大。

党的"十八大"报告提出，推进经济结构战略性调整必须以改善需求结构、优化产业结构、促进区域协调发展、推进城镇化为重点，着力解决制约经济持续健康发展的重大结构性问题，进而明确提出要"着力构建现代产业发展新体系"，并将其纳入"四个着力"❶的范畴，这是在当前推动产业梯度转移和产业转型升级背景下提出的产业发展新目标，

---

* 本研究报告系贵州大学"十八大"专项课题，是驻贵州大学人口·社会·法制研究中心期间完成的研究成果。

作者简介：申鹏，贵州大学人口·社会·法制研究中心兼职研究员，复旦大学在站博士后，研究方向：农业经济管理。

❶ "四个着力"，即着力激发各类市场主体发展新活力，着力增强创新驱动发展新动力，着力构建现代产业发展新体系，着力培育开放型经济发展新优势。

是关系我国产业发展全局的战略抉择。可以这样认为,“十八大”报告提出构建现代产业发展新体系,是在我国进入全面建成小康社会决定性阶段、全面把握国际经济格局调整和经济发展形势变化基础上作出的重大战略部署,是在多年产业结构调整过程中认识到的一个突出而长远的问题,是对我国经济发展规律更全面更深刻的认识。因此,构建现代产业发展新体系是中国产业结构调整的主要方向,也是构建区域性产业转型升级的指导方向。

贵州作为全国的后发地区,其现代产业体系具有自身特点和发展趋势,构建现代产业发展新体系的紧迫性更加突出。构建贵州现代产业发展新体系的目的在于为实现贵州经济后发赶超、与全国人民同步建成全面小康社会提供产业基础和经济支撑,为实现贵州各次产业融合发展的产业生态系统创造可行条件。

二、现代产业发展新体系的理论基础

(一)现代产业发展新体系的内涵和特征

1. 现代产业发展新体系的内涵

产业体系是一个国家或地区国民经济中各次产业因相互之间的关系而构成的整体。产业体系的发展演进是产业分工的不断深化,是产业要素、产业结构和产业功能不断优化的动态过程。

国际上尚无明确的“现代产业体系”这一概念,从国外实践来看,现代产业体系可认为是一种第三产业特别是现代服务业比重不断提高、第二产业科技含量高的产业体系。根据国际分工和现有经济结构中的新情况,我国在“十七大”报告中首次提出了现代产业体系这一概念,而相关政策研究部门和理论界对现代产业体系内涵进行了多维度的解读。一般认为,现代产业体系是不同历史时期相应区域产业体系相对优化的产业关系的外在表征。随着低碳技术、信息技术革命、信息网络技术所带来的技术革命,现代产业体系分工进一步深化,产业间的关系表现出新的发展特征。综合国内学者解读的现代产业体系内涵,本研究之现代产业发展新体系是指在现代产业体系基础上,由现代农业、新型工业、现代服务业、战略性新兴产业等要素相互融合、协调发展的以产业集群为载体的产业生态系统,是新时期我国转变经济发展方式的产业载体和根本出路。

2. 现代产业发展新体系的特征

(1)创新性。创新是构建现代产业发展新体系的第一推动力,创新性是现代产业发展新体系的动力特征。尽管构建现代产业发展新体系需要以资金、人力资源等的大量投入和良好的基础设施为依托,但真正推动原有产业体系向现代产业发展新体系转换的第一推动力还是自主创新,无论是欧美等先发达国家还是日韩等后发达国家概莫能外。发达国家不断推进技术创新,其实是寻求占领技术创新的制高点,形成产业发展的技术优势,引领产业发展方向。因为,不断进行技术创新,让技术创新形成的技术优势保持较长时期的竞争优势,就能不断生产出高新技术产品,从而在满足消费需求中形成很强的市场竞争力。所以,自主创新成为发达国家构建现代产业发展新体系过程的一致追求。从发达国家经验及国内其他地区实践来看,构建符合贵州实际的现代产业发展新体系,必须把提升自主创新能力放在首要地位,注重完善创新机制,鼓励创新行为。

(2)融合性。产业间的相互融合互动是现代产业发展新体系的结构特征,也是现代产业发展的基本趋势。产业之间的融合是一个动态演进过程,由于技术进步和管制放松,发生在产业边界及交叉处的技术融合,改变了原有产业产品的特征和市场需求,导致产业内的企业之间竞争合作关系发生改变,从而导致产业界限的模糊化甚至重划产业界限。在知识经济浪潮的影响下,知识成为带动经济增长的重要因素,知识、创新和科技贯穿到所有的产业内,各行各业都将新技术和新知识应用于创新产品或是提升产业能力,随着技术不断进步和信息化的突飞猛进,呈现产业融合加速发展趋势,产业之间的融合互动成为现代产业发展新体系的重要特征。这种融合首先表现在信息技术对包括工业、农业和服务业在内的所有产业的渗透和嵌入,使高新技术和传统产业之间的边界变得模糊,并引发传统产业体系的分化、解体和重组,形成一系列新兴的产业;其次是服务业对工业、农业的融合和渗透,从产业的发展到产业链的发展,现代服务业和制造业,以及农业的融合已经成为产业结构优化升级的必然趋势;最后是各产业内部更低层次部门间的相互渗透和融合。随着技术的不断进步和信息化的不断发展,现代产业间的融合互动将会程度更深、范围更广、层次更高,产业更具生命力。

(3)集聚性。集聚性是现代产业发展新体系的空间特征。现代产业体系的形成过程就是产业的空间结构不断调整、产业集聚化,最终形成产业集群的过程。产业集群是指在特定区域内由具有竞争合作关系且交互关联的企业、专业化供应商、服务供应商、金融机构、相关产业的厂商及其他相关机构等组成的群体。

美国经济学家迈克尔·波特教授认为,产业在地理空间上的集聚,能够对产业的竞争优势产生广泛而积极的影响。从世界市场的竞争来看,那些具有国际竞争力的产品,其产业内的企业往往是按照一定的关联性分布在一起。基于产业链的联系、运输成本的节约、公共设施成本的分摊、信息沟通的便捷和包括技术扩散效应和学习效应在内的多种形式的正外部性,产业集群成为区域获得竞争优势的基本途径。产业园区是现代产业发展新体系集聚性特征的重要体现,是区域经济发展和产业调整升级的重要空间聚集形式,担负着聚集创新资源、培育新兴产业、推动城市化建设等一系列的重要使命。产业园区的一般特征是大量企业在一定区域的集中,通过园区内企业的产业关联性或者业务关联所形成的协同效应而产生集聚效应。

(4)发展性。发展是现代产业发展新体系的本质属性和根本要求,发展性是现代产业发展新体系的前进方向,是现代产业发展新体系的价值所在,是科学发展观的重要体现。传统的产业结构是以高投入、高消耗换取低产出,这种发展模式的弊端是自然资源(能源)日益耗竭和环境危机日益加剧。现代产业发展应该摒弃这种发展模式,着眼于经济长期发展与资源、环境、社会的关系,重在经济发展方式转变和产业结构转型升级。在产业布局和产业投入过程中,科学高效地利用现有资源,同时积极开发利用新能源,实现经济效益和社会效益的统一。可见,发展性是现代产业发展新体系的关键特征,是构建现代产业发展新体系的目的所在。

(5)协调性。协调性是现代产业发展新体系的内在要求,包括产业体系内部协调和区域间产业的协调。首先,在产业体系内部,实现三次产业间的协调。既要巩固第一产业的基础地位，促进第二产业的升级，同时要提升第三产业在国民经济中所占比重，使三次产业各自比例合理、相互协调。其次，区域间产业结构的协调。随着经济联系的日益紧密和产业分工的日益细化，一个地区的经济发展越来越多地融入周边区域大环境中，区域间的产业技术外溢和产业转移使区域间经济联系更加紧密。现代产业发展新体系要从整体出发，综合考虑周边地区和本地区域的特点，扬长避短，有所为有所不为，在区域协调的环境中合理引导产业布局，避免区域间产业同质化发展，促进本地区产业结构的升级。

(6)开放性。这是现代产业发展新体系实现的环境属性和运作机制，现代产业发展新体系需要依靠高度开放、透明的市场化运行机制。构建现代产业发展新体系伴随着产业结构战略性调整和优化升级的过程，而这一过程在现实的市场环境中表现为利益的重新分配和有效组合的过程。各利益主体在新的产业格局中得到公平的保障和协调，才能推动产业的发展。一定程度上说，越是开放的市场环境，其公平度、透明度就会越高，市场机制优化配置资源的作用就会更大，能够以较低成本推动经济发展，现代产业发展新体系的其他特征才能够得到有效体现。另外，在经济全球化趋势的推动下，区域经济发展越来越多融入到国际经济体系中，参与国际分工，承接国际产业转移，实现产品的国际化，是区域经济体面临的必然趋势。因此，构建现代产业发展新体系需要高度开放的市场化环境来充分保障。

(二)构建现代产业发展新体系的相关理论

1. 配第—克拉克定律

是英国古典经济学家威廉·配第他认为，存在于不同产业间的收入差距导致了劳动力在不同产业间的流动就业，而劳动力的这种流动就业总是从收入较低的产业向收入较高的产业流动。英国经济学家克拉克在《经济进步的条件》一书中揭示了经济进步过程中产业部门劳动力结构变化的一般规律：随着经济的不断发展和人均收入水平的提高，劳动力首先由第一次产业向第二次产业转移就业；当人均收入水平进一步提到更高阶段时，劳动力便向第三次产业转移就业。总的趋势是，劳动力总是从低收入的产业向高收入的产业流动，在第一产业就业的比重下降，在第二产业和第三产业就业的比重不断提高。劳动力在产业间的这种流动则是由产业之间出现的收入差距引起的。由于劳动力总是从较低收入的产业向较高收入的产业转移，因此，劳动力就业结构的变动规律是先从第一产业向第二产业转移，再从第二产业向第三产业转移，呈阶梯状变化。人均国民收入水平越高的国家，农业劳动力在全部劳动力中所占的比重相对来说就越小，而第二次、第三次产业就业的劳动力所占比重相对来说就越大；反之亦然。

克拉克认为，他通过统计数据而发现的规律，只不过是对配第所揭示的关于产业间收入相对差异性规律的印证。由于这一“印证”具有重大意义，人们把配第定律及其“印证”的结论合称为配第—克拉克定理。“配第—克拉克定理”是研究经济发展中的产业结构演变规律的原理。

该理论有三个重要特点：其一，克拉克是把不断提高人均收入水平与一定时间序列结合来考察产业结构的演进。其二，克拉克首先使用了劳动力这一指标来分析产业结构的演进。同配第一样，克拉克认为，经济发展过程中劳动力就业结构的非农化倾向，是由各产业之间的收入差异所引起;劳动力在不同产业之间的转移是由于经济增长过程中各产业之间人均收入的相对差异造成的。其三,克拉克的产业结构研究采用三次产业分类法,即把全部经济活动分为第一产业、第二产业及第三产业。

2. 库兹涅茨产业结构演变理论

美国经济学家西蒙·史密斯·库兹涅茨(Simon Smith Kuznets)在克拉克研究成果的基础上,收集和整理 20 多个国家的庞大数据,结合国民收入对产业结构演变作进一步探讨,把产业结构演变规律研究深入到研究三次产业国民收入的比例,从而把产业结构演变的动因分析推进了一大步。

产业结构演变是各产业部门在经济发展中必然出现的相对经济收入的变化,在此基础上库兹涅茨指出:这种产业结构演变主要是由“比较劳动生产率”的差异决定的。他通过对产业结构与经济发展进行全面考察,研究劳动力随着收入提高致使产业重心发生转移的过程,以及三种产业产值变动与就业构成的相关变化,得出三点结论:一是农业部门实现的国民收入在整个国民收入中的比重,以及农业劳动力在全部劳动力中的比重,会随着时间的推移而不断下降。二是工业部门国民收入的相对比重,总体是上升的趋势;工业部门劳动力的相对比重,大体不变或略有上升。三是服务部门劳动力的相对比重几乎在所有国家都呈上升趋势。因此,随着经济的发展和人均国民收入水平的提高,由农业实现的国民收入在整个国民收入中所占的比重将不断下降,由工业实现的国民收入在整个国民收入中所占的比重将不断上升,由服务业实现的国民收入在整个国民收入中所占的比重变化不明显。

3. 钱纳里工业化阶段理论

钱纳里从经济发展的长期过程中考察了制造业内部各产业部门的地位和作用的变动,揭示制造业内部结构转换的原因,即产业间存在着产业关联效应,为了解制造业内部的结构变动趋势奠定了基础。他通过深入考察,发现制造业发展受人均 GNP、需求规模和投资率的影响大,而受工业品和初级品输出率的影响小。

钱纳里利用第二次世界大战后发展中国家特别是其中的 9 个准工业化国家(地区)1960—1980 年间的历史资料,建立了多国模型,即根据人均国内生产总值,将不发达经济到成熟工业经济整个变化过程划分为三个阶段六个时期,从任何一个发展阶段向更高一个阶段的跃进都是通过产业结构转化来推动的(见表 1)。

表 1 钱纳里划分的结构转换的时期与阶段

时期	人均收入变动范围		发展阶段	
	1970 年(美元)	1980 年(美元)		
1	140 ~ 280	300 ~ 600	初级产品阶段	
2	280 ~ 560	600 ~ 1200	工业化阶段	初期
3	560 ~ 1120	1200 ~ 2400		中期
4	1120 ~ 2100	2400 ~ 4500		后期

续表

时期	人均收入变动范围		发展阶段
	1970 年(美元)	1980 年(美元)	
5	2100 ~ 3360	4500 ~ 7200	发达经济阶段
6	3360 ~ 5040	7200 ~ 10800	

4. 霍夫曼工业化演进法则

德国经济学家在 1931 年出版的《工业化的阶段和类型》中提出了霍夫曼比例(H),即消费资料工业与生产资料工业的比值,并根据这个比例的变化趋势,把工业化分为四个阶段(表 2)。

表 2　霍夫曼工业化阶段及指标

工业化阶段	消费资料工业与资本资料工业之比	特征
第一阶段	5(±1)	消费资料工业占统治地位
第二阶段	2.5(±1)	消费资料工业规模仍大于资本资料工业
第三阶段	1(±0.5)	消费资料工业与资本资料工业大体相当
第四阶段	1 以下	资本资料工业规模大于消费资料工业规模

资料来源:Industrial Economics, Manchester University Press,1958.

霍夫曼比例揭示了工业化过程中工业部门内部结构演变的一般趋势。霍夫曼比例越低,说明资本品工业规模越发展,相应地消费品工业比重越小,工业结构乃至整个产业结构高度越高。因此,霍夫曼比例的变化反映了工业化的进程。

霍夫曼关于工业化的阶段理论揭示了工业部门内部结构演进的一般规律,即重工业产值占工业总产值的比重越来越大。这种工业化演化过程中的重工业化趋势,被称为"工业化经验法则"。霍夫曼对工业结构的研究,实际上就是对工业结构"重工业化"的分析,即工业由轻工业为中心的发展向以重工业化为中心发展推进。

5. 罗斯托主导产业扩散效应理论

美国经济学家罗斯托是最早提出主导产业理论的学者。他所提出的主导产业扩散效应理论认为:无论在任何时期,甚至在一个已经成熟并继续成长的经济体系中,经济增长之所以能够保持,是因为为数不多的主导部门迅速扩大的结果,而且这种扩大又产生了具有重要意义的对其他产业部门的作用,即产生了主导产业的扩散效应,包括回顾效应、旁侧效应和前向效应。罗斯托的这些理论被称为罗斯托主导产业扩散效应理论。罗斯托认为,应选择扩散效应最大的产业或产业群作为一国的主导产业,重点扶持,加速发展,从而带动其他产业发展和社会进步。扩散效应的带动原理在于:回顾效应,主导产业高速增长,对各种要素产生新的投入要求,从而刺激这些投入品的发展;旁侧效应,主导产业的兴起会影响当地经济、社会的发展,如制度建设、国民经济结构、基础设施、人口素质等;前向效应,主导产业能够诱发新的经济活动或派生新的产业部门,甚至为下一个重要的主导产业建立起新的平台。

6. 产业聚集理论

产业聚集就是相似或相关产业在某一特定区域的集中,其实质是生产要素和经济活动在空间上的集聚而导致的规模经济。“集聚性”和“关联性”是产业聚集的基本属性。产业聚集是生产要素流动和配置的一种特有现象,是任何产业可能在任何一个区域空间的集中和聚集。产业集聚包括四个特征:第一,产业聚集是一种发生在某一特定地理区域内的经济过程或现象;第二,产业聚集区内的企业是属于同一特定产业或具有直接上下游产业关联或具有其他密切联系的相关产业的企业;第三,产业聚集区是一种建立在地方网络基础上的产业体系。第四,产业聚集区内网络化的产业体系是由企业间各种正式和非正式的协作形式构成。

产业聚集理论产生和发展有着深刻的社会经济背景。产业聚集作为一种独特的经济现象,既是历史和分工的产物,也是工业化进程的一般规律。自19世纪末著名经济学家阿尔弗雷德·马歇尔(1890)论述了产业区问题以来,产业聚集理论发展至今已有120多年的历史。依照产业聚集理论形成演进的历程,概括起来,产业聚集理论的形成和发展大体经历了三个阶段:第一阶段——工业化前期,产业聚集理论主要研究企业间的物质投入关系,强调聚集的目的主要是节约运输成本和取得规模经济;第二阶段——工业化后期,主要关注企业间的信息沟通、交易费用、竞争合作关系等,强调在经济全球化和区域一体化发展形势下,聚集带来的产业竞争优势和促进区域经济发展;第三阶段——知识经济时代,更多关注知识、技术、文化等因素对产业聚集的影响和集群创新,强调聚集对社会支柱产业和关键产业,特别是对高新技术产业发展的重要影响和作用。工业化前期的产业聚集理论主要有:产业区理论、聚集经济理论、创新产业聚集论、产业聚集最佳规模论和增长极理论;工业化后期的产业聚集理论主要有:新产业区理论、新产业空间理论、新经济地理理论和新竞争经济理论;知识经济时代的产业聚集理论主要有区域创新环境理论和区域创新系统理论。可见,产业聚集理论的发展基本上横跨了人类整个工业时代,在这个过程中,人类的技术水平和组织方式发生了巨大变化,但集聚的现象始终存在,产业聚集理论也在不断发展深化,对现实的解释力和指导作用逐渐增强。

三、贵州现代产业体系建设的现实考量

(一)贵州现代产业体系的演变及现状

现代产业体系的建立既包括对传统产业的升级和调整,也包括新兴产业的建立与发展。构建区域现代产业发展新体系是在既有的现代产业体系基础上融合和发展,不能是凭空盲目发展新兴产业,否则会造成产业体系与当地经济发展脱节。产业体系的演进是区域产业发展的过程,体现着产业发展规律与本地要素禀赋、经济、社会、文化等融合发展相结合的特殊性。从一定程度来说,产业体系演进的过程就是当地经济社会科学发展的过程。分析区域产业体系演变有利于了解当地各产业发展的基础和定位,有利于分析

当地产业发展的特有途径,这对于构建现代产业发展新体系具有重要的指导意义。

改革开放至今30多年的时间里,贵州经历了由产业结构演变带动经济形态的实质性变迁,从传统的以农业为主的社会发展到较为发达的现代社会。在这个过程中,产业发展演变和结构调整一直是贵州经济工作的重心。从表3可知,在改革开放以来的经济发展过程中,贵州省三次产业结构变化呈现一定阶段性。第一阶段是1978—1991年,这一阶段第一产业所占比重经历了改革初期的缓慢上升后逐渐下降,第二产业所占比重呈下降趋势,第三产业所占比重呈上升趋势,1991年比1978年增长了5.9个百分点,这一阶段产业结构所占比重总体上是一、二、三排序。第二阶段是1992—2005年,这一阶段第一产业所占比重继续下降,下降了约20个百分点,而第二、第三产业所占比重逐渐上升,第二产业所占比重14年间增长了7.5个百分点,第三产业14年间增长了13.3个百分点,这一阶段产业结构逐渐由二、一、三排序演变为二、三、一排序;第三阶段是2006年至今,这一阶段的特征是第一产业所占比重逐渐下降,第二产业所占比重先是略微下降,在实施工业强省战略后其比重有所上升,第三产业所占比重稳定增加,其所占比例为最大比重,比第二产业略高10个百分点,处于稳步上升阶段,总体形成了三、二、一排序。从总体来看,改革开放以来,贵州产业结构演变基本上是第三产业所占比重不断上升,第二产业所占比重变化不大,而第一产业所占比重则呈下降趋势,这是贵州现代产业体系演变的一个突出特征。

表3　贵州省1978—2012年国内生产总值及构成

单位:亿元,%

年份	生产总值	第一产业	第二产业	第三产业	构成	第一产业	第二产业	第三产业
1978	46.62	19.42	18.73	8.47	100.0	41.7	40.2	18.1
1979	55.28	23.29	22.41	9.58	100.0	42.1	40.5	17.4
1980	60.26	24.86	24.00	11.40	100.0	41.3	39.8	18.9
1981	67.89	29.90	24.95	13.04	100.0	44.0	36.8	19.2
1982	79.39	37.37	27.44	14.58	100.0	47.1	34.6	18.3
1983	87.38	37.75	33.14	16.48	100.0	43.2	37.9	18.9
1984	108.27	45.73	43.51	19.03	100.0	42.2	40.2	17.6
1985	123.92	50.45	49.88	23.59	100.0	40.7	40.3	19.0
1986	139.57	56.46	50.96	32.15	100.0	40.5	36.5	23.0
1987	165.50	66.46	60.11	38.93	100.0	40.2	36.3	23.5
1988	211.79	85.20	78.63	47.96	100.0	40.2	37.1	22.7
1989	235.84	92.88	86.74	56.22	100.0	39.4	36.8	23.8
1990	260.14	100.10	92.83	67.21	100.0	38.5	35.7	25.8

续表

年份	生产总值	第一产业	第二产业	第三产业	构成	第一产业	第二产业	第三产业
1991	295.90	115.71	101.54	78.65	100.0	39.1	34.3	26.6
1992	339.91	121.18	122.08	96.65	100.0	35.7	35.9	28.4
1993	417.69	133.41	155.03	129.25	100.0	31.9	37.1	31.0
1994	524.46	183.56	194.80	146.10	100.0	35.0	37.1	27.9
1995	636.21	227.13	232.52	176.56	100.0	35.7	36.5	27.8
1996	723.18	254.53	255.09	213.56	100.0	35.2	35.3	29.5
1997	805.79	271.96	288.99	244.84	100.0	33.8	35.9	30.3
1998	858.39	265.04	319.40	273.95	100.0	30.9	37.2	31.9
1999	937.50	267.75	350.41	319.34	100.0	28.6	37.4	34.0
2000	1029.92	271.20	391.20	367.52	100.0	26.3	38.0	35.7
2001	1133.27	274.41	433.52	425.34	100.0	24.2	38.3	37.5
2002	1243.43	281.10	481.96	480.37	100.0	22.6	38.8	38.6
2003	1426.34	298.69	569.37	558.28	100.0	20.9	39.9	39.2
2004	1677.80	334.50	681.50	661.80	100.0	20.0	40.6	39.4
2005	1979.06	362.49	826.63	789.94	100.0	18.3	41.8	39.9
2006	2338.98	382.06	967.54	989.38	100.0	16.3	41.4	42.3
2007	2884.11	446.38	1124.79	1312.94	100.0	15.5	39.0	45.5
2008	3561.56	539.19	1370.03	1652.34	100.0	15.1	38.5	46.4
2009	3912.68	550.27	1476.62	1885.79	100.0	14.1	37.7	48.2
2010	4602.16	625.03	1800.06	2177.07	100.0	13.6	39.1	47.3
2011	5701.84	726.22	2194.33	2781.29	100.0	12.7	38.5	48.8
2012	6802.20	890.02	2655.39	3256.79	100.0	13.1	39.0	47.9

数据来源:1949—2005年数据来源于贵州省统计局等.《贵州六十年1949—2009》,中国统计出版社,2009;2006—2012年数据来源于贵州省统计局等.《贵州统计年鉴2013》,中国统计出版社,2013.

(二)贵州现代产业体系发展格局基本判断

1. 产业结构与就业结构水平判断:与全国的对比

2012 年,贵州人均 GDP 为 19524.11[1] 元(按同年度人民币对美元汇率计算,人均超过 3000 美元),相当于全国人均 GDP 水平(38353.52 元)的略一半,为 50.91%。贵州三次产业的 GDP 构成是 13.1:39.0:47.9,而同期全国则为 10.1:45.3:44:6。因此,贵州与全国相比,第一产业所占比重略高于全国平均水平,第二产业所占比重比全国平均水平低 6.3 个百分点,而第三产业所占比重比全国平均水平高 3.3 个百分点,这主要是贵州第一第二产业发展较弱、第三产业发展不强所致。可见,贵州人均 GDP 水平只有全国的一半,而第三产业所占比重却超出全国平均 GDP 水平,这是贵州经济发展的一个特有现象,即总体经济欠发达,一、二产业实力弱,产业结构不合理,这为贵州实施工业强省创造了现实条件。

产业劳动力在三次产业之间的分配反映了地区产业结构的有效性以及产业的劳动生产率。根据产业发展理论和发达国家产业发展实践,随着三次产业的发展,相应地就业人口也会在三次产业之间流动,第三产业成为主要的就业渠道。一方面是因为第三产业兴起后,劳动密集型的服务业会吸纳更多就业人口;另一方面是因为农业和工业劳动生产率的提高,释放出来更多的劳动力。发达国家在 20 世纪 90 年代初服务业就业比重已经超过 70%。贵州省当前的就业结构与产业构成是严重不合理的(见表 4),以 2011 年为例,贵州省就业结构为 66.6:12.1:21.3,比全国的就业结构(34.8:29.5:35.7)相比,贵州第一产业就业人口接近 2/3,高于全国平均水平 31.8 个百分点,其比较劳动生产率[2]仅 19.07,表现为严重的就业拥挤,农业劳动生产率低下,发展水平较低,因而更多的农业劳动力亟需转移;贵州第二产业就业人口所占比例为 12.1%,比全国平均水平低 17.4 个百分点,其比较劳动生产率为 3.18,第三产业就业人口所占比例为 21.3%,比全国平均水平低 14.4 个百分点,其比较劳动生产率为 2.29,贵州第二、第三产业就业结构表现为明显的就业不足,需要进一步拓展就业空间。因此,大力发展劳动密集型的二、三产业对于构建贵州现代产业发展新体系意义重大。

表 4　2011 年贵州与全国经济发展水平对比数据

	GDP(亿元)	总人口(万人)	人均 GDP(元)	产业结构(%)	就业结构(%)
贵州	5701.84	3469	19524.11	12.7:38.5:48.8	66.6:12.1:21.3
全国	472881.56	134735	38353.52	10.0:46.6:43.4	34.8:29.5:35.7

数据来源:贵州省统计局等. 贵州统计年鉴 2012[M]. 北京:中国统计出版社,2012.;国家统计局等. 中国统计年鉴 2012[M]. 北京:中国统计出版社,2012.

---

[1] 本数据系根据 2012 年贵州省国民经济和社会发展统计公报中的全省生产总值除以年末常住总人口而得,同期全国人均 GDP 数据也照此法计算而得。

[2] 比较劳动生产率,即一个部门的产值同在此部门就业的劳动力比重的比率,它反映 1% 的劳动力在该部门创造的产值(或收入)比重。设 G 为总产值(或总收入),L 为劳动力总数,G_1 为农业部门产值(或收入),L_1 为农业部门劳动力数,则农业部门比较劳动生产率数学计算公式:$B_1=\frac{G_1/G}{L_1/L}$。

2. 产业结构形态判断:与国际经验的比较

本研究拟采用H. 钱纳里标准、西蒙—库兹涅茨标准两种标准对贵州产业发展阶段进行初步判断(表5)。综合二者结果显示,贵州产业发展正处于工业化中期的起步阶段,这主要是基于贵州三次产业就业结构提出来的,集中体现在二、三产业就业结构大大滞后于产业结构变动,这也是构建贵州现代产业发展新体系需要加以考虑和思考的现实因素。

表5 2012年贵州产业所处发展阶段的综合判断

判断标准	标准与指标	工业化起始阶段(初级产品阶段)	工业化实现阶段			后工业化阶段
			初期阶段	中期阶段	后期阶段	
H. 钱纳里标准	人均地区生产总值——1996年(美元)	620~1240	1240~2480	2480~4960	4960~9300	9300以上
	贵州	19524.11元(约合3100美元)(判断结论:工业化中期阶段)				
西蒙—库兹涅茨标准	地区增加值构成	第一产业占绝对支配地位,第二产业<20%	第一产业>20%;第二产业值较低,但超过20%	第一产业<20%;第二产业>三产,且在地区生产总值中最高	第一产业<10%,第二产业值保持最高水平	第二产业值相对稳定或下降,第三产业>第二产业
	贵州	13.1:39.0:47.9(判断结论:工业化中期阶段)				

3. 贵州现代产业体系发展格局基本判断

综合上述,我们对贵州现代产业体系发展格局的基本判断如下。

(1)贵州经济总量水平处于全国经济发展的下游水平,人均经济收入处于全国挂末水平。因此,加快构建贵州现代产业发展新体系,加快发展、加快转型、推动跨域的战略任务任重而道远。

(2)贵州现代产业体系呈现出"三、二、一"的产业结构,但是这种产业体系是第二产业发展不充分而导致产业结构"虚高度化"现象,是低水平的"三、二、一"产业体系。总体上看,贵州现代产业体系大致处于工业化中期的起步阶段。因此,加快构建贵州现代产业发展新体系,明确发展定位和战略目标,实现经济形态转变是贵州经济社会发展的面临重大战略选择。

(3)产业结构和就业结构的反差,说明贵州二、三产业就业吸纳能力较弱,城镇化发展滞后。为此,加快推进工业强省战略,积极发展现代服务业,以产业结构调整推动城镇化,加快农业转移人口市民化进程,提高城镇的人口聚集能力和产业园区的产业聚集能力。

（三）贵州现代产业体系形成的成因探析

1. 历史原因

贵州省地处祖国西南部的云贵高原东斜坡，建省至今才600年，历史上长期与中原及周边发达地区隔绝，经济开发较晚，其经济社会的发展水平明显低于这些地区。首先，贵州建省前长期处于主流文化圈之外，多数时间属于历史上的“飞地”，经济开发较晚；建省的原因最初也是源于军事需要。贵州原分属四川、湖广、云南的边荒之域，虽然遥远荒芜，地形崎岖险峻，却处于西南地区中心，扼控川陕、两湖广及云南之交通咽喉。自秦汉至元代，中原统治者早就想理顺对这一地区的统治与管理，但由于受总体落后经济发展水平束缚，中央王朝始终鞭长未及。即使后来经济文化融洽发展较好，由于思维惯性，对贵州的投入向来与中原、江南以及其他省区无可比拟。贵州与邻近地区巴蜀、湖广等地区不同，也与云南有过南诏国、大理国共六百多年连续较稳固的地方统一政权的情况不同，贵州多数时间属于历史上的“飞地”，分合无定，失掉的时间和机遇太多。其次，贵州区域边远，地理自然条件处于劣势，无法与平原及水乡相比，其独特的资源优势也因上述因素难以得到充分开发和有效利用。而崇山阻隔也严重阻碍商品交换的发展，造成社会分工落后，形成了若干封建壁垒，阻碍经济文化交流，致使社会经济长期停滞，发展缓慢。此外，贵州历史上人文生态和政治生态环境与主流文化的中心地区相比，相对封闭保守，不利于新事物和人才的成长。因此，与中原和周边发达地区相比，贵州的开发历史较晚、起点明显较低。

2. 政策原因

贵州工业发展是在中华人民共和国成立后才开始起步的。新中国成立初期，贵州经济发展十分落后，农业占据主导地位，占83%，工业仅占12.5%，经过社会主义“三大改造”，建立工业企业，工业生产逐步发展，一批为农村经济服务的小型制造业和农副产品加工业逐步建立起来。“大跃进”期间，贵州掀起了一股大办工业的热潮，全省国营工业基本建设投资绝大部分进入了重工业，建立了冶金、电力、煤炭等重工业，工业生产能力有明显提高。然而，“大跃进”运动片面强调钢铁生产，造成国民经济比重失调，农业生产受到极大影响，资源浪费严重，经济效益极低。“三线”建设期间，国家加大对贵州扶持力度，为贵州经济的发展打下良好基础，“三五”时期，贵州省基本建设投资达46.26亿元，占同期全国三线建设投资总额的12.9%。“三线”建设改变了贵州产业结构，贵州建成了航天、航空、电子三大军工基地，形成了煤炭、电力等能源工业体系和钢铁、建材、有色金属为主的原材料工业基地。

改革开放以后，贵州产业发展进入了一个新的发展时期，轻工业发展迅速，重工业调整了服务方向，国防科技工业实行军民结合，大力发展民用产品生产，同时也对能源、原材料、机械、电子、轻工等优势工业进行投资建设，对原有重点企业进行技术改造，引进了一批新设备、新技术。20世纪90年代以来，贵州工业发展进入了一个全新的快速成长时期，工业以结构调整为主线，以提高经济效益和产品质量为中心，加快了建立现代企业制度的步伐。贵州依据市场需求培育出一批成长性较强的新兴工业产业，但工业化的重型结构和资源密集型特征依然明显。由于长期以来国家对贵州产业发展没有形成合理的协调引导作用,传统计划经济思维的影响仍在一定程度上依然存在,政府调控的作用并未真正发挥出来,产业结构转换升级依然没有以市场引导为主,而主要受到产业政策和政府投资等政府行为影响,国发2号文件的政策效应还有待一定时日才能显现。

3. 产业原因

贵州产业发展总体上存在诸多的不合理因素,这些因素极大地制约了贵州产业结构调整的速度和质量,是导致贵州现代产业发展体系滞后的最直接原因。

第一,产业链短,产品附加值低。贵州第二产业以原材料、能源工业为主体,产业链条短,初级产品,以及资源型工业产品多,精深加工、高附加值产品相对较少。贵州的煤、铝和磷在全国占有重要地位,但对这些产品的开发基本上处于资源开采和初加工阶段,前向和后向产业链没有得到有效延长。另外,贵州虽是全国重点的铝业生产基地,基本上是向外输出原材料,却没有深加工能力。磷矿等矿产品的开发也基本如此。因此,贵州一方面大量向外输出能源、矿产资源等初级或初加工产品,另一方面又向省内大量输入精深加工产品乃至工业消费品,造成价值的双重流失。

第二,产业组织不合理。随着社会主义市场经济体制的逐步完善,以及新一轮西部大开发战略的稳步实施,贵州工业取得了较大发展,其产业组织也得到了进一步优化,企业规模逐步扩大,经济效益不断提高。但与其他省份相比,贵州工业产业组织仍然存在诸多问题,这些问题已严重制约了贵州经济发展,成为贵州经济发展的结构性瓶颈。首先,集中度和规模经济水平较低。贵州本应集中度很高的产业(如旅游业),其实际上排在前几位的大企业所占的比重也比较低,不利于形成有效的竞争与垄断关系,影响经济效益的发挥。而贵州的企业规模普遍小型化,这对技术进步,以及市场的运作效率会产生不利的的影响,最终都会制约地区经济发展水平的速度和质量。其次,国有经济比重过高。贵州国有经济比重明显高于全国平均水平,这导致产业的市场绩效低下,进而导致贵州经济活力不足、增长乏力。再次,企业间专业化分工和协作水平低。目前贵州已基本形成了比较完整的工业体系,但企业间组织形式的专业化水平低,企业之间的协作关系相对比较松散、关联性不强。各个相关产业的企业之间不注意协作、联合和发挥各自优势,而是相互逆向发展的现象比较常见。专业化水平低必然使企业协作水平低、企业间生产技术联系少,限制了规模经济水平的提高,降低了劳动生产率和经济效益。可见,产业组织不合理极大地影响了地区经济发展的速度和效益,是地区产业结构低度化不可忽视的影响因素,应给予以足够的重视。

第三,主导产业关联效应不明显,衰退产业问题突出。主导产业是区域经济系统的主体和核心,在区域产业结构中,不仅产值比重大,而且关联效应强,其发展能够带动区域经济的发展,是区域经济的“龙头”或“驱动轮”。主导产业是产业结构的核心和结构演化的主角,其选择合理与否不仅关系到主导产业本身的发展,而且决定着整个地区的经济发展和产业结构的合理化。贵州传统的主导产业如烟酒、烟草、电力、化工、冶金等均为以资源为依托的产业,具有重化特征,尽管支持了贵州30多年的经济发展,但其作用有限,没有很好发挥出主导产业应有的功能,没有在壮大传统主导产业的同时延长产业链,对第一产业和第三产业带动作用有限,对贵州劳动力就业结构作用更是有限,这也是导致贵州产业体系低水平的重要原因。从现实情况看，处于衰退中的产业多属于国有大中型企业，它们曾是所在地的支柱产业，为区域经济发展贡献巨大。因此，这种产业衰退会给区域经济发展带来巨大的影响，延缓地区经济的增长速度，甚至会使经济总量下降。贵州属于资源型重工业化地区，资源枯竭、衰退产业增多的现象不断呈现出来，这势必会影响现代产业发展的速度和质量，是贵州现代产业发展体系滞后的影响因素之一。

4.技术创新能力较弱

技术创新和技术进步一直是经济增长的主要推动力量，也是贵州现代产业发展体系建设滞后的重要动力。由于技术进步、经济总量、经济规模不断扩大，新部门或行业迅速发展而成为新经济增长阶段的主导产业。由于主导产业具有明显的增长优势、技术进步优势、制度创新优势和结构关联优势，通过其“前瞻效应”“后顾效应”和“旁侧效应”，发展前向关联产业、后向关联产业和侧向关联产业，形成庞大的产业群体，其技术进步和制度创新会引起其他部门的广泛模仿，从而导致产业结构的转换与升级。然而，贵州技术创新能力和自主创新能力比较落后，2012 年，贵州省科技人才资源指数排全国第 30 位，科技人力投入指数排全国第 30 位，每万名劳动力研发人员数为 6.3 人年，处在全国挂末位置，人才鸿沟已成为影响和制约技术创新与进步的瓶颈。贵州企业技术创新能力较弱，直接制约了现代产业发展体系建设，原因如下：①科技与经济分离的旧体制，阻碍了产业技术进步。贵州科技成果转化能力亟待提高，科技与经济未能做到协调发展。企业自主创新能力不强，无力关心技术创新与进步；同时，科研院所大量科研力量游离于经济主体之外，科技成果转化率低，科技开发不能同市场和生产紧密结合，科技资源浪费严重。②企业尚未建立起技术进步机制，缺乏自主创新的内在动力。目前，贵州科技投资严重不足，有限的科技投入主要依靠政府科技投入，企业技术开发投入较少。目前，贵州尚有大部分大中型企业没有建立起专门的技术开发机构，2011 年有 94 家大中型工业企业有 R&D 活动，占全省大中型工业企业比重为 16.7%，有效的技术开发能力有待提升。

四、构建贵州现代产业发展新体系的战略分析

（一）构建贵州现代产业发展新体系的 SWOT 分析

SWOT 分析法是哈佛安德鲁斯教授于 1971 提出的战略分析框架，其将战略分析的内容进行综合和概括，进而分析关键的内部因素（优势和劣势）及外部因素（机遇和威胁），优势和劣势着眼自身的实力与竞争对手的比较，而机遇和威胁分析将注意力放在外部环境的变化及可能的影响上。在此，借用企业战略管理的 SWOT 分析法，对构建贵州现代产业发展新体系的内外部关键因素进行分析，以提出颇具针对性的战略选择。

1.内部的优势

（1）比较优势

第一，资源优势。矿产资源丰富。贵州境内是著名的矿产资源大省，已发现矿产 110 多种，其中探明储量的有 76 种，多种保有储量排在全国前列，在全国占有重要地位。

能源资源富集。贵州能源资源以煤炭资源、水能为基本能源资源，形成以火电、水电

互济为主要的能源格局。由于煤炭资源分布相对集中,煤种分布也相对集中,各具特点的能源优势,为建设功能不同的煤炭生产基地提供了有力的保障。贵州水能资源理论蕴藏量居全国第六位。

生物多样性良好。贵州植被具有明显的亚热带性质,种类繁多,区系成分复杂。全省维管束植物(不含苔藓植物)共有269科、1655属、6255种(变种),可分为药用植物、经济植物和珍稀植物等几大类。贵州省野生药用植物资源占全国中草药品种的80%,是全国四大中药材产区之一。贵州省野生经济植物中,以纤维、鞣料、芳香油为主的工业用植物,以维生素、蛋白质、淀粉、油脂植物为主的食用植物。贵州列入国家保护植物名录的珍稀植物有70种。

第二,环境优势。贵州属于亚热带季风气候。特殊的地带造就了贵州特殊的宜人气候。气候特点是春暖风和、夏无酷暑、冬无严寒、雨量充沛、雨热同季、多云寡照、空气湿润、湿度宜居、雨量充沛,立体气候明显,夏季是地球同纬度最凉爽的区域之一。丰沛的降水不仅使全省山区的溪水长流不断,山泉终年不竭,而同时晴雨的变幻使得喀斯特山色变得更加绚丽多姿。贵州省海拔适中、纬度适中,青山绿水、空气清新、气候宜人,具有独特的自然生态优势,是人居的理想之地。

第三,劳动力优势。2012年,中国15~59岁劳动年龄人口占总人口的比重为69.2%,比上年年末下降0.60个百分点,全国劳动年龄人口相当长时期以来首次下降,而且这种趋势将会继续下去,中国经济增长依靠人口数量红利的时期基本结束。与全国有所不同,贵州省劳动力资源丰富,15~59岁劳动年龄人口占全省总人口的比例在70%以上,而且年龄结构较为年轻,劳动力成本较低,仍处于人口红利期。以六普数据为例,贵州省人口年龄结构(即0~14岁:15~64岁:65岁及以上)为25.22:66.21:8.57,0~14岁人口所占比例为全国最高的省份,年龄构成较轻,具有劳动力成本优势。课题组根据2010年贵州省户籍人口进行的人口发展态势预测,按现行生育政策不变,贵州劳动年龄人口总量还将维持20年的增长。丰富的劳动力资源和相对廉价的劳动力成本为构建贵州现代产业发展新体系创造了充裕的人力资本条件。

第四,旅游资源优势。贵州旅游资源丰富,除富有地方特色民俗文化以外,亦不乏以山石风景、河湖水景、喀斯特洞景、森林风光等为特点的众多自然景观。优越的气候资源,孕育了贵州绚丽的自然风光,创造了宜人的旅游环境,非常适宜旅游观光和休闲度假。红色旅游与自然山水游、少数民族风情游相伴而生,形成了全面发展的复合型多彩贵州旅游产业。以遵义会议、强渡乌江、四渡赤水等重大历史事件为基础所形成的长征文化,赋予贵州红色旅游极高的精神文化特质,使其成为后人接受革命传统教育、培育爱国主义情操和民族精神的重要场所和基地,贵州红色旅游资源具有发展成为强势旅游产品的巨大潜力。同时,贵州是多民族聚居的省份,保持着自己独特的民族文化和习俗。侗家的鼓楼和风雨桥、苗族吊脚楼、布依石头寨,精湛的银饰花带、绮丽的挑花蜡染、多彩的民族服装,侗族大歌、傩戏歌舞、芦笙铜鼓,壮观的斗牛大赛,惊险的上刀梯、下火海等民族风情不断吸引着天南地北的众多游客。丰富的旅游资源为贵州发展旅游产业、建设旅游目的地创造了优厚的资源资源条件。

第五,交通区位优势。贵州在地理位置上是西南连接华南、华东的陆路重要通道之一,是中国西南出海的重要通道和陆路交通枢纽。铁路建设方面,黔桂、贵昆、川黔、湘黔线在贵阳交汇,号称西南的“铁十字架”。铁路电气化改造全部完成并投入运营,贵阳至广州、长沙、昆明客运专线和贵阳至重庆快速铁路、织毕铁路开工建设,贵成高铁列入国家重点建设项目。未来3~5年,贵阳至成都、重庆、昆明、长沙等地形成2小时交通圈,至武汉、广州、西安等地形成4小时交通圈,至上海、南宁、郑州等地形成6小时交通圈,至北京、兰州等地形成8小时交通圈,到时,贵州至中国东、南、中、西、北部的交通辐射能力将得到进一步凸显。公路建设方面,贵州已实现县县通油路、乡乡通公路,总通车里程约16万千米,其中高速公路总里程达到2600多千米,在建高速公路2500多千米。60个县实现高速公路连接,与周边省份的高速公路通道基本贯通,县县通高速公路项目全部开工。行政村基本通公路,乡镇基本通油路或水泥路。重庆至湛江、上海至瑞丽两条国道主干线纵横贯穿贵州全省,是西部地区通江达海的重要路段。水路方面,贵州地处长江、珠江流域上游,有26条河流通航。航空方面,贵阳龙洞堡国际机场升级为4E级,二期扩建工程建成通航,铜仁、兴义、安顺、黎平、荔波、遵义、毕节等支线机场新建扩建通航,进出港人次翻番;六盘水、黄平支线机场正在抓紧建设。方便快捷的交通条件降低了物流成本、提高了物流效率,降低了现代物流业成本,为贵州物资流动、人才流动奠定了基础条件。

(2)后发优势

所谓后发优势是指后发达国家或地区可以少付代价而获得较快发展,其内涵是后发地区可以借鉴发达国家或地区的经验,不付出发达国家或地区已付出的不必要代价,实现新跨越。近年来,贵州围绕“加速发展、加快转型、推动跨越”主基调,大力实施工业强省和城镇化战略,2012年,地区主要经济指标总量翻了一番以上,近两年经济增长速度排位上升到全国第三位和第二位,2013年上半年,贵州地区生产总值增长12.5%,处在全国增速前列。2012年,贵州地区生产总值达到6802亿元,比2011年净增1100亿元,五年年均增长12.8%;人均生产总值达到19600元,五年年均增长14.1%;全社会固定资产投资达到7809亿元,净增2707亿元,增长53.07%,五年年均增长35.9%;公共财政预算收入达到1014亿元、支出达到2753亿元,年均分别增长28.9%和28.2%;金融机构存款余额突破1万亿元、贷款余额突破8000亿元,分别是2007年年末的2.8倍和2.6倍。经济社会发展的多个指标增速在全国的排位,由过去的二十几位上升到十几位以至前十位,有的达到了前三位,主要经济指标增速创下了近20年来全省的最高水平,创造了“高于过去、高于西部、高于全国”的“贵州速度”。可见,无论后来居上还是后发先至,只要路子对、干劲足,就能在较短的时间内实现经济的快速健康发展,完全有可能实现“后发赶超”。

2. 内部的劣势

(1)没有形成有竞争优势的产业集群

产业集群是在市场机制作用下,生产要素按照要素回报最大化在产业间和地区间充分流动而导致相关企业在一定区域内集聚而成的,它的形成必须有一个完善的市场体制和市场机制作用的充分发挥。与国际上,以及我国东部地区省份的产业集群相比,贵州目前仍没有形成真正意义上的民营中小企业集群。工业园区发展没有关注或引导产业集群功能的形成与实现;工业园区过程建设只重视引进企业的数量、招商的资金量大小,对进入园区的企业的产业关联度关注得不够。目前,贵州大多数工业园区内多数企业关联度不大,产业链效应还未形成,园区内企业大多是实现了地理空间的聚集,只是企业的简单"堆砌",尚未形成真正的企业集群。由于园区内部企业缺少产业关联性,不能形成良好的分工与协作,导致各个企业都是封闭的大而全的生产系统,研发和交易成本都很高,产品市场竞争优势不强。严格来讲,园区内大多数企业只是实现了地域内的聚集,而企业间的关联度小,产业链较短,对于区域经济的带动作用较弱;并且,产业集群多集中在资源依托型产业,产业集群程度较低,大部分集中在原材料等初级产品加工阶段。

(2)缺乏产业集群形成的适宜制度环境,根植性差

那些依靠外力(或政策)驱动发展起来的集群,外来企业与区域经济还没有有机地融合为一体,游弋性产业(loose - foot industries)较多,没有解决好"落地生根"问题。这些外来性的企业与区域外部企业的关联程度和协同效应远远高于与区域内其他企业之间的关联,直接影响到企业的稳定、成长与创新,进而制约了产业集群的形成。目前,贵州企业多数是通过招商引资进来的,与当地原有企业、原有产业,与当地的资源、市场还缺乏紧密的有机联系和牢固的共生关系,有些企业目的在于享受土地出让等优惠政策,有些企业目的在于吸纳当地大量廉价的资源,植根性不强,没有与区域经济发展形成深度嵌合,做大做强地方支柱产业的动力和意愿不足,在后续投入和扩大再生产方面积极性不高,有的甚至呈现候鸟型特征,短期效应明显,缺乏本地化的企业发展战略和长期发展战略。

(3)人才资源较少,人才发展滞后

由于贵州总体经济发展水平相对落后,再加上未能健全有效的人才激励机制,外地人才引不进或引进后留不住,本地人才人心浮动,各种专业技术人才和懂经营、善管理的复合型人才较少,人才"不够用""不适用""没用好",人才发展滞后是贵州现代产业发展新体系建设的劣势之一。2012 年,贵州省科技人才资源指数排全国第 30 位,科技人力投入指数排全国第 30 位,每万名劳动力中研发人员数为 6.3 人,处在全国挂末位置。贵州省人才发展滞后主要表现在:第一,全省人才总量不足,劳动力人口中人才所占比例较低,特别是高端人才和重点产业、重点领域人才严重不足;第二,人才结构性矛盾,培养出来的人才与经济社会发展需要相脱节,就业结构性矛盾比较突出;第三,人才使用平台缺乏,未能充分发挥人才的合适舞台,人才成长和发挥作用的体制机制不完善,人才发展环境建设滞后,人才的积极性、主动性和创造性受到不同程度的影响,部分领域人才流失严重。

3. 外部的机遇

(1)国际产业转移加速

国际产业转移促进生产要素在全球范围内重新组合和优化配置,加快全球产业结构调整和经济全球化。国际产业转移既是发达国家调速产业结构,实现全球战略的重要手段,也是发展中国家改造和调整产业结构,实现产业升级和技术进步的重要途径,新一轮国际产业转移高潮已经出现,主动承接国际产业转移,力争在"制造中心"的大环境下快速提高自己的竞争力。国际产业转移创造出大量的创业就业机会,并诱使各地区劳动力

结构发生巨大变化。无论是产业的转出地区，还是承接地区，都能从产业转移中获得经济快速发展的动力，尤其对于承接地区而言，更是实现经济快速发展的捷径。工业革命以来，全球共发生了四次大规模的产业转移，每一次产业转移都极大地影响了世界经济格局，提升了产业效率，促使产业转出地与承接地的经济快速发展，创造出大量的就业机会，并诱使各地区劳动力结构发生巨大变化。目前，国际产业转移正经历发端于20世纪90年代的第四次国际产业转移浪潮，并延续至今。这次国际产业转移之所以独立于第三次国际产业转移，是因为这次国际产业转移的转出地、承接地等方面和前次产业转移相比，已具备新的特征。20世纪90年代以后国际产业转移的产业转出地，不仅有日本，而且有亚洲“四小龙”，还有美国。产业承接地包括东盟四国，但主要是我国大陆地区。亚洲“四小龙”在将其产业转移到菲律宾等国家的同时，也将很大一部分外移产业转移到我国大陆地区。我国大陆地区是第四次国际产业转移的最大受益者。除了对亚洲“四小龙”产业的承接，我国大陆地区还以广阔的市场吸引了日本、美国和欧洲的大量投资，我国大陆地区的制造业得到迅速发展。也可以说，通过承接第四次国际产业转移，奠定了我国作为世界制造大国的国际地位。目前，发达国家已经完成了从结构提升阶段向要素优化阶段的转变，处于拥有现代知识经济和全球化经济主导型要素的阶段，以中国为代表的发展中国家也进入了承接重化工业转移阶段，这为构建贵州现代产业发展新体系提供了难得的机遇。

（2）东部地区产业结构调整与升级

我国承接国际产业转移一直是伴随着改革开放的深入而向前推进的。良好的制度基础和优越的要素禀赋，使中国抓住了第四次国际产业转移的机遇，成为这次国际产业转移受益最大的国家，维持了经济的持续高速增长，创造了中国经济发展的奇迹，成为世界上制造业高、中、低端产业链条相对比较完善的少数国家之一。经过30多年来的改革开放和经济发展，我国在全球生产要素优化重组和产业转移中的地位越来越重要，已成为东亚区域产业循环中梯度转移的主要承接者，并通过日益扩大的国际产业转移承接规模，奠定了中国作为世界制造大国的地位，向世界“制造中心”迈进。

2008年金融危机爆发后，受人工成本、能源、资源和土地价格等上升的影响，国内外产业布局深刻调整，使我国区域产业结构调整和产业梯度转移明显提速并呈现出一些新趋势：随着国际产业转移向消费类型的转变，以及区域经济发展战略的实施，中国承接国际产业转移的主要地区将由东部地区向中西部地区转移的态势；很多跨国公司，以及国内东部地区企业都加快了西移的步伐；东部地区向中西部地区呈现相关联产业大规模转移的趋势；中西部地区一些科技实力雄厚的省份吸引高新技术产业的能力逐步增强，由主要以能源和劳动密集型产业承接为主向更多地承接汽车、电子、家电等资本密集型产业转移转变，如中部的湖南、湖北、安徽等省的国家级承接产业转移示范区及晋陕豫黄河金三角承接产业转移示范区，西部的重庆、四川、西安等“西三角”地区及广西桂东承接产业转移示范区。这一产业转型趋势，必然创造出更多的就业创业机会。

正如前述，以中国为主的发展中国家也进入了承接重化工业转移阶段，重化工业是资本和知识产量都较高的基础原材料产业，其产业发展具有资本密集和人力资本素质要求较高的特点，这对于我国东部地区承接国际产业转移新趋势提出了新的要求，其中主要的一点就是提升本地劳动力素质或吸引高素质人才资源流入。可见,未来5~10年将是我国地区生产力布局调整最为活跃的时期,东部地区加快承接国际产业梯度转移的新兴产业及重化工业,中西部地区将大规模、高水平承接劳动密集型及部分资本密集型产业转移,优化产业结构。中西部地区是我国目前制造成本较低、各种生产要素配套能力较强的区域,也完全有条件更多地承接国际及国内东部地区产业转移,借机加快工业化和城镇化水平,改造已有的传统产业结构,以加快工业化、信息化和现代服务业的发展步伐,实现“四化”同步发展,增强经济实力和发展后劲。目前,贵州正凭借和利用自然资源、劳动力、政策红利等各种优势条件,积极承接国际国内产业的跨区域转移,推动产业结构转型升级,为贵州利用外部环境构建现代产业发展新体系建设创造了现实条件。

(3)贵州经济发展迈入“起飞”阶段

2011年以来,贵州经济以高于过去、高于全国、高于西部的速度增长,经济增速位居全国前列,表现出强劲的发展势头。2012年贵州省人均生产总值突破3000美元,标志着贵州经济已走出传统社会阶段,正迈过“起飞”的准备阶段,开始步入经济“起飞”阶段。国际经验表明,人均GDP突破3000美元,是传统社会与现代社会的“分水岭”,标志着一国或地区经济步入了工业化、城镇化加速发展的新阶段。这个阶段的“新”的内涵在于:第一,由于人均经济收入水平提高,区域经济可由外需向内需转型;第二,居民消费结构日益高档化和多元化,社会主导消费链将从纺织品、低档家用电器向交通通信、汽车、住房等产品和服务过渡,也就是说消费需求向产业结构高级化阶段迈进;第三,如果企业能够创新和开发出物美价廉、社会主导消费链上的产品,将工业技术进步的红利和正外部性传递给消费者,企业就能够通过市场扩张实现规模效应,更多的区域性大型企业可以涌现。目前,贵州经济已步入“起飞”阶段,经济保持持续快速增长,工业化和城镇化战略深入推进,各种创业机会纷至沓来,对创业的技术、资金和项目具有强烈的吸纳能力,为构建贵州现代产业发展新体系提供了十分难得的发展机遇。

(4)国发2号文件和贵州区域发展规划释放的“政策红利”和传递的“正能量”

2012年年初,国务院颁布《关于进一步促进贵州经济社会又好又快发展的若干意见》(即国发〔2012〕2号),为贵州从洼地走向高地、从区域走向全国,确保贵州与全国同步实现全面建成小康社会提供了科学的顶层设计和有力的政策保障,贵州正站在新的发展节点上,站在新的发展高度上。一方面,国发2号文件为推动贵州实现跨越式发展提供了政策、项目、资金多方面的有力保障和强大支持,并从财税、投资、金融、产业、土地、人才等方面强化政策支持,为构建贵州现代产业发展新体系释放了巨大的“政策红利”。另一方面,2012年8月12日和2013年2月25日,国家发展改革委先后批复《黔中经济区发展规划》和《深入推进毕节试验区改革发展规划(2013—2020年)》,黔中经济区发展和毕节试验区改革发展列入国家战略,两大区域规划的组织实施,使贵州在资金投入方面获得了中央政府更多的支持,为贵州区域经济社会发展注入了新的活力,传递了“正能量”,也为各类人才到贵州创业,为构建贵州现代产业发展新体系提供了难得的发展机遇。

4. 外部的挑战

(1)经济全球化带来的负面影响

经济的全球化发展、以跨国公司为代表的大公司的出现,必然会使处于形成和发展时期的贵州产业集群直接面临全球化的竞争。跨国公司全球化投资战略、跨国资本盈利属性,以及热钱效应也带来了负面影响,产业跨区域转移带来的技术和产业往往处于产业链低端,甚至可能是高耗能、高污染的加工环节。因此,如何解决同步小康面临的现实经济压力与保护青山绿水之间的矛盾成为摆在构建贵州现代产业发展新体系面前的重要命题。

(2)来自周边省(直辖市、自治区)的竞争

全国各地纷纷进入经济快速发展的重要时期,东中部地区及其周边省份之间存在剧烈的竞争,资金、技术和人才都是激烈争夺的对象,争夺有利的经济要素优势成为各省区市实现经济发展战略的首要目标,区域竞争压力越来越大,竞争程度越演越烈。贵州属于全国的后发地区,投资环境尚待完善,对人才的吸引能力和集聚能力不够强,与重庆、四川、云南等省市区已有的经济基础相比,缺乏明显的竞争优势,产业发展相对落后。因此,要在众多的竞争对手中走自己特色的现代产业发展新体系,可以说是在夹缝中求生存,将面临巨大竞争与和挑战。

(3)人才竞争加剧带来的巨大压力和现实挑战

改革开放30多年来,东部地区利用天时地利人和,成为国内先富起来的地区,形成了人才集聚发展的优势。近年来,在国家人才强国战略的推动下,东部地区利用人才集聚发展的先发优势,进一步加快人才建设步伐,纷纷提出到2020年本地区人才建设新目标。北京市提出建设成为世界一流的"人才之都";上海市提出探索建立浦东国际人才创新试验区,建设一批海外高层次人才创新创业基地;天津市提出建设成为高度专业化、现代化、国际化的人才聚集交流、教育培训和创新创业高地;深圳市提出把深圳打造成为亚太地区最具创新活力、最优创新环境、最具国际氛围的人才"宜聚"城市之一;江苏省提出把江苏建成全国高层次人才集聚中心、海外英才创业首选之地、高技能人才培育大省,力争建成"三创"(创新创业创优)型人才首选地;山东省提出进入全国人才强省前列等。东部省市人才集聚发展的先发优势和人才建设的新目标,给吸引人才创业带来巨大的竞争压力,对业也落后的贵州人才资源开发利用形成了巨大的挑战。

在东部地区人才集聚发展给贵州人才资源开发带来巨大压力的同时,中西部地区人才建设提速、人才竞争加剧更是给贵州省科技人才队伍建设带来了现实的挑战。四川省提出建成"三高两优一领先"(即人才密度高、人才素质高、人才效能高,人才结构优、人才环境优,人才竞争力在西部领先)的西部人才高地;重庆市提出建设内陆开放型人才高地;云南省提出建成特色领域和优势产业人才聚集中心;广西壮族自治区提出建成西部地区重要的人才聚集区和以面向东盟为重点的区域性国际人才高地;湖北、湖南等省也提出进入全国人才强省行列。不仅如此,这些中西部省份不断利用自身的比较优势,加大人才引进力度,乃至向全球招募高层次人才,人才竞争异常激烈,构建贵州现代产业发展新体系面临的现实挑战和竞争压力越来越大。

总之,潮涌贵州,机遇难得。构建贵州现代产业发展新体系既面临着外部机遇聚合、内部机遇凸显的"双重机遇",拥有比较优势明显、后发优势突出的"双重优势",也面对

人才发展滞后的后发劣势和内外发展带来的挑战。只有抓住机遇,充分发挥比较优势和后发优势,努力应对挑战,尽力克服后发劣势并创造竞争优势,贵州省现代产业发展新体系的战略目标才有可能一步一步逼近,才有可能经过相当长时间的努力最终实现。

(二)构建贵州现代产业发展新体系的战略构想

转变经济发展方式依赖于现代产业发展新体系。构建现代产业发展新体系,目的是在新的先进技术和发展方式基础上全面提升各产业自主发展能力和国际竞争力,这是贵州转变经济发展方式的内在要求。只有紧追产业发展的国际水平,积极构建具有开放性、集约性、创新性、融合性、协调性特征的现代产业发展新体系,才能推动贵州走上产业发展"微笑曲线"[1]的两端,实现各次产业协调发展。

(1)构建现代产业发展新体系符合产业结构调整升级的一般规律

产业结构调整升级最终是构建现代产业发展新体系。世界产业结构调整的一般规律是劳动力以第一产业就业为主转向以第二、第三产业就业为主,尤其是以第三产业为主;GDP构成由以第一产业为主转变为以第二、第三产业为主。理论上,工业化阶段第二产业应居主导地位,经济发展到一定水平后,第三产业应居三次产业的主导地位。大多数发达国家都是遵循这一规律调整产业结构的,如美国、日本等。2010年,美、日两国的三次产业之间的比例分别是1:20.4:78.6和1:29:70。可见,美国和日本已经完成了现代产业发展体系的建设。而2012年中国三次产业之间的比例是10.1:45.3:44:6,贵州三次产业之间的比例则为13.1:39.0:47.9。可见,贵州与全国相比,第二产业不强,第三产业薄弱;与发达国家相比,第一、第二产业比重高,第三产业比重低,距离构建现代产业发展新体系这一目标还有很大距离。贵州应在着力巩固第一产业基础上降低第一产业比重,发展壮大第二、第三产业,提升第三产业比重,最终形成第三产业占经济主体的格局,构建"三、二、一"协调发展的贵州现代产业发展新体系。

(2)贵州现代产业发展新体系的着力点在于战略性新兴产业

全球金融危机后,世界原来的产业格局被打破,各国都把加大科技创新和发展新兴产业作为培育新的经济增长点、实现经济振兴、抢占新的国际竞争制高点的重要突破口,力求使本国经济走出低谷。各国新一轮产业革命将改变人类生产和生活方式,推动形成新的产业链及市场,并将成为推动世界经济发展的主导力量。

美国在全球金融危机前,最大的两个产业是建筑业和金融业,美国现有的在建房屋和空置房屋可以支持美国两年的住房销售,同时,美国金融业也受到了巨大冲击,支持美国经济增长的两大产业被击碎,产业结构面临着深度调整。日本在一系列危机后也遇到了同样的问题,其他发达国家和一些发展中国家也同样面临着产业结构调整的问题。中国产业结构面临的问题和挑战更大,亟须更快地调整。

---

[1] 微笑曲线的定义:微笑嘴型的一条曲线,两端朝上,在产业链中,附加值更多体现在两端,设计和销售,处于中间环节的制造附加值最低。微笑曲线中间是制造(生产);左边是研发,属于全球性的竞争;右边是营销,主要是当地性的竞争。当前制造产生的利润低,全球制造也已供过于求,但是研发与营销的附加价值高,因此产业未来应朝微笑曲线的两端发展,也就是在左边加强研展创造智慧财产权,在右边加强客户导向的营销与服务。微笑曲线有两个要点,第一个是可以找出附加价值在哪里,第二个是关于竞争的形态。

目前,产业结构调整的关键动力是战略性新兴产业的崛起,全球即将进入以知识为基础,以资讯和生物科技为主导,以新能源、新材料、微电子、生物科技、通信、电脑、机器人等为主要内容的创新密集和产业振兴时代。因此,党的"十八大"报告关于着力构建现代产业发展新体系等表述,为构建贵州现代产业发展新体系指明了发展方向,也就是说,贵州现代产业发展新体系的着力点在于战略性新兴产业,重在加强人才培养引进和加快科技自主创新。

(三)构建贵州现代产业发展新体系的战略任务

构建现代产业发展新体系是党中央根据国际市场需求结构新调整、产业格局新变化和科技进步新趋势,科学分析我国经济发展新阶段新特征后提出的重大战略任务,对优化产业结构、加快经济发展方式转变具有重要导向作用。以此为参考,构建贵州现代产业发展新体系的战略任务是加快产业结构调整,深入实施创新驱动战略,加快创新创业人才聚集,着力构建以现代农业为基础、现代工业为主导、战略性新兴产业为先导、先进制造业为支撑、服务业全面发展的现代产业体系,推动各次产业协调发展,促进发展方式转变,使贵州经济发展更有质量、更有效益、更可持续,努力增创经济跨越发展新优势。

五、构建贵州现代产业发展新体系的政策建议

(一)构建贵州现代产业发展新体系的经验借鉴

1. 国外建立现代产业体系的实践

由于资源约束、产业条件、文化传统等的差异,不同国家形成了各具特色的现代产业体系。

美国是世界上市场经济最发达的国家。美国是全面发展的大国经济的典型模式,一、二、三产业协调发展,高度发达。服务业拥有庞大的增加值贡献能力和就业吸纳能力,在美国 GDP 贡献中达到了 66.5%,吸纳了 65% 以上的劳动力就业。尽管 2008 年金融危机打破了虚拟经济发展的神话,但仍然不可否认,美国产业发展对于其他国家,尤其是对包括中国在内的发展中国家具有重大的启示意义。

日本现代产业体系的形成是在经济发展的不同阶段适时制定不同的产业政策来保证产业结构的升级和优化的。"二战"结束至今,日本根据其社会经济发展的现状以及国际产业格局的变化制定了若干产业结构政策,适时地实施产业结构调整政策和产业组织政策,逐步推进产业结构的演进和升级,最终形成了比较科学合理的产业体系。日本现代产业体系形成过程的一个显著特点是在市场机制作用下通过各种产业政策的适时调整来实现的。

韩国形成了以高新技术制造业和高级服务业为主要特征的现代产业体系。在韩国产业结构调整和现代产业体系构建过程中,最突出的特点就是生产性服务业和制造业的互动双赢。以生产性服务业促进制造业内部结构升级,同时先进制造业的发展又催生生

产性服务业产业和服务的创新,这也是韩国现代产业体系发展较快的重要原因。

德国制造业高度发达,其制造技术、车辆技术保持了世界领先地位,机械制造、汽车制造、电器和化学工业是德国经济的四大优势部门。瑞典、丹麦等北欧国家由于国土面积小、人口少,经济规模普遍不大,产业门类也不全,据此,北欧各国审时度势,集中有限资源发展少数优势产业,通过深耕教育及研发,在信息通信、生命科学、生物能源等高新技术产业,以及林业造纸、造船工业等传统产业领域具有强大研发实力。❶

从发达国家构建现代产业体系的过程来看,发达国家的现代产业体系具有诸多的共同特征。一是产业发展的高端化,服务业占 GDP 的比重一般都在 60% 以上,三次产业趋向融合,生产性服务业和信息技术高度发达。二是产业发展的低碳化,产业发展是在资源高效利用、环境有效保护相协调的条件下实现产业的可持续发展,从而培育产业的持久竞争优势。三是产业发展的技术化,突出表现为高新技术产业的迅猛发展以及高新技术对传统产业的改造,整个产业体系日益高技术化发展,高新技术产业比重较高。四是产业发展的集聚化,发挥产业集聚功能,提高产业集中度,培育形成大型企业集团,是现代产业发展比较显著的产业组织手段。产业集聚要求避免同类企业同质化,遍地开花、恶意竞争,应按照各个区域的产业规划,在一定的产业组织政策指导下,引领企业协作,延长产业链,拓宽产业幅,增强产业的核心竞争力。五是产业发展的国际化,发达国家充分利用全球资源发展壮大自己的优势产业,形成产业链优势。在全球经济一体化大背景下,将各国的产业发展纳入国际产业的分工体系,充分利用国内外有利的资源和市场,推动产业向价值链的高端上移,形成具有核心竞争力的产业体系。

2. 构建贵州现代产业发展新体系的国际经验启示

从国外建立现代产业体系实践来看,许多有益的经验启示可供借鉴:第一,构建现代产业发展新体系是一个较长时期的过程,而政府有效的产业政策可以缩短这一过程。构建现代产业发展新体系是与工业化进程紧密相连和相互协调的,从发达国家现代产业体系完善的过程来看,完成工业化可以看成现代产业发展新体系建立的重要标志,这一阶段的产业结构调整缓慢,主导产业相对稳定;而且,政府产业政策对推动和引导这一过程起着重要作用。

第二,构建现代产业发展新体系是产业整体水平提升的过程,而不是某个产业、某几个产业转型升级。具体表现在:一是产业结构不断演进,最后形成“三、二、一”的高端产业结构,其本质是沿着产业层次上移的过程,是有竞争力的重要体现。二是产业技术创新和管理创新协同推进,形成了高新技术、高附加值的产业发展新体系。以自主创新推动产品或服务在产业链条的上移过程,产业链条的高端就意味着主导和控制着产业发展方向。

第三,产业发展需要重视与资源环境相协调,实现产业发展的可持续性。美国、英国、日本等先发国家都遭遇过重化工业发展对资源的过度采伐和对环境的大量污染。这些先发国家在付出沉重的代价之后,特别重视节能减排和环境保护。例如,目前美国钢铁工业的连铸比达到 97.1%,钢铁生产和加工过程中 95% 以上的水已实现循环利用,空

---

❶ 阚功俭. 北欧国家全球竞争力研究及启示[J]. 生产力研究,2004(12):139-140.

气和水体污染物的排放量下降了90%以上。

第四,按照现代产业体系形成过程的驱动因素划分,发达国家或地区现代产业体系的形成基本可分为创新驱动型发展模式和产业政策主导型发展模式。美、德等先发国家现代产业体系的形成是典型的创新驱动型发展模式;日、韩等后发国家则是典型的产业政策主导型发展模式,产业政策引导了这些国家产业结构的转型升级和主导产业的动态更替,加速推动了现代产业体系的形成。

3. 国内部分省份构建现代产业体系的经验借鉴

从国内粤苏鲁浙等国内先发地区的实践来看,相关经验值得借鉴。

第一,从实际出发,因地制宜,构建与本地经济发展相适应的现代产业发展体系。如广东省充分利用自身有利优势,初步建立以发展现代服务业(物流业、金融业)、先进制造业(装备制造、船舶制造)、电子信息等高新技术产业为主体的现代产业体系。

第二,制定系统、明确的产业发展规划。从粤苏鲁浙等地的产业发展政策可看出,构建区域现代产业体系时,要以整个区域为目标规划,从全局出发,制定明确、操作性强的发展目标和具体措施,促进省域内部产业结构整体的升级。如广东省为避免区域内部产业发展雷同出现恶意竞争的现象,其现代产业体系的发展规划明确了地区内部产业发展的重点,实行优势互补、错位发展。

第三,制定具体的保障实施措施。构建现代产业发展体系需要人力、技术、资本的大量投入,如广东省出台的构建现代产业体系意见中明确把培养和吸引优秀人才、自主创新、加大资金投入作为具体实施措施。另外,相关配套的政策实施也是建立现代产业发展体系的坚实后盾,如山东省在发展现代农业、生产性服务业时均明确制定了相应的政策,诸如设立财政的专项基金为企业提供信贷支持,税收优惠、土地政策等。可见,构建区域现代产业发展体系时,要有具体的政策保障措施加以扶持,为构建现代产业发展新体系创造良好的政策环境和市场环境。

从国内外具体实践来看,构建贵州现代产业发展新体系的模式选择近期应以产业政策主导型发展模式为主,积极融入创新驱动发展要素和提高自主创新能力;通过10年左右的产业集聚再实施以创新驱动型发展模式为主的现代产业发展新体系。需要说明的是,这里新体系的“新”并非重新构建一套产业发展体系,而是在贵州原有产业体系基础上加以完善和创新,融合和创新现代产业发展业态,着力推动贵州现有产业向产业链的高端上移,引领贵州高新技术产业和战略性新兴产业持续发展和转型升级,完善贵州现代产业发展体系,重点推动贵州产业结构和就业结构实现协调发展。

(二)构建贵州现代产业发展新体系的发展定位和战略目标

1. 构建贵州现代产业发展新体系的发展定位

构建现代产业发展新体系的最终目标是构建一个三次产业结构更加合理,服务业比重提高,传统产业得以技术改造,自主创新能力不断提升,综合竞争力显著增强,各次产业互为支撑、共同发展的产业生态系统。基于此,构建贵州现代产业发展新体系的发展定位是:利用后发赶超的战略机遇期,坚持工业强省和城镇化带动主战略,以建设“四基地”(全国重要的能源基地、资源深加工基地、特色轻工业基地、以航空航天为重点的装备制造基地)为动力,借此不断增强自主创新能力,着力提升基础保障能力,大力实施优势资源转化战略,积极发展新兴产业,培育特色优势产业集群,推动产业结构优化升级,进而实现产业结构与就业结构的有机统一,构建特色鲜明、结构合理、功能配套、竞争力强的现代产业发展新体系,使之成为西部地区产业发展和区域经济的重要增长极。

2. 构建贵州现代产业发展新体系的战略目标

近期目标是:到2017年,基本建成“四基地”,完善农业基础设施确保农业基础地位,做实工业园区着力做强工业,重点发展现代制造业,积极发展现代服务业,加快聚集创新创业人才,通过工业强省战略做足工业、城镇化带动战略减少农村人口,力争使产业结构水平接近或达到全国平均水平,第一产业就业人口在58%以下,第二、第三产业就业人口逐步提高,推动农业转移人口市民化进程,产业结构与就业结构的不一致现象得到一定缓解。

中期目标是:到2021年,以同步小康为动力,着力完善“四基地”,加强农业基础地位,做强第二产业,做实第三产业,产业结构更加合理,夯实“三、二、一”产业结构体系的产业基础,实现经济增长与转型升级互动并进,力争使产业结构水平与全国平均水平保持一致,第一产业就业人口在50%以下,第二、第三产业就业人口超过第一产业就业人口,推动更多的本省农村劳动力稳定就近就业创业,产业结构与就业结构的不一致现象得到较好缓解。

长远目标是:到2030年左右,基本建成“三、二、一”产业生态系统,产业结构持续优化,力争使产业结构水平达到东部地区2020年的平均水平,第一产业就业人口在30%以下,第三产业就业人口在50%以上,人口空间分布更加合理,产业结构与就业结构初步实现协调发展。

(三)构建贵州现代产业发展新体系的政策建议

由于不同地区具有不同的产业发展优势,故其具有不同的产业转型任务。不同地区要根据本地的区位优势、基础设施、人力资源、自然资源和科技水平等资源条件,营造适应产业结构调整与产业转型升级的配套环境,培育区域经济发展和区域竞争力的产业支撑。而具有区域比较优势和后发优势的贵州,构建包括传统产业在内的贵州现代产业发展新体系,是培育新的区域经济增长极、促进产业经济与区域经济融合发展和实现“四化”同步发展的需要。因此,课题组提出贵州现代产业发展新体系的政策建议是一种指导性、方向性的,供贵州各级政府制定相关产业发展政策之参考。

1. 利用国家政策支持,制定区域产业发展规划,加快产业转型升级步伐

充分利用国发2号文件及相关区域发展规划给予贵州及有关区域的政策支持,遵循国际产业转移的客观规律,有效承接国际产业梯度转移与推动国内区域产业转型,充分发挥市场作用,综合运用经济、法律、技术及政策手段,根据贵州产业发展优势,制订区域产业发展规划,明确产业发展重点行业和重点领域,延长产业链,拓宽产业幅,加快产业升级;同时,依据贵州产业发展实际,构建现代产业发展综合评价指标体系,合理规划区

域产业转型，实施产业转型的分类服务工作，推动产业有序转型。优化黔中经济区产业布局，推动黔中经济区“四化同步”发展，加快产业结构转型升级，把黔中经济区打造成为贵州省特色优势产业集群和产业基地，率先在黔中经济区实现产业结构与就业结构的良性发展，成为全省产业结构调整和优化升级的示范区。

2. 加快发展贵州现代农业，转变农业发展方式

加快农业科技创新，切实加强农林水利基础设施建设，调整农业生产结构，转变农业发展方式，实现“农业产业化、产业特色化、产业生态化”的现代农业转型升级，推动农业劳动力转移进程。一是积极做好农村土地确权工作，完善农地收益分享机制，提高农地征用补偿标准，保障农民土地征收权益，保护农民土地合法权益。二是大力发展农业专业合作社，积极发展优质农业和农产品加工业，培育新型市场经营主体，发展多种经营，构建集约化、专业化、组织化、社会化的新型农业经营体系，提高贵州现代农业经营水平和市场应变能力。三是发挥贵州植物资源优势，依靠农林科学技术力量，按照科学原则合理调整优化农业产业布局和产业品种结构，适时根据市场变化调整农产品品种品质结构，逐步改善种植结构，重点发展贵州绿色农业，提高农业产业品质，打造贵州农业产业品牌，通过农业产业结构的主动性调整保障贵州粮食及主要农产品的有效供给。四是加快发展生态农业，确保和做实农业基础地位，以发展现代生态农业为主攻方向，发展壮大农业产业化龙头企业，加快农业产业结构转型升级，促进生态农业健康快速发展。五是转变农业发展方式，鼓励农地向合作社流转和集中，引导农业劳动力向产业园区、新型城镇等区域流动和实现稳定就近就业，逐步减少农业就业人口，有效改善贵州第一产业的就业拥挤现象。

3. 积极加快产业园区建设，促进园区建设管理市场化企业化

产业园区是构建贵州现代产业发展新体系的主要载体，是工业强省战略的主要平台。一是出台政策措施，引导产业向园区集中，积极提高产业园区的产业集聚能力。出台激励产业园区发展的配套措施，加快园区标准厂房建设，鼓励建设多层标准厂房，主动引导工业企业向园区集中转移，形成新的产业集群平台，打造特色优势产业园区，提高产业承接能力和产业配套能力。二是拓宽以企业为主体的产业园区融资机制。推广投融资公司建设管理园区的模式，通过注入资本、财政补贴、配置土地资源、重组平台增加优质资产等方式运作，实行公司化开发运行模式；综合运用政策和市场的手段，建立利益导向机制和收益分配机制，健全投入机制，鼓励和吸引多种投资主体以多种方式参与园区基础设施建设。三是创新产业园区招商模式。围绕承接产业转移积极拓宽招商引资范围，进一步创新招商引资机制，搭建与国际接轨的招商引资新机制；推进招商引资制度化，建立长期稳定的招商引资机制和渠道，明确招商目标责任制，形成政府引导和园区自主相结合共同招商的局面，确保一批优质高效的项目落户园区；推进招商引资的专业化信息化，积极采用网上招商等方式，依托专业中介机构组织开展各类专业化招商活动。四是加强产业园区基础设施建设。不断完善产业园区供电、供水、道路、环保、通信、消防等基础设施，大力发展与产业园区配套的生产性服务业，高度重视以集中供热、热电联产、仓储货运、综合利用为内容的配套设施建设。五是借鉴外地“飞地经济”的经验，与产

业转出地建立利益共享机制。吸引和鼓励港澳特区政府、省外地区各级政府,以及各类投资主体到贵州合作建设产业园区,发展共建共享的“飞地经济”,实行税收收益分成。

4.提升技术自主创新能力,推进新型工业化建设,做到集群发展

面向未来发展和产业竞争,建设一批具有区域影响力的制造基地,做大做强现代制造业和战略性新兴产业,充分发挥先进制造业和战略性新兴产业在优化产业结构中的带动作用。一是树立科学发展理念,提升制造业发展的技术水平。树立“设计开发生态化、生产过程清洁化、资源利用高效化、环境影响最小化”的发展理念,利用市场倒逼机制,加大淘汰落后产能、工业节能减排、资源综合利用等工作力度,大力实施企业技术改造,通过技术改造提升制造业,建立企业技术改造的长效工作机制,推动绿色发展和循环发展,促进全产业链整体升级。二是加快自主创新能力建设,培育和促进企业成长。着眼于优化产业结构,加快实施传统产业技术创新、战略性新兴产业科技成果转化、企业创新能力培育等科技创新工程,强化核心关键技术和共性技术攻关,培育一批拥有自主知识产权和自主品牌的高科技企业;实施中小企业成长计划,加大企业科技投入力度,引导创新要素向企业集聚,提高自主创新能力和就业吸纳能力。三是以产业技术改造为契机,培育高新技术产业的增长点,促进高新技术产业和传统产业的互动发展。坚持新型工业化提升产业转型升级之路,将本地有限的资源(能源)投入到回报率更高的产业,围绕打造白酒、两烟、茶叶、特色食品和民族制药“五张名片”,选择一批骨干重点企业进行全面的高新技术改造,使之成为自主创新科技先导企业,早日形成一批高新技术产业集群;积极促进和利用高新技术及其产品渗透和融入传统产业,增加传统产品的技术含量,加快推进煤电磷、煤电铝、煤电钢、煤电化资源深加工“四个一体化”,提高传统产品的市场竞争力,使传统产业的技术质量、产品结构和产业结构发生质的变化。四是积极打造贵州战略性新兴产业基地。立足贵州资源优势和技术基础,加强政策支持和规划引导,积极推进自主创新和合作创新,加快发展新材料、装备制造、节能环保、信息技术、新能源、软件和服务外包等战略性新兴产业基地,尽快形成产业竞争新优势,打造战略性新兴产业基地。五是发展现代信息技术产业体系。加快电子信息制造业与软件业升级换代和创新发展,集中突破现代信息产业发展的核心关键技术,全面提升产业核心竞争力;推动通信业转型发展,统筹信息网络整体布局,推进三网融合,加快信息网络技术在经济社会全方位应用,深化信息技术的集成应用,充分发挥信息技术产业对区域经济社会发展的支撑能力;加强互联网基础管理,完善网络与信息安全保障机制,健全安全保障体系,确保经济信息安全。

5.积极创造条件推动劳动密集型相关产业发展,做到集聚发展

发展劳动密集型产业是贵州省情的客观要求,是贵州产业发展不可逾越的阶段,也是贵州产业结构与就业结构实现协调发展的现实途径。通过发展劳动密集型产业,完善相关配套产业链,吸引产业跨区域转移,提高产业转移效率。一是认真做好劳动密集型产业发展的规划、协调与推动工作,制定相关的支持性产业发展政策,以中小企业以依托,依靠贵州比较优势加快发展劳动密集型产业的相关配套产业,发展和延伸相关产业链。二是以稳定就近就业为目标,加强对劳动密集型产业发展的资金支持,给予农民就

业的财政支持和信贷支持，缓解农民就业的“融资难”瓶颈，对吸纳农民就业的劳动密集型中小企业实施税收减免政策及其他优惠政策，促进贵州农民更多地实现就近非农就业。三是设立职业技能培训资金，采取多元化培训方式，加强劳动密集型产业就业人员的职业技能培训，尤其是新就近就业农民的职业培训，提高农民非农就业的可雇用性和就业质量，使农民真正享受与城镇居民同等的待遇。四是对具有比较优势的传统劳动密集型工业加快技术改造，大力发展具有技术含量的新型劳动密集型产业，积极发展围绕高科技产业终端环节或外部配套的劳动密集型组装加工业，鼓励发展必须采用人工作业的劳动密集型产业，如蜡染、刺绣、雕刻等手工工艺品生产。五是鼓励贵州主导产业的龙头企业根据自身的产业和产品特点，从上下游产业链延伸中主动寻找关联项目，做大做长产业链，引导产业集聚和人口集聚，实现集聚发展。

6. 加快发展现代服务业，大力发展生产性服务业的业态

优化服务业产业结构布局，大力发展面向民生领域的服务业，推动现代服务业做强做大，完善生产性服务业的业态，积极拓展新型服务领域，构建贵州现代服务业发展格局，使其成为贵州农民转移就业和新增劳动力就业的主要产业部门。一是加快发展现代物流业。完善物流产业发展配套政策，通过引进和培育现代物流企业连接产业园区的各类企业，把中心城市打造成高效的区域性物流中心，提高产品物流效率，降低运输成本，使产品能够快捷便利地派送到订单需求地。二是鼓励省内内金融机构或省外金融机构驻贵州分支机构主动开拓省内转型企业信贷市场。商业银行改革信贷管理体制，完善信贷激励和约束机制，开发一批针对性强、适应承接企业需要的金融产品，建立一套适应省内企业金融需求的简便、快捷、高效的信贷管理制度。三是完善为企业服务的金融体系。提供优惠政策，鼓励省外（含国外）区域性商业银行到贵州大中城市设立分支机构，构建多元化金融市场，进一步健全金融体系；同时积极培育地方性商业银行，为不同的融资需求主体服务，解决中小企业、小微企业、农业合作社及农户融资难问题。四是鼓励有条件的企业发行企业债券。有计划地引导、扶持、鼓励资产规模大、经济效益好、偿债能力强的企业发行债券，支持有条件的企业上市融资，从而提高企业直接融资比重和规模，促使投资主体多元化，为企业发展提供充足的资金支持。五是倡导生态文明理念，积极发展现代旅游业。科学规划和布局风景名胜区等景区景点，精心设计旅游线路，打造贵州精品旅游景区；着力提高现代旅游业发展质量，打造具有贵州特色的旅游产业体系，努力建成国际知名、国内一流的旅游目的地和休闲度假胜地；按照国际化旅游城市标准，分类实施旅游城市服务标准，完善旅游城市服务体系建设。六是大力发展文化产业，力争使文化产业成为贵州产业发展的新增长源。充分利用贵州文化资源优势，积极引导文化产业集聚发展，形成民族文化与历史文化、生态文化融合发展的文化产业发展新格局，加快培育特色文化产业集聚，重点发展民族特色文化产业、新兴文化产业，做大“多彩贵州”等民族特色文化品牌。

7. 探索和开创贵州新型城镇化道路，做到集约发展

以全省城乡发展资源条件、产业动力与环境承载能力为依据，紧紧围绕实现经济社会发展历史性跨越、同步建成全面小康社会这一总目标，依托省会城市、中心城市、大型

交通枢纽和产业集聚优势,牢牢把握“两加一推”的主基调,以建设生态文明先行区为前提,以发展方式转变为主线,以新型工业化为基本动力,把产业园区的规划建设与城市新区的规划建设、产业园区与城市新区和示范小城镇建设有机结合起来,统筹工业化与城镇化、产业结构升级与城镇化的关系,坚持按照统筹规划、合理布局、完善功能、以大带小的原则,规划建设黔中城市群,大力推进贵安新区建设,实施省内差异化城镇发展及人口集聚战略,坚持走符合贵州特色的多民族山区新型城镇化发展道路,带动农村地区生产生活条件的改善,进而推动全省经济社会发展的历史性跨越。一是加强城镇基础设施建设,提升城镇承载能力。以统筹城镇基础设施和各种公用设施的建设、运营和管理及棚户区和城中村的改造为突破点,增强城镇运行的包容性、协调性和安全性,进一步提升城镇综合承载能力;在继续推动城镇经济发展的同时,采取更加有效的政策措施,努力创造更多的就业机会。二是破除人口流动障碍,促进人口向城镇和园区的合理集聚。在推进户籍登记制度改革基础上,全面放开县域内户口迁移政策,降低农民进城门槛,以相对固定工作和相对固定住所为基本落户条件,鼓励农村劳动力就近有序转移;加强农村劳动力转移技能培训、进城务工农民就业指导和权益维护,促进城乡劳动者平等就业、稳定就业。三是加快推动城镇及其邻近地区公共服务均等化,增强人口吸纳力。强化城镇作为城乡基本公共服务体系的节点作用,探索建立贵州农民和农村非农产业向中心镇及其临近社区集中的推进机制。城乡统筹的电力、交通、通信、环保、供水等基础设施建设应与中心镇及其临近社区衔接,教育、医疗、文化、体育、敬老、托幼等公共服务设施要重点向中心镇及其临近社区集中,商贸、流通、金融等社会化服务设施应重点向中心镇及其临近社区布局,以增强城镇及其邻近地区对农村人口的吸引力。四是改革用地管理制度,防止过度土地城镇化。优化贵州土地利用结构,探索节约集约用地的新型城镇化模式;在实行最严格的耕地保护制度的前提下,依法及时提供产业园、重点项目和城镇建设用地;完善农村土地征用制度,严格区分公益性用地和经营性用地,完善征地程序和征地补偿机制。五是创新社会保障机制体制,健全城镇社会保障体系,推动人口就地城镇化和农民工市民化。进一步健全城乡社会保险体系和救助体系,加快推进城镇职工社会保险全覆盖,逐步提高城乡最低生活保障水平;探索建立和完善社会保险和社会救助的城乡衔接制度,使城乡流动人员能够享受基本的社会保障公务服务;探索和健全进城务工人员住房保障制度,使农民工能够通过制度供给和自身努力实现城镇落户。

8.优化产业投资环境,改善贵州现代产业发展的环境

努力打造和优化优良的产业投资环境,为改善贵州现代产业发展环境创造有利条件。一是加快推进以高速铁路和高速公路为重点的现代综合交通网络建设。按照超前发展的原则,进一步完善公路、铁路、水路、航空等各类交通运输体系,营造高效便捷的交通条件,保障出省路网体系畅通,并积极融入全国高速铁路、高速公路等路网,同时加快贵阳国际机场扩容改建(三期)和州(市)支线机场建设,促进铁路、机场、公路互补发展,形成铁路、公路、机场一体化的立体交通网络,加强运输网络内部各种方式的衔接协调和运行效益。二是加快推动市场化建设。联手推动市场化,扩大对内对外开放,消除地区间市场的有形壁垒,积极清理不利于市场自由竞争和要素自由流动的地方性法规和政策,逐步消除各市州市场间的无形壁垒。三是发挥科教在产业承接中的积极作用。鼓励

转让先进技术，大力发展跨区域产业技术创新联盟，完善产业技术创新体系，提升区域自主创新能力；加大对产业园区技术创新体系建设、知识产权运用，以及自主知识产权产业化的支持力度，提高集成创新和再创新能力；支持高等学校提升人才培养与创新服务能力，结合贵州现代产业发展新体系重点办好特色专业，培养产业创新人才。四是搞好社会治安，以优美安全的环境"筑巢引凤"，营造尊商、亲商、安商、富商的投资环境，使企业在贵州健康发展，努力推动中国贵州人才创业首选地建设。五是针对东部地区产业转型特点，加强工业服务性行业的发展，加快信息化建设，健全金融服务体系及法律、信息等中介服务机构，为产业转型提供良好的支持性服务。六是加强人力资本投资，培训高素质人力资源。重视现代产业发展所需各类人才的培训、培养和引进，创新人才开发机制，加大人力资本投资，重视人力资本利用的软环境建设，为构建贵州现代产业发展新体系提供强有力的人才保证和智力支持；加强员工尤其是新生代员工职业技能培训，提高员工就业能力和产业适应能力，为产业转型升级提供高素质人力资源；以消除贫困、促进就业为目标，抓好技能培训、劳务基地建设、品牌推介、服务管理、就业创业扶持等农村劳动力就业培训工作；适应贵州现代产业发展需要，加快农业转出劳动力专业技术培训，推动稳定就近就业。

9. 加快政府职能转变，加快体制机制创新

政务环境竞争力是构建贵州现代产业发展新体系的关键因素，也是决定承接产业转移成败和产业转型升级的关键因素。一是各级政府要加快向服务型政府转变，提升行政效率和服务水平。通过设立"政务服务中心"、招商引资一站式服务等形式，为项目引进、落地、审批、开工建设全过程提供全方位优质服务管理，提高项目履约率、入园率、落地率、开工率、投产达产率；改革审批权限，规范和简化投资项目核准、备案等管理程序，提高行政服务效能；建立公正透明的法制环境，规范市场秩序，认真做好客商投诉调处工作，严肃查处侵害企业利益的行为；按照园区功能定位、空间布局、建设时序，优先推荐产业层次与技术含量高、经济效益与发展前景好、产业化建设条件成熟的项目入园，要高标准严格对污染严重、影响当地生态环境的产业转移的审核，杜绝不符合产业政策、有污染或圈地项目入园、落户。二是加快公共服务体系建设，强化公共服务支撑。鼓励各类社会资金投资建设技术创新、商标、专利代理、产品检验、检测、信息网络、物流中心、原材料市场、金融服务、信用担保、中介评估等公共服务平台，其办公用房免收城市建设配套费；发展跨区域产业技术创新战略联盟，建立完善公共信息、公共试验、公共检测、技术创新等服务平台，规范发展技术评估、检测认证、产权交易、成果转化等中介机构；对符合国家政策规定的中小企业信用担保机构、免收3~5年营业税；加快社会诚信体系建设，建立区域间信用信息共享机制。三是进一步做好大企业大集团的大项目服务工作。抓好重大项目促进和实施，建立健全重大项目报告制度、重大项目协调会议制度、银企联席会议制度；继续推行引进外资和省外资金重大项目协调联络和跟踪服务制度，对总投资达到一定金额（比如2亿）以上的内外资项目实行重点跟踪督办和协调，尽快落成项目投产。

【参考文献】

[1] 国务院关于进一步促进贵州经济社会又好又快发展的若干意见,2012.2.

[2] 2013年贵州省人民政府工作报告,2013.1.

[3] 周权雄.广州构建现代产业体系的现状、问题及对策建议[J].科技管理研究,2010(1).

[4] 郭瑞东.发达国家构建现代产业体系对河北的启示[J].未来与发展,2010(11).

[5] 高黎,聂晓曦.构建现代产业体系的模式与路径[J].经济导刊,2010(12).

[6] 陈雁,吴海贤.贵州产业发展和环境保护的路径选择[J].中共贵州省委党校学报,2011(1).

[7] 刘钊.现代产业体系的内涵与特征[J].山东社会科学,2011(5).

[8] 周权雄.现代产业体系构建的背景条件与动力机制[J].科技进步与对策,2010(1).

[9] 张婷,田忠.工业强省战略下贵州产业结构与就业结构的关联分析[J].中国经贸导刊,2012(2).

[10] 邹红.构建江苏现代产业发展新体系[J].群众,2013(4).

[11] 王国平.发展方式实质性转变与现代产业体系的构建[J].国家行政学院学报,2011(5).

[12] 国家发展改革委关于黔中经济区发展规划的批复,2012.8.

[13] 贵州省人民政府.贵州省城镇体系规划(2012－2030).2012.12.

[14] 王双立.贯彻落实党的十八大精神 构建现代产业发展新体系[J].中共哈尔滨市委党校学报,2013(1).

● 非物质文化遗产的旅游功能及其开发

——以贵州黔北地区为例*

谢　爽　王仕佐

（贵州大学旅游与文化产业学院，贵州　贵阳，550025）

【摘　要】近年来，随着对非物质文化遗产研究和宣传的加强，人们对非物质文化遗产的认识逐渐加深。如何有效地发掘和发挥非物质文化遗产的旅游功能，以旅游开发利用的方式达到其延续传承的目的，成为保护非物质文化遗产的重要途径。遵义市非物质文化遗产承载着丰富的历史文化内涵，是黔北文化的重要组成部分。对其进行深入调查、思考和把握，有着重要的理论意义和现实意义。目前黔北非物质文化遗产的保护面临着许多问题：生存环境变迁、传承断层，以及经费短缺等问题，许多非物质文化遗产处于濒危境地，发掘遵义市非物质文化遗产的旅游功能，借助旅游产业的发展将其推入市场，通过旅游业的发展带动保护工作的开展和传统文化的传承，已成为当下必然的趋势。本文在对遵义市非物质文化遗产基本概况分析的基础上，分析了非物质文化遗产生存自然环境和文化环境的变迁，探讨了在时代背景下遵义市非物质文化遗产的展示、教育、审美、休闲娱乐、体验参与及经济等旅游功能，通过对其非物质文化遗产旅游发展的资源、市场和产品的相关评价，提出了非物质文化遗产旅游开发的可行性，开发与保护并重、可持续性、社区参与及协调合作等旅游开发原则，提出主题街区集锦、文化生态旅游村、旅游商品、节庆、舞台表演和工艺生态园等旅游开发模式，在保护的前提下适度地进行非物质文化遗产旅游资源的开发利用。

【关键词】贵州黔北地区；非物质文化遗产；旅游功能；开发

一、引　言

"非物质文化遗产"作为一个学术概念已经频繁进入我们的视野，但这一概念的缘起却是出于保护文化遗产的现实需要，并经历了从"无形文化财产"到"民间创作"，再到

---

* 贵州省教育厅高等学校人文社会科学研究基地项目（编号：12DJ012），该研究报告为驻贵州大学人口社会法制研究中心期间完成的课题研究成果之一。

作者简介：谢爽，女（1989—　），贵州大学旅游管理专业2014届硕士研究生；王仕佐，男（1955—　），贵州大学旅游与文化产业学院教授硕士生导师。

“人类口头和非物质文化遗产”,最后到“非物质文化遗产”这几个阶段,它的形式包括“语言、文学、音乐、舞蹈、游戏、神话、礼仪、习惯、手工艺、建筑术,以及其他艺术”。[1] 非物质文化遗产是各族人民世代相承、与群众生活密切相关的各种传统文化表现形式和文化空间,既是历史发展的见证,又是珍贵的、具有重要价值的文化资源。近年来,我国对非物质文化遗产的保护力度不断加强,已经建立国家、省、市、县四级名录保护体系,并于2011年颁布实施了《非物质文化遗产法》。同时,如何更好地传承非物质文化遗产也成为我们不断思考的问题。非物质文化遗产是产生于农耕社会的文化形态,在进入现代社会之后,它们赖以生存的农耕社会环境、自然环境都发生了很大变化,特别是随着广播、电视、互联网的普及使全民信息化水平得以提高,许多非物质文化遗产在现代社会中失去了受众基础,面临着被遗忘和逐渐消失的威胁。

贵州黔北是多元地域文化汇集的独特地区,非物质文化遗产项目众多。然而,随着社会经济的发展,只有少数具有生产、生活及民众娱乐性质的项目,还存在着一定的受众,传承保护状况较好,但是大部分项目处于自生自灭的境地。尽管非物质文化遗产的保护已被纳入官方的语境,但民众是非物质文化遗产的受众和传承主体,非物质文化遗产的传承应以服务民众为要旨。目前,黔北的旅游业发展已具有相当规模,文化旅游也受到众多游客的青睐,非物质文化遗产作为具有多种价值的历史遗存也逐渐进入游客的视野。因此,分析遵义地区非物质文化遗产生存空间的变化,探究非物质文化遗产的旅游功能及旅游开发,促进旅游发展和非物质文化遗产保护传承的互动,颇具意义。

二、贵州黔北非物质文化遗产的赋存概况

遵义,古称“播州”,位于贵州省北部,北依大娄山,南临乌江,古为梁州之城,是由黔入川的咽喉,黔北重镇。“遵义”其名出自《尚书》:“无偏无陂,遵王之义。”遵义是首批中国历史文化名城,并以生产茅台酒而驰名中外。遵义东与铜仁地区交界,南与黔东南州、黔南州、贵阳市相邻,西南、西北部与毕节地区、四川省泸州市毗连,北与重庆市接壤。全市共辖两个市辖区、两个市、八个县和两个民族自治县,即红花岗区、汇川区、赤水市、仁怀市、遵义县、桐梓县、绥阳县、正安县、凤冈县、湄潭县、余庆县、习水县、道真仡佬族苗族自治县和务川仡佬族苗族自治县。共辖164个镇、54个乡、8个民族乡、15个街道办事处。[2] 黔北旅游区是大西南旅游的重要组成部分,也是贵州北线旅游的重要支撑。初步统计,全市共有自然生态、人文景观和社会资源3个大类、40个品种、100多个景区(点)。这里有遵义会议会址、四渡赤水遗址、生长着被誉为“生物活化石”的桫椤的赤水桫椤国家级自然保护区、宽阔水自然保护区,以及被誉为“丹霞第一瀑”的赤水大瀑布等。此外,悠久的历史还赋予了遵义市丰富多元的人文景观,文化艺术亦光辉灿烂,有奇绝惊险的仡佬族高台舞狮,有精美的苗族刺绣,有古老神秘的“戏剧活化石”仡佬

[1] 联合国教科文组织:《保护民间创作建议案》,联合国教科文组织第25届会议通过,华盛顿,1989年11月15日。

[2] 中国遵义市门户网站·政务:http://www.zunyi.gov.cn/ch8000/index.shtml。

族傩戏,有流光溢彩的河灯节,有香气浓郁的各式油茶,有独具乡土气息的打闹歌等,使游客大开眼界。目前,遵义市着力打造以红色之旅、自然之旅、茶乡之旅和国酒之旅为主题的旅游产业。

(一)遵义非物质文化遗产的结构及分布

遵义市是多元文化汇聚的区域,非物质文化遗产内容丰富多样。据笔者调查统计,截至2013年,遵义市国家级非物质文化遗产共计有4项、省级非物质文化遗产43项、市级非物质文化遗产83项(因县级的非物质文化遗产名录体系尚未完善,在此未作统计)。

因贵州省级非物质文化遗产分类及遵义市非物质文化遗产分类与国家级非物质文化遗产分类体系不尽一致,笔者以国家级非物质文化遗产的分类为准,将非物质文化遗产分为十大类,即民间文学类、民间音乐类、民间舞蹈类、传统戏剧类、曲艺类、杂技与竞技类、民间美术类、传统手工技艺类、传统医药类、民俗类。以此对遵义市非物质文化遗产进行细分(具体情况见表1)。

表1 遵义市主要非物质文化遗产结构分类及分布

类型(数量)	市区县	主要非物质文化遗产
民间文学(5)	仁怀市(1)	茅台酒的传说
	遵义县(3)	红军菩萨的传说、播州杨应龙的传说、平正仡佬族语言
	桐梓县(1)	桐梓灯谜
民间音乐(6)	汇川区(1)	薅秧歌
	赤水市(1)	船工号子
	凤冈县(1)	凤冈吹打乐
	余庆县(1)	黔北打闹歌
	桐梓县(1)	高腔大山歌
	道真县(1)	仡佬族哭嫁歌
民间舞蹈(6)	余庆县(1)	矮人舞
	遵义县(1)	仡佬族踩堂舞
	习水县(1)	苗族斗脚舞
	仁怀市(2)	采月亮、打杯舞
	遵义市各县、市、区	黔北花灯

续表

类型(数量)	市区县	主要非物质文化遗产
传统戏剧(7)	道真县(1)	仡佬族傩戏
	遵义县(1)	文琴戏
	余庆县(1)	花灯戏
	凤冈县(1)	丝弦灯
	正安县(1)	仡佬族滚龙戏
	务川县(1)	高台戏
	仁怀市(1)	学孔阳戏
曲艺(3)	正安县(2)	围鼓、竹琴表演艺术
	遵义市各县、市、区	黔北说春
杂技与竞技(7)	道真县(2)	仡佬族高台舞狮、仡佬族打蔑鸡蛋
	正安县(1)	五马棋
	赤水市(2)	独竹漂、游氏武术
	务川县(3)	仡佬族抱蛋、仡佬族打欢喜团、仡佬族高台舞狮
民间美术(2)	遵义市区(1)	遵义通草堆画
	湄潭县(1)	湄潭农民画
传统手工技艺(28)	仁怀市(2)	茅台酒传统酿造技艺、后山苗族蜡染技艺
	遵义市区(4)	董酒酿制技艺、遵义鸡蛋糕制作技艺、大娄山藤编技艺、遵义羊肉粉制作技艺
	遵义县(2)	尚稽豆腐皮制作技艺、黄糕粑制作技艺
	务川县(5)	仡佬族麻糖醋制作技艺、百合粉制作技艺、仡佬族采砂炼汞技艺、皮纸制作技艺、大贰纸牌制作技艺
	正安县(2)	油茶制作技艺、墨石雕刻技艺
	湄潭县(1)	仡佬族灰豆腐制作技艺
	桐梓县(2)	桐梓苗族服饰技艺、桐梓蛋画制作技艺
	绥阳县(2)	绥阳空心面制作技艺、旺草竹编技艺
	赤水市(2)	晒醋制作技艺、赤水竹木编造技艺
	习水县(2)	习水土城苕丝糖制作技艺、习水豆制品制作技艺
	遵义市各县、市、区(4)	黔北民居建筑木雕技艺、黔北石刻技艺、黔北民间土酒酿制技艺、油茶制作技艺

续表

类型(数量)	市区县	主要非物质文化遗产
传统医药(2)	红花岗区、汇川区(2)	廖元和化风丹制作技艺、遵义王氏中医推拿
民俗(17)	遵义县(1)	仡佬族吃新祭祖习俗
	遵义市(1)	起房造屋习俗
	湄潭县(2)	湄潭茅坪花苗婚俗、湄潭茶文化风俗
	凤冈县(1)	凤冈茶饮习俗
	余庆县(1)	余庆龙灯
	务川县(1)	仡佬族宝王祭拜
	道真县、务川县、正安县(4)	仡佬族三幺台习俗、仡佬族丧葬习俗、仡佬族婚俗、仡佬族吃新节
	习水县(4)	苗族婚俗、苗族服饰、河灯节、赶苗场
	仁怀市(2)	苗族打牛敬祭习俗、苗族长腰鼓丧葬习俗

由表1可见,遵义市非物质文化遗产类型丰富,分布较为广泛,在各县、市、区均有分布,只是在数量和类型上稍有差异,主要体现在以下方面。

首先是区域文化融合,遵义市地接四川和重庆,历史上受巴蜀文化和荆楚文化的影响,加之当地世居民族独特的历史文化,共同形成了如今具有多元特性的区域文化。与省内相对偏僻的其他地区相比,遵义市处于比较开放的状态。因此,遵义市非物质文化遗产具有形式多样,内容相对兼容的特点。以傩戏为例,傩戏形式多样,分布广泛。遵义市非物质文化遗产之中的仡佬族滚龙戏、道真和湄潭的傩戏、务川的高台戏,以及学孔阳戏等。尽管表演形式上不尽相同,但都隶属于巫傩范围,也在历史上受到过外来文化的影响。

其次是内容通俗,遵义市非物质文化遗产是遵义市人民群众历史精神文化智慧的体现,具有大众性的特点。非物质文化遗产之所以世代传承主要因为和人民的生产、生活紧密相连,贴近普通百姓的行为习惯,被广大的民众理解和接受。黔北花灯、打闹歌、龙灯等内容通俗易懂,语言质朴,充满喜庆色彩,已成为遵义人民喜闻乐见的休闲娱乐形式。

再其次是少数民族特色不鲜明,贵州省少数民族众多,但遵义市主要的少数民族仅有仡佬族和苗族。不比黔东南、黔西南等少数民族聚集区具有鲜明的少数民族特色,经过民族的融合发展,遵义市非物质文化遗产的少数民族特色已逐渐隐去。

遵义市非物质文化遗产历史悠久,是黔北文化的重要组成部分。但面对现实的种种压力,部分非物质文化遗产已处在濒危的境地,完整传承的非物质文化遗产亦逐渐减少。为促进遵义市非物质文化遗产的传承和延续,仍需加强对非物质文化遗产的普查和宣传,深入发掘非物质文化遗产的文化价值、社会价值和经济价值,提升非物质文化遗产的社会地位,更好地运用非物质文化遗产,促进遵义市社会经济的发展。

(二)当前对非物质文化遗产的保护现状

如何有效地保护和传承非物质文化遗产已成为多方关注的重要问题。遵义市文化体育广播电影电视局从 2004 年起开始启动了全市非物质文化遗产申报及保护工作,并专门成立了遵义市民族民间文化保护委员会和市非物质遗产保护办公室,负责保护抢救工程的统筹规划和普查登记等具体操作。2010 年遵义市政协针对非物质文化遗产面临的问题提出了关于非物质文化遗产保护的建议案。目前遵义市已采取多种措施加强对非物质文化遗产的保护,已经或正在采取如下的措施。

首先是加强非物质文化遗产的普查工作,相关部门指派专人负责组织当地专家深入基层,挖掘和发现非物质文化遗产保护项目,掌握非物质文化遗产的数量、分布、价值及保存现状等,由市文化局组织专家评审、分级、分类,做好非物质文化遗产的档案保存工作,并在此基础上加强对非物质文化遗产的保护名录申报。

其次是加强非物质文化遗产的宣传力度,营造良好的保护氛围,地方部厅充分利用报刊、广播电视、互联网等各种媒体,采用各种方式,加强对遵义市非物质文化遗产保护工程的宣传工作,向广大民众普及非物质文化遗产保护知识,增强全社会的非物质文化遗产保护意识,保证全市非物质文化遗产保护工程的全面开展并取得成效,遵义市通过建立非物质文化遗产项目传承基地,以及举办非物质文化遗产展演活动,使非物质文化遗产的保护理念逐步深入人心,如 2007 年,遵义市文化局和电视台共同拍摄完成了 24 集非物质文化遗产电视节目,所涉内容包括我市第二批非物质文化遗产中的民间音乐、民族服饰,以及民风民俗等,并在《直播遵义》栏目中的"遵义印象"播出。

再次是推广非物质文化遗产进校园活动,加强非物质文化遗产保护的教育工作,教育是传承和保护非物质文化遗产的有效途径,[1]尤其是对青少年的宣传教育。将非物质文化遗产带进中小学校园,加强师生对文化遗产的了解和学习,不仅有利于促进非物质文化遗产的保护和传承,还有利于丰富师生的校园生活,形成具有特色的校园文化。遵义市在深入贯彻贵州省"民族民间文化进校园"活动的基础上,将非物质文化遗产的保护和传承活动延伸至校园,受到了师生的欢迎。各中小学积极编写适合当地情况的校本教材,聘请非物质文化遗产的传承人到校授课,已经收到了较好的成效。

最后是充分利用非物质文化遗产,打造地域文化品牌。地方能合理利用好非物质文化遗产资源,加快遵义文化产业发展,打造国内外知名的文化和旅游品牌,使非物质文化遗产成为促进黔北地区经济社会发展的新亮点,使非物质文化遗产在与产业和市场的结合中实现传承和可持续发展,焕发出新的生机和活力。通过建立政府主导、全社会共同参与的工作机制,调动社会各方面的积极性,使遵义市珍贵、濒危并具有历史、文化和科学价值的非物质文化遗产逐步得到有效保护,并得以进一步的传承和弘扬,发挥了积极有效的作用。但是在实地调查中却发现保护策略的落实出现种种问题与不足,非物质文化遗产保护水平仍有待提高,存在改进的空间。

---

[1] 王仕佐. 论高校在地域文化传承和发掘中的作用[J]. 教育文化论坛,2010(5).

（三）遵义市非物质文化遗产的保护现状

遵义市已经制订了非物质文化遗产保护的各项策略，保护工作在全市已铺展开来，保护的方式逐渐多样化。目前，遵义市非物质文化遗产的保护主要有以下几种方式。

（1）档案记录式，通过非物质文化遗产的普查，对相关资料进行记录、整理和归档。目前为遵义市的各县、市、区已经完成了本区域内的非物质文化遗产的普查，逐步完善了相关资料的整理工作，影像、图片、文字及实物等多种记录保存方式并存，建立了非物质文化遗产档案记录工作体系。以道真县仡佬族傩戏为例，傩戏大小形式多达130余种，并因所属教派不同，表现形式复杂多样。道真县文化主管部门加强对傩戏资料的收集和整理，搜集傩面具、道具、乐器、剧本、科仪本600多件，拍摄有关图片万余张，录像带数十个，有力促进了仡佬族傩戏的传承发展。同时，道真县还加强对傩戏传承人的管理和档案记录。据傩戏传承人张邦宪介绍，文化局要求他要时时记录他自己开展的傩戏活动、配给经费的使用情况和有关的传承活动等。通过完善档案记录，仡佬族傩戏传承和保护的基础得以加强。

（2）展馆陈列式，对部分非物质文化遗产进行展馆陈列式保护，期望将其相关资源通过展馆陈列的形式向社会各界展示。如湄潭县傩文化陈列室，常年对外开放，致力于广大人民群众了解傩文化，传承傩文化，保护傩文化。

博物馆在保护非物质文化遗产中发挥着宣传教育的作用，每年的5月18日是国际博物馆日。2004年，博物馆的主题为“博物馆与无形遗产”，2009年的主题为“博物馆与旅游”，由此可见，博物馆可以成为非物质文化遗产与旅游结合的一个联结点。

（3）展演比赛式，以参加节庆、文化演出，以及相关赛事的形式，展示不同形式的非物质文化遗产。这种保护方式多以政府部门为主导，动员非物质文化遗产传承人或相关组织团体参加。以凤冈县脚盆龙为例，作为传统的民族体育项目，曾参加2012年凤冈县春节系列文化活动之乡镇民族民间文艺汇演，并曾在贵州省第七届少数民族传统体育运动会获得表演类金奖，同时在第九届全国少数民族传统体育运动会上获得表演项目二等奖。以舞台展演和比赛的形式传播非物质文化遗产，不仅可以培养更多的受众，而且有利于非物质文化遗产地声誉的提升。

（4）开发利用式，将非物质文化遗产视作具有价值的生产资源，发掘利用非物质文化遗产新的功能价值。“对于那些仍然具有生命力，又有开发潜质的传统手工艺和民间艺术，则可以进行合理开发，以生产性的方式加以保护，这既有利于它们更好地传承与发展，又能体现其价值。”[1]以大娄山藤编技艺为例，将藤编工艺品推向市场的是板桥镇返乡农民工马毅夫妇。他们俩曾在广东某家具厂从事藤编工作多年，2009年返乡后见家乡旅游业发展势头很好，藤编业充满商机，决定留在家乡创业。他们根据市场调查和多年在外工作的经验，整合资源，成立公司，重点开发藤编工艺品，产品一经推向市场，就备受游客青睐。这也引起了政府有关部门的重视，在区镇开展的各种文化旅游活动和特色产品

[1] 李荣启．浅论非物质文化遗产的分类保护［J］．广西民族研究，2006（2）：193－197．

开发中,藤编被作为重点项目推出,并积极给予资金支持。现今,成立遵义市汇川区娄山关藤编协会后,组织开展系列活动,保护和传承藤编技艺。

遵义市非物质文化遗产的展馆陈列式保护、展演比赛式,以及生产开发利用式保护在某种程度上使得非物质文化遗产具有了旅游的功能,这就为非物质文化遗产旅游的发展提供了可能性。

三、非物质文化遗产保护中问题分析

遵义市采用多种方式加强对非物质文化遗产的保护,取得了一定的成效,但有些保护策略在实施层面仍存在突出的问题。加之非物质文化遗产生存环境的变迁,只有少数具有生产、生活及民众娱乐性质的项目,还存在着一定的受众,传承保护状况较好,如油茶制作技艺、绥阳空心面制作技艺及余庆的龙灯和花灯戏等。大部分项目处于自生自灭的境地。在实地调查中,笔者不仅深切感受到非物质文化遗产的魅力,更感受到了其生存发展的艰难。遵义市非物质文化遗产保护工作中存在的主要问题如下。

(一)现代社会生活冲击着非物质文化遗产生存的生态环境

非物质文化遗产传承保护的方式以口传心授为主,注重活态传承。由于受打工潮的影响,农村的很多青年外出务工,剩余的多为空巢老人和留守儿童,致使一些项目的传承后继无人。同时,面对现代社会生活理念的进入,传统的文化形式不堪一击。加之一些非物质文化遗产已丧失最初的实用价值,其传承人也放弃了这一遗产,遑论发展,这些因素严重制约着非物质文化遗产保护工作的进程。以黔北凤冈打闹歌和余庆矮人舞为例,二者都是农耕文化的产物,其初衷也是满足人们劳动和娱乐的需要。由于现代农业生产方式的转变,二者都已失去了生存的文化土壤,原本活跃在田间地头的打闹歌和矮人舞,是人们在劳作和田间休息的一种自然调节方式,随着现代化的进程,劳动工具、劳动方式及劳动观念的改变,现在只能在舞台上回忆似的体略其远久的韵味。

(二)相关部门重视力度不够,民众保护意识淡薄

在我们的调查中,发现许多和我们预想出入颇大的事项,感觉到有关政府部门似乎只是在贯彻执行上级领导部门的要求,在非物质文化遗产项目申报时了解一下当地的非物质文化遗产概况,申报工作结束后也就万事大吉,不求后续连接和完善,只图完成任务,忽视了对广大民众的宣传教育,启发推动,传承保护工作多停留于文化行政部门层面,使得真正的载体并未真正了解非物质文化遗产的现实价值所在,据一些文化站工作人员透露,领导不重视文化工作,办公室有名无实。他们相关人员在基层本来就少,甚至经常被安排去抓与非物质文化遗产无关的工作,这些都严重挫伤了其积极性。

(三)人员不足,资金匮乏,且管理不到位

据有关部门提供的资料显示,政府对该地非物质文化遗产的资金投入有着充足的预

算，但实际并非如此，只不过是在申报工作时的一个仪式。真正从事非物质文化遗产保护的工作人员极少，有时还需要从其他部门借调人员。一些老艺人迫于家庭经济原因和身体状况，虽有心致力于非物质文化遗产的传承，但心有余而力不足。按规定，各级的非物质文化遗产项目传承人都有一定的传承资助资金，但限于财政困难，一些资金并未到位。此外，相关部门对传承人的民间传承活动缺乏扶持，多数是在当地组织的文艺汇演中才安排传承人参加，大都属于门面式的宣传。

（四）非物质文化遗产项目传承人能力有限，创新意识不足

非物质文化遗产是随时代不断丰富创新而传承至今的宝贵遗存，其传承发展不应固守于某个时期。现如今的传承人大多是师徒传承而来，固守于自己的师徒门派。此外，大部分传承人为中老年人，新观念的接受程度偏低。要使传统的艺术技艺得到青年一代的喜爱，必须了解现代青年的兴趣所在，把传统的艺术形式和现代的创新思维相结合，使非物质文化遗产显现出新的生机活力。

非物质文化遗产的保护是一项系统的、长期的工作，遵义市非物质文化遗产的保护仍面临很大的难度，在以经济建设为中心，国家推动文化产业大繁荣大发展的今天，应该以科学发展观为指导，采取合理有效的措施，推动遵义市非物质文化遗产的传承保护与可持续发展。

四、黔北非物质文化遗产的旅游功能

非物质文化遗产是人们在历史的长期生活实践中所创造的文化成果，是根植于农耕社会的文化形态。随着社会时代的变化和发展，非物质文化遗产赖以生存的自然环境和文化环境也发生了巨大变化，进而导致了非物质文化遗产的变迁。

非物质文化遗产并非为旅游而生，但随着其生存环境的变迁和旅游产业的迅速发展，非物质文化遗产当中的部分文化资源已被纳入旅游的视野，非物质文化遗产最初的生产生活性功能逐渐消退，旅游功能逐渐丰富。而并非所有的非物质文化遗产资源都可以被开发为旅游资源，对于有重要价值但难以复制、不可再生且以原始状态存在的非物质文化遗产，要严格保护，确保其生存环境的优化和历史文化价值的完整。而对于可以复制并能够规模经营的非物质文化遗产，只有在科学的指导、规划和管理下，才能进行适度合理的旅游开发。非物质文化遗产中，也只有具备有用性、吸引性、可进入性等特征，才能被称作非物质文化遗产旅游资源。因此，非物质文化遗产旅游资源是指非物质文化遗产中可以对旅游者产生吸引力，可以为旅游开发所利用，具有一定的旅游价值，并能产生经济效益、社会效益和文化效益的部分[1]，遵义市非物质文化遗产资源类型多样，各自具有不同的旅游功能，具有旅游资源开发的潜力。

（一）展演功能

黔北境内的非物质文化遗产内容丰富，具有综合性的特点，是遵义市传统文化生活

---

[1] 梁保尔，马波．非物质文化遗产旅游资源研究——概念、分类、保护、利用[J]．旅游科学，2008(4)．

的记忆。由于远离都市,在相对封闭的环境下使它得以比较完整地保留下来,如民风民俗、方言习语、民间宗教信仰、节庆庙会等,这些丰富的文史资料向我们展示着遵义市社会历史发展变迁的历史轨迹,此外,作为特殊的文化旅游资源,对旅游者来说具有相当大的吸引力,旅游者通过旅游可以从中动态地了解历史、认识历史。作为鲜活的历史文化遗存,遵义市非物质文化遗产承载着原生态的民族文化基因,展示了区域人民生产生活的智慧。挖掘非物质文化遗产资源的文化内涵、探究其文化价值是非物质文化遗产旅游向深层次开发的需求。它能使游客更深入地了解非物质文化遗产所体现出的该民族独具特色的历史文化发展踪迹,从而达到提高非物质文化遗产旅游文化品位,扩大视野、增加知识的良好效果。

(二)教化功能

非物质文化遗产体现着一种社会文化形态,是规范人们思想观念、行为方式的基本力量,有利于社会的和谐,具有和谐的社会价值。非物质文化遗产包含的大量传统伦理道德资源是一种文明的积淀,是基本社会秩序的保障。非物质文化遗产传承的过程,也是个体逐渐社会化的过程,是社会不断走向和谐的过程。遵义市非物质文化遗产蕴含的大量人文知识是伦理道德观念、民间风俗习惯的缩影,所体现的人生礼仪、社交礼节、生活习惯、生产传统是世代相传的民间教化的重要知识来源。通过旅游,旅游者可以真实地认识非物质文化遗产,不仅能增加对历史发展的认识,还可以受到熏陶和影响,达到认知教育的效果。以仡佬族三幺台习俗为例,三幺台的形成与发展有一个漫长的历史过程,是地域自然、历史、人文、物产等相互融合的产物,是仡佬族人民劳动与美食、食俗与礼仪相结合的产物。它的礼仪规范也融入了整个仡佬族的社会生活,是仡佬族人民生活中不可或缺的组成部分。通过发展旅游,将仡佬族三幺台习俗完整的展现给旅游者,不仅使得旅游者可以深入地了解三幺台的历史发展过程,直观地了解三幺台的形式与内容,更使旅游者从中受到敬老爱亲、热情待客等传统道德观的教育感化。

(三)审美功能

遵义市非物质文化遗产大部分保存相对完整,表演艺术类和手工技艺类项目居多,为发展非物质文化遗产旅游奠定了物质基础,其中的工艺品、表演艺术、民族服饰等,是历史上不同时代、不同民族人民劳动和智慧的结晶,展示着各民族的生活风貌、艺术创造力和审美情趣。如桐梓和习水的苗族、务川和道真的仡佬族服饰做工精细,具有浓厚的地方风格和鲜明的特色,既实用又漂亮,具有很高的审美价值。

(四)休闲娱乐功能

黔北一些非物质文化遗产的缘起是因为人们的娱乐生活需要,其休闲娱乐性契合当今旅游者的旅游需求。打闹歌、矮人舞、花灯戏、打蔑鸡蛋、五马棋等都是人们在生产劳动之余所创造发展的娱乐形式。竹琴表演、围鼓坐唱、傩戏等各种偏重于舞台表演的非物质文化遗产如今已是当地民众休闲放松、交友沟通的重要介质。而这些非物质文化遗产的传承多在乡村，伴随乡村旅游者的增多，传统的娱乐方式向他们提供了不同于所谓现代都市的娱乐选择，使他们感受到久违的纯朴的快乐，同时丰富了旅游内容。

（五）体验参与功能

非物质文化遗产为历史学家、民俗学家、考古学家等提供了考察研究的范本，使得他们成为非物质文化遗产旅游客源市场重要的组成部分。此外，非物质文化遗产的活态传承发展性为大众游客提供了共同参与的机会。遵义市的手工技艺类非物质文化遗产除了向旅游者提供精美的工艺品之外，因其多没有技术秘密隐瞒，故而还向旅游者提供了参与学习的机会，如旺草竹编技艺、绥阳空心面制作技艺等。丰富多彩的民俗活动也是旅游者体验参与的重要部分。尽管有些民俗含有宗教信仰的特征，但最初的某些禁忌已逐渐消除。仡佬族的吃新祭祖习俗是为了祭拜祖先而进行的盛大节日，如今，在缅怀先祖之外，仡佬族人民还增加了许多富有民族特色游戏娱乐项目，如打蔑鸡蛋、抱蛋、独竹漂及游氏武术等。2012 年，务川县申报的“务川仡佬吃新节”被列入“中国优秀民族节庆”，并荣获“最具特色民族节庆”称号。务川仡佬族吃新节是务川仡佬族苗族自治县 4 月至 10 月“中国·贵州（务川）仡佬文化旅游季”系列活动之一，吸引了省内外众多游客的参与。

（六）经济功能

非物质文化遗产在历史上各个时期都曾发挥过重要作用，其最初的实用功能已逐渐消退，但随着时代发展，非物质文化遗产成为一种特殊的经济资源，放任不用，显然是一种资源浪费。非物质文化遗产既可以带来直接的经济收益，也可以产生间接的联动经济效益。作为重要的区域旅游资源，通过合理开发利用，进行资本化运作、产业化发展，非物质文化遗产可以形成巨大的文化生产力。同时也可以使传统文化在现代语境中焕发活力。旅游地通过对民间艺术真实地展演、对民俗文化的旅游开发，能更好地提高旅游地的知名度。与此同时，对传统工艺品进行重新设计包装成旅游商品，旅游者购买当地的旅游商品，能对当地产生巨大的经济效益，从而拉动经济增长。大娄山藤编技艺最初多用于传统桌椅等实用性生活用具的编织，随着当地乡村旅游和红色旅游的发展，人们发现了藤编的新的商机。他们根据市场调查和多年在外工作的经验，整合资源，成立公司，重点开发藤编工艺品，产品一经推向市场，就备受游客青睐。这也引起了政府有关部门的重视，在区镇开展的各种文化旅游活动和特色产品开发中，藤编都作为重点项目推出，并积极给予资金支持，谋划实施产业化经营，带动了传统藤编制品转型升级。

遵义市非物质文化遗产本身所具有的历史文化功能与顺应时代发展而产生的时代价值相结合，使其拥有了旅游开发的要素。这一珍贵的历史文化资源应当被更多的人所认知和传承，充分发挥非物质文化遗产的旅游功能，以旅游开发的形式促进遵义市非物质文化遗产的传承和发展，逐渐改变其现在面临的困境，使得这块璞玉大放光彩。

五、旅游开发与非物质文化遗产保护的互动

遵义市的旅游发展是贵州北线旅游的重要支撑,以红色旅游和自然生态旅游为主。2013 年 10 月 1 日至 7 日,遵义市共接待游客 243.3 万人次(占全省接待量的 16.9%),实现旅游综合收入 15.8 亿元(占全省收入的 17.35%),同比分别增长 30.3% 和 32.7%。[1] 随着新农村建设的发展,遵义市的乡村旅游已成为旅游业发展的重要部分。"四在农家"(富在农家、学在农家、乐在农家、美在农家)活动的创建大力促进了遵义市美丽乡村的建设,加之近年来休闲避暑旅游的发展,带动了一批乡村旅游的发展。黔北非物质文化遗产资源丰富(见表 2)。

表 2　黔北非物质文化遗产旅游资源定位

类型	亚类	数量	非物质文化遗产项目	旅游资源类型
民间文学类	民间文学	5	茅台酒的传说、红军菩萨的传说、播州杨应龙的传说、平正仡佬族语言、桐梓灯谜	辅助型旅游资源,本身不具备独立的旅游价值,但可以阐发与之相关的景观或现象
表演艺术类	民间音乐 民间舞蹈 传统戏剧 曲艺 杂技与竞技	29	薅秧歌、船工号子、凤冈吹打乐、黔北打闹歌、高腔大山歌、仡佬族哭嫁歌、矮人舞、仡佬族踩堂舞、苗族斗脚舞、采月亮、打杯舞、黔北花灯、仡佬族傩戏、文琴戏、花灯戏、丝弦灯、仡佬族滚龙戏、高台戏、学孔阳戏、围鼓、竹琴表演艺术、黔北说春、仡佬族高台舞狮、仡佬族打蔑鸡蛋、五马棋、独竹漂、游氏武术、仡佬族抱蛋、仡佬族打欢喜团	观赏型、体验型、参与型旅游资源,感受和体验遵义市的地方文化,参与娱乐活动,突出旅游价值
节庆民俗类	节庆聚会与生活习俗	12	仡佬族吃新祭祖习俗、起房造屋习俗、湄潭茅坪花苗婚俗、余庆龙灯、仡佬族丧葬习俗、仡佬族婚俗、仡佬族吃新节、苗族婚俗、苗族服饰、河灯节、赶苗场、苗族长腰鼓丧葬习俗	观赏、体验、参与型,多方位展现遵义市的民俗文化
	社会民俗与信仰崇拜民俗	5	湄潭茶文化风俗、凤冈茶饮习俗、仡佬族宝王祭拜、仡佬族三幺台习俗、苗族打牛敬祭习俗	深层型,营造文化氛围

[1] 数据来源:遵义市旅游局。

续表

类型	亚类	数量	非物质文化遗产项目	旅游资源类型
传统技艺类	传统手工技艺	28	茅台酒传统酿造技艺、后山苗族蜡染技艺、董酒酿制技艺、遵义鸡蛋糕制作技艺、大娄山藤编技艺、遵义羊肉粉制作技艺、尚稽豆腐皮制作技艺、黄糕粑制作技艺、仡佬族麻糖醋制作技艺、百合粉制作技艺、仡佬族采砂炼汞技艺、皮纸制作技艺、大贰纸牌制作技艺、油茶制作技艺、墨石雕刻技艺、仡佬族灰豆腐制作技艺、桐梓苗族服饰技艺、桐梓蛋画制作技艺、绥阳空心面制作技艺、旺草竹编技艺、晒醋制作技艺、赤水竹木编造技艺、习水土城苕丝糖制作技艺、习水豆制品制作技艺	观赏型，容易吸引游客注意，一般开发为旅游纪念品出售
	民间美术	2	遵义通草堆画 湄潭农民画	
知识实践类	传统医药	2	廖元和化风丹制作技艺、遵义王氏中医推拿	体验型，通过感官感受和体验特有的文化氛围或其载体

非物质文化遗产的传承区域大多在乡村地区，与乡村旅游的发展相契合，非物质文化遗产作为重要的文化旅游资源可以丰富乡村旅游的产品层次。旅游者在乡村不只是欣赏自然的美景，更可以感受到淳朴悠久的文化内涵。务川县龙潭村是一个拥有700多年历史的古村寨，也是仡佬族文化保存较好的村寨。2008年龙潭民族文化村开村，将仡佬族的非物质文化遗产项目开发为旅游产品，引入三幺台、吃新节、高台舞狮等传统习俗和表演，改变了以往遗迹观光的旅游形态，吸引了众多旅游者的青睐。

（一）合理的旅游开发可促进传承保护

在经济利益的驱动下，非物质文化遗产愈来愈吸引更多人的关注，加以适当的开发和管理将成为未来的发展趋势，同时，黔北非物质文化遗产保护中面临的众多问题亦可得以缓解，遵义市非物质文化遗产的传承空间和条件日益压缩，若任其自然发展，结果也许导致这些宝贵财富的消失。借助蓬勃发展的旅游经济强大的带动作用，使各方看到非物质文化遗产的有利价值，增强保护非物质文化遗产的自觉性，不失为一条有效的途径。当然，非物质文化遗产的保护不能单纯依赖旅游发展，不当的旅游开发可能加速非物质文化遗产的变异和消亡，“保护为主、合理利用”的原则必须加以坚持。

黔北非物质文化遗产内容丰富，构成了遵义市辖区文化旅游资源的重要组成，在现实的旅游开发中，很多非物质文化遗产处于被忽略的尴尬境地，而少数已经开发利用的非物质文化遗产却未能避免商品化、庸俗化等问题。如何合理有效地开发遵义市的非物质文化遗产旅游资源，并转化为被旅游者乐意接受的旅游产品，是地方政府及相关部门亟待思考的问题。

(二)强调黔北非物质文化遗产旅游开发的关键

非物质文化遗产的旅游开发应当以非物质文化遗产的有效保护为前提,并通过合理的旅游开发促进非物质文化遗产的保护和传承。在旅游开发过程中,我们应尽可能弱化旅游对非物质文化遗产的负面影响,强化旅游经济的带动作用,努力实现旅游开发与非物质文化遗产保护的双赢,在旅游开发中我们应遵循以下原则。

首先,要开发与保护并重,目前非物质文化遗产的保护更多停留在文化事业层面,而旅游开发要为旅游者创造可供消费的旅游产品,居于产业经济的层面。旅游开发的介入本身已改变了非物质文化遗产的某些初衷,要想获得旅游经济的发展,必须对非物质文化遗产进行合理的再创造。同时,非物质文化遗产因其脆弱性必须得到合理的保护,为旅游开发提供基础的旅游资源。将旅游开发和非物质文化遗产保护置于同等重要的地位,以此才能促进非物质文化遗产旅游的发展。

其次,要以可持续性发展为前提,可持续发展(sustainable development)是指既满足当代人的需求,又不损害后代人满足需要的能力的发展。换句话说,就是指经济、社会、资源和环境保护协调发展,它们是一个密不可分的系统,文化环境保护是可持续发展的重要方面。可持续发展的核心是发展,但要求在保护和传承、提高文化素质和资源永续利用的前提下进行经济和社会的发展,非物质文化遗产旅游资源是其进行旅游开发的基础,非物质文化遗产旅游的持续发展必须以非物质文化遗产的保护和持续发展为前提。在旅游开发中,慎重选择适宜开发的非物质文化遗产,"将有价值的原始状态、不可再生、不能复制的非物质文化遗产,与可以复制并能够规模经营的非物质文化准确区分开来。对于前者要严格保护,确保其历史文化价值的完整和生存环境的优化;而对于后者,则可以在正确指导和科学规划与管理下,进行适度开发和利用"❶。对非物质文化遗产的滥用,可能会带来旅游经济的短期繁荣,但最终会加速非物质文化遗产的消亡和旅游经济的倒退。保护好非物质文化遗产,才能吸引旅游者的到来,促进非物质文化遗产旅游的持续发展,反之,非物质文化遗产也可以得到持续的保护。

再次,要强调社区参与,从社区的角度考虑旅游目的地的建设,以社区的互动理论指导旅游区的总体规划和布局,通过优化旅游社区的结构提高旅游流的效率,谋求旅游业及旅游目的地的经济效益、环境效益和社会效益的协调统一和最优化,社区旅游为寻求实现旅游业可持续发展提供了一个新途径。

在旅游学界,早在20世纪70年代,已经有学者开始从社区的角度探讨旅游发展过程中社区居民的参与性问题,20世纪90年代以后,西方旅游学界对旅游发展中的参与性问题更为关注,国际著名旅游学术刊物《旅游研究年鉴》(《Annals of Tourism Research》)、《旅游管理》(《Tourism Management》)都开办了专辑对社区旅游进行讨论,使相关研究出现了一个新的高潮。非物质文化遗产是在社区内传承发展的文化旅游资源,其旅游开发应强化社区民众的参与,赋予民众应有的话语权。非物质文化遗产旅游开发涉及多方利益相关者,旅游企业、政府、学者、社区居民等,而作为传承主体的社区居民多居于弱势地

---

❶ 国务院:《国务院办公厅关于加强我国非物质文化遗产保护工作的意见》,2005年3月26日.

位，忽略社区的参与，非物质文化遗产旅游就缺乏其本身的文化内涵，影响旅游的持续发展，打击居民保护非物质文化遗产的积极性。在旅游开发中，必须注重传承人、非物质文化遗产受众群体，以及社区传统文化爱好者等的参与，将他们纳入旅游决策和利益分配的机制，使其发出应有的声音。

最后，还要注意协调合作，非物质文化遗产旅游开发涉及各管理主体的利益，因此必须遵循协调合作的原则，在开发过程中协调各方利益关系，本着互利共赢的目标加强合作，共同促进非物质文化遗产旅游的发展，此外，不同非物质文化遗产传承的区域之间、企业之间及旅游管理部门之间的合作，共同打造非物质文化遗产旅游品牌，塑造区域文化旅游形象。

（三）加强对非物质文化遗产旅游资源的宣传和保护

目前遵义市已基本完成了对区域内非物质文化遗产资源的普查工作，并纳入了相应的保护计划当中，但当前的保护更多的是静态保护，对非物质文化遗产新的旅游功能认识尚不充分。一些已经得到利用的非物质文化遗产也多以本地文化演出或比赛的形式出现，其旅游效应不明显。因此，应对非物质文化遗产保护工作人员及传承人进行旅游相关知识的宣传和培训，使之了解非物质文化遗产在旅游市场中的重要作用，并积极地参与非物质文化遗产的旅游开发。此外，还要界定合适的非物质文化遗产旅游资源，因为并非所有的非物质文化遗产都可以作为旅游资源。以傩戏为例，傩戏中包含有部分传统民间信仰的内容，有神秘的巫傩色彩，这些内容可能与主流文化色彩不相容，且传承人也不愿说明其中的奥秘，对此，旅游开发时，我们应注重对傩戏中传统戏剧和技艺的展示，保留其固有的神秘色彩，使之成为吸引旅游者的亮点。

（四）非物质文化遗产旅游开发模式的对策

遵义市非物质文化遗产类型多样，其中以表演艺术类和传统技艺类为主。针对遵义市非物质文化遗产的特点和遵义市旅游发展的现状，遵循相应的旅游开发原则，提出合适的旅游开发模式。

(1) 主题街区集锦模式

遵义市境内的非物质文化遗产分布较为分散，但得益于非物质文化遗产的可移动性，可以采取异地集锦的方式加以集中展示。遵义市区是遵义市旅游市场的集散地，且具有深厚的旅游基础。在非物质文化遗产知名度和美誉度较低的情况下，我们可以依托红色旅游的发展，在遵义会议会址附近的杨柳街（即"红军街"）和捞沙巷集中引入非物质文化遗产旅游资源，开发餐饮产品、娱乐产品等。特色餐饮产品赤水晒醋、油茶、遵义鸡蛋糕、土城苕丝糖、仡佬族麻糖醋、三幺台、绥阳空心面等。娱乐产品可引入具有舞台效果的矮人舞、仡佬族高台舞狮、打杯舞、花灯戏、凤冈吹打乐等，此外，仡佬族打蔑鸡蛋、抱蛋、五马棋等民间游戏项目亦可吸引旅游者的参与。藤编、苗族蜡染、桐梓蛋画制作、旺草竹编等传统手工技艺类项目在制作出售旅游工艺品的同时，可向旅游者展示制作技艺和流程，通过旅游者的参与，深化印象，达到增加收益和传播非物质文化遗产的目的。

主题街区集锦模式可以发挥非物质文化遗产的规模集聚效应，同时减少旅游者的旅游成本。依托遵义市的历史街区改造,主题街区模式可大大减少非物质文化遗产资源的开发成本。但限于旅游者的知识水平和成本限制,可能存在走马观花的游览形式,因此应着重发掘非物质文化遗产的特色性,并通过多种方式的介绍,图画、视频、录音、现场表演等,全面展示非物质文化遗产的发展历程、历史价值、传承现状等。此外,还可通过触屏互动、扫描二维码等,提高旅游者的参与兴致。

(2)文化生态旅游村模式

非物质文化遗产的传承和发展具有地域性,并需要特定的文化空间。遵义市非物质文化遗产的传承区域大多分布在乡间村落,鉴于此,我们可以建立文化生态旅游村,一方面可以保持非物质文化遗产的动态完整性,另一方面又可以使旅游者在乡村文化氛围中增强对非物质文化遗产旅游资源的深入体验。遵义市乡村自然环境良好,近几年进行的"四在农家"建设奠定了乡村旅游的基础。务川县龙潭村是具有700多年历史的仡佬族村寨,尽管拥有"中国历史文化名村"的荣誉,但仍不能避免村寨的逐渐衰落。近年来务川县着重发掘仡佬族文化,大力发展文化旅游,多次在龙潭村举办仡佬文化旅游节,将仡佬族高台舞狮、三幺台、朝天祭祖、打蔑鸡蛋、丹砂文化、特色小吃等集中展示,吸引了众多旅游者的到来。但节事过后,村寨又恢复了衰败景象。因此,建立文化生态旅游村,必须充分利用非物质文化遗产的活态传承性,赋予传承人和当地居民一定的旅游参与权,调动其参与旅游发展的积极性。对于本地内非物质文化遗产旅游资源难以独立支撑的村落,可借助当地其他的特色资源,以旅游资源组合的方式带动非物质文化遗产的旅游开发。湄潭县核桃坝村是以茶文化为主要旅游资源的旅游村落,借此,可以将湄潭农民画、傩戏、茶饮习俗等非物质文化遗产资源开发为旅游产品,融入该村的乡村休闲度假旅游,在宣传当地非物质文化遗产的同时还起到了丰富旅游产品体系的作用。

建立文化生态旅游村,将非物质文化遗产完整地保存在其所属的文化空间,以社区参与的方式既对非物质文化遗产的保护设立了"帷幕",又直接增加了当地居民的经济收入,提升了其社会地位,促进了非物质文化遗产的活态传承。

(3)旅游商品模式

非物质文化遗产旅游的发展必须把非物质文化遗产变成可供旅游者消费的产品,而旅游又往往和购物联系在一起。将非物质文化遗产开发成具有工艺性、纪念性和文化性的旅游商品,不仅可以丰富旅游者的购物内容和选择,还可以对增加旅游者的吸引力。遵义市类型多样的非物质文化遗产可开发为类型多样的旅游商品。傩戏面具、墨石雕刻、旺草竹编、桐梓蛋画、通草堆画、后山苗族蜡染、大娄山藤编等可开发为旅游工艺品;茅台酒酿制、董酒酿制、赤水晒醋、仡佬族麻糖醋、油茶制作、绥阳空心面、黄糕粑、灰豆腐果等可经过适当加工和包装,成为便于携带和保存的特色旅游食品;仡佬族高台舞狮、仡佬族婚俗、花苗婚俗、黔北打闹歌、矮人舞、花灯戏、凤冈吹打乐、傩戏、文琴戏、围鼓等可加工制作成音像制品和旅游宣传画册等,以便于旅游者旅游结束后的宣传和回忆;利用苗族刺绣、苗族服饰制作技艺、仡佬族服饰等,加以适当的改进和创新,兼具实用性,可开发出别具特色的民族服饰和装饰品等。利用非物质文化遗产开发旅游商品,应保持商品的原真性,遵循精品性原则,不过分夸大商品的公用和技艺,同时结合市场需求加以适当的创新,开发出具有地方特色并具有吸引力的旅游商品,以此增强遵义市非物质文化遗产旅游发展的竞争力。

(4)节庆模式

节庆活动因其短时的聚集性和参与的多样性,可成为宣传地方特色和旅游的文化名片,有助于塑造地方旅游形象,如傣族的泼水节、苗族的鼓藏节,以及北方的春节庙会。在现代旅游发展中,借助节庆活动,凝聚当地的民俗风情,已成为招商引资、进行经济文化交流和旅游推介的重要平台。遵义市2012年推出了一系列旅游节庆活动,如湄潭赏花采茶节、温泉主题文化系列活动、第四届仡佬文化旅游节、2012年中国·贵州遵义茶文化节暨凤冈茶海之心旅游节、夜郎文化旅游节、余庆县飞龙湖"万人祈福"活动、乌江美食文化旅游节、赤水独竹漂漂流大赛、长征文化节等,不仅展示了遵义市旅游资源的多样性和吸引力,也大大提升了遵义市旅游的知名度,极大地促进了遵义市旅游业和相关产业的发展。遵义市非物质文化遗产旅游的宣传推介,可利用传统的节日,春节、元宵节、中秋节等,融合特色民俗风情和娱乐活动,如花灯戏、龙灯、苗族斗脚舞、采月亮等,借助节庆旅游的推动,融入非物质文化遗产的元素,提升其文化内涵。除此,可大力发展遵义的特色文化旅游节庆,仡佬年、牛王节、河灯节、吃新节、名酒节等,塑造特色文化旅游品牌。而节庆活动因其时间性和季节性,所达到的旅游效果可能是短暂的,留给旅游者的印象却是最深刻的。因此,节庆中非物质文化遗产的展示必须具有特色性,且要有一定的参与性,以精品化的产品吸引旅游者。

非物质文化遗产周的举办,也是吸引旅游者的重要方式。现在多地都在"文化遗产日"时期举办当地的非物质文化遗产展演活动,起到了很好的宣传效果。遵义市在2012年举办了部分非物质文化遗产项目的展演,传统的美食和文化受到了众人的关注。遵义市以后可以将非物质文化遗产展示周作为一项文化传统,根据不同的遗产文化主题,力求多方面展示非物质文化遗产资源。这在保护和传承非物质文化遗产的同时,又能带动旅游经济的发展。

(5)舞台表演模式

目前遵义市文化演出旅游产品缺乏,尚未打造出知名的演出品牌,不失为旅游市场的一项空缺。现有的一些小型的文化演出多为公益性的文化事业演出,演员的演出多是行政任务的履行,对旅游者没有多大的吸引力。遵义市表演艺术类非物质文化遗产项目居多,但因传承区域和内容的限制,旅游者难以欣赏。将这类非物质文化遗产资源进行加工和创作,改编为适合舞台演出的舞台剧,不仅有助于改变非物质文化遗产远在深山无人问津的尴尬局面,还以演艺的形式丰富了旅游者的旅游体验。仡佬族哭嫁歌原本是仡佬族姑娘在出嫁前三五天中以歌哭方式告别父母亲人,表达离情别意的一种礼俗,而随着社会生活的变化,哭嫁歌已成为濒危的传统文化。哭嫁歌的传承人也不时会应邀参加一些文化汇演,但演出的内容和形式多是在舞台上坐着进行简单的歌哭,演出效果不明显。对此,可以以哭嫁歌和仡佬族婚俗为素材,展现仡佬族民俗生活,编制具有完整故事情节的舞台剧,打造具有吸引力旅游演出产品。此外,还可以以传统戏剧的形式,编排剧目,融合民间歌舞形式等,创作出形式多样的演出产品。

(6)工艺生态园模式

工艺生态园模式主要适合于传统手工技艺类和民间美术类非物质文化遗产的开发,

在工艺生态园内设置观光游览、旅游购物、工艺学习和参与等活动项目,吸引旅游者亲身参与。遵义市传统手工技艺类非物质文化遗产中比较知名的有茅台酒酿制技艺、董酒酿制技艺、习酒酿制技艺、绥阳空心面制作技艺、大娄山藤编技艺等,这种类型的非物质文化遗产建议创建工艺旅游园区,旅游开发不能停留在一般层次上的观光,而应注重提升园区内旅游产品的开发层次,设计开发一些游客参与性强、互动性强的旅游项目,使游客在参与实践过程中能充分领略到传统民俗文化的内涵,而且在非物质文化遗产的展示上,也应采用现代化高科技手段进行动态的呈现,以丰富非物质文化遗产的内容。工艺生态园模式符合生产性保护的要求,一方面为旅游者提供了参与实践的机会,另一方面又以旅游商品的出售促进了传统技艺的传承。同时,对于技艺中属于"秘诀"而不便公开的部分,应向旅游者进行说明,尊重技艺传承人的自主意愿。政府应实施优惠政策,鼓励旅游企业建立工艺生态园区,发挥其规模优势,更重要的是确保传承人在其中的利益分配,这不仅有利于遵义市非物质文化遗产的保护和传承,同时能促进地方经济的发展。

旅游活动涵盖了食、住、行、游、购、娱六大旅游要素,非物质文化遗产都有六大旅游要素的内涵,这是天生得天独厚的契合,但每一项旅游产品的推出都必须有它的突出主题,主题是旅游产品的灵魂,每个游客都有一个主要的出游目的,一个精神向往,旅游必须首先满足游客这个心理愿望。旅游作为精神产品,它要以游客最大满意度为服务的最高质量目标,因而必须从多个不同的活动中来调动、调整、抚慰游客的心情,因而旅游不能单调、乏味,应是一项综合性的活动,要采用多种活动组合来丰富旅游的内容,使游客得到最大的享受,非物质文化遗产正好为旅游者提供各类产品,同时,旅游又是一种高层次休闲消费方式,是满足人们精神需求的产品,精神需求的指向在很大程度上受历史、文化、政治、经济、地域、时尚等客观环境条件的影响,它是一个动态的向量指标,有很大的不确定性,当一种需求凸显的时候,就要抓紧时机,以现有旅游资源为元素,大力开发适宜的旅游新品种,非物质文化遗产正好可以满足旅游市场的精神需求,在推进旅游业转型升级、向更高层次的发展中,非物质文化遗产扮演着重要角色。黔北地区有非常丰富的旅游资源,特别是非物质文化遗产资源,如何利用好、开发好内涵丰富的非物质文化遗产资源,使之成为迎合旅游市场需要的,并能产生经济效益的旅游产品,是一个值得深入研究的课题。

六、结语

黔北非物质文化遗产的旅游开发利用基本处于原生状态,对其旅游研究成果较少,外界对遵义市非物质文化遗产的了解仍较粗略。举例来说,尽管黔北也是世居民族仡佬族、苗族的聚居地,但遵义市少数民族文化特色的知名度仍不能与黔东、黔东南、黔西南相媲美,侗族大歌、苗族飞歌、鼓藏节等蜚声海内外,这些地区旅游开发研究也不断成熟,旅游吸引力逐渐增强。这就是在非物质文化遗产旅游发展中表现出的"马太效应"。[1] 这种效应会导致处于原生状态的非物质文化遗产旅游发展更加缓慢,使得非物质文化遗产陷入更艰难的境地。

---

[1] 王仕佐.略论"马太效应"与旅游业[J].贵州大学学报.(社会科学版),1999(2).

社区居民是保护和传承非物质文化遗产的主体,非物质文化遗产旅游的发展必须要重视社区居民的主体作用。非物质文化遗产的旅游开发利用不应视为政府、旅游企业的单方行为,社区居民是非物质文化遗产旅游资源的提供者和维护者,是非物质文化遗产旅游持续发展的保障。旅游发展中,应保障社区居民的话语权,并将其纳入合理的利益分配中,以达到旅游发展和社区发展的相互促进。对此,我们认为,黔北乃至贵州政府及旅游相关部门应加大发掘非物质文化遗产旅游资源潜力的力度,提高宣传非物质文化遗产旅游的强度,尽快开发出相应的旅游产品,将非物质文化遗产推向旅游市场,积累优势,使非物质文化遗产得到全面的开发利用,这也是本文的初衷。

【参考文献】

[1]联合国教科文组织.保护民间创作建议案[S],联合国教科文组织第25届会议通过,华盛顿.1989-11-15.

[2]中国遵义市门户网站·政务:http://www.zunyi.gov.cn/ch8000/index.shtml.

[3]王仕佐.论高校在地域文化传承和发掘中的作用[J].教育文化论坛,2010(5).

[4]李荣启.浅论非物质文化遗产的分类保护[J].广西民族研究,2006(2):193-197.

[5]梁保尔,马波.非物质文化遗产旅游资源研究——概念、分类、保护、利用[J].旅游科学,2008(4).

[6]数据来源:遵义市旅游局

[7]国务院.国务院办公厅关于加强我国非物质文化遗产保护工作的意见[S].2005-03-26.

[8]王仕佐.略论"马太效应"与旅游业[J].贵州大学学报(社会科学版),1999(2).

[9]杨毅.黔东南原生态审美文化的特质、价值及开发原则[J].贵州大学学报(社会科学版),2013(3).

● 望谟县人口与计划生育的形势分析与对策建议*

周梅　韩旸
（1. 贵州大学 人文学院，贵州　贵阳　550025
2. 贵州大学公共管理学院，贵州　贵阳　550025）

【摘　要】自1975年望谟县成立计划生育委员会以来，望谟县始终坚持计划生育基本国策，在控制人口过快增长上，虽取得了显著成效，但由于各种因素的影响，人口增长的态势仍较强劲，人口计生工作和其他地区相比仍然存在一定差距。文章在对望谟县人口基本现状和特点分析概况的基础上，着重总结了从“突击运动”到综合管控各个阶段望谟县人口变动的特点、计生工作各个方面的主要成就以及尚存在的问题，并实事求是地对望谟县人口工作的历史经验和现实启示做了客观的归纳和分析，最后就望谟县计生工作的趋势和方向进行了展望，旨在对望谟县人口计生工作更加科学而有效地开展工作有所参鉴。

【关键词】人口；计划生育；存在问题；对策建议

望谟县位于贵州省南部，黔西南布依族苗族自治州东部。东与罗甸接壤，南与广西乐业县隔红水河相望，西隔北盘江与贞丰、册亨毗邻、北与紫云、镇宁相连。总面积3005.5平方千米，辖17个乡镇，161个行政村，2个社区。居住着不同民族，其中世居的有布依、汉、苗、瑶、壮等19个民族。境内属亚热带季风湿润气候，具有明显的春早、夏长、秋晚和冬短的特点，素有贵州“天然温室”的美誉；同时，望谟资源丰富，县内河流属珠江流域西江水系，流域面积2657平方千米，河网密度0.32平方千米；境内富含金矿、铅锌矿、铁矿、锑矿、大理石、玉石等10多种矿藏；这里生物资源丰富，天然树种495种，野生动物种类繁多。据“六普”资料显示，望谟县人口为25.20万人，占黔西南州总人口的8.98%，其中少数民族人口19.89万人，占全县总人口的78.93%。

---

* 基金项目：黔西南州2013年度重大问题调研课题：望谟县人口与计划生育调查研究。该课题获得2013年度重大问题调研课题二等奖，项目负责人为杨军昌教授。

作者简介：周梅（1987—　），女，贵州兴义人，贵州大学中国少数民族经济专业研究生，研究方向：民族经济与社会文化。韩旸（1988—　），女，河北邯郸人，贵州大学法学院研究生，研究方向：人口与区域发展。

一、望谟县人口基本状况及其发展特点

(一)低生育水平状况良好,但人口总量增长迅速

人口数量是一个地区的人口状况最基本的特征,人口数量过多、增长过快对一个地区的社会经济发展、资源环境的利用会产生阻碍作用,同时,人口数量过少,会抑制经济生活的消费和需求,也不利于社会经济的发展。第六次人口普查统计2000—2010年,全国汉族人口增幅5.74%,少数民族人口增幅6.92%,少数民族人口增长幅度已比上一次人口普查时有所下降。在1990—2000年间少数民族增长幅度为15.10%,同上一次人口普查相比少数民族的人口增长幅度降低了一倍多,这说明在全国整体人口增幅减少的情况下,少数民族的人口增长速度也开始放缓。总体来看,望谟县人口自新中国成立后一直呈现增长的势头,已由1950年的11.23万人,增加到2001年的27.12万人。之后,由于人口与计划生育工作的大力开展,人口增长呈缓慢增长之势。从望谟县2001年9月至2013年9月人口自然变动情况(表1、图1)来看,望谟县年平均出生人口数除2004年小有增长以外,整体呈稳步持续下降趋势,同时,出生率和死亡率实现了既定的“双降”工作计划;而死亡率则没有大幅度变动,基本保持在6‰~8‰的范围内。

表1 2001—2013年人口自然变动情况

类型 \ 年份	2001	2002	2003	2004	2005	2006	2007
出生人口数	4694	4599	4723	4539	3825	3628	3737
死亡人口数	1636	1896	1930	1981	2074	1956	2057
年平均人口数(万)	27.12	27.42	27.80	28.45	27.90	27.88	27.88
出生率(%)	17.31	16.77	16.99	15.96	13.71	13.01	13.40
死亡率(%)	6.03	6.91	6.94	6.96	7.43	7.02	7.38
自然增长率(%)	11.28	9.86	10.05	8.99	6.28	6.00	6.03
类型 \ 年份	2008	2009	2010	2011	2012	2013	
出生人口数	3779	3780	3488	3246	2793	2518	
死亡人口数	2252	2191	2088	2139	2109	1904	
年平均人口数(万)	27.39	27.25	27.16	26.69	26.23	25.95	
出生率(%)	13.80	13.87	12.84	12.16	10.64	9.70	
死亡率(%)	8.22	8.03	7.69	8.01	8.04	7.33	
自然增长率(%)	5.57	5.80	5.16	4.15	2.61	2.37	

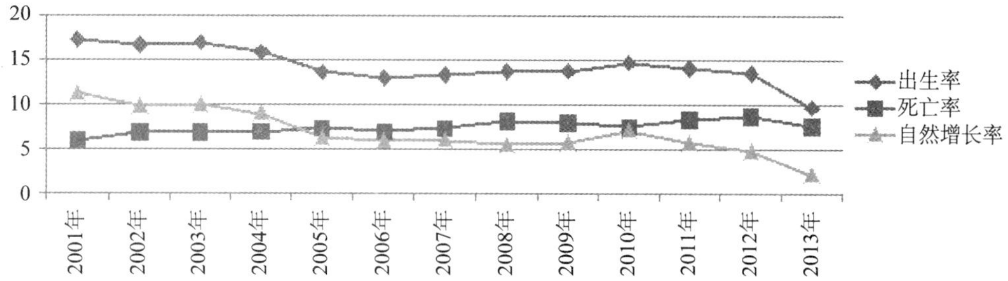

图1 2001—2013年人口自然变动情况(单位:人,‰)

资料来源:望谟县人口和计划生育局

数据显示,自2001年至今,望谟县人口出生率从17.31‰降至9.7‰,降幅为7.6个千分点;自然增长率从11.28‰降到2.37‰,降幅达到8.91个千分点,并且在2004年到2013年十年间保持在10‰以下的低生育水平;死亡率则基本稳定在6‰~8‰,说明该县医疗卫生条件基本满足人民群众的需要,对生命的保护有所加强。可以说在13年的时间里基本实现了计划生育"双降"工作的预期目标。由于人口增长惯性规律的作用,望谟县人口总量仍然呈逐年增长之势,第六次人口普查时为25.20万人,2012年年末为32.11万人,仅仅两年时间增长6.91万人,说明第六次人口普查口径与人口计生统计口径不一致,计生部门为追求低出生率人为修改流动人口信息,导致常住人口总量短期增加,而非人口自然变动引发,即非人口计划失控反弹。但是在稳定的生育水平条件下,控制人口总量的工作还需要进一步完善。

(二)人口素质总体偏低,人力资本相对薄弱

人口质量又称人口素质,是反映人口总体内在的质的规定性的范畴,包括人口身体素质、人口科学文化素质和人口思想素质。鉴于数据的可得性和衡量人口质量的指标的可得性,本文仅从人口科学文化素质方面(即人口受教育水平对望谟县的人口素质)进行分析[2]。根据贵州省第六次人口普查数据,2010年望谟县未上过学的为4.58万人,占全县总人口的18.1%,其中文盲人口占15岁及以上人口在整个黔西南州中最高,比重达24.7%,几乎高出贵州省该项指标的2倍;同时全州大专及以上学历为10.77万人,望谟县仅0.60万人,占全州水平的5.6%(见表2)。

表2 人口受教育程度比较

单位:%

类型	贵州省	黔西南州	望谟县
文盲率	9.50	11.10	18.10
受高等教育人口比重	5.30	3.90	2.50
文盲人口占15岁及以上人口比重	11.40	13.74	24.70

资料来源:贵州省2010年人口普查资料(上册)[M].北京:中国统计出版社,2012.

人口素质的高低与人力资本投资额成正比，要提高人口素质就要加大对学校教育和在职培训的投入。教育的效应是双重的，一方面，人们受到教育后，获得了知识，提高了技能，能够最大限度地将人口资源转化为人力资源；另一方面，人们的文化程度越高，认识事物的程度越深，接受新观念的速度越快，尤其提高妇女受教育程度是推进计划生育工作，稳定低生育水平的一项根本措施，有助于推进政府工作在群众中积极地开展，使人口计生工作顺利进行。

人口的文化素质在很大程度上决定劳动生产率水平的高低。而望谟县人口受教育程度近年来虽然有较大提高，但与省、州平均水平相比总体素质水平仍然偏低，人力资本相对薄弱。因此发展教育，提高人们的文化素质，计划生育必须高度关注人口的受教育问题。从望谟县的具体实情来看，关注失学儿童，关注贫困家庭，千方百计提高人们的受教育水平，已成为推动社会发展的当务之急。

（三）人口结构形势复杂，计生工作难度较大

（1）出生人口性别比例失衡

性别结构是最基本的人口结构之一，主要有两种表示方法：一种是人口的性比例，即分别计算男性和女性在人口总数中所占百分百；另一种是性别比，即男性人口数对女性人口数的百分百，通常以女性人口数为100去计算男性人口数的百分比。“六普”数据显示，2010年，望谟县25.20万人中男性人口12.54万人，占全县总人口的49.77%；女性人口12.66万人，占全县总人口的50.23%，总体人口性别比为99.08，相对贵州省106.31和黔西南州105.50来说，总体水平偏低。

但是，影响人口均衡发展和未来婚姻状况的出生人口性别比，在望谟县都问题突出。所谓出生人口性别比，是指该人口某一时期（通常为一年）内出生的男婴总数与女婴总数的比值，用每百名出生女婴数相对应的出生男婴数表示。它是全国人口普查中的一项重要数据，联合国明确认定了出生性别比的通常值域为103～107之间，其他值域则被视为异常[3]。望谟县“六普”资料显示，该县出生人口性别比因出生孩次顺序的不同差异较大，具体为一孩98.4，二孩119.2，多孩250.0。为进一步说明问题，在此选取2009—2013年的数据加以分析（见表3、图3），从数值上看，相对一孩出生人口性别比相对正常外，且二孩的出生人口性别比涨幅十分明显，处于严重失衡态势。从趋势图看，多孩的出生人口性别比值的高低与二孩关系十分紧密，若二孩的失衡值越大即男孩比例越大，多孩出生人口性别比则相对正常甚至低于正常值，如2012年；反之，二孩出生人口相别比相对均衡时，多孩性别比则会出现严重失衡状况，如2010年和2013年。主要原因是望谟县作为少数民族的聚居区，生育二孩权的情况十分普遍，生育二女的家庭比例相对其他地方要高得多，由于男孩偏好因素，导致超生的性别比严重失衡，当然，通过政策外生育男孩的现象仍占一定比重。

表3 望谟县2009—2013年分孩次出生人口性别比

年份＼孩次	一孩	二孩	多孩
2009	101.3	127.4	152.5
2010	98.4	119.2	250.0
2011	104.4	113.3	100.0
2012	104.0	132.0	71.4
2013	102.3	108.6	175.0

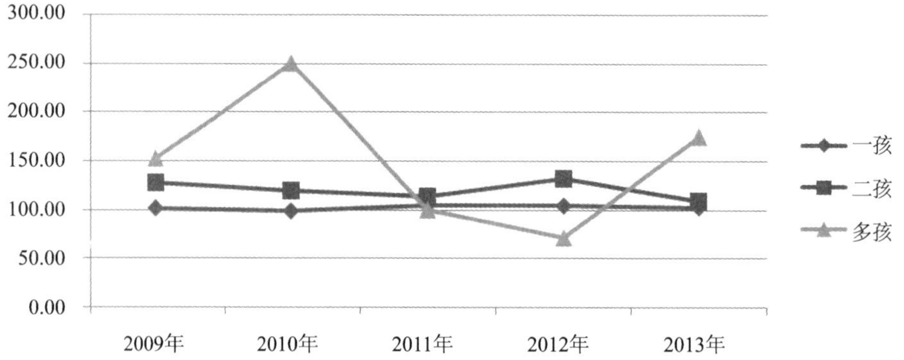

图3 望谟县2009—2013年分孩次出生人口性别比

资料来源:望谟县人口和计划生育局

出生性别比的失调,究其原因,主要是传统的“多子多福”和“不孝有三,无后为大”等观念根深蒂固,且认为儿子才能养老送终,传宗接代。因此不少家庭就会想方设法至少生一个儿子,如有可能,多多益善。如果家庭没有女儿,一般的家庭都会坐视不理,觉得无伤大雅。另外,从生产资料角度看,在产业构成较为落后的望谟县,土地是“三农”最基本的生存资料,而农村土地分配的传统模式,导致了人们的“男性偏好”。与此同时,男女比例失衡不利于婚姻家庭关系的建立和稳固,除了造成最直接、最明显的婚姻挤压问题外,还将造成离婚率的上升,第三者插足现象,单亲家庭等婚姻家庭问题,甚至会引发与此相关的刑事案件的发生,影响社会的稳定与和谐。同时,婚姻市场的不平衡,会导致非婚生育、婚外生育等超生现象的增加,引起生育的无计划性,进而对已取得的计生成果造成威胁。所以,还需从根本上改变群众生育观念,加大“生男生女都一样”的宣传力度。

(2)人口再生产类型逐渐转变

人口年龄结构是一定时点、一定地区各年龄组人口在全体人口中的比重,其基本类型有三种:年轻型、成年型和老年型。按照联合国的传统标准(见表4),年轻型是指0~14岁人口占40%以上的社会;成年型是指0~14岁人口占30%~40%的状态;老年型人口则0~14岁人口在30%以下,而64岁以上人口占到10%以上的情形。1956年,联合国定义65岁及以上人口超过7%为老年型国家;1982年,又提出在发展中国家60岁及以上人口超过10%为老年型国家[4]。

表 4　划分人口年龄结构类型的标准数值❶

年龄结构类型	老年人口系数	儿童少年人口系数	老少比
年轻型	5%以下	40%以上	15%以下
成年型	5% ~10%	30% ~40%	15% ~30%
老年型	10%以上	30%以下	30%以上

根据“六普”数据(表5),望谟县人口年龄结构中老年人口系数和老少比均已超过国际规定的老年型人口数值,但必须说明的是,“六普”中所采用的计算数值均为常住人口数,而未对流动人口这个方面加以考量。流动人口这里一般是指外出务工的流出人口,即处于15~59岁的青壮年人口,并且该部分人口占到常住人口的20%以上,“六普”时,望谟县外出务工人达到6.6万人,其中80%左右为青壮年人口。因此望谟县实际人口年龄结构中老年人口系数应在10%以下,故该县人口再生产类型应为成年型。

表 5　望谟县人口年龄结构类型

单位:%

类型	儿童少年人口系数	老年人口系数	老少比
望谟县	31.80	12.50	39.50

资料来源:《贵州省2010年人口普查资料(上册)》中国统计出版社。

表 6　分年龄人口占总人口比重

单位:%

年龄	0~14岁	15~59岁	60岁以上
望谟县	31.80	55.50	12.50

资料来源:《贵州省2010年人口普查资料(上册)》中国统计出版社。

表 7　望谟县流动人口变动表

类型 时间	户籍人口(人)	常住人口(人)	流动人口(人)	流动人口占常住人口比重(%)
2012年9月	319443	262319	57124	21.8
2013年9月	319377	259521	59856	23.1

资料来源:望谟县人口和计划生育局。

望谟县人口的年龄结构应从县情的实际情况来考虑。从人口普查的相关数据来看,望谟县人口年龄结构中老年人口系数为12.5%和老少比为39.5%两个指标均已经指向老年型社会的人口年龄特征(见表6),但以上两个指标的计算均未考虑到望谟县青壮年外出务工人口的实际:望谟县是黔西南州的贫困县之一,近年来,望谟县农村劳动劳务输

❶　老年人口系数:老年人口在总人口中所占的比例。少年儿童人口系数:14岁及以下的少年儿童人口在总人口中的比例。老少比:人口老年人口数与少年儿童人口数之比例。

出依靠改革开放推动而产生,伴随经济社会发展扩大,该县劳务输出由近到远、由乡外到县外到省外,规模人数呈逐年增长趋势,2010年全县农村劳动力资源为16.97万人(其中剩余劳动力资源9.8万人),劳动力转移就业6.6万人,占资源总数的38.89%,占剩余资源的67.34%,并且外出农民工主要以青壮年为主,平均年龄为25.3岁,年龄最小的16岁,最大的55岁。

由于多数年轻人选择外出务工,使得流动人口规模逐渐扩大,占到常住人口的20%以上,所以,实际的老年人口系数要小于以常住人口为基数计算所得的值,约为10.08%。如此,望谟县老年人口系数和儿童少年人口系数都处在人口年龄结构的成年型阶段,但其老少比偏高的事实不容忽视,这说明人口再生产类型已经逐渐朝着老年型人口类型过渡,同时人口流动几乎为净迁出的状态无疑将对人口计生工作的有效开展带来管理难度大等问题(见表7)。

(3)民族人口比重大

望谟县是少数民族占绝大多数的多民族聚居区。境内主体民族为布依族、苗族,此外还有汉族、瑶族、壮族、回族、侗族、彝族、水族、白族、黎族及其他少数民族。从已有四次人口普查资料[1]看,布依族人口占全县总人口比重一直保持在60%以上;苗族人口所占比重在13%左右。少数民族总人口分别占全县总人口的78.81%、78.23%、78.62%、78.93%,总体规模不断扩大(见表8)。

表8 望谟县少数民族变动趋势

年份	2010年六普		1990年四普		1982年三普		1964年二普	
类型	总人口(人)	所占比重(%)	总人口(人)	所占比重(%)	总人口(人)	所占比重(%)	总人口(人)	所占比重(%)
汉族	53097	21.07	50989	21.38	46285	21.76	27748	21.19
布依族	161457	64.08	153470	64.36	138146	64.96	86605	66.14
苗族	34090	13.53	31095	13.04	27681	13.01	16225	12.39
少数民族	198869	78.93	187548	78.62	166355	78.23	103177	78.81

资料来源:《望谟县志》贵州省望谟县地方志编纂委员会

从1964年的第二次人口普查到2010年第六次人口普查,汉族人口数量虽然变动不大,但占全县人口比重在逐步缩小,而少数民族人口比重相对提高,尤其是苗族在“四普”到“六普”期间所占比重提高了5个百分点,而少数民族总人口所占比重提高了3.1个百分点,达到78.98%。探究其原因:第一,国家对少数民族实施较为宽松的计划生育;第二,民族的民风民俗、生育观念、生育文化起了不可忽视的作用;第三,由于少数民族家庭或子女在生育、求学中享有政策性优惠待遇,因此极少数个别汉族人钻政策的空子,改变民族成分;第四,部分计划生育干部队伍素质低下,没能切实做好计划生育宣传工作,使群众生育观念转变较为滞后,多子多育刚性存在。因此民族人口比重大是全县人口计生工作的主要对象,也是工作难点所在。

[1] 注:贵州省2000年第五次人口普查资料中“全省分地区 民族人口”未统计到县一级。

二、望谟县人口计生工作成效总结与存在问题

（一）工作举措、成效与经验

1. 工作成效

自1975年4月成立望谟县计划生育委员会以来，望谟县人口和计划生育工作在县委、县人民政府的领导下，在县人大、县政协的大力支持下，在省、州业务主管部门的精心指导下，认真贯彻执行计划生育基本国策和《人口与计划生育法》《贵州省人口与计划生育条例》等法律法规，在"艰苦创业、艰苦奋斗、坚忍不拔、坚持不懈"的麻山精神引领下，紧紧围绕控制人口过快增长，降低生育水平，提高人口素质这一核心，加强领导，转变思路，创新方法，完善机制，使全县人口计生工作逐步走向全面、健康发展的轨道。

据望谟县人口和计划生育生局资料显示，截至2012年全县常住人口25.20万人，出生2793人，人口出生率为10.65‰，人口自然增长率为2.61‰，与1975年的36.31‰的出生率和24.93‰的自然增长率相比，可谓发生了历史性的转变。2012年符合政策生育率为96.17%，常住人口多孩率0.43%，政策外一孩占一孩总出生人口数的4.9%，政策外多孩率为0.18%，流动人口符合政策生育率为90.8%，出生人口性别比为107，实现了计划生育工作的跨越式发展。

进入2013年，人口计生工作稳步推进，截至9月，全县共完成长效避孕措施4173例，占任务数的109.82%；二女户长效避孕措施完成263例，占任务的146.11%。

2. 工作开展概况及经验

（1）党委政府高度重视，强化领导、目标责任制。计划生育作为基本国策实施以来，望谟县委、县政府一直高度重视计生工作，使望谟县人口增长进入了有利于可持续发展战略的慢车道轨道。进入21世纪后，结合国家统筹解决人口问题，全省"双降"，全省增比进位等目标，结合望谟县实际，相继出台了《中共望谟县委 望谟县人民政府关于进一步强化人口计生工作确保实现"双降""升位摘帽"目标的意见》《关于调整充实县人口和计划生育工作领导小组成员的通知》《望谟县计划生育依法行政工作实施方案》和《望谟县2013年度县直属部门人口和计划生育综合治理目标的责任的实施方案》等文件，进一步强化各级"党政一把手亲自抓、负总责，分管领导具体抓落实"和县、乡（镇）、村（社区）三级党委（支部）书记抓计生的领导责任制。进一步完善了县四大班子分管（联系）领导包保乡（镇）、县直各部门领导班子成员分别包人口和计划生育工作。2013年，按照"双降""升位摘帽"具体目标，自我加压，确立了以下目标任务：人口出生率控制在11‰以内，人口自然增长率控制在5‰以内，符合政策生育率达到97%以上，全县在动态综合排名确保上升5位，力争上升12位。各乡镇都切实把人口计生工作纳入经济社会发展全局综合决策，不断完善相关部门统筹解决人口问题目标责任考核机制，对人口计生工作执行不力导致严重下滑或突破人口计划责任目标的，严格执行过程问责和"一票否决"制度。上述举措，保证了望谟人口计生工作的良性运行和有效开展。

（2）依法综合施治，形成齐抓共管格局。为全面贯彻落实国家人口计生法律法规和

政策,创新人口计生工作体制机制和手段方法,切实加强基层工作,望谟县以实际经验为基础,建立和完善人口计生行政执法与监督工作制度,建立了《计划生育行政执法责任制》《计划生育行政执法评议考核制度》《计划生育行政执法过错责任追究制度》《计划生育行政执法人员工作规范》《计划生育行政执法公示制度》《计划生育行政执法程序制度》等一系列规章制度,另外顺应政策变化积极探索并制订了适合当地实际的地方机制和方案:《望谟县人口和工作后进促进月调度机制(暂行)》《望谟县人口计生基层群众自治暨诚信计生工作实施方案》《望谟县县级对各乡镇人口计生工作暗查暗访实施方案》《望谟县计划生育依法行政工作实施方案》《望谟县综合治理早婚早育工作方案》等。各乡镇及县直各部门严格按照省、州、县文件精神,把制定落实人口计生利益导向政策纳入相关部门综合治理的主要职责范围,对违反计划生育政策的对象暂缓兑现一切公共民生普惠政策。具体为:人力资源社会保障局注重稳定人口计生机构编制并将辖区内企事业单位用工的计划生育情况纳入监管范围;财政部门切实保障人口计生事业经费投入;宣传部门加强人口计生宣传教育;民族、宗教部门加大对少数民族群众和宗教人士实行计划生育的宣传引导;教育局开展人口计生法律法规知识、生殖健康、青春期教育、早婚早育危害、婚育新风和性健康教育纳入中小学教学计划进行安排,将“控辍保学”等工程作为控制早婚早育的一项基础性工作抓好抓实;其他综合治理单位认真履行职能职责,积极配合好人口计生工作。这种齐抓共管格局的形成,使人口计生工作的政策法规得以贯彻、各项工作得以有效开展。

(3)落实人、财、物投入,健全人口计生保障机制并强化优质服务。计划生育是基本国策,望谟县一直高度重视计划生育工作,在财、物投入保障问题上,成立从“一把手”到育龄妇女自管小组长的工作小组,保障有人办事;加大财政投入,保障有钱办事。

望谟县健全完善以公共财政投入为主、稳定增长、分类保障、分级负担、城乡统筹的人口计生投入保障机制,确保计划生育利益导向政策、计生技术服务机构基本建设、基层网络阵地队伍建设、人口计生经常性工作、计生免费基本技术服务等经费的落实。县级财政投入人口计生事业费增长幅度高于一般性预算收入增长幅度,并逐年递增。据统计,2013年各级投入已到位资金2473.08万元,共支出1520.0534万元,其中,县级人均投入322.47万元,乡级人均投入111.71万元,中央转移支付85万元,在这样的国家级贫困县,党委和政府能够投入如此多经费,可见对人口与计划生育工作的重视程度。

同时,按照创建“省级优质服务合格县”的各项工作标准,望谟县加大乡镇计生业务用房建设,以贷款的方式投入资金解决新屯、乐元、纳夜、蔗香等部分乡镇站房建设;县级财政安排资金用于解决县站和乡镇站的器械设备问题;按“创优”工作对技术人员比例的标准调配技术人员,从人、财、物各方面重点投入,确保“创优”工作达标。并以开展“四优一满意”和解决“想服务、能服务、会服务 ”为工作目标,积极组织计生技术人员参加省、州、县技术业务培训,提升服务能力,现全县已有4个乡镇“四术”不出乡,11个乡镇“三术”不出乡,大大降低了行政成本,也减少了手术后遗症和并发症的发生,基层计划生育服务能力得到进一步增强,服务水平得到较大提高。进一步开展和谐计生工作,为全县6万余人农村妇女生殖健康提供更优质的免费服务。

(4)建立健全和执行利益导向机制。①建立完善计划生育家庭奖励制度。注重运用重大公共服务政策破解人口发展难题，创造有利于人口计生工作的政策环境。各地各部门制定收入分配、项目带动和医疗、社会保障、户籍、劳动、教育、财税等制度和措施，积极从政策上对计生家庭给予优先优惠，让计生家庭优先享受改革发展成果。如获得《独生子女父母光荣证》的家庭、放弃政策内二孩生育的家庭和已落实长效绝育措施的计划生育二女家庭等，都有不同程度的奖励或每月发放保健费。②建立完善计划生育家庭保障制度。对农村独生子女户、二女绝育户，制订有计划生育家庭奖励扶助金、新型农村社会养老保险缴费补贴，低保家庭成员在其享受基本保障金的基础上，每年按照不低于当地农村低保保障标准20%的比例增发补助。对城镇独生子女户纳入最低生活保障，对符合所在地租赁或购买保障性住房条件的，给予优先照顾。③建立完善计划生育家庭救助制度。实施国家特别扶助制度，对独生子女伤残或者死亡的家庭夫妻双方和节育并发症对象，特别扶助金从每人每年领取1200元，提高到不低于2000元，对独生子女死亡的，一次性发放抚慰金3万元。④建立完善计划生育家庭优惠制度。在安排危房改造时给予“农村两户”优先优惠；子女接受教育优先并适度减免费用和高中教育优先享受国家助学金每年不低于1500元；子女报考本县公办高中的给予加10分照顾，参加中、高考被录取的给予不同金额的奖励；扶贫开发提供的资金和物资在帮扶标准基础上提高30%以上；种粮、农机、牲畜繁育和家电下乡等在基本直接补贴标准上提高30%以上；子女报考县内国有企事业单位时给予加分。⑤做好公共民生普惠政策与计划生育利益导向政策的衔接兼容。各乡镇、县直相关部门在制定和实施重大公共民俗普惠政策时，事先征求人口计生部门的意见，对政策外生育户实行暂缓或者降低标准执行，同时对“农村两户”在普惠政策标准基础上适当提高比例。普惠标准随着财政收入的增长逐步提高。

（5）结合民族地区实际，宣教合一。根据少数民族人口占绝大多数的实际情况，望谟县本着全方位、立体式、多渠道、多形式的宣传教育方式，采取一系列措施加大宣传教育力度，确保人口计生政策法规、奖励扶助制度、“双降”工作目标要求和任务等到村到户到组，让群众和干部入心入脑，从而自觉自愿履行计划生育义务，最终实现全县人口计生工作“双降”目标。在公路沿线喷绘计生广告牌、标语和宣传画，在步行街、广场、车站制作国策门、永久性宣传碑和大型广告牌，及每个村、组的醒目位置刷写一定数量的固定标语。开展“计生赶大集”或“三下乡”宣传活动，向群众免费发放宣传单、避孕药具，免费为育龄群众体检、解答群众疑难问题。

值得一提的是，望谟县结合实际开展的一系列早婚早育危害进校园活动最具地方特色且值得推广。该活动由县团委联合教育、计生等部门共同组织开展，包括对14～18周岁的中学生进行早婚早育的危害专题讲座，发放人口和计划生育宣传手册，在校园内开辟计生宣传栏对早婚早育的危害进行宣传，在课堂内对学生进行婚育知识测试及发放早婚早育危害问卷3万份和开展“树立正确婚育观念”征文比赛收回征文300余篇等方面。该活动从源头上预防学生早恋及治理早婚早育现象，通过开展婚育观念进校园活动使全体师生对早婚早育的危害有了更深入的了解，对还未谈恋爱的中学生起到预防作用，对正在谈恋爱的中学取起到敲响警钟作用。教导学生清醒地认识到早恋及早婚早育的危害，为中学生树立正确的人生观、价值观产生很大的帮助。另外望谟县还组建了计生文艺演出宣传队，用小品、舞蹈等形式向各乡镇群众宣传计生政策。在乡（镇）、村（社区）

人员密集场所及醒目位置,布置宣传长廊、读报栏、人口计生宣传栏和人口文化大院。建立人口文化宣传队,适时组织文艺骨干和文艺工作者创作一批教育性强、紧跟时代、群众喜闻乐见的计生文艺作品,开展文艺下乡村,以文艺形式宣传计划生育政策。利用广播、电视、远程教育设施等,建立人口和计生宣传专栏节目,歌颂人口计生工作中涌现出的先进典型,弘扬新风尚。

(6)深入基层、贴近群众。在人口计生工作中,望谟县各乡镇和相关部门牢固树立以人为本的理念,深入基层,贴近群众,深入了解群众的计划生育生殖健康需求,帮助群众解决实际困难和问题。各乡(镇)、村(社区)在充分自愿、相互信任的基础上,通过组建诚信计生小组、签订诚信计生协议等形式,明确群众实行计划生育、履行计生政策的义务,尊重和维护群众的避孕方法知情选择权、生殖健康权,以及获得规定的奖励扶助待遇的权利,充分发挥计划生育协会做群众工作的优势和在基层人口计生工作中的生力军作用,全面推行人口计生基层群众自治和诚信计生建设,实现群众计划生育自我教育、自我管理和自我服务。同时,在工作中,以推行计划生育"村(居)民自治"为切入点,积极夯实基层工作基础,加强基层基础设施和服务网络建设,逐步形成了"两委负责、村(居)民自治、依托协会,群众做主人"的自治机制。目前望谟全县163个村(社区)均推行村(居)民自治,有近2/3的村基本实现了村(居)民自治,推行村民自治的村都有村服务室,充分发挥育龄妇女自管小组长的作用,建立健全了各种表、卡、账、簿,做到人员、任务、报酬、服务、阵地"五落实",基层基础工作进一步得到夯实。

(二)存在问题与原因分析

虽然望谟县人口计生工作取得了前所未有的成绩,也积累和创新了系列工作经验和方法,但从纵向相比,迈出的步伐不够大步有力,工作亮点与绩效闪光点不够明显;与横向相比,近年度的省评、州评结果事实上折射出了与他县的差距。综合而言,可对存在问题作如下归纳。

(1)认识不足,管理体制存在问题。实现人口与资源环境、经济社会稳定协调发展,是我国实行计划生育的基本宗旨。但在实践中,望谟县的部分领导对人口在经济社会发展、"同步实现小康"中的地位、人口"新机制"建设和人口调控的重要性明显认识不足,对人口计生工作的改革和发展方向,对综合治理人口问题没有放在战略的高度予以重视,常态机制建设时抓时停,消极应付上级检查的工作心理时有发生,对计生工作的统筹不够,齐抓共管的整体格局较为松散,导致工作责任落实不到位,工作推进效果不够明显。

(2)基层基础仍较薄弱,计生干部素质亟须提高。虽然每年都在投入人财物力,但毕竟有限,目前多数村没有计生服务室,这就给计生工作带来一定难度。人才方面,乡级人口计生队伍混编、混岗、缺员问题突出,所到镇、村的干部对人口计生工作业务不熟悉,不同程度地存在对人口基础信息掌握底数不清、情况不明,工作思路不清晰、措施不到位等现象。部分乡镇虽有计生站,也配备妇检设备,但无专业技术人才能够操作;具备手术资质且能做上环手术的人才也极其稀缺,甚至结扎都只能送到县城,这些无疑影响了计生工作的有效、高效开展。

(3)早婚早育问题未得到根本解决,流动人口计生工作缺乏特色性的机制建设。由于望谟县交通不便及外出务工人员较多,使得流动人口服务管理和综合治理出生人口性别比漏洞多且缺乏有效手段,成为影响"双降"的重点和难点。政策外出生绝大部分是流出在外生育,或是流出人口怀孕六七个月后返家生育,对流出人口婚育情况掌握不清,没有针对性强的措施解决流动人口管理问题。

(4)优质服务"创优"工作面临基础条件存在刚性制约,工作开展难以到位。由于望谟县属于边远贫困地区,原基础薄弱,经济发展滞后,不少医疗技术人员考进来,却留不住,导致了该县技术人员的紧缺,技术人员的配备上得不到满足。虽然财政资金在不断投入,但依然相对短缺,由于地质等方面原因,在计生站建设上遇到了不可预见的困难和问题,建设的计生服务站中出现了基础超深、设计变更等问题,所建设的多个乡镇计生站面临资金不足的现状。又由于望谟县的地形破碎复杂,多山深谷沟壑纵横,交通建设因之相对滞后,计生工作成本相较他县无疑更加凸显,刚性制约突出,工作难以到位。

(5)村(居)民自治水平有待提高。虽然望谟县的计生网络已建立健全,但在实际工作中,受文化、待遇等因素影响,极少数村人口主任、育龄妇女小组长未发挥作用,有的最基本的数据都不能掌握清楚,导致底数不清、情况不明,个别村计生工作放任自流,基层基础工作仍存在薄弱环节。究其原因,主要有二:一是村级计生专干、计生协会负责人科学文化素质偏低,对计生工作重要性的认识不足;二是待遇相对较差。就望谟县而言,村计生干部的工资县定为800元,繁重的计生任务与相对偏低的工作报酬难免影响工作的态度和热情。

三、望谟县人口与发展的关系与意义讨论

(一)人口与资源环境

人口问题是资源、环境可持续发展的首要问题。自然资源是人类发展和可持续发展的条件和的基础,它包括矿藏、土壤、动植物、水和大气等自然的和生物的潜能。环境,是指"影响人类生存和发展的各种天然和经过人工改造的自然因素的总体,包括大气、水、海洋、土地、矿藏、草原、野生生物、自然遗迹、人工遗迹、自然保护区、风景名胜区、城市和乡村等"(《中华人民共和国环境保护法》)。各种环境要素既是环境的基本组成部分,又是自然资源。环境和资源密不可分,自然资源和环境两者之间是相互联系、彼此作用与融为一体的关系。

望谟县地质构造的特点是:沟壑纵横,群山拔地而起,山高坡陡,悬崖峭壁环生。境内除地震、地陷外,也是泥石流与滑坡的易发区,生态极为脆弱。土地情况主要存在两大问题:一是人均耕地拥有量较高,但耕地质量不高。1982—2010年,望谟县农村总耕地面积增加了5.19万亩,增加15%。但由于农村户籍人口增长过快,高达45.86%,快于耕地面积的增加速度30.86个百分点,因而造成2010年年末人均耕地面积比1982年减少0.35亩。2010年全县农业户籍人口数为30.07万人,耕地121.80万亩,人均占有耕地约4.05亩。全县耕地以中低等质量耕地为主,优质耕地较少,优质耕地主要分布在低山谷坝区;中等质量耕地在全县各乡镇均有分布;劣等耕地主要是分布在境内大

于25度的山地、丘陵坡地。25度以上陡坡耕地为10853公顷,占15%左右,势必造成农村人口耕种困难和土壤的流失与植被的受损。二是土地供需矛盾日渐突出。“十二五”期间,望谟县将实施城镇带县战略,至“十二五”期末,城镇化水平将达到32.6%,随着望谟县城镇化建设需要占用大量土地,人均占有耕地量将逐年下降,土地供给量与需求量之间的矛盾越来越突出。土地供需矛盾将直接制约人民生活水平的提高和生态环境的改善。

在资源有限的条件下,人们为了生存,就会大量掠夺自然资源,加大对自然资源开发利用的频度和强度,使人均资源占有量迅速减少,人口与资源环境的矛盾更加尖锐突出,必须加大人口计生宣传教育力度,引导群众树立晚婚晚育、少生优生、男女平等、少生快富等新型婚育观念。可以说,人口快速增长,单位土地面积上人口数量过多,已成为望谟县喀斯特地区生态脆弱、环境退化的主要原因。随着人口的剧增,消费水平提高,单位土地面积上人口数量超过该区域社会经济,以及资源、环境的承载能力,不仅使部分地方“一方水土难以养活一方人”,而且将将对该地生态环境构成不可弥补的破坏,必须高度重视与警惕。

(二)人口经济社会

关于人口与经济发展的关系,经济学家有着不同的分析和观点,认识上也呈现出一个逐步深化的过程。但总体上,经济发展与人口发展具有密切关系,人口数量、素质、结构和分布等因素,无时无刻不在对经济发展发挥着各自和综合影响。

近年来,望谟县的经济取得了较大的成绩,2012年望谟县生产总值为213729万元,在黔西南州处于倒数第二位,人均生产总值仅8501元,为全州末位,发展水平仍较低。其中,第一、二、三产业比重分别为31.92%、11.71%、56.36%,产业结构需待调整。农村居民人均纯收入3771元,低于全州平均水平4625.23元,人们的生活水平提高不快,没有彻底改变贫困落后的状况。

当然,原因是多方面的,其中人口增长较快是一个不容忽视的重要因素,望谟县的人口增长和经济发展不相适应这个矛盾十分突出,即人口增长较快,使人均资源、能源占有量降低,加上生产力水平的限制,生产、开发上的粗放经营,使得该县的资源储量在不断减少,在一定程度上阻碍了经济的发展。另外,人口的过快增长对人们的生活水平的提高有明显的影响。一个社会的消费水平,由作为消费者的全部人口实际消费的生活资料和劳务的数量和质量来衡量,在既定的生产条件下,人口消费水平同消费资料总量成正比例变化。

人口增长过快需要相当部分资金投入新增人口的消费,从而减少资金积累,用于科学文化教育事业上的投资便相应减少,人民科学文化素质就难以得到提高。反过来,人民科学文化素质低下又将影响望谟县经济产出。虽然望谟县人口素质有较大提高,但由于人口增长过快过多,人民的科学文化水平与实现四个现代化的要求仍相差甚远。

(三)人口与人的全面发展

自然历史赋予人的各种潜能素质的充分发挥;人的个性的丰富完满;人的历史发展

的必然归宿。人是社会的人。人的发展同社会历史的发展相一致，在不同的历史阶段上人本身的发展状况是不同的。要实现人的全面发展，就必须先解决好人口问题，必须立足于本地区人口与资源环境的现状，站在可持续发展的高度上，妥善处理人口、资源、环境与发展之间的相互关系。

目前，望谟县面临的人口问题仍然严峻：第一，虽然“双降”取得了显著的成就，但人口基数大，人口总量多的现状改观不明显；第二，人口科学文化素质低，直接影响着当地政治经济等多方面的发展；第三，出生人口性别比严重失衡多重社会问题难以解决；第四，人口再生产类型正在转变过程中，人口老龄化不可避免。此外，流动人口与贫困问题也是阻碍望谟县实现人的全面发展过程中必须解决的问题。

四、进一步加强人口计生工作，统筹解决望谟人口问题的建议思考

人口问题本质上是发展问题。人类社会的生存与发展决定了人类不会停止向自然界的“索取”。因此，协调人与自然的关系，走可持续发展的道路，并不是遏制人类的需求，而是要在反思以往传统的发展模式基础上，更加深刻地体现以人为本的理念，从满足人的理性需求为基本出发点，使人类在更长远的目标上和更广阔的范围内得到全面发展。可持续发展是人类生存和发展的必由之路。在可持续发展过程中，人的作用至关重要，对人的要求也更具体。适度的人口规模、适宜的人口密度、优良的人口素质和合理的人口结构，将促进人口与经济、社会、资源和环境的协调发展。

望谟县应该在人口均衡发展、人口与资源环境经济社会协调可持续发展的理念下，围绕人口问题统筹解决“双降”与“升位摘帽”等目标，认真分析人口县情，总结人口特点，找准工作方向，采取有力措施，开创人口计生工作新局面，为望谟县经济社会的全面发展，“同步小康”的实现奠定良好的人口环境。

（1）承认落后，着力整改。认清全县“人口计生工作基础差、历史欠账大、群众生育观念落后”的现状，把工作思路和工作方法放在切实加强基层基础，认清人口在经济社会发展、“同步实现小康”中的地位、加强人口“新机制”建设和注重人口调控的重要性，高度重视对人口计生工作的改革和明确发展方向，把综合治理人口问题放在战略，全面推动人口计生工作实现“赶”和“转”上来。严格落实责任制，克服应付上级检查的消极工作心理，切实把各项措施落到实处，县委、县政府做好人口计生部门的坚强后盾，为计生部门开展工作解决实际困难和问题。

（2）进一步加强人口计生机构队伍建设。解决乡级计生办站混编混岗、缺编缺岗等问题，配齐乡级计生协专职副会长和专职工作人员。加强乡、村两级计生协组织建设，不断壮大会员队伍，建立完善协会工作、会员活动等制度，以多种形式充分发挥人口计生群众工作队伍在实现“双降”目标任务中的作用。强化学习培训工作机制，包括对各乡镇主要领导、协管领导和各部门主要负责人的培训、对各乡镇计生办负责人和PIS操作员的业务培训、对各乡镇计生站负责人和技术服务人员的业务培训等，将人口计划生育政策法律法规、优生优育、流动人口管理等作为人口计生工作培训内容，力求全县计生系统人员熟悉并精通业务，全面提升人口计生服务水平和规范管理，强化基层基础应知应会能力，增强履职能力。另外建立人才引进和奖励机制，留住医疗卫生人才，充实当地医疗队伍。

(3)加大宣传力度,转变群众婚育观。通过完善宣传栏、读报栏,制作宣传标语、宣传画,发挥人口学校、会员之家等宣传阵地的作用,开展各种群众喜闻乐见的宣传活动,做好宣传品进村入户工作,使育龄群众对计划生育的法律法规、优生优育、避孕节育知识进一步了解,婚育观念进一步转变,形成科学、文明、进步的婚育观念,营造良好社会氛围,让绝大多数育龄群众自觉履行计划生育,不断提高广大人民群众对计划生育政策的知晓率。

(4)积极探索社会福利事业。当地财政支持力度虽然在不断提升,但与省州及其他发达地区仍存在差距,政府的投入有限,各乡镇政府应该积极探索建立加快人口计生事业发展的融资平台,并鼓励企业、社会团体和个人向人口福利事业捐助。另外,应强化经济调控手段,规范违法生育行为,加大社会抚养费的依法征收力度,然后再将所征收的社会抚养费用于人口计生事业。

如此,望谟县流动人口服务管理和综合治理工作在社会福利事业的支持和资助下,提高基层计生工作者的待遇,增加他们工作的积极性,同时可以将资金用于管理流动人口,尤其是外出务工的育龄妇女方面,解决因不易管理而导致的政策外出生和出生人口性别比漏洞问题。

(5)人口计生资源整合。虽然计划生育工作是"一把手"工程,但实际上是计生部门独自承担,且随着计生机构的更名,工作范围的拓展,人口问题更趋复杂,计生部门被赋予的职权局限和力量限制,使得相当多的管理工作逾越了自身能力。建议计生局和卫生站(院)进一步优化配置资源,全面提升服务能力,将人员、场所、技术、行动等各个方面整合到位,实现技术人员资质合法化、技术及硬件基础设施明显改善,资金充足等。另外计卫中心接受人口计生部门和卫生部门的双线考核,努力使新整合的计卫中心在推进人口计生工作和公共卫生工作中发挥应有的作用。

(6)注重人口文化建设。立足国情,结合地方实际,以科学文化为支撑,加强人口文化建设。在以社会主义核心价值体系引领和谐人口文化建设中,坚持多样性与主导性统一、民族性与现代性的统一、理想性与现实性的统一。紧紧围绕稳定低生育率,统筹解决人口问题而展开,积极做到塑造新风貌与婚育新风进万家相结合,健全新保障与人口计划生育利益导向机制相结合,培养新农民与提高人口素质相结合。积极拓展和大力推进婚育新风进万家活动、关爱女孩行动、新农村新家庭计划、生育关怀行动、幸福工程、少生快富工程等实践活动,大力弘扬"计划生育、优生优育、男女平等、敬老养老、生殖健康、家庭幸福"等为主要内容的新型家庭人口文化建设,努力提高全社会文明素质。以实现低生育水平的稳定、人口素质的提高、人口结构的优化、人口分布的合理引导和人口安全的保障。

同时,还必须强调的是,作为一个人口计生工作相对落后的县,省、州业务主管部门应对之格外的关怀和工作支持,应帮助查问题,析原因,找对策,破瓶颈,以使望谟县人口计生工作后来居上,实现跨越式发展。其中,在考核指标体系上应根据贵州的民族因素作科学、合理的调整。实际上,当前全省、全州实行的增比进位,是以"一刀切"的形式进行横向对比,通过各县市在本年度内各项指标的完成情况进行全省、全州排名,"挂末"的给以黄牌警告。这样的形式忽略了民族地区的实际,如望谟县民族人口接近80%,而国家又对民族人口实行较为宽松的计划生育政策，望谟县多数农村家庭可生育第二个孩子，就不可避免地造成人口出生率随之增高。这又导致望谟县这类民族人口占绝大多数的地区在增比进位中“吃亏”，建议制订适当有别的评判标准，如少数民族地区自己比，和上一年纵向比等，以客观反映民族地区人口计生工作实际，调动积极性，激发正能量，实现新跨越。

此外，随着中国城市化快速的发展，农村男性青壮年劳动力进城打工的数量剧增，广大农村留守的妇女、儿童、老人也作为一个特殊群体备受关注，被戏称为“386199 部队”，38 即妇女，61 指小孩，99 代指老人。望谟县计生工作凸显出的特点及难点，必然与留守人群问题存在密切联系，政府应怀人文关怀之心关注留守人群，切实采取有效措施应对，群力群策为其营造一个友好和谐社会氛围。尤其是立足于加大对农村的投入，实现农业产业化整体升级，完善农业社会化服务，逐步改善农村的生产生活条件，帮助农民致富不离乡；同时，加强农村社会文化建设，强化农村基层行政功能，使各项措施持续落实，吸引有志农村青年回巢发展。唯有结合该县实际关注并切实解决留守人群问题，才能有效改善人口发展综合情况，从而促进望谟县计生问题的解决。

【参考文献】

[1]杨军昌. 区域人口与社会发展问题研究[M]. 北京：知识产权出版社，2009.

[2]裴云. 计划生育政策的历史审视[J]. 忻州师范学院学报，2012(10).

[3]佟新. 人口社会学(第三版)[M]. 北京：北京大学出版社，2006.

[4]贵州省 2010 年人口普查资料(上册)[Z]. 北京：中国统计出版社，2012.

[5]徐晓莉. 计划生育政策实施引发的问题研究[J]. 经济研究导刊，2012 .

[6]李建民，原新等. 中国人口与社会发展关系：现状、趋势与问题[J]. 人口研究，2007.

[7]杨军昌. 贵州少数民族自治地区的人口与可持续发展问题研究[M]. 贵阳：贵州人民出版社，2003.

[8]马正亮. 我国少数民族人口发展状况分析[J]. 贵州大学学报(社会科学版)，2013(3).

● 九三学社帮扶威宁的形式、进程、成效及经验研究

田连伟
(中共威宁县委党校,贵州 威宁 553100)

【摘 要】九三学社中央帮扶威宁的实质是对党的群众路线的科学实践。20 多年来,为实现思想上同心同德,目标上同心同向,行动上同心同行,九三学社中央帮扶威宁的力度在不断增强,并倾心倾力毫不保留,其帮扶程度不仅由浅及深,由点及面,而且在帮扶内容上日益丰富,为威宁后发赶超实现跨越式发展奠定了雄厚的人力、物力、财力,因此,它的帮扶形式、帮扶进程、帮扶成效,以及帮扶经验值得笔者作进一步探究分析。

【关键词】九三学社;威宁;帮扶

九三学社是我国著名的八个民主党派之一,它始终坚持中国共产党领导的多党合作和政治协商制度,致力于中国特色社会主义事业建设,在我国的社会主义革命、社会主义建设和社会主义改革的各个进程中,为发展科学技术、文化教育、医疗卫生等社会主义事业做出了积极贡献。改革开放以来,在邓小平理论、"三个代表"重要思想和科学发展观的科学指引下,九三学社中央更进一步明确了自己的性质、地位和作用,认真履行参政议政、民主监督职能,向中共中央提出了《大西南连片贫困岩溶地区脱贫与振兴经济建设的建议》等重大课题,充分发挥其自身人才和智力优势,积极响应党中央实施科教兴国、可持续发展战略、依法治国方略,开展了全方位、多层次的帮扶活动,为我国老、少、边、贫地区的经济建设和社会发展做出了重大贡献。

一、帮扶背景的概述

正值毕节试验区"三大主题"的开创之际,中央、省、地、市各级部门领导多次深入威宁作实地考察调研,了解到威宁发展落后的主要内容,即经济社会发展严重滞后、人民贫困程度极深、生态环境极差,因此,确认农村贫困、生态恶化、人口膨胀等问题是严重制约毕节地区经济社会全面发展的主要因素。因此,九三学社中央首次以项目支持和资金援助为切入点,针对三个制约因素,揭开了对实验区的帮扶序幕,从此与实验区的经济发展、法治建设、科学管理结下不解之缘,与此同时,实验区的全面发展进入全新的机遇期。

作者简介:田连伟,男,苗族,湖南麻阳人,威宁自治县委党校讲师,硕士。研究方向:区域人口与发展、教育文化等方面研究。

而在九三学社中央对实验区的帮扶过程中，却又侧重于对威宁彝族回族苗族自治县的帮扶，由于威宁自身经济结构的单一、特殊的地形、脆弱的生态环境、薄弱的历史基础，以及现实的社会基础的滞后，使得发展到今天的威宁，整体变化不太明显，到2020年实现与全国同步小康的目标任重而道远，为此，九三学社中央唱响了“同心之歌”，开展了心系民生的“同心工程”建设，与威宁人们一道同心协力共建美好家园，为威宁试点县的政治建设、经济建设、文化建设、社会建设和生态建设注入新的活力。

随着改革开放的不断深入，以及上级各部门对威宁“不离不弃”的大力支持，威宁发展正面临千载难逢的机遇，威宁人们也正把“凝心聚力、苦干实干、攻坚克难、勇于争先”的威宁精神贯穿于威宁经济发展的全过程，践行着党的群众路线。九三学社中央在党中央的号召下，在坚持“不脱贫、不脱钩、脱贫不断线”的帮扶原则上，长期地深入威宁开展帮扶工作，为威宁经济社会发展作出了重大贡献，获得了威宁人们的一致好评，它的帮扶形式、帮扶进程、帮扶成效及经验值得我们深入地探究与总结。

二、帮扶的形式分析

根据帮扶的逻辑关系，可分把帮扶为直接帮扶和间接帮扶。从帮扶的基本含义看，它具有帮助扶持，即替人出力、出主意或给以物质上、精神上的扶持、帮助之意。而九三学社给予威宁的帮扶形式却不仅层次清晰、形式多样，而且内容丰富、重点突出。

首先是九三学社中央给予威宁帮扶的直接性，即帮扶不经过中间任何媒介的，不通过第三者的帮扶形式。直接帮扶可使经济发展之成果直接惠及于威宁人们，起到立竿见影之功效，20年来，九三学社中央给予威宁社会、经济、文化、教育、医疗等领域的物力、财力、人力的大力支持，物资支持直接关乎威宁人民们的民生，财力支持给予威宁经济社会的全面发展，人力支持赋予威宁人们的思维更新和技术的全面推广，极大地增强了威宁人的凝聚力和自信心，鼓舞了威宁人的劳动积极性。

其次是九三学社中央给予威宁的间接帮扶，间接帮扶是指在与既定对象发生关联的时候，必须借助一个中间媒介才能产生关联的，没有中间媒介就不会产生关联的帮扶形式。积极出谋划策，帮助厘清发展思路是给予发展的指南针，而发展思路的承载体是人的本身，我们都知道，人具有能动性，即改造世界的能力，因此威宁人们首先转变自身发展思路才能适应社会的发展，进而推动社会发展，而作为威宁人民的领导者，却是威宁人民的切身利益的集中体现，积众人之智慧，所以他们所制定的规划关乎威宁经济社会发展的前途命运。也正如三国时期孙权的名句：“天下无粹白之狐，而又粹白之裘，众之所积也。夫能以驳致纯，不唯积乎？故能用众力，则无敌于天下矣；能用众智，则无畏于圣人矣。”就是对此精辟的概括。

美国著名行政学家L. D. 怀特认为行政领导有决定重要政策之功能，即发表必要命令和指示；协调组织内部关系和活动；授权下级处理具体事务；控制财务的管理；任免工作人员；监督、控制并考核工作行为；处理对外公共关系八种功能。全国政协副主席、九三学社中央主席韩启德，九三学社中央历届副主席徐采栋、黄其兴、洪绂曾、邵鸿、贺铿、从斌等领导，先后多次到威宁县考察调研，同时还邀请国家相关部委领导和知名专家帮助威宁厘清发展思路，描绘发展蓝图，并且九三学社中央先后委派九三学社中央主任科员张红喜、社会服务处处长马树林、社会服务处干部张于牧到威宁自治县挂任副县长及县长助理来直接负责威宁的帮扶工作,这不仅是继名人之理念的历练者,也是五千年中华民族传统的再现,更是历史发展潮流的先头兵。他们不仅做到直接密切联系群众,深入基层,做好帮扶对象的调查工作,同时,给帮扶工作奠定了领导层的坚强后盾,给威宁人接受帮扶发展以坚定信心,使得帮扶工作真正得到顺利开展落到实处,惠给予全体威宁人。

近年来,九三学社中央间接接帮扶的力度得到进一步加大,先后举全社之力,组织了九三学社上海市委、九三学社河北省委、九三学社广东省委、九三学社浙江省委、九三学社江苏省委、九三学社福建省委6省市九三学社组织,多次深入基层开展对口帮扶工作。为威宁自治县和九三学社中央增进友谊,搭建了帮扶的桥梁。使得帮扶的工作不仅得到纵向的深入开展,而且横向的帮扶渠道更加宽广。截至目前,九三学社中央给予威宁直接投入和间接投入资金共计3.87亿元,重点实施"智力支持、改善民生、生态建设、示范带动、助推发展"五大工程49个项目,其内容之丰富,范围之广泛。因此,根据九三学社中央对威宁全面发展帮扶的内容不同又可分为以下几种。

(1)智力支持帮扶。九三学社中央以智力支边方式,重点对威宁教育、医疗卫生、农业科技等技术人员进行培训。①是培训医生、中小学教师、农技人员1万余人次。②是帮助威宁17所中小学与江苏等8省市17所中小学校结成帮扶对子。③是九三学社"同心·智力行·企业行"活动为威宁九三中学捐赠价值4.5万元的图书1800册,捐赠书包以及学习用品230余份。企业家捐赠价值20余万元的笔记本电脑45台。④是2012年九三学社南通市委向中水镇中水中学捐赠了价值10余万元的图书1600册、捐赠2.1万元体育用品,奖励21名优秀学生每人1000元;⑤是新课改有序推进,成绩斐然。2009年,九三学社中央首选五里岗中学(2009年6正式命名威宁县九三中学)、池那中学、中水中学及威宁二中作为实验学校,通过县教育局精心组织实验校领导及派遣教师多次外出调研,积极向刘坚主任、郑琰主任、马树林处长、王毅主任等专家学者请教,以及綦江县课改专家对新课改在现场调研指导,使得四所中学的新课改成效逐渐显现,激发了随后18所中小学的欣然加入,它们的加入让课改队伍变得日益强大,学生的受益量逐年增加,教学效果日趋明显。以威宁九三中学教学效果为例:新课改使得组织机构更加完善,师职才能充分发挥,学生个性完美展现;2010年,学校获"威宁县教育教学目标考核"三等奖,2011年被评为"毕节地区普及实验教学示范校""威宁县普及实验教学示范校",2012年被威宁县评为新课程改革"示范校",校团委被评为"五四红旗团总支"。这些奖的获得与新课改密不可分,是新课改给教师们提供了施展才能的平台,是新课改给予教师们锻炼的机会,是新课改激励教师们投身教育的热情。通过新课改,九三中学中考成绩较往年有较大进步。2010届、2011届为传统课堂,2012年接受半年的新课改教育,2013年为全新的第一届课改毕业生,通过四年的中考成绩比较可看出:课改后600分以上11人,500~600分和400~500分的学生数分别比前3年高出一倍。以2009届和2013届毕业生的语文和数学科进出口成绩的生长值比较,2013届语文课生长值平均增长9.54,2009届为-2.97,2013年生长值较2009届增加12.52;2013届数学生长值平均增长6.845,2009届为-3.44,2013年生长值较2009届增加0.28。当然,其他学校的新课改同样取得不同程度的效果,它不仅促进学校开发了学生的智力,而且增强教师课改课堂教学的信心。归根结底,是与领导的关怀、自身的努力,以及九三学社中央帮扶推动紧密相连。

(2)改善民生帮扶。全国政协副主席、九三学社中央主席韩启德高度关心对威宁民生工程的帮扶,并提出为威宁自治县打造“无贫困白内障盲患县”的目标,坚持以“扶贫济困、讲求实效”为原则,九三学社开启对威宁县,①“亮康行动”。2007 年 8 月 15 日,为威宁自治县 50 名白内障患者免费做了复明手术。2010 年九三学社中央组织了河北、山东眼科专家为威宁自治县贫困白内障患者免费实施复明手术 940 例。2012 年成功引进香港亮睛慈善基金会投资资金 166 万元建立威宁县眼科中心,为威宁县 1620 名白内障患者免费做了复明手术。捐赠了价值近万元的《新农村卫生健康手册》加强卫生健康教育,深受全县广大患者的好评,赢得社会高度赞誉;②抗旱救灾。2010 年和 2012 年九三学社中央情系威宁灾区,共捐赠抗旱救灾资金和抗震救灾资金 40 万元。帮助威宁人们恢复生产和灾后重建。③教育捐助。64.5 万元援建威宁县九三中学,帮助九三中学和黑石中学配置基础教学设备,韩主席个人捐赠《中国大百科图书》一套 74 卷、价值 31800 元的小提琴两把等,倾力帮扶九三中学改善办学条件:④援助基础设施建设。2000 年,在县城投资 2 万元修建示范性生态卫生旱厕 10 所、沼气池 10 口。通过九三中央协调国家农业部,2011 年投资 5850 万元在威宁县修建沼气池 2.6 万口;投资 2 万元兴建草海镇西海村图书室,并为此捐赠了价值 1 万多元的图书;向威宁县捐赠价值 10 万港币的图书 2000 册,充实图书的数量与质量;投资 2 万元修建草海镇卫生室,并为其增添了相应的硬件设施。⑤帮扶农业水利工程建设。通过九三中央协调国家水利部投资 2.99 亿元,解决 47.1 万人的饮水工程等;在九三学社中央的大力支持下,全县民生工程得到大幅改善。

(3)生态建设帮扶。生态文明建设是“五位一体”建设的重要内容之一,关乎我们整个中华民族的发展,因此,在九三学社中央和各级组织的关心帮助下,首先是草海湿地生态环境综合治理项目得到了国家有关部委的高度重视,九三学社中央协调国家林业局投资 1030 万元治理草海保护区。其次是协调争取农业部 500 万元草地生态建设国债项目在威宁县盐仓镇凉水沟、麻乍乡启戛梁子、雪山镇画眉梁子、板底乡板底村和雄英村等处实施。第三是九三学社中央投入资金 44 万元在威宁县草海镇白岩村建养牛小区一个,修建圈舍 24 间 1840 平方米,人工种草 400 亩,集中养牛年存栏 52 头,农户分散养牛年存栏 380 头等,这样不仅推广了高原生态养殖,建立环境友好型生态,而且促进了帮扶对象的养殖业发展,增加农民的收入作出贡献。

(4)示范带动帮扶。九三学社中央示范带动帮扶作用明显:一是实施草海镇大马城村同心新村示范带动项目。2011 年,九三学社中央将草海镇大马城村确定为“同心新村”项目点,投入帮扶资金 35 万元,帮助修建村群众休闲娱乐文化广场,创办了村文化室,组建了村文艺队,帮助指导“千亩现代蔬菜基地”“休闲娱乐度假郊区”等项目建设。二是实施嘎利村九三同心互助会项目。2011 年,九三学社中央捐赠嘎利村互助资金 15 万元,村民自筹资金 15 万元,组建 30 万元资金规模的九三同心互助会。互助会建有会章,自我服务、民主管理,借贷简便,所筹资金主要用于支持发展种养殖业,进而带动周边群众积极参与,有效促进了专业大户的扩增和养殖业的蓬勃发展。

(5)助推发展帮扶。为改善威宁交通运输发展,1999 年年底,九三学社中央协调国家铁道部在威宁县草海站增加铁路股道,由原定的3股道增加为4股道,投入资金1000余万元,增加一条到发线,一条牵出线,使草海站客货到发能力大大提高,满足了近期县域经济提速发展和建设的需要,为内昆铁路威宁草海站提升运输能力发挥了重要作用。2012年8月2~4日,全国政协常委、九三学社中央副主席兼秘书长邵鸿在接见赴京汇报“威宁试点”工作的毕节市委常委威宁自治县委书记杨兴友时,坚定表示,针对威宁提出请求九三学社中央帮助协调解决草海综合治理、威宁机场、威宁至六盘水、威宁至昭通、威宁至宣威高速公路建设等方面的问题,将及时向韩启德主席汇报,积极协调国家发改委等有关部委帮助纳谏,为威宁的交通发展尽一份微薄之力。

(6)东部六省市帮扶。在九三学社中央的组织下,江苏、上海、浙江、广东、河北、福建等六省市九三学社分别与威宁县哲觉镇、中水镇、二塘镇、炉山镇、黑石头镇、金钟镇等开展对口帮扶。这样,帮扶组织不断地增加,帮扶面就越宽,受益的农民就越多。2010年5月,九三学社江苏省委专职副主委叶勇带领专家学者一行到哲觉镇调研,着力于本镇经济发展项目,实地察看了营红、营坪两村鱼腥草、百合、半夏、木香、白术的种植情况,对当地的海拔、气候、土壤、市场营销等基本情况进行了全面调研,并与哲觉镇达成了药材种植帮扶意向,2013年捐赠价值10万元图书1万册帮助哲觉镇中小学改善办学条件;2010年8月,九三学社上海市委调研员王聪带领专家学者一行到中水镇调研,重点以教育卫生帮扶为主,为中水镇仙水小学捐赠了价值13500余元的书包、文具,同时宋园园教授和林洪年专家还对90名中水中学、中水二中和威宁九三中学三所学校的初中英语、语文教师进行为期五天的教育教学培训,2011年选派中水镇卫生院2名医护人员到上海进行培训,社会服务部李国军部长等十位专家学者一行到威宁县医院帮助培训医务人员、组织会诊活动;2010年5月,九三学社浙江省委秘书长马永信带领专家学者一行到二塘镇调研,重点以农业发展为主,实地考察了二塘镇野生油茶林、核桃种植基地、苹果种植基地和养牛场等,现场采集了样本进行研究分析,帮助提出发展建议;2010年8月,九三学社广东省委副主委温洋一行深入炉山镇调研,重点开展以教育、民生帮扶为主,向炉山中学捐款10万元修建多媒体教室,试验种植了20棵油橄榄树,在对畜牧业、种植业和旅游业进行考察调研后,有针对性地提出了地方经济产业发展的建议和意见;在2010年对口帮扶中,九三学社河北省委帮助黑石镇小集镇建设进行详细规划,并提出发展建议等。值得一提的是,2012年10~12月,九三学社福建省委以培养威宁农村干部为对象,以提升农村经济管理能力为目的,在福建联合举办了乡镇长、村支书、村主任参加的40人培训班,培训工作得到各级领导的高度重视,甚至九三中央丛主席亲自到结业典礼上为学员颁发结业证。此次培训班的成功举办,激发了学员对农民自主创业意识、提高自身农村经济管理水平等方面,有了颇丰的收获。

三、帮扶的进程概述

回首20年的风雨历程,九三学社中央对威宁的帮扶进程呈现出长期性、持续性、针对性、实用性、广泛性等主要特点。

长期性是指时间发展的长久性,强调时间汇聚的量,日积月累的形成说的就是这个道理。正是因为有了量的积累才有质的飞跃。1993—2013年,二十年弹指挥间,九三学社中央坚持对威宁的帮扶积累,以及所取得的成果都体现了这一哲学观点的重要性。持续性则是强调时间发展的过程,即时间具有的不间断性,据调查,20 年间,除 1997 年威宁县与九三学社无重大活动和 2002 年九三学社各级组织换届外,九三学社中央持续的点滴帮扶,在十八年沉淀之后促使其帮扶量的形成,最终产生社会效应,推动经济向前发展,威宁人也正享受着经济持续性向前发展所带来的硕大恩惠。这足以说明九三学社中央长期坚持帮扶对威宁经济发展有多么的重要。正如荀子曰:"故不积跬步,无以至千里;不积小流,无以成江海。骑骥一跃,不能十步;驽马十驾,功在不舍。"

我们常说的"一针见血 、有的放矢、对症下药"就是对病因的针对性。辩证唯物主义观点认为:事物的发展,有一果多因,一因多果。但不论是其中哪一种,事物的发展都有其客观因素的存在,因此,找准病因,才是治好病的根源所在,也是事物良好发展的先决条件。威宁地处典型的喀斯特高寒贫困山区,全区河谷深切,耕地破碎,人口压力大,人均收入低,以山多、沟多、人多、地少的特点而著名。中央和省地领导通过多次实地考察、调研以及听取地方领导汇报后强调,治理试点县的穷山恶水时,更加考虑治理试点县的干部和群众,提高他们的科学发展意识,即在治山治水的同时更要治人。九三学社中央针根据党中央这一重要指示,自始至终都给予威宁人才、资金、技术等方面的大力帮扶,使得威宁的经济发展逐见成效,人们的生活水平日益提高,城镇面容焕然一新。这些高度展现了九三学社中央科学贯彻党中央大政方针的时代特征,是把坚持实事求是、以人为本、科学发展运用于威宁的集中体现。

任何事物的存在都有其自身的实用性,有其实用性的存在就必有其价值意义体现,即:该发明或者实用新型能够制造或者使用的,都能够产生积极的社会效应。但是,应该注意的是,各区域对实用新型要求的创造性比对发明的要求低,有些区域甚至不要求实用新型具有创造性。此外,实用新型的保护期比较短,审查程序也较为简单。现代生活中人们也越来越注重实用性强的东西。因此,九三学社中央针对威宁客观实际,在医学上,传授白内障复明手术、培养相应人才等;在教育上,加强师资培养,捐助资金和配置课桌凳、计算机、篮球场等教学设备;在社会建设上,捐赠抗旱救灾资金,兴建农村图书室等基础设施;在农业方面,修建沼气池、水窖等工程。直接贴身于威宁人们日常的经济性和实用性,做到弘九三帮扶之精神,惠威宁民生之生活。九三学社中央从帮扶之初到现在,从宏观上,对威宁政治、经济、社会、文化和生态都涉及帮扶,做到横跨"五位一体"之全面;从微观上,深入帮扶对象的基础设施建设,扶民于衣食住行,因此,帮扶工作的领域广,方法多,内容细。

四、帮扶的成效共享

习近平总书记指出,促进经济发展,推动社会进步,共享发展成果,既是全国人民的共同愿望,也是党和政府的历史责任。而作为我国民主党派之一的九三学社同样具有义不容辞的责任,他们通过多年努力,在深入贯彻"长期共存 互相监督 肝胆相照 荣辱与共"的 16 字方针的基础上,心系社会主义宏图事业的发展,为威宁自治县经济社会发展作出巨大贡献。

(1)是推动经济强劲增长。20 年来,在九三学社中央的帮扶下,威宁经济总量逐年增长,特别是在2010年来,威宁经济发展综合测评从2009年全省第54位分别上升至全省21位、13位、18位的好成绩。与2009年相比,2012年地区生产总值从49.68亿元增加到95.51亿元,增长110.61%(可比价);全社会固定资产投资从18.8亿元增加到141.43亿元,增长652.28%;招商引资到位资金从12.8亿元增加到113.75亿元,增长788.7%;规模工业总产值从16.52亿元增加到71亿元,增长329.78%;规模工业增加值从6.41亿元增加到23.04亿元,增长259.4%;财政总收入从5.02亿元增加到14.02亿元,增长179.28%;金融机构各项存款余额从33.88亿元增加到60亿元,增长77.09%;金融机构各项贷款余额从11.78亿元增加到33.29亿元,增长182.6%;社会消费品零售总额从10.09亿元增加到17亿元,增长68.48%;农民人均纯收入从2553元增加到4861元,增长90.4%;城镇居民可支配收入从10735元增加到17910元,增长66.84%。

(2)是农村面貌大幅变化。"十一五"规划指出,"生产发展、生活宽裕、乡风文明、村容整洁、管理民主"是新农村建设的奋斗目标。而"村容整洁"是威宁人们搞好农村基础设施建设的"一面镜子",因此,只有搞好农村基础设施建设才能把靓丽的村容展现在世人的面前,进而为新农村的各方面发展提供良好环境。良好的环境,以及九三学社中央的大力帮扶,使得威宁农村基础设施建设取得了可喜成绩:到2013年5月,新修通乡油路增至525千米,通村公路增至1289千米,通村油路增至1377千米,农村串户路1463千米,实现了村村通公路和一半以上的村通油路;解决了增至476个村66万余人的饮水安全问题。农村电网即将改造完毕,结束了偏远农户无电的历史;实现乡乡有文化站、集镇有线电视全覆盖、村村通广播电视。新建"四在农家"48600户,改造农村危旧房66533户等。这些巨大的变化展现了农村的新面貌,同时,也是实现威宁人们与环境和谐发展的美好愿望。

(3)是"三化"同步强势推进。威宁人们坚持以新型工业化引领发展,以城镇化拉动发展,以农业化推助发展,朝着与全国同步小康的大道奋勇前进。在九三学社中央的帮扶下,规划总面积为63平方千米的经济开发区,现已开发7.96平方千米,30万平方米的标准厂房已建成,规模工业企业已达82家,入驻园区45家;投资37亿元,装机35万千瓦的乌江源、马背大山、西凉山和贵家营风电场成功并网发电;投资41.3亿元、装机45万千瓦的麻窝山、灼圃等9个风电场已开工建设;西南水泥厂、大湾西井煤矿、贵州登峰型焦有限公司等已建成投产。围绕打造100平方千米和100万人口规模的贵州西部门户城市发展定位,城区扩容增至19.6平方千米,县城人口从11万人增至17.5万人;建成了迤那、东风等一批特色小集镇,城镇化率由原来的17.72%提高到23.03%。土地大流转和资源的整合促使现代农业项目迅速发展,先后建立567家农民专业合作社,尤其是投资1.2亿的龙头企业草海泰丰现代特色农业科技示范园,已建成投产,园区的产业已成为威宁现代农业发展的最大亮点。

(4)是开发扶贫成效明显。近年来,威宁开发扶贫工作取得明显成效,主要得益于上级部门的大力帮扶和自身"威宁精神"的弘扬。归结起来有以下几点:一是思想进一步解放、路线进一步坚定;二是借帮扶为推手、突出重点抓特色;三是整体帮扶、持续推进;四是积极调动"内因"、狠抓落实。这些理论成效的取得关键是发展,在发展中推进脱贫,在推进脱贫中快速发展。如在引进山东乐义、云南青禾力等12家现代农业发展项目中,种植马铃薯170.3万亩,总产值从2009年21亿元增加到29.9亿元;蔬菜面积从30万亩增加到70.1万亩;烤烟从18万亩增加到35万亩;人工种草养畜53.5万亩,新增养羊8.5万只,畜牧业总产值从12.99亿元增加到18.5亿元;新栽植核桃48万亩、苹果12万亩、中药材8万亩等,有效增加了农民收入。粮食总产量从37.09万吨增加到52.26万吨,荣获"全国粮食生产先进县"称号。坚持"四到村四进户"扶贫思路,按1196元扶贫标准,24.37万农村贫困人口全部脱贫,按2300元的扶贫标准,全县47.42万人已减贫9.12万人等巨大成效。

(5)是民生问题大幅改善。农民最关心的问题是民生问题,新农村建设以来,威宁实现60周岁以上老人养老保险全覆盖,2012年荣获"全国新型农村养老保险先进县"称号。乡乡新建了敬老院,实现乡乡有卫生院和计生服务站,村村有卫生室和计生室,全面消灭了"地方病"。三年来,纳入农村低保70.34万人(次)、城镇低保1.83万人(次),实现"应保尽保"。建设廉租住房2724套、经济适用住房362套、公共租赁住房1134套,解决了城镇"住房难、住房烂"的问题。培训农民10万余人次,农民就地打工达4万人之多,收入稳定增加,人民生活极大改善。

(6)是生态文明建设效果明显。国家自然保护区——草海,得到了九三学社各级组织的大力关心、支持和呼吁,草海湿地生态环境综合治理项目引起了国家有关部委的高度重视,尤其是九三学社中央主席韩启德亲自向温家宝同志作了专题汇报,得到了温家宝同志对草海综合治理的重要批示,于是积极协调国家林业局投资1030万元治理草海保护区;为威宁粗锌冶炼提供环保支持项目,实施净化粉治理燃煤烟尘和二氧化硫实验,并广泛推广运用;强力推进水利建设、石漠化治理和生态建设"三位一体"工程建设,完成各类营造林88万亩,完成石漠化治理65.79平方千米,森林覆盖率从2009年的34.6%增加到2011年的40.2%。完成了12条河流治理工程,极大改善了生态环境,深入贯彻了"十八大"报告提出的"天蓝、地绿、水净"之科学理念。

(7)是各项社会事业长足发展。帮扶工作的顺利开展,使得威宁的各项社会事业得到长足发展。如在教育上,新招特岗教师2969人,全县特岗教师达7739人,数量跃居国第一。这不仅充实了原有的师资力量,而且促进教育工作的更好开展。新建教学楼68.55万平方米,教育教学质量连年攀升,高考成绩连续三年保持全市前列。新课改进程逐步向全县推广,成效日益显现;计划生育工作上,成功摘除黄牌,三年来少出生4.6万人;矿场资源开采上,关停12000多家非法小煤井,安全生产连续三年实现"双降";社会治安上,群众安全感由2009年的70.98%上升到93.53%,从全省倒数第3上升到顺数40位;环境卫生上,"整脏治乱"名列全省第7名、全市第一的历史最好成绩等。

五、帮扶的经验归纳

多年以来,威宁自治县的各项工作顺利开展,以及经济社会发展所取得的巨大成绩,始终都离不开九三学社中央的大力帮扶,它的成功帮扶经验值得各级组织社团学习借鉴。

①九三学社中央始终坚持中国共产党领导的多党合作和政治协商制度,是保证加快试验区、威宁试点县发展的政治保障;②九三学社中央领导深入威宁基层指导帮扶,为地

方九三学社帮扶工作树立了榜样做好了模范;③九三学社帮扶坚持理论联系实际,做到实事求是对威宁帮扶工作的成功实践;④九三学社注重思想教育,科学改变观念是对发展理念的升华;⑤九三学社加强智力扶持,推崇科技富民是教育转化能力的再现;⑥九三学社深入贯彻同心思想,践行同心思想是与威宁人民携手前行的精神食粮。总之,在毕节试验区威宁试点县的实践中,九三学社中央和社会各界从智力支持到同心共建的历程里,既有民主党派仁人志士的自觉,更有党和国家路线方针政策的正确指引,有试验区试点县发展建设的亲和力与凝聚力,有地方政府和人民的鼎力支持,充分展示了中国共产党领导的多党合作的优越性,进一步丰富了多党合作的内涵。践行了思想上同心同德,目标上同心同向,行动上同心同行,证实了"毕节模式""威宁精神"是新时期统一战线和多党合作的成功范例。

六、存在的不足与期待

九三学社帮扶威宁的形式、进程、成效及经验不仅内容丰富,而且方法多,但由于时间仓促,精力有限,调查研究肯定存在不同程度的不足。但不可否认的是,九三学社中央帮扶威宁的工作成效显著,不仅帮扶形式多样,而且帮扶程序井井有条;不仅帮扶成效显著,而且帮扶经验值得借鉴,为其他组织社团帮扶类似区域的发展提供一定的参考思路,同时也应看到,在实施帮扶的过程中存在一些不同程度的困难,如部分乡镇与个别地方九三学社联系不够积极主动;县联络联系办汇报、衔接、沟通、协调方面的工作有待进一步加强等。因此,在研究九三学社帮扶威宁的形式、进程、成效及经验时,要厘清威宁发展的主要矛盾和次要矛盾之间的关系,即内因与外因之间的关系。解决好威宁人的自身建设(主要矛盾,事物发展的内因),才能实现质的改变(跨越式发展),而帮扶工作是解决威宁发展的次要矛盾(即事物发展的外因),两者相互作用才能推动事物(威宁经济)向前发展,缺一不可。

时至今日,威宁自治县的发展基础依然薄弱,工作难度依然艰巨,有待除威宁人自身努力之外的多方努力,共发谋展。因此,期待九三学社中央在协助推广同心新村建设示范的同时,扩大帮扶面、增加同心新村示范点,广泛带动后进乡村经济社会发展,进一步帮助完善其他省市九三学社帮扶联系机制,加快乡镇兴建农业产业示范园建设,助推经济后发赶超,缩小与全市、全省和全国小康社会建设步伐,为威宁后发赶超实现跨越式发展作出应有贡献。

【参考文献】

[1]习近平.在河北考察扶贫开发工作时的重要讲话[R]. 2013.
[2]李克强.在甘肃召开促进西部发展和扶贫工作座谈会[R]. 2013.
[3]赵克志.在全省扶贫开发工作座谈会上的讲话[R].2013.
[4]陈敏尔.在全省扶贫开发工作座谈会上的讲话[R].2013.
[5]王富玉.在全省扶贫开发工作座谈会上的讲话[R].2013.
[6]李军.在全省扶贫开发工作座谈会上的讲话[R].2013.

● 安龙县旅游与文化产业发展研究

——安龙县旅游与文化产业发展战略思路*

袁睿　王仕佐　袁晓丽　张雯妍
（贵州大学　旅游与文化产业学院，贵州　贵阳　550025）

【摘　要】21世纪，文化实力成为衡量地域综合实力的重要指标。为加快推进黔西南州安龙县旅游与文化产业的飞速发展，政府提出打造安龙“历史之城”“文化之城”“旅游之城”“休闲之城”“生态之城”的五城目标。安龙县历史文化底蕴深厚，自然景观绮丽多姿，民族风情丰富多彩，在发展旅游和文化产业方面有着自身独特的优势。国家政策的支持、旅游产业的飞速发展和国际生态文明论坛的落户为安龙提供了发展机遇，然而，经济始终是制约该县旅游与文化产业发展的最关键因素。安龙县要实现发展，必须创造产品发展的特色之路；要紧紧抓住加快发展旅游业的机遇，就得在增长方式转变上狠下工夫；要增强竞争力，就必须抓特色、树品牌、建体系。

【关键词】安龙；旅游；文化产业；发展

21世纪是文化的世纪，文化将成为衡量一个国家或地域综合实力的重要内容，文化强国将成为世界强国，文化强县也是县域经济发展的必然之路，文化产业作为一种实现文化价值的渠道，选择何种发展模式已成为普遍关注的问题。近年来，我国旅游与文化产业呈现快速发展态势，增幅不仅高于同期GDP增长速度，而且高于第三产业增长速度，旅游与文化产业已成为新的经济增长率，并对调整经济结构、加快城市化进程、促进经济社会又好又快发展起着越来越明显的作用。

安龙县历史文化底蕴深厚，自然景观绮丽多姿，民族风情丰富多彩，特征明显，优势突出，随着地方政府的高度重视及交通条件改善，区位优势增强，外影响力加大，可进入性提高等环境优化，如何实现安龙为“历史之城”“文化之城”“旅游之城”“休闲之城”“生态之城”的五城目标，从而加快推进旅游与文化产业发展，增强文化自觉和文化自信，使

---

* 课题项目：黔西南州2013年度重大问题调研课题，该项目获得2013年黔西南州重大课题调查研究三等奖。

作者简介：袁睿（1989—　），女，湖南益阳人，贵州大学旅游与文化产业学院2012级旅游管理专业研究生，研究方向：文化产业。王仕佐（1955—　），男，贵州遵义人，贵州大学旅游与文化产业教授。袁晓丽（1985—　），女，贵州遵义人，贵州大学人武学院讲师。张雯妍（1989—　），女，甘肃陇西人，贵州大学旅游与文化产业学院2012级旅游管理专业研究生，研究方向：文化产业。

本地布依八音、布衣戏、兴义府试院等民族民间文化和历史文化树立品牌，真正走出贵州、推向全国、影响世界，进而扩大安龙影响、打造安龙形象、建构安龙模式等，是区域经济社会深入贯彻中央二号文件精神，实现后发赶超、又好又快发展的十分重要和紧迫的问题。

一、研究背景

（一）旅游与文化产业发展是综合实力的标志

在当今世界，文化和文化产业或文化软实力已成为综合国力竞争的一个主要领域，世界主要发达国家中，文化产业的产值占GDP的比值都较高，如美国文化产业增加值占GDP的25%，在世界文化产业市中占份额达43%，广播和收费电视的收入占世界同类文化产业收入约56%、收费电视的收入占世界同类文化产业收入约85%、电影票房的收入占世界电影业的收入约55%；日本文化产业规模在2000年就已经超过当年日本汽车工业的产值，占GDP的17%；韩国在制订了文化发展5年计划后，文化产业也一跃成为其主导产业，其产值已达到GDP的5%。根据国家统计局的数据统计，我国当前文化产业增加值为3000亿元人民币，占GDP的3%左右，与发达国家相比还存在很大的差距。

一般来说，当人们初级的、物质层面的消费需求得到满足之后，就会产生更高层次的精神文化消费需求。目前，我国主要中心城市人均GDP已经超过3000美元，北京、上海、深圳等大城市人均GDP均超过5000美元。当城市人均GDP达到这一水平后，国民经济开始进入到持续稳定增长、经济结构快速升级、城市化水平迅速提升的新阶段。社会消费结构将向发展型、享受型转变，相当一部分居民的消费重心开始向教育、科技、文化、旅游等领域转移，为文化创意产业的发展提供了更广泛的市场需求。

（二）旅游文化产业显现新的特点

（1）文化产业竞争区域化竞争将全面展开，地区间的不均衡发展态势进一步突出。目前我国已经有大约2/3以上的省、市、自治区和直辖市提出了要建设“文化大省”和以“文化立市”，发展文化产业已经成为各个地区加快实现增长方式的转变和产业结构的调整优化，推进城市化进程，促进区域协调发展的工作重心。中西部地区大部分在500～1000美元之间，文化资源丰厚，文化消费刚刚起步，现代传媒还有较大的发展空间，文化产业处于产品开发和要素扩张阶段，进一步完善公共文化服务体系，整理文化资源，打造文化品牌，开发特色文化产业，成为普遍的规划目标。

（2）文化产业集团将进入调整整合期。目前，在文化产业中的9个行业大类，24个行业中类，80个行业小类中都有自己的代表性企业，尤其是在9个行业大类中，推出具有中国特色、中国风格，能影响世界同行业发展的文化产业群，以现代“文化生产—市场动作—大众消费”的企业运作模式，改造以往的“生产—传播—接受”营运习惯，强化品牌意识，作出大而强的文化企业集团。

（3）产业间合作力度加大，传统产业将会进一步向新兴的文化产业进军。不同产业间的融合，其中特别是金融资本与产业资本的融合，信息设备制造业，软件开发业与信息服务业之间的融合等，都将在未来几年内中国文化产业的发展中明显地表现出来，文化产业投资主体多元化政策将进一步引导社会资本和国际资本投向与文化产业密切相关的信息业、咨询业、广告业和旅游业，这些产业资本结构的深层全面的变动将给文化产业的上游产品和下游产品及其他后产品的开发带来巨大的扩张空间，文化产业在上述这些领域里毫无疑问将进入一个快速增长期。

（4）“走出去”战略将付诸行动。“走出去”不仅是经济发展战略，也是文化发展战略。适时地在经济发展中实施从“引进来”向“走出去”的战略转变的同时，制定和实施文化与文化产业的“走出去”战略，实行“引进来”与“走出去”并举的方针，也就应该成为今后中国文化产业发展的一个长期的战略安排。由于文化发展对国民经济与社会发展的重要性，以及在国家文化安全方面的特殊性，使得“走出去”不仅具有了经济上的动力，更有了政治安全上的支持。

（三）中央对贵州发展的特殊政策

2012 年 1 月 12 日，首个从国家层面全面系统支持贵州的综合性政策文件——《国务院关于进一步促进贵州经济社会又好又快发展的若干意见》（国发〔2012〕2 号，以下简称《意见》）出台实施，文件从 8 个方面明确了促进贵州经济社会又好又快发展的主要任务，提出了一系列含金量高、操作性强的政策措施，给予了贵州有力支持。

文件的出台是贵州千载难逢的大好机遇，一定能够促进贵州经济社会又好又快、更好更快发展，《意见》结构方面突出了贵州要解决的问题，包括突破交通、水利、基础设施瓶颈，保障生态安全，特色优势产业的发展与城镇化战略等，尤其在“五大战略定位”中明确了“文化旅游发展创新区”这一主题，这为实现“后发赶超”“确保同步”所昭示的内涵，文化旅游发展创新为贵州以主动态势迈向与全国、与世界的互动发展，提供了更大的机会和可实践性。

（四）地方领导重视文化与经济“同频共振”

安龙县十分重视旅游文化产业发展，早就将“城乡一体化，旅游市场化”发展战略有机融合，以县城为中心，以“贵州省十大魅力风景名胜区”——招堤为引领全县旅游发展的龙头，高起点、高定位做好景区规划，以彰显“南明古都，荷香之城”城市特质，做大做强安龙旅游文化产业。县委邓修宇书记就强调文化不仅是“软实力”的重要体现，同时也是经济社会发展的“助推器”，对有着悠久历史和人文资源的安龙县而言，全面挖掘和发展历史文化，实现了文化发展与经济社会发展的“同频共振”，齐头并进，是打造文化旅游产业的重要手段，是促进全县经济社会跨越式发展的现实之需，更是全县上下“构筑精神高地，冲出经济洼地”的有力载体。安龙县多年举办荷花节的实践证明，只要解放思想，真抓实干，即使是在经济欠发展、欠发达的地方，文化事业文化产业同样大有可为。

安龙旅游文化产业发展是顺应文化发展趋势，根据省情、县情所决定的必由之路和可行措施，就是把文化环境作为城乡生态的一个重要组成部分，把文化资源作为城乡发展的一个重要基础条件，把文化产业作为城乡建设的一个重要基本方面，以使全县广大群众能够凭借自身所拥有的资源条件积极参与其中,结合乡镇社区文化建设、基层文化单位改制、民间文化资源涵养、自然生态环境保护、民族地区扶贫攻坚、城乡经济社会发展,整合城乡文化资源,打造文化产品品牌,发展特色文化产业,在社会发展中从经济利益、文化效用多个方面直接受益。

二、有利条件

安龙是中国西部著名的历史文化名城,以其"三千年文化、三百年荷花、三十处胜景"的人文自然奇观和"南明古都、荷香之城" 的城市特质远近闻名。

1. 历史文化资源的底蕴厚、品位高

安龙历史悠久,开发于春秋战国时期,汉代以来史不绝书,明清之际成为贵州西南重镇,是贵州西南政治、经济、文化中心。明末,清军入关,南明永历帝朱由榔在安龙建都达四年之久,组织指挥抗清斗争,发生了许多悲壮的史实,留下了众多的历史遗迹。"地崇龙头仙鹤顶,名重南明古皇都"是历代文人墨客赋予安龙的赞誉。明"十八先生"的故事,令人感慨苍凉,异代同悲,张之洞父子在安龙的轶事和招公筑堤的壮举,使安龙闻名遐迩,成为贵州省著名的历史文化名城。

灵秀的山川,浓厚的文化底蕴养育了许多出类拔萃的人物,他们之中有清末重臣张之洞、领导农民反清起义的布依族女王囊仙、辛亥武昌首义副总指挥苗族将军王宪章、北伐军左翼总指挥袁祖铭、布依族将军韦杵、策动国民党六十军长春起义的传奇将军杨滨、率领国民党十九兵团和平起义的司令官王伯勋、一代著名人王亚明等。

2. 区位优势突出,可进入性提高

安龙山川奇异,风景秀丽多姿,是享誉于滇、桂、黔三省的旅游胜地。安龙县地处珠江上游黔、桂、滇三省区结合部,素有"西南屏障""黔桂锁钥"之称,是黔滇桂三省区重要的物资流通集散地和商贸中心,西江上游经济区的重要组成部分,是大西南通江达海的必经之地,是贵州通往泛珠三角区域和东盟的前沿阵地及中间腹地。南昆铁路、汕昆高速公路和 324 国道穿境而过,距兴义机场仅 60 千米,望谟至安龙高速公路已开工建设。初步形成了铁路、公路、水道、航空构成的立体交通网络。安龙县交通便利,现有国道及省道骨干公路 3 条,所有乡镇及村所在地均通公路,已形成西通云南、南通广西、北达省城贵阳的公路骨架。已建成通车的南昆铁路东起广西南宁,西至云南昆明,途经安龙县境 4 个乡镇,设 5 个车站,其中一个县级站。贵州盘县至广西百色的高等级公路横贯县境。即将竣工的安龙至镇宁县坝草公路,上与贵州省第一条高等级贵黄公路衔接,下与广西境区公路相连。已修建的南盘江航道坡脚码头,水路可直航广州,香港及东南亚,形成了安龙为中心的交通网络辐射。

3. 自然物产丰富

安龙县除南部河谷地带外,大部分地区气候温和,夏无酷暑,冬无严寒,年均气温 15.1℃,干湿季节分明,生物资源种类繁多,气候良好,土地肥沃,适宜发展粮、茶、林、果及中药材、芭蕉芋等绿色产业。饵块粑是安龙的名特产,糕粑的制作始于清光绪年间,至今已有 100 多年历史,用特产粳米经浸泡、初蒸、冷却喷水、复蒸后加工而成,安龙饵块粑色白脂丰、柔软适口,加糖或甜酒煮食,清香爽口;与肉丝、香肠或绒鱼丝、牛干巴爆炒,滋味纯美;通草是一种野生植物,质轻、细腻、雪白,易着色;通草切片,每年大量外销,早在清代,安龙手工艺人就将它制作假花,近年在继承传统上又有创新,所制通草画屏有山水、花鸟,配以镜框,色彩鲜艳,典雅华丽;安龙魔芋能防治肥胖、便秘、糖尿病及高胆固醇,县轻工粉厂生产的魔芋粉丝,曾在全国星火科技食品博览会上获奖;还有鸡枞油,是以县境内无工业污染的山区自然生长的鸡枞为主要原料加工而成的产品。

4. 旅游资源独特

安龙县旅游资源十分丰富,山川奇异,风景秀丽,是享誉于滇、桂、黔三省的旅游胜地。龙头大山,蜿蜒百里;高山杜鹃,相映争辉,仙鹤坪,原始森林遮天蔽日,绿树修竹弥山漫谷;笃山溶洞,神奇瑰丽,全国罕见,备受8国洞穴科学家、探险者青睐,认为是"亚洲第一深洞""世界第二大溶洞群";招堤风景区,三百年建造历史,融山、水一体;万峰湖景区,176平方千米水域,蓄水102亿立方米,湖中峰峦万重,烟波浩渺,堪称西南之最,天生桥大坝为亚洲第一高坝。安龙县集厚重的历史文化和浓郁的民族风情为一体,且旅游资源相对聚集、配置合理,为安龙县发展旅游业提供了广阔的发展前景。

5. 民族文化多彩

在经济的冲击下很多少数民族逐渐汉化,而安龙、贞丰一带完好地保留了可贵的布依族文化,安龙布依族主要分布于龙山、坡脚、平乐。布依族是一个古老的民族,有自己民族的语言和语言文化。布依语,特别是其语汇(语词及谷语、谚语等)部分,保存了本民族的社会历史、思想意识和风俗习惯等方面的文化内涵,反映出本民族的传统文化。

据历史文献和民族学资料考证,安龙布依族是属于古越人中"骆越"的一个支系。布依族的祖先自古以来就生息、繁衍于南北盘江、红水河流域及其以北地区。善良、勤劳、朴实的布依族人民创造了丰富多彩的布依文化,男耕女织的生活习俗如今还在延续。布依族有隆重的传统节日;有浓郁的民族风情;有传统的布依服饰;有源远流长的布依婚俗、布依语言、布依名特小吃;在劳动中创造的原生态布依族歌舞。

6. 红色文化新发现

红军长征曾在安龙留下足迹,把安龙和中国革命密切联系起来。1935年4月20日,红一军团二师及中央纵队后梯队长征途经安龙县,毛泽东、朱德、周恩来等中央领导同志在"县城草纸街71号"宿住,毛泽东同志在安龙给二师四团干部作了当时的战争形势报告。1950年1~2月,中国人民解放军第二野战军第4兵团、中国人民解放军滇桂黔边纵队、西南服务团云南支队在安龙会师,并于1950年2月6日在"县城草纸街71号"召开了具有重要历史意义的中共云南省委第一次会议,史称"安龙会议",宋任穷、陈赓等中央领导在"安龙会议"上研究成立中共第一届云南省委领导班子并宣布其诞生。

三、大好机遇

休闲度假是旅游文化产业的重要内容之一,也是安龙县"五城目标"的重要内容。据世界旅游组织预测,到2020年中国将成为全球旅游第一大国。中国人通过消费享受休闲的时代正在到来,也正在成为一种趋势。尽管中国目前还属于发展中国家,在旅游消费构成上,休闲度假占整个旅游的比重仅为20%左右,远低于旅游发达国家50%左右的比重,尚未进入真正的"休闲时代",但休闲经济已具备了相当规模,且呈现出蓬勃发展的势头。尤其是在建设资源节约型、环境友好型和谐社会背景下,休闲度假旅游发展会呈现更快的趋势。

"历史之城""文化之城""旅游之城""休闲之城""生态之城"的五城目标,对安龙县来说既定位恰如其分,又完全具备其充分条件,在贵州乃至西部不可多见,是安龙县得天独厚的优势。"十八大"报告中,生态文明建设独立成章,"美丽中国","天蓝、地绿、水净的美好家园"等新词句,更是让人印象深刻。最近召开的十八届三中全会则更进一步提出,要紧紧围绕建设美丽中国深化生态文明体制改革,加快建立生态文明制度;要健全自然资源资产产权制度和用途管制制度,划定生态保护红线,实行资源有偿使用制度和生态补偿制度,改革生态环境保护管理体制。这是实际上就是从资源管理、环境管理、生态管理的视角创新人与自然之间的关系。说到底,推进生态文明建设,就是坚持以人为本,就是为了提高人民的生活质量,满足人民日益增长的对良好生态环境、对优质生态产品的需求。在旅游文化产业发展践行中,生态旅游及休闲度假都是建立在良好生态基础上的,也就是未来人们的生活水准与生态质量密切相关。当下,在安龙实现"历史之城""文化之城""旅游之城""休闲之城""生态之城"的五城目标,迎来千载难逢的大好机遇。

1. 中央二号文件提供了发展机遇

2012年1月12日,国务院颁布了《国务院关于进一步促进贵州经济社会又好又快发展的若干意见》即(国发〔2012〕2号文件)。《意见》指出,贵州是我国西部多民族聚居的省份,也是贫困问题最突出的欠发达省份。贫困和落后是贵州的主要矛盾,加快发展是贵州的主要任务。贵州尽快实现富裕,是西部和欠发达地区与全国缩小差距的一个重要象征,是国家兴旺发达的一个重要标志。进一步促进贵州经济社会又好又快发展,是加快脱贫致富步伐,实现全面建设小康社会目标的必然要求;是发挥贵州比较优势,推动区域协调发展的战略需要;是增进各族群众福祉,促进民族团结、社会和谐的有力支撑;是加强长江、珠江上游生态建设,提高可持续发展能力的重大举措。

值得注意的是,二号文件确立了贵州的战略地位,除全国重要的能源基地、资源深加工基地、特色轻工业基地、以航空航天为重点的装备制造基地和西南重要陆路交通枢纽外,还确立了为扶贫开发攻坚示范区,文化旅游发展创新区,长江、珠江上游重要生态安全屏障及民族团结进步繁荣发展示范区,把"文化旅游发展创新区" 提升到了很高地位。在加快推进贵州旅游大省向旅游强省迈进的关键之年,二号文件鲜明地提出"文化旅游发展创新区"和"努力把贵州建设成为世界知名、国内一流旅游目的地、休闲度假胜地",首次从国家层面明确了贵州旅游业的战略定位,这对于加快推进"旅游强省"建设,促进旅游业跨越发展具有重要的里程碑意义。

2. 旅游业是贵州培养的支柱产业

首先,贵州旅游资源富集、分布广、类型多、品位高、保护好,神奇的自然景观,浓郁的民族风情,深厚的历史文化,宜人的气候条件,构成了贵州省旅游发展的比较优势。作为经济欠发达地区，贵州早就把旅游业作为支柱产业来培养育，强调一把手产业及在区域经济社会发展中的地位，近年来，强化旅游基础设施建设，深入实施精品战略，大力开拓客源市场，加强质量与管理，优化旅游消费环境，旅游业取得了长足发展。在"十一五"旅游总收入、旅游接待总人数实现30%以上增幅的基础上，2011年全省旅游总收入实现1429.48亿元，同比增长34.7%；接待旅游总人数1.7亿人次，同比增长31.8%。据初步测算，2011年旅游业增加值可达410亿元左右，占全省GDP的7.1%左右，在全省第三产业增加值中所占比例达15.5%。2014年前3季度，全省接待境内外游客总人数1.68亿人次，同比增长29.23%；旅游总收入1445.78亿元，同比增长30.56%，这在全国是领先的"贵州速度"或"贵州现象"。

其次，把旅游项目建设作为促进旅游产业转型升级的有力抓手，高度重视旅游项目库储备、项目招商和建设工作。2011年，贵州50个重点旅游招商项目已成功招商13个，签约资金288.12亿元，多彩贵州城等一批重点项目相继开工建设，全省"十大旅游重点工程"加快推进；全年已开工或签约旅游建设项目269个，总投资1124.72亿元，其中到位资金381.8亿元。各地财政对旅游基础设施等方面投入达121.56亿元。

接着是持续开展"整脏治乱"专项行动和"满意在贵州"主题活动。活动的持续开展，整治城乡卫生环境，优化旅游服务环境，对改善人民生活、改进机关作风、优化投资环境、提升贵州形象产生了积极而深远的影响。2011年，全面铺开旅游行业"十佳文明"创建评选活动，动真格、出重拳推进旅游企业准入退出机制和旅游星级饭店质量检查复核，旅游配套服务设施趋于多样化、规模化和品牌化，旅游品牌形象和服务质量得到明显提升。

再次，加强旅游基础设施和接待条件建设。以"全国七大旅游基地"和"十大旅游重点工程"为重点的旅游项目加快建设，逐步形成了休闲度假、文化体验、乡村旅游、康体运动、会展商务、科考探险、生态观光、自助自驾等多元化的旅游产品，涵盖全省的6条精品旅游线路，推出了"春赏花、夏避暑、秋风情、冬温泉"的四季旅游品牌。致力于改善以交通为重点的基础设施建设，特别是高速公路和支线航空建设步伐加快，景区可进入条件显著改善，凯悦等一批国际知名品牌酒店入驻开业，港中旅、国旅等旅游集团落户贵州，全省旅游服务接待设施不断完善。

3. 生态文明国际论坛在贵州落户

良好的自然生态和文化生态是贵州的一大优势。2013年1月，生态文明贵阳国际论坛正式获党中央、国务院批准举办，成为国内唯一以生态文明为主题的国家级国际论坛。生态文明贵阳会议作为国内唯一的生态文明大型论坛，习近平主席还特意致生态文明贵阳国际论坛以贺信："这次生态文明贵阳国际论坛年会以'建设生态文明：绿色变革与转型——绿色产业、绿色城镇、绿色消费引领可持续发展'为主题，凝聚了国际社会对生态文明建设的共同关注"，"走向生态文明新时代，建设美丽中国，是实现中华民族伟大复兴的中国梦的重要内容"，并指出："将按照尊重自然、顺应自然、保护自然的理念，贯彻节约资源和保护环境的基本国策，更加自觉地推动绿色发展、循环发展、低碳发展，把生态文明建设融入经济建设、政治建设、文化建设、社会建设各方面和全过程，形成节约资源、保护环境的空间格局、产业结构、生产方式、生活方式。"

贵阳论坛的成果是搭建了对外交流合作的重要平台。贵州、贵阳与参会城市、企业、大学、国际组织广泛交流,建立紧密联系,采取务实行动,取得了系列成果,极大地提高了贵州的知名度,以“通向生态文明的绿色变革——机遇和挑战”是2011年生态文明贵阳会议的主题。会议达成了《2011贵阳共识》,认为应坚持以生态文明理念引领经济社会发展,推动新型工业化和生态文明建设互动双赢,对贵州休闲度假旅游的推动,其意义是深远的。

4. 对黔西南的关注度在加大

黔西南州是多民族居住地,江山秀美,人民勤劳,长期以来各兄弟民族友好为邻,团结互助,和睦相处,是民族自治地区和谐社会的典型范例之一,同时又是国家级贫困县较集中的地区,正如中央2号文件指出的是“缺板”那样,只要这里还未走上小康,国家就谈不上实现了小康。这里还是珠江上游地区,即属中国南部两江上游生态屏障地带,黔西南的生态环境质量的状况,直接关系到国家安全,中央领导一直非常关注这里的环境和人们的生活质量,习近平、李克强等国家领导人都曾到黔西南州考察,并给予黔西南州各族人民极大的关怀。

2011年习近平在贵州兴义市顶效经济开发区布依族村寨楼纳村考察达,在田间与正在耕作的农民亲切交谈,了解群众调整农业种植结构和收入情况,给当地以巨大的鼓舞。黔西南这块热土,一直以地域独特、物产丰富及民族团结进步广受国家领导及外界的关注。2011年贵州省第六届旅游发展大会在黔西南召开,更给黔西南州展示多彩,增强自觉、自信提供了机会,时任贵州省委书记的栗战书就肯定了“黔西南州提速了十年”,这些都表明了安龙具有发展旅游文化产业得天独厚的条件。

四、发展现状

1. 旅游业经济增速明显,消费需求市场范围较窄。

“发挥好旅游业的综合带动作用,为经济、文化、生态和社会和谐文明方面做更有力的支撑”,[1]黔西南州的旅游业总体起步较晚,根据最近5年的数据,黔西南州旅游总收入只占贵州省旅游收入不到4%,在贵州旅游地区中不具明显优势(见表1)。近五年,安龙县旅游业有明显增长的(见图1),2011年、2012年旅游收入增长率都超过200%,接待人次也逐年增加,且过夜游客较往年都有所增多。安龙县旅游业发展势头强劲是毋庸置疑的,但从总量来看,安龙的旅游对黔西南州的贡献率比较小。2009年,安龙县旅游收入只占到黔西南州旅游总收入的2.38%。到2012年,安龙的旅游对黔西南州的贡献率虽然达到了11.06%,但也没有达到全州7县一区的平均比例,客源市场也主要局限在两广地区,云南、四川,以及本省的周边县市,并没有辐射至全国乃至国外,需求消费市场狭窄。游客人均消费水平低,在450~550元之间。

[1] 张中奎. 民族旅游预开发地区文化保护预警研究的价值[J],2014(1).

表1　黔西南州2008—2012年旅游收入及旅游发展统计表

年份	安龙游客数（万人次）		旅游收入（亿元）		黔西南州游客数（万人次）		旅游收入（亿元）		占全州的比例（%）	贵州旅游总收入（亿元）	黔西南州占全省的比例(%)
	总数	增长率	总收入	增长率	总数	增长率	总收入	增长率			
2008	20.40	/	0.50	/	395.95	88.10	22.85	61.40	/	653.13	3.50
2009	24.50	20.09	0.55	10.00	442.02	11.60	23.12	1.20	2.38	805.23	2.87
2010	31.10	26.93	0.654	18.90	586.45	32.67	30.03	29.90	2.18	1061.00	2.83
2011	44.12	41.86	2.70	312.84	789.90	34.40	47.69	58.80	5.66	1249.48	3.82
2012	120.00	172.00	7.39	173.70	850.59	7.90	66.79	42.57	11.06	1860.00	3.59

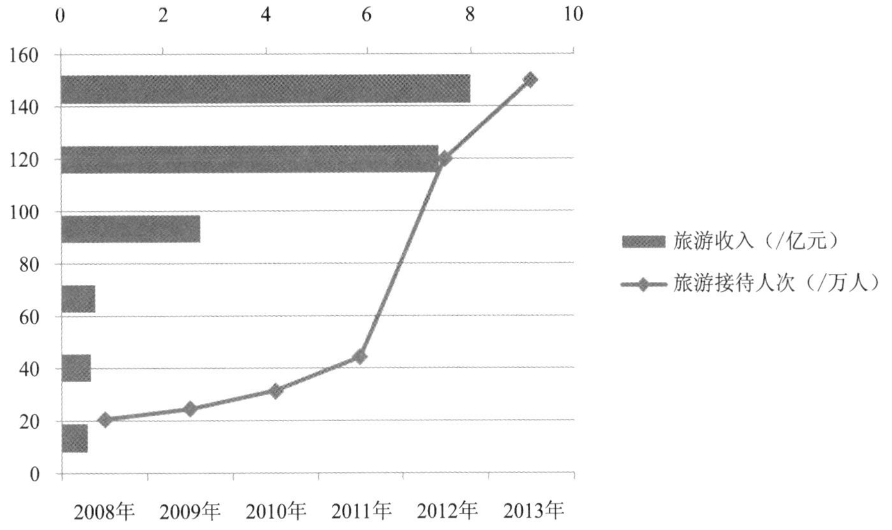

图1　安龙县2008—2013年旅游数据统计表

2. 旅游接待设施有所完善，但供给主体力量仍不足

安龙旅游业起步晚、基础差，从图2安龙县饭店情况统计表可以看出，安龙县旅游的配套设置在逐步完善。截至目前，安龙县有星级饭店4家，非星级饭店35家，乡村旅社（家庭旅馆）119家，入住率分别达到了75%、65%、20%～30%，实现了星级饭店零突破，各类接待设施也在进一步完善。但安龙县旅游接待的供给主体力量不足，安龙县现有三家旅行社的营业点，兴义南悦旅行社安龙营业点、兴义旅行社安龙营业点以及今年刚刚进驻的贵阳神州旅行社安龙营业点，再没有大型的旅行社譬如青年旅社等营业点的进驻，规模相当小，没有旅游散客接待中心。旅行社的发展滞后使得安龙在展客源、组织线路、推介产品、保障服务质量、旅游宣传营销、线路组织等方面都受到严重影响，凸显出安龙县旅游接待方面的短板。

从旅游从业人员来看,2012年年底安龙县统计总人口达到43.17万人,但旅游业的直接从业人员只有2500人,间接从业人员也只有7500人。有关资料统计,宾馆每增加一个客房,就要增加2名服务员,旅游部门增加一名服务员,相对地社会就要增加5名间接服务人员。安龙县现有客房2789间,需要服务员5578人,旅游部门服务员2789人,社会需要间接服务人员13945人,而当地的旅游从业人员数还远达不到社会要求的服务标准。另一方面,安龙县还没有大专及以上院校,专业的旅游管理人才都只能依靠对外引进。旅游管理人才缺乏,具有大专以上学历者少。当地旅游从业人员大都没有旅游专业的教育背景和行业管理经验。导游人员、饭店管理人员,旅游行政管理人员的匮乏,使得旅游服务质量得不到提升,阻碍了旅游业长远健康发展。

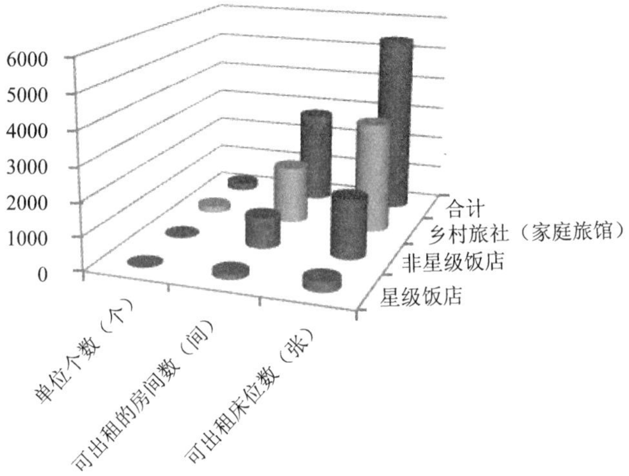

图2　安龙县饭店情况统计表

3.文化旅游产品初具规模,市场化程度不高

安龙历史悠久,开始于春秋战国时期,汉代以来史不绝书,尤其是承载着南明王朝的一段历史,因有一代帝王驻跸而被称为“龙城”。安龙县旅游资源类型齐全,虽体量不大,但拥有一批高品位的旅游资源,有些具有相当高的科考、文化价值。近年来,通过对该县旅游资源的开发,南明故都、荷都招堤、仙鹤坪国家级森林公园三大金牌景区初具雏形。在此基础上,安龙博物馆,十八先生墓,半山亭,有特色的布依族村寨等一系列旅游文化景区被相继开发出来,并设计了安龙历史文化游、民俗风情游、喀斯特山水观光游等精品旅游线路,吸引着八方来客。1998年以来,安龙成功举办了六届荷花节,并于2008年举办了第一届旅游文化发展论坛,先后举办两届贵州安龙荷花笔会,2009年7月成功举办了贵州省首届旅游景区景点小节目文艺汇演,提高了安龙县美誉度和知名度。

安龙县旅游资源整体呈现类型多、数量大特点,既有自然旅游资源,又有人文旅游资源,但安龙的旅游业处于自发阶段,尚未形成合理的开发格局和完整的产品体系,大部分景区处于未开发或初级开发阶段,景区的市场化程度不高。同时,安龙县的旅游商品也还处于一种自发状态,县内没有集中、专门供应旅游商品的场所商品的开发、生产、流通和销售尚未形成产业有序循环,旅游商品的收入占整个旅游总收入的比例偏低,产销脱节，生产出来的商品还不能完全适应游客的需求，缺少有创意的旅游商品，旅游商品种类单一，县内目前还没有专门生产旅游文化产品的企业。

4. 地理区位独特，基础设施建设仍待提高

安龙位于滇、桂、黔三省结合部距省城贵阳290千米，距广西南宁500千米，距云南昆明420千米，距兴义飞机场仅70千米，并有324国道、南昆铁路穿越县境，通往周边县市的公路均为三级以上油路，交通网络骨架已形成。安龙虽然交通区位独特，但完善通达的立体交通体系还未形成，安龙公路运输对外交通通道不足，通达深度不够，道路等级低、质量差等问题，依旧严重制约全县经济社会的发展。除了交通运输之外，安龙县发展旅游，吃住行游购娱各项配套的基础设施都有待提高。很多景点还缺少主要的交通连接，旅游服务设施，以及应急的配套设施等，接待设施质与量均不能满足市场需求。例如安龙县的一些旅游景点如十八先生墓，安龙县博物馆等，景区外环境都比较差，周边没有一些配套的旅游接待设施（像是旅行社的服务点、停车场等）、游购设施（旅游商店等），反而像是市民集市，这样不仅降低了景区对游客的吸引力，还影响了景区的可进入性。

安龙县现行的旅游宣传主要是通过两个旅游网站——“荷都安龙”“龙城荷香”的建设，以及网络、报刊、电视广播、客源地旅游推介等渠道宣传该县旅游业，但是力度都不大，尤其是“荷都安龙”“龙城荷香”这两个旅游网站，还是像传统的旅游景区的网站，专注于旅游景点的介绍，并没有为游客旅游提供个性化的服务，因而，网站的建设应针对主要做旅游景区，除了及时准确地发表各景区基本概况、旅游项及特色、功能及相关旅游信袋，还要提供网上咨询、网络预定、销售、网上论坛等顾客服务，全面地、多角度地、有效地推广景区，以拓展客源市场。

5. 景区景点“单打独斗”“各自为政”

安龙县各大景区景点空间分布零散、跨度大、覆盖范围广、围绕大景区形成“大分散小集中”的格局，因而不能很好地资源共享，难以形成聚集效应。同时，黔西南各县市旅游资源同质化程度较高、旅游发展阶段层次不一，旅游市场竞争较大。安龙旅游发展晚，还没有很好地将自己的特色定位出来，只是在现有的基础上谋求“全方位”的发展。发展旅游业，赢市场靠的是“人无我有”，安龙县发展文化旅游需要挖掘体现自身的特色的产品，同时，黔西南州各县市之间发展旅游也是“各自为政”，没有与周边城市形成良好呼应，安龙县发展旅游业要有合作意思，最好要与周边县市形成优势互补，资源共享，避免与周边地区同质竞争。

表2　安龙周边各县（市）旅游主题定位比较表

类型 / 地区	主题形象定位	代表性旅游品牌
黔西南州	山水长卷，水墨金州	—
兴义市	安逸的兴义	马岭河峡谷风景区、万峰林景区、泥凼石林、鲁布格景区、刘氏庄园

续表

类型 地区	主题形象定位	代表性旅游品牌
兴仁县	锦绣兴仁	放马坪草场景区、鲤鱼湖景区、真武山公园、三家寨道堂、东岳庙、寿福寺
贞丰县	布依金都,圣地贞丰	双乳峰景区、三岔河风景区、北盘江大峡谷、竹林堡石林
普安县	—	青山清真寺、罗汉蜂洞、崧岿寺、九龙山、青山夜郎博物馆
晴隆县	—	龙洞瀑布、光照湖、三望坪草原、晴隆县山草场
册亨县	山水册页,幸福亨通	郭家洞、板其洞、板其温泉、大田河大峡谷、布依戏之乡乃吉村、弼佑村的布依彩调戏
望谟县	—	蛮王城

五、制约因素

1. 欠发达地区与马太效应

"马太效应"是指强者愈强、弱者愈弱的现象,旅游业被誉为21世纪的经济巨人,现已成为世界上发展势头最强劲的产业。许多国家、特别是发展中国家在制定自己的经济发展规划时,几乎无一不把旅游业考虑进去。随着科学技术的发展和社会文明程度的提高,旅游业的高速发展对缩小发达国家或地区与贫困国家或地区的差距应视为一种历史必然,但在实际发展的进程中,也还有着发达地区与贫穷地区之间拉大差距的态势存在,使得人们对旅游资源的认识和开发,对区域经济的战略规划和发展都产生不同程度的影响,这种现象实际上就是常说的"马太效应"。

首先,在旅游业中我们认为马太效应主要表现在与区域经济发展的同步性,作为一种社会现象的旅游业,它是社会环境中若干现象的综合反映,它有自身的特点和发展规律,又受控于经济的运行规律。就旅游来说,可以认为它是社会发展到一定阶段的产物,因而决定了它的高层次的性质,无论是"旅"还是"游"都有明显的文化属性,但从旅游产业来看,它又明显表现为经济的属性,经济发展的规律告诉我们资本的积累是扩大再生产的前提,即经济增长的前提。贫困地区若完不成资本的积累,旅游业必然要受到制约。

其次,投资主体的高选择性,一般认为资金、资源与人是区域发展的三大基本要素,资金是把资源变成商品的基本条件,因此筹资、投资方向与投资结构决策是旅游开发投资决策的三个基本组成部分。在旅游资源的开发中,投资的主体主要有中央政府、地方政府、企业、银行借贷、个人投资、外国投资等,对于某一旅游地的开发,根据其旅游资源的地理位置、规模效应、市场前景等综合因素,投资的主体当然都有着极其明显的动机和目的,或社会效益;或经济效益;或两者兼顾。这便决定了投资主体的高选择性,因此,一些资源优势明显,地理位置优越,经济条件较好的地区便获得了更有利于发展的条件,如我国在开发张家界旅游区时，中央政府投资修建机场、交通网；南京秦淮河的旅游开发建设基础设施方面也进行了财政拨款。

最后，旅游资源开发上的基本环节错位。要开发旅游业，无疑要加强旅游开发工作，如前所述，由于投资的高选择性，造成了旅游区域开发的不平衡，从主观上看，旅游决策者、规划者、管理者的文化素质，价值取向等因素和投资渠道多元化引发的无序状态和失控状态，势必造成忽视旅游规划的合理性、科学性；从客观上看，区域的旅游业发展受投资状况、旅游密度、文化氛围等因素的影响，也势必形成特有的产业特征。

安龙县属不发达地区，经济基础单一、薄弱，旅游业虽然投资小、见效快，但毕竟也是资金密集型特征突出的产业，文化旅游的开发通常以文化主题公园、娱乐创意产业及产品附加值产业等文化产品体现，这些都无疑需要一定的投资、引资及融资力度，这也是欠发达地区普遍遇到的难题。

2. 人力资源与石门坎效应

位于毕节威宁自治县石门乡的“中国石门坎”，是中国现代史上最富文化传奇色彩的一个村落，是东西方文化交融的一朵奇葩。从20世纪初到40年代，这里产生了许多我国文化史上的奇观，1905年，英国传教士伯格理从这块当时荒凉的山坡上开始修建教堂与校舍。只用不到50年，基督教就完成了儒教用2000年时间也没完成的功绩，在数十年间，这片荒凉贫瘠得只有十余户人家的苗族村寨一度被建设成为“苗族文化的复兴圣地”“西南苗族最高文化区”。而今天，就像这阳光转过山岗，石门坎默默无闻地存在于中国最贫困的乌蒙山区中，我们在此称为“石门坎效应”。

石门坎教育在创建苗文，男女同桌及现代体育运动等方面，曾创造了中国教育的上百个之最，按理说石门坎地区应该发生巨变，但今天青山依旧，“石门坎”仍处在不发达状态，究其原因，影响因素固然众多，但人才没有回归，也无外来人才引进恐怕是其重要因素，安龙县本土人才返回不多，高端学历的人才如硕士、博士以上者就更少，21世纪的竞争说到底就是知识的竞争、文化的竞争及人才的竞争，文化产业需要创意，发展旅游文化产业必然和人才建设密切关联，离开了人才谈如此发展旅游文化产业都只能是空想。

3. 文化旅游与经济社会水平的同步效应

“文化是生产力”这一概念是20世纪90年代贵州学者率先提出的，今天，从“文化是生产力”到“文化与经济协调发展”，再到“文化软实力”概念，标志着人们的文化理念的飞跃，贵州的学者们首先就从贵州的省情出发，意识到文化在增加人们的理性作为和增强人们的商品观念的重要性，在强调“经济的文化功能” 的同时，也强调“文化的经济功能”。不可否认，改革开放以来，特别是贵州把旅游业作为支柱产业培育以来，一直是每年以30个百分点的速率在快速持续增长，在全国造就了有影响的“贵州速度”，极大地提高了文化旅游在贵州的产业地位，黔西南发展也表明，底蕴丰厚的地域文化扮演着重要角色，黔西南州、下属各县在制定自己的区域经济规划时，都几乎无一不把旅游文化产业发展考虑进去。

但同时也要看到，文化与经济的发展有自身的规律可循，它们既有协调的一面，也有相互制约的一面,综观世界经济社会的发展,文化意识可主导经济的走向,经济的基础也推动着文化产业的发展,在“没有文化”的美利坚合众国,硬是用经济的手段和文化的创意创造了诸如“迪士尼乐园” 及“好莱坞大片”等文化奇迹,用旅游文化产品完美演绎着文化与经济的特殊关系,美国的事实似乎表明,文化产业的成就需要坚实的经济基础作后盾,迪士尼注定只能产生在美国,“锦诱中华现象” 也注定只能产生在深圳,深圳从一个十几万人的渔村发展到今天具有一千二百余万人的大都市,这固然与国家的倾斜政策有关,但也与深圳特的区域位置及移民文化有关,更与其强大的经济实力和消费市场紧密相关。

属不发达地区的安龙县同样有社会因素对旅游文化产业起制约作用,起步的旅游文化产业既要强调其先导性、龙头性及支柱性,也要认识到它与区域经济社会的发展是关联性和同步性的,这需要两者的互动,协调运行,研究旅游文化产业的战略构建,就是先如何促进区域经济社会的发展,以至步入良性循环的轨道。

4.生态环境的喀斯特效应

安龙县国土总面积2237平方千米,最低海拔407米,最高海拔1966米,属典型的喀斯特地貌,喀斯特地貌虽然具鬼斧神工之神奇,风光优美,但生态环境极为脆弱,极易演进到石漠化和荒漠化,而一旦到石漠化和荒漠化状态,就成为生存环境恶劣的象征,也就会远离当今的旅游消费的视野。安龙县几乎都属喀斯特地区,石漠化和荒漠化也极易见到,当我们一进入县城,四周映入眼帘的仍有石漠荒山的印象,实际上它与绿水碧波的“十里招堤”显得不是互补,而是极不协调,这与当下人们追求的绿水青山、生态体验、融合自然等旅游价值观念也不协调。

当然,可喜的是我们也看到,安龙县对大力推进生态建设和环境保护,实现环境质量新提高方面尤为重视,已制订了切实可行的规划,即大力实施石漠化综合治理、巩固退耕还林(草)、“珠防”等工程,力争2015年森林覆盖率达50%左右。在大力推进城乡一体化,拓展城市发展新空间方面也有新举措,即大力实施城乡一体化战略,推动城乡统筹、共同繁荣。按照“撤县设市”要求,完成“撤镇设办”“撤乡设镇”工作,着力加强城镇基础设施建设,不断完善城镇功能,带动城镇规模扩大和布局优化。进一步健全城镇公共服务体系,不断提升城镇综合承载能力,争取到2015年县城生活垃圾无害化处理率和污水处理率分别达90%以上,县城绿地覆盖率达32%以上。增强城镇经营意识,着力实施以西城区为重点的城镇开发,提升城镇品位,促进城镇发展。加大环境综合治理力度,提高城镇管理水平,努力营造适宜居住、适宜创业、功能齐备、富有特色的城镇环境。

以上,我们分析了制约安龙县旅游文化产业发展亟须解决的问题,其中包括有消费市场狭窄;旅游产品市场化程度不高;与周边地区资源雷同,没有抓住自身特色,与周边地区形成优势互补;开发价值大的旅游景区(点)分布零散,经济薄弱,旅游基础设施不完善;旅游相关人才匮乏等,这些都是制约安龙县旅游文化产业发展的外因,在深刻理解到外因的同时,我们更应该抓住制约安龙县旅游文化产业发展的内因,内因才是制约事物发展的依据。

安龙县文化旅游资源品质高,独特性强,但是安龙县文化旅游为什么发展缓慢,谈不上对贵州旅游业的贡献率呢？究其根源，是本身经济基础不强，如前所述，文化的发展离不开经济基础，文化与经济要协调发展，所以安龙县要发展文化，必须先发展本身的经济，这是所有贫困地区发展文化旅游的需要正视的问题。对于贫困地区，即使是拥有高品位的旅游资源，也因为经济基础薄弱，无法为旅游业的发展创造一个良好的开发环境，吸引不到旅游专业人才到当地就业创业，这也是为什么文化产业能在香港、深圳这种大城市蓬勃发展，而不易落户于贫困地区的小城市的重要原因，因为大城市经济基础好，市场开放，文化包容，有很多优惠政策，给了各方面的专业人才一个很宽松的创业环境和就业环境，就能够吸引到人才的进驻，所以这些地区的文化产业，尤其是文化创意产业发展就很好。从根源上来说，是经济制约了安龙文化产业、文化旅游的发展，这就是要发展旅游文化产业时必须首先正面认识的问题。

六、产品定位

根据以上必要的理论分析并结合地方的区位实际，我们认为，安龙旅游文化的产品应该是以下几种。

1. *安龙旅游文化产品应是动态的休闲与旅游的结合*

安龙的旅游资源丰富，品位突出，有适合开展休闲度假的资源，如林木葱郁、被专家誉为“大自然的生物基因库”的国家级森林公园仙鹤坪景区，有由众多名胜古迹组成的龙广古迹风情景区，主要景点就有五省会馆、卧雪山庄、五台山、观音洞等；还有风光独特、民族风情浓郁的民族村寨旅游区，如钱相打凼布依寨、平乐索汪布依寨、香车河苗寨等。

安龙的名胜古迹融自然风光与人文景观于一体，许多景点与历史事件和著名人物相连，因而独具特色。安龙古城建于明代永乐年间，建筑风格有清幽朴素的灰檐瓦舍，古色古香的青石小巷；明十八先生墓是全国仅存的南明王朝遗迹；兴义府试院楹联众多，清朝的湖广总督、军机大臣张之洞在此度过他的少年时代，是贵州省唯一保存尚完整的封建时代科举考试场所。

根据安龙县的资源禀赋、区位交通条件及经济社会发展状况，要用动态的思路来开发即产品属性应是动态的。一般来说，极易引起旅游者快速关注的是自然观光型产品，但这样的产品依赖于资源的较高品位、独特性及排他性，如张家界、九寨沟、黄果树等，安龙县的旅游资源目前还难与前者知名度相提并论，但旅游资源随时空变化是会发生变化的，是会“增值”的，这是旅游资源不同于一般资源而独特的地方，安龙县的旅游开发要切合实际，不应一开始就要做大旅游产品，拓展全国市场甚至海外市场，我们认为，要依托以后的区位交通条件，先定位在休闲上，即前期以休闲为主，旅游次之，随着该产品的转型与升级，即当下中国旅游业必然趋势的三个转型，也就是从比较单一的观光型向复合型转移、从传统服务型向现代服务型转移、从经济产业型向社会产业型转移，这时自然将会以旅游为主，而休闲次之，历史文化古城及十里荷香的深度开发会彰显安龙县的珍贵价值，这也是未来安龙旅游与文化产业互融运作或效益体现的标志。

2. 安龙旅游文化产品应具有综合性

所谓综合性就是根据资源、交通、市场、时尚、特色等,旅游文化产品在层次上应有多种类,品位上应有高端的,它是其增加影响力的核心和产品的特质体现,这样的产品是为旅游者购买的,如享有地标特征的高星级酒店、餐饮、游览、分时度假酒店及特殊文化体验产品等,南明文化宫殿城就可开发"一时皇帝"或"一日皇帝"似的高端产品,像今天安龙宫殿的"宝座""龙椅"都"文物"得不能靠近,高端的产品应有所区别与大众产品,在初期应设计其经济功能占安龙旅游收入 20% 这一指标,实际上"一日皇帝"产品就相当于来安龙的首席嘉宾——只不过他是以旅游者的身份,可让旅游者体会其自身的价值,这种高端的产品等同于安龙最高级酒店的"总统套房",高端的产品顾名思义,消费较高,这类旅游者通常对价格不敏感,他们只强调项目特色和服务质量,因此是创造收入和树立名牌的重要途径,在安龙旅游文化业的肇建期必不可少,在充分张扬个性的 21 世纪,这种产品应该是很有市场的。

中端的产品可开发一系列地走进安龙国家森林公园游、安龙南明古城游、安龙户外赏景游、招堤十里荷文化体验游、安龙布依族文化串村走寨游、安龙农业田园风光游等。其收入应达 30% 以上,中端的产品也是经济收入的重要途径,中端的产品极易整合区域的各种产品,也是一方旅游业发展成熟的标志;中端的产品还是旅游业与文化产业互动的最好体现,对于带动产业发展,延伸产业链具有重要意义。中端的产品可体现在酒店、餐饮、游览、购物、观光等方面,南明文化城、"招堤",以及当地特色土产等都有很大的整合互动空间。

此外,还有为社区居服务的一般产品,这应是安龙县目前的主要市场,应占据其市场 60% ~70% 的份额,即以短程的休闲为主,如餐饮、娱乐、沐浴、保健、购物、游览等,可以依托强大的兴义市场及周边县域市场,其收入应达 50% 以上,是安龙旅游之化产业的主要收入来源,因此,高端是品牌,是门面,中、低端是主打、但两者的经济效益当然不能过于悬殊,运作得好还可形成势均,彼此还可形成优势互补、良性互动。

3. 产品特色

特色是旅游目的地吸引力、竞争力和生命力的所在,对于安龙县而言,休闲度假产品可以说是主打产品,因为它具有明显的交通枢纽优势、栖息地优势和气温优势,但也要关注的是当今的旅游者对信息更加敏感、对产品更加挑剔、对消费更加理性、对服务更加讲究,这就需要突出和打造特色,以特色制胜。

安龙整个度假中心(含各类产品)的地位要在修建性规划中作为一个整体思路贯彻始终,各功能区及主体建筑、一般建筑、基础设施、旅游设施、绿地花园及水体景观应交相呼应,彼此有机联系,应有标志性酒店的地标建筑,如南明文化古城应有如西安骊山或北京紫禁城式的庞大和古香古色,在新城区现代建筑的映衬下才越发显得多彩亮丽和庄重稀有,越发凸显它不同的个性,也就是说安龙度假中心就是一个类似"迪士尼"或"欢乐谷"似的主题公园,也可为安龙县新城区的建设增添华丽色彩。

其次要追求生态价值、生态功能及生态效益,在人们向望生态旅游、强调生态文明的今天,安龙旅游的特色就是生态旅游产品,生态旅游是一种返璞归真、追求生活环境和对自然、山林有明显指向的休闲旅游，是一种依赖环保、追求环保的审美旅游。我们认为，安龙应结合周边环境，从水体湖泊、沙地到草地多元的生态景观出发，重点打造生态旅游产品，让游客在参观和参与中提高其情趣和环保意识，提倡、培育和发展这种旅游，这对旅游环境的改善和可持续发展具有至关重要的作用，生态环境是安龙县赖以发展的基础与根本，应把生态旅游作为本项目第一重要的旅游产品进行打造。常规文化旅游作为一种传统的旅游形式，市场竞争已经十分激烈，只有创造出新意才能吸引更多的旅游者。

4. 文化品位

当今经济发展的主动力已经不是资本和劳动力，而是创意与创新，创意正有力地推动着文化资源转化为财富，科技创新已成为文化产业发展的重要引擎。

在开发利用安龙文化、黔西南文化的地方特色文化资源时，一方面要注意遵循文化发展规律，始终坚持"保护为主、抢救第一、合理利用、加强管理"的方针，保护好文化遗产；另一方面则通过文化创意和科技创新深度融合，努力提升特色文化的核心价值，提高文化资源的利用效益。安龙旅游文化产业必须依托地域文化增加产品文化内涵，否则其产品就有如水上浮萍而不能扎根，前面列出的地域文化都可以物化，利用现代声、光、电高科技手段可增其逼真效果，一般来说主题公园或度假村旅游淡季、旺季比观光型产品来说不太明显，但各种文化展示、博物及观赏馆园更易留住客人，香港太平山上的蜡像之所能吸引游客，就是数量的庞大和创新意识让旅游者能够久留。同时，旅游交通的便利同样是一把双刃剑，它能及时把客人带来，也能轻易把客人带走，在这个意义上，有无或选择什么样的文化主题或项目，就成了旅游目的地制胜的关键，只注意产品的票房价值，是目光暗淡的短期行为，只要精心设计并了解客人心理，使其"旅短游长"，才是产品设计的初衷。

七、四大战略

根据旅游文化产业发展的一般规律并结合安龙县的实际，我们认为以下"一、二、三、四"战略（以下称四大战略）对安龙县旅游文化产业的发展可值得考虑。

1."一"即"一产优先"

这里的"产"指旅游地产，旅游地产是目前较热的话题，一方面作为国民经济战略性支柱产业的旅游业在我国已遍地开花，受到各界各行的关注；另一方面，房地产业更是我国经济发展的主要支柱之一，两者的结合形成新的业态即旅游房地产业。一般我们可认为依托周边丰富的旅游资源而建的，有别于传统住宅项目的融旅游、休闲、度假、居住为一体的置业项目，包括休闲度假村、旅游景区主题休闲公园、分时度假酒店、海景住宅、景区住宅等或以旅游度假为目的的房地产开发、营销模式开发项目，全部或部分实现了旅游的功能。

旅游地产的产生是长期持续回报与快速回报，持续现金流与短期销售联结，低成本土地与高成本配套等相互联结的合理趋势。实际上，低成本的土地是与高门槛的旅游开发相结合的，这里面讨巧的机会并不多。把人气搞上去，就需要进行基础设施、景点、游乐、娱乐、景观、接待等的开发,需要较大的投入,因此,旅游与地产之间互补互助关系非常重要。今天城镇化的发展都以旅游地产作为先导,安龙县新城区的建设应充分考虑其文化功能与城市功能的结合,把旅游文化产业发展纳入其新城区建设,这是未来城镇化能否健康和可持续发展的关键。

另外,文化旅游产品的开发还可带动旅游地产,旅游加地产的发展模式在华侨城就中得到了很好的演绎,很多染指旅游行业的投资商实际上直指地产行业,通过旅游带动地产的发展,西安的曲江在修建了大唐芙蓉园、曲江遗址公园以后,附近的房产不断飙升。当然也并非所有的旅游加地产的模式就能成功,在进行旅游地产策划时,还是有很多的注意事项。旅居小镇旅游地产一体的构建路径,首先在城市功能上,作为以居住为主要功能的新城建设项目,在发展过程中必须跳出“住城、睡城、卧城”等传统的城居、郊居生活方式,创意一种可旅游、可运动休闲、可社交的第三代居住生活方式,在城市公共功能的设置中,以打造城市商务休闲中心为目标,通过商业商务功能集聚,布局休闲业态,完善城市商务功能和休闲功能。

2.“二”即“两城互补”

安龙县是一著名历史古城,在这里传颂着许多乡贤名士的动人轶事,也留下了一代忠臣浩然正气的事迹,更给“招堤”的十里荷香增添了深厚的历史文化积淀和旅游氛围,这是今天老城的特别韵味,使今天来安龙游玩的人们回味悠远,流连忘返。尤其是近年来城市面貌的极大改变和品位提升,使这里的人居环境更为优化,旅游地产价值还在上升,但作为新城区的产生,这是城镇化发展的必然,在充分考虑旅游地产规划中,应注意新、老城区的互补和平衡发展。

一是充分发挥老城的生态优势,也要发挥新城区规划新颖、整洁美观的优势。“重新调整城市功能结构和城市布局,形成有利于发挥城市各要素的功能分区。”[1]老城区必须强化旧城改造,一切为旅游文化产业发展先行,整治古老建筑周边的环境,让老城真正成为旅游者发思古之幽情的最佳去处,增加旅游者的吸引力,今天的安龙县的南明宫殿产品,周边环境太杂乱,难以给旅游者留下历史印迹,应有宏大的规划,把其作为一个文化产品、主题公园或影视基地来建设,把一个特殊年代的都城和记忆留给文化体验者,并且还可极大地增加其附加值。

二是新城区的建设不应区分强调其商业色彩,旅游地产的参与实际上是如何扩大人气指数,打造现在安龙县的人居环境,让外来居住者甚至对老城区的居民产生吸引力。要做到这点,除了有多样化的城市功能体现外,生态环境的营造也是十分重要的,如在新城区同样修筑像“招堤”似的湖泊或湿地就显得尤其必要。这样东北角对应西南角像两颗明珠镶嵌于安龙腹地,使其城市特色更加体现,城市功能更加完备,才能为安龙进一步提升旅游文化产业地位创造先决条件。

3.“三”即“三品互动”

旅游与文化具有天然的耦合性,在各国,文化产业和旅游产业都不同程度地走向了

---

[1] 梁骄阳,胡玉良.城市化进程中在建筑保护的制度困境与出路[J].贵阳:贵州大学学报(社会科学版),2014(5).

互动融合的道路，可见旅游产业与文化产业关系之密切。然而，二者不仅仅是历史文化或景点名胜的还原和再现，更要靠创新内容来提供产品和服务。一个国家或地区拥有旅游资源、历史古迹、文化底蕴，并不代表着一国或某一地区的旅游产业和文化产业必然发达。同其他产业需要创新一样，只有创新才能使得旅游产业和文化产业的发展具有可持续性。旅游产业是旅游活动为中心而辐射形成的资源配置产业，凡是为旅游者活动提供直接或间接服务的行业和企业，都是这个配置产业的组成部分。而文化产业是文化产品和文化服务为中心而形成的资源配置产业；有鉴于此，旅游产品在设计时应注重不同旅游者不同的需要，而文化产业是面向大众消费的文化，旅游产业之中各行业之间存在的合作大于竞争，而文化产业之中各行业之间存在的竞争大于合作。但两者有很大程度还存在交叉融合，相互依存，互动共进。

根据这些特点，我们认为，安龙的南明古都、十里“招堤”和风物土产完全可更好地结合，彼此互动，其系统效应更加明显。因为未来修建的娱乐设施其本身就是文化产业的组成部分；十八先生墓、南明宫殿、府试院及半山亭等其本身就是文化主题；仙鹤坪景区、十里荷花、耳块粑、鸡枞菌等都需要文化解读。安龙县旅游文化产业的这三大产品彼此关联高，涉猎面广，互动性强，如何打好这三张品牌，是发展地方旅游文化产业需要优先和长期考虑的。

4.“四”即“四个基地”

根据安龙县旅游产品的定位，要把旅游文化产业做强，对外的影响和知名度是至关重要的，举凡国内外的成功的产品，无不是一开始就期盼由某些可操作的因素而带来或轰动效应，或金字招牌，或耀眼光环，这既标志着产品的成熟，也平添了一份看守和珍惜的责任。我们认为，安龙县旅游文化产品完全可以在“生态旅游示范基地”“黔西南游客集散基地”“南明文化影视基地”“山地旅游展示基地”即四个基地上开拓产品，以此建设品牌，扩大影响，提高外界对安龙文化旅游产品的感知度、认知度和购买度。

贵州旅游局及旅游企业对申报各种荣誉的工作高度重视，2013 年十月贵州就有梵净山、荔波、百里杜鹃及赤水等四个产品申报我省首批“国家级生态旅游示范基地”，黔西南州至今还无“候选”单位，安龙可拟“招堤”“仙鹤坪”等景区作前期准备工作，获得这一殊荣价值连城。以上申报成功的四个单位，从上到下都十分珍视，当由地方主要领导引领的百里杜鹃、荔波“申报队”在北京刚获悉得国家 5A 级景区时，志在必得的百里杜鹃、荔波风景区，与“申报队”在北京的驻地同步响起了庆贺的鞭炮声；铜仁市、毕节市的领导亲自领衔参与梵净山、百里杜鹃“国家级生态旅游示范基地”的申报事宜，他们对品牌的重视也极大地产生了明显的社会效益经济效益和环境效应，从今年的国庆长假的旅游盛况可见一斑。安龙县重视文化旅游产品的发展，对于欠发达地区经济社会发展，顺应社会发展趋势，对安龙县实现冲出经济洼地，意义是深远的。

八、市场预测

对任何一个国家、地区或旅游企业来说，旅游市场的占有率直接关系到旅游经营的效益,故在开发建设旅游区及旅游经营过程中,旅游市场的调查、划分、开拓、预测十分重要。从贵州来看,今年国庆黄金周,旅游的特点主要体现在游客接待量大幅度增加;休闲度假游大幅度增长,游客以探亲访友、休闲度假为主;城郊游、城乡互动游持续增长;重庆、贵阳、成都等周边城市是贵州主要市场,中远程市场游客流量增大;省外游客量大幅度增加。“自驾游”游客主主要来自渝、川、湘、浙、粤、沪、等周边省份及省内各地。据统计,自驾游占贵州接待游客比重的61.6%。安龙可望成为川、渝、滇、桂和粤的后花园和休闲体目的地,不但如此,贵阳也会成其为市场,安龙作为交通枢纽的作用将会得到极大的发挥。

市场是决定旅游发展的关键环节,有市场就有一切,安龙只要处理好旅游发展与市场的关系,还得采取适当的推介与优质的服务结合,不断寻找目标市场,努力扩展目标市场,把现有市场占牢,把一级市场延伸到发达地区甚至海外,并处理好发展旅游产业与发展文化产业的关系,产品就会有魅力,就会迅速成熟,显示出生命力。旅游没有文化就没有灵魂,文化没有旅游就没有平台,只有把两者很好地结合起来,才能形成竞相发展的局面。此外还应处理好当前发展与全面提升旅游产业素质的关系。要实现发展,必须创造产品发展的特色之路,要紧紧抓住加快发展旅游业的机遇,在增长方式转变上狠下工夫,全面提升旅游产业素质,不断增强旅游业的竞争力;抓特色、树品牌、建体系,增加适应不同游客需求的旅游产品;开展富有成效的旅游文化活动,产业就会高效而持续地发展。

九、前景展望

安龙县地灵人杰,风景秀丽,物产丰富,文化多采,是黔西南州文化发达县之一,也是贵州最富魅力的县域之一,依照自身独特的优势,在近年来发展飞快,把旅游文化产业作为支柱产业培育,这应是安龙县最明智、最现实的选择,在当前安龙县正快速转型升级,加强城镇化进程,实现安龙为“历史之城”“文化之城”“旅游之城”“休闲之城”“生态之城”的五城目标,从而加快推进旅游与文化产业发展,增强文化自觉和文化自信之际,发展文化产业以打造21世纪最时尚最畅销的旅游产品,其前景非常美好,在当下人类迈进生态文明时代、在中国旅游业正与国际接轨、在贵州正后发赶超、又好又快进行旅游文化创新及城化步伐加快的特殊时刻,我们相信,“水墨金州”的安龙县,将以自身的智慧及勤劳在旅游文化产业上以崭新的品牌形象出现,只要把握生态作产品定位,文化作产品的灵魂,创新作产品的生命,名牌作产品的市场,安龙县必将在贵州旅游业上大放异彩。

【参考文献】

[1]谢红梅.浅析旅游文化与旅游产业发展的关系[J].科技信息,2011(35).
[2]张海燕,王忠云.旅游产业与文化产业融合发展研究[J].资源开发与市场,2010(4).
[3]马光霞,伍辉.青州市旅游文化产业发展的SWOT分析及其对策[J].潍坊教育学院学报,2010(4).
[4]袁俊.深圳市旅游业与文化产业互动发展模式研究[J].热带地理,2011(1).

[5]周静.旅游文化产业发展的现状及建议[J].学习月刊,2013(10).
[6]盘晓愚,刘桔.贵州旅游文化产业发展探析[J].贵州民族研究,2009(1).
[7]张中奎.民族旅游预开发地区文化保护预警研究的价值[J].贵州大学学报(社会科学版),2014(1).
[8]梁骄阳,胡玉良.城市化进程中在建筑保护的制度困境与出路[J].贵州大学学报(社会科学版),2014(5).

农村已婚妇女留守的社会学分析
——基于山东中部农村的田野调查研究*

孙奎立　路欣　吴珊珊
（泰山医学院　管理学院，泰安　271016）

【摘　要】根据在山东中部农村田野调查资料，分析了已婚农村妇女留守的影响因素，得出的结论如下：传统的社会价值观使得留守妇女认为“养老育小”是她们义不容辞的义务；家庭权力结构使得她们服从了丈夫的决策；对自身能力的认知，以及来自他人的负性外出经验使她们自愿选择了留守；丈夫外出后社会网络的变化也是妇女安于留守的一个重要原因。

【关键词】农村妇女；留守原因；分析

一、问题的提出

随着农村劳动力向城市的不断流动，“留守”问题一直是近些年来学术界研究的焦点问题之一，这些问题研究的对象主要包括了三类留守人员：“留守老人”“留守儿童”和“留守妇女”，对于前两者，专家学者着墨较多，而对于“留守妇女”，作为遭到忽视的群体，对其研究尚显不足[1]，且为数不多的研究成果主要指向了农村劳动力转移对留守妇女的影响，尤其是对留守妇女生活状况和婚姻状态的影响，比较一致的看法是：留守妇女的婚姻稳定性受到冲击，生活上表现为劳动强度增高、精神压力加大，安全感缺乏等等[2][3][4][5]。诚然，男性劳动力的外出使留守妇女付出更多的精力和体力来应对家庭中的养老抚小，以及农业生产，从而带来了更大的生活压力，但一个更值得注意的问题是：为什么这些妇女不和丈夫一起外出务工而选择了留守？目前学界对此问题给出的解释主要有：传统性别分工模式的影响[6]；妇女人力资本特点的原因[7]等。这些解释对我们了解妇女留守原因提供了帮助，但总体看来，这些解释大多关注了经济层面上的原因，即妇女留守是家庭对留守与否的成本与收益进行衡量做出理性的决策。显然，妇女之所以

＊　本文系教育部人文社科研究基金青年项目（11YJC840045）：“我国农村‘隔代留守家庭’问题与社会工作干预研究”、山东省高等学校人文社科研究计划项目（J10WC04）：“人口流动对家庭代际关系影响研究”的阶段性成果。

作者简介：孙奎立（1972—　），男，人口学硕士，泰山医学院管理学院副教授，研究方向：人口社会学；路欣，女，泰安市实验学校教师；吴珊珊，女，北京师范大学硕士。

选择留守以及安于留守不可能只是对于经济收入的考虑,尤其是在我国农村当前社会观念与社会关系仍然具有传统农业社会特点的宏观背景下。根据埃弗雷特·李的人口迁移中间障碍理论,人口迁移包括三个因素:原居住地、目的地,以及二者中间的障碍。毫无疑问,城市的“拉力”,以及农村的“推力”足以激发农村劳动力人口的进城意愿,但大部分作为劳动力人口的已婚妇女,为什么仍然选择了留守呢?为回答这一问题,笔者在主持教育部及山东省教育人文社科课题时,深入山东中部农村地区,对这一群体进行了半结构式访谈,在此基础上,对她们留守的个人、家庭,以及社会原因进行社会学分析。

二、研究方法与研究对象基本情况

本文中的留守妇女,是指丈夫外出打工半年以上年龄为25~40岁的农村妇女。

本文采取质性研究中的多重个案研究方法,通过田野调查的方式采集资料,调查时间为2013年9~12月,调查地点为山东省中部某自然村,该村属于传统农业类型村庄,村子中部分土地被租用发展大棚,每小亩地每年给予农户1000元赔偿,村中2/3的男性青壮年劳动力外出打工,但夫妻一起外出打工的比例却不到1/3。选择该村作为调查地点,是因为该自然村农业外经济形式并不发达,且外出打工的青壮年劳动力较多,使得访谈结果能够在一定程度上对相似经济落后地区具有同样的解释力。半结构式访谈样本基本情况见表1。

表1　留守妇女基本情况表

代号	年龄	文化水平	丈夫外出时间(年)	代号	年龄	文化水平	丈夫外出时间(年)
ZHL	36	初中	3	LXH	27	高中	1
FDX	29	高中	1	SY	30	初中	2
ZXY	31	初中	3	XEJ	39	高中	10
LM	26	初中	1	XYY	35	初中	5
YSH	31	初中	4	TXY	30	初中	3
YFP	29	高中	2	ZCX	35	初中	7

为验证访谈资料质量,应对个案研究的效度和信度进行检验,在整理资料后,笔者对个案访谈对象重新进行了回访,核实资料内容,此外,针对文章所得出的分析结果,对访谈外其他留守妇女也进行了核对,以最大限度保证资料信度与效度的可靠性。

三、访谈结果分析

(一)社会价值规范:农村妇女留守的结构性背景

社会学对规范的注意是由对角色的研究引起的,角色是对群体或社会中具有某一特定身份的人的行为期待[8],作为连接个人与社会结构的社会学概念,它体现了两个人以上的活动与关系，这种关系与活动当需要协调时就会借助于规范[8]。社会价值规范反映着行动者的共同价值标准，是社会文化和社会心理在社会行为上的表现形式，它一经产生，往往对社会成员有着普遍的约束力量。科塞曾经提出过特殊规范和一般规范的概念。特殊规范是把家庭成员每个人都当做特殊的个人来看待的，比如她是我的妻子，他是我的丈夫，他是我的儿子，她是我的母亲等。家庭规范是基于对成员的爱和忠心而建立的，所以是特殊规范[9]。

中国的传统社会，“慈”“孝”可以说是其价值理论体系中的核心部分，“父母抚养子女，子女成人后赡养父母”“父慈子孝”被认为是理所当然的，在访谈中，村民们虽然表达不同，或指责村里的“不孝之子”，或褒扬村里的“孝子贤孙”，但基本也都表达了同样的观点。在这种结构性价值规范的约束下，许多家里有老人的妇女选择了留守。

个案 ZHL

其公公婆婆都年近七旬，公公瘫痪卧床。

“本来也想出去(外出打工)的，但是看看家里的情况，就不能出去了，公公有病，虽然婆婆也可以伺候，但是婆婆年纪也大了，留她一个人在家忙活，会让村里和邻居笑话的，再说万一出点什么事(指公公突然病重或病危)，更没法交代了。”

个案 FDX

FDX 比 ZHL 年轻得多，但是也面临着差不多的家庭情况：公公去世，婆婆65岁，患有关节炎。

“没法出去，没人在家里照顾老人，人不孝顺不行，怎么在村里站住脚？娘家也不让出去，说把老人照顾好就行，什么钱不钱的啊，家里又不是吃不上饭，有他一个人(丈夫)挣点也够花了。”

通过访谈发现，她们也有出去的愿望，但问到为什么没有和丈夫一起出去这一问题时，她们首先给出了这样的叙述，而且这种话语背后所隐含的价值观，几乎被村内所有人认同。不同的是，有的是担心村内舆论的压力，而有的则是发自内心想照顾老人，无论属于哪种类型，都是传统社会价值规范的作用结果。社会价值规范对社会角色行为的控制是通过两种途径实现的，其一是通过社会其他成员对某一社会角色的期待，当违反特定期待时，将会受到相应的“惩罚”；其二是通过社会角色的自我认知，这种角色认知使得他们的日常行为能够符合角色的要求。而留守妇女扮演的一个主要社会角色就是“儿媳妇”。在赡养老人的家庭义务中，农村社会对“儿媳妇”这一角色有着特殊的要求，所以有着“好儿不如好媳妇，好闺女不如好女婿”的说法。如果媳妇不孝顺老人，往往会成为村内批评的重点，而闺女所承担的，主要表现为每隔一段时间到娘家去看看的情感义务。

留守妇女承担的另一个重要的家庭任务是抚育孩子，与此相对的社会角色——“母亲”，无论在社会评判还是个人角色认知中，都倾向于她们在抚育孩子上应当承担更多的责任。

个案 ZXY，孩子四岁。

“孩子太小了，吃喝都需要照顾，爷爷奶奶虽然也可以帮忙，但还是不如自己看着放心，孩子很小他爸爸就出去打工了，几乎没怎么看过孩子，抱都抱得很少，男人指望不上的，他也没有那个耐心。”

个案 LM，刚刚怀孕。

"本来可以一起出去的，可是年龄不小了，该要孩子了，我自己觉得再晚两年要也没问题，自己也出去挣点钱，他（丈夫）不愿意，村子里和他一样大的差不多都有孩子了，老是不生，别人也说闲话。"

由以上案例可以看出，社会价值规范对留守妇女在家庭中所扮演的两个重要角色——"媳妇"和"母亲"有着特殊的期待，即使那些自愿在家照顾老人的妇女，也是因为她们对社会价值规范的内化。因此可以把这种社会价值规范的社会环境看作农村人口生活的一种"场域"，代代相承的价值观念和熟人社会的聚居方式，影响着已婚妇女的选择，成为一种结构性因素。

（二）家庭权威结构：妇女留守的中观因素

当丈夫选择了外出，妇女留守与否就是家庭决策的一个重要内容，尤其是非农收入要大大高于纯农业收入的情况下，家庭决策是一个动态的过程，涉及家庭各个成员之间的互动。最后的决定不仅来自家庭成员之间价值观和生活目标的相互协调，还要看决定者在家庭中的地位。在追求新生活、新思想、新文化的现代社会中，老年人的经验、技术和价值取向的现实效用不断下降，已经丧失了在社会和家庭中的主导作用。老年人家庭地位边缘化，使得老年人被排挤在家庭生活重大决策和管理范畴之外。家庭生活的选择与发展，完全由年轻一代决定[10]。因此，家庭权力往往就落在了年轻夫妻之间，而夫妻之间在家庭中的决策权力，在农村表现得相当微妙。在访谈的家庭当中，几乎所有的留守妻子都有家庭经济事务的决定权，买什么家具、孩子上学、邻居或亲戚借钱等，但在外出与否的决策上，留守妇女大多听从了丈夫的意见。

个案 YSH，孩子四岁。

"其实孩子也长大了，在村里的幼儿园上学离家很近，爷爷奶奶都能帮忙照看，但是我没法出去打工，孩子他爸不同意，给他商量（外出打工这件事）时，他就说：'家里缺钱花吗？'、'别说有孩子了，就是没有孩子，你出去显得我多丢人啊'。其他都听我的，就是这个，不知道怎么回事，我觉得他说得对，所以就没有出去（打工）。"

个案 YFP

"和他（丈夫）说过，一起出去（打工）多好啊，两个人也好有个照应，但他说什么也不同意，还是没有拗过他，只好留在家里了。可能他有他的担心，但从来没有给我说过为什么，反正就是不同意。"

访谈发现，在外出与否上，公公婆婆一般都不会主动提出什么意见，但丈夫大都表现得非常坚决，就是宁可自己多吃点苦，也不让妻子出去，值得玩味的是，妻子对家庭中的其他事务都有很大的决策权，但自己是否外出打工的决定，往往听从丈夫的意见。其中可能的解释就是丈夫和妻子其实都对"男主外、女主内"传统家庭分工模式是认同的，虽然妻子有着外出的打算，但在丈夫的坚持下，自己觉得即使不出去也是合情合理的。

（三）自我评价与经验：妇女留守的个人原因

访谈对象中都具有初中以上的文化水平，其中 1/3 还是高中毕业，但长期的农村生活,使她们习惯了当前的生活方式,而对城市生活显得陌生且充满了神秘感。对她们来说,一个共同承认的事实是,丈夫出去打工可以依靠身体条件(绝大部分在从事建筑业、快递业等体力劳动),对城市能够提供给自己的工作类型方面,女性认知有限,认为靠身体条件很难适应丈夫所从事的工种,而依靠知识或技术打工,留守妇女普遍感觉到自己没有信心。

个案 LXH

"说是高中毕业,但高中能学到什么东西啊?他(丈夫)在桓台(山东的一个县)干建筑,一天要工作十个小时以上,我可没有这么大的本事。做其他工作?你说我能干什么啊?做买卖从来没干过,也没有什么手艺,去了只有出力,还不如老老实实把家里的地种好,好歹有粮食吃,再说现在也是白种,又不用交公粮。"

个案 SY

"出不去了,年龄太大了,又没有什么本事,就是去做建筑工,你说谁能用我啊?像我这个年纪,城里的人都没有工作可干,我能找着工作?"

此外,已有的经验事实也成为妇女留守的一个原因,这种经验要么来自自己曾经外出打工,要么来自周围打工不顺利返回乡下的亲戚、邻居或朋友。

个案 XEJ,曾经外出打工一年。

"别提了,你以为城里的钱这么好挣啊,出去待了一年,换了三个工作。一开始在一家电器厂做,又累有苦,晚上九点才让下班,天天赶订单;后来去做装修(刷漆工),脏得更是让人受不了,老板就没满意过;最后到丈夫工地去做饭,好歹挣了点钱,算是对家里有个交代,现在让我出去,打死都不了。"

个案 ZXY

"倒是想过(外出打工),可是听听别人说的,就不敢出去了。我娘家表姐在外面干了好几年了,就没见她挣钱回来,还受了不少的苦,风里来雨里去的。有一年连春节都没回来,说是买不上票,其实是没有钱,舍不得买票回家。"

从访谈中可以看出,农村妇女的个人条件是她们选择留守的重要原因之一,而这些个人条件,包含着年龄、其他人力资本等方面,但都没有提到学历这一因素,可能是农村妇女外出所做的工种对学历一般都没有什么要求。对于农村妇女来说,其成长和生活的环境决定了她们缺乏"种地、持家"以外的人力资本。虽然目前我国普及了义务教育且高中教育有了较大发展,但高中及以下教育仍然是以知识接受为主,职业性教育的缺乏使她们感觉到自己没有一技之长。自己或身边亲戚、邻居外出打工的不成功遭遇,可能也使得她们对外出打工有着"一朝被蛇咬,十年怕井绳"的经验性"恐惧"。

(四)社会互动网络变化:妇女留守的支持性因素

留守妇女往往被作为弱势群体进行研究的[11]。的确,丈夫的外出使她们承担了更多的家庭劳动和田间劳动,夫妻间的情感交流大大减少,但是我们发现,当丈夫长期在外打工时,留守妇女的社会支持网络往往有了较大的变化,而这些社会网络的变化在一定程度上弥补了丈夫外出给她们带来的种种不利影响。

个案 TXY

“他(丈夫)打工去以后,一开始家里的活基本都是我干,后来公公婆婆发现这样(我)太累了,就经常过来帮忙,看孩子、下地都干的,有时候吃饭也到那边去吃。到农忙的时候,大伯哥也过来帮忙的,地里的活没有落下过。累是累了一些,但总的来看还坚持得住。”

个案 ZCX

“自从他(丈夫)出去以后,家里的经济条件明显变好了,他是大工(建筑上的技术能手),比别人拿的钱多。农忙的时候也不让他回来,否则要少挣不少钱呢。农忙的时候一般都是娘家人来帮我,我有三个哥哥,只要有活,他们一定来的。……我和娘家处的关系很好的,我二哥盖房子,我就借了他一万多块钱,侄子上学我也借给了大哥六千,平时我也经常带着孩子走娘家。”

个案 XYY

他(丈夫)出去也不要紧,家里收入增加了,别人也瞧得起了,邻居借钱都给他们的。我有好几个好姊妹呢,忙的时候都给我帮忙,娘家也来人,一般问题就解决了。没事的时候就串串门,家长里短的聊聊天,农忙能有几天啊?还是玩的时间多,谁家有事就说说,过得还是挺开心的。

丈夫外出后,这些留守妇女和婆家、娘家以及周围邻居的关系都发生了变化,主要表现为:娘家和婆家对留守妇女的工具性支持增加,邻居和留守妇女的工具性支持和表达性支持均得到了加强。这得益于丈夫离开家之后留守妇女在社会网络结构中位置的变化:首先,由于和丈夫空间距离的拉大,留守妇女在日常生活中往往就成了和娘家人、婆家人联系的桥梁(丈夫—留守妇女—婆家、娘家人),在网络中处于连接点的位置,“个体越靠近网络中的桥梁,他们获取的社会资本越好”[12]。其次,由于丈夫外出打工家庭收入的增加,提高了留守妇女的社会地位,使得她们在与外人交往的时候可以得到更多的支持,这种支持可能是工具性的,也可能是表达性的。工具性支持的增加缓解了她们繁重的体力劳动,表达性支持的增加使得她们情感表达有了更多的机会。

四、结语

农村劳动力的外出务工,首先是非农收入较高的拉力和农业生产收入较低的推力所致。同样的情境下,丈夫和妻子一起外出也应该是顺理成章的事情,即使妻子收入可能增加不大,但至少对夫妻之间的相互支持也极具意义。但大部分妻子选择了留守,仅从经济上做出解释是远远不够的。通过对访谈资料的整理,不难发现:传统的社会价值观使得留守妇女恪守着“养老育小”的观念,无论是社会还是她们本人都认为这是她们义不容辞的责任;家庭权力结构中大事还是男人说了算,使得她们听从了丈夫的决策,对于丈夫来讲,尤其是觉得男人不能挣钱养家是一件很“丢人”的事,使得他们在阻止妻子外出时的态度异常坚决,当然,这也是传统价值观在家庭决策中的一种表现而已;妇女对自己个人条件的评价和来自打工的自身和他人的经验可能使她们自愿选择了留守;丈夫外出后社会网络的变化补偿了留守妇女在体力上的付出和情感上的表达不足,使得她们对留守生活趋向于较为积极的态度。

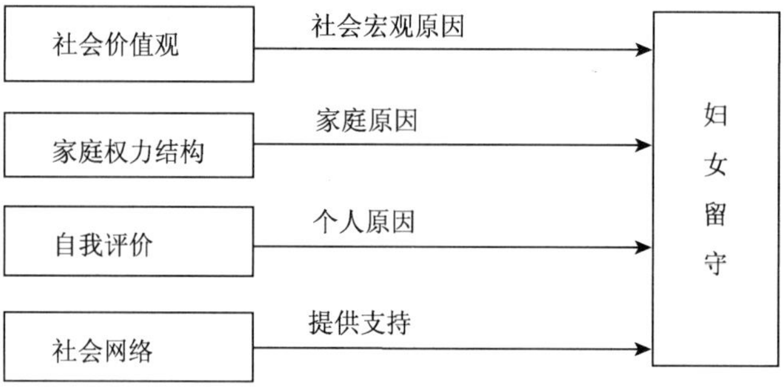

对农村妇女的留守原因研究,本研究注意到了在社会背景条件下理解个人行为,并以此为基础寻找家庭原因和个人原因,同时关照到了社会支持的因素,因为对个人行为的研究,必须考虑到社会结构对个人活动的影响,以及个人在社会结构中的能动作用,即在一定社会结构下个人生活如何与之相适应从而符合行为者的理性期待,在这个意义上,农村妇女留守有其历史的和现实的原因。但是,对妇女留守的原因我们还缺乏更加动态的、事件发生历程性的分析,这是我们下一步研究的主要方向。

【参考文献】

[1]吴惠芳,饶静.农村留守妇女研究综述[J].中国农业大学学报,2009(2).
[2]龚维斌.农村劳动力外出就业与家庭关系变迁[J].社会学研究,1999(1):88-91.
[3]罗忆源,柴定红.半流动家庭中留守妇女的家庭和婚姻状况探析[J].探索与争鸣,2004(3):103-104.
[4]项丽萍.农村留守女:一个值得关注的弱势群体[J].广西社会科学,2006(1):176-178.
[5]郑真真,解振明.人口流动与农村妇女发展[M].北京:社会科学文献出版社,2004.
[6]江洪,李继华.傅兰英农村留守妇女健康状况及健康需求调查[J].湖南社会科学,2014(2):112-115.
[7]郑真真,解振明.人口流动与农村妇女发展[M].北京:社会科学文献出版社,2004.
[8]孙琼如.农村留守妻子家庭地位的性别考察[J].中华女子学院山东分院学报,2006(2).
[9]戴维,波普诺.社会学[M].北京:中国人民大学出版社,1999:97.
[10]王树新,马金.人口老龄化过程中的代际关系新走向[J].人口与经济,2002(4):21.
[11]项丽萍.农村留守女:一个值得关注的弱势群体[J].广西社会科学,2006(1):176-177.
[12]林南.社会资本——关于社会结构与行动的理论[M].张磊,译.上海:上海人民出版社,2005.

● 锦屏县农村思想政治工作现状调查分析

姜先光

（中共锦屏县委党校，贵州　锦屏　556700）

【摘　要】改革开放以来，随着农村经济的快速发展，农村群众在思想观念上发生了一些新变化。当前农村思想政治工作存在的主要问题是对农村思想政治工作认识不足、重视不够，对农村思想政治工作的投入少，农村思想政治工作的旧方法不灵，新办法不多等。新形势下加强农村思想政治工作要进一步提高认识，创新农村思想政治工作的有效载体，加大对农村思想政治工作的投入，要坚持把解决农民群众的思想问题与解决他们的实际问题结合起来，要采取多种形式灵活多样地开展农村思想政治工作。

【关键词】思想政治工作；现状；问题；对策建议；农村

思想政治工作是党的工作的重要组成部分，是实现党的领导的重要途径和社会主义精神文明建设的重要内容，也是搞好经济工作和其他一切工作的有力保证。我国是一个农业人口占多数的国家，农业、农村、农民问题事关稳定和发展大局，正确掌控农村思想战线的主导地位，把准农民思想脉搏，是确保当前农业丰收，农村稳定的关键。当前农村思想政治工作的情况怎样？笔者带着这一问题深入锦屏县乡村开展了调查。

一、当前农村群众的思想状况

改革开放以来农村经济得到快速发展，人民生活水平日益提高，日子越过越好。取消沿袭几千年的“皇粮国税”，实行“种粮直补”等一系列扶农、惠农政策极大地鼓舞了农村群众爱党、爱国、爱社会主义的热情。当前农村群众的思想主流是积极向上、健康有情趣的。但由于受传统思想意识的影响和市场经济条件下各种思潮的冲击，农村群众在思想、观念和心理上也发生许多变化，突出表现为“四个增强”和“四个抬头”。

（一）“四个增强”

（1）发展市场经济意识增强。随着改革开放的不断深化，社会主义市场经济的不断发展，农村民营、个体经济迅速壮大，一大批以市场为需求、以效益为追求的“专业户”“农

作者简介：姜先光（1965—　），苗族，中共锦屏县委党校常务副校长。研究方向：哲学与思政教育。

民企业家”“打工族”不断涌现,市场经济意识取代了小农经济思想。

(2)渴求平等公开的观念增强。随着农村政务、村务公开的制度化,尤其是村级选举制度的深化,过去那种等级尊卑意识在农民心中日渐淡化,群众维权意识增强。

(3)学知识、用科技的愿望增强。用兴农、科技致富意识逐渐取代了落后意识。农村群众相信科学,科学技术在农民致富中的贡献率日渐提高,农民渴望知识的愿望越来越强烈。

(4)追求时尚生活、倡导文明生活的观念增强。随着生活水平的逐步提高,收入的增长,很多农民盖起了楼房,购买了大屏幕电视机、电脑,接上了有线电视和宽带网,甚至购置了私家车,追求时尚生活、倡导文明生活已经成为农民群众的最爱。

(二)“四个抬头”

(1)个人利益抬头。在一些农村群众心目中,个人利益重于集体利益和国家利益。在征地拆迁、重点工程项目建设等工作中出现矛盾时,首先考虑自身利益而不顾集体及国家利益。

(2)铺张浪费抬头。一部分人先富起来以后,不是富而思进,而是热衷于超前消费、高额消费,浪费现象增多。同时,各种不正之风如:大操大办婚丧嫁娶的“攀比风”“赌博风”“人情风”,“吹”走了农民群众的许多现金。

(3)优亲厚友观念抬头。互帮互助、厚道热心的传统美德逐步淡化,尔诈我虞、假冒伪劣现象偶有发生,对许多问题的处理不是靠道德规范和法律规范,而是要靠人情关系、看“面子”来解决。

(4)腐朽落后封建迷信残余现象逐渐抬头。随着物质生活水平的提高,部分农村群众重视经济而忽视精神生活,使腐朽落后封建迷信乘虚而入、沉渣泛起,迷信活动也还有一定市场。

二、存在问题及原因

(1)对农村思想政治工作认识不足、重视不够。认为经济工作是硬指标,思想政治工作是软指标,抓经济工作见效快,抓思想政治工作难以见效。一些同志抓经济工作有劲头,抓思想政治工作无兴趣、不知怎么抓,存在一手软、一手硬的现象。

(2)对农村思想政治工作的投入少。乡镇文化楼虽已建立起来,由于缺人缺经费,使用率较低;农村党员之家,青年之家等活动场所往往是一间房子几个牌子,活动室常年不开展活动,挂牌子,制度上墙,只是为了应付检查。

(3)农村思想政治工作的旧方法不灵,新办法不多。对在市场经济条件下如何开展思想政治工作,一些农村基层干部对于工作的新方法和新手段不会用,在工作中表现出下列问题:一是丢掉了行之有效的传统方法。二是以罚代教。有的基层干部对群众不善于教育疏导,习惯用经济处罚代替思想政治工作,事无巨细,一罚了之,以致造成干群关系紧张。三是宣传教育的形式和层次存在缺陷。首先表现为渠道单一,采用单纯教育的方式;其次表现为教育缺乏针对性,不能根据不同地域不同经济层次和文化结构的农民因人施教;最后表现为重视干部的教育,忽视了对农民群众的教育。

(4)部分农村基层干部不能以身作则,冲淡了农村思想政治工作的效果。一是个别干部的种种腐败行为直接破坏和影响了党和政府的形象和声誉,使农村思想政治工作缺乏现实基础。二是一些党的农村工作政策不能及时有效地落实,农民群众对农村基层干部不信任,加上有些基层干部工作方法简单,有意无意地造成了党群干群关系紧张,导致部分农民群众对思想政治教育产生逆反心理和抵触情绪,给农村思想政治工作的开展造成了严重障碍。

农村思想工作之所以存在这些问题,既有历史客观原因,又有思想政治工作引导不当的问题。归纳起来主要有以下几方面:一是农村集体经济薄弱,使思想政治工作缺乏凝聚力。土地承包分散经营管理之后,大部分资产分光,村级集体经济发展艰难,村民们普遍感到依靠集体致富门路少,“要致富,靠自己”的思想严重,使农民群众和基层组织产生离心力,思想政治工作失灵。二是农民群众对少数干部不正之风意见较为强烈,因而产生不信任感和逆反心理,使思想政治工作缺乏号召力。三是家庭联产承包责任制后,农村大量的富余劳动力从田野里走出来,向非耕地经营转移。这种流动、分散的状况,给农民群众的教育和管理带来了新的困难,导致思想政治工作出现空白群。四是宣传渠道不畅,使党的方针政策很难直接入村进户。而群众会议难召集,上面正面的声音和东西很难传到农民群众那里。相反,在改革开放搞活的环境中,思想道德的污染源增多,一些不健康的东西乘虚而入,使得思想政治工作难以顺利开展。

三、加强农村思想政治工作的对策建议

(一)在新形势下加强农村思想政治工作认识

要充分认识思想政治工作在整个农村工作中的地位和作用。各级基层组织要把农村思想政治工作摆上重要位置。主要领导要亲自挂帅,分管领导要具体抓,党、政、青、妇要齐抓共管,形成合力。要把农村思想政治工作与农村其他工作紧密结合起来,做到同部署、同实施、同检查。把是否注重精神文明建设和思想政治工作,作为农村基层干部政绩考核、任用、奖惩的重要条件,以此来调动农村基层干部做好农村思想工作的积极性。

(二)创新农村思想政治工作的有效载体

(1)以“十好村”创建活动为抓手,推进农村思想政治工作。近年来,锦屏县在全县农村开展了班子建设好、经济发展好、民主管理好、文化教育好、社会治安好、计划生育好、生活环境好、乡风文明好、科技普及好、社会保障好等“十好村”创建活动,把思想政治工作带入为民办实事、办好事中。

“十好村”创建活动中的每一个“好”,分别由一个职能部门负责牵头领创,相关职能部门配合实施,分项抓实。各包村单位以实现“十好村”创建目标为核心内容,认真制定包村工作规划和措施,积极采取“五帮”(帮规划、帮项目、帮资金、帮技术、帮信息)措施,每年为所包村做1~3件实实在在的事。创建工作以乡镇、村为主,村支书作为村级创建工作的第一责任人,采取“五带”(机关带农村、强村带弱村、大村带小村、党员带群众、富裕带贫困)措施来助推“十好村”建设。通过开展“十好村”创建活动,集体经济得到发展

壮大,基层组织建设取得新突破。

(2)积极推广"合约式"村民自治,化解矛盾纠纷。近年来,锦屏县华寨村村民委员会广泛发动群众,积极开展以契约式村民自治合约为载体的群众思想工作,有效推动社会主义新农村建设的健康发展。其基本做法是:在村两委的组织下,将《村规民约》中民众必须遵守的条约改为村民自愿接受的合同式合约——《村民自治合约》(简称《村民合约》),其中包括公益事业建设、精神文明建设、社会治安管理、安全生产管理、评比与奖励、违约金管理和监督与执行等方面的内容。《村民合约》由村民代表会议通过,每户主要在《村民合约》签字,具有极高约束力和严肃性。选举产生《村民合约》执行小组,负责督促检查,若有违反《村民合约》规定的村民,负责联系该村民的村干、党员、都要负连带责任。通过《村民合约》管理,改变了过去干部积极,群众不积极的被动局面,由"要我做"变成"我要做",调动了群众的积极性。

(3)积极开展丰富多彩的活动,充实精神生活。近年来,组织"三下乡"服务团,送文化、科技、卫生、法律等下乡活动深受农村群众欢迎。实施"农村电影2131工程";组织农村文化队伍开展山歌对唱、龙舟比赛、斗牛等各种节日文化活动,丰富了农村群众的文化生活。开展"十星级"文明户、法律进村等活动,以及成立九寨侗族文化艺术学校,挖掘和保护民族民间文化等,让农村群众在参与活动中实现自我教育、自我提高。采取多种形式和有效载体,灵活多样地开展农村思想政治工作,并取得了一定成效。

(三)坚持把发展农村经济、增加农民收入、解决农民困难与开展农村思想政治工作结合起来

只有农村经济发展了,农村群众富裕了,农民困难解决了,他们的思想才会畅通。因此,要把发展农村集体经济、增加农民收入、解决农民困难与开展农村思想政治工作结合起来。农村基层干部必须牢固树立发展意识、服务意识,急群众所急,想群众所想,办群众所需。要把农民群众的冷暖放在心头,让农民群众体会到党的温暖。农村基层干部要到农民群众中去,从解决农民群众的柴米油盐入手,从看病难、读书难、用水难、行路难等问题入手,一件事一件事地抓,能办到的抓紧去办,因条件所限一时办不到的事情也要说清楚,征得群众的谅解,并积极创造解决问题的条件。

(四)加大对农村思想政治工作的投入,加强思想文化阵地建设

根据农村的实际,建立和健全乡镇党校、文化站、党员活动室、有线电视、文化技术夜校等建设,逐步形成多层次、多渠道的思想教育网络。要充分利用节假日开展各种既丰富多彩,又为农民群众喜闻乐见的健康文化娱乐活动。要加强人才培养,建立以村党支部为主,由村委会、共青团、民兵、妇联、调解会等组织的思想政治工作组织。

参考文献

[1]贾本乾.新时期农村思想政治工作研究[M].成都:四川大学出版社,2002.

[2]农业部农村经济研究中心课题组.党的农村政策与思想政治工作——纪念中国共产党成立90周年[J].红旗文稿,2011(15).

● 关于贵州锦屏微型企业发展状况的调查与对策

许文宾

（中共锦屏县委党校，贵州　锦屏　556700）

【摘　要】“微型企业是一种企业雇员人数少，产权和经营权高度集中，服务品种单一，经营规模小的企业组织”。大力发展微型企业对于扩大生产、解决就业、改善民生、激发民间活力、促进社会和谐稳定有着重要意义。锦屏县委、县政府高度重视微型企业发展，出台一系列政策措施，从资金支持、创业扶持、技术创新、市场开拓、社会服务等方面对微型企业发展予以大力扶持。本研究通过调查分析锦屏县微型企业发展的现状、存在的问题，从而提出解决对策。

【关键词】微型企业；发展现状；存在问题；对策

一、微型企业发展现状

2012年以来，从中央到地方，相继出台了支持小微企业发展的各项政策。锦屏县也出台了《锦屏县人民政府关于大力扶持微型企业发展实施意见》，对微型企业创业扶持对象、范围、扶持政策等作了明确规定，规定指出：“符合扶持条件的微型企业，在实际投资达到5万元，并经审核合格后，由县级人民政府财政部门给予企业5万元补助。微型企业在首次获得财政补助资金5万元后，在第二年2月底前提出申请，经审核合格后，县级人民政府财政部门再次追加微型企业5万元财政补助。符合扶持条件的微型企业除享受国家和省、州对微型企业及特定行业、区域、环节的税收优惠和西部大开发所有优惠政策外，县级财政部门按照微型企业实际缴付的所有税收中省级及以下地方留存部分总额进行等额奖励，时间为5年。第六年至第十年间按照逐年以10%的比例减少税收等额奖励。”“符合扶持条件有贷款需求的微型企业，可以自有财产抵押、税收奖励为质押或信用贷款等方式，向当地银行或担保机构申请最高额度50万元的银行贷款或担保支持。”这些实施办法有力推动了锦屏微型企业的繁荣发展。截至2013年年底，全县有个体工商户3413户，从业人员7136人。私营企业635户，注册资金131769万元，从业人员4426余人，其中微型企业322家，注册资金3407万元，带动就业1738人。

作者简介：许文斌（1964—　），汉族，中共贵州省锦屏县委党校教师，副主任科员。研究方向：区域经济与社会发展。

二、微型企业发展存在的主要问题

(1)微型企业的素质较低,影响企业生存和发展。调查显示,锦屏县相当多的微型企业的技术装备和生产工艺落后,资源利用率低。不少微型企业账目不规范,没有专业会计人员,有的连生产成本、销售成本、财务成本都不清楚。很多企业经营者有技术方面的特长,但不懂企业管理,生产经营存在一定盲目性和随意性。一些企业发展缺乏长远规划,赢利追求“短平快”,加之质量意识淡薄,缺乏技术,只能做简单的初级加工和简单的种养殖业,处在相关产业链的低端,可持续发展能力明显不足。

(2)组织化程度低,产品市场占有率低、竞争力不强。全县微型企业多为家庭式或家族式经营,企业抱团发展、协调发展、互助发展的组织化程度低,抗风险能力弱。行业内还存在着无序竞争、竞相压价的现象。绝大部分微型企业经营者不懂得市场运作,还处于单兵作战、各自为阵状态,缺乏行业统筹规划和协调发展能力,使得产品市场占有率低、竞争力不强。由于企业规模太小、生产能力有限,对于外地老板下的大订单不敢接,更没有联合接单的意识,因此在激烈的市场竞争中没有话语权,影响了企业做大做强。

(3)资金短缺、融资困难,制约企业发展壮大。资金短缺、融资难是微型企业面临较为普遍的问题,也是制约企业生产经营、规模扩张和升级转型的重要瓶颈。造成微型企业融资难的原因是多方面的。从银行的角度讲,微型企业贷款额度较小但程序却一样不少,工作成本较高、监管难度较大。银行现行贷款问责制度在某种程度上制约了信贷人员开展微型企业贷款的积极性。从企业的角度讲,微型企业规模小、可用于抵押的不动产少、生产不稳定、企业成活率较低,加之微型企业资信度又相对低于中小企业等问题,其贷款要求往往难以得到商业银行的认可。另外,缺乏针对微型企业的融资担保公司也是微型企业融资困难的重要原因。

(4)生产经营成本高,经济效益差。调查显示,微型企业生产经营成本普遍偏高,经济效益较差。究其原因:一是企业运行成本高。长期以来,处于产业下游的微型企业大多以低价战略赢得市场。随着原材料、物流成本、劳动者工资等运行成本的大幅上涨,很多微型企业特别是制造业企业处于微利或无利状况。二是企业生产技术、生产工艺普遍较落后,劳动生产率低,产品周期长,成本高、见效慢,适应不了市场需求,经济效益差。三是企业生产管理方式粗放,各种生产要素利用率低,产品制作粗糙,物耗及劳动消耗高,导致企业生产资金和原材料不必要的损耗。四是税费负担较重。现行税费体系下,税收有增值税、营业税、消费税、企业所得税、城建税及其他各种费用,尽管目前各级政府为扶持微型企业发展在税费方面采取了大幅度减免措施,但这种税收优惠政策是阶段性的、碰到困难而出台的临时政策,缺乏长期的税收规划。从长远发展看,如果这种优惠政策一旦取消势必会挤占小微企业本已微薄的利润空间,企业仍然在较重的税费负担中艰难运行。

(5)企业发展环境仍不够宽松。一是部分职能部门工作着力点不尽平衡,一定程度上存在着对重点企业关注得多,对微型企业关注得少的现象,尤其是对微型企业发展面临的困难和问题估计不足、研究不够。二是在资源要素配置时往往把着力点放在引进大企业上,对微型企业考虑较少。三是由于政出多门,企业从筹建到开工到经营过程中,经历的环节多、耗时长，牵扯了经营管理者较多的时间、精力。四是人才缺乏。大部分微型企业由于既没有长远的人才引进、培养、管理和使用规划，也缺乏吸引人才、留住人才的机制和环境，造成技术人才留不住，熟练工人流动大，很大程度上影响了企业的生存发展和壮大。

三、促进微型企业健康发展的对策思考

（1）着力提升微型企业经营管理水平。企业，尤其是微型企业没有好的管理机制，资金再多也不能有效利用；没有好的管理，技术再优也不能转化为市场竞争力；没有好的管理，再好的项目也得不到有效执行和产生好的经济效益。针对我县微型企业普遍规模较小、生产技术落后、经营管理混乱、各项管理制度不规范，许多微型企业从业主到员工普遍存在着战略短缺，靠拍脑袋或者凭感觉决定企业发展的现状，迫切需要加大对微型企业管理者的培训力度，通过培训来改变企业业主和员工的思想观念，提高他们的素质与文化、技术、业务等方面的水平，增强经营管理和策划能力，促进微型企业做大做强。

（2）合力破解资金瓶颈制约。破解微企业融资困境，需要政府、银行与企业的相互合作，共同努力。一要加大对微型企业的资金支持力度，正确处理好防范经营风险与支持企业发展的关系，实现银企可持续发展。二要推出满足微型企业不同需求的贷款产品和金融服务。如对无抵押物的企业，通过企业抱团增信，提供联贷联保产品；对信用度高的企业，甚至不需任何质押物，直接提供小额无抵押贷款；与保险公司合作，积极探索微型企业贷款保证保险，缓解微型企业担保难问题；对资金需求频繁且金额少的微型企业，推广最高额抵押生产经营循环贷款。三要建立切合银行实际的微型企业金融服务尽职免责制度，严格区分信贷人员失职和失误，并建立不同的约束机制。四要出台专项政策，鼓励扶持完善微型企业融资担保体系建设，并引导鼓励微型企业以自愿和互利为原则，共同出资形成“捆绑式”的互助担保基金，为会员企业提供贷款担保，发挥集群融资优势。五要建立健全担保机构风险防范、控制和损失补偿机制，由会员企业按营业额比例出资或政府财政出资设立支持微型企业担保体系建设的风险补偿基金，按担保机构对微型企业贷款增量给予适度奖励，对不良贷款损失给予适度风险补偿，降低为微型企业担保服务机构的经营风险。

（3）调整优化产业结构，推动微型企业转型升级。一要将扶持微型企业发展作为转变经济发展方式、调整产业结构的重要手段来抓，坚持在发展中促转型，在增量中调结构，优先扶持环境影响小、就业容量大、产品附加值高的微型企业。二要加快改造提升传统产业，重点培育发展加工制造、科技创新、创意设计、软件开发、民族手工艺品加工、特色食品生产、乡村旅游开发和种养殖加工等行业。对高耗能、高污染、资源浪费严重的小微企业，要综合运用财税、金融、环保、土地、产业政策等手段，加以淘汰。三要根据微型企业个体差异大的特点，实施分类指导、区别对待。对发展潜力大的微型企业，在土地安排等方面予以优先，并引导其进入工业园区，促进产业集聚发展，确保有限的资源尽可能向优质企业倾斜。四要指导微型企业建立健全质量管理体系，严格执行生产许可、经营许可、强制认证等准入管理。引导微型企业创建自主品牌，带动企业提升产品质量，不断提高产品的核心竞争力和附加值。

(4)建立各种类型经济合作组织,提高微型企业的组织化程度。各种类型经济合作组织之所以能提高企业的市场适应能力,主要是由于企业可通过经济合作组织这个信息媒介平台,及时了解市场或行业生产、加工、流通、产品需求等各方面的信息,从而实时对企业生产发展战略作出调整。一些微型企业经营的盲目性是由产品流通中信息不对称造成的,而经济合作组织具有掌握信息的优势和条件,而且由于这种信息来源于利益关系,因而更具有价值。另外随着专业化、商品化程度的不断提高,对商品流通时间、周期的要求更高,每一类专业市场因市场主、客体不同,交易特点和规则也不同,合作经济组织及各类经纪人由于准确及时掌握市场信息,熟悉市场规则、程序,具有熟练的交易经验和技巧,因而能够适应市场的要求,降低生产、交易成本,避免企业盲目生产造成的损失。

(5)创建多元化的小微型企业帮扶机制。一是设立微型企业发展专项资金,对符合条件的新办微型企业进行创业资助,对微型企业新产品研发、技术改造项目融资给予贴息。二是创建微型企业孵化园、创业基地。鼓励建设标准厂房,采用出售、出租等方式,提供给微型企业用于生产经营,"对微型企业入驻工业园区,其购置标准厂房的价格在同等条件下优惠20%,需租赁标准厂房的免交租金3年,并提供创业指导、管理咨询、培训业务等全程服务,带动微型企业发展"。三是创建县直机关单位对微型企业的帮扶平台,帮助微型企业协调有关部门落实帮扶政策。微型企业在申请银行贷款时若需要担保的,可向县金融办提出担保申请,由县金融办负责协调微型企业贷款担保工作。四是创建微型企业的公共服务平台。尽快整合县里人才资源,建立一支兼职的生产技术、发展规划、经营管理、财税咨询、融资服务队伍以帮助指导微型企业发展。当企业遇到技术瓶颈,需要技术支持时,及时为其提供帮助,以此为突破口,将现行政策和已有服务资源汇集到公共服务平台上,通过平台的辐射、放大效应,为微型企业解决企业自身解决不了的问题或者单户企业解决起来不合算的问题。

【参考文献】

[1]工信部等四部委《关于印发中小企业划型标准规定的通知》(工信部联企业〔2011〕300号),2011.07.

[2]贵州省人民政府《关于大力扶持微型企业发展的意见》(省府发〔2012〕7号),2012.

[3]锦屏县人民政府《关于大力扶持微型企业发展实施意见》(锦府发〔2012〕19号),2012.05.

● 观山湖区贯彻落实单独两孩政策执行情况的调查与对策思考

潘远兴

(贵阳市观山湖区人口计生局,贵州　贵阳　550081)

【摘　要】2013年11月15日,《中共中央关于全面深化改革若干重大问题的决定》作出“坚持计划生育的基本国策,启动实施一方是独生子女的夫妇可生育两个孩子的政策,逐步调整完善生育政策,促进人口长期均衡发展”。此后,贵州省通过了《贵州省人口与计划生育条例修正案》,2014年5月18日正式颁布施行,7月下旬,贵阳市观山湖区人口计生局抽调人员,对辖区政策实施的问题展开了详细的调查。笔者经过对数据汇总、归类与研判思考,结合观湖区的做法,从倡导高层,切实增强党政第一把手对人口经济社会问题的再认识、再统一,进一步增强党政第一把手亲自抓、负总责到位的思想意识和责任意识,不断健全完善落实计划生育基本国策的体制机制,强化改革目标管理责任制,继续坚持“三为主”工作方针,扎实认真兑现落实好“一票否决”制等9个方面提出了工作的对策建议。

【关键词】计划生育;单独两孩;政策;执行;观山湖区

2013年11月15日,中国共产党第十八届中央委员会第三次全体会议通过的《中共中央关于全面深化改革若干重大问题的决定》(以下简称《决定》)作出“坚持计划生育的基本国策,启动实施一方是独生子女的夫妇可生育两个孩子的政策,逐步调整完善生育政策,促进人口长期均衡发展”。俗称“单独两孩”政策,这一新政策的公布,立即成为持续引发全社会关注的焦点。历经数月的酝酿,贵州省十二届人大常委会第九次会议,于2014年5月17日表决通过了《贵州省人口与计划生育条例修正案》(简称《条例修正案》),《条例修正案》将原《贵州省人口与计划生育条例》中第三十四条可以申请生育第二个子女的条件的第二项“夫妻双方均为独生子女的”修改为“夫妻一方为独生子女的”。也就是说,今后夫妻双方只要一方是独生子女的就可以申请再生育第二个孩子,并于同年5月18日正式颁布施行该《条例修正案》,标志着贵州省“单独两孩”政策的正式落地。然而,这一政策的贯彻执行对观山湖区人口计生事业发展的影响怎样?是不是会

作者简介:潘远兴(1968—　),贵州省贵阳市观山湖区人口计生局干部。研究方向:人口与计划生育工作。

形成生育“井喷”增长,会不会对卫生、就业和教育资源形成压力,人口计生、卫生、劳动就业、教育等部门应如何做出应对措施?为回答这些问题,应切实降低新政策所带来的各种风险,实现平稳过渡,促进人口长期均衡发展,实现中华民族的伟大复兴,给决策部门提供参考依据。七月下旬来,观山湖区人口计生局召开专题部署会,抽调人员组织区、乡、村、组四级人口计生工作者深入村组干部、党团员、退休干部、协会会员代表和部分群众家中,尤其是“单独两孩”目标人群,按照重点调查与随机抽样调查的原则,以座谈、走访和问卷调查相结合的方式,对辖区常住人口中的单独两孩人群和其余部分已婚人群涉及生育、经济、社会等,与“单独两孩”政策实施关联的问题展开了详细的调查。本文笔者试图经过对数据汇总、归类与研判思考,提出了工作的对策建议。

一、独生子女、生育意愿的概念

“独生子女”是指夫妻生育或合法收养的唯一子女,即没有同父同母、同父异母、同母异父的兄弟姐妹,或曾有兄弟姐妹但兄弟姐妹均于生育子女前死亡。单独两孩政策适用于一方是独生子女的夫妇。

生育意愿通常是指人们对于生育问题的看法、态度和倾向。生育意愿是人们生育观念的直接体现。主要涉及四个问题:一是生育的目的,即为什么要生育子女;二是对生育数量的看法,即生育几个子女为理想子女数;三是有关子女性别的看法,即希望生育什么性别的子女;四是生育时间(理想婚育年龄和生育间隔)的看法,即希望在什么时间生育子女。从生育意愿定义中,可以得到其包括的内容主要有生育目的、生育数量、生育性别、生育时间四个方面。在分类上,生育意愿可以分为两类:一类是与传统农业社会相关的重数量、轻质量和强烈男孩偏好的传统生育意愿;另一类是与现代工业社会相关的少生、优生和无性别偏好的现代生育意愿。在中国,人们的生育观念在很大程度上代表了传统农业社会的生育价值取向。生育意愿的载体在于未婚青年和育龄夫妇。其原因是作为有生育能力的人群,他们的生育意愿不仅仅是一种主观上的生育愿望,而且是一种很可能使之变成现实的生育需求,将直接支配人们的生育行为。从宏观上,生育意愿反映了社会的生育文化;微观上,生育意愿体现着个体行动者的理性性选择。生育意愿是影响实际生育水平的超前变量,利用生育意愿调查的数据对一定时期的生育水平进行研究,具有重要的意义。

二、问卷调查的基本情况

被调查者中:男性 422 人,占 36.16%;女性 745 人,占 63.84%。汉族 992 人,占 85%;少数民族 175 人,占 15%。农业人口 339 人,占 29.05%;非农业人口 828 人,占 70.95%。区域分布上 6 个城市社区 547 人,占 46.87%;3 个乡镇 501 人,占 42.93%;3 个农村社区 119 人,占 10.20%。被调查人群夫妇涉及各行各业,方方面面,其中,企业职工 625 人,占 26.78%;务农 489 人,占 20.95 %;事业在编人员 341 人,占 14.61%;个体工商户 258 人,占 11.05%;公务员 104 人,占 4.46%。事业临聘人员 80 人,占 3.43%;待业 179 人,占 7.67%;其他 258 人,占 11.05%。这些人群的年龄构成以中青年为主,20

岁以下 6 人,占0.51%,20~22 岁 50 人,占 4.28%;23~25 岁 190 人,占 16.28%;26~28 岁 354 人,占 30.33%;29~31 岁 187 人,占 16.02%;32~35 岁 199 人,占 17.05%;36~40 岁 70 人,占 6%;41~50 岁 70 人,占 6%;50 岁以上 47 人,占 4.03%。在文化构成上,受教育程度普遍较高,初中及以下 259 人,占 22.19%;高中/中专 353 人,占 30.25%;大专/本科 522 人,占 44.73%;研究生及以上 33 人,占 2.83%。被调查人群个人月收入,1400 元及以下 248 人,占 21.25%;1400~2000 元 336 人,占 28.79%;2000~3000 元 204 人,占17.48%;3000~4000 元 210 人,占 17.99%;4000~5000 元 67 人,占 5.74%;5000~10000 元 32 人,占 2.74%;10000 元以上 70 人,占 6%。依据被调查者婚配双方是否是独生子女划分,"单独"夫妇 752 人,占 64.44%;"双独"夫妇 108 人,占 9.25%;"双非"夫妇 307 人,占 26.31%(见图 1)。

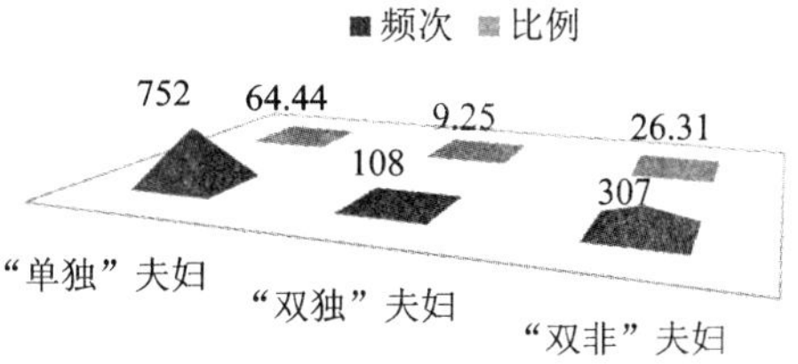

图 1　混批夫妇家庭构成分析

三、调查结果及分析

(一)生育子女的目的

在不考虑政策等限制条件的因素时,被调查者认为生育的目的主要是增加家庭乐趣、给孩子找个伴、便于孩子成长,其次是喜欢孩子和孩子的安全问题。持增加家庭乐趣、给孩子找个伴、便于孩子成长的 461 人次,占 19.55%;喜欢孩子的 292 人次,占 12.38%;养儿防老、一个子女不安全的 252 人次,占 10.69%;传宗接代的 226 人次,占 9.58%;社会上都这样的 216 人次,占 9.16%;将来有精神寄托的 184 人次,占 7.80%;父母、社会压力大的 144 人次,占 6.11%;巩固夫妻感情的 138 人次,占 5.88%;尽社会义务的 119 人,占5.08%;增加劳动力收入的 114 人次,占 4.83%;实现自己的愿望或自身价值和不知道或没有想过的各 64 人次,各占 2.71%;其他的 84 人次,占 3.56%(见图 2)。

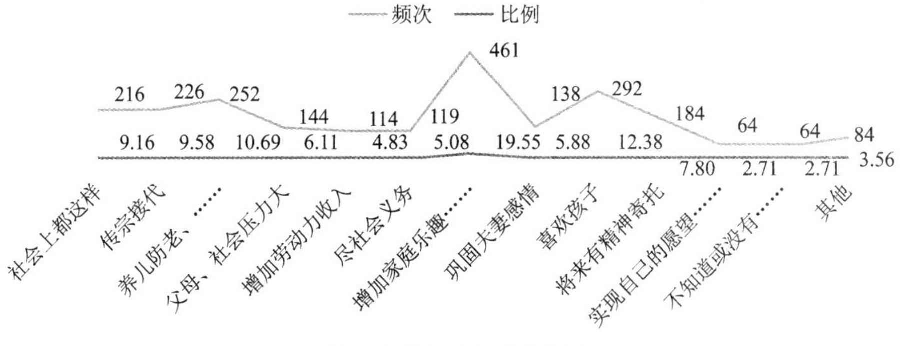

图 2　生育孩子的目的分析

(二)理想生育子女数

1.不考虑政策因素限制的理想生育子女数

在不考虑政策因素限制的条件时,被调查者七成以上认为生育两个孩子最理想,不想要孩子的11人,占0.94%;一个孩子的112人,占9.60%;两个孩子的864人,占74.04%;两个以上孩子的62人,占5.31%;不知道,没考虑过的118人,占10.11%(见图3)。

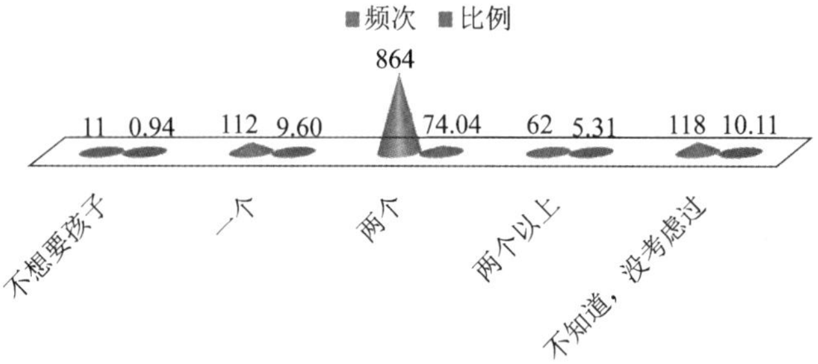

图3 不考虑政策因素理想生育子女数分析

2.“单独”夫妇计划生育第二个孩子情况

被调查者中符合贵州省单独两孩政策的“单独”夫妇,五成以上“单独”夫妇计划想生育第二孩子,想生育第二个孩子的415人,占55.19%;暂不考虑、以后可能生育第二个孩子的204人,占27.13%;不想生育第二个孩子的133人,占17.69%(见图4)。

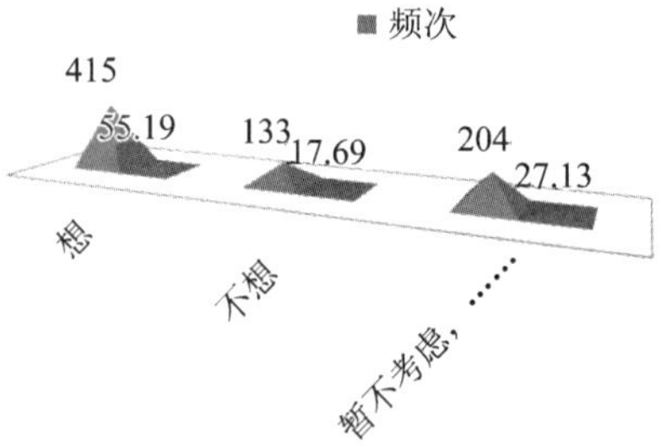

图4 “单独”夫妇计划生育第二个孩子情况分析

3.“单独”夫妇暂不考虑生育第二个孩子情况

被调查者中符合贵州省单独两孩政策的“单独”夫妇,导致暂不考虑、以后可能生育第二个孩子的夫妇家庭中,四成以上认为是家庭负担重、目前不能承受的因素,认为集中生育可能导致人口拥堵和不利于子女未来发展的29人,占14.22%;未做好心理或生理的充分准备的34人,占16.67%;家庭意见不统一的54人,占26.47%;家庭负担重、目前不能承受的87人,占42.65%(见图5)。

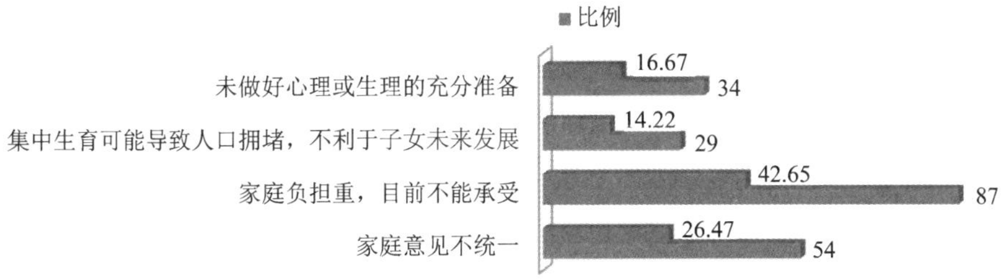

图5 “单独”夫妇暂不考虑生育第二个子女的情况分析

4. 现实生活中影响生育意愿的因素

被调查者认为现实生活中影响生育意愿的主要因素为养育孩子费用、经济与居住条件，其中，养育孩子费用的355人次，占16.73%；经济与居住条件的334人次，占15.74%；国家生育政策的285人，占13.43%；年龄的247人次，占11.64%；身体状况的238人次，占11.22%；工作压力、环境的169人次，占7.96%；婚姻状况的97人次，占4.57%；结婚时间（早婚晚婚等）的93人次，占4.38%；外出打工的82人次，占3.87%；父母社会压力的61人次，占2.87%；担心养育不好孩子的55人次，占2.59%；不孕不育的35人，占1.65%；限制自由的19人次，占0.9%；希望享受二人世界的16人，占0.75%；怕影响身材的15人次，占0.71%；其他的21人次，占0.99%（见图6）。

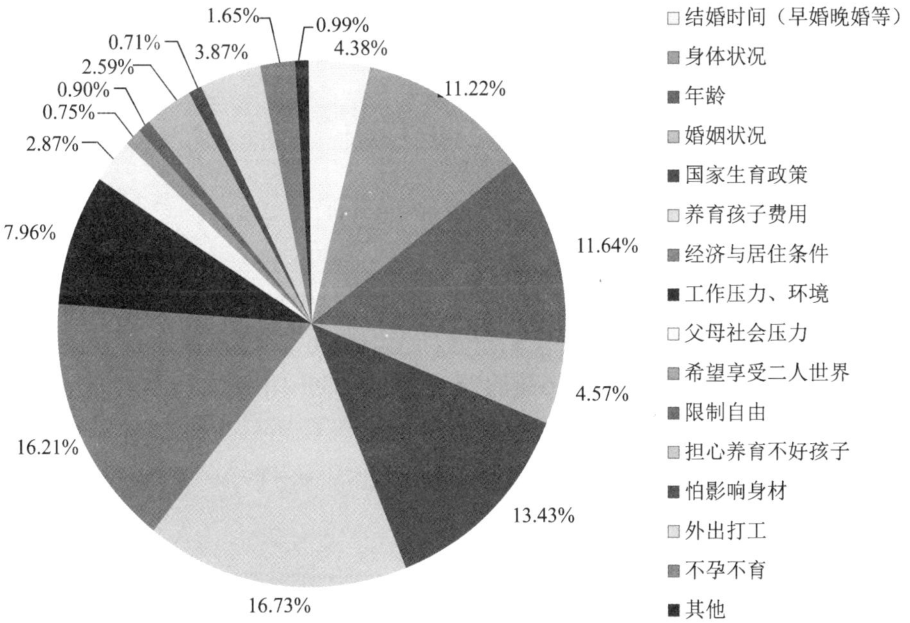

图6 影响生育意愿的因素分析

（三）理想生育子女性别

1. 现有子女性别满意程度

从被调查者对现有子女的性别满意程度看：非常满意39人，占3.83%；满意248人，占 24.34%;一般 469 人,占 46.03%;不满意 225 人,占 22.08%;非常不满意 38 人,占 3.73%(见图 7)

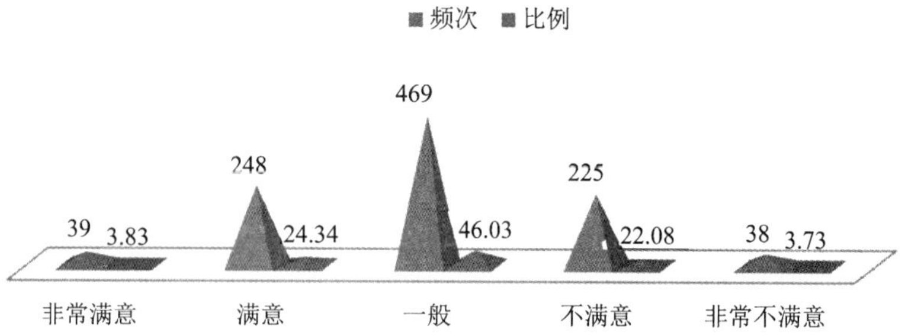

图 7　对现有子女性别满意程度分析

2. 小孩性别的偏爱

被调查者四成以上孩子性别认为无所谓,男孩 143 人,占 12.25%;女孩 132 人,占 11.31%;男孩、女孩皆要 320 人,占 27.42%;无所谓 572 人,占 49.01%(见图 8)。

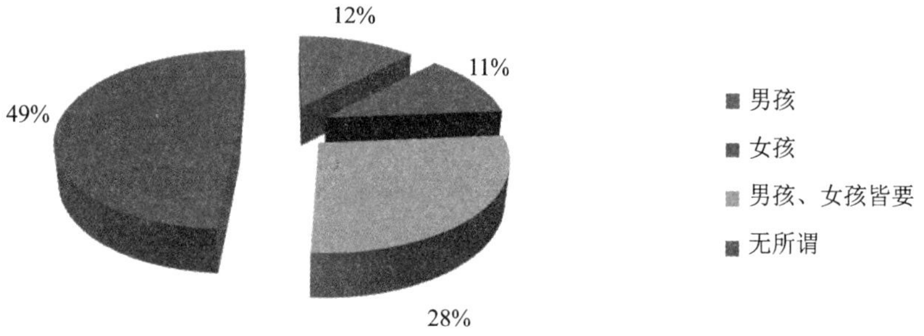

图 8　小海星被偏爱分析

3. 理想生育子女性别构成

被调查者五成以上认为一男一女的孩子性别最理想,一个男孩的 56 人,占 4.79%;一个女孩的 69 人,占 5.91%;两个男孩的 33 人,占 2.83%;两个女孩的 15 人,占 1.29%;一男一女的 615 人,占 52.70%;男女都好的 379 人,占 32.48%(见图 9)。

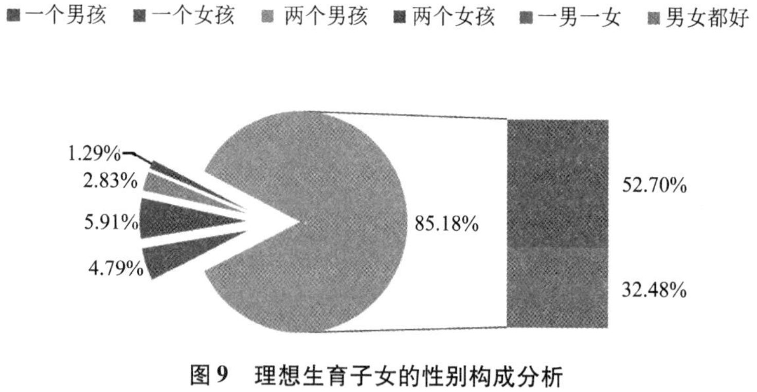

图 9　理想生育子女的性别构成分析

（四）理想生育时间

1.理想结婚年龄

被调查者认为理想结婚年龄为23～28岁，20岁以下10人，占0.86%；20～22岁131人，占11.23%；23～25岁508人，占43.53%；26～28岁401人，占34.36%；29～31岁85人，占7.28%；32～35岁21人，占1.80%；36岁及以上的11人，占0.94%（见图10）。

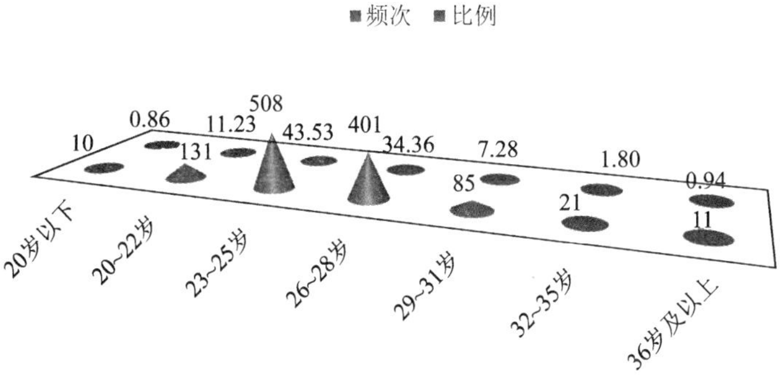

图10　理想结婚年龄分析

2.第一次生育子女年龄

被调查者第一次生育子女的年龄，20岁以下29人，占2.85%；20～23岁248人，占24.34%；24～27岁449人，占44.06%；28～31岁240人，占23.55%；32～35岁44人，占4.32%；36岁及以上9人，占0.88%（见图11）。

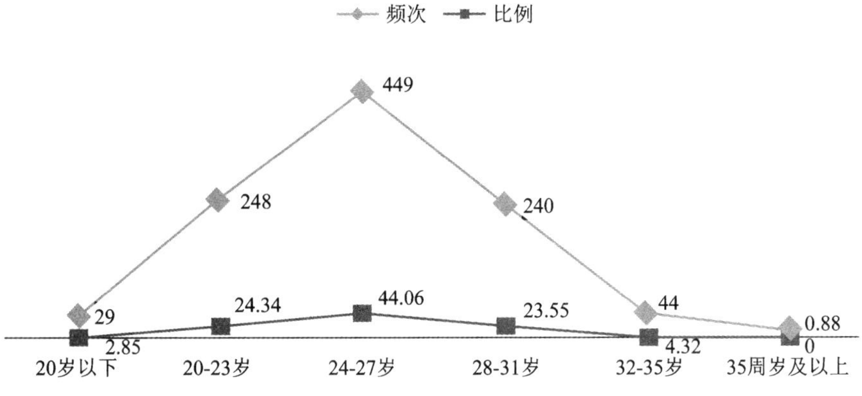

图11　第一次生育子女能力分析

3.“单独”夫妇生育第二个子女的时间

符合贵州省单独两孩政策规定，被调查“单独”夫妇生育第二个子女的时间年限安排分析，在未来6年内，单独两孩政策的实施给观山湖区的人口形势不会有太大影响。2015年179人，占23.80%；2016年215人，占28.59%；2017年139人，占18.49%；2018年114人，占15.16%；2019年57人，占7.58%；2020年及以后48人，占6.38%（见图12）。

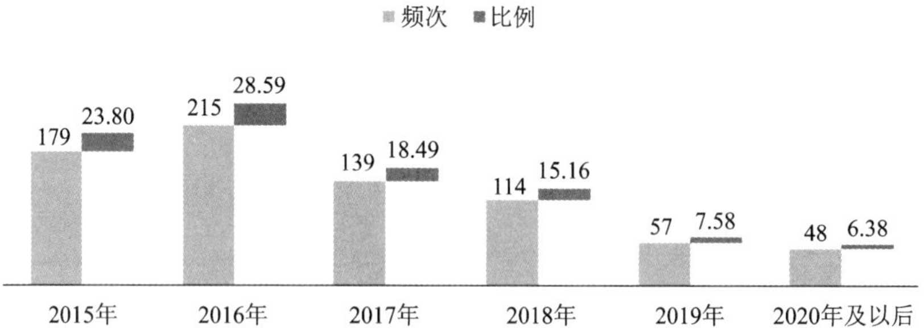

图12 “单独”夫妇生育第二个子女的时间分析

(五)养育一个子女的成本费用

被调查者对养育1个子女从怀孕到成人的成本费用支出,5万元以下34人,占2.92%;5~10万元114人,占9.79%;10~20万元181人,占15.54%;20~30万元187人,占16.05%;30~40万元191人,占16.39%;40~50万元113人,占9.70%;50万元以上133人,占11.42%;没有计算过、不知道191人,占16.39%;无所谓21人,占1.80%(见图13)。

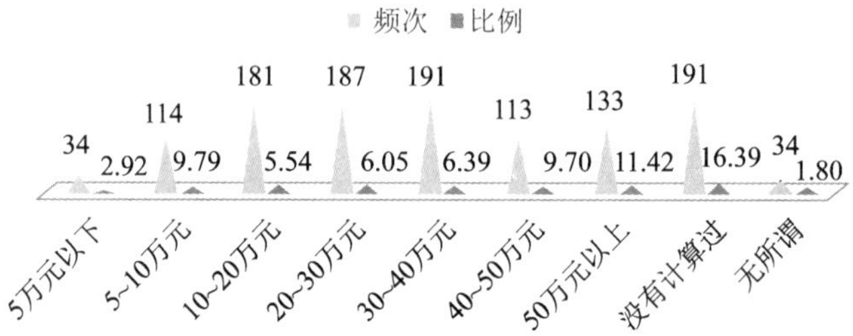

图13 养育1个子女的成本费用分析

(六)实施单独两孩政策对孩子的主要影响

被调查者认为:有利于培养孩子乐观开朗的性格304人,占26.05%;有利于培养孩子之间互助团结的精神412人,占35.30%;有利于消除孩子之间互相攀比、忌妒等不良心理168人,占14.40%;有利于分散父母对孩子的关注,便于培养孩子独立能力283人,占24.25%(见图14)。

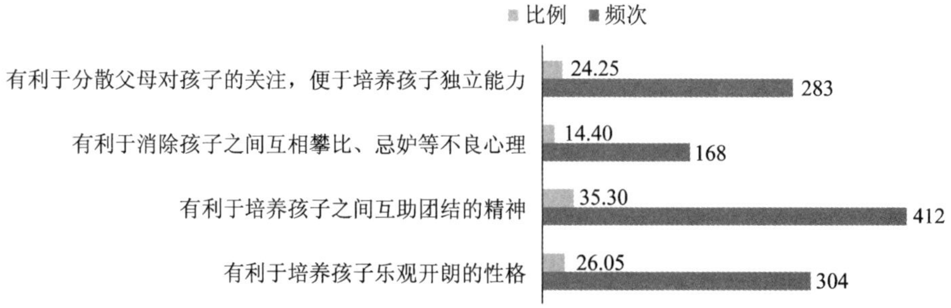

图14 单独两孩政策对孩子的主要影响分析

(七)单独两孩政策对社会产生的影响

被调查者认为执行单独两孩政策对社会产生的影响,主要是减轻养老负担、人口老龄化和子女的健康成长,认为增加劳动力的139人,占11.91%;缓解男女性别比例的183人,占15.68%;减轻养老负担及人口老龄化的410人,占35.13%;相对于独生子女,更有利于子女健康成长的435人,占37.28%(见图15)。

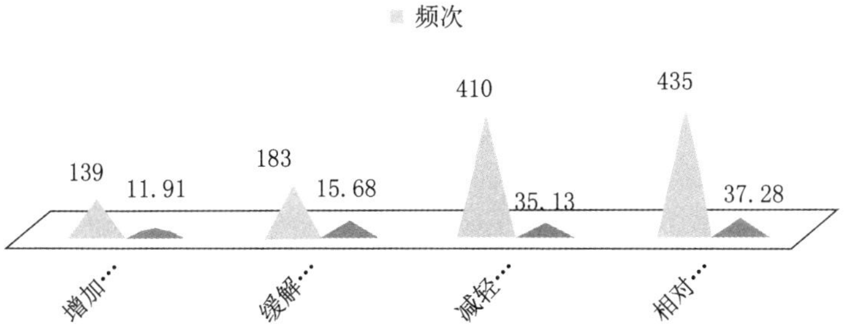

图15 实施单独两孩政策对社会的影响分析

(八)政府实施单独两孩政策的配套政策制度

贯彻落实单独两孩政策,被调查者认为政府应该着力制定出台建立完善妇女权益、教育、就业、医疗和养老方面的配套政策制度尤为重要。认为制定法律法规、保障妇女产假等相关权益665人次,占20.20%;加大教育资源的投入力度、提供更多的入学机会728人次,占22.12%;增加就业岗位542人次,占16.46%;建立健全医疗保险制度666人次,占20.23%;完善社会养老保险制度590人次,占17.92%;其他101人次,占3.07%(见图16)。

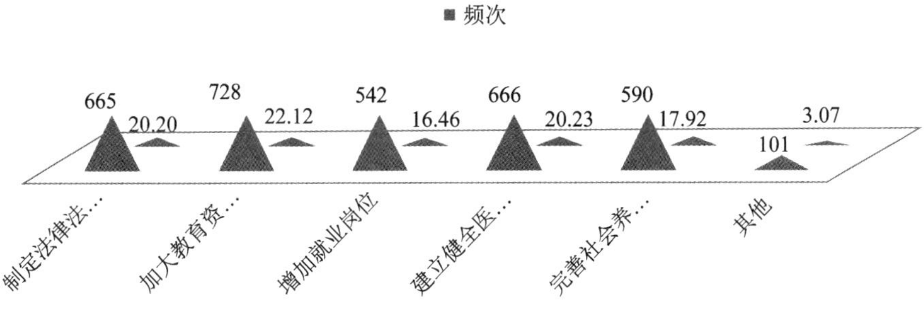

图16 政府实施单独两孩的配套政策制度分析

(九)生育第二个子女的抚养方式

被调查者近一半认为生育第二个子女的抚养方式是自己亲自带,认为男方父母带129人,占11.05%;女方父母带82人,占7.03%;任意一方父母带都可以329人,占28.19%;自己亲自带550人,占47.13%;保姆、幼儿园带77人,占6.60%(见图17)。

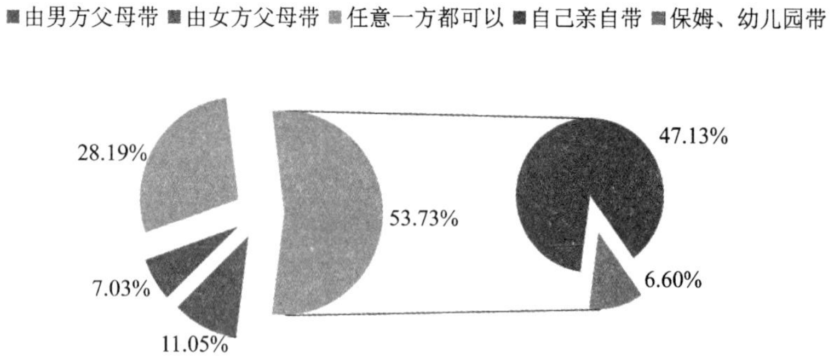

图17　生育第二个子女的抚养方式分析

(十)群众对贵州省单独两孩政策的知晓

被调查者对贵州省单独两孩政策的知晓情况,非常了解的112人,占9.60%;比较了解的322人,占27.59%;一般了解的408人,占34.96%;不太了解的200人,占17.14%;不知道的104人,占8.91%;无所谓的21人,占1.8%(见图18)。

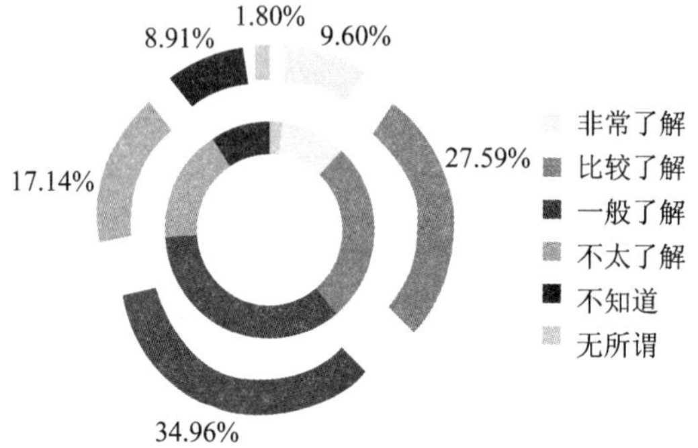

图18　贵州省单独两孩政策知晓率分析

(十一)生育二孩家庭与生育一孩家庭生活状况比较

用生育二孩家庭与生育一孩家庭生活状况比较,被调查者认为生活更幸福的336人,占28.79%;生活质量不高的242人,占20.74%;没什么不同的201人,占17.22%;不知道,没有比较过的388人,占33.25%(见表19)。

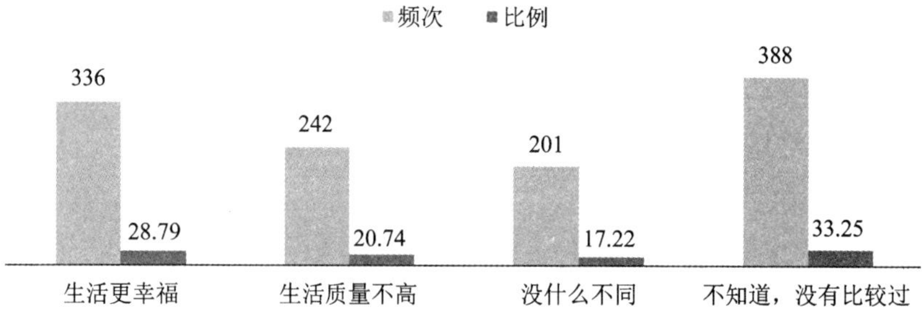

图19　二孩家庭与一孩家庭生活状况对比分析

（十二）单独两孩政策目标人群接受再生育等知识

被调查者六成认为愿意接受涉及再生育方面孕前保健优生优育、咨询等知识，愿意的481人，占63.96%；不愿意的271人，占36.04%（见表20）。

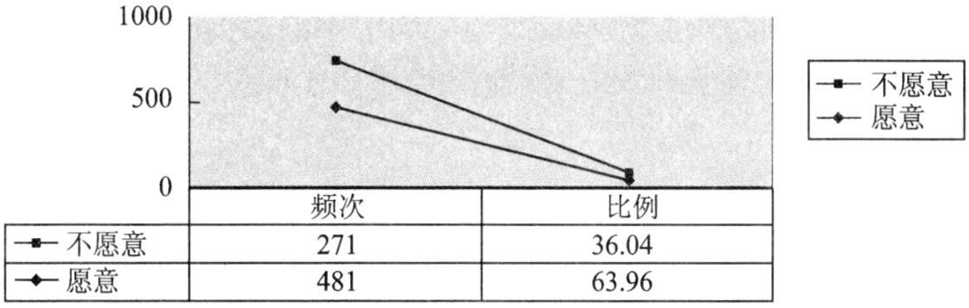

图20　单独两孩政策对象接受再生育等知识的需求分析

四、主要做法

为切实把“单独二孩”这一惠民利民的好事办好办实，在确保群众早受益、得实惠的同时，又规避生育堆积现象的出现。自2014年5月18日贵省“单独二孩”政策启动以来，观山湖区坚持宣传与服务、落实与引导并重的原则，全面深入推进“单独两孩”政策的平稳过渡。截至9月9日，已为130户符合条件的“单独”家庭办理了二孩生育证。具体做法如下。

强化培训，确保政策全面贯彻落实。该区出台有关工作方案，组织区、乡镇社区、村、村民小组等各级人口计生人员专题培训集中学习，对相关问题和政策进行了深入详细的重点讲解，切实做到“干部、群众、对象”政策清，生育对象底数明的效果。

强化宣传引导，答疑解惑。利用人口学校、宣传栏、读报栏、公示栏、计生服务室和乡镇社区网站、大厅LED滚动屏、人口文化大院、橱窗、远程教育平台及工作人员入户面对面发放资料座谈宣讲等多途径多渠道向群众开展新政策的宣传，主动回应社会关切的热点和难点问题。

强化政策衔接，严格依法行政。积极应对“单独二孩”政策实施后可能出现的生育小高峰，对符合政策的育龄夫妇家庭建档，并做好宣传引导工作，帮助他们合理安排生育，同时，规范审批程序，开通绿色通道，缩减审批时限。

强化群众路线。将符合政策拟生育的夫妇纳入孕前优生健康检查项目目标人群，提供免费孕前优生健康检查项目服务，并作为重点服务对象，最大限度降低出生缺陷和高危妊娠发生风险；积极做好拟生育妇女的孕期保健服务，落实孕期访视措施，及时提供住院分娩帮扶和转诊服务。

强化便民服务。该区利用电话、信访接待室、便民大厅，对“单独二孩”政策实施中群众遇到法律规定不明确，或理解不清楚、把握不准确的事情进行耐心解答，不要轻易对群众拒绝否定。

强化督办检查。将“单独二孩”摸底调查工作纳入“三按月”绩效奖惩的工作重点，确保“单独二孩”新政策的顺利落实。

五、对策建议

综合数据分析和以往工作经验，结合观山湖区提出的“交通枢纽、会展金融、总部经济、商贸物流、文化体育、生态宜居”的“六城”带动战略和率先在全国创建生态文明示范城市先行区的目标，针对“单独两孩”政策目标人群的年龄结构、区域分布、孩次构成等基本特征，借鉴先进地区好的经验和教训，笔者提出以下对策建议。

第一，倡导高层，切实增强党政第一把手对人口经济社会问题的再认识、再统一，进一步增强党政第一把手亲自抓、负总责到位的思想意识和责任意识，不断健全完善落实计划生育基本国策的体制机制，强化改革目标管理责任制，继续坚持“三为主”工作方针，扎实认真兑现落实好“一票否决”制。

第二，进一步强化宣传引导。借助各级人口学校、办证大厅、文化书屋、远程教育、读报栏、宣传栏(橱窗)和新闻媒体等宣传阵地，加大生育政策、优生优育等宣传力度，让群众及时了解掌握国家政策，引导群众合理安排生育计划，努力减少生育堆积。其中，要进一步突出奖扶政策宣传，加大遵纪守法先进事迹宣传力度，引导群众自觉依法实行计划生育。

第三，强化利益导向的落实到位。严格兑现落实计划生育利益导向“四项制度”，维护群众合法利益，坚持“规定动作不走样，自选动作显特色”的创新思路，尤其是在计划生育利益导向“四项制度”方面的扩面提标提质上花力气下功夫。充分发挥利益导向作用，整合政府各级各部门的资金政策技术优势，制定出台一项具有中长期向计划生育家庭倾斜，且让群众看得见得实惠的惠民利民政策，切实体现党委政府对计生家庭的优先和优惠到位落实兑现，根源上打消群众养老顾虑，从而使群众打消多生欲望，自觉实行计划生育。

第四，进一步深化优质服务。立足不断满足群众需求，在教学教育、妇幼保健等方面，要加大资金投入力度，对应新增出生人口数量，配套完善相应公共管理服务设施。特别是计划生育方面，处于最前沿，更需要加强技术服务队伍建设，配强配齐优生健康检查设备，确保二孩生育审批、优生健康检查等服务落实到位，促进家庭幸福与社会和谐，确保生育政策贯彻落实到位。

第五，进一步做好出生缺陷干预和高龄孕产妇的服务。我国是出生缺陷发病率较高的国家，高龄产妇不仅面临较高的孕产妇死亡风险，而且面临出生缺陷发生风险。因此，针对“单独两孩”高龄孕产妇的产前检查和筛查服务尤为重要，尤其是孕前优生健康检查项目的落实，强化孕产妇住院分娩跟踪服务落实到位。

第六，进一步加强对企业单位的监管，保障产品服务质量。新生儿数量的增加会使商家及时调整自己的经营战略和营运模式，推动婴幼儿用品制造业的发展，根据市场经济的运行规律，钻政策缝隙，巧抓利用“单独两孩”政策这一有利商机制造假冒伪劣或者不合格的产品，以次充好从而实现他们投机取巧“一夜暴富”梦想。有关部门应当针对新生儿吃、穿、用、玩等产品制订出台更为详细的标准和要求，加强监管力度和执法力度。

第七，进一步注重对计划生育家庭的人文关怀。加大对计划生育特殊困难家庭在经济、养老、医疗保障方面的扶助力度。深入开展生育关怀行动、关爱女孩、幸福健康、教育就业等工程及创建幸福家庭活动。在全面落实现有各项利益导向政策的基础上,加强政策和制度创新,提高计划生育家庭的民生保障水平。

第八,进一步研究建立出生人口分级监测预警和重大经济社会政策人口影响评估机制。加快全员人口信息数据库建设,推进信息交换与共享。完善再生育审批报告和出生人口信息报告制度。开展人口发展战略和人口城市功能区的研究,配合相关部门制订规划方案。研究设置人口预警线,探索建立重大经济社会政策人口影响评估机制,建立人口计生突发事件应急处置新机制。

第九,争取高层重视,在机构改革中以事业编制建立人口计生心理咨询中心,同时,加快区级计生妇幼保健中心和区级人民医院的建设步伐,力争早日投入运转使用,让观山湖区百姓早日能够实现拥有区内能够服务于自身健康的计生妇幼保健、医疗等机构。

● 冷底村经济社会发展现状调研报告

向琨
（毕节市七星关区大新桥街道办事处，贵州　毕节　551700）

【摘　要】本研究从社会学、经济学等学科的视角，在大量查阅相关资料和进行一系列实地调研的基础上，通过对大方县达溪镇冷底村经济社会发展现况的了解和分析，归纳其发展的经验，查找其发展中存在的问题；并在结合相关理论知识和实际调研的基础上，为其提出相应的意见及建议，并以此为蓝本，为毕节试验区的其他村寨的发展，提出可供借鉴的对策措施。

【关键词】冷底村；经济；社会；发展；现状

一、前言

习近平总书记在今年的中央农村工作会议上，指出了“三农”工作在我国社会经济发展中的重要位置。省委书记赵克志在省委农村工作会议暨全省扶贫开发工作会议上也指出，要求坚持把“三化”兴“三农”作为发展农村经济的主要路径，坚持把农民增收、农业增效、农业结构调整作为“三农”工作的中心任务，坚持把扶贫攻坚作为同步小康的紧迫使命，坚持把积极稳妥推进农村改革作为强大动力。

习近平同志在其所著的《摆脱贫困》一文说道，贫困地区的发展，不能等靠要，不能怨天尤人，要有“弱鸟可望先飞、致贫可能先富”的意识。李克强同志在其所提出的新型城镇化战略中也说过，农村的发展，要以不牺牲农业和粮食、生态和环境为代价；要着眼农民，涵盖农村，实现城乡基础设施一体化和公共服务均等化；促进经济社会发展，实现共同富裕[1]。《毕节试验区发展规划》也指出，要夯实农村发展基础，加快发展现代农业，扎

作者简介：向琨（1984—　），男，汉族，贵州省威宁县人，人口学硕士，现任贵州省毕节市七星关区大新桥街道办副主任。研究方向：区域经济与社会发展。

[1] 习近平．摆脱贫困（第1版）[M]．福州：福建人民出版社，1992：23－25．

实推进新农村建设,探索建立城乡一体发展的体制机制,实现城乡协调发展。

本文研究的大方县达溪镇冷底村,中国西部欠发达地区的一个典型村寨,在发展蔬菜产业之前,也是一个自然生态环境十分恶劣,市场经济传统与市场意识极为落后,社会发展能力、社会群体生活及经济文化平均水平低,社会开放度相对落后的多民族村寨。通过十多年的努力,冷底村建成了以蔬菜产业为主导的发展方式,并建立健全了集生产、销售、技术指导为一体的市场化运作模式,实现了全村的跨区式发展。

可以说,冷底村的发展之路,是实行经济与社会跨越式发展的典型;是消除绝对贫困与保护自然环境的典型;是人类利用先进的科技、文化,改善与保护自然,开发自然,达到人与自然和谐发展的基本模式。通过对冷底村发展模式进行研究,不但有利于对毕节实验区其他村寨的发展进行经验总结,发现其中的不足,并通过分析,找出需要改进方面,提出改进的意见及建议。同时也有利于对具有共性的我国广大中西部欠发达地区进行分析,形成解决问题的方案,并把这些方案运用到相同的其他环境中去,以减少其发展的成本。

二、冷底村发展成就

1. 冷底村基本状况

贵州省毕节市大方县达溪镇冷底村位于大方县城北面32千米处,距镇政府所在地8千米,属云贵高原与成都平原交接地段,是典型的喀斯特地貌,其村延贵州大方至四川达溪的321国道成带状分布。冷底村全村总面积14.4平方千米,耕地面积5264亩,有荒山草坡7810亩,可利用面积6240亩,辖15个村民组,1480户,5510人,少数民族678人。年平均温度11.8℃,年平均降雨量1180.8毫米,属暖温带湿润季风气候,平均海拔1200米,年温均≥10℃的日数239天,年光照天数≥190天,无霜期254天。全村有劳动力2345个,外出务工1186人,占劳动力总数的51%。全村有经济能人58人,种植能手118人,养殖能手32人,科技能人38人,经济主导产业有蔬菜、烤烟等。

2. 基本实现市场化运作

市场化是指用市场作为解决社会、政治和经济问题等基础手段的一种状态,意味着政府对经济的放松管制,工业产权的私有化的影响。利用价格机能达到供需平衡的一种市场状态。其实就是市场扩大,内容开放。在短期内实现用市场经济体制取代双轨过渡体制的改革过程,是一项在开放的市场中,以市场需求为导向,竞争的优胜劣汰为手段,实现资源充分合理配置,效率最大化目标的机制。

亚当·斯密在其所著的《国富论》中说过,市场经济的运作,就是以“看不见的手”引导经济的发展,而凯恩斯主义指出,经济的运作,“要以看得见的手,引导看不见的手”❶。笔者在走访的过程中也了解到,当初,冷底村在发展蔬菜产业的初期,靠的也是政府的引导和示范,但在看到蔬菜种植的经济效益后,很多农民便开始了蔬菜种植的尝试。到今天,农民对蔬菜种植的积极性,已经不需要政府再去动员发动,而且农民已经学会联系买家,并根据买家的需要对产品的规格和品种进行调整,如在受访中有就村民说,卖到广东

❶ [英]亚当·斯密.国富论[M].郭大力,王亚南,译.上海:三联书店出版社,2009.

的蔬菜一般都个头较小,一是因为气候,二是那边的家庭一般人口较少;而销往四川的菜又要求个头较大,因为四川人主要用于制作泡菜为主。目前,发展蔬菜产业已成为冷村村民的自觉性行为,形成了以市场供需为引导的生产模式。

3.社会化分工基本形成

社会分工是指人类从事各种劳动的社会划分及其独立化、专业化。社会分工是人类文明的标志之一,也是商品经济发展的基础❶。没有社会分工,就没有交换,市场经济也就无从谈起。社会分工的优势就是让擅长的人做自己擅长的事情,使平均社会劳动时间大大缩短。生产效率显著提高。能够提供优质高效劳动产品的人才能在市场竞争中获得高利润和高价值。人尽其才、物尽其用,最深刻的含义就是由社会分工得出的。

曼昆在其所著的《经济学原理》中曾表述:经济活动的意义,就在于大家发挥其比较优势,各施所长,取得彼此间效益的最大化❷。在走访中笔者发现,冷底村目前已经形成了比较明确的社会分工生产体系,这在中西部地区广大的传统村寨中是比较先进的。不仅成立了两个专业生产合作社,还出现了从种植中脱离出来,专门从事其销售的职业经理人。同时,还有专业从事种植,农机操作、维修,病虫害防治,蔬菜装车、运输等相关从业人员。其社会分工现象比较明显,脱离了传统的农村和农业生产模式,出现了农业产业化发展的苗头。

4.现代型社区基本建成

现代社区与传统村寨的主要区别在于:社区是指某一固定的地理区域范围内的社会团体,其成员有着共同的兴趣,彼此认识且互相来往,行使社会功能,创造社会规范,形成特有的价值体系和社会福利事业。每个成员均经由家庭、近邻、社区而融入更大的社区。社区因设有各种层次的管理和服务机构。这些机构管理社区的各种事务,维护社区的发展和稳定,为社区成员提供相关服务,如,生活服务、文化体育服务、卫生保健服务、治安调解服务等❸。

传统的自然村寨,其人与人之间的关系主要建立在血缘及姻亲的关系之上,而现代化的社区建设,则要求加强人与人之间的经济及社会活动。在对冷底村的调查中,笔者发现,冷底村的各项基础设施及公共服务实施都比较完善,有学校和卫生院及金融机构,加上在村委会办公室看到的民间文化团体及治安巡逻队及上述条款中所提到主导产业形成,实现了村级范围内的分工合作。联系全村的纽带已从传统的血缘姻亲扩展到了经济活动及社会性行为的联系,冷底村已经基本具备了现代社区所拥有的社会职能。

5.小城镇化初见雏形

集镇的职能是为乡村供应所需的生产资料和生活资料,收购农产品,以及满足其服务范围内的居民对教育、医疗、娱乐等的需要,是城乡之间的纽带。集镇乡村聚落的一种。通常指乡村中拥有少量非农业人口,并进行一定商业贸易活动的居民点。集镇既无

❶ [法]埃米尔·涂尔干.社会分工论(第2版)[M].郭东,译.北京:生活·读书·新知三联书店,2013:189-196.

❷ [美]格里高利·曼昆.经济学原理(第4版)[M].梁小民,译.北京:北京大学出版社,2009:586-588.

❸ 孙施文.现代城市规划理论(第1版)[M].北京:中国建筑工业出版社,2007:335-339.

行政上的含义，亦无确定的人口标准，一般是对建制镇以外的地方农产品集散和服务中心的统称。集镇的形态和经济职能兼有乡村和城市两种特点，是介于乡村和城市间的过渡型居民点，其形成和发展多与集市场所有关。而这样的定位恰好符合李克强总理对我国经济社会三元结构中关于小城镇的定位。

冷底村经过十多年来的发展，已基本实现了小城镇所具备的社会职能。通过笔者在"赶场天"对冷村的观察，发现冷底村有固定赶集时间，高峰期一个小时内进入冷底村主要街市的人有三百多人次。街上有提供各种服务的商店二十余家，从基本的日用品、农具到家用电器、家装建材应有尽有，基本达到满足当地及周边居民日常生活的要求。村中还设有农产品批发市场及长途车站，可达浙江、广东等地。加之上述的教育卫生和金融的各项服务设施。冷底村已经完整的起到了成为城市和传统村落纽带的作用，起到了以人为核心的社会服务及微型经济体系，起到了李克强总理对小城镇职能论述中所要求的作用。

三、问题及对策

1. 产业结构有待提高

农业产业化❶是指以市场为导向，以经济效益为中心，以主导产业、产品为重点，优化组合各种生产要素，实行区域化布局、专业化生产、规模化建设、系列化加工、社会化服务、企业化管理，形成种养加、产供销、贸工农、农工商、农科教一体化经营体系，使农业走上自我发展，自我积累、自我约束、自我调节的良性发展轨道的现代化经营方式和产业组织形式[6]。

说冷底村的产业化水平低，可以从以下"三个单一"表现出来：一是产品单一，二是生产模式单一，三是营销方式单一。

产品单一，在笔者走访期间及对村民的访谈中了解到，冷底村的蔬菜产业，以种植莲花白和大白菜为主，少数农民辅以种植莴笋、黄瓜、大蒜等产品。从销售的角度来说，大宗产品的出现，有利于集约技术成本和销售成本；但从抗风险能力上来说，产品结构过于单一，就不利于对市场风险的抵抗。在调查中，笔者也了解到，近几年来莲花白的价格，一直在一毛到五毛之间波动，冷底村也出现过丰产不丰收的窘况，如何能优化冷底村的产品结构，使之能更符合市场的要求，也是提升冷底村水平的重要环节。

生产模式单一，笔者在调查中发现，冷底村的蔬菜产业，与大多数的中国农业一样，依旧保持着"订单经济"的运营模式，农民和收购商只负责种植和收购、装车，而且出售的只是简单的初级产品，附加值低，可替代性高。农民又对价格变化和销售地的供需情况缺乏了解，这虽然可以看成市场化分工的结果，但也会使生产者很难在市场中取得优势地位，被市场"剪刀差"的风险就会上升。

营销方式单一，在调查中，笔者了解到，冷底村现在的蔬菜主要销往重庆、广东两地，但就如上文所说到的一样，冷底村的蔬菜产业的销售方式上，依旧保持着"订单经济"的运营模式，农民又对下一步的价格变化和销售地的供需情况，缺乏了解。这样的后果会让农民在市场中缺乏话语权和判断力，当经销商蓄意投机，压低价格的时候，农民更难有

❶ 杨文钰. 农业产业化概论(第1版)[M]. 北京：高等教育出版社，2007：99-105.

与之博弈的能力。创新营销方式,拓宽销售渠道,市场化的竞争中,是一件和提高产品质量同等重要的大事。

对于上面提出的问题,笔者认为,一定要在坚持以市场为主导的方式下来解决问题。一是优化产品结构,针对不同的时节和上年的市场情况,合理地安排产品,避开"扎堆"上市。二是尽可能的延长产业链,增加产品的附加值。延长产业链,不但可以增加产品的附加值,也有利于劳动力的聚集,加快冷底村的城镇化步伐。三是创新营销模式,利用现状的网络,主动出击,实现价格的最大化,同时可以考虑运用期货等营销方式,保障农民收益的最大化。

2. 市场竞争力不够

市场竞争力是参与者双方或多方的一种角逐或比较而体现出来的综合能力。它是一种相对指标,必须通过竞争才能表现出来,笼统地说竞争力有大有小或强或弱[1]。但真正要准确测度出来又是比较难的。竞争力是对象在竞争中显示的能力。因此它是一种随着竞争变化而又通过竞争而体现的能力。竞争力包含在对象的现在,但它是对象未来可以展示的能力。要测定竞争力需要确定一个测定目标时间。

笔者所说冷底村的蔬菜产业竞争力不够,主要是基于其调查结果所指出的,在调查中笔者发现以下情况。

一是冷底村蔬菜产业的发展,在很大程度上,依旧保持着靠产量搏收益的传统思维,很多农民在蔬菜的品相、无公害化处理等方面,没有正确的认识,认为粪肥和沼液效益低、使用不方便。为追求产量,大量使用农药和激素、抗生素类药物,这样的产品,不但在市场上可替代性高,而且随着人们对食品安全重视程度的提高,会越来越缺乏市场竞争力。

二是缺乏拳头产品和品牌,品牌是商业社会中企业价值的延续,品牌意味着商品定位、经营模式、消费族群和利润回报。可以带动商机,提高了商家的品位,为生产者降低营销成本。冷村现在的产品,在和其他地方产品的比较中很难找出其自身优势所在,没有可以代表冷村蔬菜的形象产品和拳头产品,这让冷底村的产品在市场上的可替代性风险进一步上升,增加了销售和推广中的边际成本。

三是很多农民的对市场化的认识还不足,在笔者的走访中,很多农民,特别是那些没有加入合作社而"单打独斗"的农民,虽然在大家的影响下都从传统的种植中转为蔬菜种植,但对于市场却缺乏分析和调整的能力,去年这一季种白菜,今年这一季还种白菜,等着中间商上门收购。如果说加入合作社的农民还有合作社的保护价来分担风险,那这些农户面对的就是市场的"硬伤"。而这部分农户的种植积极性也是最容易受到打击的,没有对市场的判断能力,农户就很难在竞争激烈的市场中牟利。

要提高冷底村蔬菜的市场竞争力,笔者认为可以从以下三个方面入手:一是提升集约化水平,笔者在调查中还发现,很多农民将蔬菜中不能商品化的部分,大多被丢弃,而未被加以利用,如果能将这些部分用于发展养殖或者其他副业,不但可以延长产业链,增加附加值,而且粪肥等又可以利用于蔬菜生产。二是打造拳头产品,树立冷底品牌,冷底村产业发展的下一步,要尝试性地探索发展其具有自身优势,可替代性小的特色产品,并

---

[1] 徐秀英.浙江山区特色农林产品市场竞争力提升途径研究[M].北京:中国林业出版社,2008:58-61.

以此树立起冷村蔬菜的品牌效益，增强冷底村在市场上的知名度和美誉度，这样才能避开中间商的盘剥和市场动荡带来的影响。三是加大对农户对市场的认识，对市场的风险由承担和规避的能力，避免市场波动对农户造成的影响，或者直接帮助指导农户成立专业的经理人组织，在外跑市场，谋销路，保障农民对市场信息的知晓率，因时而异地发展符合市场需求的产品，提高农民的收益水平。

3. 保障措施不足

保障措施是指国际贸易中各成员在进口激增并对其国内产业造成严重损害或严重损害威胁时所采取的进口限制措施。该措施是成员政府在正常贸易条件下维护本国国内产业利益的一种重要手段，从而对已造成的严重损害进行补救或避免严重损害之威胁可能产生的后果。笔者在这里指的冷底村为了保障其村"微型经济"的发展而应该为其提供的保障手段❶。而冷底村保障措施的不足主要又表现在以下两个方面。

一是在保障生产资料优化配比的水平上不足，在笔者的走访中，很多农户都反映，自己的土地不连片的问题，而且在土地租赁的过程中各家价格不一，自己为了得到方便种植的连片土地，经常要"东家地调西家地"，土地不连片不但不利于微耕机操作、雇人管理等，而且在调地的过程中更是耗费精力、增加麻烦，无形中增加了农户的经验成本。在中央新一届的农村工作会议中就提到：土地承包经营权主体同经营权主体发生分离，这是我国农业生产关系变化的新趋势。在集约化、机械化、科技化生产成为趋势的情况下，如何实现土地资源的优化配置，降低农户的种植成本，就成为影响农户种植积极性的关键。

二是在市场风险应对方面保障不足，就像前文提到的那样，现在的冷底村虽然已经实现了以市场为主导的运营模式，也有了专业的经纪人和合作社，但是在如何保障广大种植户利益的方面，依然有很多问题值得探讨。首先是缺乏金融方面的支持，不管是农户还是合作社，很大程度上都还是"凭本钱做买卖"的状态，没有利用金融资产，提升自身经营水平的意识。其次是在市场行情方面，没有及时为农户做好指导和参考，笔者在网上曾经登录过冷底村的网站，虽然上面有关于产品发布的信息，但已经多时未更新，而且没有全国各大市场主要蔬菜品种交易价格的消息。农民作为单个的生产者，很难有时间有渠道了解到市场价格的变化，作为基层组织的村委会、村支部，就应该为缺乏市场消息的村民提供指导，将发展作为第一要务，提升全村的经济水平。

而对于如何提高对冷底村蔬菜产业的保障水平，笔者认为要从以下两个方面着手。一是加强基层组织建设和村民自治制度建设，健全和完善村民公约等各项村民自治机制，将村民的各项基本事务进行制度化管理，做到村民间相互约束、制度管人。这样才能将村干部从日常事务中解放出来，腾出手来搞发展。而且要将村干部思想统一到"发展这个第一要务"上来，选择有发展意识，有发展能力的人进入村两委，对于一些有能力而又没有条件进入村两委的人，可以用聘请顾问等方式让其为村的发展建言献策。二是加强服务意识，作为村两委，要为农户提供好各项服务，帮助全村建设立体式复合型现代农业经营体系。在完善土地经营权流转、集中、规模经营中，要加强土地经营权流转管理和

❶ 王军，郭策，张红. WTO 保障措施成案研究（1995—2005 年）（第 1 版）[M]. 北京：北京大学出版社，2008：256－261.

服务,推动土地经营权等农村产权流转交易公开、公正、规范运行。同时加强和金融机构及全国各地经销商、网络等方面的沟通,积极帮助农户谋划销路,应对市场,只有这样,才能整体提高全村的产业化水平。

4.二元化社会的通病依然存在

城乡二元结构❶是指以社会化生产为主要特点的城市经济和以小农生产为主要特点的农村经济并存的结构:城市的道路、通信、卫生和教育等基础设施发达,而农村的基础设施落后;城市的人均消费水平远远高于农村[9]。随着社会的转型,一大批农民从传统农业中转移和分离出来,实现了非农化身份转换。然而,在从农业向非农业、从农村向城市转移的过程中,相当多的农民处于亦此亦彼、非此非彼的“两栖化”状态。这些群体已经从传统意义的农民中转移出来,但没有完全切断与传统农民身份的联系,形成所谓的农村边缘化现象。

在笔者收集的数据和走访的工程中发现,冷底村的劳动力全村有劳动力2345个,外出务工1186人,占劳动力总数的51%。在家和外出的比例基本相同,但在仔细调查中发现,在家从事蔬菜种植的是以40岁为主的劳动力,且女性人数大于男性,而在家的年轻劳动力中,大都是因为要照顾老人或小孩或是其他原因而选择留下的,留下的大多也有外出的意愿。而且主要从事蔬菜种植的农户家中,也都有1~2人在外打工。按照村民们的说法,虽然种蔬菜和打工的总收入差不多,但打工的收入相对稳定,而且基本上都是一月一结,能保障自己和家人的基本生活,而蔬菜市场价格波动大,而且投资收益期较长,如果将家庭的经济全都压在蔬菜上,遇到价格不好的年份,可能就难以维持生计,所以大家都选择了这种“打工收入为基础,蔬菜收益为提高”的经济方式。而对于年轻人来说,虽然外出打工会牺牲和亲人相处的时间,但外出能获得更好的发展机会,能增长见识,而且在外有更好的医疗和教育服务,生活方式也更加多元化,所以都喜欢外出,而较老的劳动力特别是女性之所以选择留守,主要是因为对外界生存压力的不适应,照顾家庭及随着年龄变化而带来的归属感的追求。

在笔者的观察中,冷底村虽然因为近年来的发展经济条件得到了改善,各项公共服务设施也日趋完善,小城镇建设也取得了一定的成效,但在我国当今巨大的二元化社会结构面前,还是有着很多的无奈。在走访中也有村民坦言,如果年轻一辈都外出打工而自己又有干不动的一天,那冷底村现在的发展成绩会不会被荒废。目前冷底村雇工的费用为60~70元/天,在雇人从事蔬菜种植的价格上没有吸引力。在下一步如何创新生产模式,提升生产水平上,冷底村还有很长的路要走,只有探索出一个适度的人口结构,将更多的劳动力释放出来,冷底村才能赢得更大的发展空间。在二元结构的影响下,冷底村要想靠蔬菜发展,就只有提高科技含量,提升生产效率,提升单位劳动力的报酬,走不依靠劳动力密集的现代化,高效农业之路。

四、讨论与对策

本文因为调查时间有限,成文仓促,对于冷底村的社会结构、区域文化、经济发展等

❶ 李冰.二元结构理论与中国城乡一体化发展研究(第1版)[M].北京:中国经济出版社,2013:18-22.

没有时间进行认真细致的调查了解，对于冷底村数十年来的发展脉络，还缺乏客观全面的认识，但就其一个星期的调查研究来看，有两个问题却是笔者认为应该认真思考的。

其一，冷底村的发展模式中到底存在多少隐患，而且发展过程的拐点又在何时出现。任何事物的发展，都逃不过由盛及衰的发展过程，冷底村所采取的农户 + 合作社 + 公司的生产模式，在毕节试验区的广大农村发展中可以算是走在前列，但其模式在中原华北等地已经发展多年，也开始暴露出一些问题，最常见的就是随着地租和劳动力成本的上涨，很多合作社或者种植户很难在经营中保证其收益。加上近几年来蔬菜价格的波动已不受传统的供需关系影响，而是出现了恶意炒作的投机行为（如"蒜"你狠、"豆"你玩等），农户的收益已经很难保证，如果合作社的"保护价"收购这条防线一旦被突破，那对市场效益和信心的影响无疑将是巨大的。对于冷村或是更高一级的行政主体而言，究竟是将产业发展成熟的过程完全交予市场，还是劝导农民放弃部分既得利益进行改良，就是一个值得商榷的问题。再者在如今的土地所有制情况下，如何探索在这种近乎平均主义的农村承包责任制中实现资源的优化配置，也是一个让人头疼的问题，一方面，每家几亩地的分配方式可以保障农民的基本生活，而另一方面，这样的方式又阻碍了现代化、集约化、产业化的发展，合作社、种植大户在进行土地流转的过程中，往往会遇到很多的阻力。在现今的生产方式下，如何及保证农业产业化的进程，又能够发挥比较优势，实现劳动力资源的优化配置，是很多农村共同面对的问题。

其二，不管是三元化还是二元化，如何才能让我国广大的农村摆脱在现代化过程中的仆从地位，实现资源的双向流动。可以说，从我国制定双重化的户籍政策开始，我国的农村边缘化问题就一直存在，而在改革开放之后，随着工业化、城市化进程的加剧，农村边缘化的现象就越来越明显。若然在近些年来，国家无论是在社会保障，还是扶贫开发等方面给予了农村很多的优惠政策，农村的面貌较之前也得到了巨大的改变。但不能否认的是，无论是在经济建设、社会发展还是文化引领方面，农村都一直落后于城市，在社会化分工中，一直处于"围绕城市发展转"的劣势地位。就目前的情况来看，城市有着更大的社会服务溢出效应，能获得更好的发展机会，能增长见识，有更好的医疗和教育服务，生活方式也更加多元化，而农村的生活和发展则相对单一，信息也更闭塞。在发展权面前的不对等，已经代替经济收入不平衡，成为新生代农民工城市化的主要动力。在我国下一轮的城镇化进程中，小城镇如何能完善其自身职能，在为居民提供各项基本保障的同时，给予居民更大的发展空间，成为其能否代取大城市成为发展新主导的关键，而对于千千万万个如同冷底村这样的小集镇而言，如何能抓住发展的契机，实现自身的转型，形成自身独特的优势，也成为其能不能在我国经济社会发展中分到一杯羹的先决条件。

要想实现冷底村的跨越发展，就必须坚持在科学发展观的指导下，上下一条心、全村一盘棋、扭成一股绳，充分利用好国家在新一轮城镇化建设及中央农村发展改革中的新要求，在"试验"上做文章，在"探索"上下工夫，在"改革"上求突破，大胆探索统筹解决发展问题。通过综合治理，在持续发展的基础上，不断增强发展过程中的协调性、有序性、适应性，通过整合各种资料生产、关系生产、精神财富，从而不断进步，促进人与人、人与社会、人与自然和谐共进共荣，早日实现全面小康的建设目标。

【参考文献】

[1]习近平. 摆脱贫困[M]. 福州:福建人民出版社,1992:23-25.
[2][英]亚当·斯密. 国富论[M]. 郭大力,王亚南,译. 上海:生活·读书·新知三联书店,2009.
[3][法]埃米尔·涂尔干. 社会分工论[M]. 郭东,译. 上海:生活·读书·新知三联书店,2013:189-196.
[4][美]格里高利·曼昆. 经济学原理[M]. 梁小民,译. 北京:北京大学出版社,2009:586-588.
[5]孙施文. 现代城市规划理论[M]. 北京:中国建筑工业出版社,2007:335-339.
[6]杨文钰. 农业产业化概论[M]. 北京:高等教育出版社,2007:99-105.
[7]徐秀英. 浙江山区特色农林产品市场竞争力提升途径研究[M]. 北京:中国林业出版社,2008:58-61.
[8]王军,郭策,张红. WTO 保障措施成案研究(1995—2005 年)[M]. 北京:北京大学出版社,2008:256-261.
[9]李冰. 二元结构理论与中国城乡一体化发展研究[M]. 北京:中国经济出版社,2013:18-22.

● 草苗支系“四十苗”的丧葬礼仪相关调查报告

——以平善村为例

胡林蔓

（贵州大学　人文学院，贵州　贵阳，550025）

【摘　要】人是“向死而生”活在当下。各个地方的丧葬礼仪风俗反映出当地民族的文化传统及对待“死亡”问题的态度、心理与行为。本文选取草苗支系“四十苗”的一个村寨作为田野考察点，通过参与观察、访谈，以及文献资料的查阅，拟写一份有关该寨丧葬风俗的调查报告。

【关键词】四十苗；丧葬礼仪；调查报告；平善村

草苗属于苗族的一个支系，自称为“谬娘”（直译为苗草），他们“说侗话唱汉歌”，主要居住在湘桂黔三省交界的山坡上。人们通常把草苗细分为三个支系，即六十苗、四十苗和花衣苗。而“四十苗”主要分布在黎平县肇兴乡的堂华、高鸟、岑友、芭更、连转、想共、普鲁、德盘、德坑、登育、弄堂、外大榜，水口镇的平善村和下能少，永从乡的内大榜和从江县洛香镇的德格、方良、新平、弄对，其地理位置大概处于东经 109°10′至 109°20′、北纬 25°50′至 26°00′之间，国土面积有 10 多平方千米。[1]“四十苗”属于山地族群，他们的村落主要位于海拔七八百米的山上，如德格山、六倍山、脊背山。本文选取平善村作为田野点，希望考察其相关的丧葬礼仪风俗，描述当地的丧葬礼仪，从中试图透视“四十苗”对待“死亡”的态度。正如许烺光所言，“体面的葬礼对亡人和对亡人的亲属同样重要。举行葬礼时亲属们对亡人应尽的义务，是家族平安，人丁兴旺的保障，是亲朋好友沟通关系的桥梁，也是显示家族社会地位的有效方法。葬礼同时也是为了保证死者的灵魂去灵魂世界的途中一路平安，保证灵魂在灵魂世界安然无恙[2]。”

一、调查点概况

平善村是一个典型的“四十苗”聚居村落，它位于黔东南州黎平县水口镇的管辖范围之内，距肇兴侗寨 10 千米，距侗族生态博物馆——堂安村 3 千米。它坐落在海拔 800 米的脊背山腰上，四周群山环绕，全年云雾缭绕，有着“九山半水半分田”地情地貌。以前因海拔高、全年的云雾天气多，而得名峰云村，后来才改名为平善。关于开寨始祖的来源，

作者简介：胡林蔓（1989—　），女，湖南会同人，贵州大学人文学院硕士，研究方向：民族经济与社会文化。

据堂华村的老人说。“祖先是从江西吉安迁徙来的,曾在黎平加所住过,后来迁徙到了现在的堂华,后来又有一族迁往了坪善。”[3]平善村分老寨和新寨,共辖 3 个村民小组,2 个自然寨共 126 户 503 人。村民分属 3 个房族,全村以陆姓为主,另外还有 2 家姓徐、1 家姓姜和 1 家姓莫,徐姓和姜姓的老人是在其年幼时父亲去世、母亲改嫁的情况下,来到村里的舅舅家长大的,而莫姓是村民招的上门女婿。村寨四周绝大部分是山地梯田,辅之以小面积的菜园和旱地。村民主要从事农业,辅之林业,所在地盛产杉木、茶油、茶叶等经济作物。很长一段时间,村寨交通不便,信息闭塞,市场意识观念淡薄,村民过着自给自足的自然经济生活。中华人民共和国成立以前,平善村的“四十苗”实行严格的族内支系内婚,即只与“四十苗”通婚,还有“谷种可以混,人种不可以混”之说。他们不与附近的侗族、汉族等外族通婚,而且,同姓不准通婚。那时,成群结队的未婚男子徒步到远在 30 里地外其他“四十苗”村寨行歌坐夜,寻找喜欢的姑娘。通常村寨都是在诸如方良、新平、弄对、连转、堂华、高鸟这几个寨子通婚,尤其盛行与方良互通婚姻。新中国成立后特别是改革开放以来,外出打工的年轻人多了,部分村民的婚姻观念发生变化,一些人娶了外地媳妇或是嫁到外地。

二、丧葬礼仪中的孝布文化

“重孝最明显的标志是白色”。[4]丧礼中生者所披带的白色孝布不仅传达了生者对死者的哀伤和悲恸之情,也表明披带者与死者亲属关系的亲疏。在平善,要是有老人过世,主人家会给全村各户发孝布。村里一位老人说:“老人过世时要戴孝,我们全村戴嘞,全村人都要给。像我们这里,主人家发给同一房族每家 3 条孝帕,分别长一丈、三尺、一尺,男的戴一丈,女的戴三尺。发给其他两个房族每家 2 条孝帕,分别长三尺、一尺,男的戴三尺,女的戴一尺。前来的客家也要戴,女婿戴一丈,女儿戴三尺,陪女婿来的客人也要给一丈。”平善村沿袭着古代的“五服”风俗,即以死者为中心,往后推两代即其儿子辈、孙子辈披戴白布,再往后推到第三代即死者的曾孙辈时,已经不在“五服”范围之内,则头围一圈红布。

村里要是有老人过世,起码要一百多两百丈白布,所以在家的妇女都会乘着农闲的六七月份天气好的时候纺纱织布。因为,即使现在人们的经济条件好了,可以选择上街买现成的白布,但是拿出妇女自已亲手织出来的,更显得尊重孝敬死者。要是哪家的妇女拿不出亲手织的白布,全部到市场上买,村民就会在背后议论纷纷,说她懒,不孝顺父母。“如果(白布)都是买的,那村里其他人也要讲(闲话)的哦。哉,那个(女的)懒的,又不会做,人家都有,她没有!”在一个家家都讲“脸面”,家家都要“脸面”的村寨,传承本民族的文化传统、风俗习惯,维系本民族的文化认同和情感认同,是大家义不容辞的责任与义务,同时,大家也是欣然对待、乐于接受。

纺纱织布过程中,有一个环节是把倒纱笼上的纱线卷绑在木块上,以便日后安装在织布机上进行织布。它必须在村里众多妇女的帮助下才能完成。当天,主人家会请那些帮忙的妇女和前来玩耍的老妇人,以及看热闹的小孩在家里吃油茶。主人家会蒸上糯米饭,油炸新鲜的猪肉、猪粉肠和猪肝,有的人家还特意做糯米粑粑或炸糯米丸子来泡油茶,腌鱼腌肉这时也会摆上桌子。这是村里妇女群体少有的集会场景,也是妇女拉近距离、联络感情的时机。此外,“祭祀是中国文化传承的重要方式之一,……它不仅仅起着一个缅怀先人的功能,还对当地民众的道德有着一个导向性的作用,从而成为社会教化之根本”❶。如苗族祭祀中的这些活动,就具有教育功能和展演功能,小孩、妇女、老人三种角色的同时在场,一方面起到教育小孩要孝顺长辈、传承民族传统文化的作用;另一方面,女主人向在场的人展现出自己是孝顺父母的有“脸面”的好媳妇形象,另外,老人相互见证了村里媳妇的勤劳能干和孝顺。

三、丧葬礼仪中的食物禁忌

在丧事饮食和丧葬仪式中,腌鱼和糯米饭频频出现。以前,要是哪家有老人过世,本家不能吃肉,只能吃糯米饭和鱼,尤其是腌鱼(酸鱼)。村里有一个传说,以前父母过世,要请娘家人前来分食人肉,俗称“吃娘家”,因为像我们是有娘家,如果有亲戚有娘家,就要请那个娘家来吃那个(死去父母的)肉。后来有一个名叫江公的人,他眼见母亲一病不起,不忍心母亲死后被分食,就假装出门钓鱼,等钓鱼回来后,他母亲已经死很久了,尸体也已经腐臭了,那些亲戚就不敢吃。众亲戚责怪江公为什么不早通知他们,江公说只要有肉给你们吃就可以了嘛,随后他就杀猪宰牛给亲戚吃,平息了亲戚心中的不满。自从江公那样做以后,大家就不吃人肉了。江公把钓来的鱼腌酸,自他以后本家都吃酸鱼,不吃肉。“老人是酸走的,不是甜走的,它要有酸。”吃肉就是“吃娘家”,吃娘的肉,本家不能吃娘的肉,不能吃死者的肉,而那个(猪肉、牛肉等)肉代表的是人的肉,是死去的父母身上的肉,就是不能吃。“办丧事就是‘吃酸酒’,必须吃一餐腌鱼。把死者抬进鼓楼后其他人过来守夜,还要吃一餐夜饭,也是吃腌鱼。要是家里没有这么多腌鱼,也没有办法,还是要吃肉。在以前封建社会,那些有田的人家才得腌鱼,他就办得到。那些穷人家嘞,没有田,也没钱买,也就没得腌鱼了嘛。那餐本来是吃‘鱼餐’,没得鱼呢,才吃肉。而本家呢,在老人落土以前,要吃腌鱼,不能吃肉,没得腌鱼,就只吃青菜了。”“像我爸爸过世的时候,我们三兄弟、女崽、外孙崽,都吃腌鱼。像今天早晨、今天晚上和明天早晨的三餐饭都是要吃腌鱼的,老人上山落土后,明天下午就可以吃肉了。像我们(过世)呢,我们的崽和侄崽也要吃腌鱼。”

以前村民粮食紧张,家里的腌鱼腌肉也少,为了办好一场丧事,几家人会坐在一起商量如何帮助本家,哪家没有老死的,相互支持是村民应对经济环境的最佳选择。通常他们协商好后会订一个协议,写明其他人家捐助给主人家多少斤大米、腌鱼之类的食物。“以前嘞,粮食也少,腌鱼、腌肉也少。(办丧事)那时候天天吃肉,天天吃腌鱼,哪有那么多啊?我们就搞互相帮助、互相支持,那时我们订上一本书,比方,哪些家愿搞的都可以参加,每家就出几斤大米、一斤鱼,还有腌肉、腌鱼。现在家家都条件好了,可以自己办嘞,也就不搞帮助支持了。”

现在,村民办白喜事都是在平善小学的食堂里面做饭,在学校操场上摆桌吃饭。一些人认为,既然没有在家里吃饭,不吃肉的禁忌也就可以放开了。“如果他(逝者)还在(家)里面,我们也在(家)里面,我们就不准吃(肉)。现在有那个(平善小学的食堂)饭堂

❶ 刘静,袁峥.从祭祀对象看布依族人文化哲学的“合金”性[J].贵州大学学报(社会科学版),2014(3).

了嘛,饭搬到家外面煮了,吃饭也是吃在外面,他们(一些老人)就说吃得(肉)了嘛。以前都是在家煮饭,在家吃饭,就不准吃(肉)。现在这个时代都不知怎么的,都不讲这些了,什么都吃。"

四、丧葬礼仪中的人事安排

"祭祀对一个民族来说,可以团聚宗族家庭成员,使他们在祭祀的仪式之下获得重温感情与重整秩序的时机。"❶在平善,若是哪家办丧事,一般本房族内的男女都会前去帮忙,其他两个房族则是男的前去帮忙,而关系好的人家,即便不是一个房族,女的也会去帮忙。关于那几天的人事安排会贴出一个详细的公告,主要是总指挥、会计、收出纳、下厨人员、柴火登记、挖井、乐师管理、负责杀猪宰牛等。公告上安排的全部都是男性,而女的只负责简单的洗菜、洗碗,她们的名字是不会出现在公告上的。公告上的每个成员各尽其职,这是村寨亲邻间团结互助的关键时刻。"每样菜都由几个人负责,其中一人任组长,组员听从组长安排。要是别个组的菜都上桌了,你这组的还没有,下次你这组的(成员)家里办什么事,就没有人来帮你了,因为你这人对他人的家事一点都不负责。"

村寨里还规定,为了减轻办丧事的主人家的负担,其他人家要拿出 50 斤干柴和 2 斤糯米捐助主人家。因为主人家要办几天的丧事,得招待客人和全村人吃饭,而烧饭做菜全部是用柴火,每餐都是蒸糯米饭吃,这对于山地民族,尤其是其经济困难时期来说,用空吃空一点也不夸张,所以大家商议,无论哪家办事,家家都站出来帮忙。正如斯科特所言,"互惠模式、强制捐助、公用土地、分摊出工等都有助于弥补家庭资源的欠缺;否则,这种资源的欠缺就会使他们跌入生存线之下"。[5]

五、丧葬礼仪中的送葬过程

在平善,鼓楼是一个神圣的地方,象征着民族的凝聚力和向心力,是村里举行重大仪式的聚会场所。村里规定,只有那些正常死亡的人才可抬进鼓楼停放,而凶死者禁止被抬进村寨里面,更不能把尸体停放鼓楼。所谓凶死者就是那些死在村外的、身上流血的、未婚无子的非正常死亡人员,他们的尸体只能在村外火化,是进不了祖坟的。例如,2013 年 7 月,笔者在村里听闻,前几天村里有位六十多岁的老妇人在上坡的时候摔死了,她的尸体就只能在村外火化,没有抬进鼓楼,丧葬仪式也是在家举行的。

在正常死亡的情况下,人断气后,先拿当地一种叫"霸刺奄"(音译)的树叶来给他洗澡,穿上寿衣后又放他在自己床上躺着,家人不许哭,说这时他还在睡觉,不能吵醒他。同时派人请地理先生择吉日,然后通知亲戚前来参加葬礼。到第二天,孝家大门上贴白对联,把死者抬进鼓楼,入殓封棺,棺材上面盖上儿子、儿媳买的毛毯,棺材头部撑一把半开的阴阳伞,脚部点烛烧香。在鼓楼一角摆上一张小方桌,桌子上摆有献祭品,三条腌鱼、一碗糯米饭、一碗花生米、三杯酒、三包香烟,还有一碗籼米,籼米里面点一炷香、插了几十块钱。唢喇先生围桌吹奏唢喇,然后把一小叠纸钱烧在桌子底下。下午,女儿女婿

---

❶ 刘静,袁峥.从祭祀对象看布依族人文化哲学的"合金"性[J].贵州大学学报(社会科学版),2014(3).

也会请一出唢喇先生来鼓楼吹奏,陪同的客人也来了。女儿来到鼓楼扶棺哭泣,嘴里念叨着对死者的不舍与怀念,她们肩上还会披一条帕子,用来擦眼泪,死者的侄女也会来棺材前悼念一番。晚上,棺木上会加盖女儿买来的毛毯,晚饭后,女儿继续在棺木边痛哭哀悼,侄女、媳妇、孙媳妇等女性也会在场哀悼。其他村民和客人围坐在鼓楼里面陪同、观看、聊天,诉说死者生前的事情。晚上十一点半左右,本家男子会一排排地站在棺材脚部点香,鞠躬、跪拜三次后把香插回香罐,鸣炮放烟花。之后,客人站在棺材脚部,本家男子陪在棺材头部,双方面对棺木而站,客人点香,本家不点香,一起鞠躬、跪拜三次,客人把香插回香罐,本家上前握手回礼,鸣炮。仪式的展演表明双方的身份,同时,也加强了彼此间的团结和情感联络。其间,会计和收纳会在鼓楼里面摆张桌子收取客人送的礼金,并逐一登记下来,日后本家会依据这份账本去还礼。以前奔丧的客人一般都会带一二十斤糯米或是至少3斤腌鱼,没有腌鱼的就送腌肉作为礼物,现在经济条件好了,人们也懒得带它们,都直接改送现金了。“人们送来钱和粮食,帮助这家支付葬礼的开销,否则丧葬仪式会耗尽家庭的财物。”[6]在乡土社会,礼物的给予、接受和回报,不是出于“一物还一物”的动机,而是为了加强彼此间的社会联系,巩固双方的友好关系,重建人们之间共有的感情。

出殡当天中午,客人和村民要吃一餐女儿、女婿饭,以表对死者的孝顺。那餐饭的所有食材全部是由女儿、女婿开支,食材即便不是他们买来或带来的,也要出钱给娘家兄弟。

【案例】2014年9月23日,平善妇女奶伟艳的娘家父亲过世,方良的娘家兄弟打电话过来报丧,通知出殡吉日是25日。24日中午,奶伟艳和她的两个姐姐在肇兴街上会合。她们三姐妹合请了一出唢喇队,每个女儿各买了一床毛毯(盖在老人棺材上面,出殡后可收回家),另外准备了5000块钱送给娘家兄弟。她们买了20箱灌装雪碧,8箱雪花啤酒,一大捆芹菜,一袋折耳根,一袋香菇,还有泡椒凤爪。因为,娘家那边要杀猪宰牛,糯米和水酒也有现成的,所以她们没有在外面买。后来,娘家兄弟开了一张出殡当天中午所需酒肉米的清单给女婿,女婿们直接按照清单上每样东西的价格和斤两给钱就可以了。当天的清单上是这样写的:“女婿:水酒,每人20斤,每斤2元;牛肉,每人20斤,每斤28元;猪肉,每人60斤,每斤10元;糯米,每人50斤,包152元(笔者注:一包50斤)。”也就是说,女婿总共还要出1656块钱。25日中午,在女儿女婿饭上,摆的食物有牛肉炒芹菜、香菇炖猪肉、折耳根拌血红、泡椒凤爪,罐装雪碧、雪花啤酒、米酒,糯米饭。

出殡的时间是在大家吃完中午饭后,大概中午或下午一两点。当天,盛一小碗糯米饭,饭中间插一双筷子,筷子中间夹一条腌鱼,供在死者头部上方,意思是给死者装饭上路,“送他,(死者)好走路点。”等拿到半路时要把碗摔烂。村里的老人说,如果吃到那碗糯米饭,人要正常点,就不怕什么东西,吃那条腌鱼,能保身体健康。以前有人喜欢捡那碗糯米饭和那条腌鱼吃,说吃了对自己身体好,现在没人爱吃那个了。送行的队伍很庞大,全村老少,不管男女,都会来送死者最后一程。走到半路时稍停片刻,抬丧者要把棺木绑紧,女儿媳妇在旁边哭泣,孝子们跪拜在棺木前面,地理先生念道:“你(死者)就是活到这一天了,那些家里面啊,那些孩子啊,你就不用想了,你想也想不了了。你好好去那边过吧。”随后将一只大公鸡拍死在棺木上,当地叫“打鸡”,意思是把这只鸡打给死者,这时,送行的村民都会做出吐口水的动作,意思是把身上不干净的东西吐出来,让其一并带走,以保自己身体健康。接着继续前行,一路撒纸钱买路,村民也跟着来到坟头,等到落井埋葬的时候才回去,这时他们又会吐点口水,即是吐晦气。

六、结语

从平善村的丧葬礼仪风俗,我们可以看出,平善是一个以男性为主导的传统社会,男性在社会活动和事务处理中占据主要位置,而女性居于次要地位。孝布的分发和披带,表现出当地是一个讲究亲属关系远近的社会,他们遵循“五服”原则,对本房族的情感认同高于其他房族。从丧葬礼仪中公告的人事安排,也可看出男性在村寨重大场合中的主导地位。在经济困难时期,其他村民达成捐助主人家的行为共识、大家的团结互助是帮助主人家渡过难关的最佳选择,这是理性小农的现实选择,是一种现实理性。客人的吊唁和送礼行为,有利于增进彼此的情感认同,加强双方的往来联系。随着改革开放,特别是村民外出务工活动的出现,人们的思想观念发生改变,民族传统文化在继承沿袭的同时,一些民族传统习惯也在慢慢淡化、消逝。

【参考文献】

[1][3]石林.六倍山上的“刁族”——草苗支系“四十苗”调查报告[J].原生态民族文化学刊,2013(2).

[2]许烺光.祖荫下:中国乡村的亲属、人格和社会流动[M].台北:南天书局,2001:15.(转引自:张佩国:《汉人的丧葬仪式:基于民族志文本的评述》)

[4]杨懋春.一个中国村庄:山东台头[M].南京:江苏人民出版社,2012:77.

[5][美]詹姆斯·C.斯科特.农民的道义经济学:东南亚的反叛与生存[M].程立显等,译.南京:译林出版社,2011:3.

[6]杨懋春.一个中国村庄:山东台头[M].南京:江苏人民出版社,2012:78.

[7]刘静,袁峥.从祭祀对象看布依族人文化哲学的“合金”性[J].贵州大学学报(社会科学版),2014(3).

● 盐运与赤水河中下游地区的发展

苏林富

（赤水市档案局，贵州　赤水　564700）

【摘　要】清乾隆时期，赤水河经过大规模整治，使赤水河中下游地区的交通条件得到极大改善，成为川盐入黔的四大口岸之一，也成为川南地区进入贵州的主要商旅通道和重庆地区进入云南捷径。盐运的兴起，带动了赤水河沿岸的商贸发展，各地移民、客商来到这里，从事川盐运输与商贸活动，使赤水河中下游沿岸的场镇得到快速发展，也形成赤水河中下游地区第一次产业结构调整。大量的湖广填川来的移民从四川内地来到这里，不再从事农耕生产，成为专门从事水上运输和陆上运输的工人。繁重的体力劳动使人们对白酒的需求量增加，给赤水河流域白酒行业的兴起与发展带来机遇，最终使得赤水河成为以茅台酒为代表的“美酒河”。盐运的兴衰，也成为赤水河中下游地区社会、经济、人口发展的晴雨表，盐运及与盐运相关的行业的发展，促进这一地区的社会文化发展、教育兴起与文化普及，也使长江中下游先进文化与传统的巴蜀文化在碰撞中相互包容、融合，形成独特的赤水河中下游地区区域文化。

【关键词】盐运；区域发展；赤水河

贵州素不产盐，自古以来民众食盐均靠从周边产盐省份输入，主要行销川盐、淮盐、粤盐、滇盐，并以川盐产地距贵州最近，又有通过长江联结永宁河、赤水河、綦江、乌江等水道的交通运输之利，而成为在贵州销区最广、销量最大的食盐。清·田雯《盐价说》记道：贵州食盐“仰给于蜀，蜀微，则黔不知味矣。”因受交通制约，运入量小，盐价甚高，其价以谷计，“谷日贱而盐肯平，十钟不易一豆，”人们食盐甚难，“当甚匮也，代之以狗椒”，“即遇其饶，也止沾唇而量腹”。直到清乾隆年间对赤水河进行大规模整治以后，川盐通过赤水河源源不断输入黔省内地，贵州各地盐荒问题逐渐得以缓解，同时，由于川盐通过赤水河中下游地区，推动和促进了这一地区经济、政治和文化的快速发展，使之很快成为贵州古代经济文化较为发达地区之一。

作者简介：苏林富（1956—　），贵州赤水人，历史学学士，《赤水县志》编辑、《赤水市志》副主编。研究方向：地方史志与文化。

一、盐运与交通发展

赤水河自古是川黔交通要道,具有较好的通航条件,《贵州航运史》这样记道:远古时期,“赤水河下游,河槽开阔,水流平缓,天然条件甚好,上中游原生型石滩甚少,大量次生型石滩是近代形成的,古代河道条件也不太坏,这就为早期的通航创造了条件。”随着人类社会发展,人类在赤水河流域活动日渐频繁,沿河两岸自然生态而遭到破坏,农耕、伐木、烧炭等活动造成泥石大量的裸露,并随着每年的山洪冲入河道,日积月累,逐渐形成众多的急流险滩,造成航道淤积,纤道中断,加上战乱侵扰,到明代,赤水河中上游河道已经不能通航,从猿猴(今赤水市元厚镇)至赤水的河道只能间接行船。

明万历二十八年(1600年),经过“平播”之役与“改土归流”后,赤水河流域又先后经历明天启年间的奢寅之乱、明末张献忠屠川和清初三藩之乱的影响,社会经济发展缓慢,交通受阻。清乾隆元年(1736年),张广泗出任贵州总督兼巡抚,为解决毕节、威宁的京铅运输和滇铜过境因人背马驮、路途远、运费高昂及解决黔省民众食盐等问题,采纳仁怀厅通判胡国英整治赤水河的建议,于乾隆八年(1743年)向朝廷奏请开通赤水河。乾隆十年(1745年),清朝准张广泗之请,同年十月,整治赤水河工程开工,经过7个月的施工,到乾隆十一年(1746年)润三月,历史上第一次大规模对赤水河的疏浚整治结束,共动用白银38642.5两,疏通从赤水河上游毕节县境内的天鼓岩至中游仁怀厅境的鸡心滩长400多里的航道,整治险滩68处,计划整治的2/3险滩得以改善。虽然因吴公岩险滩、大猿猴滩整治后仍不能通航,使得当时的仁怀厅城到马桑坪除需要不同船型外,还需人背马驮,但通航里程大大增加,赤水河流域地区的交通得到全面改善,与天府之国乃至长江中下游地区的联系、交往日趋频繁。京铅、滇铜改陆路运至永宁(今四川叙永)装船至长江边为陆路至毕节天鼓岩装船,经赤水河进入长江,所有返程船只又在四川合江装载食盐川溯流而上,将川盐运入贵州,通过茅台村、天鼓岩等地,运往黔省各地,赤水河流域的竹木柴炭、农副特产也开始大量进入重庆及川南各地。因此,赤水河的整治与通航能力的大幅度提高,彻底改善了当时赤水中下游地区交通条件,使当时的仁怀厅成为四川通往贵州的一个主要的交通枢纽,成为川东地区、重庆通往云南的一条便捷通道,也使赤水河流域地区与外界的文化交流、物资流通、人民往来更加密切,促进了赤水河流域地区社会经济文化的快速发展。

清咸丰、同治年间,贵州爆发历史上规模最大、波及地区最广、时间最长的少数民族大起义,川南地区也爆发历史上有名的李蓝起义,同时,石达开率西征太平军在川黔活动近两年之久,这一系列起义与活动,使得川盐入黔通道受阻,赤水河流域从事盐运的盐号相继歇业,赤水河航道也因缺少运商出资维护,逐渐淤塞,河岸纤道荒芜,贵州又出现食盐荒,私盐贩运逐渐猖獗,同时,通往贵州、云南地区的道路中断,赤水河流域地区的经济发展受到严重影响。清光绪三年(1877年),四川总督丁宝桢为解决贵州食盐问题,开始实行盐政改革,将四川本省食盐配给以“花盐”为主,并称作“计岸”,将贵州食盐配给以“巴盐”为主,即人们说的“块块盐”,并将进盐地区称作“边岸”,以打击“计岸”侵蚀“边岸”与食盐走私;重新确定川盐入黔四大口岸,在泸州设盐务官运总局,在各口岸设立盐务官运分局;核定各口岸盐运经销商为四家。以赤水河为主要运道的称作“仁岸”,核定协兴隆、永隆裕、永发祥、义盛隆四大盐号为运营商。光绪四年(1878 年),盐务官运总局总办唐炯请准对川盐入黔四大口岸的水陆盐道进行维修整治,以确保盐道畅通。赤水河迎来历史上第二次大规模整治,这次整治除疏浚茅台村至赤水河入长江口的航道外,还对"仁岸"盐道全线的陆运道路、桥梁和纤道进行全面维修与改扩建。工程于光绪五年(1879 年)初开工,到光绪七年(1881 年)二月竣工,共用白银 2 万余两,整治主要险滩 33 处,一般险滩 40 余处,零星淘沙检碛多处,修缮完毕全线的道路、纤道和桥梁,但二郎滩至兴隆滩和大猿猴滩虽然再次进行整治,但仍然因水流湍急,滩头滩尾落差太大,各类船只仍然不能通过,因此,过往船只到此,仍然需要继续卸载上岸,由人工搬运过滩装船后,继续运输。官运总局为维护赤水河航道常年保持畅通,拨白银 1 万两交"仁岸"官运分局,作为每年运道维修本金,官运分局将银两以年息 1 分交给四大盐号共同经营生息,以息作为常年巷道维修经费。在这以后 60 多年里,赤水河航道因常年进行维修,未再进行大规模疏浚和整治,仍然保持常年通畅,即保证了遵义、安顺、贵阳、大定(今大方)等四府各属和仁怀直隶厅食盐所需。同时,赤水河再度恢复其川南黔北地区交通枢纽的重要作用,四川到贵州和川东、重庆到云南的交通要道得到恢复,赤水河中下游的煤、铁、米粮、木、竹、蓝靛、药材、柴炭及农副土特产品顺流抵达长江沿岸各地城镇,大量布匹、棉纱、日用百货等物资溯赤水河而上,出现在沿河乡场集镇的商号店铺之中,大量"黔土""云土"(即:出产于贵州和云南的鸦片烟的俗称。)通过赤水河流域进入重庆及长江中下游地区。地区间物资交流的频繁与商贾、民众的往来密切,促进了赤水河中下游经济、文化的迅速发展。

抗日战争爆发后,沦陷区大量机关团体、学校、工厂与人民内迁,沿海盐场先后失陷,各地食盐供应出现短缺现象,国民政府下令四川盐场增加生产,同时,决定增加长江上游各通航河道运输能力,令黄河水利委员会对赤水河等河流进行勘测,1941 年,国民政府在黄河水利委员会对赤水河勘测的基础上,命令当时内迁的导淮委员会在赤水成立赤水河水道工程局,负责对赤水河茅台至赤水段进行全面整治。整治工程于 1942 年 2 月动工,1945 年 8 月,投入资金 3941.91 万元,共整治险滩 45 处,后因抗战胜利,导淮委员会奉令复员,回迁南京,赤水河整治也在完成原计划的 1/2 后停顿下来。但这次整治,打通赤水至二郎滩段航道的最大瓶颈——大猿猴滩,使赤(水)猿(猴)段船只与猿(猴)郎(即二郎滩)船只可以直接通过猿猴,实现直航,所装载的川盐、百货与煤炭、硫黄、粮食、柴炭、农副特产品,再也不需卸载用人工搬过猿猴滩换船上行或下行,既节约航行时间与运费,也为进一步促进川黔两地商品流通与赤水河中下游社会经济发展打下基础。1946 年,入黔川盐改由水运至重庆海棠溪,再经川黔公路用汽车运往贵州省内各地,通过赤水河运输的食盐减少,大量盐船主被迫将盐船卖往长江沿岸一带,改营他业,因此,这次赤水河的整治,未能给赤水河中下游经济发展注入新的活力,这一时期的社会经济发展缓慢下来,直至中华人民共和国建立。

二、盐运与场镇的发展

赤水河自古就是巴蜀进入云贵地区的重要通道,也是川盐和两地商品流通的主要路径之一,沿岸曾经出现过一些大小不等的场镇。根据著名历史地理学家谭其骧先生在 20

世纪的考证,早在唐代,赤水河流域就存过唐王朝为加强对少数民族地区统治的羁縻州,谭其骧先生将这一考证收入他的《播州杨保考》一文中,认为唐代的淅州、顺州、能州三个羁縻州所辖地域,包括民国时期的赤水全县、习水县西大部和四川古蔺县的东北部地区。只是因为年代久远,文字记载的缺失,朝代的更迭,淅、顺、能三州已被湮没在历史的尘埃之中,其州城在何处也无从查考,也更无场镇的记载和遗址。

北宋时期,以彝族为主体的黔北川南一带的少数民族向宋王朝献土,以示归顺,宋王朝以其地建立起滋州、纯州,赤水河流域开始有人口相对集中的场镇出现。当时的滋州在赤水河中下游地区,州城在今习水县土城镇。滋州下辖承流、仁怀二县,承流县治与州城同城,仁怀县治在今赤水市复兴镇。南宋时废滋州,改设武都城,仁怀县降为仁怀堡,将承流县并入仁怀堡。西南大学历史地理学博士生导师蓝勇教授在他的《四川古代交通路线史》一书中记道:宋末,赤水河流域仅从军事角度就“筑有九支、遥填、青山、安溪、绥远、仁怀等寨。”上述5寨,除九支、仁怀两寨已被人们认可为今天四川合江县九支镇和赤水市复兴镇外,其他各寨在明代就已经不为人知。近年,赤水市文史爱好者王显才先生在赤水河边的旺隆镇鸭岭村,发现了有关绥远寨的崖刻,证实绥远寨就在赤水市内的鸭岭村,其余3寨至今仍不知其确切位置。

元代,播州宣慰司在赤水河中下游设立仁怀古滋等处,设治所于今赤水市复兴镇,并派巡检驻其地,因此,今赤水市的复兴镇也就有了“巡检坝”之称。元末明初,明玉珍占据四川与黔北,仁怀古滋等处治所的所在地——今天的复兴镇毁于战火,便将怀阳县城设在留元坝(今赤水市市中地区)。明代,播州下设有54里,其中,在赤水河中下游有上赤水里(治所今习水现土城镇)、下赤水里(今赤水市官渡镇,亦称龙门里)和仁怀里(今赤水市市中地区)等3个里。明万历二十九年(1601年)平播之役后,对明王朝对播州实行“改土归流”,“以播州司所属仁怀里及别领长官地置仁怀县。”(《遵义府志·建置》)按李化龙《平播善后事宜疏》规定,各新建州县要一年内建成石城。当时设立的仁怀县辖地,包括今赤水市、习水县全部和仁怀市大部,地域辽阔,但除赤水河中下游的土城和仁怀里留元坝(今赤水市市中地区)外,已无其他场镇可作新建的仁怀县城之用。当首任知县曹一科决定选地理位置相对接近仁怀县中心的土城作为县城时,遭到当地望族大姓袁氏的从中阻饶,最后,不得不将仁怀县城定在处于泸州府和遵义府交界的留元坝。留元坝坐落于赤水河南岸,与合江县九支隔河相望,隔河无仁怀县寸土之地,对于作为地域广袤、幅员辽阔的仁怀县政治、经济、文化中心并非适宜,但在平播之役刚刚结束,民众流离、赤地千里之时,作为权宜之计,也还可以勉强实施其统治与管理。

明代仁怀县的建立,正值明王朝统治晚期,国力羸弱的明朝政权已处在四面楚歌与风雨飘摇之中,行政建置的确立,并未给赤水河中下游地区的社会经济发展带来新的契机,随之而来的永宁奢氏之乱与张献忠的大西军屠戮四川之难及清初平西王吴三桂为首的“三藩”之乱。连续的战乱与战后灾疫,赤水河中下游地区为数不多的场镇,人口大量减少,到处残垣断壁,遍地荒秽荆棘,满目疮痍凄凉。《仁怀直属厅志》这样记载当时的仁怀县城:“国初(清朝初年),城内不及百家”,“是时,兵燹甫定,百姓凋敝,野多虎咬人”。沿河民众多避难于深山野箐,通衢大道罕见人迹,十户以上聚居村寨无从寻觅,山野民户多以独居。

清乾隆十一年(1746 年),赤水河经过第一次整治以后,经招商承运,京铅、滇铜从赤水河运至长江边,川盐溯赤水河进入贵州,以其为依托的造船、竹木、商贸、酿酒和餐饮服务业迅速在赤水河两岸发展起来,众多商贾与贫苦农民涌入赤水河中下游地区。商贸的发展,促使一些新兴场镇在赤水河两岸迅速突起,成为川黔商贸流通干线上的一个个经济繁荣的集镇,这些集镇通过赤水河,与长江沿岸的宜宾、泸州、重庆等商业城镇,与江安、合江、江津及一些小的商业集镇相互串联起来,形成覆盖川南黔北大部地区的市场网络。这些场镇的出现,与赤水河盐运有着密切的联系,因为乾隆年间对赤水河的整治,仅限于赤水河中上游,猿猴以下除鸡心滩外的其他险滩均未在整治之列,虽然也可通航,但所有满载食盐或货物逆流而上的牯牛船都需要结伴而行,一般以 8 ~ 10 只盐船为一组,人们称其为“一单”。从仁怀厅城上行盐船,途中要经过赤水河的险滩——仁怀碛(后称作白梭滩),在这里,盐船需集中一单船的纤夫共同拉一只盐船过滩,当日停宿于复兴上码头的四湾沱,次日行至丙滩,卸下部分食盐,由本单船上的纤夫改作搬运,将其搬运过滩,再“园载”(装回原来的盐船上),当日宿丙滩,天明后再继续上行,经鸭岭三滩,夜宿葫芦垴滩下(葫芦垴今为赤水市葫市镇),第二日,除集中本单船的所有纤夫外,还需在葫市另外“喊纤”(临时聘请纤夫)协助拉船过滩,经雷钵三滩至大猿猴滩下,次日由脚夫将盐搬到猿猴盐号上过坪入仓。从猿猴到土城要改装小牯牛船,但航道水险,只能装载八成,因而部分食盐还需人背马驮运至土城,小牯牛船到土城后再装满原载上行至二郎滩,水枯时宿太平渡。由于二郎滩至兴隆滩不通航,小牯牛船载盐至二郎滩,要由脚夫卸载入仓,改由人背马驮翻山至马桑坪,再装上“茅村船”(对马桑坪至茅台村一段河上航行的盐船和货船的称呼)上运至茅台村及以上各点,乾隆后期,因茅台村以上河道不畅,川盐从茅台村起,改水运为陆运。

因此,这些因盐船在航行途中所需卸货转运的地方和盐船晚上停靠住宿的地方,逐渐汇集起附近农村以出卖劳力为生的农民,各地商人营集于此,在这些地方修房建屋,开设茶肆酒店、旅栈饭铺、百货钱庄、盐号木业,在赤水河沿岸形成人口集中的场市集镇,从当时的仁怀厅城到茅台的赤水河岸上,形成以复兴、丙滩、葫市、猿猴、土城、淋滩、太平渡、二郎滩、马桑坪、沙滩、合马、二合、茅台等场镇为主的一批大小数十个场镇。成书于清道光二十年(1840 年)的《仁怀直属厅志》记道,当时猿猴镇有居民 600 多户,而土城只有居民 500 余户,这一现象的出现,也正是因为当时在赤水河上运输的各种货物,到猿猴镇要所载货物卸载过滩,然后再装船上行,使得在猿猴聚集起众多的以搬运货物的工人,很快发展起来,常住人口因而超过土城。这些因盐运而兴起的、以工商贸易为主的场镇,吸引各地大量的农民来到这里,投入专门以拉纤、行船、放筏等为业的赤水河水上运输业外,或从事为航运业服务的造船、船用工具制作、码头及滩头从事货物搬运和竹木采伐运输等,逐渐成为以航运、搬运及与航运业相关行业的第一批产业工人,完成了赤水河流域地区最早的一次产业结构调整和农业人口的转移。同时,他们在这些场镇上定居下来,娶妻生子,或继续从事航运业,或从事生产手工业,或从事小本商业经营,不再返回农村,成为城镇人口。因此,在赤水河流域城镇上的居民,直至新中国成立以后,都是以非农业人口为主,与贵州省内各地场镇居民由非农业人口和农业人口组成极为不同。

三、盐运与人口的发展

赤水河穿行于云贵高原与四川盆地交界的崇山之中,沿河山高林密、谷幽涧深,虽很早就有人类活动,但在漫长的历史发展长河中,这一地区人口发展缓慢。据民族史研究认为,最早生活在赤水河流域一带的民族是僚人,僚人在汉晋时期被迫迁徙到川西坝子和远走他乡之后,云南东部的古彝人德赫辉率部族沿着赤水河向东发展,成为赤水河流域的主要居民,并在此建立起强大的彝族扯勒部。

北宋大观三年(1109 年),居住在这里的彝族首领向北宋王朝献土,成为大宋"臣民",建起滋、纯二州,以扯勒部彝族首领出任州县长官,宋王朝开始对赤水河流域地区实施管理。后因北宋王朝连年与北边的辽发生战事,对西南地区少数民族地区管理减弱,滋、纯二州彝族扯勒部与宋王朝也时常发生冲突。为稳定西南地区形式,宣和三年(1121年),宋王朝裁撤滋、纯二州,对赤水河流域实行军事管理,在主要军事要地设立城、堡、寨,派军队驻防。端平元年(1234 年),赤水河流域彝族扯勒部乘南宋王朝忙于联合蒙古灭金之际,占领赤水河流域宋王朝设置的军事寨堡。次年,南宋王朝从江西调兵前来镇压,将居住在赤水河流域近千年的彝族赶过赤水河以西地区,恢复对这一地区的统治。随后,由于蒙古大军攻入四川,这支前来赤水河流域的"平蛮"的军队被迫留在赤水河流域以东地区,成为因军事活动来到这里的第一批汉族"移民",为了能在这里生存下去,这支军队投靠了当时在西南地区另一支强大的地方势力——播州杨氏,赤水河以东地区从为播州的领地。从此,赤水河流域为播州杨氏、永宁奢氏两大土司领地和四川泸州府分别所有,由于此时人口稀少,赤水河沿岸存在着大片罕见人迹的原始森林,特殊的地理环境成为川南乃至川中地区人们躲避战乱、灾祸、逃避债务、租税、官司的藏匿隐身之地,这些人来到这里,多选择人迹罕见的高山林区或远离河岸的边远之地,采取一家一户单独分散居住,因此,直至今日,赤水河中下游两岸除人口集中的大小镇集场市外,仍然罕见十户以人口聚居的村落,人们仍然沿袭单村独户式的居住方式。

明代,贵州行省建立以后,驻防军队与军屯的增加,对食盐等物资的需求增大,明王朝为解决军队及民众对食盐的需要,按照明洪武六年(1373 年)颁布的"输粟给盐引"的政策,贵州周边各地商人纷纷运粮入黔换取盐引,再用盐引购得食盐运入贵州。产盐之省四川的商人以其距黔最近之优势加入运粮运盐之中,赤水河下游河段开始繁忙起来,各地少地无地农民为生活所迫来到这里,或投入航运,或参与陆运,使得下游地区的合江县先市场与播州宣慰司的仁怀里城留元坝(今赤水市区)的人口增加,成为当时四川内地通往播州大道上的较大场镇。赤水河流域地区的人口开始出现增长,但增长速度仍很缓慢。

万历二十八年(1600 年)的平播之役以后,赤水河流域地区经过"改土归流",建立起仁怀县,"旧民新户成籍",全县"实在田丁一千九百三十四,地丁一千九百四十三,共三千八百七十七丁口"(《遵义府志·户口》)。万历三十六年(1608 年)重新清造民册,按照减丁不减银原则,仁怀全县有丁一千三百五十八口。明末,从天启开始,连年战乱及战后的瘟疫流行,赤水河流域人口骤减,曾经一度繁忙的川盐入黔的主要运道赤水河冷落下来,沿途村寨、场镇荒芜,路无行人商贾,河无舟楫纤夫,到处野兽出没,满目荒凉之景。

清康熙二年(1663 年),当时隶属四川行省的仁怀县从原额户口 5489 户(《贵州通志》)减为 3687 户。此后,赤水河中下游地区又遭"三藩之乱",仁怀县被吴三桂占据,直到康熙十九年(1680 年),长达八年之久的"三藩之乱"完全平息,仁怀县城才被清军收复,战火逐渐远离赤水河流域地区。由于连年战乱,造成四川地区人口剧减,社会经济发展停滞,康熙二十四年(1685 年),四川全省仅有人丁 18509 口,每平方千米人口数为0.03人(梁方仲编著《中国历代户口、田地、田赋统计》)。康熙二十一年(1682 年),仁怀县人丁减至 573 口(《遵义府志·户口》)。

清王朝为尽快恢回复四川社会经济,不得不决定从外省招募民众,从当时人口较多的湖广地区,动员大量湖广地区人民向四川的迁徙移民,通过实行"插杖为业",重新恢复、开垦已经荒芜的田地,也就是后来人们所说的"湖广填川"大移民。这些来至湖广地区的人们,一部分来到赤水河流域,从事农耕、竹木、种靛、烧炭等业,更多的人投入需要庞大劳动力群体,以川盐、木竹排筏、农副特产、百货柴炭等水上航运为主的运输业,赤水河中下游地人口迎来新一轮的增长。按《仁怀直属厅志·课税》记载,清雍正中期,经长江"由合江县转运之盐,仅富顺县行水引四百二十张,荣县行水引一千四百五十张"。一张水引为 50 包盐,每包盐重 180 斤,这 1870 张水引共计 93500 包盐 16830000 斤,要将这些食盐运入贵州内地,需要大量的纤夫、脚夫。雍正五年(1727 年),仁怀县随遵义府划归贵州行省,全县有民户 5748 户,人丁 1543 口。雍正八年(1730),随着人口增长,处于县境极北边的仁怀县署已不适宜于仁怀县社会经济发展需要,经报请省署批准,知县杜诠主持将仁怀县署移至今仁怀市中枢。由于仁怀老县城已经发展成为商贸活跃、人口众多的黔北川南重镇和川黔两省物资集散地及黔川滇三省的交通枢纽。因此,仁怀县署迁往新县城后,遵义府知府派其通判移驻仁怀老县城,负责管理城内商贸、民众事务。到清乾隆三年(1738 年),经吏部批准,将仁怀县的仁怀里、河西里、土城里划归驻老仁怀县城的通判就近管理,负责刑民案件和征解钱粮、监散兵米等事项。

乾隆十一年(1743 年),赤水河整治以后,从赤水河输入贵州内地的食盐超过雍正中期一倍以上,参与到盐运业的人数增多,仁岸出现盐商二十多家。《仁怀直属厅志·课税》记道:"沿赤水河数百里,贫民无业者多操船及贩卖营生盖以数千计。"同时,赤水河中下游地区"生齿日繁,计口授食者众。"乾隆二十三年(1758 年),仁怀县(不包括仁怀、河西、土城三里)民户达到 12927 户 67626 人。道光二十年(1840 年),仁怀直属厅所辖仁怀、河西、土城三里居民达 8917 户,总人口 35064 人,同期的仁怀县所辖七个里的居民达到 30984 户,总人口 152913 人。道光三十年(1850 年),仁怀县有居民 31285 户,人口 153920 人。嘉庆二十五年(1820 年),仁怀直隶厅有人口 34284 人,人口密度达到每平方千米 12.69 人。此后,直至咸同大起义爆发前,赤水河中下游地区人口基本保持在这一水平。

咸同大起义爆发后,赤水河中下游地区先后受到四川蓝朝鼎、李永和起义的影响,又先后成为太平天国石达开部和黄号、北号起义军的活动地域,致使黔北川南的交通中断,川盐入黔运道阻塞,四川自流井的川盐运出受阻,四大口岸盐运停滞,以盐运而繁忙的赤水河失去生机,商人歇业,20 多家从事川盐运销的秦商盐号纷纷关闭,剩下 6 家苦苦支撑一段时间后,也不得不宣布倒号,人们食盐也只能绕道四川射洪盐场小量贩回,其价甚高,贵州内地民众有重新回到淡食的年月。赤水河沿河以盐运为业的船工、纤夫、脚夫被迫另谋他业,甚而携妻带子远走他乡,加上清朝统治政权对起义民众的残酷镇压与杀戮,致使这一地区的人口急剧减少。凌锡安先生在《咸同军事史》中这样记道:“十余年浩劫过,杀人满地白骨多。”“贵州兵燹之余,所剩人口似仅三成。”虽然现在我们未能见到仁怀直隶厅这一时期的人口统计数据,但从《续遵义府志·户口》记录下的这一时期仁怀县人口数据,可以让我们从中可以看到这一时期人口骤减后的大致情况。同治十三年(1874年),仁怀全县仅有户口15700户,比咸丰元年(1851年)全县总户数31285户减少16585户,总人口仅79384人,比咸丰元年的153920人少74536人。到光绪五年(1879年),仁怀全县总户数才达到15970户,总人口87030人,仍然只有咸丰元年时的一半。

经过咸同大起义的打击以后,清王朝被迫对人民采取让步政策,以恢复遭到严重破坏的经济,贵州各地人口开始缓慢增加,因而对食盐的需求量也开始增加,很快恢复到咸同以前运销量。光绪三年(1877年),四川总督丁宝桢奏准实行盐政改革,将贵州省大部分地区划定为川盐销区,改商运商销为官运商销,确定川盐入黔四大口岸盐商,同时,对各岸长久失修的水陆食盐运道进行整治。经过盐制改革与盐道的整治,仁岸盐号确定为4家,每年运销量从乾隆时期定下的1811引增加到3168引,计2851.20万斤。食盐运销量的增加,促进了赤水河中下游沿岸地区的商贸发展,在赤水河中下游地区有呈现出“上下商民创修客栈,添造船只,百货流通”的繁荣景象。赤水河上行船只除主要承担川盐入黔近2/3的运量外,也运输棉布、百货、五金等商品入黔,下水所有船只除装运农副特产、煤炭、石灰、蓝靛、竹木、柴炭外,从光绪十三年(1887年)开始,又装运硝磺入川。到清末,赤水厅(由仁怀直属厅改名)年商税收入达6600两,仅次于遵义、贵阳两府,超过贵州全省其他府、州、厅、县的商税收入,可见赤水河商贸运输量之可观。赤水河中下游地区商贸经济的发展,大量移民从四川迁入,咸同时期流散的人们又回到这里,从事运输、农耕或商贸,使得赤水河中下游地区人口迅速恢复。到光绪十年(1884年),仁怀县总户数达到19400户,人口99380人;光绪十五年(1889年)总户数达到39654户,人口158840人,恢复到咸丰元年的水平。此后,赤水河中下游地区人口发展未出现剧烈变化,也没有低于过咸丰元年时的水平。

四、盐运与酿酒业的发展

酒,在中华民族几千年的文明史中具有特殊地位,它几乎渗透到社会生活的各个领域,饮酒已就成为一种被人们普遍接受的行为,并深入老百姓的日常生活之中。赤水河流域盛产美酒,除沿河中下游两岸大大小小各种酒厂外,并因有茅台、郎酒、习酒等国际、国内名酒,而被世人公认为“美酒河”。赤水河中下游地区处于大娄山、乌蒙山、川南丘陵相互交汇之处,除具有得天独厚的地理环境、气候条件、土壤和纯甜清冽的水源等大自然慷慨的恩赐及特殊的酿造工艺外,赤水河成为举世闻名的“美酒河”,诞生在这里以茅台酒为龙头的国内外名酒,其形成、发展和名扬华夏大地,与清乾隆年间赤水河成为川盐入黔四大口岸之一的盐道有着密切的关系,在它们的发展过程中,也随着盐运的兴衰而发展或停滞,因此,从一定意义上讲,没有赤水河治理,没有赤水河与长江水道的沟通,没有航运业的发展,特别是盐运业的兴起,没有大量来至各地的商贾、船工、纤夫、力夫从四面八方汇集于此，这些名酒的横空出世和走出大山名扬世界的时间将会大大推迟。

赤水流域的酿酒史，人们将其追溯到汉代的“枸酱”，由于这一带长期是古代彝族生活居住的地方，因而这里曾长期盛行“咂酒”，清道光时仁怀直属厅同知陈熙晋到任后，曾在其写下的《咏风俗》诗中，记下饮“咂酒”的风俗，“斗大孤城里，人烟近渐添；浅筒深汲酒，厚薄箬包盐（原注：俗尚咂酒，以竹管吸之；厚盐出富顺，薄盐出荣县）；巷犬声如豹，江鲴状似鲇；峨嵋青咫尺，门户障全黔”。光绪二十一年（1895 年）编纂成书的《增修仁怀志・土产・货属》将“咂酒”收入，并加注：“水酒、火酒、膏粱窖酒、老酒。”同时，还在“艺文”中收录有清代诗人《咂酒》诗：“蛮酒钓藤名，乾糟酒瓮城；茅柴轮更薄，桐酪较差清；暗露悬壶酒，幽泉借竹行；殊方生计拙，一醉费经营。”在赤水河大规模治理之前，赤水河流域人烟稀少，场镇不多，酿酒业不发达，一般的人家多为自酿“小作酒”，烤出的酒度数高低不一，口感较差，主要为自饮，或自家办酒之用。场镇上的商铺虽也有白酒出售，但价高量小，能够饮用的人多为富商、有钱、有身份地位的人。这些在商铺中出售的白酒，多由商人从四川泸州、分水岭和江津的松既、白沙、朱沱一带购进，多以陆运为主，由经营者雇人从产地用“酒卮子”挑回。

当时陆运白酒的装具叫做“酒卮子”，“酒卮子”采用赤水河下游盛产的竹子为原料制作，它一般高一尺六七，为底部、口部小，中腹大的圆柱形，底部直径约一尺，腹部约一尺二三，口部约四五寸，用竹篾丝编织成型，内用皮纸糊实，再刷上熬过的熟桐油数道，使之坚韧而防漏。每个卮子可装酒五六十斤，在编酒卮子时，为适应长途运输，要在其腹部用竹蔑绞织成 4 个耳朵，分列四方，在搬运白酒时好系上棕绳，便于用扁担挑着走，此外，每个卮子要配上用竹丝编制的盖子，仍用皮子糊好刷上桐油，以防雨水渗入卮子内。由于桐油是经过熬制的，去掉了桐油的异味，因而保证装白酒时不会窜味。“酒卮子”装好白酒后，还要用猪尿脬封其口，用细麻线将其扎紧，再盖上盖子，以免挑运过程中白酒从卮子口荡出和跑气。用“酒卮子”运酒的方式，一直延续至 20 世纪 50 年代初。一些较的大商号，购的酒多，一般采用大烧坛装运，用船经长江、赤水河载入。在交通困难与包装材料原始的古代社会，赤水河沿岸所产之酒，大抵也是通过“酒卮子”、大烧坛运往到各地销售。

清乾隆初年，划定永宁、仁怀、綦江、涪陵四地为川盐入黔的主要口岸，赤水河成为仁怀一地盐运的主要运道，赤水河下游地区随着食盐运量增加，从各地来到这里从事以食盐运输为业的人逐渐增多，一些商人看中盐运带来的商机，在盐运道上的场镇开设商号店铺。特别是乾隆十一年（1747 年）对赤水河航道治理以后，仁岸食盐配额增加，经招商承运，从赤水河河口处合江至茅台村以盐船装运为主。清初避乱来仁怀县定居的甘肃固原人张淳，经过对合江至茅台村级其以上河道的考察，根据赤水河航道、水位、流量、滩险等情况，将赤水河航道划分为合江至仁怀厅城、仁怀厅城至猿猴、猿猴至二郎滩、二郎滩至马桑坪、马桑坪至茅台村等 5 段，其中，二郎滩至马桑坪段因吴公岩不能通航，必须靠人力陆运，其他段使用载重量不同的船型，其中，合江至仁怀厅城段，用载重量较大的“中元棒”，仁怀厅城至猿猴段，用“大牯牛船”，猿猴至二郎滩段，用“小牯牛船”，马桑坪至茅台村用“茅村船”。此外，猿猴至土城因段水流急湍、险滩栉比，盐船只能载盐八成而行，到达土城后再圆载，装满十成上行至二郎滩，因而部分食盐需靠人背马驮，从猿猴陆运至土城。由于甘肃在春秋战国时期属秦国辖地,祖籍在甘肃的张淳被人们称为“秦商”,因此,“蜀盐走贵州,秦商聚茅台”也就出现在前代遵义著名学者、诗人郑珍在他的《吴公岩》诗中。

赤水河航道经过治理后,人们按照航道情况采取分段行船,但在生产力不发达的古代乃至近代的传统生产技术条件下,不管水运还是陆运仍然是一项十分艰苦的工作,当时从事拉纤和水上劳作的人称自己是“死了没有埋的人”,人们把他们称作“水苦藠儿”。常年在赤水河岸从事盐运的人们,不论天寒地冻、烈日霪雨,跋涉在赤水河岸的纤道上,攀岩涉水,逆水行船,用自己的肩,或拉纤,或负盐,用自己手,或撑篙,或捡挽,将载满食盐的中元棒、牯牛船、茅村船拉过一个又一个的险滩,运至水路运的终点站——茅台村;或肩挑背驮,将一龛一龛(用竹编制的装食盐的竹篓子,赤水人称作“盐龛”)的食盐,或搬运过滩,或装船入仓;或人负马驮,将食盐从猿猴运到土城,从二郎滩搬到马桑坪,从茅台村运往省内各销盐点上。沉重艰辛的劳作,给那些运盐的人造成极度的疲惫,人们需要借助白酒来缓解自己一天的劳累,舒缓酸痛的筋骨,以便继续明天的劳作,同时,运盐人每天都在崎岖的纤道、盐道上跋涉,时常有跌倒骨折、腰腿扭伤的事故发生,并因长年累月的超负荷劳作日晒雨淋,运盐人都不同程度患有腰酸背痛、风寒腿病、关节骨痛等疾病,需用白酒泡制药酒,或口服,或擦拭,自己进行治疗和保养,因此,对白酒的需求量较大,仅靠酒商们从松既、白沙等产酒之地运酒来供应,也远远不能满足运盐人不断增长的需求。一些商人们从中看到商机,利用赤水河中下游盛产高粱与优良的赤水河水质等条件,在仁怀厅城、老仁怀(复兴镇)、猿猴、土城、太平渡、二郎滩、茅台村等场镇开设槽房(即酿酒作坊)酿酒,以满足市场需求,赤水河中下游酿酒业从此发展起来。为了满足众多从事体力劳动的人们对白酒的需求,一些商人看中白酒商机,从四川请来烤酒师傅,在赤水河沿岸的复兴、猿猴、土城、太平渡、二郎滩、茅台村等从事水上与陆上运输的工人相对集中的场镇上,开办起小“槽坊”(烤酒作坊),利用本地出产的苞谷、高粱烤制白酒,以较低的价格在市场上出售,或供给其他小商贩销售。

赤水河盐运兴起之初,盐商张淳将仁岸盐运总汇点设在茅台村,看中这里即是仁岸水路运输的终点,又是陆运的起点。从此,昔日清静无闻的小渔村逐渐热闹起来,码头每日有盐船泊岸离港,店铺商号终日熙熙攘攘,川黔商贾往来住宿于此,水陆盐工歇足其间,白日人声鼎沸,夜晚灯火通明,商旅、船工、贩夫走卒聚于酒馆饭铺,或商谈生意,或互通行情,或交朋结友,或闲聊人世沧桑,或发泄心中伤愁,或消除一天劳累,白酒在这里成为必不可少之物,白酒的销量也随着盐运量的增加而增加。因此,清道光遵义学者郑珍在他的《田居蚕室录》中记道:“仁怀城西茅台村制酒,黔省第一,……一曰茅台烧。仁怀地瘠民贫,茅台烧房不下二十家,所费山粮不下二万石。”说明茅台村酿制的酒为“茅台烧”,为全省第一,酿酒作坊和烤酒耗粮之多。同时,郑珍还在他的《茅台村》一诗用“酒冠黔人国,盐登赤虺河”来概括当时茅台村的特色。道光仁怀直属厅同知陈熙晋路宿茅台村时,也写下:“村舍人声沸,茅台一宿过。家惟储酒卖,船只载盐多,叠叠青松树,潺潺赤水河。明朝具舟楫,孤梦已烟波”的诗句,真实记录下茅台酒业的兴盛和盐运的繁忙。茅台酿酒业也就伴随着盐运的出现而产生和发展起来,因而郑珍诗以“酒冠黔人国”来表明当时茅台村的酿酒业规模在全省数第一,因而咸丰时期的吴振棫在《黔语》中才有这样的记述:“南酒道远价高,至不易得,寻常沽贳皆烧春也。茅台村隶仁怀县,滨河上人善酿,名茅台春,极清冽。”说明在清咸丰时期,茅台村所产的酒名气还未出名,只是劳动的人们日常饮用,且可赊欠的一般烧酒。

咸同大起义爆发,川盐入黔运道被阻,盐运与盐运相关的行业受到严重影响,赤水河中下游一带的酿酒业遭到破坏,酿酒作坊或毁于战火,或因盐运停滞而歇业,酒类生产中断十多年之久。特别是黔北杨龙喜起义,战火将茅台村夷为平地,二十多家酿酒烧房被焚,茅台酿酒业发展停滞下来。清光绪三年(1876 年),四川总督丁宝桢改革盐制,仁岸盐运确认由永隆裕、永发祥、协兴隆、义盛隆四大号承担,赤水河中下游地区随之恢复咸同前的繁忙。永隆裕、永发祥老板华联辉看中酿酒业的发展商机,从泸州请来酿酒师,在茅台村开设酿酒作坊——“成裕烧房”,按照赤水河中下游特殊的自然地理条件,摸索总结出一套酿制工艺,并通过不断完善,酿制出名扬四海的蒸馏型白酒——茅台酒。光绪五年(1878 年),在茅台村又出现由石荣宵、孙全太、王立夫合伙开办的“荣太和烧房”。清末民初遵义人赵恺(乃康)在他的《近泉酒因》中记道:茅台酒,“其品之醇,造法不易,他处难于仿制,故独立茅台称之。”“成裕烧房”酿制出来的茅台酒,随着其质量不断提高,以其酱香突出、幽雅细腻、酒体醇厚、回味悠长、空杯留气的特殊风格,被往来于赤水河上的盐船,往来于盐运道上的客商,带到泸州、重庆等川江沿岸,带到遵义、贵阳、安顺等地,逐渐得到各地的人们的认可与接受。华联辉除利用仁岸盐道上所设立的盐号分号,推销自已生产的茅台酒的,改变过去以散酒销售为主的方式,利用仁怀盛产陶土制品的优势,将所酿制出的茅台酒改用一斤装陶土罐灌装,再运往外地销售,直至 1915 年巴拿马万国博览会登上世界名酒宝座。

与华联辉在茅台村开办“成裕烧房”酿酒生产茅台酒的同时,赤水河中下游各场镇的酿酒业也开始复苏,除二郎滩镇上的酒坊引入茅台酿制技术,逐渐成为名酒之外,其他酒坊仍以生产散装白酒为主,仍将在赤水河上从事盐运的船工、纤夫和长年奔波在盐上道上的脚夫及各行业中以出卖劳力为生的劳动者作为销售对象。以后,赤水河沿岸的酿酒业发展起来,以茅台酒、郎酒和习酒等酱香型白酒为龙头企业的赤水河中下游大大小小的酒厂,分别酿制出各种品牌的白酒,远销全国各地,因而也使得赤水河被世人誉为“美酒河”,酿酒业也成为赤水河中下游地区经济发展的重要支柱。

五、盐运与教育发展

清道光《遵义府志·学校》记道:明万历三十六年(1608 年),遵义府所辖“五州、县各于城乡村里择地建社学,考择司教,社置一人或二三人。”“遵人文教,实开于此。”当时的仁怀县设有社学 22 所,每所社学设司教 1 人。此后,赤水河中下游地区因陷入长期的战乱、灾害与瘟疫之中,教育发展停滞下来。清康熙年间平定“三藩之乱”后,湖广滇川的移民来到这里种靛烧炭、从事竹木经营,经济开始复舒。康熙二十四年(1758 年),始设县学——怀阳书院于县城,县内各地私塾开始出现,特别是乾隆年间划定赤水河为川盐入黔的主要口岸——仁岸的主要运道后,沿赤水河中下游一带地区经济迅速发展起来,各地来此经商、开垦的人们,在带来新的生产经营理念的同时,也带来先进的文化教育思想,以县城为中心的文化教育事业在各地开始发展。

雍正十年(1732年),仁怀县城从留元坝迁往亭子坝新城,仁怀县怀阳书院随教谕、训导一并迁走,县城留元坝被称作旧城,由遵义府通判驻守。旧城与乾隆三年(1738年)划归驻仁怀旧城通判管理的仁怀、河西、土城三里的绅耆商贾们,除继续维持城内私塾与三里开办的私塾正常开馆施教外,为使求学文武生童不致因怀阳书院迁新城后学业受到影响,通过驻城通判向遵义府要求派学官前来指教这里的文生武童。乾隆十三年(1748年),遵义府准仁怀旧城民众之请,拨仁怀县训导分驻旧城,就近督导旧城及三里教育。

乾隆二十八年(1763年),双城书院在仁怀旧城开办,但文武生童每到岁科两考,只能从仁怀县学额内酌情拨给2~4个名额,且无定数,同时,由于仁怀旧城至遵义府城,路途遥远,需步行十一日,到贵阳省城则需行十五日,因此,参加科考、岁考往返维艰,花销颇巨,能前往应试者甚少。虽然受学额和参加不便科考、岁考的制约,赤水河中下游各地教育并未受到很大影响,许多人家仍将自己的孩子送到私塾学习,这些在私塾学习沟的孩子们,虽然没有多少人能去参加科考、岁考,没能考取功名,但通过在私塾的学习,也为他们今后走向社会奠定了基础,成为赤水社会经济发展有益的人。这种送孩子读书学习的风气一直延续下来,因此,虽然赤水地区不是名人辈出的地方,但是,这一地区民众的文化普及率一直很高。

乾隆四十一年(1776年)设仁怀直隶厅时,规定仁怀直隶厅学额数为:文童入学4名,武童入学2名。嘉庆十七年(1812年)又增设武童2名,此后仁怀直属厅学额固定为文童4人、武童4人。嘉庆十九年(1814年),仁怀厅城又开设养正书院于西街。道光二十二年(1842年)又在厅城开办及幼堂,专收养孤贫人家的子女入馆训读,同年,仁怀里的旺隆场附近大庙上又开办了端木义学。咸同时期,由于盐运停滞造成赤水河中下游地区经济发展受阻,文化教育事业特相应受到一定程度的影响,特别是太平军、号军在赤水河流域的活动,直到同治十年(1871年),土城里的猿猴开办善成义学起,赤水河流域的文化教育事业有开始缓慢发展。光绪十七年(1891年),仁怀里的复兴场开办了集义寨义学(分下、下两馆)。到光绪二十一年(1895年),仁怀直隶厅厅城开办有双城、养正书院和及幼堂,仁怀里有端木义学、集义义学和复兴场的豫省义馆,土城里的善成义学、培风义学。

由于仁怀厅城地处赤水河下游,建城时间较早,万历二十八年(1600年)平播时,仁怀里头目王继先率先投诚,仁怀城得以躲过战火蹂躏,又因是四川进入贵州的第一个重镇,清初赤水河开通后,伴随着盐运兴起,迅速发展成为黔北川南重要商贸集镇,其生活环境、生活条件和饮食文化远优于在盐运中逐渐形成的川盐集散地茅台村,众多盐号、运商将总号设在仁怀厅城或省城贵阳,并把仁怀厅城作为家居首选,在猿猴、茅台设立分号与转运盐仓,因此,当时仁怀厅城"峻宇连云,珍裘耀日"(《仁怀直属厅志》),其繁华富庶为邻近各县之冠。经济的发展,为文化教育发展奠定了基础,从四川迁到这里来的湖广填川移民,对文化教育能改变人生的作用有较深的理解,总是通过开办私塾,捐资办学,想方设法让自己的子孙进入私塾、义学去读书,希望自己的儿孙能饱读经书、金榜题名,其中,以仁岸首位盐商张淳未代表,《增修仁怀厅志》记载,张淳"以盐商起家,修学校、治道路、葺桥梁及育婴掩胔诸善举,皆首先乐助",并"延师教其子读书,奋进志仕",这也从一个侧面反映当时赤水河中下游盐商及商人热心文化教育事业,希望自己的子女通过科举致仕，以改变商人阶层长期在政治上被压迫的状况。但更多的读书人终因家境不甚宽裕，不能参加应试。

道光二十年(1840 年)，同知陈熙晋到任后，每月与厅城生员相聚“集校文艺”，发现内中“堪造就者不乏其人”，而当年为乡试之年，赴省应试者仅 30 余人，不能前往应试者达 100 多人，究其原因是厅城离省城太远，“行者有稽时之惧”，而且各项花销颇巨。陈熙晋叹道：“厅多寒士，虽欲上达而拮据。”为此，他倡议厅城富商大贾、绅士共同捐资，建宾兴田，以资助厅籍生员参加乡试、会试，振兴地方教育，并带头捐资，共募集银钱一千余缗，购置田产，每年收租谷 20 石，再从云顶寺庙产中每年拨出 20 石，交书院统一经管，此后，每逢乡试、会试之年，厅内生员前往应试者，皆可获得资助。

仁怀直属厅建立以来，实行“以学官代县，凡逢岁考”，应试文童、武童要交纳正试与复试试卷费，文童两试需交钱 1410 文，武童为 2830 文；参加府考，不论正试、复试统一交纳 72 文钱。同时，每名应试童生还需交报名费 120 文。因此，人们因受较高考试费用之累，多有不去应试者，《增修仁怀厅志》记道：“寒畯之士，裹足不前，即有勉强应试者，不过徒考一二场，以备有名录送。至三四等场，率皆抽身，应点者，殊属寥寥。”道光二十五年(1845 年)四月，仁怀厅城士绅谢一梁、罗俊章、段星焕、萧高泌、段星灿、董仕元、范宗文、许廷杰、陈宅安、龚秉权、袁履谦等人共同商议发起募捐，购置试卷田，以解决贫寒学童无力承担试卷费的困难。仁怀厅同知谭炜赞同士绅们募捐置试卷田之请，并自捐银 100 两，厅属三里民众纷纷解囊相助，共募捐到 3510200 文钱，按当时每两兑换铜钱 1750 文计算，合银 2005.839 两，所购卷田每年可收租谷 150 担，其山林所产按七分归佃户，三分归公。卷田购置后，制定出章程条规，明确学考文童不论每年参与应试多寡，从考田收入项下拨给“学官书斗卷价”292 千文钱，按学考和院考分两次拨给；学考武童不论参加应试者多少，从卷田项下拨给学官书斗价钱 60 千文，分两次拨给；厅考文童交礼房试卷价、印红钱，由卷田项下拨给礼房，不论应试者多少，分两次拨给卷价、印红钱总计 300 千文；厅考武童向兵房交纳卷价、印红钱，均由卷田项下拨给兵房，总计 84 千文，分两次拨给，并规定学官、礼房、兵房不得再向参加应试的文童、武童收取其他费用。卷田的购置，减轻了厅内学子的负担，让更多的青少年进入私塾、义学接受教育，为赤水的经济、文化的发展积蓄起了更多的能量和后备力量。

清光绪年间，随着帝国主义列强的政治入侵和经济掠夺，清政府被迫割地赔款，财政入不敷出，各地文武生员参加科考、岁考等，必须交纳一笔名目繁多、数目不菲的费用，一些家境不宽的生员，只得采取放弃应试之法。据《增修仁怀厅志》记载，当时仁怀厅生员参加科考、岁考要在遵义府举行，除去路费食宿，每个生员还要交纳学师贽仪、印红、学师规费、廪保贽仪规费、取入文武生谒见学师钱、谒见廪保钱、学书门斗银等费，考完试后，还得交纳学师赴遵义路费、学书门斗钱、报名过府钱、院试正场复场新生复试草榜费、复试送券钱和廪生、增生、附生、武生乡试录由学起文钱等费用，如需补场的生员，还得交补考正场复试钱。一般交纳各项费无定数，文生中家道殷实者，所交各费要七八十金，家道贫寒者，也要交二三十金，武生中家境富裕者，所交各费超过百金，贫穷武生也得交六七十金不等。同时，廪保钱富者要交八九两，贫者有要交五六两。《增修仁怀厅志》记道：“如在遵无银付给，立借券与学官廪保，其时不得已，只得允从。迨归家后，无方告贷付还,竟至有廪保请押追者。噫,是求荣反辱也,士子若之。"光绪十二年(1886年),同知刘启瑞为振兴仁怀厅教育,倡导绅耆捐资以助厅籍学子,并捐出自己俸禄,在商家民众中共募集银1568.68两,购得每年可收60石租谷的田产,同时,每年从龙居寺、天台山、崇音寺、龙泉寺、阿蔺寺、白云寺、黄连寺、杨家山等寺庙的庙产中提取租谷107石,大同场的木帮、酒帮、纸帮、灰帮(以生产山碱的人组成的帮会)每年支助银30两,云华寺也每年拿出10千文钱来支助。此后,赴遵义参加科考、岁考生员的红钱贽仪各费,皆由上项费用中开支。

宾兴田、卷田及红银贽义支助金的设立,既与因盐运兴起后来到赤水河中下游沿岸的各省填川移民对文化教育重视相关,也与盐运带来的经济繁荣分不开,也因其减轻了那些读书生童的家庭经济负担,更激起人们对文化教育的关心与参与,使赤水河中下游地区经济与文化得以同步发展。虽然它并没有让这一地区走出硕儒名家,但确让更多家境并不宽裕人家的子弟接受到基本文化教育,使其文化教育的普及程度高于黔省同时期县一级地区,发展成为贵州当时经济、文化发展的地区之一。《增修仁怀厅志》记道,从乾隆四十一年(1776年)仁怀厅获得学额(文生入学4人,武生入学2人),到光绪二十年(1896年)的120年里,仁怀直属厅共考取进士1人,举人14人,恩贡生22人,拔贡生11人,副贡生9人,岁贡生29人,优贡生2人,武举13人,廪贡生5人,例贡生18人,徽辟2人,总计126人。但由于中国封建社会长期受"重农抑商"的影响,我们无法从这些考起的人中读出那些是盐商或商贸家庭出生,《增修仁怀厅志·人物》也仅记以盐运起家的张淳子孙辈致仕为官情况,长子张必琳补博士弟子,以同知发浙江,署绍兴府海防同知,次子张必懋选詹事府主簿。张必琳的长子张大晟候选布政司经历,次子张大昌署云南陆凉州知州,三子张大暐任刑部四川司员外郎;经商致富的罗德刚三子分别考为监生、禀生、副贡生。

六、盐运与各地的文化融合

赤水河中下游地区自古处在巴蜀文化的辐射圈内,其民情、习俗与巴蜀地区无异,清乾隆初年盐运业兴起,川南各地湖广填川移民,纷纷迁徙到这里定居,同时,也把他们各自祖籍地区的文化习俗带到这里,与已经根植于赤水河中下游地区的巴蜀文化发生碰撞,经过长期的相互包容,逐渐形成一种独特的文化,并为生活于此的不同省籍的人们认可与共同传承,也成为在中华民族大文化背景下,社会历史文化发展的产物,并从另一个侧面印证了在人类社会历史中局部文化社会的嬗变。

(一)会馆文化

乾隆初年,从川南地区迁徙来到赤水河中下游地区的人们,除烧炭、种靛、种植木竹和农耕外,更多的人直接参与到欣欣向荣的盐运行业,或投身于为盐运行业服务的其他工商行业。他们不是自古生活在巴蜀大地的人,是清初从长江中下游的江西、湖南、湖北和广东、广西、福建等地在"湖广填川"来到四川地区的移民。他们辗转来到在赤水河中下游沿岸,定居下来,开始艰苦的创业旅程,同时,这些来自不同地区的人,为加强同乡情谊和团结互助,让人们不至于数典忘祖和牢记自己来自何地,他们通过集资修建起同乡会馆,作为客居这里的同乡聚会解难之所,因而在赤水河沿岸的城镇、乡场上建起规模大小不一的众多同乡会馆,供奉能够代表自己祖籍的神灵。这些会馆除根据不同省籍的人们经济富有条件和定居在此地的同乡多寡而建,一般最常见的是江西会馆(一般以"万寿宫"为名),《增修仁怀志》中记道:当时仁怀厅境内有万寿宫8座,分布在厅城、复兴场、旺隆场、大同场、葫市场、猿猴场、土城场和东皇场;天后宫(闽省会馆,亦称"天后宫")4座,主要在厅城、复兴场、丙滩场、大同场、猿猴场,禹王宫(两湖会馆)7座,分布在厅城、复兴场、丙滩场、大同场、猿猴场、土城场、东皇场;南华宫(广东会馆)仅建在厅城,由于赤水河流域长期属四川行省管辖,境内多川主庙,厅城的川会馆仅在清末才建成。

会馆经费主要来源于同乡集资购置的庙产。同乡会馆每年要举行祭祀共同的保护神活动,居住在这一地区的同乡齐集会馆,进行祭祀活动,举办宴饮,为同乡之间提供相互交流的机会,让这些生活在异乡的同乡们相互倾诉一年来的众多感慨,诉说生活的艰辛与创业的困难,互相勉励,以期通过这种交流,达到相互提携,共同在异乡事业有成。同时,各会馆在举行祭祀活动中,还要请戏班子来演戏酬神。此外,会馆除负责主持每年的祭祀联谊活动外,平时承担接待过往本地的同乡商旅,为其提供食宿,对确有困难者,还给予一定的经济支助,使之不流落异乡,同时,通过交谈了解各地商情,让其与本地同行乡亲共同商议,合作参与商场竞争,以期共赢。因此,各会馆既成为联络同乡、沟通情感的"乡情锁链",又成为赤水河中下游地区经济活跃的表现,并以其特殊文化传统和建筑的壮观宏伟、工艺的精湛完美,形成以移民文化为主体的独特会馆文化,成为构成赤水河中下游地区传统文化的一个重要部分。

到20世纪20年代,各地会馆被过往军队强行征为营房,也被地方改作学校、机关的用作用房,其庙产被地方政府统一收归公产,会馆文化逐渐没落。进入20世纪80年代,随着人口增加,城市扩建与改造,各地会馆建筑相继被拆除,今天赤水全市保留下来较为完整的同乡会馆只有复兴镇的江西会馆,市中地区作为博物馆保留下来的江西会馆部分。

(二)镇江王爷与龙文化

在传统的中国社会,每一个行业都有各自崇拜的行业神,纪昀《阅微草堂笔记》记道:"百工技艺,各祠一神。"行业神成为一种普遍流行的民间信仰。赤水河盐运兴起以后,形成以运输川盐为主的水上运输业,当时,赤水河虽然经过整治,但仍多滩险激流,航道在乱石中穿过,因而时常有船只触礁、上滩抢浪、纤藤挂断而倾覆河中,造成盐斤损失与船工、纤夫死亡,船工纤夫因而也被称作"死了没埋的人"。流传在赤水河上的船工号子唱道:"只为活命把船拉,抛了妻儿离了家。茫茫河水流不尽,全是泪水混泥沙。""日食清汤寡水,夜宿沙滩之中。妻守有夫之寡,夫伏无罪之法。吃的鬼魂之饭,穿的疤上重疤。病了听天由命,死了去喂鱼虾。"也有船主因船只翻沉而破产。因此,祈求船只航行安全成为从事水上运输业的人们共同之愿,在充满神灵鬼怪的封建社会,河中的龙就成为人们第一祈求之神,因此,人们在沿赤水河各场镇建起龙王庙,把龙王供奉起来,希望保证航行安全。

仁怀厅城龙王庙建在城西门外,开始时香火鼎盛,人们对龙王的虔诚膜拜,并没有减少河中船只翻沉失吉,龙王庙的香火也就逐渐冷落下来,最终被荒废。于是,人们把目光转向从川江来的镇江王爷,但因各地供奉的镇江王爷各不相同,有李冰父子、杨泗将军、薛运龙等,其庙的称呼有镇江寺、水府庙、紫云宫等。赤水河沿岸镇江王爷是谁,现已无人知道,供奉他的庙多称紫云宫,也有直呼镇江王爷庙的,但都简称为"王爷庙"。仁怀厅城建有两座镇江王爷庙,一在北门外上游,称作"紫云宫",一在东门外下游麻柳沱,称镇江王爷庙,但人们习惯将两庙称为上、下王爷庙。沿河而上的复兴场、丙安场、葫市场、猿猴场、土城场及大同河上的大同场均建有镇江王爷庙,大同通往四川叙永大道上的两汇水也建有王爷庙。每年六月初六日为镇江王爷生日,各地均要举办庙会,所有与水上运输相关行业的人们都要前往祭祀,道光仁怀直属同知陈熙晋在他的《之溪棹歌》中对其盛况这样记道:"沙嘴杈停留桨双,家家小阁拓南窗;荔丹榕绿人如织,箫鼓丛祠赛镇江。"并注记"六月六日,盐商、船户赛镇江王庙,香火最"。

由于赤水河两岸山高林密,少田土,食粮每年要从外运进补充,因此,《增修仁怀厅志》记道:"厅属山土多,妇女常助耕于坡岭,故纺绩之声,惟城内盈街满巷。越在乡居,多半从事耘褥,……日间暧餲亩荷锄,夜分针纫补葺,不暇纺绩也。"男子多从事竹木、种靛、烧炭和水上、陆上运输,对龙的崇拜相对以农耕为主的地区稍显淡漠。加上山高壑深,多溪河,夏日多暴雨,常引起山洪暴发,冲毁溪河上的桥梁,给人们往来与商贾出行造成较大影响,因而人们将其归结于在山中修行的蛟,说它们修炼成龙后,要游往大海,在通过桥梁时,将桥梁拱坏,因此,人们在所修的石拱桥下,都要悬挂宝剑一把,称为"斩龙剑",希望以后龙归大海时规规矩矩从桥下通过,不要显一时之威给人类带来灾害,同时,境内还有镇龙庙、镇龙山庙出现。因此,从一定意义上讲,赤水河中下游地区的人们对龙怀有一种防范心理。对于天后宫,它的存在仅是闽省人的家庙,是维系同乡的一种纽带,已失却在沿海保护人们航行的生命与财产安全的功能,因而在赤水河上航行的人们并不前往祭拜。

虽然人们从功利立场出发,用镇江王爷庙取代了龙王庙,让龙王成为镇江王爷管辖之物,对镇江王爷的崇敬超过对龙王的崇拜,但龙仍然存在于人们的生活之中,每年端午节的划龙船,春节期间要龙灯,就成为对人们龙崇拜的另一种形式。除划龙船与其他地方无多大区别外,赤水河中下游地区的龙灯采取就地取材,利用竹子、棕绳、毛边纸扎成,涂上颜料,每年正月初九日出龙,沿街给商号、大户拜年,正月十二日晚上正式开要,到正月十五日元宵夜收灯后,要将其被铁水花、花筒、鞭炮等烧得体无完肤的龙送到城外河滩,点上香烛纸钱,再将龙灯烧毁,人们称之为"送龙归天",因此,龙灯每年必须重扎,此俗据说与江浙一带相同,并与镇江王爷崇拜一起,印证成为赤水河中下游地区传统文化的形成多元化的另一个侧面。

(三)宗教与巫文化

在历史上,赤水河流域地区很长一段时期处在一种自我发展的状态之中,与中原文明和长江流域文明交流少,巫文化的影响范围一直较大,从南宋第一次因军事需要来到这里的军队成为留在这里的居民后,汉族文化开始传入,到明朝初年,随着外省移民的迁入,佛教、道教才在赤水河两岸得以发展,但仍未能占据主导地位,巫文化仍在民间盛行。

明末清初长时期的战乱，对宗教的发展以沉重打击，直到乾隆初盐运兴起，大量从先进地区来的移民从四川其他地区来到这里，以佛教、道教为主体的宗教才逐渐发展起来，沿赤水河两岸的场镇出现一批新建和重建的寺庙道观，到清道光时期，当时仁怀厅城就有了“九宫十八庙”之说，实际这只是一个人们约称之数，而不是城厢实有庙宇数。按《增修仁怀厅志》记载：光绪时期，仁怀厅城除万寿宫、禹王宫、天后宫、南华宫、川会馆等同乡会馆式的庙宇外，还有宫、庙、寺、堂、祠、阁等26座，即为文昌宫、紫云宫（俗称上王爷庙）、应元宫（亦称雷祖庙）、海灵宫（俗称搭帕庙）、武圣宫（亦称关帝庙）、洞阳宫（亦称火神庙）、文庙、桓侯庙（亦称张飞庙）、财神庙、川祖庙、东岳庙、观音庙、老君庙、三府庙、镇江王爷庙（俗称下王爷庙）、机仙庙、忠列庙、南景天庙、万寿寺、文汇寺、道阁寺、乡贤祠、昭忠祠、忠烈祠和奎光阁、观音堂等，此外，同知署内还没有肖曹祠、狱神祠和仓神祠；仁怀厅境的三里之地除有18座同乡会馆外，还有大小宫、庙、寺、庵、观、堂、祠、阁、殿等97座；《仁怀县志》记仁怀县有寺庙道观41座；《习水县志》记习水县的寺庙道观有71处。在寺庙的恢复和新建过程中，那些虔诚的善男信女们按自己的喜好，使得那些散布在广大农村的一些寺庙，形成佛道不分，释迦牟尼与太上老君共处，菩萨与神仙共存的现象，人们既不去苛求，也不予以不予纠正，奉行不管佛与道，只要能福佑众生、保人平安即可，典型的是今天仍然香火兴盛的官渡渔湾太平寺，改寺正殿为供奉如来佛祖的大雄宝殿，后殿为供奉道教天师的三清殿。这种佛道共居一庙，同享受佛教徒与道教徒香火，大家相安无事，共保一方平安的现象，成为赤水传统文化中的一种奇特现象。

佛道教的盛行，庙宇的大量修建，并未能使以巫医（亦称“药妈儿”）、端公、坛神、小神子等为主体的巫文化继续传承，巫文化仍然在人们生活中占据着重要地位。巫医继续为人们看病消灾，端公仍然扮演人与鬼魂的代言或中介，观花、跳神仪式仍在城乡各地举行。为适应人们精神信仰的需要，过去的巫医，将佛教中的观音菩萨引进，声称自己是观音菩萨附体，是观音菩萨在人间的代言，协助观音菩萨在人世间为人们禳灾解难，但其仪式仍是过去巫医的一套。她们在家设置神堂，供上观音像，除用看水、烧蛋、仙药等形式替人们看病外，主要充当沟通前来希望帮助解厄消灾的人们与阴间亲人灵魂或厉鬼的媒介，通过她们的口，传递阴间的信息。此俗至今仍在赤水河两岸城乡大行其道，并拥有一批忠实信徒，因而每年的观音菩萨生日、出家、得道之日，都要举行祭祀活动，参加人数超过任何一种宗教活动。

坛神信仰虽在清道光年间仁怀县穆继贤造反起义被镇压后被官方明令禁止，但民间仍然暗中流行。坛神供奉于信奉者家中，无人形态，或为石，或为木，每年腊月庚申日举行庆坛仪式，主人要杀猪设席，请巫师前来跳神献祭，唱歌跳舞，通宵不息，并通过打阴兵、坐九州、砍洪山等仪式，向主人和前来观看庆坛的亲友讨取赏钱。坛神信仰一直到20世纪50年代才逐渐消逝。

小神子信仰曾长期传行于民间，小神子与坛神一样，何许人也，无人知晓。小神子因身高三尺得名，出入无定，可显形，对心术不端、奸诈害人者施以惩罚，或使其银钱、物品转瞬即逝，或在饭食中添进污秽之物或泥沙使人不能食，或让房屋作火，或让大石空悬于空中，同时，肚量狭小，如有怠慢，即便好人之家，仍要对其作祟，使其不得安宁，因而受其骚扰之家，需请巫师前来禳解驱送。此俗20世纪50年代在农村仍有流传。宗教与巫文化共存并举,互不干涉,名行其道,成为赤水河中下游传统文化的组成部分而长期存在,至今仍有个别在流行。

(四)方言与古音

清"三藩之乱"平定以后,大规模的"湖广填川"移民运动开始,大量的湖广和长江流域以南的湖南、江西及岭南的广东、福建移民离开原籍地来到四川,随着赤水河盐运兴起,这些各省移民陆续迁来赤水河流域,除使人口数量迅速增加外,社会形态与社会组织结构已发生较大变化。外省移民成为这里主要居民,《仁怀直隶厅志》记道:"厅属土著者少,各省侨寓人民,江右楚蜀最多,三秦及八闽,贸迁于是者,亦所在有之,皆称客户,习尚不同。"他们在长期的生产与生活交往过程中,经过碰撞融合,重新构建起一个多元文化的社会,并与原籍地关系逐渐淡化,每年各同乡会馆的祭祀活动,成为他们维系原地籍关系的仅有。特别是各省移民与土著民的通婚,各省移民间相互娶嫁,地域观念不再明显,婚姻的黏合剂,让广大移民逐渐把自己当做本地人,各省方言相互混合为一体,成为贵州方言中独特的方言区。因此,生活在赤水河中下游地区的移民,都未能把自己原籍地的方言完整保存下来,只在新的赤水方言中隐约发现它们的一些影子。

赤水方言属于北方方言西南官话区川南片区,其大部分语音、语调与川南各地方言相同,但在声调有5个音调,比西南方言多一个"入声调",而且在开口呼、齐齿呼、合口呼、撮口呼等四呼中借有入声调,例字有石、一、踢、直、赤、日、八、发、答、吓、杀、笔、密、七、席、灭、列、剥、脱等;赤水方言的叠词结构有音变发生,阳平叠词的后一个音节变读为阴平,如瓶瓶(pīn)、盆盆(pēn)、坛坛(tān)、壶壶(hū)、藤藤(tēng)、圆圆(yuān)等,同时,在叠词结构词组上加"儿化音",表示物体小巧玲珑,如:盖盖儿、杯杯儿、盅盅儿、盘盘儿、碟碟儿、洞洞儿、眼眼儿、旗旗儿、镜镜儿、袜袜儿、椅椅儿、树树儿、竹竹儿等等,相反,作为上述物件形体较大的,仍直呼其名,即盖子、杯杯、盅盅、盘子、碟子、洞、旗子、镜子、袜子、椅子、树子、竹子等;另外,赤水方言还在形容词性素后加叠词,以加重词的表意,如哭兮兮、笑扯扯、软胎胎、吊甩甩、水垮垮、脏兮兮、红扯扯、蓝悠悠、绿乎乎等;将动词和形容词词素重叠加"儿化音"构成名词,如檫檫儿、刷刷儿、扣扣儿、空空儿、圆圆儿、缺缺儿等。

赤水方言还利用一些人们认可并常用的四字以上习惯语或成语,通过"藏尾隐"方式,使人们的交谈显得俏皮风趣。一般是将四字词的后一个字隐去不说,让未说出的字去表示所指之物或称谓,如:说"油"为"刮骨熬","米"为"安安送","酒"为"天长地","天"为"洪水朝","眼"为"闭眉煞","母"为"尼山老","妻"为"家有贤","兵"为"沙陀搬","狗"为"搬家落的","雨"为"毛蓬细","落"为"逍遥快",如此等等。

由于赤水河中下游地区在清雍正六年(1728年)前在行政上属四川管辖的川南地区,陈世松先生在《天下四川人》一书中记道,经过明末清初的战乱与天灾,从元末明初移民定居四川者所剩无几,全四川仅川南地区幸存下来的移民,占到清康熙、乾隆年间移民到川南地区人口的27.3%,这些幸存下来的人也被新移民视为"土著人"。仁岸盐运兴起后,湘鄂赣奥闽等省移民来到赤水河中下游地区定居,使这里成为五方杂处、语言尚异地区,各种方言在相互交流中的混合后形成了新的方言,幸存的明代"土著"也未将自身的方言完整保留下，只是将明代的一些方言俚语融进新的方言之中传承下来，至今仍有一些年过花甲的老人在使用，因而形成赤水方言的又一特点，如"箸"古语为"筷子"，虽然"筷子"一词已为人们普遍接受，而"箸"字却成为赤水方言中与筷子有关的量词保留下来，如"拈一箸菜""拈一箸面给你""不要一箸一箸的拈"；又"相因"古语为"便宜"，赤水人至今仍使用着"买相因""今天买的菜很相因""那里卖的东西很相因"等语；再如"捷"，古语有"抄近路"之意，赤水人仍然使用着"走小路要捷点""走捷路过去""走那边捷过去"等语，此外还有啰嗦(麻烦)、望头(希望)、话把儿(供人作闲谈的资料)、相与(结交)、晓得(知道)、乖觉(懂事、听话)、推头(借口)、认账(承认)、不打紧(没关系)、转去(回去)、撇脱(简单)、出脱(损失、害人)、挺尸(睡懒觉)、过门(出嫁)、鹘突(糊涂)、热落(亲热)、歪人(凶蛮、不讲理的人)、打平火(共同凑份子钱)、生朝满日(生日)、醒转来(昏死后活过来)、圆成(帮助别人把事办成)、转弯抹角(说话不直爽)等。

此外，一些因为禁忌而形成的行业用语也成为赤水方言的一个部分，他们主要是产生于航运业，忌讳说"沉""散""完""磕"等，因此，在姓氏上，"陈"姓曰"包东"，"成"姓称"翘脚"，"程"姓说"禾口"，但通称"老焉"；"伞"叫"撑子"或"撑花儿"；东西用完叫"发财"；"磕海椒"叫"挨海椒"或"舂海椒"；吃饭叫"拿饭"或"开舀"，盛饭称"添饭"，豆腐叫"灰磨儿"，天冷了称为"凉快了"，筷子称"篙杆"，如此等等。随着社会的发展，赤水方言这一赤水传统文化的组成部分和重要载体，逐渐被现代的人们遗忘，开始在人们的语境中逐渐消逝，怎样保护与传承已经摆在现代社会的面前，值得更多的有识之士深思，但是，要让赤水传统文化的多样性能得以传承，文化遗产的保护不至于成为空中楼阁，赤水方言的保护也迫在眉睫。

随着人类社会的不断进步与发展，赤水河中下游地区已发生翻天覆地的变化，虽然盐运已经成为历史，昔日的盐号、牯牛船、茅村船早已深埋在历史的尘埃之中，激昂悲凉的船工号子，已随着那些船工、纤夫、背盐工们的背影模糊远逝，但因盐运兴起而形成和发展起来的独特的多元的地域文化——赤水河中下游传统文化，却已成为这一地区软实力的重要组成部分，并证明在中华民族大文化的背景下，局部区域文化的嬗变，与该区域经济发展、人口流动有着密不可分的关系。